자치행정의 이해
-사례분석-

최 병 대

도서출판 대영문화사

머리말

대학에서 지방자치나 지방행정 관련 과목을 강의하면서 학생들로부터 흔히 듣게 되는 질문 중의 하나가 바로 외국에서는 지방정부라고 하는데 왜 한국에서는 지방자치단체라고 하는지에 대한 까닭이다. 이와같이 자치행정은 실생활과 밀접한 연관성을 가지며 좀더 현장에 가까이 다가갈 필요성이 있는바, 이것이 바로 사례를 중심으로 한 이 책을 발간하고자 하는 의의이다. 지방정부와 지방자치단체 간에는 절대적 차이보다는 상대적인 관점에서 이해할 필요가 있으며, 전자가 후자에 비해 상대적으로 독립성과 자율성이 강하다고 볼 수 있다. 지방정부가 법률적 의미의 자치뿐만 아니라 정치적 의미의 자치가 핵심적 요소인데 비해, 지방자치단체는 정치적 의미의 자치 측면보다는 법률적 의미의 자치가 강조되는 경향으로 그 속성상 분명한 차이가 있다. 이런 맥락에서 이 책에서는 선진 외국의 지방자치 또는 지방행정과 관련해서는 지방정부란 용어를 주로 사용하나 우리나라의 경우에는 지방정부란 용어보다는 지방자치단체란 용어를 쓰고자 한다.

그동안 지방행정 관련 강의는 지방행정론, 도시행정론, 지역개발론, 지역개발행정론 등으로 개설되다가 1988년 지방자치 제도가 부활하면서 지방자치론, 지방의회론, 도시정치론, 지방정부론 등의 과목이 본격적으로 개설되고 있다. 우리나라는 1952년 피난 수도인 부산에서 제1대 지방의회가 구성·출범했지만 전쟁으로 인한 국가 재난 및 혼란과 이에 따른 4·19 학생의거 등으로 한동안 우왕좌왕하던 지방자치는 1961년 발생한 5·16 군사혁명으로 30년 동안 영어(囹圄)의 신세가 되어 버림으로써 지방행정은 상의하달의 관치행정의 틀을 벗어나지 못했다. 1987년 6·29가 선언되고, 다음

해인 1988년에 지방자치법이 개정되어, 1991년의 민선 지방의회가 부활되었으나 단체장은 여전히 임명제의 틀을 유지하고 있었다.

비록 제한적이기는 하지만 자율에 기반한 지방행정, 즉 자치행정은 1995년 6·27 4대 동시지방선거로 민선단체장 체제가 출범하면서부터이다. 집행기관과 의결기관의 대표가 주민들의 손에 의해 선출됨으로써 이들 대표자들은 주민들의 요구에 귀기울일 수밖에 없으며, 이는 그동안 관치행정의 틀에서 조금씩 벗어나 지역 주민을 우선적 가치로 하는 자치행정으로 나아가는 출발점이 되었다. 벌써 민선자치가 출범한 지 10여 년이 경과하면서 그동안 각 지역마다 다양한 실험을 해오고 있으며, 때로는 시행착오도 없지 않았지만 초기보다는 한 단계 한 단계씩 진전된 모습으로 나아가고 있다.

이 책에서 소개하고 있는 내용은 그동안 필자가 자치행정의 현장에서 체득한 지식을 중심으로 각 분야별로 정리한 내용을 한 권의 책으로 묶은 것이다. 본래 교과서를 쓰겠다는 의도를 가지고 출발한 것이 아니고 필자가 그동안 발표한 내용을 중심으로 정리하다 보니 다소 체계성이 떨어지는 부분이 없지 않다. 특히 이 책에서 소개하는 내용은 교과서적인 스타일로 정리된 것이 아니라 자치행정의 현장에서 발생하거나 제기될 수 있는 이슈 중심의 사례분석이 근간이 되고 있다. 이 책의 제목을 『자치행정의 이해: 사례분석』으로 한 연유가 바로 여기에 있다.

이 책은 6부 22장으로 구성되어 있다.

제1부는 자치행정에 대한 의미를 중심으로 그 내용 및 이 책의 전반을 아우르는 것으로 이 책의 서설적인 성격을 띤다. 여기서는 자치행정에 대한 의미와 특성, 유사한 개념들을 중심으로 정리했다. 또한 자치행정과 단체장과의 관계가 소개되고 있으며, 특히 도쿄도(東京都)의 24년에 걸쳐 전개된 미노베 료키치(美濃部亮吉) 지사와 스즈키 순이치(鈴木俊一) 지사의 도정(都政) 운영 방식의 극명한 대조는 우리에게 많은 시사점을 준다. 아울러 지방자치단체의 CI(City Identity 또는 Community Identity) 문제를 다룬다. 아직까지 지방자치나 지방행정 관련 서적에 자치단체의 CI 문제를 다룬 서적은 거의 없다는 점에서 큰 의미가 있다 할 것이다.

제2부는 지방자치단체의 행정진단, 조직 및 인력관리 방안을 중심으로 다룬다.

제3부는 성과 중심의 행정을 다룬다. 과거에는 행정의 절차적 관점이 강조되는 시기도 있었으나 최근에는 절차적 관점보다는 성과 지향적인 행정이 강조되고 있다. 이런 맥락에서 성과측정의 의미와 주요 내용, 미국과 영국의 지방정부에서 다루고 있는 성과측정에 대한 사례를 중심으로 기술한다.

제4부는 행정의 경영화, 즉 경영적인 시각에서 행정을 바라보는 시각을 정리한다. 자치행정에서의 행정의 경영화 현상은 민선단체장 체제가 출범하면서 한층 강조되는 경향이다. 여기서는 자치행정에서의 경영화의 의미, 경영화의 중요 수단인 아웃소싱과 민간위탁에 관한 사례와 일본 지방정부에서 추진되고 있는 경영화 사례를 중심으로 다룬다.

제5부에서는 자치행정의 발전을 위한 제도적인 이슈 및 행정개혁에 관한 문제 등 자치행정의 역량 제고와 관련한 내용을 다룬다.

마지막으로 제6부에서는 정책 과정에서 다양한 이해 관계 집단들의 의견을 아우를 수 있는 함께 다스림(governance)에 관한 문제와 정책 과정에서의 NGO 문제를 조망한다. 더불어 급격한 환경 변화가 지방자치단체에 미칠 요인은 무엇이며, 어떻게 이에 슬기롭게 대처해야 할 것인지에 대한 문제를 다룬다.

그동안 필자가 발표해 온 연구 업적이 사장되는 것에 안타까움을 토로하는 주위 분들의 권유가 이 책을 발간하도록 하는 용기를 주었다. 오랫동안 연구기관과 일선 지방행정의 현장을 오가다 학교로 옮기면서 그동안의 발표 논문들을 정리해야겠다는 생각은 가졌지만 미처 이를 행하지 못했다. 대학 생활에 새로이 적응하느라 정신이 없는 와중에 갑자기 학교에서 보직을 맡음으로써 또 한동안 미루어질 수밖에 없는 안타까움이 있었다. 그렇다고 마냥 미룰 수만 없어 용기를 내었다. 조급하게 이 책을 엮다 보니 미흡하고 부족한 점이 한두 가지가 아니다. 독자들의 혜량을 바라며 향후 점차 보완하고 발전시켜 나갈 것을 약속드린다. 아무쪼록 이 책이 우리나라 자치행정의 발전에 조그만 씨앗이라도 되었으면 하는 바람이다.

아울러 이 자리를 빌어 행당동 캠퍼스에서 동거동락하는 행정학과 선배·동료 교수님, 함께 연구하며 고민을 같이 한 평택대 이시화 교수님, 한국해양대의 김상구 교수님과 발간을 격려해 주신 한양대학교 권훈 교육대학원장님, 책의 편제와 관련해 좋은 의견을 주신 방송대 문병기 교수님, 선문대 권경득 교수님, 편집과 교정을 도와 준 한양대학교 박사 과정의 박태헌 조교, 이란희 연구원 그리고 이 책의 출판을 흔쾌히 맡아 준 대영문화사의 임춘환 사장님 등 관계자 여러분들게 감사의 뜻을 전한다. 또한 오래 전 하늘나라에 먼저 가 계신 아버님과 부족한 자식을 위해 한평생을 염려해 주시며 두 해 전에 영원한 안식처로 가신 어머님, 항상 건강 문제로 노심초사하고 계시는 안국동 부모님, 저의 영원한 동반자 김옥진 님, 사랑하는 가원이 길원이, 우리 가족 모두에게 감사를 표한다.

2008년 2월
행당동산에서
최병대

차 례

제 2 부 자치단체의 조직 및 인력관리

제 3 부 성과 중심의 행정

제 4 부 행정의 경영화

제 5 부 자치행정의 역량 제고

제 6 부 참여행정과 자치행정의 미래

제 1 부

자치행정론 서설

제 1 장 자치행정의 의미와 특징

제 1 절 자치행정의 의미

1988년 지방자치법이 개정되고 1991년 지방의회가 부활되었으며 1995년부터는 민선 지방자치단체장 체제가 출범함으로써 형식적으로는 본격적인 지방자치 시대를 맞이하게 되었다. 자치행정과 관련해 개념적으로 다양한 용어상의 혼란이 야기되고 있다. 이를테면 도시행정, 지방행정, 지방자치, 지방자치행정, 지방자치단체, 지방정부, 지방정치 등의 용어가 혼용되고 있다. 이와같이 다양한 용어가 다의적(多義的)으로 사용된다. 여기서는 이와 같이 유사한 성격을 지니는 용어에 대한 의미를 살펴보고 이들 용어와 자치행정이란 용어가 어떠한 차이가 있는지를 중심으로 살펴보고자 한다.

1 도시행정

도시행정이란 지방행정의 의미 가운데 '도시'라는 특정 지역에 중점을 두고 도시와 관련된 문제를 체계적으로 접근·탐색하는 데 있다. 산업혁명 이후 세계는 급속하게 산업화가 진행되었으며, 산업화는 바로 도시화로 이어진다. 도시화에 따른 도시의 제반 문제를 학문적으로나 실천적으로 해결하고자 하는 의도에서 도시행정이 학문적으로 각광을 받기 시작하고 있다. 행정은 주체에 따라 국가행정과 지방행정으로 구분되는데, 지방행정은 공간적 특성에 따라 도시행정과 농촌행정으로 대별된다. 즉 도시행정은 도시라는 공동체가 도시의 건전한 발전을 꾀하고 공공 복리의 증진을 위해 행하는 일체의 작용을 지칭한다. 이는 도시라는 공동체가 행정의 주체인 점에서 농촌이란 공동체가 주체가 되는 농촌행정과 구별되며 또한 중앙정부가 행정의 주체인 국가행정과도 차별화된다.

도시행정에 대한 의미를 광의와 협의로 구분할 수 있다. 광의로는 도시라는 공동체는 독립된 의사 주체로서의 법인격을 가진 도시정부 또는 도시라는 지방자치단체가 자치행정 사무뿐만 아니라 국가의 위임사무까지를 포괄하며, 행정적 작용뿐만 아니라 정치적 작용까지를 포함한다. 반면에 협의로는 광의의 의미에서 독립된 의사 주체로서의 기능이 약화되고 정치·행정적 기능 중에서 행정적 기능이 중심이 된다. 즉 협의로는 중앙과 지방, 도시라는 권위적이며 위계적인 경향이 강하며, 중앙정부의 지시나 지침에 의거한 집행·관리적 성격이 강하다고 볼 수 있다. 지방자치가 실시되기 이전에는 협의의 의미가 주로 사용되었으나 지방자치가 실시되고 지방화 시대가 도래함에 따라 광의로 해석하는 경향이 높아지고 있으며, 이 책에서도 광의의 의미를 따른다.

도시행정은 국가행정이 아닌 일정한 지역 내에서 수행되는 지방행정 가운데 도시라는 자치체가 수행하는 행정을 의미한다. 또한 도시행정은 도시라는 특정된 공간을 대상으로 일상적으로 발생하는 행정 수요에 대응하는 일상성(日常性)을 그 특징으로 한다. 즉 도시행정은 도시라는 지역에 거주하는 주민들이 도시를 일상의 생활권으로 하는 생활행정이다.

2 지방행정

지방행정은 중앙행정에 대칭되는 의미이다. 중앙행정이란 행정의 주체가 중앙정부이며 행정의 효력이 전국적으로 영향이 미치는 반면에, 지방행정이란 일정한 지역을 기반으로 한 행정 주체가 일정한 지역에 한해서 행정의 효력이 미치는 것을 지칭한다. 지방행정은 개발 연대의 중앙집권적이며 권위주의적 구조 하에서 가장 보편적으로 통용되었다. 지방자치가 실시되지 않는 경우에 지방행정은 중앙정부의 행정 목적 달성을 위한 지방기관으로서의 역할이 중심이다. 지방행정은 "중앙집권적 체제 하에서 일정한 지방행정 구역에서 일상화된 집행 업무를 수행하는 것"이라고 볼 수 있다. 즉 중앙과 지방이라는 계층적 구조 하에서 지방행정 구역 안에서 일상화된 집행 업무를 다루는 것을 의미한다. 이는 중앙정부가 특별지방행정기관이나 직속기관을 통해서 지방에서 이루어지는 관치행정(官治行政)과는 차별화된다. 지방행정을 국가행정과 대비해 이해할 경우, 전자는 국가 내의 일부 한정된 지역이나 일정한 지방을 단위로 개별적이며 다원적으로 실시되는 행정인데 비해, 후자는 전국을 단위로 통일적이며 일원적으로 실시되는 행정을 의미한다. 지방자치제 부활 이후 지방행정의 개념도 정치체의 의미가 강조되고 있다. 정세욱(1995: 21-22)은 지방행정을 광의, 협의, 최협의로 구분하고 있는데, 광의로는 행정의 주체가 누구냐를 불문하고 "일정한 지역 내에서 수행하는 일체의 행정"으로 여기에는 지방자치단체가 처리하는 자치행정과 위임행정뿐만 아니라 중앙정부가 지방에 설치한 하급행정기관(특별지방행정기관)이 수행하는 행정까지도 지방행정의 범주에 포함하는 개념이다. 협의로는 일정한 지역 내에서 수행하는 행정 중에서 "지방자치단체가 처리하는 행정"만을 포함하므로 자치행정과 위임행정만 포함되며 중앙정부의 하급기관에 의한 관치행정은 제외된다. 최협의로는 "지방 주민들이 그들의 일상 생활에 관련된 사무를 중앙정부에 의하지 않고 자기들의 의사와 책임 하에 스스로 또는 대표자를 통해 처리하는 행정으로 자치행정만을 의미한다"고 한다. 또한 안용식 외(2002: 23)는 지방행정을 <표 1-1>에서와 같이 관치적 지방행정, 반자치적 지방행정, 완전자치적 지방행정으로 구분해 설명하기도 한다.

지방행정에서의 지방이란 국가의 영토 내의 일정한 물리적 공간에서 이루어지는 행정을 지칭한다. 반면에 지방자치에서의 지방이란 국가의 영토 내의 일정한 물리적 공간뿐만 아니라 정치체의 의미도 동시에 지니고 있다. 지방자치제 하의 지방은 독립된 의사 주체로서의 자율성을 강조하고 있다.

〈표 1-1〉 관치적 지방행정과 자치적 지방행정의 구분

관치적 지방행정	반자치적 지방행정	완전자치적 지방행정
• 중앙집권적 지방행정 또는 비민주적 지방행정 • 지방의 행정을 중앙정부 또는 국가가 자기의 지방 하급기관을 통해 직접 수행하고 지방 주민의 참여나 통제를 인정하지 않음.	• 자치권을 갖는 지방자치단체를 통해 지방행정이 운영되나 자치의 범위가 협소하고 사무의 많은 부분이 국가사무임. • 지방자치단체 내에 중앙정부의 관료도 배치됨. • 지방자치단체에 대한 중앙정부의 통제 감독이 비교적 엄격함. • 지방행정조직이 피라미드형의 획일적, 정형적, 고정적으로 구성되어 있음.	• 지방자치단체의 자치권이 광범위하고 행정사무의 대부분이 지방자치단체의 책임하에 있음. • 지방자치단체 안에 중앙정부의 관료 또는 국가공무원이 없음. • 지방행정에 지역 주민의 폭넓은 참여가 인정됨. • 지방 제도가 다양성, 탄력성, 개별성을 띰.

출처: 안용식 외(2002: 23).

3 지방자치

지방자치란 "일정한 지역의 주민들이 지방공공단체를 구성하여, 국가의 일정한 감독 아래, 그 지역 안의 공공 문제를, 자기 부담에 의해, 스스로 처리하는 것"을 말한다(한국지방자치학회, 2000: 22). 지방자치에서의 지방이란 국가 영토 내에서 일정한 지역을 기반으로 독자적인 자율적 권능을 지닌 공간을 의미한다. 한편 자치(自治)란 관치(官治) 또는 타치(他治)에 대칭되는 의미로 '스스로 다스린다'는 뜻이다. 지방자치에는 다섯 가지의 요소가 있는데, 지방자치단체라는 공법인을 설립해, 자치사무를, 주민들 자신의 부담으로, 스스로 처리하는 데 국가의 일정한 감독이 수반되고 있다. 이를 지역 주민들의 참여 민주주의적 시각에 초점을 두면(이종수, 2002: 11), 일정한 구역에 거주하는 주민들이 정치적 주권과 참여 의식을 가지고 공공단체를 구성해서 자신들의 공공사무를 처리하는 정치·행정적 생활 양식을 뜻하는바, 이는 지방화와 분권화를 통해 지역적 참여와 민주주의가 고양되

는 상태를 의미한다. 따라서 지방자치는 국가의 영토 내에서 일정한 자치구역을 전제로 자치구역 주민들이 공공단체를 구성해 자신의 사무를 스스로의 책임과 부담으로 자율적으로 처리하는 정치·행정적 생활 양식이라고 볼 수 있다.

4 지방자치행정

지방자치행정이란 지역 주민 또는 지역 주민의 대표자에 의해 구성되는 자치단체가 법인격을 지니고 지역의 문제를 스스로 결정하고 처리함으로써 자율적 행정을 도모하는 것을 의미한다. 다시 말하면 지방자치행정은 계층제 원리가 지배적인 지방행정에다 자신의 사무를 자율적으로 처리하는 정치·행정적 생활 양식인 지방자치의 의미를 합한 개념이다. 김영기(1997: 346)는 지방자치행정은 "지방자치 과정으로서 지방자치정부가 지역사회에 필요한 공공재화나 서비스를 생산·공급할 목적으로 공권력에 바탕을 두고 추진하는 협동적 과정"이라고 정의한다.

지방자치행정의 특징으로는 첫째, 지방자치행정은 지방자치정부라는 주체에 의해 이루어지는 활동을 의미한다. 이런 의미에서 중앙정부가 지방에 설치한 특별지방행정기관이나 중앙정부의 직속기관이 수행하는 것은 지방자치행정의 범주에서 벗어난다. 왜냐하면 지방에서 행정이 이루어진다고 해서 전부 자치행정이 아니기 때문이다.

둘째, 지방자치는 지방자치행정보다 포괄적 의미를 지니며, 지방자치행정은 지방자치 과정의 일부분이다. 이는 고유사무를 수행하는 지방행정을 자치행정이라고 주장하는 견해(최창호, 1996: 52; 정세욱, 1995: 22)와는 차이가 있다.

셋째, 지방자치행정은 지방자치정부가 정부 내의 다양한 결정을 통해서 조직을 만들고 인력을 배치하고, 예산을 투입해 지역 주민들이 필요한 재화와 서비스를 생산하고 제공하는 일련의 활동 전부를 포괄하는 개념이다.

넷째, 지방자치행정은 공권력에 바탕을 두고 이루어지는 활동이라는 점에서 민간 부문의 관리 활동과는 차이가 있다.

5 자치행정

자치행정이란 지방자치에 기반해 지방자치단체가 해당 지역사회에 필요한 공공 재화나 서비스를 생산하고 공급할 목적으로 추진하는 협동적 활동 과정으로 정의한다. 이 책에서 자치행정이란 의미는 기본적으로 지방자치와 지방행정을 아우르는 의미로 사용한다. 그런 의미에서 지방자치행정과 유사한 의미를 지닌다. 하지만 여기서는 지방자치와 지방행정에 대한 의미를 넓은 시각에서 바라보고 있다. 이는 정세욱(1995: 22-26)이 주장하는 위임사무를 제외하고 지방자치사무에 한정한 최협의의 자치행정과는 차이가 있다. 이기우(1996: 21)는 자치행정은 "우선 조직상으로 국가의 직접행정기관으로부터 독립된 별개의 행정 주체에 의해 수행되는 행정 형태를 의미한다"라고 정의하고 있다.

자치행정을 좀더 쉽게 이해하기 위해서 관치행정(官治行政)과 대비해 살펴보면 <표 1-2>와 같다. 이 표에서 보듯이 자치행정과 관치행정은 행정의 주체, 권한 및 통제라는 측면에서 근본적인 차이가 있다. 관치행정은 그 주체가 국가로서 중앙정부의 의사에 의해 운영되며 법인격을 소유하지 못한 타율적 행정인데 비해, 자치행정은 지역 주민이나 그 대표자에 의해 구성되는 자치체가 법인격을 지니고 자율적인 행정 활동을 도모하는 것을 의미한다(안용식 외, 2002: 22).

〈표 1-2〉 관치행정과 자치행정의 차이점

구분	관치행정(官治行政)	자치행정(自治行政)
주체	국가의 기관 또는 공무원에 의한 관료적·타율적 행정	지역 주민, 주민의 대표자와 지방공무원에 의한 자주적·자율적 행정
성격	지방행정기관은 국가 또는 중앙정부에 예속되며 독자적 과세권이나 소송의 당사자 능력 또는 기관의 자기조직권이 없음.	지방자치단체(자치행정체)는 국가로부터 행·재정상의 독립성을 인정받은 법인격이 있는 조직체
통제	국가의 의사에 의한 행정 운영	지역 주민의 의사에 의한 행정 운영

출처: 안용식 외(2002: 22).

6 지방자치단체

지방자치단체는 "국가의 영토 중의 일부를 구역으로 하여 구역 내의 주민들이 그들 스스로 또는 그들의 대표자를 통해서 해당 지역의 필요한 문제를 자율적으로 처리하는 통치 양식"을 의미한다. 여기에는 세 가지의 핵심적인 요소가 있다. 즉 일정한 구역을 전제하는 자치구역(공간적 구성 요소)과 구역의 주민(인적 구성 요소), 스스로의 문제를 스스로 해결할 수 있는 자치권(법적 구성 요소)이 보장되어야 함을 의미한다. 한국에서는 1991년 지방자치제가 부활되면서 지방자치단체인지 또는 지방정부인지에 대한 용어 사용상에 상당한 혼란이 있다. 지금까지는 통상 정부 관계 기관이나 법률적 의미에서 지방자치단체란 용어를 많이 사용하지만 학계를 중심으로 한 일부에서는 지방정부란 용어를 선호하고 있는 듯하다.

지방정부는 지방자치단체에 비해서 좀더 독립된 자치정부로서의 기능이 강화되고 자치권이 신장되어 있다고 볼 수 있다. 양자 간의 비교 및 차이점에 대해서는 다음에서 설명하는 지방정부의 의미를 통해서 이해하기 바란다.

7 지방정부

지방정부란 지방자치단체보다는 독립된 의사결정 주체로서의 역할이 한층 강조되고 있다. 지방정부는 지방자치단체와 마찬가지로 "국가의 영토 중의 일부를 구역으로 하여 구역 내의 주민이 그들 스스로 또는 그들의 대표자를 통해 해당 지역의 필요한 문제를 자율적으로 처리하는 통치 양식"을 말한다. 마찬가지로 여기에도 세 가지 핵심적인 요소, 즉 공간적 구성 요소, 인적 구성 요소, 법적 구성 요소가 필수적이다. 그러나 그 내용면에 다소 차이가 있다. 그러면 지방정부와 지방자치단체와는 어떠한 차이가 있을까?

지방정부를 이해하기 위해서는 먼저 국가를 이해할 필요가 있다. 국가가 성립되기 위해서는 세 가지 요소, 즉 영토와 국민, 주권이 필요하다. 이 국가를 운영하는 주체가 바로 정부이다. 정부의 운영은 통상 3권 분립에 기초하고 있다. 즉 입법부, 사법부, 행정부 간 상호 견제와 균형의 구조 하에서 작동하고 있다. 이러한 구도를 국가의 영토 내의 일부 공간을 대상으로 하여 적용하는 것을 바로 지방정부라고 할 수 있다.

지방정부가 성립하기 위해서는 일정한 구역, 구역 내의 주민, 자치권이 필수적인 요소이다. 지방정부란 국가 내의 일정한 지역을 대상으로 정부의 입법, 사법, 행정에 대칭되는 지방입법 기능(지방의회), 지방사법 기능, 지방행정 기능(집행기관)을 지닌다고 볼 수 있다. 민주주의가 발달하고 지방자치가 성숙한 선진국들은 중앙정부의 입법, 사법, 행정 기능과 마찬가지로 지역을 단위로 하는 지방정부에서도 지역의 입법, 사법, 행정 기능을 보장하는 경우가 허다하다.[1] 지방정부는 비록 국가 영토 내의 한정된 지역을 대상으로 하지만 중앙정부가 향유하는 권능과 마찬가지의 권능을 지닌다.

지방정부와 지방자치단체 간에는 절대적 차이보다는 상대적인 관점에서 이해할 필요가 있다. 지방정부가 지방자치단체에 비해 상대적으로 독립성과 자주성이 강하다고 볼 수 있다. 전자가 법률적 의미의 자치뿐만 아니라 정치적 의미의 자치가 핵심적 요소인데 비해, 후자는 정치적 의미의 자치 측면보다는 법률적 의미의 자치가 강조된다.

8 지방정치

지방정치는 매우 넓은 개념으로 지역사회 내의 상이한 이익의 조정을 통해 이견(異見)을 해결해 나가는 과정이나 가치의 권위적 배분으로 이해되고 있다. 특히 지방정치는 권력의 획득과 자원의 배분, 공동체의 통합과 지

1) 미국에서는 각 주마다 독자적인 주법에 의해 사법부를 구성하며, 사법부를 구성하는 핵심 인력인 변호사 시험이 각 주마다 상이하다. 즉 미국은 연방정부의 입법, 사법, 행정 기능과 마찬가지로 지방정부에서도 일정한 구역을 대상으로 하여 이에 대응하는 입법, 사법, 행정 기능이 존재한다.

역사회에서의 문제 해결 과정을 주목한다(이종수, 2002: 12). 다시 말하면 지방정치는 행정의 주체로서의 의미보다는 정치체로서의 의미를 지니는 데 초점을 두는 개념으로 이해할 수 있다.

제 2 절 자치행정의 핵심 요소

1 자치행정의 범위

자치행정의 범위는 첫째, 자치행정은 지방자치, 지방의 행정 문제뿐만 아니라 지역 개발이나 도시행정 문제까지도 포괄한다. 둘째, 지방행정이나 지방자치에 관한 제도뿐만 아니라 운영 실태까지 포괄한다. 이는 지방자치나 지방행정에 관한 규범론적 접근 방법과 사실론적 접근 방법이 동시에 사용됨을 의미한다.

2 자치행정의 핵심 요소

1) 자치행정의 자치성

자치행정의 본질은 지방자치 정신의 충실을 기하는 데 있다. 자치행정은 지방자치 정신에 입각해 주민의 의사를 충실히 반영한 행정을 하는 것을 특징으로 한다. 즉 자치행정은 민의의 반영을 토대로 한 자율적 행정을 본질로 한다. 자치행정은 국가행정과는 달리 주민의 참여와 통제가 광범위하게 허용된다. 이러한 점에서 국가의 하급행정기관인 특별지방행정기관이 지방에서 수행하는 관치행정과는 차별화된다. 국가행정이 외교·국방 등 국가의 존립·유지에 필요한 사무, 도량형 기준의 설정 등 전국적으로 통일적 기준의 설정이나 획일성을 요하는 사무, 경제 개발 등 국민 전체의 일반적인 이해 관계에 관련되는 사무를 본질로 한다. 반면에 자치행정은 조례의 제정 등에 관한 자치입법 기능이나 자치조직·자치재정과 같이 지방자치단체의 존립·유지에 관한 사무나 도시계획·보건위생 등 지역 주민의 공공 복리 증진에 필수적인 사무를 본질로 한다.

2) 자치행정은 생활행정

자치행정은 생활행정이다. 자치행정은 지역 주민의 일상 생활과 직결된 사무나 지역 주민의 복리 증진에 관한 사무를 처리하는 생활행정이 그 핵심이다. 이를테면 상·하수도, 청소, 보건위생, 도로·교통, 주택, 소방, 사회복지 등 주민들의 일상 생활에 직결되는 행정 수요를 충족시키는 것을 본질로 한다.

3) 자치행정은 일선행정

자치행정은 일선행정이다. 자치행정은 주민과 직접 접촉을 통해서 이루어지는 일선행정을 본질로 한다. 중앙행정이 국가의 주요 정책을 기획하고 입안하는 문서행정이 주축이라면 자치행정은 주민이 필요한 서비스를 직접적으로 전달하는 실천행정이 본질이다.

4) 자치행정은 지역행정

자치행정은 지역행정이다. 자치행정은 국가 영토 내의 일정한 지역을 기반으로 한 지역행정이며, 이는 각 지역이 지니고 있는 특수성과 다양성의 발현을 본질로 한다는 점에서 전국을 단위로 획일적이고 통일적이며 일원적인 행정을 지향하는 국가행정 또는 중앙행정과는 차별화된다. 자치행정이 지역 주민의 이익 증진에 목표를 두는 데 비해, 국가행정은 전 국민의 일반적 이익 증진과 전국의 종합적이며 균형적 발전에 목표를 둔다.

5) 자치행정은 종합행정

자치행정은 종합행정이다. 자치행정은 비록 행정이 미치는 범위가 지역적으로는 한정되어 있지만 그 지역 내의 모든 행정 수요에 대응해 종합적으로 수행되는 종합행정이다. 이에 비해 국세·관세·조달·병무 등 중앙정부가 지방에 일선기관(특별지방행정기관)을 설치해 수행하는 행정은 그 기능이 부분적이거나 한정되어 있다는 측면에서 종합행정이라기보다는 기능별 행정이다. 국가행정이 기능별·분야별 행정이 중추적인데 비해 자치행정은 지역적 종합행정이 그 특징이다. 현대 사회가 고도로 분화되고 전문화됨으로써 행정도 전문 분야별·기능별로 분화되는 특징이 있지만 자치행정은 행정이 전문화되고 분화되면 될수록 일정한 지역을 단위로 상호 유기적으로 조정되고 종합화되어야 하는 특징이 있다.

제 3 절 자치행정의 지향성

1 자치성/자율성

1215년 영국에서 대헌장(Magna Carta)이 제정된 이후 봉건사회가 붕괴되고 민주국가가 도래했다. 왕권국가에서 민주국가로 전환되고 직접민주주의의 한계로 인해 국민들은 그들의 대표자를 선출해 국가를 다스리도록 했다. 민주주의 원리에 의해 국가를 다스리는 것과 마찬가지로 국가의 영토 내 일정 지역을 공간적 영역으로 하는 자치행정도 기본적으로 한정된 지역 내에서의 자치성을 전제로 한다. 대한민국 헌법 제117조에서는 "지방자치단체는 주민의 복리에 관한 사무를 처리하고 재산을 관리하며, 법령의 범위 안에서 자치에 관한 규정을 제정할 수 있다"라고 천명하고 있다. 국가의 구성 요소는 영토, 국민, 주권인데 비해 자치의 구성 요소는 구역, 주민, 자치권이다.

자치(自治)란 의미는 영토 내의 일정 지역을 스스로 다스린다는 것을 의미한다. 이는 스스로의 권한과 책임으로 자율적으로 일정한 지역 내에서 발생하는 문제를 스스로 다스린다는 것을 지칭한다. 그러므로 여기에는 외부의 간섭이나 타율이 개입되어서는 안 된다. 중앙과 지방 간, 상급기관과 하급기관 간의 권위적이며 위계적인 요소가 개입되어서도 안 된다. 이기우

(1996: 21)는 자치란 "국가로부터 독립된 공법상의 사단법인이 국가로부터 전래된 국가사무를 자신의 사무로서 그 구성원의 의사결정에 따라 자기 책임 하에 수행하는 특수한 행정 형태"라고 정의하고 있다.

2 효율성

자치행정이 지향해야 할 가치는 효율성이다. 즉 지방정부가 지향해야 할 기본 가치는 최소의 비용으로 최대의 성과를 이루는 것이다. 개방화 시대에는 국경의 의미마저 무의미해지고 있다. 이는 지방정부도 국내의 지방자치단체들 간의 경쟁뿐만 아니라 세계의 지방정부와도 치열한 경쟁에 직면해 있다. 경쟁에서 비교 우위를 확보하기 위해서는 효율적인 지방정부의 운영이 선결 요건이다. 티부(C. M. Tiebout)에 의하면, 지방자치를 실시하는 가장 근본적인 이유는 다수의 정부 간 경쟁을 통해 최대의 효율을 기한다는 점이다. 즉 다수의 정부가 각기 다양하고 차별화된 서비스를 제공함으로써 지방정부가 제공하는 서비스 수혜자인 주민은 이사란 행위를 통해서 각자가 처한 상황에서 최적의 서비스를 제공하는 서비스를 찾아간다는 것이다(voting by feet). 이미 우리나라에서도 안락한 노후 생활을 영위하기 위해 서울을 비롯한 대도시에 거주하기보다는 대도시 주변의 위성도시나 전원도시로 이주하는 경향이 나타나고 있다. 또한 국제적으로도 우리보다 삶의 질은 높으면서 생활비가 훨씬 싸게 드는 말레이시아, 필리핀, 뉴질랜드 등의 아시아와 오세아니아 국가들을 찾아 이주하는 현상이 발생하고 있다.

3 고객지향성

자치행정이 지향해야 할 가치 중의 하나가 바로 고객지향성이다. 관치행정(官治行政)과 자치행정(自治行政) 간의 가장 두드러진 차이가 고객지향성이라고 볼 수 있다. 관치행정 시대의 지방행정의 책임자는 기본적으로 가치 지향이 인사권자인 중앙정부를 향할 수밖에 없다. 지방행정의 책임자가 인사권자인 중앙정부에 우선적으로 관심이 두어지는 한 지역 주민은 관심의 우선순위에서 멀어지게 되고, 주민은 고객으로서 봉사의 대상으로보다는 통치의 대상으로 전락하기 십상이다. 반면에 지방자치단체장이 주민들이 직접선거에 의해 선출되는 경우에 단체장들은 무엇보다도 먼저 자기를 뽑아 준 지역 주민들의 욕구(needs)나 바람에 귀를 기울일 수밖에 없다. 주민을 고객으로 인식하고 고객의 만족을 극대화하기 위한 고객지향성이 우선적인 가치로 자리매김하게 된다.

4 함다성(함께 다스림)

자치행정은 '함다성'을 지향한다. '함다성'이란 '함께 다스린다'는 것을 의미한다. 현대 사회는 갈수록 복잡해지고 다양해지며 점차 분화되어 가고 있다. 다원화되고 이질적이며 혼합적인 가치 체계가 상충하는 사회에서는 이들을 잘 아우를 수 있어야만 한다. 상호 이해 관계가 충돌하는 집단 간, 계층 간, 지역 간, 세대 간의 갈등을 다스리고 용해시킬 수 있는 지혜가 필요하다. 흔히 현대 사회를 네트워크 사회라 칭한다. 이는 다양한 가치 체계가 충돌하고 상충하는 이해 관계 집단 간 복잡다단하게 얽혀 네트워크를 구축하고 있음을 의미한다. 이러한 네트워크 구조는 상·하·좌·우 상호 복잡하게 얽히고 설켜 어느 한 방향으로는 도저히 문제를 풀 수 없는 상황에 이르렀다.

이러한 복잡다단한 네트워크 사회에서는 과거와 같이 획일적이며 일방향적이며 하향적인 가치 체계로써는 효율적인 행정을 할 수가 없다. 자치행정은 바로 함께 다스리는 행정을 해야만 한다. 이는 함께 참여하여, 함께 결정하고, 함께 행하며, 아울러 책임도 공유하는 것을 의미한다. 흔히 지방자치를 참여자치라고 일컫는 것과 마찬가지로 자치행정의 밑바탕에는 주민이 함께 참여함을 전제로 한다. 함께 다스리는 행정을 영어로는 흔히 거버넌스(governance)라고 표현하고 있다. 거버넌스를 협치(協治), 공치(共治), 망치(網治), 신공공관리 등으로 번역하기도 하나 그 어느 것도 의미 전달에 한계가 있어 발음대로 '거버넌스'라고 사용하자는 의견이 중론인 듯하다.

그러나 '거버넌스'를 처음 접하는 사람들은 그 의미에 대해서 상당한 혼란을 겪기 마련이다. 이러한 혼란을 극복하고 용어의 정확한 이해를 돕기 위해 필자는 거버넌스에 대한 정확한 우리말 표현이 '함께 다스림'이라 생각하고 이 용어를 사용하기로 한다. '함께 다스림'에 대한 정확한 의미에 대해서는 제20장에서 상술하니 참고하기 바란다.

5 미래지향성

자치행정은 자율과 창의성을 기반으로 한다. 이 자율과 창의에는 항상 미래지향성이 내포되어 있다. 행정이나 지방행정 또는 도시행정이란 용어에는 기본적으로 계층제 구조 원리 하에 일정한 제도와 원칙 하에 적용되는 룰이 있는 것이 일반적이다. 즉 중앙에서 기획되고 설정된 방향이 하향식으로 전달되고 지방에서는 이에 충실하게 집행자적인 성향이 강하게 내포되어 있다. 하지만 자치행정에는 국가의 일정한 제도적 틀을 벗어날 수는 없을지라도 가능한 한 지방자치 정신에 기반해 지방의 발전을 위해 다양한 아이디어를 창출할 수 있는 자율이 전제되어 있다. 따라서 지방행정은 보편성과 일반성, 획일성이 지배적인 가치 지향인데 비해, 자치행정에는 다양성과 특수성, 창의성이 지배적인 가치 지향이라고 볼 수 있다. 이와 같은 자치행정의 지향성에는 항시 발전적이며 미래 지향적인 가치 체계가 내재되어 있다.

제 4 절 자치행정론의 특징 및 이 책의 구성

자치행정과 관련한 기존의 책들은 지방자치론, 지방행정론, 도시행정론 등과 같이 주로 이론적 구성에 치중되어 온 경향이 있었다. 이 책의 특징은 크게 두 가지 점에서 찾을 수 있다. 하나는 자율성에 기반한 지방행정이다.

즉 지방자치라는 정치적 주체에다 자율에 바탕을 둔 행정 주체로서의 지방행정이 접목되고 있다는 점이다. 다른 하나는 이 책은 기본적으로 자치행정에 관한 사례분석서이다. 그동안 각종의 이론서를 통해서 자치행정에 대한 이론적 논의가 구축되어 있다는 전제 하에 이러한 이론들이 실제 자치행정에 어떻게 구현되고 있는지를 중심으로 하여 구체적이며 실천적인 사례를 심층적으로 다루고 있다는 점이다.

이 책은 6부 22장으로 구성되어 있다. 즉 자치행정의 서설, 조직 및 인력관리, 성과 중심의 행정, 행정의 경영화, 자치행정의 역량 제고 및 참여행정과 자치행정의 미래라는 주제를 다룬다.

이 책의 서설적 성격의 제1부에서는 1장에서 학생들이 흔히 혼란스러워하는 지방정부와 지방자치단체는 어떠한 차이가 있는지에 대한 문제 등 자치행정에 대한 의미와 특성, 유사한 개념들을 중심으로 정리하고 있다. 제2장에서는 자치행정과 단체장과의 관계가 소개되고 있으며, 특히 도쿄의 24년에 걸쳐 전개된 미노베 지사와 스즈키 지사의 도정 운영 방식의 극명한 대조는 우리에게 많은 시사점을 준다. 제3장에서는 지방자치단체 CI(City Identity 또는 Community Identity)의 문제를 다룬다. 아직까지 지방자치나 지방행정 관련 서적에 자치단체의 CI 문제를 다룬 서적은 거의 없다는 점에서 큰 의미가 있다고 판단된다.

제2부의 조직 및 인력관리 부문의 제4장에서는 자치단체의 생산성 제고를 위해 필수적인 행정진단 문제를 다루고, 제5장에서는 민선시대 자치단체의 조직 및 인력관리 방안을 중심으로 살펴본다. 제6장에서는 잦은 인사이동으로 인한 공무원의 전문성 저하 문제를 집중 조명하고 전문성 제고를 위한 방안으로 보직경로제를 중심으로 살펴본다.

성과 중심의 행정을 다루는 제3부에서는 제7장에서 성과측정과 관련한 이론적인 측면을 조망하고, 제8장과 9장에서는 미국과 영국의 지방정부에서 실제로 적용되고 있는 성과측정 사례를 중심으로 살펴본다. 제10장에서는 우리나라에서 실시되고 있는 성과측정 제도와 과제를 중심으로 다룬다. 민선단체장 출범 이후 이제 행정도 경영화를 추구하는 경향이 강하게 나타나고 있다.

이런 맥락에서 제4부에서는 행정의 경영화 문제를 집중적으로 조망하고 있다. 제11장에서는 행정의 경영화와 관련한 이론적 논의를, 제12장과 13장에서는 행정 경영화의 중요 중심축인 아웃소싱과 민간위탁에 관한 문제를 다룬다. 제14장에서는 일본 지방정부의 경영 사례를 집중적으로 살펴본다. 이들 사례는 필자가 일본 지방정부를 방문하면서 관계 공무원들과 인터뷰 및 질의와 응답한 내용을 중심으로 정리했다. 제15장에서는 한국 지방자치단체의 경영 사례를 소개한다. 여기 소개하고 있는 서울시설공단 월드컵경기장사업단의 경영 사례는 2002년 월드컵 경기 개최 후 전국 10개의 경기장 중 서울시를 제외한 경기장이 매년 수십억 원의 유지관리 비용으로 재정 압박을 받고 있는 지방자치단체에 좋은 교훈이 될 것이다.

자치행정의 역량 제고와 관련한 제5부에서는 제16장에서 지방자치 부활 이후 그동안의 성과와 향후 과제를, 제17장에서는 지방자치제 실시가 지방세 징수 효과에 어떠한 영향을 미치는지를 중심으로 살펴보고, 제18장에서는 정부간 관계를 다루고 있는데 여기서는 일본 도쿄도와 특별구와의 관계를 조망한다. 제19장에서는 지방정부의 행정개혁 문제를 다루는데, 여기서는 미국 지방정부의 행정개혁 문제를 소개하고 있다.

마지막으로 자치행정의 본질적 요소의 한 축인 참여행정 및 자치행정의 미래 부분과 관련해 제6부 제20장에서는 정책 과정에서 다양한 이해관계 집단들의 의견을 아우를 수 있는 함께 다스림(governance)에 관한 문제를 다룬다. 제21장에서는 정책 과정에서의 NGO 문제를 조망한다. 제22장에서는 급격한 환경 변화가 지방자치단체에 미칠 요인은 무엇이며, 어떻게 이에 슬기롭게 대처해야 할 것인지에 대한 문제를 다룬다.

제 2 장 자치행정과 단체장

자치행정은 자율적인 의사결정 주체로서의 자율성, 정치체, 주민 관계 및 대외 관계가 핵심적인 요소이기 때문에 단체장의 역할은 매우 중요하다. 단체장의 건전한 리더십의 발현은 자치행정 발전의 요체가 될 수 있다. 그런 의미에서 단체장과 리더십의 구현 사례를 살펴보는 것도 의미가 있다고 사료된다.

제 1 절 지방자치단체장과 리더십

자치행정은 기본적으로 자율성에 기반하고 있으며, 이는 인적 요소에 의해 크게 좌우된다. 따라서 자치행정의 최고책임자인 단체장의 역할이 무엇보다도 중요하다. 즉 지방자치단체장과 자치행정의 역량과는 불가분의 관계에 있다. 단체장의 리더십이 훌륭하게 발현되면 될수록 자치행정의 역량은 제고될 수밖에 없다. 사사키 노부오(佐佐木信夫, 1994) 교수는 지방정부에서 정책 결정의 역동성은 제도적인 측면보다는 지도자(단체장)의 행태적 측면이 중요한 역할을 한다고 주장했다.

단체장은 선거를 주기로 하여 재선되거나 새로운 단체장이 등장하게 된다. 새로이 등장한 단체장은 새로운 비전과 전략을 모색하기 마련이다. 조직의 새로운 책임자는 조직의 근본적인 목적을 위해 전임자의 계획이나 주요 정책을 부정하지는 않지만 가능한 한 새로운 정책이나 자신의 색깔을 드러내기 마련이다. 이 경우 기존의 것과 새로운 것과의 충돌을 초래하게 된다(Steiss, 2003: 248-250). 단체장의 행정 역량에 영향을 미치는 여러 가지 요인이 있다. 소속 정당의 정강, 성장 과정, 교육 배경, 사회 활동 경험 등이 상호 복합적으로 작용한다. 단체장은 선거를 통해 선출되기 때문에 다수 주민들의 의사를 수렴·결집해 반영할 수밖에 없다. 특히 단체장이 교체될 경우 새로운 단체장은 전임 단체장의 정책을 승계하기보다는 새로운 정책들을 쏟아낼 가능성이 크다. 또한 단체장은 통상 정당을 기반으로 하기 때문에 정당의 정강이 영향을 미치게 된다.

이런 맥락에서 일본 도쿄도(東京都)의 사례는 매우 흥미롭다. 또한 지방자치 역사가 일천한 우리나라에서도 서서히 단체장과 리더십에 대해 관심 있게 지켜볼 필요성이 있다.

제 2 절 일본 도쿄도의 미노베 지사와 스즈키 지사

일본 도쿄도(東京都) 지사를 지낸 미노베 료키치(美濃部亮吉) 지사와 스즈키 순이치(鈴木俊一) 지사의 도쿄도정(東京都政)의 운영 특성을 살펴보면 매우 흥미롭다(SDI, 1994: 26-31). 이는 단체장의 성향에 따라 시정 운영의 기조가 달라짐을 실증적으로 보여 주는 사례라고 볼 수 있다.

미노베는 1967년부터 1979년까지 3선 연임으로 12년 동안 도쿄도정을 이끌었으며, 마찬가지로 스즈키는 1979년부터 1991년까지 12년 동안 도쿄 지사를 지낸 인물이다. 도쿄대 경제학부를 졸업하고, 동 대학에서 교수를 역임한 미노베 지사는 혁신의 일인자로 불린다. 반면에 도쿄대 법학부를 졸업하고 한평생을 내무 관료를 지내고 내무 차관과 장관 및 도쿄도 부지사를 역임한 스즈키 지사는 보수의 일인자로 자리매김하고 있다.

이들의 도정 운영의 특성을 살펴보면 미노베는 독특한 카리스마가 있는 리더인데 비해, 스즈키는 실무 능력을 지니면서 도정 운영에 임하는 합리적인 리더라는 점이다. 중앙과 지방과의 관계에서 전자는 자치권의 확대를 주장한 반면에, 후자는 기존의 자치 제도를 준수하려는 경향이 강했다. 또한 주민과의 관계에서 전자는 참여 도정의 실현을 주장하면서 주민들과 직접 대화하는 방식을 선호하고 일반 대중이나 시민들의 의견을 수렴해 반영하고자 하는 데 비해, 후자는 각계각층의 단체 대표자들과의 대화에 치중하거나 전문가들의 의견을 도정에 반영하고자 하는 경향이 강했다.

정책 기조에서 전자는 이상주의를 추구한 반면에, 후자는 현실주의를 지향했다. 재정 운용에서 전자는 복지 도정을 슬로건으로 소프트웨어를 중시하고 하드웨어를 억제하는 경향인데 비해, 후자는 그 반대로 도쿄 개조를 주장하며 하드웨어를 중시하고 소프트웨어를 억제하는 편이었다. 중점 정책은 전자가 복지·공해·교육 분야에 치중한 데 비해, 후자는 '마이타운 도쿄' 건설이라는 도시개조 운동에 심혈을 기울였다. 상수도 및 버스 요금 등에서 전자는 공공요금의 억제 기조에 치중한 반면에, 후자는 수익자 부담원리에 따라 점차 복지 서비스를 유료화하고 적정부담주의를 지향했다.

인사 운용과 관련해 전자는 발탁 인사를 선호하고 복지와 교육 분야 등 중점 부문에 대한 인원 증원을 지향한 반면에, 후자는 연공서열주의 인사를 기본으로 하고 공무원의 감축관리에 치중했다. 노동조합과의 관계에서 전자는 상호 의존적인 관계였던 반면에, 후자는 상호 대립적인 구조를 형성했다. 중앙정부와의 관계에서 전자는 자치권의 확대를 주창하는 데서 나타나는 바와 같이 중앙정부와의 대결도 불사하는 형태인데 비해, 후자는 중앙정부와 상호 협조하는 경향이 강했다.

미노베 도정의 긍정적인 평가는 주민들의 의견을 적극적으로 수렴·반영하고 자율적이며 창의적인 도정을 운영함으로써 복지 및 환경 분야에 대해서는 지방정부가 중앙정부보다 앞서서 선도적인 정책을 추진했다는 점이다. 반면에 복지 서비스의 확대 등 방만한 재정 운영과 인기에 영합하는 도정 운영이라는 비판을 면하기는 어렵다. 이와 반대로 스즈키는 가능한 한 중앙정부와의 대립을 지양하면서 내실을 다지고 건전한 재정 운용을 기하고자 했다. 하지만 주민들의 의견을 도정에 반영하는 데 소홀했으며, 도시

개조 사업 등과 같은 하드웨어 중심의 개발 지향적인 마인드로 인해 주민들의 불만을 흡수하지 못했다. 이를 요약하면 <표 2-1>과 같다.

〈표 2-1〉 미노베 지사와 스즈키 지사의 도쿄도정(東京都政)의 운영 실태 비교

구 분	미노베 료키치 (美濃部亮吉: 1967~1979)	스즈키 순이치 (鈴木俊一: 1979~1991)
리더 유형	카리스마형	실무형, 합리주의적
정당 배경	사회당, 공산당, 공명당	자민당
자치 제도	자치권 확대 주장	기존 자치 제도 준수 노력
주민과의 관계	참여 도정의 구현 주장	단체대표자 중심과 대화 치중
정책 기조	이상주의 추구형	현실주의 추구형
재정 운영	소프트웨어 중시, 복지 도정 구현	하드웨어 중시, 도쿄 개조 주장
중점 정책	공해·복지·교육에 중점	마이타운 도쿄 건설(도시개조)
공공 요금	상수도·버스 등 공공요금 억제 기조	수익자 부담 원리 및 적정부담주의, 복지의 유료화
인사 운용	복지·교육 인원 확대, 발탁 인사	인력의 감축관리, 연공서열식 인사
노동조합과의 관계	노조에 크게 의존	노조와 자주 대립
중앙정부와의 관계	대결형(3할 자치 탈피 노력)	협조형
긍정적인 평가	자치체가 국가보다 앞서 선도적 정책형성 지향	법률 범위 내 안전 운전 지향, 재정 재건 지향
부정적인 평가	방만한 재정, 인기 영합 행정	도시 개조, 개발 지향적인 도정 운영

출처: 서울시정개발연구원(역), 「동경도청: 또 하나의 정부」를 토대로 작성.

제 3 절 서울특별시의 고건 시장과 이명박 시장

1995년 민선 체제가 출범한 이후 우리나라에서도 지방자치단체별 또는 자치단체장별로 특징들이 나타나기 시작했다. 아직까지 우리나라는 지방자치의 역사가 일천하기 때문에 깊이 있는 연구가 미흡하지만, 단체장의 성

향에 따라 시민평가라는 동일한 사안에 대해 접근하는 시각이 상이함은 매우 흥미롭다. 서울특별시가 1999년 민선 2기 고건 시정에서 시작해 민선 3기 이명박 시정에 걸쳐서 실시해 온 주민평가 제도인 시민만족도조사와 품질평가를 상호 비교하면 <표 2-2>에서 나타나는 바와 같이 많은 시사점을 준다. 양 단체장의 시민평가 제도에 대한 접근 방법, 단체장(리더)의 성향, 시민평가단의 구성 및 운용, 서울시의 지원 기능, 모형 개발 주체, 평가 모형, 양 제도의 장·단점을 중심으로 살펴보면, 비록 양 제도가 고객 만족을 지향한다는 점에서는 동일하지만 단체장의 성향에 따라 그 수단이나 과정,

〈표 2-2〉 고건 시장의 시민만족도조사와 이명박 시장의 품질평가의 비교

구 분		시민만족도 조사(고건)	품질평가(이명박)
정당		민주당	한나라당
교육 배경 /사회 입문		서울대 법대/행정고시	고려대 경영학과/현대건설
시장(市長)의 성향		공공성 강조	경영성 강조
접근 방법		고객평가	고객평가 + 전문가평가
양·질적 평가		질적 평가	질적 평가 + 양적 평가
주·객관적 평가		주관적 평가	주관적 평가 + 객관적 평가
시민평가단장		행정학 전공	경영학 전공
시민평가단의 구성		행정학자 중심	경영학자 중심
시의 지원 부서		정책기획관	경영기획관
평가 모형	평가지수 산출	종합만족도 지수 (체감만족도+요소별 만족도)	서울 서비스 지수 (시민평가지수(SSQI)+전문가평가지수(SSPI))
	SCALE	5점 척도	7점 척도
	평가 분야	확대 지향(6→10→26개 분야)	현상 유지(7→5→7개 분야)
	지표 수	압축형 (예: 상수도 11, 지하철 31개)	확대형 (예: 상수도 21, 지하철 40개)
평가 모형 개발 주체		서울시정개발연구원	서울대학교 경영연구소

내용이 상이함을 잘 보여 준다.

민선 2기 민주당으로 출마해 당선된 고건 시장과 3기 한나라당으로 출마해 당선된 이명박 시장은 매우 대조적이다. 먼저 단체장의 배경 및 성장 과정을 살펴보면, 고건 시장은 행정고시에 합격해 내무부(현 행정자치부) 사무관으로부터 공직 생활을 시작해 도지사, 내무부 장관, 교통부 장관, 관선 서울특별시장, 국무총리를 거쳐 민선 2기 서울시장에 당선되었다. 그의 닉네임이 '행정의 달인(達人)'이라는 명성에 걸맞게 각각 두 번의 국무총리와 서울시장을 역임해 어느 누구보다도 공직 마인드가 충실한 것으로 여겨진다.

반면에 이명박 시장은 경영학을 전공해 이윤을 지상 과제로 추구하는 민간기업(현대건설)에서 시작해 승승장구한 '신화적 존재'로 현대건설의 사장을 역임한 후 민선 3기 서울시장에 당선되었다. 이명박 시장은 한평생을 경쟁이 치열한 민간 부문에 종사하면서 누구보다도 경영적인 마인드에 무장될 수밖에 없는 상황이었다고 볼 수 있다. 이들이 민선 서울시장으로 당선되면서 그들이 한평생 살아온 과거의 경험이 자연스레 서울시정의 운영에도 반영될 것이라 여겨졌다.

고건 시정하에서의 시민평가단은 기본적으로 행정학자들이 주축이었다. 시민평가단은 외부 인사를 중심으로 총 15명으로 구성되었으며, 시민평가단장은 행정학과 교수가 맡았으며, 학계에서는 모두 행정학을 전공한 7명의 교수, 시민단체에서는 환경운동연합 대표를 비롯해 4명, 전문가 3명, 서울시의 시민만족도조사 주무부서인 정책기획관으로 구성되었다. 여기서 전문가 3명 중에는 한국행정연구원과 서울시정개발연구원에서 행정학 전공의 박사 2명이 포함되어 있다. 즉 시민평가단 15인[1)]중에서 행정학자가 9명(60.0%)으로 과반수를 넘어 행정학자들 중심으로 구성되었다.

한편 이명박 시정하의 품질평가단은 총 16명으로 구성되었는데, 평가단장은 경영학을 전공한 경영학과 교수가 맡았다. 품질평가단에는 경영학 교

---

1) 초기에는 시민평가단이 15명으로 출발했으나 후기에는 2명이 증가해 17명이 되었다. 그 이유는 시민평가단이 추후에 서울시정에 대한 청렴도조사(반부패조사)에 대한 자문 활동도 동시에 맡음으로써 서울시립대의 반부패행정시스템연구소 소장(경제학자)과 한국반부패학회 회장(행정학자)이 추가되었기 때문이다.

수가 5명, 행정학 교수가 4명, 전문가가 4명, 시민단체 2명과 서울시 공무원으로는 서울시 경영기획관으로 구성되었다. 여기서 전문가 4명에는 경제학, 도시계획, 사회복지, 재정 분야 전공자들이 참여했다.

그동안 일반적으로 정부 부문에는 행정학이, 기업(민간) 부문에는 경영학을 전공한 전문가들이 자문 활동 등으로 참여하는 것이 일반적인 경향이었는데, 이명박 시정 하의 품질평가단의 구성에서는 그동안의 가치구조가 변모했음이 확인되었다. 시민평가단과 품질평가단 위원의 구성의 특징을 살펴보면 전자는 행정학자들이 주축인 반면, 후자는 경영학자들이 중심이 되고 있다. 아울러 위원회에는 무엇보다도 위원장의 역할이 중요한데, 시민평가단장에는 행정학자인데 비해 품질평가단장에는 경영학자가 맡았다는 사실도 특색이 있다. 또한 서울시의 주무부서도 시민평가단은 시정 주요 정책의 참모 역할을 하는 정책기획관이 참여했으나, 품질평가단에는 서울시의 경영 및 재정 부문에서의 참모 역할을 하는 경영기획관으로 바꾸었다. 평가 모형을 개발하는 데서도 시민만족도조사는 행정학 전공의 연구원(시정개발연구원)들이 핵심적인 역할을 했으나, 품질평가는 경영학 전공의 서울대 경영연구소가 주도적인 역할을 수행했다. 이는 시정을 운영하는 책임자들의 시각과 무관하지 않다. 즉 고건 시장은 한평생 공직 생활에 일생을 봉사함으로써 공익정신이 투철한데 비해, 이명박 시장은 일생을 건설회사 등 민간 부문의 경영자로서의 경험이 시정을 운영하는 데도 경영적인 마인드가 그대로 투영되었다고 볼 수 있다.

제 4 절 자치행정과 단체장의 역할: 단체장은 오케스트라의 지휘자

단체장의 리더십에 관해 일본 도쿄도와 서울특별시의 사례를 통해서 재미 있는 시사점을 얻을 수 있다. 두 가지 사례에서 단체장의 역할이 자치행정에서 점하는 비중이 얼마나 중요한지를 일깨워 주는 계기를 제공한다.

자치행정은 오케스트라에 비유될 수 있다. 유명한 오케스트라는 역량 있는 지휘자가 구성원(단원)들 하나하나마다 각자의 재능을 최대한 발휘할 수 있도록 조화롭게 아우를 수 있어야 한다.

마찬가지로 단체장은 주민들 요구에 부응해 지방정부가 지니고 있는 인적·물적 요소를 유효적절하게 활용할 수 있는 역량을 지녀야 한다. 마치 단체장은 오케스트라의 지휘자와 마찬가지로 인력의 적재적소 배치 및 활용, 효율적인 물적 자원의 동원 및 관리 등을 통해 주민의 삶의 질 제고와 지역 발전을 위한 선도자(지휘자)가 되어야 한다.

제 3 장 자치단체와 CI(City Identity)*

1991년 지방의회가 부활되고 1995년 민선단체장 체제가 출범하면서 본격적으로 지방자치단체 간 경쟁 체제가 도입될 수밖에 없다. 각 자치단체가 지니고 있는 지역적 특성과 지역이 지니는 잠재력을 바탕으로 창의적이며 다양성을 토대로 지역경쟁력 강화에 심혈을 기울여야 한다. 기업이 회사의 이미지(Corporate Identity) 제고에 심혈을 기울이듯이 이제는 지방자치단체도 지역의 특성에 기반한 이미지(City Identity 또는 Community Identity)의 창출과 관리 및 제고를 위해 갖은 정성을 다해야 한다.

제 1 절 국가 간 경쟁에서 지방정부 간 경쟁으로

최근 우리나라를 둘러싼 환경이 계속해서 변화하고 있다. 세계는 냉전 후의 신질서를 모색하고 있다. 1989년의 베를린 장벽의 붕괴, 같은 해 12월 말타회의에서의 냉전 종결선언, 1990년의 통독, 1995년에 새로운 무역기구

* 이 글은 저자가 수행한 「서울시 홍보 기능 활성화 방안」(SDI)과 관련한 연구 내용 중에서 City Identity 또는 Community Identity에 관한 내용을 중심으로 발췌해 재정리한 것이다.

WTO의 출범, 2000년대 들어 출범한 APEC 등 일련의 움직임은 새로운 국제 질서의 개막을 우리들에게 예감케 하고 있다. 21세기를 향한 국가 발전 과정에서 이제 개방화(開放化)와 국제화(國際化)는 불가피한 선택이 되고 있다. 이러한 국제화 현상은 '지구촌'의 공동 번영을 위해서 세계화(世界化)로 치닫고 있다. 특히 우리나라는 정부의 세계화 장기 구상의 발표로 더욱 가속화되어 가고 있다. 이와같이 오늘날의 세계는 국제화 시대를 넘어 세계화를 목표로 나아가고 있는 추세이다.

여기서 잠시 국제화와 세계화의 개념을 정리해 보면, 원래 사전적 의미에서 '국제화'란 국경을 가진 국가의 존재를 전제로 하고 국가와 국가 간의 관계 확대를 의미하며, '세계화'는 전 세계를 하나의 지구촌으로 보고 선진된 개방 사회에 동참하는 것을 의미한다. 구체적인 개념의 차이를 살펴보면 <표 3-1>과 같다.

〈표 3-1〉 국제화와 유사한 개념들의 정리

구분	선진화	국제화	세계화
기본 이념	인본주의를 바탕으로 한 '복지국가'	공존공영하는 국제 '평등사회'	'지구촌'의 번영
정부	공정·자율 제도 정착	공정·개방 원칙의 국제 경쟁과 협력	국제적 기여 및 외교 주도
기업 경영	적자생존 원칙의 '자율경쟁'	개방·공존 원칙의 '국제 경쟁'	세계 자원 활용의 극대화를 위한 '세계경영'
민간 의식	고유 사회의 구성원으로서 책임과 의무 준수	다른 나라와 더불어 사는 '국제인' 고유 사회·문화 자리매김	세계문화·사회 발전에 기여하는 '세계인'

출처: 중앙일보, 1994. 11. 29.

우리 경제의 성장은 국가 경쟁력의 강화 없이 이루어질 수 없고 우리 사회의 성숙은 개방된 선진 의식이 일반화되지 않고서는 이루어질 수 없다. 따라서 지금은 기업(企業)의 국제화(國際化), 지방(地方)의 국제화, 국민(國民)의 국제화, 국가(國家)의 국제화가 요청되는 시대이다. 국가가 국제화되기 위해서는 국민, 지방, 기업이 먼저 국제화되어야 한다. 세계경제포럼과

IMD의 「세계경쟁력보고서」에 따르면 한국의 경쟁력은 세계에서 2000년에는 47개국 중 28위, 2005년에는 60개국 중 29위로 발표되었는데 이렇게 된 근본 원인은 한국이 지나치게 폐쇄적이어서 국제화가 부진하기 때문이라고 지적한다. 이렇게 세계가 무한경쟁 시대로 치닫고 있는데 우리는 이에 제대로 적응해 가지 못하고 있는 게 현실이다. 오늘날 국제화는 크게 경제와 환경 문제를 중심으로 전개되고 있다. 경제는 경제 블록화에 어떻게 대처해 나갈 것인가에, 환경 문제는 유엔환경개발회의(UNCED)의 리우선언과 지방의제 21 등 국제환경협약에서 대두되는 지구 환경 문제 해결에 어떻게 잘 대처해 나갈 것인가에 초점이 맞춰지고 있다. 바로 이러한 상황이 오늘날의 국제화 현상의 추세이며, 여기에 적극적으로 대처하기 위한 국가, 지방, 기업의 노력이 곧 국제화 활동이라고 할 수 있다.

특히 국가의 국제화와 기업의 국제화는 지방의 국제화가 먼저 이루어져야 활성화될 수 있다. 왜냐하면 궁극적으로 국가를 구성하고 기업들이 입지해 있는 각각의 지역이 그들 나름대로의 특색을 그들만이 가장 잘 부각시킬 수 있기 때문이며, 이러한 지방의 국제화가 나아가 국가의 국제화를 달성시킬 수 있는 초석이 되기 때문이다. 즉 동서 진영 간 이념의 장벽이 무너지고 국가 간 경계가 허물어지면서 세계는 바야흐로 국가 간 치열한 경쟁으로 치닫고 있다. 국가 간 경쟁은 지역 간 경쟁으로, 지역 간 경쟁은 지방정부 간, 도시정부 간 경쟁으로 압축되고 있다. 도시학자인 카우퍼(J. M. Cowper)가 "신이 자연을 만들고 인간이 도시를 만들었다"는 주장은 도시의 경쟁력은 저절로 주어지는 것이 아니라 사람들의 땀의 결정체임을 의미한다.

오늘날 선진국의 경쟁력은 대도시의 경쟁력으로 나타나고 대도시들은 각기 그들 나름대로의 고유한 상징성과 독창적인 브랜드로 지구촌 사람들을 유인하고 볼거리와 즐길거리를 제공하려고 심혈을 기울이고 있다. 이를테면 산업혁명의 진원지인 영국은 런던 브리지로, 프랑스는 파리의 에펠탑으로, 미국은 뉴욕의 자유의 여신상으로, 중국은 베이징(北京)의 천안문 광장 등으로 그들만의 고유한 브랜드와 상징성을 담아 지구촌 사람들을 끌어들이고 머물도록 유도하고 있다. 이들의 공통점은 각 도시를 대표하는 물리적 상징성으로부터 출발하고 있다.

이제 우리나라는 6·27 4대 동시선거를 통해 민선자치단체장의 출범으로 본격적인 지방화 시대를 맞고 있다. 즉 앞으로는 국경을 초월해 지방정부 간 경쟁이 더욱 치열해질 것이며, 이를 위해서는 지방정부의 효과적인 홍보 및 마케팅 전략의 수립이 절실히 요청되고 있다. 여기에서는 국제화·개방화 추세에 부응해 외국의 지방자치단체 및 서울시가 전개하고 있는 그 대응 실태를 먼저 살펴보고, 특히 서울시의 국제화를 위해서 '서울'이라는 이미지를 어떻게 조성할 것이며, 조성된 이미지를 누가, 어떤 경로를 통해서 알릴 것인가에 대한 서울시의 국제화와 지역 이미지 제고 방안에 대해 살펴보기로 한다.

제 2 절 CI의 의미

1 자치단체의 지역 이미지(CI: City/Community Identity)

1) CI의 본원적 의미

CI(Corporate Identity)란 원래 기업의 활동에서 나온 용어이다(財團法人 地域活性化センター, 1992). 한마디로 기업 이미지 일체화 전략을 의미한다. 즉 기업의 존속과 성장에 관계되는 모든 사람들과 공유된 기업 독자의 가치와 개성으로서 기업이 환경과 새로운 관계 속에서 스스로 주체성(主體性)과 통일성(統一性)을 확립해 기업의 가치와 사회의 가치와의 적합화를 도모하고, 환경에 적응해 가는 일련의 자기 개혁과 자기 표현의 과정이다. CI가 원래 민간 부문에서 개발되고 적극적으로 활용되고 있다.

참고로 기업의 CI 계획 유형을 살펴보면 [그림 3-1]과 같은데, 일반적인 유형은 자기 환경 중심형, 관계 지향형, 자기 변혁형, 미래전략 지향형 순으로 전개된다.

[그림 3-1] 기업의 CI 계획 유형

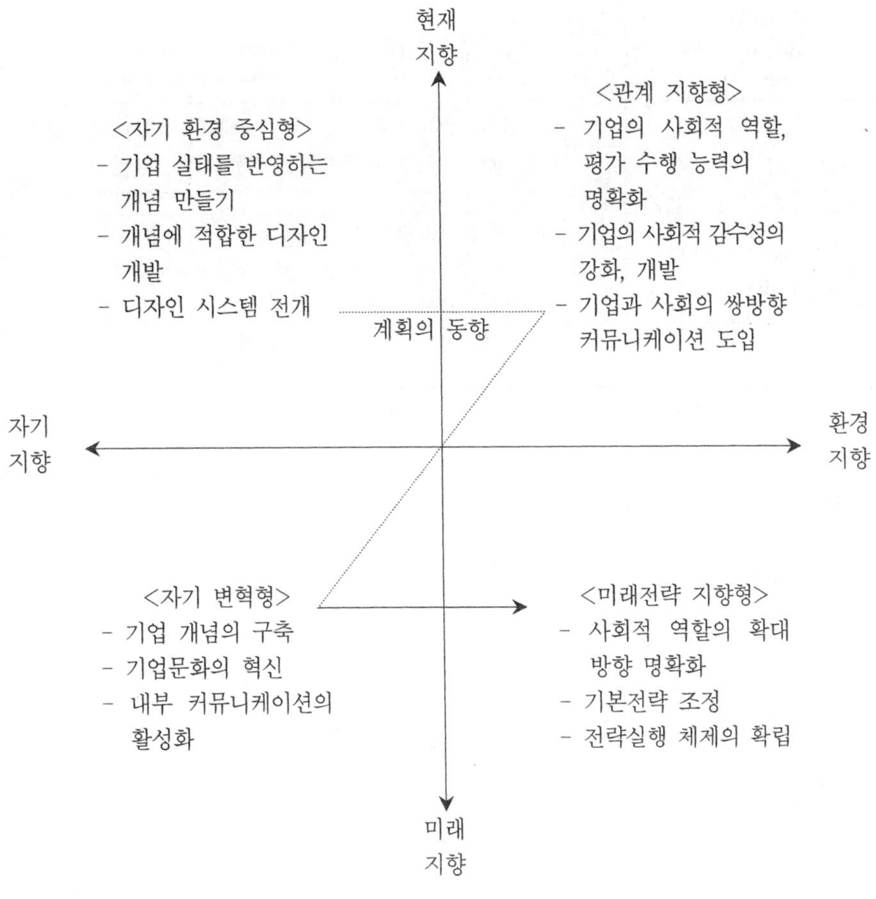

출처: (財)地域活性化センター(1992: 143).

2) 지방정부에서의 CI

(1) 지방정부에서의 CI 개념

기업의 아이덴티티를 지역 아이덴티티에 응용하면(石見利勝・田中美子, 1992), 1) 지역이 자신은 무엇인가를 인식하는 것이고, 2) 자기 지역의 바람직한 모습을 인식하고, 3) 그것을 향해 자기 지역을 개혁하고, 4) 그것을 제3자에게 인식시키는 일련의 커뮤니케이션 전략이 된다.

[그림 3-2] 아이덴티티와 CI, 지역 아이덴티티의 개념 정리

아이덴티티 (identity)	자신이 누구인지를 인식하는 것 (원래 개인에 대해 언급되는 것)
CI (Corporate Identity)	기업이 이상(理想)으로 하는 장래상을 제시하고, 그것을 향한 내외로의 전략적인 커뮤니케이션 활동
지역 아이덴티티 (City Identity/ Community Identity)	① 지역이 자신들이 무엇인지를 인식하고, ② 지역의 바람직한 모습을 목표로 제시하고, ③ 이미지 목표를 향해 자기 개혁을 하는, ④ 내외에의 전략적인 커뮤니케이션

출처: 石見利勝・田中美子(1990: 41).

[그림 3-3] 지역의 CI 계획 유형

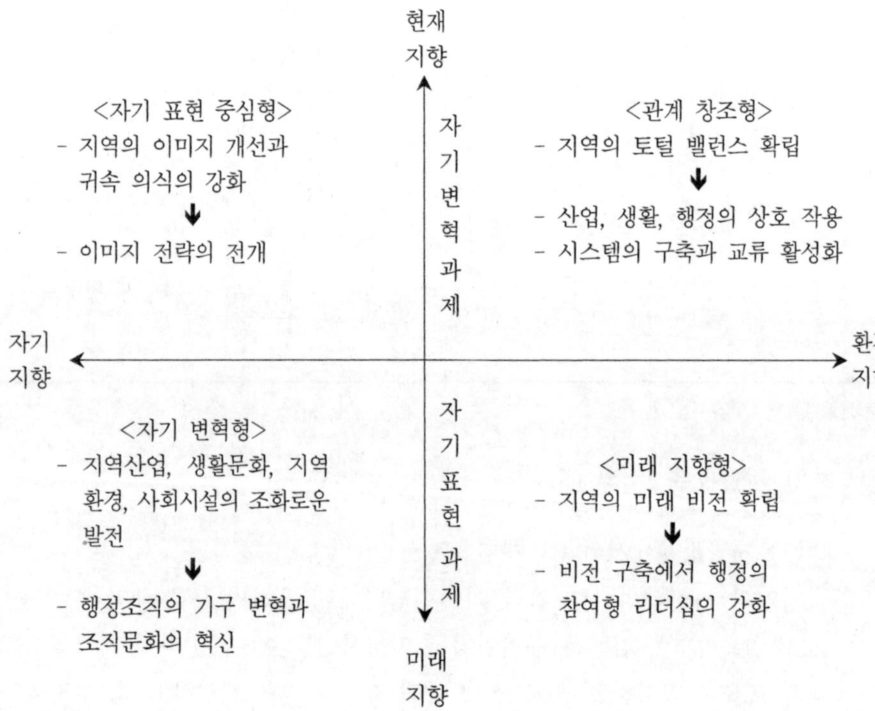

출처: (財)地域活性化センター(1992: 145).

일반적으로 '지역 이미지'란 특정 지역에 대해서 사람들의 마음속에 떠오르는 상·형태(像·形態)를 의미한다. 자치단체 내지는 지역에서 CI는 City Identity 또는 Community Identity(대상 지역이 도시인 경우는 City Identity, 농촌 내지 도시와 농촌 전체인 경우 Community Identity로 부를 수 있을 것임)로서 지역 이미지 전략을 의미한다고 할 수 있는데, 유사 개념을 정리해 보면 앞의 [그림 3-2]와 같다. 또한 지역의 CI 계획 유형은 [그림 3-3]에서와 같이 자기 표현 중심형, 관계 창조형, 자기 변혁형, 미래 지향형으로 구분해 볼 수 있다.

(2) 기업 CI와 지방정부 CI의 비교

기업의 CI(Corporate Identity)와 지역의 CI(City Identity, Community Identity)에서 그 목적, 대상, 추진 체제, 방법을 비교해 보면 <표 3-2>와 같다. 이미지 만들기의 목적에서 기업은 당연히 수입 확대, 매상 증대, 상권 확대 등 최종적으로 이윤 추구라는 명확한 목적을 가진다. 반면에 지방자치단체의 경우 행정시책은 폭넓고 종합적인 것이기 때문에 초점을 좁힌 이미지 목표라는 것을 만들기는 어렵다. CI의 대상은 기업의 경우는 사외(社外: 고객, 소비자, 관련 회사 등)와 사내(社内: 사원)의 2개를 CI의 대상으로 하지만, 지방자치단체는 지역 내(地域内)와 지역 외(地域外), 특히 지역 내의 경우 주민과 지역자치단체 직원을 구분해서 세 개를 대상으로 한다.

추진 체제와 방법에서 기업은 회사 운동으로서 CI를 전개하기 쉽지만, 종적 관계의 행정조직은 CI 도입이 쉽지 않다. 또 기업은 사명(社名) 변경이나 기업 로고타입 변경 등, 주로 Visual Identity(시각에 호소하는 것)가 많고, 사내 커뮤니케이션 시스템의 재검토 등 추진 절차가 명확하기 때문에 최종적으로는 광고 대리점에 이것을 위임하는 경우가 많다. 그러나 지역 이미지 전략은 전국의 공통된 '일반적 해답'이 없으므로, 자신의 지역이 어떻게 보여지고 있는가(대외적인 이미지), 자신의 지역의 자원은 무엇인가, 지역 CI의 근본이 되는 것은 무엇인가라는 것에 대해 그 지역 특유의 '특수 해답'을 찾는 길밖에 없다(石見利勝·田中美子, 1990).

〈표 3-2〉 기업의 CI와 자치단체 CI 비교

구 분	기 업	지방자치단체
이미지 만들기의 목적	매상 증가, 상권 확대 등 목적이 명확	자치단체의 복합적 기능 때문에 이미지 설정의 어려움 내재
누구에 대한 CI인가?	사내(社內)와 사외(社外) 사외 ← [기업 ↓ 사내]	지역 외와 지역 내(직원, 지역 주민) 지역 외 ← [자 치 체 ↓ 직원 ↓ 지역 주민]
추진 체제	회사 운동으로서 전개 용이	할거주의 조직에서는 CI 도입이 어려움
방 법	보이는 아이덴티티, 사내 커뮤니케이션 시스템의 개선 등 추진 수순이 명확	지역 이미지 전략에 전국 공통의 일반적 답은 없음.

출처: 石見利勝・田中美子(1990: 43).

(3) 자치단체의 CI 도입 배경

CI 전략은 원래 기업 전략의 하나로서 자치단체와 필연적으로 결부되는 것은 아니다. 자치단체가 이러한 CI에 주목하게 된 데에는 나름의 이유가 있는데, 이를 살펴보면 다음과 같다(財團法人 地域活性化センター, 1992).

① 민간기업에서의 성공과 자치단체의 이미지 상승 소망

기업 환경의 변화에 대응한 사명(社名)의 변경, 이미지 상승을 고려한 로고나 마크의 변경 등으로 기업이 여러 매체를 이용해 이미지 향상에 성공하고 있다. 이러한 전략의 성공은 자치단체가 조직의 활성화와 지역의 이미지 상승을 위해 지역 CI를 도입하게 하는 계기가 되고 있다.

② 지방자치단체의 역할 변화

국가가 모든 지방자치단체에 일률적으로 적용할 수 있는 지역진흥책을 제시하는 것이 곤란하게 되고, 각 지방자치단체가 각각 독자적으로 지역진흥책, 지역활성화정책을 추구하는 것이 필요하게 되었다. 따라서 지방자치단체의 개성화(個性化)로의 요청을 강화하고 지역 CI 전략으로의 눈을 돌리게 했다.

③ 지방자치단체의 새로운 이념의 필요성

광범위한 영역에 걸친 각종 대책을 정비하기 위해 경영적인 시각에서 전체의 비전과 방향을 설정하고, 이른바 지역경영(地域經營)의 이념이라고 하는 것이 점차 강하게 요청되었다. 지방자치단체가 이러한 이념을 가지기 위해서는 자신의 아이덴티티를 정확하게 인식하는 것이 중요하고, 이 시점에서 지역 이미지 전략이 요청된다.

④ 조직 활성화의 요청

최근 자주 회자되고 있는 것이지만 국제화(國際化), 개방화(開放化), 정보화(情報化), 고령화(高齡化) 등 지방자치단체를 둘러싼 사회·경제적인 변화가 급격하게 변화하고 지방자치단체는 이와 같은 변화에 정확하고 신속하게 대응함과 동시에 새로운 분야에 적극적으로 진출하는 것이 요구된다. 그러나 지방자치단체가 구태의연한 조직과 그 조직에 안주하는 직원으로서는 이러한 기대에 부응할 수 없다. 따라서 조직을 재점검함과 동시에 직원의 의식을 개혁하고, 전체 조직을 활성화해야만 한다는 요청이 강해지고 있다.

⑤ 지방자치단체 스스로가 자신의 아이덴티티를 확인하는 계기

사회경제의 국제화가 심화되고 있고, 지방자치단체도 국제적 접촉이 증가하고, 지역 단위의 국제화가 요청되고 있다. 이것은 지방자치단체가 전세계적인 시점에서 자신들의 역할을 다시 생각하게 되는 계기가 된다는 것을 의미한다.

(4) 자치단체 CI 전개의 실현 대상

지방자치단체가 지역 이미지를 구축해 나가려 할 때 도대체 무엇을 통해서 구축해 나갈 것인가? 그 실현 대상에는 대체로 다음과 같은 것이 있을 수 있다.

① 지역 장기종합계획 및 기본 구상

② 로고, 마크, 랜드마크, 명소

③ 추상적인 지역의 특징 부각(세계의 도시 뉴욕, 부지런한 도시 도쿄 등)
④ 지방자치단체의 꽃, 나무, 새
⑤ 주민의 행동을 통해서 지역의 아이덴티티를 확립해 나가는 시민헌장
⑥ 행정의 모든 것을 문화의 관점에서 재검토하는 행정의 문화화
⑦ 도시의 경관 등

(5) 지역 이미지 전략상의 유의점

지방자치단체의 지역 이미지 전략이 성공하기 위해서는 기본적으로 다음과 같은 사항에 먼저 유의해야 한다.

① 실태(내실)를 동반하지 않는 이미지는 약하다.
② 반복・계속하지 않으면 잊어버릴 수 있다.
③ 지역의 동의를 구한다.
④ 행정의 종적 관계의 틀을 벗어난다.
⑤ 지도자가 바뀌더라도 방침의 계속성을 확보한다.
⑥ 지방자치단체 소속 공무원의 의식이 개혁되어 대형 비리 사건이 발생되지 않아야 한다.

2 자치단체의 지역 이미지 홍보: 서울시의 사례를 중심으로

'지역 이미지(CI: City Identity, 지역 CI) 홍보'란 자치단체의 이념 평가와 자치단체의 이름, 마크, 문자의 형태 변경으로 자치단체의 이미지, 체질, 아이덴티티를 널리 알려 당해 지역에 대해 호감을 갖도록 함으로써 궁극적으로 지역의 발전을 도모해 가는 전략을 의미한다. 이러한 지역 이미지 홍보전략(弘報戰略)은 오늘날과 같은 무한경쟁의 초국경 시대에 더욱 그 필요성이 요구되는데, 아직도 서울시에서는 그 활동이 미미한 수준에 머물고 있다. 여기서는 서울시가 지역 이미지 홍보를 위해서 전개하고 있는 활동으로는 어떠한 것이 있으며, 또한 그 문제점 및 지역 이미지 홍보전략에 대해서 살펴보기로 한다.[1)]

---

1) 여기서의 서울시 관련 자료는 지방자치단체의 홍보 기능이 비교적 취약하며 홍보 기능

1) 국제화 및 지역 이미지 홍보 활동 실태

서울시청 내에 지역 이미지 홍보를 전담 수행하고 있는 공식기구는 없지만 그나마 이미지 홍보 활동에 직·간접으로 관여하고 있는 부서가 있다면 그것은 공보관실, 국제교류과, 관광과라고 할 수 있는데, 이들 부서에서 현재 전개하고 있는 지역 이미지 홍보 활동을 소개하면 아래와 같다.

(1) 공보관실

특정한 지역 이미지 홍보 프로그램은 없지만, 주로 언론 매체를 통해서 전개하고 있는데, 현재는 1) 공보처의 해외공보관실을 통한 홍보, 2) 국내 외신기자클럽 및 특파원을 통한 홍보, 3) 해외 잡지 이용 홍보, 4) 외국 TV 취재 요청에 응한 홍보 활동 등을 수행한다(서울특별시, 1994).

(2) 국제교류과

문화관광국 산하 국제교류과에서는 국제 교류, 협력 지원, 국제 행사 등 다양하게 해외 활동을 전개하고 있지만 순수 지역 이미지 홍보 활동은 거의 없는 상태이다. 지역 이미지 홍보 활동과 직·간접으로 관련된 활동으로는 1) 서울시 내방객에 대한 시정 소개(주무과장이 담당), 2) 국제전문직 운영, 3) 자매도시 주재관제(駐在官制) 실시 등이 있는데, 주재관은 4~5급 공무원이 파견되고 있으며, 현재는 13개 자매도시 중 3개 시(도쿄도, 샌프란시스코 시, 파리 시)에만 파견되어 있다. 현재 서울시와 자매 결연을 맺고 있는 외국 도시는 타이완 타이베이(臺北) 시, 미국 호놀룰루 시, 샌프란시스코 시, 브라질 상파울루 시, 인도네시아 자카르타 시, 러시아공화국 모스크바 시, 멕시코 멕시코 시, 호주 뉴사우스웨일스 주, 터키 앙카라 시, 콜롬비아 보고타 시, 일본 도쿄도, 프랑스 파리 시, 중국 베이징 시 등이다.

(3) 관광과

관광교류사업은 당해 지역의 이미지를 널리 알리는 데 좋은 수단이 된다. 현재 서울 시내에는 외국인이 약 3만 5천여 명 거주하고 있는데, 이들과 외

활성화에 대한 어떠한 시사점을 탐색할 수 있다는 의미에서 민선단체장 체제 출범 직전인 1994년을 기준으로 했다.

〈표 3-3〉 서울시 자매도시 현황(13개)

국 명	도시명	시 장 명	인구 (만)	면적 (km^2)	결연일
타이완	타이베이 시	Ta-Chou Huang	268	272	1968. 3. 23
터키	앙카라 시	Murat Karayalcin	330	1,204	1971. 8. 23
미국	호놀룰루 시	Frank F. Fasi	80	1,576	1973. 10. 22
미국	샌프란시스코 시	Frank M. Jordan	72	116	1976. 5. 18
브라질	상파울루 시	Luiza Erundina da Souza	1,138	1,493	1977. 4. 20
콜롬비아	보고타 시	Jaime Kastro	430	1,518	1982. 6. 14
인도네시아	자카르타 시	Wlygo Atmodarminto	880	655	1984. 7. 25
일본	도쿄도	Shunichi Suzuki	1,193	2,168	1988. 9. 3
러시아공화국	모스크바 시	Yuri M. Louzshhkov	896	1,059	1991. 7. 13
호주	뉴사우스웨일스 주	Nick Greiner	586	801,600	1991. 11. 8
프랑스	파리 시	Jacque Chirac	217	105	1991. 11. 12
멕시코	멕시코 시	Manuel Camacho Solis	824	1,504	1992. 10. 5
중국	베이징 시	Ji Nyeom Lee	1,082	16,807	1993. 10. 23

출처: 서울시 국제교류과.

〈표 3-4〉 서울시 운영 관광안내소 현황(1993. 3 현재)

안 내 소 명	위 치	인원(명)
종 합	시청 시정종합정보센터 내	3
광 화 문	광화문 교보빌딩 앞	2
명 동	한일은행 본점 앞	2
종로 5가	종로 5가 지하철역 입구	1
이 태 원	해밀턴호텔 옆	2
덕 수 궁	덕수궁 정문 앞	2
파 고 다	탑골공원 옆 인사동 입구	2
고속터미날	경부선 터미널 앞	1

출처: 서울시 관광과.
주: 인력은 통역자격증을 소지한 관광과 소속 전문직.

국 관광객을 위해서 관광과에서는 관광안내소를 설치 운영하고 있다. 안내소에는 관광과 소속 전문직(통역자격증 소지) 15명이 상주해 외국인을 상대로 관광·교통·숙박·지리 등을 안내하고 있다. 현재 서울시가 운영하고 있는 시내 관광안내소 현황은 <표 3-4>와 같다.

(4) 기타 국제 교류 활동을 통한 지역 이미지 홍보

서울시에서는 다양한 국제교류사업을 통해서 서울의 이미지 홍보와 중소기업 해외 진출을 도모해 가고 있는데, 대표적인 사례를 소개하면 다음과 같다.

① 한국지방자치단체 국제교류재단(KLAFIR)

□ 설립 취지

본격적인 지방자치 시대를 맞이해 자치단체 간 공통의 이해 관계로 부각될 개방화·국제화의 각종 업무를 함께 추진해 해외 업무에 대한 지식과 경험 부족, 조직·예산의 낭비를 사전에 방지, 각 자치단체의 효율적인 국제화 업무 수행을 도모하는 데 있다.

□ 출자 형태

각 지방자치단체의 출연금으로 운영되고 있는데, 현재 서울시가 전체 예산의 18%(10억 2천만 원)를 출자하여 이 재단을 주도하고 있으며, 회장도 서울시장이 맡고 있다.

□ 조 직

회장, 부회장 밑에 이사장, 상임이사가 있으며, 상임이사 밑에 총무부, 기획조사부, 교류협력부가 있고, 기획조사부 내에 기획담당 및 조사담당이, 교류협력부 내에 일반교류담당과 경제교류담당이 각각 있다. 인력은 상임임원 2명, 직원 30명(파견 15명, 전임 15명)으로 구성되어 있다.

□ 주요 기능

- 지방자치단체의 국제화를 위한 추진전략의 기획, 조사 및 연구
- 지방자치단체의 국제 교류 활동과 관련한 제반 사항에 대한 지원, 알선
- 지역경제를 위한 해외시장 개척, 관광객 및 투자 유치 활동
- 지방공무원의 해외 연수 프로그램 운영, 외국 자치단체 공무원 및 민간인의 초청사업 실시

• 외국의 지방행정 · 재정 제도의 연구 및 정보 자료 수집, 제공

□ 기대 효과

• 자치단체의 국제화 도모

• 자치단체를 해외에 알리는 산파역 수행

② 해외 시장 개척단 파견

• 대상 지역: 중국(베이징 시, 상하이 시), 홍콩, 베트남(호치민 시)

• 파견 기간: 1994. 5. 8~5. 22

• 주관: 서울시, 대한무역진흥공사

• 참가 업체: 수출 유망 우수제품을 생산중인 중소기업체

• 개척단 구성: 13명(중소기업체 10, 서울시 2, 대한무역진흥공사 1)

• 소요 예산: 50,000천 원

• 활동 성과: 128개 업체 상담, 1,940만 달러 계약

③ 해외 주요 도시에 '서울관(館)' 설치

□ 목 적

• 서울의 이미지를 세계에 홍보

• 행정 교류, 민간 교류 및 협력 사업 도모

• 민간기업의 해외 활동 지원

• 서울 관광 홍보 등을 위한 해외 기지화

□ 추진 방향

• 서울시와 각 민간경제단체 공동 운영

• 1995년 상반기에 미국 로스앤젤레스, 중국 베이징에 우선 설치하고 연차적으로 6대 주의 지역별 거점도시로서 시장성이 높은 뉴욕, 파리, 도쿄, 자카르타, 모스크바, 상파울루에 설치

④ 자치구의 지역 이미지 활동

지방자치 시대를 맞아 내 고장에 대한 이미지를 확실하게 하고 구민들에게 애향심과 자긍심을 심어 주기 위해 각 자치구마다 구(區)를 상징하는 심벌 마크(symbol mark) 제정이 활발히 전개되고 있다. 자치구 상징물은 꽃 · 나무 · 새 등 자연상징물과 심벌 마크 등으로 자연상징물은 현재 22개

자치구가, 심벌 마크는 종로 · 중구 · 용산 · 성동 · 성북 · 중랑 · 동대문 · 양천 · 노원 · 강서 · 영등포 · 동작 · 관악 · 서초 · 강남 · 송파 · 강동구 등 17개 자치구가 이미 제정했으며, 나머지 자치구에서도 추진중이다. 이렇게 제정된 상징물들은 각종 유인물 등 홍보 자료에 활용된다.

2) 특징 및 문제점

해외 홍보를 체계적으로 수행할 전담 기능(專擔機能)이 국내외에 없어 효율적인 지역 이미지 홍보 활동이 이루어지지 못하고 있는 실정이다. 또한 서울의 어떠한 면을 집중적으로 알릴 것인지 등 '서울'에 대한 이미지 통일 작업도 되어 있지 않은 상태이다. 우리의 국제화 및 지역 이미지에 대한 대응 체제가 아직 걸음마 단계를 탈피하지 못하고 있는데 비해서 외국의 자치단체들은 이미 서울을 대상으로 매우 적극적으로 그들의 국제화와 지역 이미지 홍보 활동을 전개하고 있다. 다음에서는 활발히 전개되고 있는 외국 자치단체의 그들의 국제화 및 지역 이미지 홍보 활동 현황을 살펴본다.

3 외국 자치단체의 지역 이미지 홍보 실태

미국, 일본, 프랑스, 캐나다 등 선진국의 도시들은 지역 주민들을 시(市)에 통합시키는 지역 내 이미지 활동과 해외에 도시의 이미지를 선전하는 지역 외 이미지 활동을 활발히 전개하고 있는데, 지역 외 이미지 활동의 일환으로 현재 서울시에만 외국 자치단체의 사무소가 46개나 들어와 있는 상태이다(표 3-5 참조). 미국 25개, 일본 4개, 영국 7개, 독일 6개, 캐나다 2개, 프랑스 2개 등으로서 이들 사무소가 조성되기 시작한 것은 1980년대 후반부터이다. 지방정부들이 힘을 합쳐 '공동 기지'를 세운 곳도 있다. 일본 '자치체국제화협회(CLAIR)'의 서울사무소, 미국 '주한 미국 주정부대표사무소협회'가 바로 그런 경우이다. 현재 이러한 사무소들은 '지방(地方)과 세계(世界)를 잇는 전진 기지' 역할을 톡톡히 수행하고 있다.

〈표 3-5〉 외국 지방정부의 서울사무소 현황

국가	지방정부	설립 연도	비고
일본 (4개 단체)	• 일본자치체국제화협회	1993	59개 지방정부 가입
	• 니가타(新瀉) 현	1990	
	• 미야기(宮城) 현	1993	
	• 나가사키(長崎) 현	1993	
미국 (25개 단체)	• 주한미국주정부대표사무소협회	1989	16개 지방정부 가입
	• 미주리 주	1990	
	• 플로리다 주	1991	
	• 알래스카 주	1985	
	• 뉴욕앤드뉴저지 항만청	1991	
	• 버지니아 주	1988	
	• 오리건 주	1987	
	• 유타 주	1983	
	• 위스콘신 주	1989	
	• 사우스캐롤라이나 주	1990	
	• LA항만청	1984	
	• 아이다호 주	1988	
	• 콜로라도 주	1990	
	• 조지아 주 외 11개 단체	1985	
캐나다 (2개 단체)	• 앨버타 주	1988	
	• 퀘벡 주	1991	
프랑스 (2개 단체)	• 알자스 주	1989	
	• 프랑스 상공회의소	–	
영국 (7개 단체)	• 아일랜드 개발청	1987	
	• 잉글랜드 투자개발청	1993	
	• 북아일랜드 개발청	1989	
	• 웨일스 개발청	1989	
	• 스코틀랜드 개발청	1994	
	• 북잉글랜드 개발청	–	
	• 영국 상공회의소	–	
독일 (6개 단체)	• 브레멘 주	1990	
	• 함부르크 주	–	
	• 베를린 주	–	
	• 노르트라인베스트팔렌 주	–	
	• 한스자이델재단	–	
	• 독일 상공회의소	–	

출처: 1. 강천석 외(1994: 250-212).
2. 기관방문조사 및 전화조사.

외국 주요 자치단체의 지역 내외 이미지 홍보 활동 사례를 구체적으로 소개하면 아래와 같다.

1) 일본 지방자치단체

(1) 도쿄도(東京都)

도쿄도의 지역 이미지 활동은 주로 도청 이전에 따른 이미지 변화에 역점을 두고 전개되었다. 1988년 도쿄도의 CI에 대한 기본적인 생각과 그 추진을 위한 구체적 시책이 나오면서 앞서가는 도쿄의 이미지로서 '세계도시

[그림 3-4] 도쿄 CI 계획 흐름도

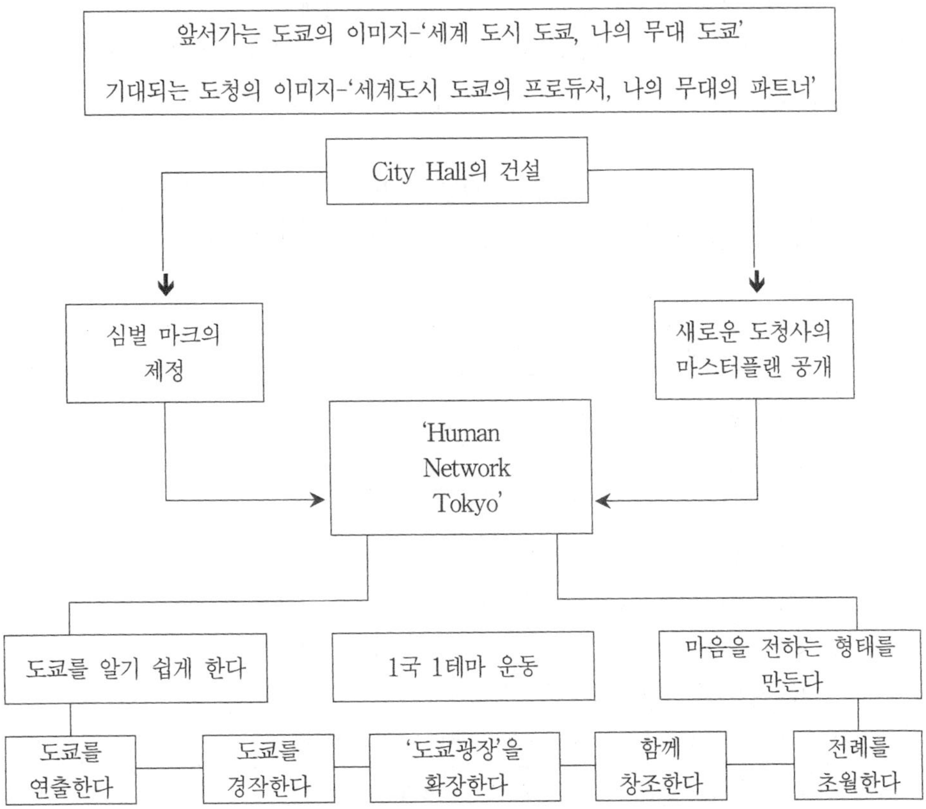

출처: 서울시(1990).

도쿄, 나의 무대 도쿄', 기대되는 도청의 이미지로서 '세계 도시 도쿄의 Producer, 나의 무대의 Partner', 도쿄도의 CI 운동의 슬로건으로서 'Human Network Tokyo'가 각각 제안되었다. 이것을 중심으로 도쿄도 CI 추진본부를 창설함과 동시에 'Human Network Tokyo-도쿄도 CI 추진계획 대강'을 책정하고 도쿄도가 추진하는 CI 운동의 기본 방침을 지역 내외에 발표했다. 이러한 방침에 따라서 도쿄도는 'Human Network Tokyo'라는 슬로건을 기초로 CI 운동에 관계되는 심벌 마크의 제정, 신청사의 사전 공개, 1국 1테마 운동 등 3개의 프로젝트를 추진해 나갔다.

(2) 기타 일본 자치단체의 지역 CI 도입 사례

일본의 자치단체들은 지역의 개성화(個性化)를 내세워 다른 지역과는 다른 매력을 선전하면서 지역 간의 경쟁 시대에 적극적으로 대응해 나가고 있다. 1989년 현재 지역 CI 캐치프레이즈를 표방하고 나선 자치단체 수만도 113개에 이른다. 대표적인 사례를 소개하면 <표 3-6>과 같다.

〈표 3-6〉 기타 일본 자치단체의 지역 CI 사례

자치단체	지역 CI 슬로건
홋카이도(北海道)	전환기를 넘어 21세기를 열자
미야기 현(宮城縣)	21세기의 비약, 새로운 고향 만들기
야마구치 현(山口縣)	세계로 넓어가는 활력과 인간미가 가득 찬 야마구치의 창조
니가타 현(新瀉縣)	21세기의 일본해 시대를 개척하자
후지 현(富山縣)	활력과 편안함이 있는 고향 만들기
후쿠이 현(福井縣)	활력과 인간미 있는 문화의 고향 만들기
나가노 현(長野縣)	높이자 자신, 높이자 신용
아이치 현(愛知縣)	인간성과 활력이 넘치는 아이치 현 만들기
교토부(京都府)	문화의 향기가 넘치는 고향 만들기
와카야마 현(和歌山縣)	활력과 문화가 넘치는 고향 만들기
오카야마 현(岡山縣)	풍부하고 활력이 있는 향토 만들기
나가사키 현(長崎縣)	21세기, 성숙사회에의 출발

출처: (財)地域活性化セン-(1989).

(3) 일본 주요 자치단체의 한국사무소 현황

일본 자치단체들은 외국 현지에 사무소를 개설해 관광객 유치, 이미지 홍보, 상품정보 수집 등 지역 이미지 홍보를 위해 활발히 뛰고 있는데 한국에도 니가타 현, 미야기 현, 나가사키 현 등 3개 현이 사무소를 개설해 활동

〈표 3-7〉 일본 주요 자치단체의 한국사무소 현황

구 분	조 직	설립 목적	예 산	설립 후 변화상	홍보 방법	설립 연도
니가타 현 한국사무소	직원: 전체 6인(현지 직원 1인) 조직: 경제교류과, 관광과, 기획과, 총무과로 구성	• 경제 교류 • 관광 홍보 • 정부 수집 제공 • 국제 교류	전액 縣 출자 (2억 엔)	• 관광객 증가 • 인적 교류 증가 • 지역 이미지 상승	• 정기간행물 홍보 • 대인(對人) PR • 팸플릿 • 소책자 • 지하철 광고 • 여행 잡지 • 언론인 이용	1990
미야기 현 한국사무소	소장 1인, 비서 1인	• 미야기 현 지역 이미지 홍보 • 기업 교류 • 정보 수집 • 관광 홍보	전액 縣 출자	• 사무소 개설 전에는 여행사 직원이나 언론인들도 미야기를 잘 몰랐으나 현(縣) 인지도 매우 상승(설문조사 결과.) • 관광객 증가	• 행사 참석 • 대인(對人) PR • 리셉션 • 팸플릿 • 신문 광고	1993
(재)일본자치체국제화협회 서울사무소	직원: 12명 조직: 기획반, 총무반, 조사반, 자료실로 구성	• 지방의 국제화	재단 총예산은 35억 엔이며, 서울사무소 예산은 2억엔 규모	• 지방의 국제화 도모 • 청소년 교류 알선 • 한국 내 지방 공무원에게 정보 제공	• 기관지 발행 • 자료실을 통한 열람 • 전화상담 • 사업에 관한 홍보 전개	1993

출처: (財)自治體國際化協會(1993).

주: 1. 각 사무소 면접조사.

2. Nigata Ken Seoul Office, 新潟, 1994.

3. 宮城縣, MIYAGI, 1994.

〈표 3-8〉 일본자치체국제화협회의 해외사무소 현황

사 무 소 명	개 설 일 자
뉴욕사무소	1989. 4
런던사무소	1989. 10
싱가포르사무소	1990. 10
파리사무소	1990. 10
서울사무소	1993. 4
시드니사무소	1994. 10.
베이징사무소	1997. 10

출처: 일본자치체국제화협회 서울사무소.

을 벌이고 있을 뿐만 아니라 추가로 4개 현(시마네 현, 구마모토 현, 도야마 현, 가고시마 현)이 사무소 개설 준비를 하고 있다. 또한 일본 지방자치단체들은 이른바 '일본자치체국제화협회(CLAIR)'를 설립해 서울시를 비롯한 외국 각 주요 대도시에 해외사무소를 개설, 자기 지역을 알리고 한편으로 외국의 정보를 수집해 본국에 제공하는 활동을 수행하고 있다. 이들의 한국사무소에서의 활동 현황을 통해서 자치단체의 지역 이미지 홍보 활동 실태를 살펴보면 앞의 <표 3-7>과 같다.

2) 미국 지방자치단체[2)]

(1) 뉴욕 시

뉴욕 시의 지역 이미지는 'Big Apple' 캠페인으로 시작되었다(財團法人地域活性化センタ-, 1992). 이것은 1971년에 실시되었는데 그 배경은 당시의 뉴욕 시가 범죄, 폭력의 도시로서 극도로 나쁜 이미지로 알려지고 국제회의나 관광이 부진하고, 또 뉴욕 시의 도산 직전의 재정 상태에서 헤쳐 나가기 위한 것이었다. 'Big Apple'(재즈 음악가가 사용한 것을 원용)을 뉴욕 시의 애칭으로 정해 시의 이미지를 높이고 시에 대한 친밀감을 가지게 하

2) 미국 지방자치단체들이 한국에서 전개하고 있는 홍보 활동 내역 및 사무소 현황에 대해서는 다음 자료를 참조. Association of American State Offices in Korea(주한 미국 주정부 대표사무소 협회), *ASOK Directory*(주한 미국 주정부 대표사무소 협회) 현황 및 회원 주별 소개, 1992.

[그림 3-5] 뉴욕 시의 지역 이미지 활동 전개도

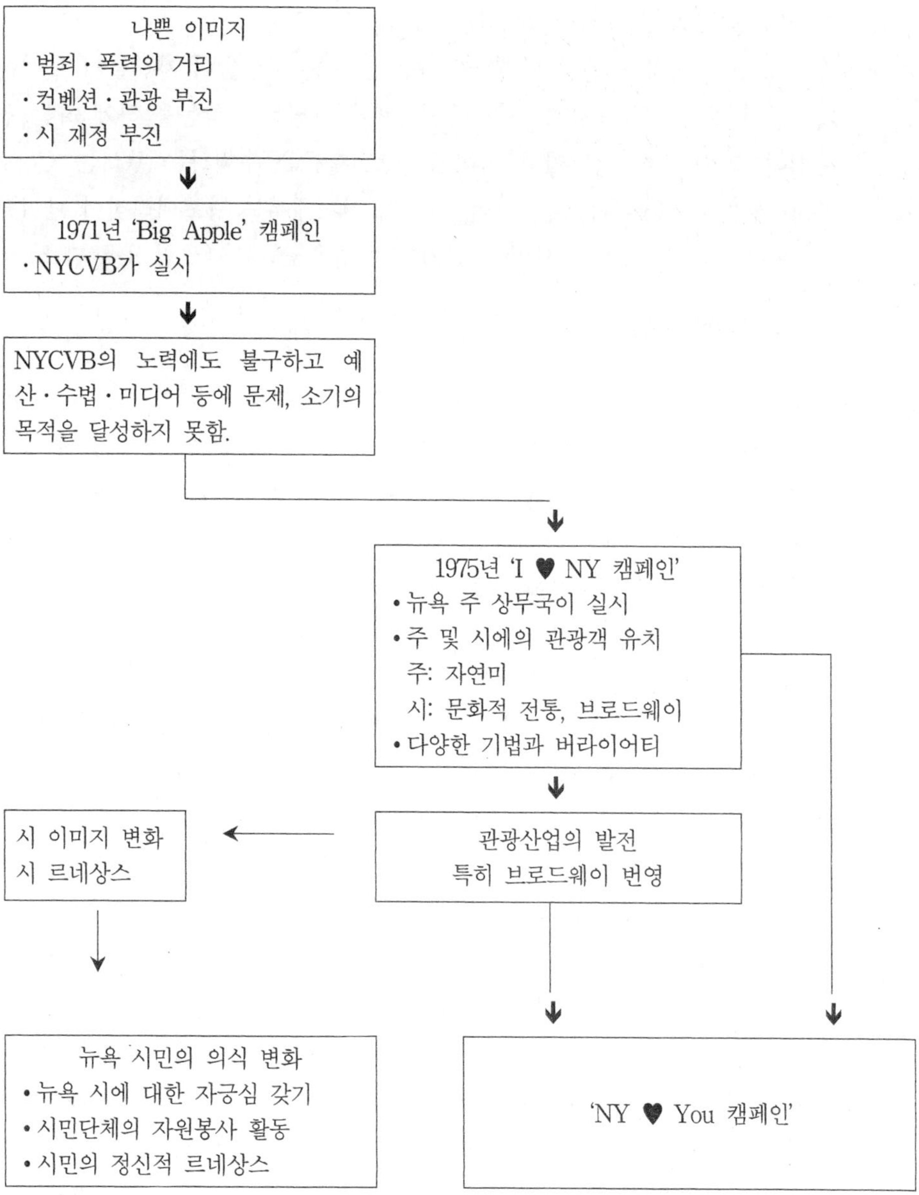

출처: (財)地域活性化センタ-(1992: 133).

며 그것에 의해 지역을 부흥시키고 관광객 등을 뉴욕 시로 끌어들이려고 한 것이다. 캠페인은 주로 포스터, 스티커, 상품 판매 촉진 활동, 광고 활동을 통해 실시했다. 또한 뉴욕 시는 1975년에 'I Love New York'이라는 캠페인을 전개해 지역 진흥과 관광객 증가는 물론 시민들이 자신들의 도시에 자신감과 자부심을 가지게 하고 시민단체가 자원봉사 활동을 하게 하는 원동력이 되었다. 이러한 지역 이미지 홍보 활동을 수행하는 부서는 'Convention & Visitors Bureau'이며, 사업의 실시에서는 광고대리점이 관여하는 것이 많으며, 기업이 사업에 참가하는 경우도 많다(그림 3-5 참조).

(2) 인디애나폴리스 시

오늘날 인디애나폴리스 시는 '아마추어 스포츠의 수도'로 불리고 있다. 이 도시는 1970년대 초반만 해도 아무런 특징을 내세울 것 없는 미국 중서부의 평범한 지역에 불과했다. 그러던 것이 1970년대 후반부터 이 도시는 생기를 찾기 시작했다. 하드너츠 시장이 이 지역이 교통의 요충지라는 데 착안해 스포츠 도시로 키울 것을 계획하기 시작했던 것이다. 이후 하드너츠 시장은 수많은 경기장을 건설하고 각종 매머드 경기대회를 개최해 이 지역을 스프츠 천국으로 만들어 갔다. 이렇게 되자 인디애나폴리스는 보잘 것 없는 평범한 도시에서 '미국의 아마추어 스포츠의 수도'라는 닉네임이 붙을 만큼 스포츠 도시로 이미지가 널리 알려지게 되었다. 지금도 하드너츠 시장은 이 도시의 대사(大使)라는 기분으로 스포츠 도시 인디애나폴리스를 PR하고 있다.

이렇게 인디애나폴리스가 스포츠 도시로 성장하기까지는 스포츠에 대한 투자가 엄청났다. 현재 스포츠 도시로서 이 지역이 누리는 경제적 효과는 상당하다. 스포츠 도시로서의 성공이 호텔, 레스토랑 산업의 활성화를 촉진하고 있는데 5년간만 해도 30개의 새로운 호텔이 생겼고 4,500개의 객실이 증가했으며 1개월에 1개의 비율로 다운타운에 새로운 레스토랑이 개점하고 있다. 이 도시 내에 있는 주요 경기장과 스포츠 관련 단체 및 이제까지 개최해 온 주요 각종 경기대회를 소개하면 <표 3-9>, <표 3-10>과 같다.

〈표 3-9〉 인디애나폴리스에 본부를 둔 스포츠 관련 단체

스포츠단체	스포츠 의학단체
· 아마추어경기연맹 · 국제야구협회 · 중서부대학연맹회의 · 미국카누카약팀 · 미국다이빙협회 · 미국체조연맹 · 미국보트협회 · 미국수중발레협회	· 미국스포츠의학대학 · 미국수상경기협의회 · 세계스케이팅아카데미 · 국제스포츠의학연구소 · 주지사 체육협의회 · 미국건강스포츠연구소 · 미국육군체육학교

〈표 3-10〉 인디애나폴리스의 주요 경기시설과 스포츠대회 개최 현황

주요 경기시설과 개최 대회	연 도
· Market Square 실내 경기장 · 체조경기 개최	1974
· 인디애나폴리스 스포츠센터 · 인디애나폴리스 스포츠 코퍼레이션 설립	1979
· 인디애나폴리스대 부설 경기장 · 인디애나폴리스대 부설 육상경기장 · 사이클 경기장 · 전미(全美) 경기대회	1982
· 전미(全美) 육상경기대회	1983
· Hoosier 돔 경기장 · NFL골츠 팀 매수 · 전미(全美) 올림픽선수선발대회 · USA/모빌 야구대회	1984
· 세계 수중발레 선수권대회 · 전미(全美) 육상경기대회 · 4대륙 리듬체조 경기대회 · NBA 올스타 경기대회	1985
· 전미(全美) 체조경기대회 · 전미(全美) 보트경기대회	1986
· 실내 아이스링크 경기장 · 범(汎)아메리카 경기대회 · 세계 실내육상 경기대회	1987

· 전미(全美) 보트경기대회	
· 스포츠과학연구소 설립 · 전미(全美) 올림픽선수권대회 · 전미(全美) 요트경기대회 · 남자 대학생 다이빙 경기대회	1988
· 세계 수상스키대회	1989

(3) 기타 미국 자치단체의 지역 CI 도입 사례

미국 자치단체의 지역 CI 활동은 여러 지역에서 다양하게 표출되고 있는데, 대표적인 지역 CI 사례를 소개하면 <표 3-11>과 같다.

〈표 3-11〉 기타 미국 자치단체의 지역 CI 사례

자치단체	지역 CI 슬로건
매사추세츠 주	'The Spirit of Massachetts is the Spirit of America'
워싱턴 주	'The Another Washington - the State'
와이오밍 주	'Wyoming Excites Your Senses'
필라델피아 시	'You've Gotten a Friend in Philadelphia' 오래된 역사를 활용한 관광객 유치 캠페인
디트로이트 시	'Do it in Detroit' 쇠퇴해 가는 도시의 이미지 상승
피츠버그 시	'The City with a Smile on Its Face' 철강의 도시에서 인간적인 도시로
휴스턴 시	'Houston, We Got What It Takes' 카우보이 도시에서 국제적 도시로의 이미지 상승
애틀랜타 시	'The Next Great International City' 최남부 지방의 신흥 도시에서 국제적 컨벤션 도시로

출처: (財)地域活性化センター(1992: 134).

(4) 미국 주요 자치단체의 한국사무소 현황

미국의 자치단체 중 한국에 사무소를 개설해 지역 이미지 활동을 전개하고 있는 지역은 총 23개에 이른다. 이들이 한국 내에서 어떠한 활동을 하고 있는지 몇몇 사무소를 통해서 살펴보면 아래와 같다.

① 알래스카 주 한국사무소[3)]

• 설립 연도: 1985년

• 설립 목적

- 알래스카의 고용 증진, 통상 증진, 우호·협력 강화, 관광 유치

• 조직 및 인원

- 소장 1인, 부소장 1인, 비서 1인

• 예산

- 전액 주정부 출자

• 사무소의 설립 후 변화상

- 수출 물량 증대, 알래스카에 대한 이해 증진, 인식 제고

• 홍보 방법

- 알래스카의 주력 산업을 선정해 전경련, 종합상사, 공공기관에 홍보물 발송
- 무역사절단 파견시 회합, 알선
- 알래스카 관광 세미나 개최
- 관광회사 직원 등을 초청해 알래스카 순회 관광
- 알래스카 유학의 주선, 소개
- 알래스카 주 상품전시회 개최

② 버지니아 주(州) 항만청 한국사무소[4)]

• 설립 연도: 1988년

• 설립 목적

- 일반 해운 및 항만 관련 업계와의 정보 교환, 투자 상담 알선, 경제 협력과 우호 증진

• 조직 및 인원

- 소장 1인, 비서 1인

---

3) ① Governor's Office of International Trade(State of Alaska), Invest in Alaska, 1991.
② 알래스카 주 서울사무소 면접조사.

4) ① Virginia Port Authority, Ports of Virginia, 1992.
② 버지니아 주 항만청 한국사무소 면접조사.

• 예산
- 전액 주정부 출자
• 사무소의 설립 후 변화상
- 투자 유치 등 무역의 매개 역할 수행
- 한국의 상선이 버지니아 항에 취항하면서 한국과 더욱 긴밀한 관계 형성
• 홍보 방법
- 예산 및 인원의 제약으로 주된 홍보전략은 개인적 접촉
- 각종 단체나 행사에 참여해 지역 이미지 알리기
- 주로 기업을 상대로 한 통신문 발송
- 버지니아 주와 주 항만청에 대한 소개 책자 번역 발간

③ 콜로라도 주 한국사무소[5)]
• 설립 연도: 1990년
• 설립 목적
- 비즈니스 관련 정보 제공, 관광 정보 제공, 교육 · 문화 · 정치적 교류에 대한 정보 제공
• 조직 및 인원
- 2명
• 예산
- 전액 주정부 출자(연간 3,000만 원)
• 사무소의 설립 후 변화상
- 기술과 연구 실적 한국에 이전
- 기업 간 정보 교환 알선
• 홍보 방법
- 한국 기업이 콜로라도로 진출하고자 할 때 정보 제공
- 홍보물, 각종 행사에 참여해 지역 이미지 알리기
- 전화 및 통신 상담

5) ① Korea-U.S. Economic Council, Inc., Colorado, 1993.
② 콜로라도 주 한국사무소 면접조사.

3) 프랑스 지방자치단체

프랑스의 지방자치단체들은 지역 CI에 대해 적극적으로 대처하고 있다. 중앙정부의 지방분권화 정책의 실시에 의한 지방자치단체의 경제적 자립의 요구, 좋은 도시환경, 도시의 문화화, 적극적인 기업 유치, 개방된 시청 구현 등에 대처하기 위해 지역 CI 전략을 수행하고 있다.

[그림 3-6] 몽펠리에 시의 지역 이미지 활동 전개도

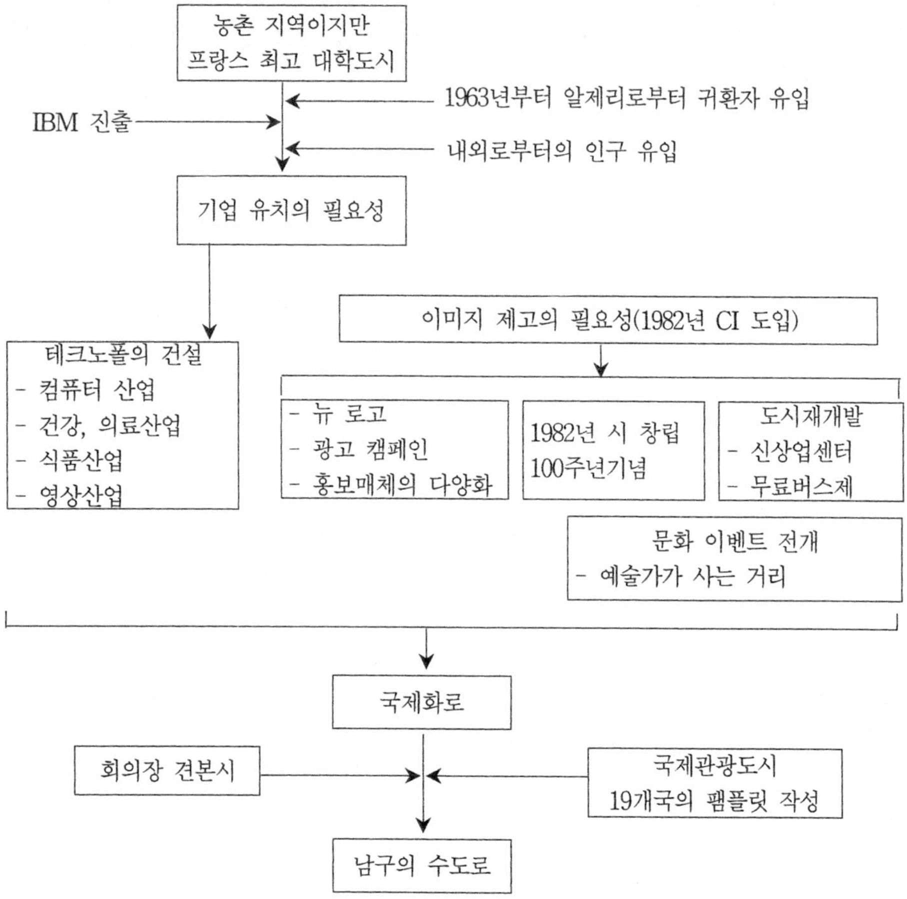

출처: (財)地域活性化センタ-(1992: 138).

(1) 몽펠리에 시

프랑스 최고의 대학도시로서 지역 CI 전략이 겨냥한 것은 농촌, 학원도시에서 공업도시를 지향하는 것이고, 이러한 가운데 1982년 대규모 기업 유치 계획중에 지역 이미지 전략을 적극적으로 도입했다.

몽펠리에 시(Montpellier市)가 실시한 지역 CI의 특징은 1) 기업 유치를 통한 경제적 자립과 기술연구도시 건설 지향, 2) 새로운 로고, 마크의 설정과 이미지 상승 광고 캠페인 실시, 3) 1982년에 시 창립 100주년 기념 행사로서 대규모 행사 개최, 이것을 통해 대외적인 이미지 상승만이 아니라 시민의 도덕심 함양, 문화 이벤트의 활성화 구현, 4) 도시환경 정비, 문화 행사의 전개, 예술가의 활동 장려를 통해 '문화의 활성화가 경제를 유지한다'는 이색적인 지역 CI 전개, 5) 국제화 도시를 향한 국제 이벤트 실시, 외국 관광객 유치 활동 전개, 6) 지역 CI 홍보의 주된 수단으로는 광고대리점의 협력을 통해 대담한 포스터, 신문 광고, 캠페인 시리즈 전개 등을 들 수 있다.

(2) 기타 프랑스 자치단체의 지역 CI 도입 사례

몽펠리에 시 이외에도 프랑스의 자치단체들은 지역을 활성화하고 국제적 지명도를 높이기 위해 지역 CI에 열성이다. 대표적인 사례를 소개하면 <표 3-12>와 같다.

〈표 3-12〉 기타 프랑스 자치단체의 지역 CI 사례

자치단체	지역 CI 슬로건
브레스트(Brest)	해군과 갈매기와 하이테크가 있는 도시
렌(Rennes)	문화가 폭발하는 도시
릴(Lille)	철도의 꿈이 있는 도시
낭시(Nancy)	신미술의 재생을 구하는 도시
빅텔(Vittel)	물이 만들어 낸 도시
생 캉탱 이블린 (Saint-Quentin-en-Yvelines)	다섯 도시가 합하는 것을 목표로 하는 뉴타운

출처: (財)地域活性化センター(1992).

1) 캐나다 지방자치단체

캐나다에서는 현재 2개 주(州)가 한국에 사무소를 개설해 지역 이미지 홍보 활동을 전개하고 있는데, 활동 실태를 살펴보면 <표 3-13>과 같다.

〈표 3-13〉 캐나다 지방자치단체의 한국사무소 현황

구 분	조 직	설립 목적	예산	설립 후 변화상	홍보 방법	설립 연도
앨버타 주 한국사무소	소장 1인, 상무관 1인, 관광담당관 1인, 비서 1인	· 앨버타 주 홍보 · 투자 유치 · 사절단, 방문단 알선	전액 앨버타 주정부 출자	· 친선 우호 도모, 민간외교 증진, 학생 교류 주선 · 지방정부 간 관계 증진 · 주정부사무소의 존재 자체 큰 의미 부여	· 통신홍보 · 기업체 방문 홍보 · 주정부 홍보용 소책자, 팸플릿	1988
퀘벡 주 한국사무소	소장 1인, 상무관 1 인, 비서 1인	· 투자 유치 · 기술 이전 촉진 · 무역통상 증진 · 관광 증진	전액 주정부 출자	· 퀘벡 주의 독자성 확보와 위상 제고에 기여 · 한국의 산업에 대한 정보 수집, 퀘벡에 대한 투자 유치	· 정부인사 초청 · 리셉션 · 각종 데이터뱅크 구축을 통한 홍보 · 신문광고 · 팸플릿	1991

출처: 1. 주한캐나다대사관 면접조사.
2. 앨버타 주정부 서울사무소, Alberta Advantage, 1994.
3. Québec, Québec International, 1994.

제 3 절 CI 기능 활성화 전략: 서울시를 중심으로

앞서 외국 자치단체의 지역 이미지 활동에 대해서 살펴보았듯이 서울은 외국 자치단체들이 그들의 국제화 전략을 구현하기 위한 각축장이 되어 가고 있는 느낌이다. 6개국 46개 자치단체들이 서울을 향해 보이지 않는 전쟁

[그림 3-7] 서울시 지역 이미지 전개 흐름도

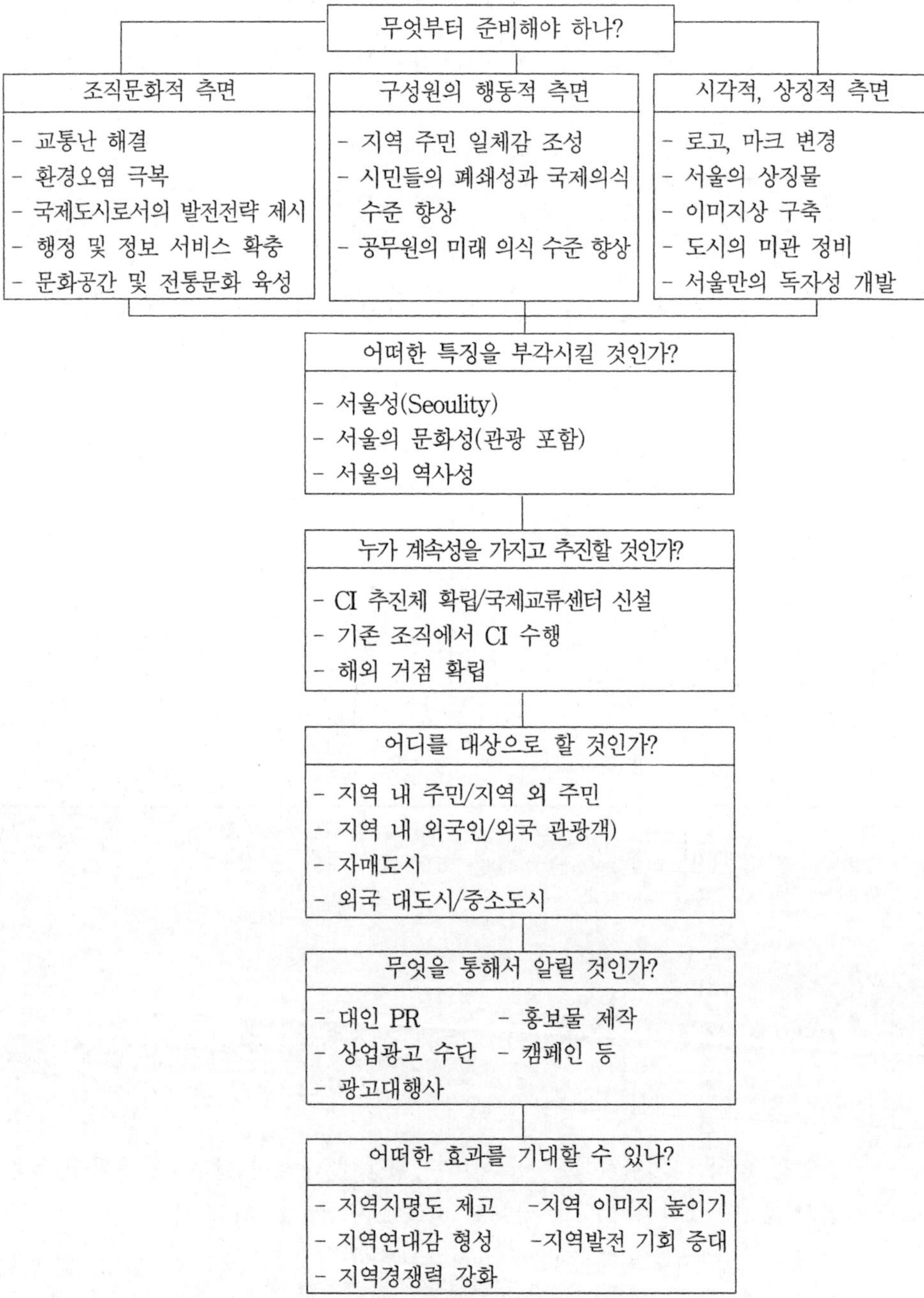

을 하고 있다. 이에 반해 서울은 아직까지 구호로만 국제화를 내걸고 있어 외국에 비해 초라한 모습을 보이고 있는 것이 지금의 현실이다.

그러면 이들보다 지역 이미지 홍보 활동이 낙후된 서울 시에서는 앞으로 이미지 상승을 위해서 무엇부터 준비해야 할까? 이를 위한 토대로서 먼저 서울시의 지역 이미지 제고를 위한 절차를 정리해 보면 [그림 3-7]과 같다. 다음에서는 국제화 시대에 부응한 서울 시의 지역 이미지 강화를 위한 전략을 중심으로 살펴보기로 한다.

1 CI 목적의 명확화와 CI를 위한 기본 여건의 구비

CI 도입의 목적에는 여러 가지가 있을 수 있으나 한 가지 목적을 가지고 꾸준히 그것을 실현해 나가야 하며, 아울러 CI 도입을 위한 내실(內實)을 미리 갖추어 놓는 것이 대단히 중요하다. 일반적으로 CI 도입의 목적에는 여러가지가 있다. 그런데 서울시는 CI의 도입 목적을 어디에 두는 것이 타당한가? CI 도입 목적의 일반적 유형에는 산업 진흥, 생활환경 개선, 문화 촉진, 복지 향상, 정보화사회의 대응, 국제 교류 촉진, 관광 개발 등이 있다. 이 가운데 서울시의 CI 도입 목적은 크게 보아 국제 교류 촉진에 두고 추진하는 것이 바람직하다. 왜냐하면, 서울은 부산, 대구 등과 대칭되는 개념이 아니라 도쿄, 파리, 런던, 뉴욕 등과 대칭되는 개념 하에서 CI가 도입되어야 하기 때문이다.

한편, 지역 이미지 홍보를 잘하여 대상(對象)들로부터 많은 지지와 호응을 얻었다고 하더라도 내실이 뒷받침되지 않으면 소기의 목적을 제대로 달성할 수 없다. 따라서 CI 도입 전에 먼저 실질을 다져 놓는 것이 무엇보다 중요하다. 서울시가 CI를 도입하기 전에 내실을 다지기 위해 먼저 준비해야 할 것으로는 다음과 같은 사항이 있을 수 있다.

□ 시민과 공무원을 서울시에 통합시키는 매개체 개발
- 새로운 심벌 마크의 제정
- 서울을 상징하는 꽃・나무・새의 홍보를 통한 시민을 시에 통합시키기

- 퀴즈 문제가 되는 것은 곤란
- 현재는 서울시의 마크, 꽃·나무·새에 대한 인지도 설문조사에서 인지도가 매우 낮은 것으로 나타나 이에 대한 홍보가 시급함(표 3-14 참조).

- 서울의 특징을 대표하고 선도할 수 있는 슬로건의 개발
- 서울의 특징을 대표하고 선도할 수 있는 상징물의 개발

〈표 3-14〉 서울시의 상징물 인지도

구 분	마크	꽃	나무	새
알고 있다	339 (51.4%)	60 (9.1%)	79 (12.0%)	112 (17.05)
모 른 다	321 (48.6%)	600 (90.9%)	581 (88.0%)	548 (83.0%)
계	660(100.0%)	660(100.0%)	660(100.0%)	660(100.0%)

□ CI 추진·관리체의 조직과 구성원의 의식 변화

- 뉴욕 시의 'Convention & Visitors Bureau', 도쿄도의 'CI 추진본부'와 같은 CI 추진·관리체의 구성
- 시민은 폐쇄성을 없애고, 공무원은 시청을 개방하고 국제 의식 수준 향상 지향

□ 기반시설 및 도시 미관의 정비

- 도로표지판 정비, 불친절한 택시 개선
- 관광시설 정비
- 지저분하지 않은 간판
- 깨끗한 거리 등
- 외국인 노동자의 처우 개선

□ 민간단체의 협력

- 재정(財政) 해결을 위한 사업별 민간 기업 합작 유도
- CI 활동 성공을 위한 기업체, 이익단체의 동참
- 비영리기업의 사업 참가

2 서울의 특징을 대표할 수 있는 이미지 구축

국제 교류 촉진과 이미지 상승을 위해 서울을 대표해서 알리는 이미지 통일화가 이루어져야 한다. 이제 서울은 전 세계인을 소비자로 간주하고 대응하는 국제화 채비를 갖추어야 한다. 그러나 아직까지 서울시는 '서울'을 도대체 무슨 이미지로 알릴 것인가에 대한 이미지 통일 작업이 이루어져 있지 않다. 이를 위해 경우에 따라서는 서울에 거주하는 외국인(외교관 가족, 주재원, 미8군 등)을 대상으로 서울의 이미지가 무엇인지를 알아보는 것도 의미 있을 뿐만 아니라, 필요하다면 외국에서 서울을 어떻게 보는가를 알아볼 필요도 있을 것이다. 서울시를 대표할 수 있는 이미지(像)의 구축을 위한 고려 사항을 살펴보면 다음과 같다.

□ 서울을 세계에 알리는 한 장의 포스터를 만들 때 서울의 상징성(象徵性, visual identity)을 무엇으로 나타낼까?

- 서울시청을 중지도나 여의도의 한강 한가운데에 신축해 서울시를 상징하는 랜드마크화하는 방안도 고려해 볼 수 있다. 이 경우의 장·단점을 살펴보면 다음과 같다.

장점은 다음과 같다.

- 영종도 신공항과 수운(水運)으로 연계시킬 수 있어 한국이나 서울을 방문하는 관광객들에게 깊은 인상을 심어 줄 수 있음.
- 한강을 좀더 시민과 친숙하게 할 수 있으며, 한강을 시민의 생활공간으로 확대시킬 수 있음.
- 다양한 교통 수단(수운, 지하철, 노면 교통)과 연계시킬 수 있음.
- 외국 수도에 비해 독특한 시청의 입지로 서울의 개성을 부각시킬 수 있음.

단점은 다음과 같다.

- 시청의 입지로 인해 수반되는 여러가지 부대 시설물에 따른 공간 확보의 제약성

〈표 3-15〉 서울을 대표하는 상징물

상징물	응답자	비 율
산	111	16.8
강	256	38.8
문화재	248	37.6
랜드마크	36	5.5
동식물	8	1.2
기타	1	0.2
계	660명	100.0%

□ 동북아의 중심이라는 이미지

□ 문화재(관광상품)를 통한 이미지

- 설문조사 결과, 서울의 특징을 대표할 수 있는 상징물로 부각된 것은 주로 강, 문화재

□ 오랜 역사를 배경으로 한 이미지

□ '깨끗한 도시'를 슬로건으로 한 이미지

- 흔히 뉴욕은 '세계의 서울', 파리는 '치안도시', 도쿄는 '부지런한 도시'로 상징화되고 있는데, 그러면 서울의 이미지(mind identity)는 무엇이어야 할까?
- 설문조사에서 '서울'을 국제적으로 어떠한 슬로건으로 부각시키는 것이 좋으냐는 질문에 384명 중 42.2%인 162명이 '깨끗한 도시'를 추천하고 있다.

〈표 3-16〉 '서울'을 세계에 알리기 위한 이미지

이미지 내용	응답자	비 율	이미지 내용	응답자	비 율
'깨끗한' 도시	162	42.2	'공해 없는' 도시	19	4.9
'역사의' 도시	42	10.9	'예의 바른' 도시	17	4.4
'부지런한' 도시	37	9.6	'인간적인' 도시	17	4.4
'질서의' 도시	32	8.3	'아름다운' 도시	16	4.2
'친절한' 도시	27	7.0	'활기찬' 도시	15	3.9
계				384명	100.0 %

3 CI를 추진 · 관리할 전담조직 설치

장기적인 안목으로 계속성을 가지고 추진할 CI 추진 · 관리체가 조직되어야 한다. CI에 관한 모든 것이 완료되었다 하더라도 그것을 추진 · 관리할 조직이 구성되지 않으면 사상누각(砂上樓閣)이 되기 쉽다. 서울시가 CI를 제대로 수행하기 위해서는 다음과 같은 CI 추진 · 관리체가 갖춰져야 할 것이다.

☐ 국제교류과에 가칭 'CI 추진 · 관리본부' 설립
☐ 공보관실의 홍보 기법 지원
☐ 관광과의 협력
☐ '서울관' 설치의 확대(자매도시, 인구 100만 이상 수도 대상)
☐ '(재)한국지방자치단체 국제교류재단(KLAFIR)'의 해외사무소 조속 설치
☐ 지역 CI 홍보 효과 평가 기능
- 지역 CI를 홍보해 그것이 가져올 효과를 평가해 봄으로써 당초의 목표를 재확인하고, CI 홍보에 대한 적극성을 강구
- 일반적인 지역CI 홍보 효과: 지역의 활성화 도모 및 경쟁력 제고
• 매스컴 등장에 의한 지명도 상승
• 직원 및 지역 주민의 하고자 하는 의욕 자극
• 지역의 활성화로 연결
• 내방객의 증가
• 국제 교류 증대 및 국제경쟁력 제고

4 국제교류센터의 신설

말로만 하는 국제화가 아니라 실질적으로 국제화 기능을 지원하고 촉진

할 수 있는 기능을 갖추어야 한다. 국제화에 관해서는 크게 두 가지로 나누어 볼 수 있다. 하나는 '외부 국제화(外部國際化)'이며, 다른 하나는 '내부 국제화(內部國際化)'이다. 여기서 전자는 경제 협력과 국제 문화 교류 등을 추진함으로써 국제 사회의 책임과 역할을 다하기 위해 적극적으로 대응해 나가는 것을 의미하며, 후자는 우리 내부의 제도나 관행, 과정, 시책 등이 국제화의 흐름에 부응해 나가는 것이다. 현재 서울시의 국제 교류 업무는 미약하나마 주로 전자를 중심으로 전개되고, 후자의 기능은 매우 취약한 실정이다. 따라서 '국제교류센터'를 설립해 민간 부문이나 시민, 세계 도시들의 폭넓은 참여를 통해 서울시의 각종 국제 교류 사업이 실질적으로 이루어질 수 있도록 해야 한다. 국제교류센터가 담당해야 할 기능 및 업무는 크게 두 가지로 나뉜다.

□ 민간 전문인력 활용을 위한 프로그램의 개발 및 지원
- 외국어의 전문인력 활용을 위한 '외국어 인력은행(인력 풀제)'을 설립하고 이들을 활용할 프로그램의 개발 및 지원
- 자원봉사 제도 활용 프로그램 개발 및 지원

□ 관광자원 개발 및 소프트 프로그램 개발
- 공공 부문, 민간관광업계, 자원봉사조직의 삼위일체가 이루어질 수 있도록 지원 및 협조 강화
- 관광객이 스스로 찾아오도록 여건을 갖추며, 이들이 편리하게 관광할 수 있는 소프트웨어 개발

5 주된 타깃 어디언스를 설정하고, 이들에게 효과적인 전달 매체의 활용

CI를 어느 지역, 누구에게 전개할 것인지 대상의 범위를 분명히 구분해, 이들에게 효과적인 홍보매체를 동원할 필요가 있다. CI를 홍보할 때에는 대상의 범위를 분명히 하여 체계적으로 전개해야 한다. 아울러 대상이 설정된 후 이들에게 가장 짧은 시간에 가장 많은 정보를 전달할 수 있는 전달

매체를 강구해야 한다. 서울시의 지역 이미지를 홍보할 경우 대상으로 할 수 있는 주된 타깃 어디언스(target audience)는 다음과 같다.

- 지역 내 주민 및 외국인
- 자매 도시
- 각국 수도
- 인구 50만 이상 대도시
- 각국 여행사
- 다국적 기업
- 각종 UN기구
- 주요 행사장
- 기타

한편, 뉴욕 시나 도쿄도(東京都)의 경우 CI를 홍보하기 위해 민간 광고회사의 협력을 받아 과감하고도 획기적인 홍보 수단을 동원해 지역 CI에 성공하고 있다. 또한 앞서 살펴본 바와 같이 어떤 지역은 해외사무소를 현지에· 설립할 정도로 지역 이미지 홍보에 열성이다. 이는 그만큼 전달매체가 지역 CI의 성패를 좌우할 정도로 중요함을 우리에게 암시하는 것이다. 이러한 취지에서 서울의 CI를 좀더 잘 홍보할 수 있는 매개체를 살펴보면 아래와 같다.

□ 광고 대행사의 협력을 통한 대담한 포스터, 신문 광고, 캠페인 시리즈 전개

- 해외 조직망 활용
- 민간과의 협찬을 통한 언론 상업광고 홍보
- 캠페인
- 지역 주민
- 비영리기업의 조직망
- 포스터
- 기타 홍보물 등

제 4 절 맺음말

국제화·개방화 시대에 치열한 국가 간 · 도시 간 경쟁에서 살아남기 위해서는 '서울'의 특징과 이미지를 알리는 것이 무엇보다 중요하다. 2007년 월드리서치가 서울을 방문한 외국인 관광객 1,115명을 대상으로 한 서울의 상징성 조사에서 '김치'가 압도적으로 높은 20.7%로 나타났으며, 이어 '친절' 7.6%, '쇼핑' 3.1%, '불고기' 2.8%, '올림픽'과 '드라마'가 각각 2.5%, 남산의 '서울타워'는 2.0%로 나타났다. 김치라는 먹거리가 서울이란 도시를 상징하는 이미지나 브랜드화하는 데는 어딘가 어울리지 않는다. 이는 외국인들의 눈에 아직까지 서울의 이미지나 브랜드가 눈에 띄지 않는다는 의미이기도 하다. 따라서 서울시는 지역 이미지 홍보를 위한 노력을 기울이지 않으면 안 될 상황에 놓여 있다. 지방정부나 서울시가 지역 이미지 홍보를 활성화하기 위해서는 다음과 같은 전략을 수립하고 실천해 나가야 하는데, 앞서 논의한 사항을 요약 · 정리하면 다음과 같다.

첫째, CI 도입의 목적을 명확히 세워야 한다. CI 도입의 목적에는 여러가지가 있을 수 있으나 한 가지 목적을 가지고 꾸준히 그것을 실천해 나가는 것이 중요하다. 서울은 한 나라의 수도이자 종주(宗主)도시라는 것을 감안할 때 크게 보아 국제 교류 촉진에 두고 추진하는 것이 바람직할 것이다.

둘째, CI 도입에 앞서 기본 여건부터 먼저 갖춰 놓아야 한다. CI를 도입해 선전만 훌륭하게 하고 그에 따른 실질(實質)이 수반되지 않으면 실패하기 쉽다. 서울시의 경우 실질을 다지기 위해서는 새로운 심벌 마크 등 이미지상의 제정, 구성원의 자세 변화, 기반 시설 및 도시 미관의 정비 등이 먼저 갖춰져야 할 것이다.

셋째, 지역의 특징, 서울의 특징을 대표할 수 있는 이미지를 만들어야 한다. 아직까지 '서울'을 해외에 어떠한 이미지로 부각시킬 것인가에 대한 공감대가 형성되어 있지 않으므로 하루빨리 서울의 특징, 서울성(Seoulity)을 만들어 내는 작업이 이루어져야 한다. 서울의 특징을 찾는 데에는 현재 문화재, 강 등과 같은 물리적인 이미지, 동북아의 중심, 깨끗한 도시, 오랜 역사를 간직한 도시 등 추상적인 이미지 등 여러가지 면에서 찾을 수 있을 것이다.

넷째, CI를 추진·관리할 전담조직을 강구해야 한다. 장기적인 안목으로 계속성을 가지고 추진・관리할 CI 추진·관리체(推進・管理體)가 결성되어야 한다. 아무리 좋은 CI가 구상되었다 하더라도 그것을 실질적으로 추진하고 실천할 주체가 없거나 튼튼하지 않으면 소기의 성과를 달성할 수 없다. 따라서 서울시에서는 지역 CI를 본격적으로 추진할 CI 추진・관리체를 CI 도입과 함께 조직해야 한다.

다섯째, 주된 타깃 어디언스를 설정해야 한다. 어느 지역에 집중적으로 홍보할 것인지를 명확히 설정하고 또한 CI 홍보 중 대상 지역을 차별화해서 홍보가 미처 되지 않은 지역에 집중 홍보하는 전략도 필요하다.

여섯째, 전달매체를 획기적으로 이용할 필요가 있다. 서울의 이미지를 대표할 대상(對象)이 자연스럽고 쉽게 접할 수 있을 정도로 광고 대행사와의 협력을 통한 대담한 포스터, TV・신문・잡지 광고, 캠페인 시리즈를 전개해 나가야 한다.

마지막으로, 지역 CI의 효과를 사전에 명확히 인식해 자칫 맹목적인 지역 CI가 되지 않도록 해야 하며, 계획되고 추진되는 사항에 대해서는 지속적으로 점검하고 사후 평가해 효율적인 CI전략이 되도록 해야 한다.

제 2 부

자치단체의 조직 및 인력관리

제 4 장 지방자치단체의 행정진단

지방자치단체가 건전한 발전을 도모하고 주민의 요구에 적극적으로 부응하기 위해서는 무엇보다도 먼저 조직과 인력이 건전하고 튼튼해야 하며, 여건 변화에 탄력적으로 대응할 수 있도록 내부 역량을 강화시켜야만 한다. 지방자치단체의 역량을 강화시키는 데는 여러가지 요인이 있겠지만 가장 먼저 해야 할 일이 자치단체의 역량을 진단하는 일이다. 사람이 건강을 유지하는 데 필요한 선결 요건이 진찰을 받는 것과 마찬가지로 자치단체도 현재의 주어진 역량이 어느 정도인지를 가늠해 보고 어느 부문이 취약하고 어느 부문이 비교 우위에 있는지를 면밀히 살펴보아야 한다. 또한 자치단체의 역량을 확인하는 기준이 여러가지가 있겠지만 조직이나 인력관리 역량, 정책관리 역량, 재정관리 역량, 건전한 정부간 관계(특히 광역자치단체와 기초자치단체 간의 관계) 간의 신뢰 구축이 중요한 과제이다.

제 1 절 머리말

1988년 지방자치법이 개정되고 이에 따라 1991년 기초 및 광역의회가 구성은 되었지만 한동안 임명제 지방자치단체장이 지속됨으로써 주민들은 피부에 와닿는 지방자치의 경험을 실감할 수 없었다. 그러나 지난 1995년 6·27 4대 지방선거를 시작으로 민선 4기 2006년 5·31 지방선거까지 치르면서 점차 지방자치제의 새로운 전기를 마련하고 있다.

그동안 우리나라의 지방자치단체는 중앙정부의 지시·감독·통제에 의한 타율(他律)에 익숙해져 자치단체 스스로의 의사에 따른 정책결정이나 계획 및 재정 운용 등에 대한 자생력(自生力)을 키우지 못했다. 직선 지방자치단체장의 등장은 과거와 같이 타율에 의해서가 아니라 지방자치단체 스스로가 자율(自律)에 의해 해결하지 않으면 안 된다.

이러한 상황에서 중앙정부나 시민들은 과연 지방자치 제도가 제대로 운용될지에 대해 모두 조심스럽게 지켜보고 있다. 1960년대 초 지방자치가 채 새싹을 피워보기도 전에 동토(凍土) 속에 묻어 두어야 했던 아픈 경험을 가진 우리로서는 이러한 의구심이 더욱 증폭되고 있는 현실이다.

지난 날의 쓰라린 전철을 밟지 않기 위해서 이제 우리 모두가 지혜를 모아야 할 시점이 아닌가 여겨진다. 이를 위해서는 지방자치단체의 자치 역량을 신장시킬 수 있는 방안이 강구되어야 한다. 이러한 관점에서 지방자치단체의 관리 및 운용 능력의 진단은 긴요하며 필수적이다.

제 2 절 진단의 필요성

한국의 자치환경은 새로운 전기를 맞이하고 있다. 거시적으로는 이념의 장벽 붕괴, 국경 없는(borderless) 시대, 블록(bloc)화 현상, 국가·지역 간 치열한 경쟁 시대의 도래 등으로 지방자치단체는 이에 능동적으로 대처해야 할 상황에 직면해 있다. 국가 통치 구조면에서는 그동안 중앙정부에 의한 일방적인 지시나 통제에서 벗어나 자치정부 스스로의 권한과 능력에 의한 자율과 책임의 시대가 도래했다. 이에 따라 그동안 중앙정부의 전유물이었던 권한이나 기능이 점차 지방정부로 분권화되고 있다.

사회적으로는 생활 및 교육 수준의 향상으로 시민들은 더 많은 행정 서비스를 요구함과 아울러 한층 높은 질적 서비스를 요청하고 있다. 이제 주민들은 과거와 같이 관(官)의 일방적인 서비스만을 기다리는 것이 아니라 좀더 적극적으로 요청할 것이며, 때로는 직접 참여하고자 하는 욕구가 증대될 것이다. 과학 기술의 발달은 사회구조를 급속도로 변모시키고 있다. 특히 정보·통신 기술의 발달에 따른 정보화 사회의 도래는 지역사회의 정보 교류, 행정정보의 공개와 행정혁신을 위한 주된 수단을 제공할 것이다.

한편 그동안 우리나라의 공공 부문은 비능률의 표상으로 비추어져 오고 있다. 무사안일, 낭비, 비능률, 방만한 조직 및 인력관리 등에 따른 문제점을 극복하고자 창의적이고 기업가적인 경영 마인드를 도입하고자 하는 노력을 기울이고 있는 상황이다.

이러한 제반 여건의 변화는 지방자치단체가 이러한 변화에 능동적으로 대응해야 한다. 그러나 지방자치단체가 환경 변화에 대한 대응 능력 및 자치 능력을 신장시키기 위해서는 먼저 현재의 현상에 대한 진단이 선행되어야 한다. 왜냐하면 현 상황에 대한 철저한 자기 진단이 이루어져야 이를 토대로 미래의 청사진이 설계될 수 있기 때문이다.

자치 역량의 강화는 지방자치 발전의 초석으로 자치단체 진단은 이미 외국에서는 널리 활용되고 있다. 여기서는 자치단체의 행정진단(行政診斷)을 중심으로 살펴보고자 한다. 이를 위해 먼저 진단의 유형을 살펴본 후, 진단을 하고자 할 경우에 그 접근 방법이나 어떠한 절차를 거쳐야 하는지, 또한 그 주된 이슈는 어떠한 것인지를 살펴본다.

제 3 절 진단 유형

1 진단의 의의

진단은 의사가 환자를 진찰해서 병의 상태를 파악하는 것과 같이 이는 사물에 결함이 있는가 어떤가를 조사해서 판단하는 것을 말한다. 이를 지방자치단체의 진단에 원용할 때 진단이란 지역이나 자치단체 전반에 걸쳐 계량적이거나 비계량으로 조사·분석하고 종합적으로 평가함과 아울러 관리상의 문제점이나 개선안의 지적, 실시를 위한 조언, 지도, 교육 등의 활동을 통한 일련의 과정이라 볼 수 있다. 다시 말하면, 지방자치단체 진단은 지방자치단체의 현상태를 파악·분석하고 이를 평가해 환류시킴으로써 지방자치단체가 제반 여건 변화에 대응하고 바람직한 방향을 지향하는 지속적인 평가 활동이라 볼 수 있다.

급격한 여건의 변화에 따라 지방자치단체에 대한 행정 수요가 그 규모와 속성이 바뀌고, 자치단체의 주민에 대한 책무도 종래와는 사뭇 달라지고 있다. 아마 어느 기관, 어느 부문이건 간에 문제점을 가지고 있는 것이 당연하며, 문제점이 없다고 하면 오히려 이상할 것이다. 아마 문제점이 없다고 하는 것은 문제 의식이 결여되어 있기 때문으로, 이는 본래 문제점으로 인식해야 하는 것을 간과하고 있는 데에 불과하다.

특히 지방자치단체는 그 존립의 목적이 공공의 복지 증진이라는 측면을 고려할 때, 계량적으로 파악하기 어려운 것이 많아 기업과 같이 명확하게 문제점들을 인식하기 어려운 측면이 있다. 따라서 항상 스스로를 재점검하는 것을 게을리할 경우에는 낭비와 비능률, 팽창 일변도의 조직이나 인력관리, 무사안일 등에 빠져들기 쉽다. 지방자치단체 진단의 의의는 지방자치단체를 둘러싸고 있는 내·외 환경을 살펴보고 진단함으로써 문제점을 발견하고, 그 해결책을 강구해 나감으로써 지방자치단체가 바람직한 방향으로 나아가고자 하는 나침반 역할을 수행하는 데 있다.

2 진단의 유형

1) 진단 내용에 따른 분류

지방자치단체에 대한 진단은 진단 내용이나 주체에 따라 다양한 형태가 있다. 진단 내용에 따라 크게 지역진단과 행정진단으로 나뉜다.[1)] 전자는 행

---

1) 반면에 다카하시 야스유키(高橋保幸)는 행정진단을 광의(廣義)로 해석해 지역진단과 협의

정 외부 환경을 중심으로 진단하는 것으로 주로 미국의 지방자치단체에서 많이 사용되는데 이에는 종합진단과 분야별(부문별) 진단으로 구분할 수 있다. 종합진단은 지역이나 지방자치단체의 인적 및 물적 자원, 사회, 경제, 문화, 복지, 교육 등 모든 분야에 대한 종합적인 사항을 망라한 것이다. 한마디로 표현한다면 이는 지역의 '삶의 질'을 진단하는 것이라 볼 수 있다.

종합진단 사례로는 미국의 플린트(Flint) 시의 경우를 들 수 있는데, 여기서의 주요 진단 내용은 적정한 생활 수준, 적정한 주거환경, 물리적 환경, 법적 정의, 교육, 레저, 교통 부문 등을 망라해 다루고 있다. 국내 사례로서는 1995년 1월에 중앙일보사에서 실시한 전국 74개 도시의 삶의 질 입체분석이 있다(중앙일보, 1995). 여기서의 평가 분야는 인구·환경오염·의료인력·공원녹지 비율 등을 중심으로 한 건강한 생활 분야, 화재·소방·범죄·교통사고·유흥업 등을 중심으로 한 안전한 생활 분야, 교육시설을 중심으로 한 교육복지 분야, 재정자립도·예산·주택 가격·물가·취업률 등을 중심으로 한 경제 생활 분야, 주택 보급률·상수도 및 도시가스·자동차 주행 속도·유통시설·행정 서비스 수준 등을 중심으로 한 편리한 생활 분야, 도서관·서점·영화관·전시공간·음악 및 연극시설 등을 중심으로 한 문화생활 분야를 포괄한다.

지역진단 중에서 분야별 진단은[2] 행정 외부 환경 진단에 초점을 두되 지역의 모든 사항을 망라하는 것이 아니라 특정 분야나 주제를 중심으로 진단하는 것이다. 이러한 진단은 미국의 지방자치단체에서 많이 실시되고 있는데, 그 주제로는 경영적인 측면, 환경적인 측면, 사업적인 측면, 어린이 보호 측면 등을 다룬다(표 4-1 참조).

행정진단은 지방자치단체의 행정 내부 역량을 중심으로 진단하는 것으로 여기서도 종합진단과 분야별(부문별) 진단으로 구분할 수 있다. 전자는 행정 내부 역량, 즉 조직, 인력, 재정, 사무 진단 등을 포괄하는 종합적인 개

(狹義)의 행정진단으로 구분하고, 협의의 행정진단을 다시 종합진단, 부문별 진단, 과제별 진단으로 구분하고 있다.

2) 지방자치단체 진단은 매우 광범위하므로 일반적으로 종합진단보다는 문제가 특히 많은 분야에 대해 진단을 실시하는 경우가 많다. 최근 지방자치단체에서 그 필요성을 공감하고 있는 경영진단도 분야별 진단의 일종이라 볼 수 있다.

〈표 4-1〉 지역진단 중 분야별 진단의 주요 주제 및 평가 항목(미국)

평 가 기 준	평 가 주 제	평 가 항 목
프렌티스홀 출판사	살기 좋은 도시	생활비, 고용, 주택, 교통, 교육, 의료, 범죄, 문화예술, 오락, 기후
파이낸셜 월드지(지)	경영을 잘한 도시	회계 공개, 예산 균형, 사회간접자본, 자체평가 제도
세계자원연구소	환경이 좋은 도시	대기, 식수, 교통정책, 유독가스, 에너지 사용 및 가격
포춘 지(지)	사업하기 좋은 도시	지역산업, 직업훈련 프로그램, 사회간접자본, 각종 생산 비용, 노동력의 질, 자금 동원의 용이성, 연구비 지출, 특허 출원
제로 포플레이션 그룹	어린이가 살기 좋은 도시	도시 혼잡도, 공해, 주민 교육 수준, 여성정치 참여도

출처: 한국지방행정연구원(1994: 20).

념이며, 후자는 종합진단 내에 포함되어 있는 각 분야를 중심으로 진단하는 것을 말한다. 이러한 행정진단은 주로 일본의 지방자치단체에서 많이 사용되고 있다.

일본의 무로란 시(室蘭市)의 행·재정(行·財政) 운영진단에서는 조직, 인사, 사무, 세입 및 세출구조를 중심으로 진단하고 있다(日本都市センタ-, 1981). 야마구치 시(山口市)의 행정진단의 경우에는 행정조직의 운영 상황 및 인사정원 관리 부문을 중심으로 다룬다(日本都市センタ-, 1992). 한편 후쿠오카 현(福岡縣)의 재정진단의 경우에는 재정 부문에만 한정해 재정구조의 건전성, 재정 운영의 견실성, 재정구조의 탄력성, 세입 비목의 건전성, 세출 비목의 건전성 등을 중심으로 진단한다(齊藤恒孝, 1981).[3]

이상에서 살펴본 진단 내용에 따른 유형을 정리해 보면 다음 [그림 4-1]과 같다.

3) 미국 캘리포니아 주 버클리(Berkeley)의 경우에는 행정진단을 실시하고 있는데, 그 주요 지표는 인사, 교육훈련, 사무, 행정 서비스, 유지관리 및 고충 처리 기능 등이다.

[그림 4-1] 진단 내용에 따른 유형 분류

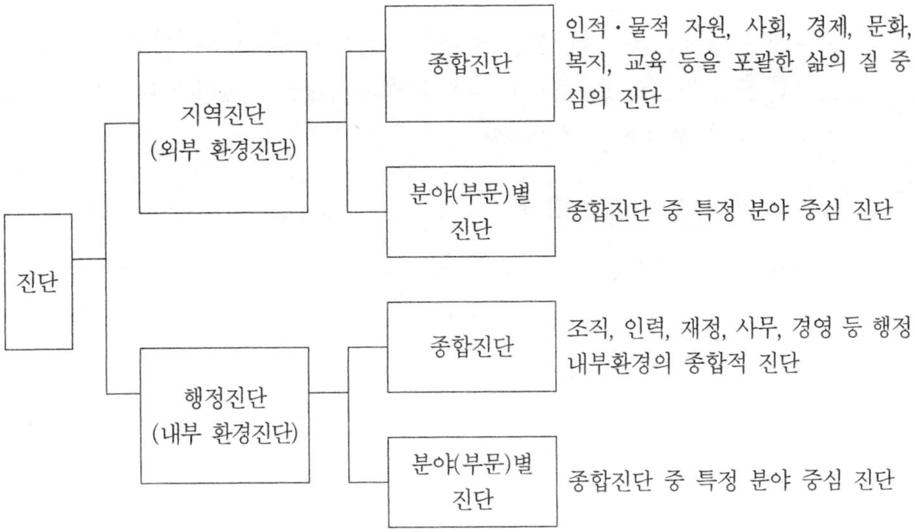

2) 진단 주체에 의한 분류

이는 진단하는 주체가 누구냐에 따른 분류로 내부진단과 외부진단 및 내·외부가 혼합된 혼합진단으로 구분된다. 내부진단은 외부 전문가에 의한 진단이 아니라 자치단체 자체 내에서 스스로를 진단하는 것을 말한다. 반면에 외부진단은 외부 전문가에 의해 진단이 행해지는 것이며, 관계자 외부진단과 제3자 외부진단으로 구분된다.

관계자 외부진단은 진단 대상 조직과 관련되는 자나 기관에 의한 진단을 말한다. 이러한 진단의 장점은 진단 주체가 진단 대상 조직에 대한 이해도가 높고 정보 및 자료 습득이 용이하다는 점이며, 반면에 단점으로는 진단 주체와 진단 대상 조직 간의 이해 관계에 따라 진단의 방향과 수준의 객관성이 상실될 염려가 높다는 점이다.

제3자에 의한 외부진단은 조직 외부의 진단 전문가에 의한 진단을 의미하는데 이 경우의 장점으로서는 좀더 객관적이고 새로운 시각에서의 진단이 가능하다는 점이다. 반면에 단점으로서는 피진단 조직에 대한 이해의 부족으로 진단 결과에 대한 유용성에 어떤 한계가 드러날 수 있다는 점이다.

한편 혼합진단은 내부 인력과 외부의 진단 전문가가 함께 참여하여 진단을 실시하는 것을 말한다. 이 혼합진단은 내부진단 및 외부진단이 지니는 한계를 극복하고 양자의 장점을 활용하기 위한 진단이다. 하지만 자칫 잘못하면 혼합진단은 내부진단과 외부진단이 지니는 단점이 지나치게 발현될 경우 오히려 부작용이 우려된다.

3) 진단 시기에 따른 분류

행정진단은 진단의 시기에 따라 분류할 수 있는데 행정 역량을 확인하고 강화하기 위해서는 크게 두 가지로 구분할 수 있다. 하나는 정기진단이고, 다른 하나는 수시진단이다. 정기진단이 일정 주기별로 이루어지는 진단인 반면, 수시진단은 필요시 수시로 이루어지는 진단으로 특정 이슈가 부각되는 경우나, 또는 특정 부문에 부분적으로 문제가 발생하거나 취약 분야가 확인되는 경우 실시하는 진단이다.

자치단체의 역량을 확인하기 위한 진단은 많은 경비와 인력이 투입되고 에너지가 소요되기 때문에 정기진단은 단체장이 바뀌는 4년 주기로 실시하는 것이 바람직하다. 이 때에는 통상 종합진단을 실시할 필요가 있다. 왜냐하면 새로운 단체장의 임기가 시작할 경우에는 해당 자치단체의 주어진 상황을 정확하게 인지할 수 있어야 효율적인 자치단체 운영에 큰 도움이 되기 때문이다. 그러나 단체장이 재선이나 3선으로 이어질 경우에는 종합진단을 생략하고 분야별 진단으로 대체할 수 있다. 그 까닭은 민선단체장이 연임하는 경우에 비교적 자치단체 사정을 잘 알고 있으므로 종합진단보다는 특히 취약하거나 문제점이 있다고 판단되는 분야에 집중적·심층적 진단을 통해 적은 예산으로 진단의 효과는 극대화할 수 있는 장점이 있다.

제 4 절 진단의 방법 및 절차

진단의 방법이나 절차에 대해서 논할 때 진단계획의 설계, 진단 주체의 선정, 자료 수집, 수집된 자료의 분석, 평가 결과의 도출 등의 과정을 거치게 되나, 여기서는 진단계획의 설계를 전제로 하고 구체적으로 진단이 실시될 경우에 주요 단계 및 매 단계에서 다루어야 할 이슈를 중심으로 살펴보고자 한다.

1 제1 단계: 진단의 성격 규명

진단이 실시될 경우에는 반드시 진단이 필요한 배경이 있기 마련이며 진단을 통해서 얻고자 하는 목적이 무엇인지를 파악해 진단의 성격을 규명하는 것이 가장 먼저 선행되어야 한다. 앞서 진단의 유형에서 살펴본 바와 같이 지역진단인지 아니면 행정진단인지, 종합적인 진단인지 분야별 진단인지를 판단해 그에 따른 적절한 방안을 강구하는 것이다.

2 제2 단계: 진단지표 선정 및 내용의 구체화

진단의 가장 중요한 핵심은 진단의 성격에 적합한 진단지표를 선정하고 이를 구체화하는 과정이다. 진단지표는 각 평가 영역에서 각기 평가 항목의 특성을 반영할 수 있는 것을 지표로 선정해야 한다. 진단지표를 선정하는 과정을 크게 3단계로 구분할 수 있다.

첫 번째는 진단을 위한 평가 영역이나 요인(factor)을 파악하는 것으로 이는 대분류에 해당하는 지표를 선정하는 것을 의미한다. 다음으로 선정된 평가 영역에 대해 이를 더욱 구체화하는 과정으로 각 평가 영역에 대한 평가 항목이나 변수(variable)를 선정하는 것이며, 이는 중분류에 해당하는 지표를 선정하는 것을 의미한다. 마지막으로 앞서의 각각의 평가 영역 및 평가 항목의 범주에서 구체적이며 실질적인 평가지표(indicator)를 선정하는 과정으로 이는 지표 선정상의 소분류에 해당한다. 이러한 평가지표는 구체적인 수치나 자료로 뒷받침될 수 있는 것이어야 한다.

구체적인 진단지표에 대해서는 진단의 성격에 따라 다르므로 여기서 일

일이 열거하기는 곤란하며, 참고적으로 미국 플린트 시의 지역 종합 진단지표 및 일본 후쿠오카 현(福岡縣)의 재정 진단지표를 살펴보면 <표 4-2>, <표 4-3>과 같다.

〈표 4-2〉 플린트 시의 지역 종합 진단지표

대 분 류	소 분 류	소분류 (지표)
적정한 생활 수준	복지국가 기준 소득 이하인 가족의 비율	기준 소득 이상인 가정 수/ 기준 소득 이하인 가정 수 × 100%
	연방 기준 소득 이하인 가족의 비율	기준 소득 이상인 가정 수/ 기준 소득 이하인 가정 수 × 100%
적정한 주택으로의 접근 용이성	적정한 주택의 공급	무주택 가구/ 총주택 수 × 100%
	혼잡의 정도	미국 기준인 1방당 1.01인의 기준 이상인 사람/기준 이하인 사람 × 100%
	경제적 장벽	최고 주택가격과 가구 소득의 25%를 비교
	인종적 장벽	주거지의 분리 정도(흑인 거주의 밀집 정도)
물리적 환경	대기오염	연방 대기 기준을 이용
	수질오염	미시간 수질 기준을 이용
	주거환경 관리	Echo 프로젝트 기준
	공원과 운동장	1,000명당 3.5에이커 기준/ 접근 용이성
	약국	시민이 일상적으로 이용하기에 충분한 수인가?
주거의 안정	총범죄 건수/ 유형	1971~72년간 주요 범죄 증가율 비교
	좀도둑	10만 명당 좀도둑 수
	교통사고	10만 명당 자동차 사고 사망자 수
	주거지 화재	화재 1건당 주거지 면적
주거의 건강	사망 나이	사망 평균 나이
	유아 사망률	신생아 1,000명당 사망아 수
	어린이 예방 접종	예방 접종률
법적 정의	구속에서 재판까지 기간	구속에서 재판까지의 시간대별 비율
	인종에 의한 구속과 재판	유색인종의 구속에서 재판까지의 시간 비교
교육의 기회	어린이 교육 지출	어린이 1인당 의무교육에 드는 지출
	성인 교육 수준	고등학교 졸업자의 비율
	대학	대학교 졸업자의 비율
	학교 자퇴율	학교 자퇴자 수의 비율
	학생 성과(성적)	표준 학습시험에서의 성적
레저의 기회	공동체의 학습 참여	학교 프로그램에의 참여 정도
	공원과 운동장	1,000명당 3.5에이커 기준/ 접근 용이성

교통의 적정성	도로	도로의 연계율
	교통안전	10만 명당 자동차 사고 사망자 수
	버스	거주지와 주요 활동지역과의 접근성/ 이용 편리성
	공항시설	주요 항로의 빈도
의사결정의 참여 기회	선거에의 참여	공공 결정 과정(선거)에서의 참여 빈도

〈표 4-3〉 후쿠오카 현의 재정 진단지표

대 분 류	중 분 류	소 분 류 (지 표)
1. 재정구조의 건전성	(1) 세입구조의 건전성	① 세입구조의 자주성: (자주재원/세입 총액)×100
		② 일반재원의 양: (일반재원 등/세입 총액)×100
		③ 세입의 계속성: (경상적 수입/세입 총액)×100
		④ 세입구조의 신장성: (경상일반재원 등 /표준 재정 규모)×100
	(2) 세출구조의 건전성	① 경상적 경비의 비중: (경상적 경비/ 세출 총액)×100
		② 의무적 경비의 비중: (의무적 경비/ 세출 총액)×100
		③ 소비적 경비의 비중: (소비적 경비/ 세출 총액)×100
		④ 투자적 경비의 비중: (투자적 경비/ 세출 총액)×100
		⑤ 목적별 경비의 비중
2. 재정 운영의 견실성	(1) 실질 수지 비율	
	(2) 장기적 재정 운영의 안정성	① 재정조정기금의 적립 상황
		② 감채기관(減債基金)의 적립 상황
		③ 장기 재정계획의 책정
		④ 지방채 현재고의 상황
		⑤ 채무부담행위의 상황
3. 재정구조의 탄력성	(1) 경상수지 비율	

	(2) 투자 여력 (경상잉여)	
	(3) 증가 일반재원의 충당	
4. 세입 비목의 건전성	(1) 세입의 개요	
	(2) 지방세의 개요	
	(3) 사용료·수수료	
5. 세출 비목의 건전성	(1) 인건비 상황	
	(2) 물건비 상황	
	(3) 부조비 상황	
	(4) 보조비 등의 상황	
	(5) 공채비 상황	① 공채비 비율
		② 지방채의 조기 상환 상황
		③ 지방채 현재고의 추이

출처: 齊藤恒孝(1984: 113).

3 제3 단계: 평가를 위한 매트릭스 작성

진단을 위한 지표가 확정되면 이들 지표를 매트릭스(matrix)화한다. 이는 라이필드(N. Lichfield)가 개발한 PBSM(Planning Balance Sheet Method)(Lichfield, 1970; 1975)[4]을 원용한 것으로 행렬(行列, matrix)의 가로축에는 구체적인 진단지표를 나열한다. 한편 여러 지방자치단체 간을 비교하기 위해서는 행렬의 세로축에는 진단 비교 대상 기관이나 단체를 나열해 매트릭스를 구성한다. 진단에는 단일 기관이 혼자 스스로 하는 경우도 있겠지만 여기서는 여러 기관이나 단체를 상호 비교하는 것을 전제로 한다. 만약 단일 자치단체만의 진단일 경우에는 자치단체 내에서의 다양한 정책이나 프로그램을 비교하기 위해서도 이러한 매트릭스가 유용하게 활용될 수 있다.

4) 라이필드는 다양한 프로그램의 다양한 요인들을 상호 비교 평가하기 위해 이 방법을 창안했으며 도시 개발이나 재개발 관련 프로그램을 평가하는 데 많이 활용된다.

4 제4 단계: 기초 자료의 작성

앞 단계에서 진단을 위한 매트릭스가 작성이 되면 매트릭스상의 개개 항목에 대해 구체적인 데이터(raw score)를 수록해야 한다. 이러한 자료는 통계 자료나 실적조사를 통해 구축될 수도 있겠지만 경우에 따라서는 설문조사 및 실태조사 등을 통해 취득되어야 할 자료도 적지 않을 것이다.

5 제5 단계: 기초 자료의 표준화

진단을 위해 사용된 지표들은 모두 그 속성이 동일한 것은 아니다. 지표의 성격에 따라 구체적 수치로 나타나는 경우도 있을 것이고 백분율로 나타나는 경우, 척도로 나타나는 경우도 있을 것이다. 또한 구체적 수치로 나타나는 경우에도 그 단위가 각양각색일 수 있을 것이다. 다시 말하면, 개개 지표에 대해 그 기준치가 동일하지 않다는 점이다. 이를 위해 각 지표 간에 서로 다른 기준치를 비교가 가능하도록 표준화(normalization)해야 하는데 이것이 바로 기초 자료(raw data)를 표준화하는 과정이다.

기초 자료를 표준화하는 방법은 여러가지가 있는데, 가장 보편적으로 이용되는 방법이 구체적인 데이터(raw score)를 백분율화하거나 평균치를 활용하는 방법이다(Miller, 1980).[5] 평균치를 활용해 표준화하는 과정은 먼저 개별 지표에 대한 평균치를 구해 이 값으로 구체적인 데이터를 나눈 값이다.

$$\text{표준화된 값} = \frac{\text{각 개별 지표에 대한 raw score}}{\text{각 개별 지표에 대한 average score}}$$

5) 기초 자료를 표준화하는 방법에 대해서는 밀러가 다양한 방법을 제시하고 있다.

6 제6 단계: 지표에 대한 가중치 반영

이 단계는 선정된 개개 지표에서 도출된 표준화된 값에 대해 상대적 중요도(가중치: weight)를 반영하는 과정이다. 왜냐하면 개개의 지표는 그 속성에 따라서 반드시 모든 지표가 동일한 중요도를 가진다고 보기는 어렵기 때문이다. 그러나 문제는 각 지표에 대한 상대적 가중치를 도출하는 방법이 용이하지 않다는 점이다. 이 가중치를 도출하는 방법은 진단의 목적이나 성격에 따라 다르겠지만 기본적으로 가능한 한 모두가 공감할 수 있는 방안을 강구해야 한다. 여기서는 진단과 관련해 가중치를 구하는 세 가지 방법을 중심으로 살펴보기로 한다.

첫 번째 방법은 평가를 받는 대상에 대한 의견을 수렴하는 방법이다. 이 방법은 실제 평가를 받는 대상자들에 대해 일일이 설문조사를 실시해 그들의 공통된 의사를 집약하기 때문에 지표에 대한 상대적 중요도를 부여하는데 따른 불만을 최소화할 수 있다.

두 번째 방법은 진단 주체가 진단의 목적이나 성격에 따라 진단 주체의 가치 판단에 의해 가중치를 부여하는 방법이다. 이 방법은 진단의 목적이나 성격에 따라 그 특성을 살릴 수 있다는 장점은 있으나 공감대를 형성하기가 용이하지 않다.

세 번째 방법은 앞서의 두 가지 방법에서와 같이 피평가자나 평가 주체의 의견을 반영하는 것이 아니라 제3자인 전문가 집단으로부터 델파이 조사를 통해 지표 간의 상대적 가중치를 도출하는 방법이다. 이 방법은 제3자의 객관적인 시각을 수렴할 수 있는 장점이 있다.

이상의 어떠한 방법을 사용하건 간에 지표 간 상대적 중요도를 구하는 데는 공통적인 고민이 있다. 즉 앞서 지표의 분류에서 논의한 바와 같이 지표는 대분류, 중분류, 소분류의 세 종류로 구분되는데, 어느 분류에 해당하는 지표에서 상대적 가중치를 구해야 하느냐에 관한 문제이다.

세 종류의 지표에 대해 각각의 상대적 가중치를 구하는 것이 이상적인 방법이지만 현실적으로 용이하지 않다. 또한 소분류에 해당하는 구체적인 지표에 대해 가중치를 구하는 방법도 현실적으로 용이하지 않다. 왜냐하면 구체적인 소분류 지표인 경우 적게는 수십 개로부터 많게는 몇백 개까지의 지표로 구성될 수 있는데,[6] 이들에 대해 각각의 가중치를 구하는 것은 단순하지 않기 때문이다. 만약 소분류의 지표가 그리 많지 않을 경우에는 소분류에 해당하는 구체적 지표에 대한 가중치를 구하는 데는 별 무리가 없을 것이다. 그러나 소분류에 해당하는 지표가 많을 경우에는 소분류에 대해 가중치를 구하기보다는 대분류나 중분류에 해당하는 지표에 대해 가중치를 구하는 방법이 피조사자의 협조를 구하기가 용이하다. 만약 대분류나 중분류 지표에 대한 가중치를 구할 경우에 이 가중치를 소분류 지표에 어떻게 배분하느냐가 관건이다. 이 경우 가장 흔히 사용하는 방법 중의 하나가 소분류 지표에 균등 배분하는 방법이다. 이러한 문제는 진단 주체나 진단의 목적에 따라 적절한 방법을 활용하도록 해야 할 것이다.

어떠한 방법이든 간에 지표에 대한 가중치가 구해지면 이 가중치를 지표에 반영해야 한다. 이것은 앞 단계에서의 각 지표의 표준화된 값에다 지표의 상대적 가중치를 곱함으로써 얻을 수 있다.

7 제7 단계: 최종 진단 결과 도출

각 지표에 대해 표준화된 값에다 상대적 가중치가 반영되면 최종적으로 개개 지표값을 총합함으로써 진단 결과에 대한 최종 점수(total score)를 도출하는 단계이다. 이 최종 진단 결과를 점수화하는 방법은 다음과 같다.

$$T_j = \sum_{i=1}^{n} W_i C_{ij}$$

T_j = j기관(단체)에 대한 최종 진단 점수(total score)

W_i = i지표에 대한 상대적 가중치(weight)

C_{ij} = 지표 i에 대한 j기관(단체)에 대한 표준화된 값(normalized score)

6) 참고로 일본의 경우 『지방자치진단사전(地方自治診斷事典)』에서 제시하고 있는 지표 수는 10개의 평가 영역별(대분류 지표)마다 약 30여 개의 구체적인 지표를 제시하고 있으므로 총 지표 수는 약 300여 개에 이른다.

이와같이 최종적으로 도출된 점수는 피진단기관이나 단체 간에 상호 비교함으로써 상대적 비교 우위를 평가할 수 있다. 다른 한편 기관이나 단체 내부에서는 대분류나 중분류상에서 얻은 점수(score)를 상호 비교함으로써 자신의 취약점이나 부족한 점이 무엇이며 앞으로 어떻게 그 대응 방안을 강구해야 할 것인가를 파악할 수 있다.

이상에서 살펴본 진단 절차를 요약하면 [그림 4-2]와 같다.

[그림 4-2] 진단의 절차

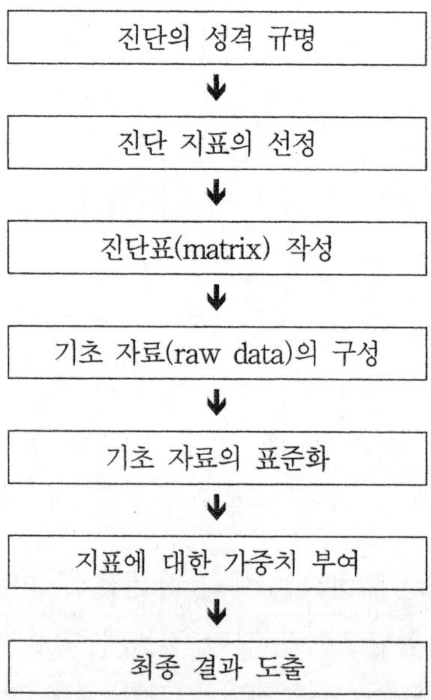

제 5 절 맺음말

노무현 대통령의 참여정부가 들어선 이후 분권화가 한층 강조되고 있다. 지난 2006년 5·31 민선4기 4대 동시지방선거가 종료되고 거의 모든 지방자치단체가 공통으로 고민하고 있는 것이 있다. 그것은 지역진단이건, 행정진단이건, 경영진단이건, 아니면 다른 특정한 분야의 진단이건 간에 민선 자치단체장이나 주민들이 당해 자치단체의 역량을 확인하고자 하는 욕구가 증대되고 있다는 점이다. 그러나 아직까지 우리나라의 지방자치단체들은 이러한 진단에 익숙하지 않으며, 어떻게 준비하고 대응해야 하는지에 대해서 난감해 하고 있는 실정이다.

이미 지방자치단체가 뿌리를 내리고 있는 선진 외국의 경우에는 앞서 살펴본 바와 같이 다양한 형태의 진단이 다양한 목적에 따라 다양한 기관에 의해 실시되고 있다. 영국 런던의 경우에는 1986년 GLC(Great London Council)가 해체된 후 런던 시(City of London)를 포함해 32개 자치구(brough)가 통일된 형태의 지표 및 방법에 따라 진단을 실시하고 있다(London Research Centre, 1995). 대처 정부에 의해 해체된 GLC는 2000년 주민들의 직접투표에 의해 유사 이래 처음으로 주민 직선의 런던시장이 탄생했으며 광역행정 체제인 GLA(Great London Authority)가 새롭게 출범했다.

우리나라의 지방자치 제도가 순조롭게 뿌리를 내리기 위해서는 먼저 철저한 현상에 대한 자기 진찰이 선행될 필요가 있다. 이를 위한 중요한 수단 중의 하나가 바로 자치단체에 대한 진단이다. 이러한 측면에서 여기에서는 지방자치 진단을 위한 방법 및 절차를 중심으로 살펴보았는데 아직까지 시론적(試論的)인 논의에 불과하다. 우리 현실에 적합한 지표를 개발하고 자료 수집 방법 및 자료 및 평가의 객관성, 비교를 위한 형평성의 확보 등 좀 더 심도 있는 연구가 진행되어야 할 부문이 적지 않다. 앞으로 이와 관련한 연구가 점차 누적되면 지방자치단체 진단을 위한 좋은 밑거름을 제공해 주리라 생각된다.

제 5 장 자치단체의 조직 및 인력관리

제 1 절 공공조직과 파킨슨 법칙

공공조직의 소유 주체는 공공이다. 달리 말하면, 구체적이며 실질적인 소유 주체가 명확하지 않다는 의미의 다른 표현이기도 하다. 소유 주체가 구체적이며 명확하지 않다 보니 효율적인 관리가 쉽지 않을 수밖에 없다. 이로 인한 공공조직의 양적 팽창은 어제 오늘의 이야기가 아니고 지금까지 늘 지적되는 문제점이다. 우리 모두가 주인인 공공조직은 자칫하면 주인 없는 조직으로 전락할 우려가 높다. 우리 모두의 관심과 주인 의식이 소홀해지면 질수록 구성원들의 팽창 지향적인 욕구가 점증할 우려가 높기 마련이다.

영국의 역사학자 파킨슨(Cyrill Northcote Parkinson)의 제2차 세계대전이 끝날 무렵인 1955년 『이코노미스트』 지에 공공조직의 양적 팽창과 관련한 고발성 기고문이 계기가 되었다. 전쟁 당시 영국 해군 장교로 근무했던 파킨슨은 세계 최강이라고 자부하던 영국 해군에 퍼져 있던 조직의 양적 팽창을 이해할 수 없었다. 즉 1914년에서 1928년에 이르는 15년 동안 영국 해군의 함정 수는 64%나 줄고 해군 숫자는 31%가 줄었는데도 해군본부의 관리자 수는 오히려 그와 반대로 78%나 늘어났다. 이와 같은 현상은 '해가

지지 않는다'는 대영제국의 식민지를 관리하는 식민성(植民省)에서도 똑같은 일이 발생했다. 당시 전 세계 영국 식민지가 독립되는 시기인데도 식민성 관리 숫자가 1,661명으로 한창 식민지를 거느리던 1935년의 372명에 비해 무려 5배나 늘어났다(최동석, 1998: 230; 조선일보, 2007. 3. 30). 이에 파킨슨은 공공조직은 업무량에 관계 없이 스스로 팽창하는 본성이 있다는 것을 주장했으며, 이것이 바로 오늘날 '파킨슨 법칙'으로 일컬어지고 있다.

제 2 절 공공조직의 팽창과 용수철 이론

용수철은 평상시에는 본래 모습으로 있다가 힘이 가해지면 늘어나게 된다. 그러나 그 힘이 조금이라도 느슨해지면 본래의 모습으로 회귀한다. 공직사회의 조직 팽창은 용수철과 흡사하다. 용수철 이론이란 인력이나 조직의 팽창 요인이 발생할 때는 지체없이 규모를 확대해 국민이나 주민들에게 새로운 행정 수요에 능동적으로 대응하는 모습을 보이지만 관심이 조금이라도 느슨해지면 조직과 인력은 팽창해진 상태를 유지하지만 일하는 모습은 팽창 이전의 모습으로 회귀하려는 속성을 지니는 것을 말한다. 즉 팽창 요인이 해소되거나 감소함에도 불구하고 이미 팽창한 조직과 인력은 그에 걸맞게 폐지되거나 감소하지 않고 팽창한 채로 유지되며 일하는 모습은 팽창 이전의 속성을 띠게 됨을 의미한다.

중앙정부이건 지방정부이건 지도자가 바뀔 때마다 개혁이다, 혁신이다 하며 요란스럽기 그지없다. 지도자가 바뀌고 정권이 바뀔 때마다 이전의 정부를 폄하하고 개혁이란 미명 하에 각종 제도와 위원회를 양산하며 국민들의 마음을 들뜨게 했다. 하지만 정권 말기에는 하나같이 시작할 때의 그 의지는 온데간데 없고 국민들의 지탄 대상으로 전락했다.

한국도 거품 경제가 시작되기 전인 1986년 인구 1,000명당 16.8명이던 공무원의 비율이 민선단체장 출범 이후 1995년에는 20.32명, 2000년에는

18.96명, 2005년에는 19.69명이 되었다. 아울러 1986년 전체의 0.2%에 불과했던 간부급 공무원 비율도 10년 만인 1995년에는 1.3%로 대폭 늘었다.

지방자치단체 공무원의 숫자는 1991년 252,000명에서 지방자치제 실시 이후인 1996년 말 289,000명으로 37,000여명이 늘었다. 1999년에는 310,053명, 2005년에는 328,470명으로 1991년에 비해서 76,470명이 증가했다. 지방재정 규모는 1990년 약 21조 5천억 원에서 1996년 약 47조 2천억 원으로 2.2배, 2006년 101조 4천억 원으로 4.7배 증가했지만, 아직까지 전국 지방자치단체의 평균 재정자립도는 56.2%에 불과한 실정이다. 그럼에도 불구하고 중앙정부나 지방자치단체는 방만한 조직이나 인력관리에 대해서는 무관심하다.

참고로 제1공화국 이후 참여정부까지의 중앙 및 지방공무원의 추이를 살펴보면 <표 5-1>에서와 같이 5·16 군사혁명이 일어난 제2공화국 초기와 1997년 말 초래된 IMF를 극복하기 위한 DJ 정부의 특수한 상황을 제외할 경우, 지속적인 증가 추세를 보이고 있다. 특히 국가공무원과 지방공무원의 증가 추이를 상호 비교할 경우, 국가공무원에 비해 지방공무원의 증가율이 2배 이상인 것으로 나타나고 있다.

〈표 5-1〉 공무원 정원 증감 추이

(단위: 명, %)

구 분	제1 공화국 (1960)	제2 공화국 (1961)	제3 공화국 (1972)	제4 공화국 (1980)	제5 공화국 (1987)	제6 공화국 (1992)	문민 정부 (1997)	국민 정부 (2003.2)	참여 정부 (2006.12)
행정부	234,217	233,892 (▽0.1%)	433,415 (7.8%)	589,020 (4.5%)	699,195 (2.7%)	876,072 (5.1%)	919,404 (1.0%)	885,164 (▽0.7%)	936,158 (1.4%)
국 가	123,037	118,319 (▽3.8%)	362,396 (18.8%)	438,454 (2.6%)	477,146 (1.3%)	565,115 (3.7%)	561,952 (▽0.1%)	576,223 (0.5%)	590,169 (0.6%)
지 방	111,180	115,573 (4.0%)	71,019 (▽3.5%)	150,566 (14.0%)	222,049 (6.8%)	310,957 (8.0%)	357,452 (3.0%)	308,941 (▽2.7%)	345,989 (3.0%)

출처: 2007년 행정자치부 내부 자료.
주: ( )는 증감률임.

[그림 5-1] 공화국별 공무원 정원 증감 추이(2006. 12. 31)

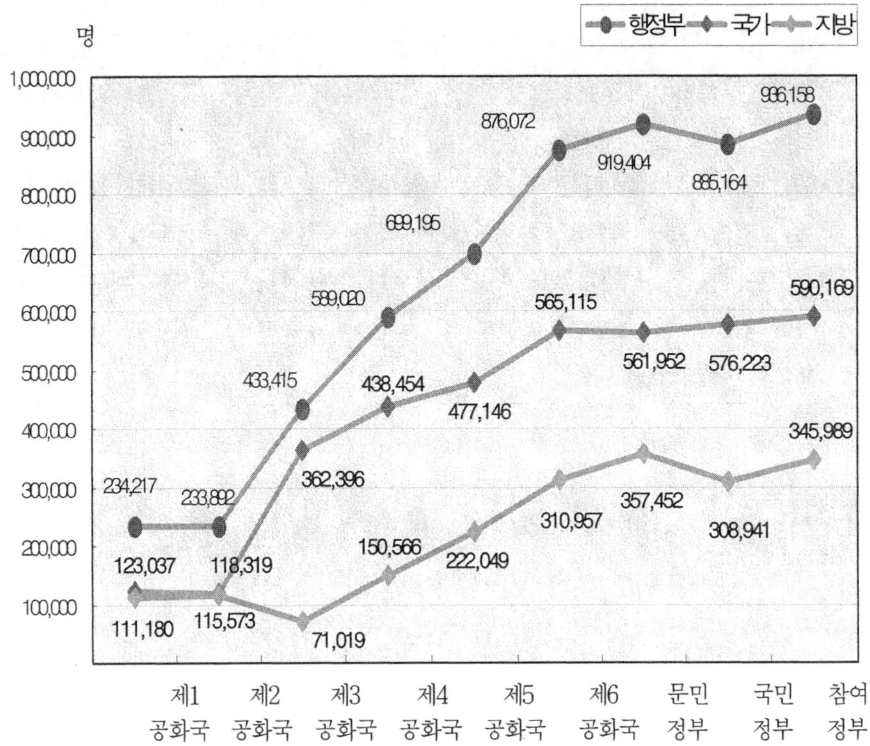

지방정부도 중앙정부와 별로 다르지 않다. 지방자치단체장이 바뀔 때마다 요란스레 새로운 구호와 정책들이 쏟아진다. 오세훈 서울시장은 취임 이후 줄곧 서울을 세계 10위권의 경쟁력 있는 도시를 만들기 위해서는 창의와 상상력을 바탕으로 하는 창의 시정을 표방하더니 최근에는 각 부서별로 획일적으로 3%의 무능·불성실 공무원을 '현장시정추진단'에 편입시켜 철밥통 공무원의 퇴출을 유도한다고 하여 서울시가 소란스럽다.

열심히 일하며 창의적인 공무원을 우대하고 나태하고 무사안일한 공무원들에게 경각심을 일깨우고 무능한 공직자를 퇴출시키고자 하는 의지는 높이 평가할 만하다. 하지만 이 제도가 성공하려면 조직 내·외부로부터 공감을 얻어야 한다. 우선 부서별 획일적으로 3%의 공무원을 일시에 적출하라는 것은 부적절한 방법이다. 만약 공직사회에서 생산적으로 기여하지 못하고 오히려 장애 요소가 된다면 3%가 아니라 10%, 아니 20%라도 퇴출시켜야 한다. 부서별로 일시에, 일률적으로 3%라는 방식은 공감하기 어렵다. 다소 시간이 걸리더라도 모두가 공감할 수 있는 원칙과 기준을 정하고 이에 근거한 평가를 토대로 무능한 공무원을 지속적으로 찾아내어 퇴출을 유도하도록 한다. 학연이나 지연에 얽매이고 줄세우기, 편가르기 식이라는 인식으로 일단 '소나기는 피하고 보자'는 식의 행태를 조장해서는 아니 된다. 공공조직은 기본적으로 용수철과 같은 특성을 지니기 마련이다. 진정으로 창의적이고 생산적인 공공조직이 되기 위해서는 잘못된 제도나 관행을 개선해 그 효과가 누적적으로 성장・발전하는 반(反)용수철 같은 조직이 되도록 해야 한다.

제 3 절 지방자치단체의 인력 및 조직관리 특성

지난 1995년 6・27 지방선거 이후 당선된 민선 지방자치단체장들은 이구동성으로 간소하고 효율적인 자치정부, 경영행정을 표방했다. 그러나 민선 이후 지금까지 나타난 결과는 오히려 팽창 일변도로 나아가고 있다. 민선 단체장 출범 이후 지금까지의 조직 및 인력관리에 관한 특징을 살펴보면 다음과 같다.

1 방만한 조직 및 인력관리

정부는 지방자치단체의 기구 설치 범위를 대통령령 제7조 1항(광역자치단체)과 제10조 1항(기초자치단체)에 그 상한선을 설정해 놓고 있다. 그러나 지방자치단체들은 정부가 정해 준 기구 설치 범위의 상한선을 최소한으로 인식하고 사업소 설치나 한시기구 설치 등을 통해 정원을 늘려가고 있다.

○○도는 대규모 공공시설 설치와 택지 개발 등을 위해 지난 1989년 정

원 60명 규모의 공영개발사업단을 한시기구로 설치했다. 그러나 존속 기관이 만료된 1997년 말 사업단을 해제하면서 임시로 늘어난 사업단 정원을 도 전체 정원에서 감축하지 않은 채 소속 직원들을 모두 다른 부서로 분산 배치해 결국 인원만 늘리는 결과를 초래했다. 또한 경전철과 도시철도 업무를 담당하고 있는 도시철도계가 있는데도 순환철도 건설을 위해 15명 정원의 순환철도기획단을 신설했다.

1996년 2월 511명의 인력을 감축하겠다고 천명한 ○○시도 공무원들을 정리하기는커녕 '빛고을 정책개발실'이라는 한시기구를 신설, 부이사관급과 서기관급 고급간부 4명 등 직원 16명을 배치했다. 1999년 3,235명이던 ○○시 공무원이 IMF를 계기로 2001년 3,097명으로 잠깐 감소하더니, 2003년에는 3,246명, 2004년에는 3,459명으로 다시 증가 추세를 보이고 있다. 2006년 1월 ○○○시는 국장급에 해당하는 4급 기관장의 ○○출장소를 신설해 5과 72명으로 조직과 인력을 신설하고 증원했다. 이는 중앙정부의 복수직 차관 자리를 신설하면서 국회 해당 상임위원회의 여당을 설득하는 과정에서 해당 상임위원회 의원의 지역구에 인구가 증가한다는 명목으로 출장소 신설을 조건으로 상호 바터제로 탄생한 기형적인 조직의 모습이다.[1)]

이와같이 지방행정 조직이나 인력이 줄지는 않고 늘어만 가는 이유는 민선 자치단체장들이 다음 선거를 의식한 나머지 선심 행정을 펴는 데다 한시조직이나 사업소 등을 통해 기구 상한선의 범위를 교묘하게 빠져나가고 있기 때문이다.

2 유사 부서의 혼재와 업무 혼란

지방자치단체의 부서별 업무 한계가 모호해 동일 유사한 업무를 2개 이상 부서에서 다루는 경우가 허다하고 유사한 부서가 많다. 이를테면 영농

---

1) 이 당시 중앙정부는 복수 차관직을 신설하고자 혈안이었다. 복수 차관직을 신설하기 위해서는 조직 및 인력관리의 주무 부서가 국회의 동의를 구해야 하므로 해당 상임위원회를 설득했으나 여의치 않았다. 결국 해당 상임위원회 간사의 지역구에 출장소를 신설해 주는 대가로 간사 국회의원의 협조 하에 복수 차관직 직제 개편안이 국회의 승인을 받았다고 한다.

기술 지도와 개발 등을 위해 대부분의 광역자치단체에 설치되어 있는 농촌진흥원과 농민기술교육원 등은 업무가 중복되어 있다.

○○도의 경우 산하에 농촌진흥원과 농민교육원을 설치, 운영하고 있으나 '기술 지도'라는 측면에서 양 기관의 업무가 중복되고 있다. ○○도의 경우도 농촌진흥원과 농업기술연구원, 농산물원종장과 감자원종장 등 각각 2개의 유사 업무 취급기관을 운영해 인력과 예산을 낭비하고 있다.

시청이나 군청의 도시과는 4년여 전 건설과에서 분리되었다. 그러나 도시계획구역 내는 도시과, 그 이외 지역은 건설과가 맡는 차이가 있을 뿐이다. 건설과에서는 방재계, 민방위재난관리과에는 재난관리계가 있는데, 전자는 천재지변을, 후자는 교량 붕괴 등을 맡는데, 굳이 분리해야 할 이유를 찾기 어려우며 오히려 유사 업무의 할거주의만 양산시킬 뿐이다. 그러다가 최근에야 방재계를 폐지하고 재난안전관리과로 통합했다. 이 밖에도 산림 관련 업무, 하수, 도로, 건설, 청소 업무 등에서도 중복되거나 업무의 효율성을 저해하는 경우가 허다하다.

3 현실과 괴리된 조직 및 인력관리

지방자치단체의 거품이 너무 많다. 주민 수는 감소하는데 공무원 수는 해마다 늘고 있는가 하면 주거 환경상 불필요한 조직인데도 그대로 남겨두고 있는 부서가 허다하다. 교통통신 수단이 발달하고 정보화의 진전으로 행정의 대응 능력이 훨씬 더 높아졌음에도 불구하고 공무원 수는 엄청나게 증가했다는 점이다.

지난 1970년 99.000여명이던 충남 ○○군 인구는 1996년 약 45,000명이던 것이 2004년 약 35,800명으로 줄었으나 공무원 수는 오히려 280명에서 1996년 601명, 2004년에는 664명으로 늘었다. 전남 ○○군도 지난 1970년 120,000여 명이던 인구가 2004년 약 50,700명으로 줄었으나 공무원 숫자는 200여 명에서 589명으로 2.9배로 증가했다.

또한 기능의 쇠퇴로 축소되어야 한 조직을 그대로 방치한 경우도 허다하다. ○○시의 경우 농업이 차지하는 비중이 극히 낮은 지역 실정을 감안하지 않은 채 아직도 농업행정계, 농산유통계 및 축산행정계 등 농업행정과를 운영하고 있다. ○○도의 경우에도 잠업 농사는 매년 급격하게 줄어들어 지난 1976년 19,000여 가구에서 1996년에는 70여 가구에 불과한데도 잠업사업소 기구는 1976년 조직 체계를 지속적으로 유지해 오다가 더 이상 명분 부족으로 최근에야 이를 폐지했다.

4 경영 개념이 부재한 조직관리

민선 자치단체장 등장 이후 지방자치단체들이 앞다투어 실시한 각종 수익사업이 오히려 행정조직을 비대화시키고 취약한 지방재정을 더욱 악화시키고 있다. 지방자치단체가 직영하거나 사업소 또는 공기업이 운영하고 있는 사업 중 만성적인 적자에 시달리고 있는 사업은 지방공사 의료원과 청소 업무, 문화예술회관, 공영 주차장, 공설시장, 하수처리장(물재생센터)과 위생매립장 등이다. 보건산업진흥연구원의 지방공사 의료원 실태 조사에 의하면 전국 34개 지방공사 의료원의 평균 의료 수익률은 1999년 -10.3%, 2002년 -34.1%, 2003년 -14.7%로 적자 수준이 상당함을 보여 주고 있다. 즉 전국 대부분의 지방공사 의료원이 만성적인 적자로 자치단체의 재정난을 가중시키고 있다. 이 밖에도 전국 각 자치단체가 관리하고 있는 문화회관 등 공연장 역시 대관료 등의 수입이 인건비와 시설유지비에 턱없이 모자라는데, 이는 전문성과 경영 마인드가 부족한 관료들에게 맡겨져 있는 것이 큰 요인으로 작용하기 때문이다.

5 부서 신설 및 자리 만들기에는 명선수

일이 생기면 조직을 만들고 인력을 충원하는 것이 공무원의 생존술이다. 1995년 6월 하순 서울 서초구에 삼풍백화점이 무너지자 대부분의 자치단체에 대형사고에 대비한다는 명분으로 새로운 조직인 '재난관리계'가 탄생했다. 예를 들면 전남 ○○군과 충남 ○○군에 '재난관리계'란 조직이 생겨났다. 2007년 ○○군의 재난안전관리과에는 재난관리, 복구설계 지원 및 민방위 담당이 있으며, 마찬가지로 ○○군의 재난안전관리과에는 재난관리, 복구 지원, 지역 협력 및 민방위 담당이 있다. 그러나 주민 수 5만 명도 채 안 되고, 고층건물이라고는 5~6층 정도인 이들 자치단체에서 과연 재난관리계를 만들어야만 했을까? 공무원들은 이러한 기회를 절대로 놓치지 않는 습성을 지니고 있다.

6 아마추어 관료 양산

사회는 복잡다단해져 가고 있으며, 아울러 행정도 이에 부응하기 위해서는 전문성을 지녀야 하는데 관료는 아직도 계속해서 아마추어만을 양산하고 있다. 서울시 공무원을 대상으로 조사한 결과에 의하면(최병대, 1996), 3급 이상 공무원은 평균 26년의 재직 기간 동안 19개의 직위를 담당한 것으로 나타났으며, 4급 공무원의 경우에는 약 24년의 재직 기간 동안 평균 17개의 직위에 보직된 것으로 조사되었다. 이는 4급 이상 공무원이 한 보직에 평균 근무한 기간은 약 1.4년으로 나타났다. 이는 업무를 파악할 즈음이면 다시 자리 이동을 하는 것으로 이 같은 잦은 인사 이동은 전문성을 확보하기가 어렵고, 정책의 연속성이 이루어지지 않아 책임행정을 구현하기도 어렵다. 이러한 상황에서 공무원의 전문성이 쌓일 리가 없다. 관료들은 짧은 기간의 특정 분야 근무를 통해 그 분야의 모든 것을 알 수 있다는 착각에 빠지기 쉽고, 이는 "선무당이 사람 잡는다"는 속담과 같이 행정의 시행착오를 되풀이하게끔 하는 요인으로 작용할 소지가 크다.

제 4 절 조직 및 인력관리 방향

지방자치 부활 이후 민선 자치단체장들은 이구동성으로 행정의 경영화를 부르짖었지만 결과는 비대한 정부로 귀결되었다. 이제 작고 효율적인 정부, 경영적인 정부를 위해서는 효율적인 조직 및 인력관리가 선결되어야 할 과제이다.

미국, 영국, 뉴질랜드와 같은 나라들이 성공적인 행정개혁의 표상이 될 수 있었던 것은 이들 나라에서 심각한 재정적자(미국), IMF 구제금융 사태(영국), 심각한 외환 위기(뉴질랜드) 등이 발생했기 때문이다. 이제 우리도 근본적인 개혁만이 살 길이라는 데 모두가 이해를 같이해야 한다. 과거와 같이 개혁에 소극적이거나 이기적인 행태를 더 이상 방관해서도 용인해서도 안 된다. 이러한 배경에서 지방화 시대 지방자체단체의 조직 및 인력관리를 위한 기본 방향은 크게 네 가지로 압축할 수 있다.

첫째, 공직사회에 경쟁 개념의 도입이다. 우선 먼저 공직사회 내부에서의 경쟁성의 강화이다. 지금까지 공직사회는 공공 부문이라는 울타리에 안주해 왔으며 안주하려고 하고 있다. 하지만 더 이상 이러한 분위기가 용인되지 않는다. 사회가 점차 개방화되고 투명화됨으로써 공직사회의 비경쟁적인 요소는 과감히 떨쳐버려야 한다. 이제 공직사회도 공직 내부에서의 경쟁뿐만 아니라 공직 외부와도 치열한 경쟁을 해야만 한다. 아직까지 공공부문에 경쟁 개념의 도입이 극히 미미하지만 성공하는 사례가 나타나기 시작하고 있다. 예를 들면 충북 ○○시의 경우 시내 13개소 공영 주차장 2,400여 면을 민간에 위탁 운영해 작년에만 10억여 원의 순수익을 올렸다. 또한 경상북도 ○○시는 공공, 민간 합작의 제3섹터 방식으로 6억 4천만 원을 투자해 음식물 찌꺼기를 활용한 사료 공장을 건립해 약 3억 5천만 원의 수익을 올렸다.

둘째, 탄력적인 조직 및 인력관리, 즉 조직 및 인력관리의 기동성이 필요하다. 근본적으로 조직은 고정적이며 경직적이다. 일이 발생하면 우선적으로 공직사회는 직제를 만들어 조직을 설치하고 인력을 배치해 업무 분장을 한다. 그러나 행정 수요는 조직이나 직제상 업무에 한정되어 발생하는 것이 아니라 수시로 가변적이며 업무 영역도 줄었다 늘었다 하는 것이 다반사이다. 반면에 조직이나 직제상 범위를 벗어난 영역에는 기피하는 것이 기본적인 속성이다. 이러다 보니 수요 변화에 대한 대응성이 뒤떨어질 수밖에 없으며, 새로운 일이 발생할 때마다 뒷북치는 행정으로 기구나 인력이 팽창 일변도로 치닫고 있다. 이제는 과거와 같은 경직적인 조직이나 인력관리를 벗어나 행정 수요 변화에 신속하게 대응할 수 있는 조직 및 인력관리가 이루어져야 한다.

셋째, 행정의 전문성을 높일 수 있는 인력 및 조직관리가 되어야 한다. 현재의 공직사회의 인력관리는 '훈련된 무능'에 있다. 이는 한 가지 지식 또는 기술을 훈련받고, 또 기존의 규칙을 준수하도록 길들여진 사람은 다른 대안을 생각하지 못한다. 훈련받은 행동이 과거에 성공적이었더라도 변화된 조건 아래서는 부적절할 수 있는데, 관료들은 새로운 조건에 적응을 잘 못하는 경직성을 지닌다는 것이다. 한 자리에 오래 있으면 무능한 것으로 평가받고 가능한 한 자주 자리를 바꾸는 자가 유능한 관료로 평가받고 또한 그들이 출세 가도를 달려왔다. 다양한 직책을 거치면서 쌓아 놓은 인맥이 인사 때면 힘을 발휘한다. 전문성이 낮으니 경쟁에서 밀릴 수밖에 없다. 한 예를 들어보자. 한·일 간의 독도 영유권 문제는 해묵은 과제이다. 일본 외무성 조약국의 가와가미 겐조란 직원은 30여 년간 독도 문제 하나만 파고들었다. 카운터 파트너인 한국 외무부 국제법규과와 동북아1과에 가장 오래된 직원이 3년이 채 안 된다. 일본의 30년과 한국의 3년, 경쟁에서 밀릴 수밖에 없다. 이러한 현상은 지방자치단체에서도 마찬가지다. 특히 지방정부에서는 단체장 교체시마다 지방선거에 따른 논공행상식의 대폭적인 인사 이동으로 전문성과는 거리가 먼 인사가 주류를 이루고 있다.

넷째, 공직사회는 열린 사회가 되어야 한다. 더 이상 닫힌 사회가 되어서는 안 된다. 행정을 둘러싼 사회환경은 시시각각 변화의 연속인데 공직사회도 더 이상 빗장을 걸어둘 수는 없다. 개방사회, 열린 사회와 호흡을 함께하기 위해서는 사람도 조직도 원활하게 상호 교류할 수 있어야 한다. 민간 부문의 효율성이 공공 부문에 접목될 수 있어야 하고, 외국의 개혁적인 인력관리 방안과 조직관리 방안도 우리의 잘못된 행정문화를 개선하는 데 시금석이 되어야 한다.

제 5 절 지방자치단체의 인력 · 조직 관리 방안

정권이 바뀌고, 정부가 바뀌고, 자치단체장이 바뀔 때마다 마치 철따라 옷을 바꿔 입듯이 요란하게 슬로건을 바꾸고 조직의 이름을 바꾸고 자리를 이동한다고 난리법석을 떤다. 수없이 반복되는 변화였지만 결과적으로 바뀐 것은 별로 없다. 민선자치단체장의 출범 직후 모두들 변화를 갈망했고 경영적인 자치 시정을 부르짖었건만 오히려 이전보다 비대한 자치정부로 귀결되었다. 이는 이전과 같거나 거의 유사한 시스템(제도)을 가지고 항상 똑같은 생각과 행태를 지닌 사람들로 가득 차 있기 때문이다.

이제 잘못된 과거의 전철을 또다시 반복해서는 안 된다. 기존의 틀을 과감히 떨쳐버리고, 사람도 바뀔 수 있고, 바뀔 수 있도록 과거의 낡은 관행을 버리고 지난 날의 잘못된 쇠사슬을 과감히 끊어야만 한다. 이러한 맥락에서 민선 시대에 지방자치단체가 앞으로 지향해야 할 인력 및 조직관리 방안을 살펴보면 다음과 같다.

1 탄력적인 인력관리

1) 조직 및 인력을 풀제로 운영

현재의 인력이나 조직관리는 직제상 명문화되어 탄력적 운영이 제약되어 있다. 현재의 시스템은 직제로 고정되어 조금이라도 업무 영역이 벗어나면 '나의 일', '남의 일' 따지기에 용이하다. 이러다 보니 업무 추진이 늦어질 수밖에 없고 부서 간 원활한 협조를 기대하기는 원천적으로 불가능하다.

현재의 각 부서별, 국 · 과 · 계별 조직 및 인력은 가장 기본적이고 핵심적인 부분만을 고정 관리 · 배치하고, 그 이외 일정 부분은 풀제로 운영한다. 즉 행정 수요 변화에 따라 탄력적으로 풀(pool)제 인력/조직을 생산적으로 활용하도록 한다. 예를 들면 여름에는 장마기에 빗물펌프장 관리인력이 매우 중요하다. 하절기에 펌프장 관리 인력이 보강될 필요가 있겠지만 겨울에는 중요성이 떨어진다. 반면에 동절기에는 제설 작업이 중요하다. 즉 수요 변동에 따라 신축적으로 인력이나 조직이 관리되어야 한다.

2) 풀(pool)제 인력이나 조직은 행정 사각지대에 집중 활용

통계상으로 볼 때 우리 나라 공무원 수는 외국에 비해 턱없이 부족하다. 이는 단순히 공무원 숫자를 인구 규모로 나눈 데에 불과하다. 이를 정확하게 비교하자면 (지방)정부가 제공하고 있는 업무의 범위나 서비스의 질을 동시에 고려해야 한다. 외국의 경우에는 정부 산하단체나 투자기관 종사자를 포함시키는 것이 일반적이다.

예를 들어 뉴욕, 도쿄와 서울시의 공무원 수를 비교하는 데 단순한 통계치를 통해 공무원의 수와 인구를 비교하는 것은 무의미하거나 자칫하면 잘못된 정보를 제공할 수 있다. 왜냐하면 업무 영역과 서비스 수준이 판이하게 다르기 때문이다. 이를테면 뉴욕이나 도쿄의 공무원 수에는 경찰공무원이나 교육공무원이 당연히 포함되어 있다. 그러나 서울은 경찰 부문 등이 자치 업무가 아니기 때문에 제외되어 있다. 또한 도쿄도의 교통국은 공기업적 성격을 지니고 있다. 즉 교통국에는 일반직 공무원도 있지만 도쿄도 직영지하철(東京都鐵)을 운영하는 직원도 포함되어 있다. 서울로 치면 서울메트로(구(舊) 지하철공사) 및 도시철도공사 직원도 포함되어 있다는 뜻이다.

업무의 동질성을 전제로 위 3개 도시의 공무원 1인당 대(對) 시민 수(市民數)를 개략적으로 계산해 보니 서울은 208명인데 도쿄와 뉴욕은 약 72명으로 나타났다. 숫자상으로 서울의 공무원은 도쿄나 뉴욕에 비해 훨씬 높은 업무의 과부하가 걸려야 함에도 불구하고 실제로 시민들이 느끼는 공무원에 대한 체감 지수는 오히려 그 반대이다.

이러한 까닭은 제한된 인력으로 많은 업무를 수행하다 보니 모든 행정이 '땜질 행정'으로 흐를 수밖에 없는 한계를 지니고 있다. 이는 모든 영역에 행정 사각지대가 존재하고 공무원은 공무원대로 많은 업무를 제대로 수행하기가 불가능하니 업무 기피 및 포기 현상이 발생하고 있다. 즉 제한된 인력으로 모든 것을 수행해야 하니 한 가지도 제대로 할 수 없는 기현상이 발생하고 있다.

이제 '한 가지도 제대로 할 수 없는 행정'에서 '한 가지라도 제대로 할 수 있는 시스템'이 되어야 한다. 이를 위해서는 우선 행정의 우선순위를 파악해야 한다. 이 경우 공공 부문이 당분간 직접 간여하지 않더라도 큰 무리가 없는 부문은 당분간 자율에 맡겨두고 그 결과에 따라 행정 개입의 정도를 판단하도록 한다. 한편 공공성이 우선시되고 행정 개입의 관여 정도가 높은 순서에 따라 풀제 인력이나 조직을 적극적으로 활용하도록 한다.

예를 들면 지금도 위생업소의 탈법행위가 사회적으로 문제가 되고 있다. 언론에서 기사화되면 그 때는 모두들 난리법석이지만 며칠만 지나면 망각한다. 현재의 위생과 인력으로는 위생업소 단속 업무 한 가지만 하더라도 벅찬 실정이기 때문이다. 만약 위생업소 탈법 행위 근절이 행정의 우선적 관심 사항이라면 풀제 인력을 집중 투입해 문제가 해결될 때까지 집중 관리한다. 문제가 어느 정도 해결되었다고 판단되면 기간 요원 및 행정조직만을 남겨둔 채 철수해 풀제 인력은 그 다음 우선순위 영역에 투입해 하나하나씩 행정의 기강을 바로잡아 나가야 한다.

3) 기본적으로 '계'제와 '팀제'의 장점을 활용

업무의 대응성을 높이고 책임성을 제고시키기 위해서는 결재 단계를 축소하고 계층 수를 줄이는 것이 필수적이다. 이를 위해 '계(係)'제를 폐지하는 것이 업무의 능률성을 한층 높일 수 있다. 조직이란 그 특성상 '장(長)'(계장)이란 글자가 붙으면 업무를 직접 수행하기보다는 결재하고 도장이나 찍는 데 우선적 관심이 두는 것이 일반적 관행이다. 지방자치단체의 '계'제는 단계적으로 폐지되어야 한다. 우선 일차적으로 기초자치단체의 동사무소와 사업소에 대해 '계'제를 폐지할 필요가 있다. 이미 일부 지방자치단체와 동사무소에는 '계'제를 폐지한 경우도 있다. 다음으로 광역자치단체의 경우에는 기획 기능이 상대적으로 중요하기 때문에 획일적으로 폐지하기는 곤란할지 모르겠지만 업무의 성격에 따라 단계적으로 없애도록 한다. '계'제를 폐지하는 대신에 경우에 따라서는 여건 변화에 탄력성이 높은 '팀'제를 적극 활용하도록 한다.

일정한 업무가 항상 존재하고 업무의 내용에 큰 변화가 없는 경우에는 '계'제와 같이 안정적인 조직 체계가 필요하다. 반면에 업무의 내용이 고착화되었다기보다는 가변적이고 탄력성이 요구되며 여건 변화에 신속하게 대응할 필요성이 있는 경우에는 '계'제보다는 '팀'제가 바람직하다. 특히 오늘날 현대 사회는 급속하게 변화의 소용돌이 속에 있음으로써 과거와 같이 안정적이며 경직적인 조직 체계보다는 환경 변화에 기민하게 대응할 수 있는 조직 체계의 구축이 요구된다.

4) 획일적인 조직관리 시스템의 탈피

획일적인 조직관리 시스템을 탈피해야 한다. IMF가 도래하기 이전까지만 하더라도 '지방자치단체의 행정기구와 정원 규정 등에 관한 규정' 제5조에 의하면 조직관리를 위해 '3-3-3' 시스템을 적용하고 있다. 즉 이는 '계'가 되려면 최소한 3인 이상의 정원을 필요로 하고 '과(課)'가 되려면 최소한 3개 이상의 '계'가 있어야 되며, '국(局)'이 되려면 최소한 3개 이상의 '과'가 있어야 한다. IMF 이후에는 '3-3-3'시스템이 비록 '4-4-4'시스템으로 기본 조직관리 시스템이 다소 변하기는 했지만 여전히 경직적인 조직관리를 탈피하지 못하고 있다. 이러다 보니 '계'를 만들고 '과'를 만들려는 조직팽창주의적 사고가 만연하게 된다. 업무의 성격상 단순 집행 업무는 조직의 관리 범위가 상대적으로 확대될 수 있다. 반면에 기획 기능이나 지적 사고가 필요한 기능에는 1~2개의 '계'나 '과'로서도 그 존재 의의를 지닐 수 있다.

이는 조직관리를 위해 획일적인 사고에 지배될 것이 아니라 조직 상한선이나 총정원제 개념에 걸맞게 기능에 따라 또는 업무 성격에 따라 다양한 조직관리를 할 필요가 있다.

2 폐쇄적 관리 체제에서 개방적인 관리 체제로 전환

1) 비생산적이며 과거의 타성에 젖은 공무원은 시스템에 의한 퇴출 유도

인력의 풀제 운영 과정에서 비생산적이거나 금품 수수 비리와 관련된 자들은 별도로 인력관리를 하여 대기 발령하도록 한다. 공무원법 제70조 3항은 "직제와 정원의 개폐 또는 예산의 감소 등에 의해 폐직(廢職) 또는 과원(過

員)이 되었을 때" 공무원을 그만두게 할 수 있다. 공직사회에 기여하지 못하는 자들은 대기 발령 후 일정 기간 이내(6개월이나 1년 이내)에 특별한 임무를 부여받지 못하는 경우에는 과감하게 공무원 사회에서 퇴출시켜야 한다. 이를 통해 결과적으로 공무원 사회의 새로운 기강을 정립할 수 있을 것이다. 과거와 같이 '내' 조직 '내' 업무가 아니라고 서로 미루고 발뺌할 수 있는 여지를 없애고, 비리 관련자나 소극적인 자세로는 공직사회에 발붙일 수 없도록 함으로써 새로운 공직자상(公職者像)을 구축해야 한다. 이런 과정을 통해 공직사회에 바람직하지 않은 공직자를 자연 도태시켜야 한다. 또한 공직에 적성이 맞지 않는 자는 조건부 승진제[2]를 통해 침체된 공직사회가 한층 활기를 띠도록 유도해야 한다.

2) 인사의 투명성과 객관성을 높이기 위한 인사위원회의 설치

조직관리의 성패는 인사에 달려 있다고 해도 과언이 아니다. 민선단체장 출범 이후 끊임없이 제기되는 문제가 바로 자치단체장의 인사 문제에 대한 잡음이며 지금도 법원에 쟁송중에 있는 자치단체도 있다. 단체장도 성인군자가 아닌 이상 감정이 없을 수는 없을 것이다. 그러나 일반직 공무원에 대해 선거로 인한 논공행상이나 편 가르기, 업무의 수행 능력 등이 무시된 채 지역적인 연고나 학맥 등 정실에 의해 인사가 이루어진다면 이는 조직의 생산성을 저해하는 요인으로 작용할 수밖에 없다. 또한 지금까지의 인사는 대(對)시민 서비스를 직접 담당하는 부서보다는 내부 행정 지원 부서들이 우선적인 혜택을 받았다. 이를테면 인사, 예산, 총무, 감사 등의 부서가 인사상 특혜를 누렸다. 그러나 이제 이러한 관행은 바뀌어야 한다.

단체장을 우선 합리적인 인사 원칙을 정하고 업무 분장이나 권한과 책임의 범위를 명확히 하여 책임행정을 구현할 수 있는 분위기를 조성해야 한다. 인사는 예측 가능성이 있어야 하고 투명성이 확보되어야 조직원의 동기 유발을 촉진시킬 수 있다. 단체장은 가능한 한 개인의 감정을 제어할 수

---

2) 조건부 승진제는 법정 승진 소요 기간 경과 후 상당 기간이 경과했음에도 불구하고 승진이 아니 된 자 중에서 일정 기간을 정해 그 이상 근속자에 대해 1년 동안 한시적으로 승진시키고 1년 뒤에는 자동 퇴직시키는 제도이다. 이 제도를 서울시 ○○구가 시범적으로 도입한 이후 공무원들로부터 상당히 긍정적인 반응을 얻고 있다.

있고 객관적인 인사가 이루어지기 위해서 인사위원회를 설치해 이를 적극 활용해야 한다. 이러한 인사위원회도 단순한 구색 갖추기를 위한 위원회나 개인들 간의 이해 관계 조율을 위한 위원회가 아니라 조직이나 기관의 목표 달성도에 관한 공헌도를 정확히 가늠할 수 있는 인사위원회가 되어야 한다. 특히 선거를 통한 논공행상이나 단체장의 전횡 방지를 위해서도 중립적이며 공정한 인사관리를 위한 인사위원회의 설치는 필수적이다.

3) 개방형 인력 충원 시스템의 도입

행정의 전문화는 우선 행정 내부에서 추진되어야 하지만 아울러 공직사회 외부에서도 전문인력을 쉽게 충원할 수 있어야 한다. 즉 공공 부문에 대한 노동시장의 유연성을 제고하기 위해 민간 전문가를 쉽게 임용할 수 있는 개방형 임용 제도를 확대하고 퇴출의 경직성을 초래하는 정년까지의 신분 보장을 완화해야 한다. 이를 위해 전문직, 계약직, 별정직 공무원제를 적극 활용해야 한다. 예를 들면 쟁송 업무와 관련한 법무 분야, 전산(지리)정보, 도시계획, 환경, 교통 등 외부의 훈련되고 자격을 갖춘 자를 적극 영입해야 한다. 최근 들어 개방형 임용이 확대되는 추세이기는 하나 앞으로 한층 강화될 필요가 있다.

그러나 이 경우 반드시 주의가 필요하다. 외부 인력의 영입을 기존 관료사회는 달가워하지 않을 것이고, 다양한 형태의 비협조적이고 조직적인 저항이 나타날 우려가 있음을 간과해서는 안 된다. 자칫하면 조직 내의 외톨이가 될 염려가 있으므로 이를 방지할 수 있는 방안이 강구되어야 한다. 예를 들면 특정 분야에 한 사람의 외부 인력으로 한계가 있다면 몇 사람 또는 팀으로 충원해 행정 내부에서 각 영역별로 경쟁을 유도하는 것도 방법이 될 수 있을 것이다.

3 책임성의 강화

1) 권한과 책임의 일치

그동안 우리나라 국가 경영의 중심은 대통령 중심의 일극 중심(一極中

心) 체제였다. 1988년 지방자치법이 개정됨으로써 지방의회를 구성하고 자치단체의 장을 직선하는 분권화, 지방화의 길로 들어섰다. 그동안 오랜 일극 중심 체제의 관행에 젖어온 탓인지 지방자치단체도 단체장 중심의 일극 중심 체제가 지속되고 있다. 모든 사항을 단체장이 결정해야 하고 단체장의 한 마디가 바로 법이고 행정 준칙이 되고 있다.

이러다 보니 결재 과정이 길어지고 정책 결정이 지연되기 십상이고 문제 발생시 모두 책임을 기피하는 경향이 있다. 향후 민선단체장들은 이러한 일극 중심 체제에서 벗어나야 한다. 업무 영역별 또는 부서별로 권한을 부여하고 그에 따른 책임도 일치되도록 해야 하며, 이를 주민에게도 언론에도 알려야 한다. 책임행정을 구현하기 위해서라도 가능한 한 하부로 결재권을 위임해서 단체장은 자치단체의 업무 전반에 걸친 종합적이며 포괄적인 사항을 중심으로 대응해 나가야 한다. 이는 결과적으로 계층을 줄이며 결재 단계를 줄일 수 있고 신속한 정책 결정으로 이어질 수 있다.

2) 부서장에게 구체적인 임무를 부여하고 목표에 의한 관리

단체장이 취임하면 제일 처음 하는 것이 바로 인사다. 인사를 잘하면 만사가 잘 해결될 수 있고 잘못하면 바로 '망사(亡事)'가 된다. 단체장은 자치단체가 추진해야 할 일의 우선순위를 먼저 파악하고 목표 설정을 해야 한다. 설정된 목표에 대해 이를 달성할 수 있는 관리자를 우선 행정 내부에서 모집한다. 각 부문별로 설정된 목표에 대해 지원자 가운데 자질이나 과거 경력 등을 감안해 적임자를 선임하고, 이들의 업무 성과를 1년 뒤 또는 일정 기간 경과 후에 평가해 그 결과에 상응한 보상이나 제재를 가한다. 즉 주어진 목표를 달성하지 못할 경우에는 인사상의 불이익을 주고 경우에 따라서는 공직사회에서 퇴출할 수 있도록 한다. 반면에 능력 있고 좋은 성과를 올리는 공무원에 대해서는 인사상 혜택을 부여하고 보수도 성과와 연계시키는 성과급 제도를 도입해야 한다. 이 경우 단체장은 목표 달성 여부를 철저하게 점검하고 관리자에게는 가능한 한 관리 부서 내의 인사나 조직관리권을 위임함이 바람직하다. 이울러 단체장은 부서간 할거주의가 발생하거나 상호 협조가 원활하지 못해 목표 달성에 장애가 초래되는 요인을 파악하고 제거하는 노력을 게을리해서는 안 된다.

4 전문성의 강화

1) 전문성 제고를 위한 보직경로제의 도입

사회는 고도로 전문화되어 감으로써 행정도 이에 부응한 전문성을 요구받고 있다. 그러나 공직사회는 잦은 순환 보직으로 공무원은 전문가(specialist)가 아닌 단순 일반행정가(generalist)를 양산하고 있다. 이제 복잡다단한 사회 여건에서 단순행정가가 효과적으로 대응하기에는 한계가 있다.

공직사회에서도 일반행정가가 아닌 전문가를 양성·훈련시켜야 한다. 우선 먼저 내부 인력을 전문화시켜야 한다. 즉, 행정 영역별로 전문행정인의 육성을 위한 인력관리가 이루어져야 한다. 이를 위해 전문성 축적을 위한 보직경로제를 도입해야 한다. 보직경로제란 보직이 극에서 극까지 왔다갔다 하는 것이 아니라 동일 행정 영역 내에서 보직 이동이 이루어지도록 해야 함을 의미한다.

구체적으로 살펴보면 공무원을 최하위직(8~9급), 중위직(5급~7급), 상위직(4급 이상)으로 구분할 때, 최하위직은 모두 전문 영역 없이 개방하도록 한다(open system). 왜냐하면 공직사회에 처음 몸을 담는 자들은 자신의 적성이 교통 부문에 적절한지 환경 부문에 적절한지를 파악하기가 쉽지 않기 때문이다. 8~9급에 근무하면서 자신의 적성을 파악하도록 하는 일종의 적성 파악을 위한 오리엔테이션 기간으로 간주하는 것이다.

중위직에서부터는 자신의 전문 행정 영역을 설정하게 하여 인사 이동시에는 동일 영역 내에서만 이동이 이루어지도록 한다(close system). 4급 승진할 때까지 동일 영역 내에서 자리 이동을 하기 때문에 상당한 수준의 전문성이 축적될 수 있을 것이다. 그러나 이 경우에 타업무 영역에 대한 이해가 부족할 우려가 있으므로 교육훈련을 통해 이를 극복해 가도록 한다.

4급 이상의 상위직의 경우에는 관리자로서의 능력이 필요하고 전체를 조망할 수 있는 식견이 필요한 위치이므로 다시 개방형 체제로 나가도록 한다.

5 효율화와 경쟁화

1) 업무를 민간에 넘기면서 기존 인력을 끌어안는 우를 범하지 말 것

최근 공공 업무가 민영화되거나 민간위탁하는 등의 업무가 많이 발생하고 있다. 이는 민간 부문에서 수행/대행 가능한 업무의 경우 공공 부문이 수행하던 업무가 민영화 또는 위탁되면 당연히 그에 따른 인력도 민간 부문으로 넘어가야 한다. 그런데 업무는 민간 부문으로 이전되더라도 극히 일부분의 인원만 감축되고 나머지는 계속 공공 부문에 남아 다른 부서로 뿔뿔이 흩어져서 공공 부문의 업무 영역은 축소되는데도 인력은 오히려 증가하는 기이한 현상이 발생한다. 어느 기초자치단체는 청소 업무를 100% 민영화했다고 자랑하며 가장 경영적으로 살림살이를 운영했다고 주장한다. 그러나 실상은 청소 업무를 100% 민간에 넘겼으되 청소 인력은 상당수 그대로 유지하고 있는 모순을 감추어 두고 있다. 이제 더 이상 이런 우를 범해서는 안 된다. 업무가 이양되었으면 당연히 그에 따른 인력도 민간 부문으로 넘어가거나 그렇지 않은 잔류 인력은 새로운 창조적인 업무에 투입되도록 해야 한다.

2) 지방(행정)고시 제도를 '9급 고시 제도'로 전환

현재 공직사회의 중추 세력은 고시 출신자들이다. 행정의 전문성을 저해하는 요소 중의 하나가 고시란 제도가 큰 역할을 한다. 20대 중후반에 고시에 합격하는 자는 60세 정년을 기준으로 할 경우 30여년 동안에 승진할 수 있는 기회가 사무관(5급)에서 서기관(4급), 서기관에서 부이사관(3급) 단 두 차례밖에 없다. 부이사관에서 이사관(2급)은 특별한 하자가 없으면 3년이 경과하면 대부분 자동으로 승진하는 것이 관행이다.

30여년 동안에 두 차례 승진할 수 있는 기회밖에 없기 때문에 보직 이동을 통해서 승진할 수 있는 코스(승진 경로)로 자리 이동을 하게 된다. 즉 이는 잦은 보직 이동을 할 수밖에 없고 자주 이리저리 자리 이동을 하는 자가 승진이 쉽게 되고 출세 가도를 달리게 된다. 새로운 보직을 맡고 업무를 알 만하기도 전에 개구리 뛸 뛰듯이 자리 이동을 하니 전문성이 쌓일 수 없고 의사로 치면 '돌팔이 의사'만을 양산하는 꼴이 되었다. 같은 직급에서 이리저리 옮기다보니 성취감도 약해지고 책임 의식도 없어지고 동기 부여가 될 리가 없다.

공직사회에서는 우수 인력을 확보해야 경쟁력이 높아진다. 그러나 현재의 고시 제도는 적절하지 않다. 고시로 공개 채용을 하되 이들은 사무관(5급)에서 출발하는 것이 아니라 9급(또는 7급)에서 출발하도록 한다(물론 현재의 9급 공채시험은 그 수준에 적합한 수준에서 공채 제도는 지속시킨다). 대신에 이들은 각 직급별 승진 기간을 단축해 특별한 결격 사유가 없으면 7년 정도면 5급까지 승진할 수 있도록 보장한다. 즉 9급에서 8급으로 승진하는 데는 공직사회의 오리엔테이션 기간 겸 공직사회 최말단 행정을 몸소 체험할 수 있는 기회를 제공한다는 의미에서 1년으로 하고, 그 다음 단계에서 5급까지는 매 2년의 승진 기간을 두어 총 7년이면 사무관까지 승진할 수 있도록 한다.

이들은 하위직들의 구습이나 매너리즘에 빠져 있는 공직사회에 새로운 바람을 불러일으킬 수 있다. 한편 그들은 행정의 밑바닥에서 현장행정을 몸소 체험함으로써 장차 전문가로서, 관리자로서 훌륭한 자질을 함양할 수 기회를 가질 수 있으며, 또한 직급 상승을 통해 일의 보람과 성취감을 느낄 수도 있을 것이다.

공직사회에 천재들을 모아둘 필요는 없다. 엘리트 의식이 높으면 높을수록 고객 지향적 사고나 행태를 보이기가 쉽지 않다. 공직사회는 건전한 상식과 고객 만족 정신에 투철하며 사명감을 지닌 사람들이면 충분하다. 미국의 대다수 관료는 절대 우수한 사람이 아니다. 2류 또는 3류 대학 출신이 주류를 이룬다. 반면에 아주 우수한 사람은 최고관리자 계층이나 특별히 전문성을 요하는 자리에 외부에서 자유로이 영입할 수 있는 개방형 체제가 갖추어지면 충분하다.

제 6 절 맺음말

지금까지 민선 시대에 앞으로 지방자치단체가 지향해야 될 인력 및 조직관리 방안에 대해서 살펴보았다. 그러나 이상의 제안들이 구체적으로 실현되기 위해서는 현재의 제도하에서 가능한 부문도 있지만, 경우에 따라서는 새로운 기준을 만들고 제도가 보완되어야 함을 간과해서는 안 된다. 따라서 우선 현 제도에서 가능한 것은 바로 추진하고 준비나 보완 조치가 필요한 사항에 대해서는 단계적으로 추진하도록 한다.

관료조직은 수직적이고 권위적인 폐쇄적 계급사회라 일컫는다. 모두를 윗사람의 눈치를 볼 뿐 비판과 토론이 없는 '고인 물'이라는 것이다. 단체장이 바뀌면 취임하자마자 새로운 정책을 발표하고 기존 정책의 방향을 바꾼다. 또 뒤죽박죽 인사로 내부를 혼란에 빠뜨린다. 한 사람의 단체장이 전지전능할 수는 없다. 즉 단체장 중심의 일극 중심 체제는 한계를 지닐 수밖에 없고 시행착오 발생의 우려가 높을 수밖에 없다.

단체장과 부서장의 역할이나 책임과 권한을 명확히 하는 책임행정 체제를 구축해야 한다. 행정 내부의 능력으로 한계가 있다면 외부의 피를 수혈해서라도 효율성을 제고해야 한다. 행정 내부에서도 이제 한번 공무원이 영원한 공무원이 아니라 경쟁력을 지닌 자가 성공할 수 있고 발전할 수 있는 체제가 되어야 한다. 이를 위해서는 변화를 두려워하고 회피하는 소극적이며 수동적이 아니라 변화에 적극 대응하고 오히려 변화를 선도할 수 있는 자가 조직 내에서 성공할 수 있는 풍토가 조성되어야 한다. 이러한 방향에서 조직 및 인력관리가 이루어질 때 향후 우리나라 지방자치의 미래가 밝아질 것이다.

제 6 장 공무원의 전문성 제고와 보직경로제

제 1 절 머리말

현대 사회는 고도로 복잡다단해져 공직사회도 과거와 같은 일반행정가를 양성하는 공직문화로써는 경쟁력을 확보하기가 곤란하다. 공직 분야 가운데 도시계획, 주택, 교통, 환경 등의 분야는 상대적으로 높은 전문성을 요구한다고 판단되어, 직위분류제가 아닌 계급제 공무원 제도를 채택하고 있는 한국에서도 통칭 일반행정직과는 분리해 기술직으로 좀더 세분화하고 있으며, 인력관리도 다소 차별적으로 운용하고 있다. 특히 이 가운데 지방행정의 도시계획 분야는 도시의 형상 및 기본 골격을 만드는 데 결정적인 역할을 하므로 무엇보다도 더욱 전문성이 요구된다. 키어니와 신하(Kearney & Sinha, 1988: 572) 교수도 이와 같은 주장을 뒷받침하고 있다. 왜냐하면 한번 잘못 구축된 도시의 공간구조는 거의 반영구적으로 변경하기가 어렵기 때문이다. 2003년 현재 이미 우리나라는 읍 단위의 인구 2만 명 이상을 기준으로 할 때 도시화율이 92%(인구 5만 이상을 기준으로 할 경우 약 88%)를 상회하여 싱가포르 등 도시국가를 제외하고 세계에서 가장 도시화율이 높은 국가이다. 최근 농촌 지역에서마저 흔히 발견되는 나 홀로 고층 아파트의 등장은 보는 이들로 하여금 눈살을 찌푸리게 한다.

지방행정에서도 도시계획의 중요성을 인지하고서 정부에서는 1993년에 도시계획 직렬을 신설했다. 아울러 도시계획직과 유사한 행정, 건축, 토목, 수도토목직에 종사하는 공무원이 원할 경우, 신설된 도시계획 직렬로 전직할 수 있도록 허용했다. 이후 지금까지 10년이 경과했음에도 불구하고 도시계획 분야와 유사한 직렬에서 도시계획 직렬로 자발적으로 전직한 경우나 도시계획 직렬 공무원을 신규로 채용한 경우는 불과 한두 차례에 지나지 않았다. 이러한 실정은 현재 전국 지방자치단체에서 도시계획 직렬 공무원은 약 50여 명에 불과하며, 더구나 도시계획 직렬 국가공무원은 아직까지 채용조차 되지 않고 있는 현실에서 잘 나타나고 있다(이양재, 2000: 31-44; 김영모, 2000: 2).

이런 맥락에서 관련 분야 전문가들이 공공 부문에서 도시계획직 공무원의 확대를 위한 이슈를 주요 과제로 인식하고 심층적으로 검토해 다양한 대안을 검토하기도 했다(김타열, 2000: 3-13). 공직사회에 도시계획직을 확대하기 위해서는 공직사회 내부에서 운용되고 있는 인사제도 및 인력관리 실태를 정확하게 파악해야만 실천 가능한 대안의 도출이 가능하다고 판단된다. 즉 지방행정에서 도시계획 분야가 아무리 중요하고 전문성이 요한다고 할지라도 현직 공무원들이 개개인의 입장에서 여타 분야보다도 보직관리나 승진 등의 입장에서 불리하다고 인식한다면 도시계획직을 선호할 리가 없고, 그러한 대안은 아무리 이상적이라 하더라도 현실적으로 뿌리를 내릴 수가 없다.

이 글은 이러한 점에 착안해 현재 한국의 행정 체제에서 도시계획 분야에 종사하고 있는 공무원들이 인력관리상 상대적으로 불이익을 받지 않으면서도 도시계획이란 행정의 전문성을 확보할 수 있는 현실적인 대안이 무엇인지를 중심으로 살펴보고자 하는 데 있다. 아울러 막연하게 우리나라 공직사회 전반에서 도시계획 분야를 조망하기보다는 구체적인 대상을 두고 심층적으로 접근함이 실천적 대안의 도출이 용이하리라고 판단된다. 따라서 여기서는 우리나라 대도시행정의 출발점이 되고 있는 서울특별시를 대상으로 하여 도시계획 분야 공무원의 전문성을 확보함과 아울러 이를 위한 효율적인 인력관리 방안이 무엇인지를 중심으로 논의하기로 한다.

제 2 절 공무원에 대한 전문성의 의미

효율적인 인력관리 방안을 탐색하기 위해서는 먼저 공무원 전문성의 의미는 무엇인지, 우리나라 도시행정의 주축이 되고 있는 서울특별시 공무원들의 전문성은 어느 정도인지, 아울러 전문성이 낮다면 전문성을 저해하고 있는 요인은 무엇인지를 살펴보는 것이 의미가 있을 것이다. 우리나라 공무원에 대한 비판 중 가장 흔히 지적되는 것이 바로 공무원의 전문성이 낮다는 것이다. 이는 최근 들어서 더욱 설득력을 지니고 있는 것으로 판단된다. 그 까닭은 과거와 달리 현대 행정은 고도로 복잡다단해져 행정의 전문성이 한층 높아졌음에도 불구하고 공공조직의 인력관리는 이에 부응하지 못하고 있기 때문이다. 즉 이러한 행정환경의 변화는 새로운 전문적인 지식과 능력을 필요로 하고 있다는 점에서 공무원에 대한 새로운 정의와 함께 이들을 육성하기 위한 새로운 인력관리 방안의 모색이 절실히 필요하다. 공무원의 전문성은 행정의 전문성과 연결되어 있다. 행정의 전문성이란 정부가 이질적인 이해 관계를 각종 전문지식과 경험을 동원·조직화하여 통합·조정하는 조직적 전문성을 말한다(김상영, 1998: 37). 이는 공공 부문의 조직 구성원인 공무원의 전문성에 의해 실현된다. 왜냐하면 세분화·전문화된 현대 사회에서 각 분야를 망라하는 전문지식 및 경험과 이해를 바탕으로 통합·조정하는 공무원들의 조직화된 전문성이 없이는 복잡하게 얽혀 있는 각계각층의 이해를 조정해 공익을 달성하는 정책을 형성하기 어렵기 때문이다.

일반적으로 직업과 관련해 전문성이란 전문직에 종사하는 사람들의 전문성을 생각해 볼 수 있다. 흔히 전문직업에 종사하는 사람들은 의사, 변호사, 과학자, 교수 등을 예로 든다. 이들이 가지고 있는 어떤 공통적인 지식 및 기술(아는 것), 감정 또는 정신(느끼는 것), 윤리 기준(평가하는 것)을 통해 우리들은 그들을 전문가라고 말하고 있다. 이런 맥락에서 전문가의 속성으로는 전문적 지식과 기술, 전문적 권위, 전문적 서비스 독점에 대한 사회적 승인, 자기규제 윤리 규범적인 전문직 문화 등을 고려할 수 있다

(진재구, 1993: 10; Pugh, 1989: 2-3). 한편 공공 분야에서의 전문성에 대해서 날반디안(Nalbandian, 1990: 659) 교수는 문제의 분석 능력, 합리성, 고객(주민) 의견의 수렴 능력 및 이해집단 의견을 조율할 수 있는 협상 능력 등을 들고 있다. 한편 모셔(Mosher, 1978: 148) 교수는 전문 분야의 교육, 직무 경험, 도제(徒弟)살이를 통한 훈련, 대학에서의 관련 분야의 교육 등을 들고 있다.

전문성에 대한 이들의 의견을 고려할 때, 공무원들이 전문가로 인정받기 위해서는 다음의 두 가지가 필요하다. 하나는 자기 분야의 전문 지식이고, 다른 하나는 위의 전문가라는 그룹의 특성인 그들만의 행동규범과 가치 체계를 습득하는 것이다. 요컨대 전문직업은 두 가지 특징을 지니는데, 하나는 바로 해당 분야 구성원들이 공동으로 갖게 되는 지식과 기능이며, 다른 하나는 공동의 규범 가치 기준 및 확신에 관한 연대 책임이다(Kearney & Sinha, 1988: 571). 이 두 가지를 습득해 자격을 갖춤으로써 전문가로서의 권위를 획득하게 되는 것이다. 이와 관련해 본다면 시민들의 다양한 요구와 이해 관계를 자율 의지와 책임감을 갖고 가치 중립적 입장에서 해결해야 하는 공무원은 현대 사회에서 전문직업인으로서 존재해야 한다는 것을 알 수 있다. 특히 일반행정직과는 달리 도시계획과 같은 기술 분야는 상대적으로 더 높은 전문성을 요한다.

하지만 공무원을 단순하게 자기 분야에서 전문적 권위를 갖는 의사나 변호사, 엔지니어 등의 전문가와 동일한 선상에서 바라보기는 곤란하다. 직업관료로서의 공무원은 분야별 전문성과 아울러 해당 업무 자체의 특이성으로 인해 일반행정가적인 지식을 요구받고 있다. 오늘날 행정 문제는 과거보다 더욱 많은 분야들과 관련된 상황 속에서 복잡하게 얽혀가고 있다. 행정 문제의 해결은 여러 분야에 복잡하게 서로 얽힌 요소들을 이해하고 처리할 수 있는 능력을 요구한다. 즉 이는 통합 조정을 위한 일반행정가적인 지식도 아울러 요구받고 있다는 사실이다. 이와같이 오늘날 새로운 시대에 요구되는 종합적인 지식은 과거와 같이 비교적 단순하던 문제 상황에서 요구되는 일반행정가의 지식과는 그 수준이 다르다. 좀더 세분화되고 깊이 있는 전문지식과 엄청난 정보가 각 분야별로 축적되어 있다. 이를테면 도시행정에서 문제가 발생하고 있는 해당 분야에 대한 깊이 있는 전문지식이 있어야 하고, 다음으로 해당 문제와 연관된 분야에서 발생하는 문제 요소들을 상호 이해해 종합적이고 장기적인 시각에서 통합적으로 해결하는 전문성을 지닌 일반행정가적인 지식이 있어야 한다(정정길, 1999: 20). 따라서 공무원도 과거와 같은 단순한 일반행정가로서는 경쟁력을 확보하기가 곤란하다.

이런 맥락에서 21세기 도시행정에서 공무원의 전문성에 대한 지향점을 정리하면 [그림 6-1]과 같다. 분야별 전문지식의 높고 낮음과 문제의 통합조정 능력의 높고 낮음에 따라 집행가, 일반행정가, 전문가, 전문화된 일반행정가로 나눌 수 있다. 즉 분야별 전문지식도 부족할뿐더러 문제의 통합적 조정 능력도 부족한 단순한 업무 '집행가(practician)', 자기만의 특화된 전문성의 구축보다는 일반적인 업무 이해 및 조정에 치중한 '일반행정가(generalist)', 의사나 변호사같이 자기 분야만 높은 전문지식을 가진 '전문가(specialist: 엄밀히 말하자면 이는 professional을 지칭함)', 그리고 분야별 전문지식을 가지고 문제에 대한 통합적 조정 능력을 가진 '전문성을 지닌 일반행정가(specialized generalist)'로 분류할 수 있다.

[그림 6-1] 21세기 공무원의 전문성 지향점

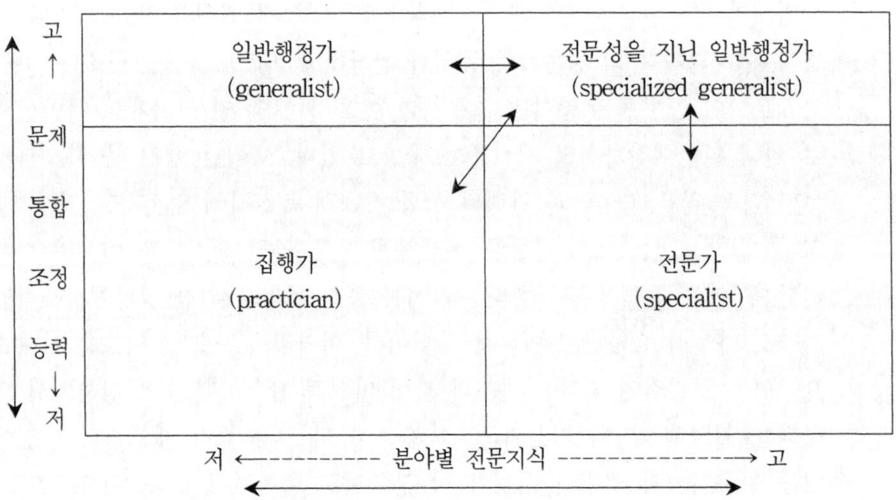

특히 도시구조가 고도로 복잡해지고 도시사회의 여러 집단 간 이해 관계가 첨예하게 서로 얽혀 있는 대도시일수록 공무원은 '일반행정가'보다는 공직사회 내에서 특화된 전문 능력을 보유하면서 유능한 행정가로서 종합적인 관리 능력을 보유한 '전문성을 지닌 일반행정가'가 필요하다(최병대·김상묵, 1999: 61). 이러한 종합적 전문지식은 민간 부문에 대해서 정부관료가 내세울 수 있는 유일한 성격의 경쟁력 있는 지식이 될 수 있다. 민간부문, 특히 풍부한 경제력으로 스스로의 정보와 지식을 축적할 수 있는 기업들은 자신들의 이해 관계에 직결되는 부분에 대해서는 정부가 도저히 따라갈 수 없는 정보를 축적할 것이다. 그러나 특정 부분(예를 들면 자동차 생산과 판매)과 또 다른 특정 부분(석유화학 제품의 생산과 판매)이 관련된 문제에 대한 종합적인 정보는 (지방)정부가 더욱 많이 가져야 한다. 왜냐하면 이해 관련자들이 자신들에게 유리한 이론과 정보를 제시할 때, 전체의 관점에서 종합적인 판단을 해야 하는 것이 바로 정부의 역할이기 때문이다(정정길, 1999: 28).

학자들이나 전문가들이 각자가 보는 시각에 따라 공무원에 대한 전문성 개념을 다소 다르게 인식될 수 있지만, 여기서는 '전문성을 지닌 일반행정가'란 개념에 토대를 두어 다음과 같이 정의하고자 한다. 공무원의 전문성은 직급에 따라 다소 그 의미가 차이가 있겠지만, 여기에서는 1) 해당 직무와 관련된 전문(공)지식을 바탕으로, 2) 상당 기간에 걸쳐 공직에 근무한 경험의 축적 및 해당 분야에 대한 교육과 훈련을 통한 전문적 지식을 보유하여, 3) 해당 업무의 원활한 수행 능력과 해당 분야의 주요 정책 개발 능력을 갖춤과 동시에, 4) 유관 분야 업무에 대한 이해 능력을 보유하는 것으로 간주하고자 한다. 이와같이 전문성에 대한 개념을 이해할 경우, 전문성 제고의 주 대상 집단은 누구이며, 그 내용은 무엇이어야 하는가? 기본적으로는 모든 조직의 모든 계층에서 근무하는 공무원들이 그 대상이 될 수 있으나, 모든 계층의 공무원에게 일률적으로 똑같은 전문성 개념을 도입·적용하는 것은 문제가 있다고 여겨진다. 기존의 연구에서도 우리나라에서 공무원들의 전형적인 역할 유형은 사무관과 과장은 정책 기안과 입안을, 국장은 방향 제시 혹은 조정하는 역할을 담당하는 것으로 규정되고 있다(박종민·김병완, 1992: 93). 공무원에 대한 설문조사 결과도 이를 입증하고 있는데, 사무관과 서기관에게는 전문지식과 기획력이, 국장에게는 판단력과 인간관리 능력이, 차관 및 기획관리실장에게는 대외 설득력과 조정력이 특히 요구되는 것으로 나타났다(민진, 1991: 835).

다시 말하면, 직급이나 업무의 난이도에 따라 전문성이 내포하고 있는 의미가 차이가 나는데, [그림 6-2]는 이를 잘 나타내 주고 있다. 즉 업무의 난이도와 직급에 따라 상위직으로 올라갈수록 담당 직무에 대한 전문적 업무 수행 능력을 갖추고 전체적인 시각에서 문제를 종합적으로 조정할 수 있는 능력을 갖추는 것이 중요하다. 이는 상위직일수록 전문적 업무 수행 능력과 종합 조정 능력이 상대적으로 중요하다. 물론 하급직이라고 정책 조정 능력이 전혀 필요없고, 상급직이라고 업무 수행 능력이 필요없다는 것을 뜻하는 것은 아니고 상대적인 중요도를 나타냄을 의미한다.

[그림 6-2] 직급별 전문성의 의미

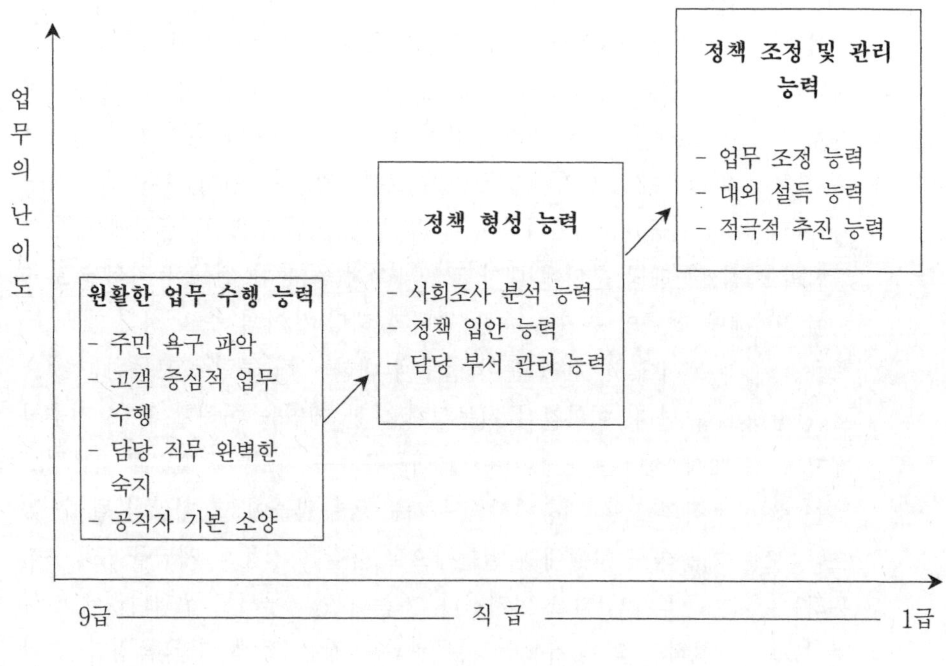

제 3 절 공무원의 인력관리 실태: 도시계획 분야

흔히 우리나라 공무원을 "모르는 것도 없지만 그렇다고 정확히 아는 것도 없다"라고 한다. 이는 우리나라 공무원들에 대한 전형적인 일반행정가 중심의 운용 결과라 사료된다. 최근 정부는 이공계 출신자의 공직 임용 확대 방안을 적극 추진하고 있다(권경득 외, 2003). 도시계획 분야는 그 업무 특성상 규제행정이 주종을 이루므로 공무원들이 도시계획에 대해서는 문외한이면서 각종 규제에는 지나치게 기속적이어서 문제의 본말을 제대로 해석하지 못하는 경우가 허다하다. 2001년 555개의 도시계획 구역이 지정되었으며 이들 도시에 거주하는 인구는 42,375천 명에 달하고 있다(박만수 · 노한종, 2002: 24). 현재 정부 내 도시계획직 공무원은 35개 행정기관에 총 61명이 근무하고 있다. 우리나라 도시계획 법령과 제도를 운영하며 국가의 도시계획을 총괄하는 건설교통부의 주택도시국 도시정책과에 사무관 1명과 주사 1명만을 두고 있다. 도시계획 업무를 실제로 집행하고 결정 권한이 있는 광역자치단체 중 특별시 및 광역시는 대구 8명, 인천, 광주, 대전 각 1명씩으로 총 11명에 불과하며 도 단위에서는 전무한 실정이다(표 6-1 참조). 이들을 임용별로 살펴보면 토목직 또는 건축직 등에서 전직한 공무원이 42.6%인 26명이고, 공개 채용이 49.2%인 30명, 특별채용이 8.2%인 5명으로 나타나고 있다. 1993년 도시계획 직렬이 신설된 지 이미 10년이 경과되었으나 아직까지 도시계획 직렬 공무원의 임용 실정은 극히 미약한 수준이다(박만수 · 노한종, 2002: 25-26).

이미 우리나라의 도시화율은 92%를 상회하고 있으며, 오늘날 도시는 과거와는 비교할 수 없을 정도로 복잡해졌다. 그럼에도 불구하고 도시계획 직렬 공무원의 규모는 초라하기 그지없으며, 단 1명의 도시계획 직렬 공무원이 없는 지방자치단체가 대부분이다. 이는 도시계획 직렬로서 도시계획 분야의 공무원 전문성을 달성하기에는 근본적으로 한계가 있음을 일깨워주는 징표가 아닐까 여겨진다. 사람 중심의 인력관리가 핵심인 계급제 공무원 제도를 채택하고 있는 현실에서 협소한 도시계획 직렬로써는 문제를

〈표 6-1〉 전국 도시계획 직렬 공무원 현황 (단위: 명)

시·도별	소 속	직 급 별							
		계	5급	6급	7급	8급	9급	전문직	임용 구분
합 계		61	3	9	24	21	2	2	
건설교통부	도시정책과	2	1	1					전직
서울특별시	성북·성동구	2						2	특채
대구광역시		8	1	4	2	1			전직
인천광역시		1			1				공채
광주광역시		1		1					전직
대전광역시		1			1				전직
강원도	계	2			1	1			
	태백시	1				1			공채
	속초시	1			1				공채
경기도	계	20		1	7	10	2		
	성남시	1				1			공채
	안양시	1			1				전직
	광명시	2			1	1			공채
	구리시	1				1			공채
	의왕시	2			1	1			특채
	하남시	2		1		1			전직·공채
	고양시	1				1			공채
	시흥시	1				1			공채
	부천시	2				2			공채
	안산시	2			1	1			
	용인시	5			3		2		공채
충청북도	계	5	1		1	3			
	청주시	3	1		1	1			전직 1·공채 2
	충주시	1				1			공채
	제천시	1				1			공채
전라북도	익산시	3		1	1	1			전직

전라남도	계	4		1	2	1			
	목포시	1			1				전직
	여수시	3		1	1	1			전직
경상북도	계	11			8	3			
	포항시	2			1	1			전직 · 공채
	문경시	1			1				공채
	영주시	2			2				전직
	경주시	1			1				전직
	김천시	1				1			공채
	영천시	1			1				공채
	경산시	1			1				공채
	안동시	2			1	1			특채 · 공채
제주도	서귀포시	1				1			특채

출처: 박만수 · 노한종(2002: 27).

해결할 수 없다는 사실이다. 도시계획 직렬을 선택하는 순간 공무원들이 제일 갈망하는 중간관리자급 이상의 승진이 거의 불가능해지니 어느 누가 도시계획 직렬을 택할 것인가? 물론 제도상으로 상위 직급에 이를수록 직렬을 확대해 인사관리를 할 수는 있지만, 이 경우에도 그 이전의 도시계획 직렬은 꼬리표를 달고 있으니 승진에 불리함을 벗어날 수 없는 것이 공직사회의 현실이다. 따라서 계급제 구조 하에서 도시계획 분야 공무원의 전문성을 확보하기 위한 방안으로 도시계획 직렬로써는 한계가 있음을 의미한다. 이와 관련해 2006년 중앙인사위원회에서는 직군 · 직렬 제도를 대폭 개편해 2007년 1월부터 시행하고 있다. 특히 기술 분야에서는 희소 직렬의 인사상 불이익을 해소하기 위해 시설, 광공업 등 8개 직군을 하나의 기술직군으로 통합했다.[1] 그러나 중앙부처의 이러한 제도 개편이 자치단체

1) 중앙인사위원회는 현재 10개인 5급 이하 공무원의 직군은 2개(행정, 기술)로, 57개인 직렬은 31개로 통폐합하여 2007년 1월부터 시행하기로 했다. 공안 및 행정직군은 행정직군으로 통합되고, 행정직군의 19개 직렬이 14개 직렬로 재조정되었다. 기술 분야의 8개 직군(광공업, 농림수산, 물리, 보건의무, 환경, 교통, 시설, 정보통신)은 기술직군 하나로 통합되었으며, 38개 직렬은 17개로 재조정했다.

에까지 영향력을 미치기에는 아직까지 상당한 시일이 소요될 것으로 판단된다.

그러나 도시계획 분야의 전문 인력은 매년 1,500명 이상이 배출되고 있다. 1966년 동아대학교를 필두로 하여 1968년 한양대학교와 홍익대학교에 도시계획(공학)과가 설립되어 현재는 전국에 약 40개에 이르고 있다. 한편 도시계획 기술사 및 도시계획 기사 자격증 취득 현황을 살펴보면 <표 6-2>에서와 같이 기술사가 258명, 기사가 4,233명에 달한다. 한편 공공 부문에서 도시계획직의 수요 추정에 관한 연구에 의하면 건교부 등의 중앙정부에 약 100명, 광역자치단체에 약 160명, 기초자치단체에 약 1,680명으로 총 1,940명에 이른다고 한다(이양재, 2000: 37). 즉 이와같이 도시계획 분야에 많은 전문 인력이 배출되어 있으며, 또한 공공 부문에 약 2,000명이 도시계획 인력이 필요함에도 불구하고 아직까지 공직 분야에서는 외면하고 있는 현실이다.

〈표 6-2〉 도시계획 기술 인력의 자격 취득 현황

구 분	도시계획 기술사			도시계획 기사		
	응시자	합격자	합격률	응시자	합격자	합격률
1983년 이전	129	24	18.6%	5,035	1,952	38.8%
1984~91년	521	60	11.5%	6,343	545	8.6%
1992~95년	555	64	11.5%	5,193	783	15.1%
1996년	174	23	13.2%	1,636	212	13.0%
1997년	272	29	10.7%	1,343	118	8.8%
1998년	335	29	8.7%	1,782	237	13.3%
1999년	226	14	6.2%	1,565	218	13.9%
2000년	166	5	3.0%	1,281	120	9.4%
2001년	151	10	6.6%	1,381	48	3.5%
합계	2,529	258	10.2%	25,559	4,233	16.6%

출처: 이승주(2002: 3).

제 4 절 공무원의 전문성 정도와 전문성 저해 요인: 서울시의 경우

1 공무원의 전문성 정도

우리나라 대도시 행정의 모든 문제점들이 응축된 공간이 바로 서울특별시이다. 그러므로 서울시 공무원의 전문성을 살펴보는 것은 상당한 의미를 지닌다. 공무원의 전문성에 대한 실증적 분석은 그리 많지 않다. 1990년대 초 이성복의 지방공무원 606명을 대상으로 조사한 결과에 의하면 정책관리능력이 '높다 또는 아주 높다'에 답한 공무원이 14.3%인 반면 '낮다 또는 아주 낮다'에 응답한 공무원은 30.9%에 이른다. 최병대(1999)의 서울시 공무원의 전문성 정도 설문조사에서는 [그림 6-3]에서와 같이 현직 공무원의 경우에는 보통(39.7%), 약간 높거나(20.6%), 높은 전문성을 가지고 있다(19.6%)고 응답했다. 반면에 서울시를 퇴직한 전직 서울시 공무원(낮음

[그림 6-3] 공무원의 전문성 정도에 대한 의견 비교

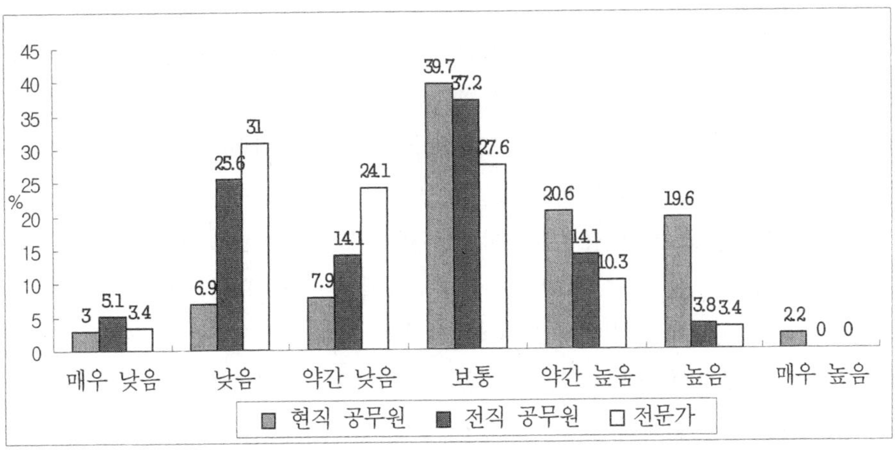

출처: 최병대(1999: 61).

들의 경우에는 서울시 공무원의 전문성 정도가 낮은 것으로 평가하고 있다. 44.8%, 높음 17.9%) 및 전문가(낮음 58.5%, 높음 13.7%) 특히 외부 전문가들의 전문성 정도에 대한 평가는 매우 낮은 것으로 나타났다. 이와같이 집단 간 전문성 정도에 대해 다소 상반된 견해를 보이는 것은, 현직 공무원들의 경우 공무원들의 전문성 개념을 다소 소극적으로 이해하고 있다는 점과 함께 전문성이 낮다는 사회적인 평가에 대한 반발 심리, 그리고 개방형 임용제 도입에 대한 거부감에서 나온 것으로 유추해 볼 수 있다.

2 전문성 저해 요인

전문성 저해 요인을 여러가지 요인이 있겠지만 대부분의 사람들이 순환보직에 있다는 사실에 공감하고 있다. 서울시 전·현직 공무원을 비롯해 인사행정 분야 전문가들에게 서울시 공무원의 전문성 부족의 결여 원인들을 설문조사한 결과, 압도적인 의견이 잦은 인사이동 문제를 지적하고 있다(표 6-3 참조). 순환보직과 관련한 좀더 실증적인 자료는 <표 6-4>에서 잘 나타나고 있다. 즉 <표 6-4>를 보면 서울시 3급 이상의 공무원이 평균 26년의 재직 기간 동안 약 9개의 국에 근무하면서, 19개의 직위를 담당한 것으로 나타났다. 4급 이상 공무원의 경우에도 약 24년의 재직 기간 동안 평균 6개의 국에 근무하면서 17개의 직위에 보직된 것으로 나타났다. 이 같은 잦은 인사 이동은 전문성 확보가 어렵고, 정책의 연속성이 이루어지지 않아 책임행정을 구현하기도 어렵다. 또한 개인의 적성이나 능력 발전을 도외시한 인사 이동이라 볼 수 있다.

또한 3급 이상 공무원들의 4급 이하에서의 직급별 재직 기간과 직위 수를 보면 <표 6-5>와 같다. 4급과 5급에서는 8~9년의 재직 기간 동안 각각 5.59~5.68개의 직위를 담당해 하나의 직위에 대한 평균 재직 기간은 17.74~18.71개월(약 1년 반)에 해당되며, 6급 이하에서의 한 직위 당 재직 기간은 1년 반에서 2년이 고작인 것을 알 수 있다.

이 밖에도 공무원의 전문성을 저해하는 요인들로 연공서열 중심의 계급제, 형식적인 직위분류제, 전문 분야와 무관한 일반행정가 중심의 채용, 전

〈표 6-3〉 서울시 공무원 전문성 저해 요인(응답자 수)

저 해 요 인	현직 공무원	전직 공무원	전문가
잦은 인사 이동과 업무 분장	221	37	7
전공, 적성, 경력과 무관한 인력관리	51	12	3
일상 잡무 과다	45	3	1
종합행정가 우대	20	5	2
관료주의 권위주의 행정문화	24	17	4
전문 직무 교육 부재	41	8	3
전문관리자 부재(채용, 승진)		7	
시설 미비 및 예산 부족		5	2
낮은 보수, 열악한 근무 여건	20		2
기존 업무 답습		18	1
정실인사, 청탁, 패거리 문화	11	2	
부처이기주의	7	1	
부서 간 불평등	14		
공무원의 안일한 자세	33		
실적 위주의 전시행정	11		
불합리한 직렬 구분	11		
계급제의 문제			
계	509	115	25

출처: 최병대(1999: 62).
주: 복수 응답 허용.

〈표 6-4〉 서울시 공무원의 평균 총재직 국수, 총직위 수, 평균 총재직 기간

직급(명)	평균 총재직 국수	평균 총직위 수	평균 총재직 기간	한 직위 재직 기간
3급 이상(70)	9.40	18.67	26년	1년 5개월(16.71)
4급(359)	6.37	16.95	24년 1개월	1년 5개월(17.07)

출처: 서울시 인사기록카드를 토대로 분석.

문성과 무관한 시험 과목, 능력이나 실적과 관련성이 미약한 근속승진 제도, 전문성 제고와 무관한 교육훈련 제도 등 다양한 요인이 병존한다.

〈표 6-5〉 서울시 3급 이상 공무원의 평균 재직 기간 및 평균 보직 수(직급별)

직급(명)	평균 재직 기간(개월)	평균 직위 수(개)	한 직위 재직 기간(월)
4급(70)	99.2	5.59	17.74
5급(68)	106.3	5.68	18.71
6급(26)	53.0	3.30	16.06
7급(24)	42.0	1.75	24.0
8급(14)	29.0	1.75	16.57
9급(12)	30.0	1.36	22.06

출처: 서울시 인사기록카드를 토대로 분석.

제 5 절 전문 보직경로제의 도입

공무원의 전문성을 높이기 위해서는 미국 등에서 채택하고 있는 직위분류제가 효과적이다. 그러나 우리나라 공직사회는 정부 설립 이후 계속적으로 계급제 형태로 운영되어 온 까닭으로 일시에 직위분류제로 전환하기가 용이하지 않다. 그러므로 계급제 구조하에서 공무원의 전문성을 높이고자 하는 측면에서 접근하고자 한다. 이에는 여러 가지 방법이 있겠지만, 여기서는 전문 보직경로제를 중심으로 논의하고자 한다. 그 까닭은 앞서 살펴본 바와 같이 현재 서울시 공무원의 전문성을 저해하는 가장 핵심적인 요인은 바로 잦은 순환보직으로부터 출발하기 때문이다.[2)]

2) 여기서 보직경로제 도입에 관한 논의는 서울특별시 민선 2기 고건 시정하의 조직을 중심으로 논의한 것이다.

1 전문 보직경로제 도입 방안

1) 전문 보직경로제의 개념

전문 보직경로제란 공무원의 순환전보를 제한하고 수행 가능한 전문 직무 분야를 중심으로 일정한 그룹이나 범위를 한정해 인력을 관리하는 제도를 의미한다. 현행 보직관리가 직무 범위가 좁은 데서 넓은 데로, 소속기관에서 본청 근무로 이어지는 행정 내부의 자체 순환 및 승진 경로로 인식되고 있고, 전보의 범위에서 전방위적으로 전공이나 경력과는 무관하게 이루어지고 있어 공무원의 전문성을 확보하기가 어려운 실정이다. 그러나 전문 보직경로제를 실시하게 되면 이러한 순환보직에 따른 업무 수행의 전문성 약화 문제를 크게 개선할 수 있다. 그 이유는 전문 보직경로제 하에서는 직무 분야별로 인사 이동의 범위가 제한되기 때문에 업무 전문성이 한층 높아질 수 있기 때문이다. 이 제도는 공무원을 동일 또는 연관성이 높은 직무에 장기 근무하도록 하여 업무 효율을 높여 모든 직원을 각 직무에 대한 전문가로 양성해 대외 경쟁력을 제고시키고, 직원들로 하여금 장래 경력 경로(career path)가 확정되어 인사의 예측성과 업무 집중도를 높이며, 인사의 투명성 및 공정성 제고와 직무급, 성과급 등 능력별 인사 제도의 도입 기반을 조성하고자 하는 데 목적이 있다.

전문 보직경로제는 기본적으로 실·국별 전문 보직경로제를 지향하되, 본격적인 실·국별 전문 보직경로제 도입에 앞서 유사 기능을 수행하는 전문 보직경로 그룹을 설정해 시행하고, 실·국별 합리적인 기능 배분상의 문제점과 타부서와의 업무 협조가 필요한 분야가 상존하는 등 종합성을 지향해야 하는 업무가 존재하는 서울시 행정 서비스의 특성을 고려해 직무별 전문 보직경로제를 보완적으로 도입해 서울시 행정 서비스의 전문성과 종합성을 동시에 추구하도록 한다.

현재의 서울시 인사 제도의 운영 현황을 고려할 때, 개별 실·국별 전문 보직경로제의 도입에 따른 문제점이 적지 않을 것으로 판단된다. 그 이유로는 전문 보직경로제의 도입 취지나 목적보다는 현실적이고 직접적으로 순환보직 제한에 따른 불편과 불이익에 대한 불만이 적지 않을 것으로 예상된다는 점과 전문 보직경로에 따른 인사권자의 인사 제한, 그리고 공무원들의 이해 부족과 의지 결여 등을 꼽을 수 있다. 그러나 조만간 현실화될 것으로 전망되는 공직사회의 폭넓은 개방에 대비해 전문 보직경로를 통한 현직 공무원들의 경쟁력 제고가 결국은 공무원 자신의 생존과 직결된다는 점과 이를 통해서만이 분야별로 실효성 있고 실현 가능한 정책대안 발굴을 통한 시정 서비스의 생산성을 제고할 수 있다는 거시적인 차원에서 조직상 기능 중심의 실·국별 전문 보직경로제를 8개 그룹으로 설정하는 방안을 중심으로 살펴보기로 한다.[3]

2) 실/국 중심의 '기능별 전문 보직경로제' 설정: 공통 그룹(기획예산실 등)+7개 그룹

이 방법은 조직이 수행하는 기능을 중심으로 14개 실·국을 1개의 공통 그룹과 7개의 전문 보직 경로 그룹으로 설정해 인력관리를 하도록 하는 방안이다(최병대, 1999: 99-102). 이는 14개 실·국 중 모든 분야에 관련성이 있는 기획예산실(기술심사 및 감사실 포함)을 공통 기능을 수행하는 그룹으로 설정한다. 기획예산실 기능은 시정을 전체적으로 조정하고 통괄하기 때문에 다른 실·국과는 달리 전문 보직 경로 설정에서 제외해 기타 실·국과의 인사 교류를 광범위하게 허용할 필요가 있기 때문이다. 이는 서울시 행정이 종합행정이라는 점과 실·국별로 별개의 기능을 수행하는 기능적 조직임을 고려해 종합성과 정책 조정 기능을 강화하고자 하는 데 기본적인 배경을 두고 있다. 아울러 기술심사관과 감사실, 공보관, 정보화기획단, 의회 사무처 등을 공통 그룹으로 분류하고 있다. 이들 부서 역시 분야별 전문성과 경험을 바탕으로 업무를 수행해야 한다는 측면과 타부서와 달

3) 보직경로를 설정하는 방법에는 여러가지 대안을 검토할 수 있다. 서울시를 대상으로 할 때, 기존의 실·국을 중심으로 설정하는 소분류, 유사한 관련 실·국끼리 7개 그룹 또는 8개 그룹으로 분류하는 중분류, 크게 2개 그룹으로 분류하는 대분류안을 중심으로 서울시 공무원들의 의견을 수렴한 결과, 중분류하는 안을 가장 선호하는 것으로 나타났다(최병대, 1992: 99-103).

리 종합적인 시각이 필요하다는 측면에서 공통 그룹으로 설정해 유관 부서와의 인사 교류를 허용하도록 하는 것이다.

공통 그룹 외에는 유사한 업무를 중심으로 7개의 전문 보직경로 그룹으로 설정해 인력을 관리하도록 한다. 이들 그룹은 크게 행정관리 업무 그룹, 보건·환경·위생 업무 그룹, 산업·문화관광 업무 그룹, 도시계획·주택 업무 그룹, 교통관리 업무 그룹, 건설 업무 그룹 및 상수도 업무 그룹 등 7개 그룹으로 전문 보직경로를 설정하도록 한다. 이를 토대로 전문 보직경로 그룹, 그룹별 대상 인원, 그룹별 5급 이상 직급 수 등은 <표 6-6>과 같다. 현실적으로 그룹을 설정하는 데 (상위) 직급의 수나 대상 인원이 매우 중요하다. 왜냐하면, 이들이 내부 공무원들의 승진 여건에 결정적 요인으로 작용하기 때문이다. 즉 대부분의 공무원들은 승진을 공직 생활의 제1의 우선순위에 두고 있으므로 그룹별로 상위 직위 수가 어느 정도 균등해야 한

〈표 6-6〉 기능별 전문 보직경로제 설정 방안

(단위: 명, 직급 수: 정원 기준)

그 룹	인원	직급 수(5급 이상)					구 분	
		계	1급	2,3급	4급	5급	행정직	기술직
* 공통 기능 ⇒ 기획예산실 (감사실/기술심사/공보관/정보화기획단/의회사무처)	737	129	2	6	18	103	112	17
행정관리국(비상기획관/시장실/부시장실/민방위/재난관리과)	512	103	-	3	26	74	93	10
보건복지국 + 여성정책관 + 환경관리실	638	107	2	2	23	80	55	52
산업경제국 + 문화관광국 + 국제협력담당관	348	72	-	5	12	55	64	8
도시계획국 + 주택국	190	48	-	2	8	38	16	32
건설국(월드컵/건설안전관리본부/ 지하철건설본부)	1,291	195	1	6	35	153	35	160
교통관리실	106	23	1	-	4	18	22	1
상수도사업본부	1,335	103	1	1	23	78	46	57

다. 그렇지 않을 경우, 선호 그룹과 비선호 그룹이 발생해 보직경로제의 의미를 퇴색시킬 수 있는 우려가 높기 때문이다. 도시계획 직렬을 1993년에 도입하고서도 아직까지 제대로 정착하지 못하고 있는 까닭은 바로 인사이동의 범위가 지나치게 협소해 승진의 기회가 근원적으로 제한되니 일반공무원들이 선호할 리가 없으며 기피 대상일 수밖에 없기 때문이다. 즉 기술직의 경우 승진시 관행상 직렬의 분포 상황을 고려해 승진심사를 하기 때문에 도시계획 직렬과 같이 희소 직렬의 경우 승진이 절대적으로 불리하다.

3) 도입 유형 및 도입 직급

(1) 도입 유형 : 'ㅜ'형

실·국 중심의 기능별 보직경로제 도입과 관련해 연계된 문제가 바로 어느 직급에서 보직경로제를 적용할 것인가에 관한 문제이다. 도입 유형의 문제는 전문 보직경로제 도입에 따른 문제점을 보완하는 정책 수단으로서의 기능을 수행한다. 도입 유형으로는 크게 네 가지, 즉 ㅜ형, ㅗ형, ㅗ형, 역피라미드형[4]을 검토할 수 있다(최병대, 1999: 95-98). 이들 유형 중 서울시 행정의 특성과 전문 보직경로제의 기본 취지를 달성하는 데 가장 바람직하다고 판단되는 유형은 'ㅜ'형으로 판단된다. 전·현직 서울시 공무원과 전문가를 대상으로 한 설문조사 결과에서는 'ㅜ'형 못지않게 'ㅗ'형에 대한 선호 의견을 보여 주고 있으나, 전문 보직경로제의 도입 취지가 채용에서부터 해당 업무에 대해 적합한 인력을 채용하고 육성하자는 취지에서 볼 때 하위직에서 순환보직을 전제로 하는 'ㅗ'형은 바람직하지 않은 것으로 판단된다.

---

4) 보직경로제 도입시 직급에 따라 다양한 형태를 고려해 볼 수 있다. 'ㅜ형'은 하위직(9급)부터 보직경로제를 적용해 상위직에서 보직경로를 해제하는 유형을 의미한다. 'ㅗ형'은 그 반대로 하위직에서는 보직경로제를 적용하지 아니하고 상위직 또는 중간관리자급 이상부터 보직경로제를 적용하는 형태를 의미한다. '工형'은 하위직과 상위직에는 보직경로제를 적용하지 아니하고 중간관리자계층을 중심으로 보직경로제를 적용하는 형태를 의미한다. '역피라미드(▽)형'은 하위직에서부터 보직경로제를 협소한 영역에 한해 적용하되 직급이 올라갈수록 점차 그 영역을 확대해 마지막 단계에서는 보직경로제가 적용되지 않는 형태를 의미한다. 각 유형에 따라 각각 장·단점이 있지만 서울시 공무원들을 대상으로 의견을 수렴한 결과 'ㅜ형'이 우리의 현실에 가장 부합한 것으로 조사되었다(최병대, 1999: 95-98).

반면에 'T'형은 채용 단계에서부터 전문 보직경로를 통해서 채용을 하되, 일정 직급 이상에서부터 전문 보직경로를 완화하거나 폐지하는 방법이다. 'T'형은 채용 단계에서부터 해당 분야를 선정하고, 공무원 개개인의 전공과 적성, 해당 부서와의 연관성을 고려할 수 있고, 일정 직급 이상부터 전문 보직경로를 완화하거나 확대해 정책 조정과 종합행정 측면에서의 정책적 판단을 할 수 있다는 장점을 가지고 있다.

(2) 도입 직급 : 9급~4급까지 전문 보직경로 / 3급부터 개방5)

도입 직급의 문제는 도입 유형을 구체적으로 구현하는 정책 수단이라고 할 수 있다. 앞 부분에서 도입 유형을 'T'형으로 제안하고 있는 점을 감안할 때, 도입 유형을 구체화할 수 있는 전문 보직경로제의 적용 직급은 [그림 6-4]에서와 같이 '9급~4급까지' 전문 보직경로제를 도입해 이 기간 동안에는 설정된 전문 보직경로를 통해 인사관리가 이루어지게 하고, '3급 이상'은 개방해 인사 교류를 자유롭게 하는 방안이다(최병대, 1999: 120-121). 즉 도시계획·주택국에 해당하는 보직경로는 9급에서부터 출발해 4급(과장)까지 승진할 때까지는 도시계획·주택국 그룹 내에서만 인사 이동이 가능하며 3급부터는 정책 조정 및 관리 능력을 고려해 개방하는 것이다. 물론 3급 이상부터 개방하지만 그 이전의 전문 보직경로의 전문성이 고려된 인사가 이루어질 가능성이 상대적으로 높을 수밖에 없다.

[그림 6-4] 전문 보직경로제 도입 직급

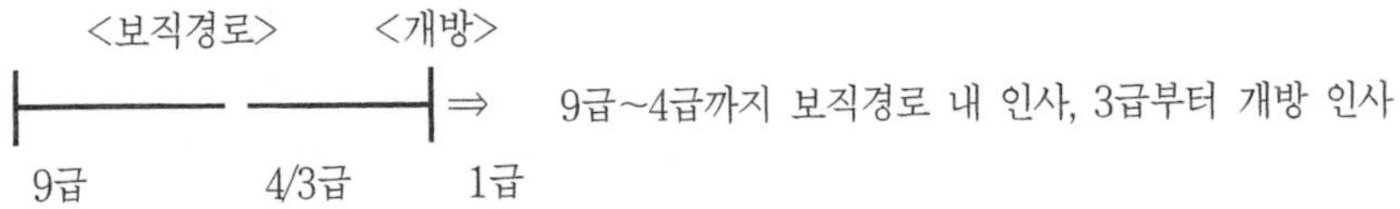

이러한 방안은 대시민과 직접적으로 접촉하는 실무자들로 하여금 공무

5) 도입 직급은 서울시와 여타 자치단체와는 직급에 차이가 있기 때문에 원칙적으로 국장급에서 개방직으로 함이 바람직한 것으로 판단된다. 즉 서울시를 제외한 여타 자치단체에서는 4급부터 개방 인사를 하는 것이 바람직할 것이다.

원이 될 때(入職時)부터 자기의 목표와 방향을 설정케 하여 자기 분야에 대해서만큼은 완벽한 행정 서비스를 제공할 수 있게 만들 수 있다는 점과 함께, 6급·5급·4급이 해당 부서의 업무 파악과 중요 정책 입안 등에서 중추적인 역할을 수행하고 있다는 점, 3급 이상의 고위직의 경우 서울 시정을 종합적으로 조망할 필요가 있다는 점에서 도입 직급을 '9급~4급까지 전문 보직경로/ 3급부터 개방'하는 방안이 서울 시정의 특수성을 가장 잘 반영할 수 있는 정책대안이라고 판단된다.

4) 도시계획 분야의 '직무별 전문 보직경로제' 도입 방안

(1) 도입 배경

앞서 살펴본 바와 같이 기능별 전문 보직경로제에서 도시계획 분야는 도시계획·주택 업무 그룹으로 분류되어 주택 분야와 공동으로 인사관리가 이루어지게 된다. 직무별 전문 보직경로제의 도입은 기능별 전문 보직경로제의 도입이 야기할 수 있는 부서 간 할거주의 및 종합 조정 능력 결여라는 부정적인 부분을 보완할 수 있다. 실·국별 기능의 합리적인 조정이나 직무간 정책 조정 기능이 원활하게 이루어질 수 있는 분위기와 제도적 장치가 취약한 상황에서 실·국 중심의 기능별 전문 보직경로제의 전면적인 도입은 서울시정의 종합성 결여를 초래할 우려가 없지 않다. 또한 인력 교류를 억제함으로써 업무 조정과 정책 통합 능력을 약화시키는 부작용을 초래할 소지를 안고 있다. 이러한 문제점을 보완하는 방안의 하나로 위의 도입 유형에서 제안한 것과 같이 3급 이상의 공무원들에 대해서 전문 보직경로를 개방함으로써 정책 조정과 통합의 기능과 역할을 강화할 수 있는 장점이 있다.

다른 한편으로는 정책조정과 통합을 통한 업무의 시너지 효과를 극대화하기 위해서는 유사 직무나 정책 협조가 필요한 직무를 중심으로 직무별 전문 보직경로제를 병행 실시, 실·국 중심의 기능별 전문 보직경로제 도입으로 나타날 수 있는 한계점을 극복할 필요가 있다. 즉 비록 도시계획·주택 업무 그룹에 포함되지는 않을지라도 도시계획 직무와 유사한 성격을 지니는 업무가 다른 업무 그룹에 있을 수 있다. 이 경우 비록 업무의 상관성이 높음에도 불구하고 기능별 보직경로가 다름으로 인해 상호 인사 교류가 어렵게 되는 난점이 있다. 예를 들면, 환경관리실의 공원녹지, 건설국의 도로계획, 교통관리실의 주차계획 등은 도시계획과 밀접한 관련성이 있음에도 불구하고 기능별 보직경로가 다름으로 인해 인력 교류가 봉쇄되는 난점이 있다. 직무별 보직경로제는 바로 이와 같은 기능별 보직경로제가 가지는 한계점을 보완해 주는 역할을 할 수 있는 장점이 있다.

(2) 도입 직무

직무를 중심으로 한 전문 보직경로제의 도입 직무 선정은 전문성과 업무의 정책 협조를 통한 업무의 일관성 유지가 특히 필요한 분야를 기준으로 설정해야 한다. 특히 대도시 행정에서 더욱더 전문성이 요구되는 업무가 바로 도시계획 업무이며 아울러 도시의 종합적인 특성도 동시에 고려되어야 한다.[6] 도시계획 업무에 대해 직무별 전문 보직경로제의 도입은 종적인 기능별 전문 보직경로제에 횡적인 직무 중심으로 전문 보직경로를 병행 실시한다는 측면에서 전문성과 종합성이 훨씬 더 강화되는 긍정적 효과를 기대할 수 있다. 서울시의 경우 도시계획 업무와 유관 직무에 대한 분야별 전문 보직경로제 도입 직무를 살펴보면 <표 6-7>과 같다.

〈표 6-7〉 도시계획 유관 분야의 직무별 전문 보직경로제 도입 분야

구분	실/국	과	팀	담당 직무
도시계획분야	건설국	도로계획과	도로계획	도로계획 수립·조정 등
	교통관리실	교통기획과 주차계획과	교통기획, 도시철도 주차계획, 주차시설	단·중·장기 교통계획 수립 주차종합계획 등에 관한 사항 등
	환경관리실	공원녹지과	도시공원 자연공원	도시공원의 신규 조성 국립공원·유원지 계획 등

주: 이 직제는 2002년 12월 말을 기준으로 한 것임.

다만, 도입 직무를 중심으로 한 전문 보직경로는 승진과 채용 부분에서

6) 일본 도쿄도(東京都)에서는 도시계획의 종합적인 특성을 고려해 도시 기본계획은 도시계획국이 아닌 기획심의실(서울시 기획예산실에 해당)에서 수립하도록 하고 있다.

기존의 인사 운영 방식과 복잡하게 얽히게 되어 인사관리가 복잡해진다는 문제점이 있다. 직무별 전문 보직경로제를 지나치게 확대하는 경우 기능별로 편제되어 있는 서울시 조직구조와의 조화 문제가 야기될 수 있으므로, 필요한 분야에 국한해서 실시하는 운용의 묘가 필요하다. 업무 간 유사성이나 정책 협조의 필요성 등을 고려할 때, 현재 서울시 도시계획 업무와 비교적 높은 업무의 연관성을 가진 분야는 건설국의 도로계획 업무, 교통관리실의 교통기획 및 주차계획 관련 업무, 환경관리실의 공원녹지 관련 업무 등이다. 개개인의 전문성을 극대화하고 업무 간 정책 협조 강화를 통한 업무 효율을 극대화한다는 기본 취지에 비추어 볼 때, 조직 편제상 유사한 기능을 수행하거나 원활한 정책 협조가 필요한 팀 단위를 중심으로 설정하는 것이 바람직하다.

5) 도시계획 분야 관련 전문 보직경로제 설정 방안

도시계획 분야에 대한 전문 보직경로제는 원칙적으로 도시계획 해당 분야(기능별)를 중심으로 보직경로를 설정하되(주전공), 보완적으로 도시계획 업무와 유관한 직무(부전공)에 대해서도 동시에 도시계획 전문 보직경로제에 포함되도록 한다. 즉 직무별 전문 보직경로제의 도입에 따른 보직경로는 해당 분야(기능별)를 중심으로 움직이되, 공무원 개개인별로 주무부서(주전공)와 관련 부서(부전공)로 구분해 인사관리를 실시해야 한다. 또한 유관 직무에 근무하는 자는 전 직급(全職級)에서 인사 교류를 실시하는 것보다는 주무부서(주전공)에서 각자의 업무를 숙지한 후 중요한 정책 입안이나 업무 처리 능력 등을 감안해 6급이나 5급 중심으로 인사 교류를 실시하는 것이 개인의 전문성 제고와 정책 협조 효과를 극대화할 수 있을 것으로 판단된다.

[그림 6-5]는 도시계획 분야에 대한 기능별 및 직무별 전문 보직경로를 보여 준다. 채용(入職)에서부터 도시계획 분야에 적합한 인재를 채용하되, 하위직의 경우 도시계획 분야의 단순 업무를 익힌 후 승진경로를 거쳐 도시계획 분야 전문가로 육성하도록 한다. 즉 하위직에서 도시계획 관련 단순 업무를 익힌 후, 팀장(5급)은 6급 중 도시계획 관련 실무 경험, 경력, 자격증 소지 여부 등을 종합적으로 고려해서 선발한다. 4급의 과장은 도시계

획 분야와 유관한 팀을 두루 거친 자 중에서 경쟁을 통해 선발하도록 한다.

이러한 과정에서 단위 직무 간 업무 협조를 필요로 하거나 정책 협조가 필요한 분야에 대해서는 직무별 전문 보직경로를 보완한다. 도시계획을 위한 직무별 전문 보직경로 설정 분야는 건설국의 도로(계획)팀과 교통관리실 교통기획과의 교통기획팀 및 도시철도팀, 주차계획과의 주차계획팀 및 주차시설팀, 환경관리실 공원녹지과의 도시공원팀, 자연공원팀 및 녹지관리팀, 도시계획 관련 예산 업무를 담당하는 기획예산실의 도시계획예산팀, 지하철건설본부의 계획설계부 및 25개 자치구의 도시계획 및 주택 분야와 함께 도시계획 분야의 전문 보직경로로 설정하도록 한다. [그림 6-5]에서 보는 바와 같이 도시계획국과 주택국이 동일 보직 경로로 설정되는 경우에는 주택국의 모든 과 및 팀은 도시계획 보직경로 설정에 포함된다. 즉 종적(縱的)으로는 기능별 보직경로로, 횡적(橫的)으로는 기능별 보직 경로군과 유사한 직무를 밴드(band)화하여 보직경로로 활용해 상호 보완하게 하도록 한다.

[그림 6-5] 도시계획 분야에 대한 전문 보직경로 설정 방안

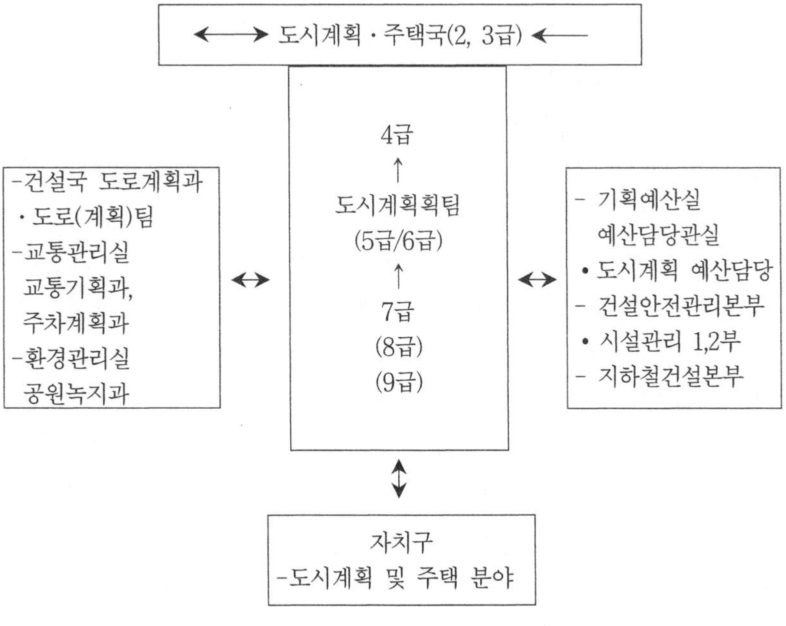

제 6 절 맺음말

지금까지 순환보직제를 억제하고 공무원의 경쟁력과 전문성을 높이는 수단으로 서울시에서의 도시계획 분야를 중심으로 한 전문 보직경로제 도입 방안에 대해 살펴보았다. 이제 공무원들도 과거와 같은 일반행정가로서는 개방화되고 고도로 분화되어 가고 있는 사회에서 경쟁력을 확보하기가 어렵다. 공직사회에서 경쟁력을 가지려면 공무원으로서의 기본적인 소양에다가 특정 분야에 대한 전문성을 지녀야 한다.

공무원의 경쟁력을 더 높이고 전문성 강화를 위한 전문 보직경로제 도입 방안 모색은 현재 공무원 인사관리가 갖는 순환보직의 역기능을 줄이고 공무원들로 하여금 경력경로를 설정해 해당 분야나 해당 업무에 대해 업무의 숙련도를 높이고자 하는 취지에서 검토했다. 특히 서울시의 경우에 도시계획 분야는 도시계획국과 주택국이 동일 보직경로에 포함되는 것이 현실적인 대안으로 검토되었다. 또한 도입 직급으로는 채용 단계에서부터 해당 전문 보직경로에 적합한 인재를 채용하고, 4급까지 동일한 전문 보직경로를 통한 경력관리 후, 3급부터 개방하는 'ㅜ'자형을 제안했다.

오늘날 대도시 행정은 고도로 복잡하다. 그 중에서도 일반행정 분야와는 달리 도시계획 업무는 한층 복잡해지고 있다. 인사 제도에 대한 개혁은 공무원들의 이해 관계가 얽혀 있기 때문에 일시에 전면적 변화를 시도하기는 쉽지 않다. 이런 점을 고려해 도시계획 분야를 중심으로 살펴보았는데, 이는 일시에 인사제도의 개편이 곤란할 경우, 우선 대도시 행정에서 상대적으로 높은 전문성이 요구되는 도시계획 분야에 대해서만이라도 우선 적용해 볼 필요성이 있다는 취지에서였다.

한편, 도시계획 분야에 대한 공무원의 전문성을 높이기 위한 수단으로서 보직경로제가 정착하려면 보직경로제에 대한 구체적인 운용 방안이 모색되어야 한다. 즉 초기 보직경로 설정을 위한 교육 및 상담, 전문 보직경로 심사를 위한 보직경로심사위원회의 구성, 보직경로를 통한 배치, 승진, 전보, 평가 등에 관한 관련 인사 제도가 뒷받침되어야 실효성을 확보할 수 있다.

제 3 부

성과 중심의 행정

제 7 장 성과측정의 의의와 주요 내용

제 1 절 성과측정의 의의와 구성 요소

성과측정의 발달 과정을 살펴보면 20세기 초 과학적 관리 접근법에서부터 시작되었으며, 미국 존슨 행정부가 PPBS(계획예산 제도)를 실행함으로써 1970년대 정부기관에서 폭넓게 퍼져 나갔다.

그러나 성과측정이 시간과 노력에 비해 효용이 떨어지고, 공헌을 하지 못한다는 인식이 증가하면서 성과측정에 대한 관심이 1980년대 중반에 다소 쇠퇴했다. 하지만 1990년대 들어와서 정부와 공공 부문의 지출과 성과에 대한 책임성이 다시 강조되면서 비영리조직에서 성과측정이 다시 활기를 되찾기 시작했다. 이는 1993년 미국 '정부의 성과 및 결과에 관한 법(GPRA: The Government Performance and Results Act of 1993)'으로 구체화되었다.[1)]

1) 여기에서 기술되고 있는 내용은 애먼스(David Ammons)의 『*Municipal Benchmarks: Assessing Local Performance and Establishing Community Standards*』를 주로 참고했으며, 이 책의 일부가 최병대 · 김신 · 문병기에 의해 『미국 지방정부의 성과측정과 벤치마킹』(서울시정개발연구원, 1999)으로 편역되었다.

1 성과측정의 의의

성과측정은 세 가지 관점에서 그 의의를 살펴볼 수 있다. 첫째, 성과측정은 조직의 비전을 향해 계속 조정하기 위해 환류가 사용되는 계속적 학습의 철학이다. 재무, 고객 만족, 프로그램/서비스, 혁신/학습으로부터 추출된 정보는 다양한 관점으로 조직의 효과성을 평가하기 위해 필요한 환류를 제공한다. 이는 내부와 외부 환경으로부터 일어나는 변화에 대응한 프로그램과 서비스의 수월성 유지를 확보하기 위한 계속된 조정을 용이하게 한다. 둘째, 성과측정은 목적 설정, 목적 달성을 위한 전략/계획의 개발, 평가를 위한 성과측정 개발의 계속되는 과정이다. 셋째, 성과측정은 전략적·전술적·운영적 계획이 환류 과정을 통해 연결되는 구조이다. 성과측정 체제에 의해 제공되는 환류는 최고관리자의 전략이 효과적으로 작동되어 전환되었는가를 결정하는 데 필요한 정보를 제공한다. 이는 또한 체제적 기준에서 프로그램이나 서비스에 개입하고 개선하기 위해 필요한 정보를 제공한다.

성과측정은 관리 체제이다. 다양하고 유리한 관점(재무, 고객 만족, 내부사업, 혁신/학습)에서 조직 운영의 효과성을 평가하기 위한 균형잡히고 조직적인 시도를 제공하는 계속되는 과정이다. 성과측정은 모든 단계(전략적, 전술적, 운영적)에서 전략과 계획이 얼마나 잘 충족되고 있는지에 대해 환류를 제공하기 위해 사용된다. 이 성과정보는 조직 내에서 의사결정을 개선하고, 혁신적으로 문제 수정을 가능하게 하고 계속적 개선을 촉진하는 데 필요하다. 또한 성과측정은 정책 결정에 필요한 정보의 제공, 성과의 관리 및 향상, 직원의 책임성 증대를 위한 목적으로 실시된다.

2 성과측정을 위한 요소

조직성과 측정시에 '균형성과기록표(balanced score card)'[2] 접근은 하버드 경영대학원의 카플란(Robert S. Kaplan)과 노턴(David P. Norton)에 의해 개발되었다. 성과측정에 있어 이 접근법은 고객 만족, 내부 사업 프로세스, 혁신/학습을 강조함으로써 연방 공공 서비스에서의 재무 측정에 대한 전통적 강조를 강화시킨다.

1) 재무적 요소(financial component)

이 요소는 프로그램과 서비스에 의해 제공된 재무성과의 수준 측정을 다룬다. 공공 서비스에서의 프로그램과 서비스의 재무 영향의 예는 예상 수입 대비 실제 수입, 예상 지출 대비 실제 수입, 정규직 근로자 또는 지출이나 비용 관련 수입, 달성/초과 수입 예상과 같은 지표로 측정될 수 있다.

2) 고객 만족(client satisfaction component)

이것은 고객 요구 만족에서 조직의 상품과 서비스의 효과성과 관계된다. 공공 서비스에서의 고객만족 성과지표의 일반적 예는 서비스 요구에 대한 고객과의 상호 작용의 정도, 서비스 제공자에의 접근 용이성, 서비스 이용 가능도, 서비스 요청에 대한 적시성, 정시 서비스 전달의 정도, 고객 순응과 시정의 정도를 포함한다.

3) 내부 요소(internal business processes component)

이것은 고객 요구를 만족시키는 프로그램과 서비스 제공에 필요한 내부 사업 프로세스의 질과 관련된다. 공공 서비스를 위한 일반적 내부사업 성과지표는 정시에 예산에 맞춰 성공적으로 완성된 사업, 요금의 경쟁력, 목표 설정/충족, 에러/재작업률을 포함한다.

---

2) 조직의 사명과 전략을 측정하고 관리할 수 있도록 포괄적인 측정지표로 바꾸어 주는 틀이다. 성과측정 전문 컨설팅 회사인 르네상스솔류션의 데이비드 노턴과 하버드 경영대학원의 로버트 카플란 교수가 공동으로 개발해 1992년에 최초로 제시했다. 현재 미국과 유럽의 많은 기업들이 도입한 무형자산 평가 시스템이다. 이것은 과거 성과에 대한 재무적인 측정지표를 통해서 미래 성과를 창출하는 측정지표이다. 재무·고객·내부 프로세스·학습과 성장 등 4분야로 구분해서 기업별 특성에 맞는 지표를 선정하고 각 지표별 가중치를 적용해 산출한다.

4) 혁신 및 학습 요소(innovation and learning component)

이 요소는 인력, 기술, 프로그램과 서비스의 지속적 개선을 통해 혁신과 성장을 유지하는 조직의 능력을 의미한다. 공공 서비스에 적용 가능한 일반적 혁신/학습 성과지표는 프로그램과 서비스 혁신/개선을 위한 근로자의 제안 수, 직원의 동기 부여, 의사 결정에서의 직원 자문/참여의 수준, 직원 인지의 정도, 주요 운영사업 프로세스의 개선 정도, 새로운 프로그램과 서비스로부터 추출된 수입 비율, 매년 도입되는 상품과 서비스의 수를 포함한다.

조직 성과 측정을 위한 이러한 구조는 조직의 사명과 전략적 목적에 기초한다. 이는 전통적 재무 측정을 통해 과거 성과에 관한 정보를 제공하고, 내부 사업 프로세스와 고객 만족 수준에 대한 강조를 통해 현재의 운영에 대한 정보를 제공한다. 더구나 이는 기술, 고객 요구 또는 직원 요구로부터 일어나는 미래 요구에 대한 투입을 제공한다. 성과측정시에 그러한 접근은 효과적 의사 결정을 위한 공공 부문 조직의 모든 차원에 걸쳐 환류를 제공한다.

제 2 절 성과측정의 주요 내용

1 성과측정에 관한 주요 개념

대부분의 지방정부에서는 성과를 측정하기 위해 매우 단순하게 업무량을 측정하는 경우가 많다. 그러나 여기서는 효과적인 성과측정을 위해 단순한 업무량 측정 외에 부서 운영의 성과를 측정하는 데 필요한 개념을 살펴보기로 한다. 성과측정을 위한 핵심적인 의미는 업무량 측정 외에 능률성, 효과성 및 생산성에 대한 이해이다. 이들의 의미를 정리하면 다음과 같다.

1) 업무량 측정

업무량 측정(workload measures)은 수행된 업무의 양이나 제공된 서비스의 양을 측정하는 것을 의미한다. 예를 들면, 인사 부서에서 처리한 구직원(求職願)의 처리 건수, 시의회 사무처에서 준비한 의사록의 수, 경찰 순찰 활동에 의한 범법자 체포 건수, 공원 담당 부서에 의해 심어진 나무의 수 등이다. 업무량 측정은 시 공무원이나 시민들에게 업무량의 증가나 감소에 관한 정보를 제공해 주지만, 단지 수행된 업무의 양만 보여 줄 뿐, 얼마나 적절히 또는 능률적으로 수행되었는지에 대해서는 알 수 없는 단점이 있다.

2) 능률성 측정

능률성 측정(efficiency measures)은 수행된 업무와 그 업무를 수행하기 위해 소요된 자원과의 관계를 보여 준다. 일반적으로 능률성은 단위 비용의 형태로 측정된다. 이를테면 하수관 1m 매설에 소요되는 비용을 들 수 있다. 능률성은 또 다른 형태로도 측정되는데 1 노동 시간당 단위 생산량이 그 예이다.

3) 효과성 측정

효과성 측정(effectiveness measures)은 성과목표의 달성도나 수행된 업무의 질을 나타낸다. 예를 들면 계량 기측정 오류율, 소방관 도착 후 화재 확산 면적, 수리된 자동차의 재고장률 등이다.

4) 생산성 측정

생산성 측정(productivity measures)은 능률성과 효과성을 하나의 지표로 통합한 것이다. 예를 들면 1 노동 시간당 계량기 수리 건수가 능률성을 나타내는 반면, 적절히 이루어진 계량기 수리율(예를 들면 6개월 내 재고장 발생률)이 효과성을 나타낸다. 한편 생산성은 효과적인 계량기 수리당 단위 비용이나 단위 노동 시간을 나타낸다.

<표 7-1>은 도시의 일반적인 기능에 대해 이상 네 가지 형태의 성과측정의 예를 보여 준다. 업무량 측정은 단순한 업무의 양만을 측정하기 때문

에 그 역할에 한계가 있다. 반면에 능률성, 효과성 및 생산성에 관한 측정은 업무량 측정의 한계를 보완하는 역할을 한다.

〈표 7-1〉 업무량, 능률성, 효과성 및 생산성 측정의 주요 사례

도시 기능	업무량 측정	능률성 측정	효과성 측정	생산성 측정
문서관리	준비된 시의회 의사록 건수	1 노동 시간당 준비된 의사록 수	수정 없이 통과된 의사록의 비율(%)	회의 후 7일 내에 준비된 의사록 중 수정 없이 통과된 비율(%)
도서관	대출 건수	직원 1인당 대출 건수	주민 1인당 대출 건수	도서관 유지비용 1,000달러당 대출 건수
계량기 수리	계량기 수리 건수	계량기 수리 건당 비용	수리 후 최소 6개월간 정상 작동된 건수의 비율(%)	수리 후 최소 6개월간 정상 작동된 계량기의 평균 수리 비용
인사부서	구직원의 처리 건수	구직원 건당 처리 비용	채용 및 승진 후 최소 6개월 동안 정상 근무한 자의 비율(%)	성공적인 신규임용 및 승진당 처리 비용 (최소 6개월 동안 정상 근무)

2 업무성과의 측정에 대한 일반적 상황

성과측정에 대한 중요성과 필요성은 인식하면서도 대부분의 지방정부는 이에 소극적으로 대응하고 있거나 효과적인 성과측정과는 다소 거리가 있는바, 그 특징을 정리하면 다음과 같다.

첫째, 대부분의 지방공무원들은 업무 성과측정의 중요성을 인식하고 있으나, 다른 현안 과제에 밀려 성과관리(performance management)는 뒷전으로 미루고 있는 실정이다.

둘째, 대부분의 지방정부가 성과측정을 하고는 있으나 단순한 업무량의

측정에 머물고 있는 수준이 대부분이다.

셋째, 업무량의 측정도 중요하지만 더욱 중요한 것은 업무 처리의 질(quality)과 능률성(efficiency)이다.

넷째, 단 한 부서에서라도 그들이 처리하는 업무의 질과 능률성을 측정하는 지방정부의 수는 비교적 소수이며, 여러 부서에 걸쳐 능률성과 효과성(effectiveness)을 측정하는 지방정부는 극소수에 불과하다.

3 성과측정의 주요 요소

드러커(Peter Drucker)는 행정기관이 성공적으로 서비스를 제공하기 위해서는 성과측정이 필수적이라고 주장하며, 이에 필요한 다섯 가지 요소를 제시하고 있다.

첫째, 조직의 기능, 임무 및 활동의 성격과 범위를 명확하게 정의하는 것이다.

둘째, 명확한 목표를 설정하는 것이다.

셋째, 우선순위를 정하고 가장 중요한 목표에 중점을 두며, 성과측정을 위한 기준을 정하는 것이다.

넷째, 성과를 측정하고 측정 결과와 미리 정한 기준과의 차이를 해소하기 위한 방안을 분석하는 것이다.

다섯째, 관리 체제가 적절히 작동하도록 정기적인 감사(audit)를 실시하도록 한다.

4 성과측정의 역할

1) 행정 책임성의 제고

성과측정은 무엇보다도 먼저 행정의 책임성(accountability)을 높이는 데 크게 기여한다. 조직이 성공적으로 운영되기 위해서는 중간관리자가 자신의 부하에게 그들 업무에 대해서 책임을 지도록 요구하며, 스스로도 자기의 상관에게 책임을 진다. 성과측정은 각 부서에서 무슨 업무가 얼마나 잘 수행되었나를 문서화한다. 이 과정을 통해 업무 성과가 좋은 부서나 지방정부들은 시민들이 낸 세금이 헛되이 사용되지 않았음을 보여 줌으로써 시민들로부터 신뢰를 얻게 된다.

2) 계획 및 예산 기능의 제고

성과측정은 지방정부의 계획적 운영(planning)을 유도하고 예산의 계획적 운용(budgeting)을 촉진시키는 데 순기능적 역할을 한다. 지역사회가 다가올 미래에 잘 대처하기 위해서는 지방정부가 공공 서비스의 수준과 시설을 적절히 유지하고, 시민들이 원하는 것이 무엇인가를 잘 파악하고 있어야 하며, 서비스를 제공하는 데 소요되는 비용 또한 잘 파악하고 있어야 한다. 성과측정을 통해 각 도시들은 "시민이 요구하는 것이 무엇인가?" 그리고 "그 요구에 부응하기 위해 소요되는 비용은 얼마나 되는가?" 등을 파악할 수 있다.

3) 조직 운영의 개선(operational improvement)

성과측정을 하는 지방정부는 운영상 문제가 발생할 경우 그러한 문제를 초기에 발견할 수 있다. 또한 성과의 기록을 통해 문제 해결이 효과적으로 이루어졌는지 쉽게 알 수 있다. 만약 문제점이 확인되는 경우 조직 운영상 나타나는 문제점을 극복하는 방안을 강구하게 된다.

4) 프로그램 평가(program evaluation), 목표관리제 및 성과평가

성과측정은 프로그램의 효과성을 체계적으로 평가하기 위해 필요한 정보를 제공한다. 또한 성과측정은 목표관리제(MBO)나 성과급 제도 등과 밀접히 연관되어 있으며, 성과평가(performance appraisal)는 미리 정해둔 기준치에 개개인이 어느 정도 목표를 달성했는지의 여부를 가늠할 수 있다.

5) 자원의 재배분

프로그램의 효과성이나 단위 비용과 같은 수치는 시민의 세금이 얼마나 잘 사용되었는지, 혹은 도시정부의 각 기능이 얼마나 효과적이었는지를 명확하게 보여 준다. 이것은 재정이 궁핍할 때 예산 결정자에게 자원 재배분(reallocation of resources)의 방향 설정을 하는 데 유용하게 활용된다.

6) 업무 운영 감독(directing operations) 및 계약 이행 감시(contract monitoring)

성과측정을 잘 하는 관리자는 운영상의 약점과 강점을 잘 파악할 수 있다. 따라서 성과측정은 조직의 구성원과 업무 부서에 필요한 정보를 제공하고, 관리자가 가장 취약한 부분을 파악해 집중적으로 관리할 수 있게 한다. 성과측정은 또한 계약의 이행이 체결된 내용과 일치되는지 판단하는 데 도움을 준다.

5 성과측정 지표의 기준

성과측정과 관련해서 가장 중요한 것이 효과적인 성과측정 지표를 찾는 것이다. 효과적인 성과측정 지표 마련을 위한 기준을 살펴보면 다음과 같다.

1) 타당성

성과측정 지표는 무엇보다도 먼저 지표로서의 타당성(validity)을 지녀야 한다. 즉 이는 실제로 측정하고자 하는 업무의 측면이나 질을 정확하게 나타낼 수 있어야 한다는 것을 의미한다.

2) 신뢰성

측정지표는 신뢰성(reliability)이 있어야 한다. 즉 지표는 측정이 정확하고 평가자의 주관성이나 평가 수단의 상이함으로 인한 평가치의 편차가 적어야만 한다.

3) 이해 가능성

측정지표는 누구나 쉽게 이해할 수 있어야(understandibility) 한다. 즉 지표는 오해의 소지가 없어야 한다.

4) 적시성

측정지표는 적시성(適時姓, timeliness)이 있어야 한다. 즉 지표는 관리자나 정책결정자가 필요할 때 적시에 정보 활용이 가능해야 의미가 있다.

5) 부작용 제어 능력

성과측정 지표는 측정으로부터 초래되는 부작용이 거의 없거나 이를 제어(resistance to perverse behavior)할 수 있어야 한다. 성과지표가 업무의 특정한 면만 측정할 경우, 업무 종사자들이 지표에 반영되는 측면에만 노력을 집중할 수 있다. 따라서 업무의 다양한 측면을 지표에 모두 반영하기 위해 복수의 측정지표를 개발함으로써 위와 같은 부작용을 방지할 수 있다.

6) 종합성

성과측정 지표는 업무의 종합적인 성과(comprehensiveness)를 측정할 수 있어야 한다. 즉 비록 업무의 사소한 측면은 간과하더라도 중요한 요소는 모두 지표에 포함될 수 있어야 한다.

7) 비중복성

측정지표는 여타 지표와 중복되지 않아야 한다(nonredundancy). 즉 개개의 지표들은 다른 지표와 유사하거나 중복되지 않아야만 한다.

8) 자료 수집 비용에 대한 민감성

성과를 측정하기 위해서는 측정을 위한 자료를 수집해야 한다(sensitivity to data collection cost). 효과적인 측정지표가 되기 위해서는 측정 비용이 측정을 통해서 얻을 수 있는 효과를 초과하지 말아야 한다.

9) 제어 가능한 측면에 집중

측정지표가 효과적이기 위해서는 측정 지표를 통해 나타난 결과가 조직이나 기관의 업무 성과를 높이는 데 생산적으로 활용될 수 있어야 한다. 즉 측정 지표는 정책 수단이나 관리 수단에 의해 업무 성과를 향상시킬 수 있는 측면에 집중해 측정(focused on controllable facets of performance)할 수 있어야 한다.

6 측정을 위한 자료

성과측정을 위해서는 다양한 자료가 활용되는 데 일반적으로 사용되는 자료를 살펴보면 다음과 같다.

1) 기존 자료(existing data)

가장 간단하면서도 바람직한 자료원이다. 대부분 업무량에 관한 자료이지만 성과측정을 위한 기초로 사용되며, 비용에 관한 정보 등 다른 자료와 함께 사용하면 좀더 높은 차원의 측정을 하는 데 사용할 수 있다.

2) 업무 일지(time logs)

노동과 관련된 능률성 측정(예컨대 1노동 시간당 단위 업무)을 위한 자원 투입 정보를 제공해 준다.

3) 시민/고객조사

공공 서비스의 적절성이나 문제점에 관한 시민의 반응(citizen/client ratings)을 알 수 있다. 하지만 과학적인 방법에 의하지 않으면 신뢰성 있는 결과를 얻을 수 없으며 비용이 많이 드는 단점이 있다. 무작위로 표본을 선정한 후 전화 면접을 하면 비용도 줄이고 비교적 좋은 결과를 얻을 수 있다.

4) 훈련된 관찰자에 의한 평가

다른 부서에 근무하는 사람을 훈련시켜 평가자로 활용하는 방법(trained observer ratings)이다. 예를 들면, 시설관리 부서에 근무하는 직원을 훈련시켜 도로의 청결도나 공원의 유지 상황 등을 평가하게 할 수 있다.

5) 특별한 자료 수집 절차

위와 같은 방법들은 각기 나름대로 장점이 있으나 또한 단점도 수반한다. 기존의 기록들은 종종 성과측정에 반드시 필요한 정보를 제공하지 못하는 경우가 있으며, 정확한 수치라기보다는 추정치에 불과한 경우가 있다. 시민조사의 경우도 조사 방법이 정확하지 못할 경우 왜곡된 결과를 가져올 수 있다. 따라서 성과측정을 좀더 정확히 하려면 최소한 필수적인 자료는 특별히 새로 수집하는 절차(specially designed data collection processes)를 마련해야 한다.

7 성과측정에 대한 저항과 이를 극복하는 방안

성과측정을 도입할 때 어느 정도의 저항은 피할 수 없다. 이러한 저항을 극복하기 위해서는 저항하는 이유를 먼저 이해해야 한다. 가장 일반적인 저항의 유형과 그에 대처하는 방법은 다음과 같다.

첫째, "내 업무는 측정이 불가능하다(You Can't Measure What I Do!)"는 주장이다. 만약에 어느 부서에서 과거에 한번도 성과측정을 해본 적이 없는 경우, 그 부서의 직원들은 그들이 수행하는 업무는 측정이 불가능하다고 생각할 수 있다. 일반적으로 이러한 부서에서 수행하는 업무는 비정형적(nonroutine)인 경우가 많으며, 기존 자료를 수집해 놓은 경우도 드물다. 따라서 성과측정을 하기에 상당히 어려움이 많을 수는 있지만, 측정이 불가능한 업무는 거의 없다. 약간의 창의성을 발휘하면 직접적으로 측정하기는 어렵지만, 간접적으로 측정할 수 있는 수단을 개발해 낼 수 있다.

둘째, "측정을 잘못하고 있다(You're Measuring the Wrong Thing!)"는 주장이다. 비교적 사소한 측면을 측정하고 좀더 중요한 면은 간과할 수 있다. 이 경우 서비스 공급을 직접 담당하고 있는 직원의 참여는 필수적이다. 성과측정에 그들을 직접 참여시켜 잘못된 측정을 교정할 수 있고, 또한 그들의 불만이나 불안감도 해소할 수 있다.

셋째, "너무 비용이 많이 들고 우리는 거기에 쓸 자원이 없다(It Costs

Too Much and We Don't Have the Resources!)"는 의견이다. 성과를 측정하고 그 결과를 수집해 보고하는 작업은 물론 인적 · 물적 자원이 소요된다. 성과측정은 서비스의 질을 향상시키고, 좀더 능률적이고 형평성 있게 서비스를 공급하고자 하는 데 그 목적이 있다. 만약 자원만 소모하고 서비스 향상에 기여하지 못한다면 성과측정을 할 이유가 없는 것이다. 따라서 성과측정의 본질은 한정된 자원을 좀더 유용하게 쓰고자 하는 데 있으며, 소요되는 자원 이상의 가치가 있다는 것을 이해시켜야 한다.

한편 성과측정의 한계도 있다. 그 한계로는 공공조직의 정치적 성향, 공공 서비스의 특성 때문에 성과측정을 활용하기 곤란한 경우가 많으며, 부적절한 측정은 오히려 조직의 목표와 행태를 훼손시키는 결과를 초래하기도 하며, 시간과 노력에 비해 유용한 데이터가 부족한 경우가 허다하다는 점이다. 그러나 이와 같은 한계점이 있음에도 불구하고 성과측정에 대한 전망은 매우 긍정적이라는 사실이다. 문제는 어떻게 하면 효율적으로 성과측정 체계를 설계하고 실행해서, 성과측정이 정책 결정과 성과 향상에 도움을 줄 수 있느냐 하는 것이다.

8 성과측정 시스템의 설계 및 실행 과정

성과측정에 대해서는 대부분이 공감하면서도 실제로 성과측정이 이루어지는 것에 대해서는 상당한 거부감을 나타내는 것이 일반적인 현상이다. 성과측정이 성공적으로 이루어지기 위해서는 이를 효과적으로 추진할 필요가 있다. 일반적인 성과측정 시스템의 설계 및 실행 과정을 정리하면 다음과 같다.

1) 제1단계: 최고 관리층의 승낙과 지원을 확보하는 단계

최고관리층의 승낙과 적극적인 지원을 통해 부하 직원들의 저항을 극복할 수 있으며, 측정 결과가 향후 정책 결정에 유용하게 쓰일 수 있다. 지방자치단체장과 같은 최고책임자의 적극적인 의지가 바람직하지만, 서비스 제공 부서의 행정이나 감독을 담당하고 있는 관리자층의 지원은 필수적이다.

2) 제2단계: 성과측정 시스템 개발을 주도하고 조정하는 책임을 담당할 개인이나 부서를 선정하는 단계

이 단계에서는 성과측정 시스템 개발에 참여하는 조직이나 참여자들에 대해 임무를 부여하고 조직화하는 단계이다.

3) 제3단계: 일반적인 목적과 구체적인 목표를 명확히 하는 단계

성과측정은 지방정부의 목적(goals)이나 목표(objectives)와 일관성 있게 관련되어야 한다. 성과측정은 지방정부의 목표가 어느 정도 혹은 얼마나 능률적으로 달성되었는지를 보여 준다.

4) 제4단계: 성과측정의 대상이 될 부서나 분야를 선정하는 단계

이 단계에서는 측정하고자 하는 성과측정의 범위를 규정하는 단계이다. 기존에 성과측정을 위한 기반이 어느 정도 조성되었는가에 따라, 일부 지방정부들은 전 부서에 걸쳐 동시에 성과측정을 확고하게 시행할 수 있겠지만, 전문가들은 대개 점진적인 접근 방법을 권고한다. 따라서 한두 부서나 몇몇 분야에 한해 시범적으로 실시한 후 단계적으로 확대·실시하는 것이 바람직하다.

5) 제5단계: 목표에 부합하는 성과를 반영할 평가지표를 개발하는 단계

이 단계에서는 개발하고자 하는 성과측정 시스템에 가장 적합한 측정지표를 탐색·확인하고 평가함으로써 적절한 지표를 선택하는 단계이다. 목표에 부합하는 성과지표를 개발하기 위해 고려해야 할 요소는 다음과 같다.

① 투입 또는 업무량보다 서비스의 질과 결과를 강조할 것
② 지나치게 많지도 적지도 않은 측정지표를 설정할 것
③ 관리자의 의견뿐만 아니라 일반 직원들의 의견을 수렴할 것
④ 행정 서비스에 대한 고객을 확인하고 그들에 대한 서비스 전달을 강조할 것
⑤ 시민, 서비스 수혜자, 특정 시설의 이용자에 대한 정기적인 조사를 실시할 것

⑥ 효과성 및 능률성 측정을 포함할 것 등.

6) 제6단계: 자료의 수집 절차를 개발하는 단계

이 단계에서는 확정된 측정 지표에 대한 자료(data)를 어떻게 수집하고 관리할 것인가를 다루는 단계이다. 자료를 어느 부서에서 누가 수집하고 보고 체계와 자료 수집과 관련한 부서의 책임을 할당하는 단계이다. 성과측정 체제의 유지를 위해서는 무엇보다도 자료의 정확성을 확보해야 하며, 이를 위해 정기적으로 자료를 검사(audit)해야 한다.

7) 제7단계: 실제로 시스템을 어떻게 운영할 것인지 규정하는 단계

이 단계에서는 성과측정 결과의 보고 빈도 및 보고 채널의 규정, 분석 및 보고 형태의 결정, 적용 소프트웨어의 개발, 시스템 유지 책임의 할당 등이 이루어지는 단계이다. 성과보고의 주기는 매월, 분기별 혹은 반년마다 할 수 있다.

8) 제8단계: 시스템의 테스트 차원에서 예비 실행을 하는 단계

이 단계는 예비 실행을 통해서 어떻게 시스템이 작동하는지, 문제점이 무엇인지 파악할 수 있으며, 소프트웨어의 적용 등 효과적인 시스템의 활용과 조정을 가능하게 하는 단계이다.

9) 제9단계: 성과측정 시스템을 완전하게 실행하고 검증하는 단계

이 단계에서는 성과측정 시스템을 완전하게 실행하고 검증한다. 즉 측정 시스템에 대한 검증과 자료의 수집 절차에 대한 오류가 있는지를 검증하는 단계이다. 또한 이 단계는 시스템이 잘 운영되는지, 시스템 적용으로 문제의 관찰과 해결이 효과적이고 신속하게 이루어졌는지에 대한 감독과 평가를 통해 만약 시스템이 유용한 정보를 제공하지 못하고 있다면 시스템을 수정・보완하고 강화시켜 개선해 나가는 단계이다.

10) 제10단계: 성과측정 체제를 정책결정 과정과 연관시키는 단계

성과측정 결과를 목적 설정(goal setting), 정책 개발, 자원 배분, 구성원의 능력 개발(employee development)과 보상 및 프로그램 평가 등 조직의 의사결정 과정 전반과 연계시켜 활용해야 한다. 또한 성과 자료를 유용하게 사용하려면, 측정 결과를 전년도의 성과, 기준치, 목표치, 비슷한 지방정부의 성과 등 다양한 준거와 정기적으로 비교·분석해야 한다.

11) 제11단계: 성과지표 및 측정 시스템을 지속적으로 보완하고 모니터링하는 단계

업무 성과의 추이를 계속적으로 파악하기 위해서는 같은 지표를 지속적으로 사용하는 것이 바람직하지만, 필요할 경우 성과지표를 보완하거나 또는 다른 지표로 대체해야 한다. 또한 평가 시스템 전반을 지속적으로 모니터링하고 환류시켜 문제점들을 파악하고 개선해 성과측정 모형이 업그레이드되도록 해야 한다.

이상의 단계를 거쳐 도출된 측정 결과를 일반에 보고할 경우에는 선별된 지표를 중심으로 해야 한다. 즉 업무 담당 부서에서는 다양한 지표를 사용해서 성과를 측정하지만, 고위직이나 일반 대중을 위한 보고서에는 선별된 주요 지표만 포함해야 한다. 왜냐하면 비교적 사소한 지표들과 매우 중요한 지표들을 함께 수록할 경우 너무 많은 정보에 독자가 묻혀 버릴 위험이 있기 때문이다.

또한 위에서 언급한 성과측정 시스템 개발 과정은 일반적인 절차들을 적시한 것이다. 이를 토대로 하여 개별적인 상황이나 특성에 따라 변형이 가능하다. 즉 기관과 프로그램에 따라서 주어지는 특정한 요구 및 상황에 맞게 적절하게 설계되고 실행될 필요가 있으며, 상황에 맞는 시스템 개발을 위한 창조적 노력이 필요하다.

9 업무성과의 비교

1) 비교의 필요성

성과측정은 상호 비교를 통해서 그들이 처한 실상을 파악·확인하고 좀더 나은 업무 성과를 성취하기 위해 노력하고자 하는 지방 공무원들에게 하나의 업무지침으로서 유용한 자료를 제공한다. 지방정부의 지도자들과 시민들에게는 정부 운영의 기준에 관한 정보를 제공해 그들이 살고 있는 지역과 여타 지역과의 비교를 용이하게 하는 데 그 목적이 있다.

2) 비교의 종류

단편적인 성과측정은 측정 그 자체로서도 의미가 있지만, 그것보다도 비교를 통해서 그 효용가치가 한층 높아진다. 비교의 방법은 내부비교와 외부비교로 나눌 수 있다.

첫째, 내부비교는 연도별 비교와 한 조직 내의 부서 간 비교가 있다.

둘째, 외부비교는 타조직이나 타지역과의 비교, 혹은 전문가집단이 세워 놓은 이상적인 목표치와 비교할 수 있다.

3) 비교의 기피 경향

대부분의 지방정부에서는 연도별 비교와 같은 내부비교의 결과는 보고하지만, 여타 지역의 수치나 전문가 집단이 세워 놓은 이상적인 목표치와의 비교와 같은 외부비교는 기피하는 경향이 있다. 그 이유를 살펴보면 다음과 같다.

첫째, 현상 유지에 만족하는 지방 공무원들이 있기 때문이다. 이들은 타조직과의 비교를 원하지 않는다.

둘째, 평균 이하의 성과를 보이고 있는 조직에서는 그들의 실적이 비교를 통해 드러나기를 원하지 않기 때문이다.

셋째, 마지막으로 외부비교에 필요한 적절한 통계치를 찾기가 쉽지 않다는 점이다.

10 바람직한 성과목표

바람직한 성과목표를 설정하기 위해 다음과 같은 세 가지 점에 유의할 필요가 있다.

첫째, 지금 최상의 성과를 달성하고 있더라도 이에 안주하는 것은 위험한 일이다. 비록 지금 성과가 만족스럽다 하더라도 노력의 여하에 따라 개선의 여지는 얼마든지 있다. 또한 최상의 성과를 구가하고 있다고 할지라도 지속적인 개선을 통해서만이 그 위치를 유지할 수 있다. 한편 비록 지금 성과가 만족스럽지 못하다 하더라도 노력의 여하에 따라 개선의 여지는 얼마든지 있다.

둘째, 벤치마킹을 쉽게 생각하거나 대충 하고 넘어가려는 자세로 임해서는 얻을 것이 하나도 없다. 벤치마킹을 통해 현재의 업무 성과를 측정하고 이를 개선할 계획을 잘 수립해야 한다. 자신들의 현재 성과 목표를 선진 도시들의 그것과 비교함으로써 지방자치단체 공무원들은 어디에서 개선의 여지가 있는지를 파악할 수 있다.

셋째, 지방자치단체 공무원들은 각 서비스 영역에서 가능한 한 모든 벤치마크를 참조할 수 있어야 한다. 그러한 일련의 벤치마크들을 통해 성과지표(performance milestones)를 도출해 내고 바람직한 성과 목표를 만들어 내야 한다. 벤치마크가 그 분야 최고의 성과 수준이라면, 바람직한 성과목표란 그 분야 최고 수준 바로 밑의, 그 도시가 더 나은 단계로 나아가기 위해 추구해야 할 길잡이라고 할 수 있다. 즉, 이는 좀더 현실적인 벤치마크라고 할 수 있다. 바람직한 벤치마크는 대부분의 도시정부가 추구해야 할 훌륭한 업무 성과를 의미하고 지향할 만한 가치가 있는 목표라고 할 수 있다.

제 8 장 미국 지방정부의 성과측정*

여기서는 지금까지 논의한 내용을 중심으로 미국의 지방정부에서 성과측정을 위해 실제로 적용하고 있는 구체적이며 실천적인 사례를 중심으로 살펴보고자 한다.

제 1 절 대중교통 분야

1 교통 문제의 중요성

교통 문제는 대도시 지방정부가 안고 있는 가장 심각한 문제 중의 하나이며, 도시민의 일상 생활뿐만 아니라 기업의 생산 활동에도 커다란 영향을 미친다. 또한 차량의 증가로 인한 대기오염은 환경과 도시민의 건강을 위협하고 있다. 특히 대도시의 교통 문제는 급격히 늘어나는 자가용 자동차 수에 비해 상대적으로 낮은 도로율로 인해 교통 체증 및 주차난이 그 극

* 여기에서 소개되고 있는 미국 지방정부의 성과측정 사례는 『미국 지방정부의 성과측정과 벤치마킹』(최병대 외 편역, 1999)을 중심으로 재구성했다.

에 이르고 있으며, 이로 인한 다양한 사회적 비용을 야기하고 있다. 서울시의 경우에는 이미 자가용 보급이 1가구당 1차량의 수준을 초과했지만 늘어나는 교통량을 수용하기 위한 교통시설의 대규모 확충은 여러 가지 현실적인 여건상 어려운 실정이다. 이러한 여건을 감안하면 대중교통 서비스의 양적·질적 향상이 교통 문제 해결을 위해 무엇보다도 선결해야 할 과제이다.

미국의 경우 다양한 형태의 대중교통 서비스가 도시에서 제공되고 있다. 중간 규모 이상의 도시들은 대체로 간선도로를 통과하는 정규 노선 버스를 운영하고 있으며, 대도시들의 경우 중전철(heavy rail), 경전철(light rail) 및 통근용 철도(commuter rail) 등의 다양한 대중교통 수단을 운영한다. 또한 소규모 도시들은 정규 노선 버스보다는 수요에 기초해 지방 택시회사나 그 외 민간기업과의 계약을 통해 대중교통 서비스를 제공하기도 한다. 여기서는 대표적인 대중교통 수단이라고 할 수 있는 버스에 초점을 두고 살펴보고자 한다.

2 대중교통 분야의 성과측정

1) 성과측정 지표

GASB(Governmental Accounting Standards Board)의 연구 결과에 의하면 대중교통 관련 생산성 지표는 상당히 다양한데, 이들 중 대다수의 지표는 성과측정을 위한 벤치마크로 활용될 수 있을 것이다. 이들 지표는 <표 8-1>에서 보는 바와 같이 지표를 매우 구체적으로 적시하고 있다. 즉 차량 1대당 승객의 수, 단위 마일당 승객의 수, 경상운영 경비당 운영 수입, 노선별 수입 및 노선별 비용 등 총 26개의 지표를 활용하고 있다.

한편, 미국 교통부(U.S. Department of Transportation)의 보고서는 버스 운영 체계와 관련해서 <표 8-2>와 같은 권고 기준을 제시하고 있다. 즉 경상운영비 중 버스 요금으로 충당된 비율을 20~50%로 설정하고 있으며, 버스 정류장 간의 거리는 660~2,000피트를 기준으로 하고 있다.

〈표 8-1〉 대중교통의 생산성 지표

차량 1대당 승객의 수(명/대)
차량-시간당 승객의 수(명/대·시간)
수입-시간당 승객의 수(명/달러·시간)
차량-시간당 수입-승객의 수(명·달러/대·시간)
승객 수당 통행(trip) 수(통행/명)
수입-거리당 승객의 수(명/달러·마일)
단위 마일당 승객의 수(명/마일)
서비스-거리당 승객의 수(명/서비스 마일)
단위거리당 수입-승객(명·달러/마일)
경상운영 경비당 운영 수입(달러/달러)
경상운영 경비당 수입-차량-시간(달러·대·시간/달러)
노선별 수입(달러/노선 수) 및 노선별 비용(달러/노선 수)
차량-시간당 수입(달러/대·시간)
방향-거리당 승객-거리(및 통행)의 수(명·마일/방향별 마일)
최대 서비스로 운행된 차량당 승객-거리(및 통행)의 수(명·마일/대)
수입-차량-시간당 승객-거리(및 통행)의 수(명·마일/달러·대·시간)
직원 1인당 승객-통행의 수(명·통행/직원 수)
비수입-거리당 승객-통행의 수(명·통행/마일)
직원 1인당 차량-시간의 수(대·시간/직원 수)
첨두 시간 소요 차량당 차량-거리(대·마일/대)
유지관리 직원 1인당 차량-거리(대·마일/명)
연간 유지관리 비용당 연간 차량-거리(대·마일/달러)
연료 1갤런당 연간 차량-거리(대·마일/갤런)
중복 정비 업무량(시간)
버스 정비부터 검사까지의 소요 거리(마일)
버스 정비공 1인당 거리(마일/명)

출처: Wallace(1991: 11).

때로는 지방정부 교통기관들이 스스로 광범위한 운영 기준을 수립하기도 한다. <표 8-3>은 펜실베이니아 주 윌리엄포트(Williamsport) 시의 WBT (Williamsport Bureau of Transportation) 및 펜실베이니아 주의 대중교통 성과 기준을 제시하고 있는데, 매우 구체적이며 실질적인 기준임을 알 수 있다.

〈표 8-2〉 대중버스 체계의 권고 기준

경상운영비 중 버스 요금으로 충당된 비율	20~50%
노선 스케줄의 준수	예정 시간보다 빨라서는 안 되며, 지연시는 5분 이내
버스 정류장 간 거리	660~2,000피트
차량-거리당 승객 수	최소 1.5명
배차 간격	첨두 시간 동안은 최소 30분; 비첨두 시간 동안은 최소 1시간

출처: Attanucci, Jaeger & Becker(1979: 11-13).

〈표 8-3〉 WBTa 및 펜실베이니아 주의 대중교통 성과 기준

기 준	WBT 표준[1]	WBT 실제 (예산 연도 1989)	펜실베이니아 주 평균(1989)
대중교통 관련 직원의 출근율	≥97%	98.8%	NA
직원당 차량-거리	≥15,000	16,631	15,219
차량 정비 직원당 차량-거리	≥80.000	85,631	91,233
운전기사당 차량-시간	≥1,700	1.757	1,669
차량당 차량-거리(마일)	≥28,000	31,512	26,008
차량-거리당 비용	≤$2.75	$2.43	$2.75
차량-시간당 비용	≤$40.61	$34.57	$36.92
비상전화(road calls)당 차량-거리	≥3,500	5,596	5,024
100,000차량-거리당 충돌사고 건수	≤3.0	0.84	2.42
시간 엄수 비율[2]			
첨두 시간대	≥90%	93.3%	NA
비첨두 시간대	≥95%	100.0%	NA
환승률	≤10%	6.5%	6.2%
차량-시간당 승객-통행 수	≥28	27.5	23.2
승객 1인당 적자보전 비용	≤$0.90	$0.77	$0.78
경상수지(수입/비용)	≥35%	43%	51%

출처: Poister(1992: 208).

주: 1. 윌리엄포트 시(펜실베이니아 주)의 WBT(Williamsport Bureau of Transportation)
2. 예정된 시간의 5분 이내에 정거장으로부터 출발하는 비율

2) 전국적 기준

미 교통부(U.S. Department of Transportation)와 FTA(Federal Transit Administration)는 기관의 규모별로 전국적인 운영 통계 자료를 제공하고 있다(표 8-4 참조).

〈표 8-4〉 대중교통기관의 주요 운영 통계(1993년)

서비스 대상 인구	Na	경상비용 중 요금으로 충당한 비율	평균 차량 사용 연수				차량-수입-거리당 미환승 통행 수				차량-수입-시간당 미환승 통행 수			
			버스	대형 철도	통근용 기차	경량 전철	버스	대형 철도	통근용 기차	경량 전철	버스	대형 철도	통근용 기차	경량 전철
인구 20만 이상	291	37%	8.3	17.8	18.8	14.4	3.04	4.05	1.58	6.96	38.90	82.78	53.44	96.90
인구 20만 이하	232	21%	9.3	NA	NA	5.0	1.74	NA	NA	5.50	24.20	NA	NA	25.54
30대 대중교통기관	30	40%	8.5	17.7	17.1	16.9	3.65	4.07	1.59	7.78	43.85	82.90	53.77	102.61

출처: U.S. Department of Transportation, Federal Transit Administration(1994a: 287-291; 1994b: 213-216; 1994c: 63-65).
주: N은 대중교통기관의 수.

FTA에 의하면, 경상운영비를 버스 요금으로 충당하는 비율이 높은 경우라 하더라도 그 비율이 50% 이상인 경우는 매우 드물다고 한다. 한편, 경상운영비를 버스 요금으로 충당하는 비율이 높은 기관이라 하더라도 50% 이상을 충당하는 곳은 단지 11곳에 불과했다. 이들 기관 중 반 이상이 인구 밀집 지역인 미국 북동부 지역에 위치한다.

<표 8-5>는 미국의 7개 주요 도시에서의 대중교통사업 운영 현황을 소개하고 있는데, 비용의 20~50%를 요금으로 보전하라고 권고하고 있는 미 교통부의 기준과 일치한다.

〈표 8-5〉 대중교통의 운수 수입 비용 보전: 주요 사례 도시

도 시	운수 수입에 의한 비용 보전
Alexandria 시(버지니아 주)	실제: 50.6%(1990년 추정치); 41.8%(1991년 추정치); 42.2%(1992년 추정치); 42.2%(1993년 추정치)
Winston-Salem 시(노스캐롤라이나 주)	실제: 43%(1991); 39.1%(1992)
Lubbock 시(텍사스 주)	실제: 39.4%(1991)
Phoenix 시(애리조나 주)	목표: 운수 수입으로 비용의 30% 보전
Iowa City 시(아이오와 주)	실제: 34%(1998); 32%(1989); 28%(1990); 30%(1991)
Tallahassee 시(플로리다 주)	실제: 26.2%(1991)
Wichita 시(캔자스 주)	실제: 25.0%(1990); 22.6%(1991)

<표 8-6>은 미국 주요 사례 도시에서의 버스 서비스 시간 및 수입-거리당 승객 수를 보여 준다.

〈표 8-6〉 서비스 시간당 승객 수(명/시간) 및 수입-거리당 승객 수(명/수입,마일)

서비스 시간당 승객의 수(실제)	
Charlotte 시(노스캐롤라이나 주)	수입-시간당 승객의 수: 39.8(1994년, 5개월)
San Luis Obispo 시(캘리포니아 주)	서비스 시간당 승객의 수: 39(1990)
Lubbock 시(텍시스 주)	시간당 평균 노선-승객: 18.6(1991)
Wichita 시(캔버스 주)	수입-시간당 승객-통행의 수: 18.9(1990); 18.2(1991)
Waukesha 시(위스콘신 주)	차량-시간당 승객의 수: 13.8(1992)
수입-거리당 승객-통행의 수(실제)	
Iowas City 시(아이오와 주)	수입-거리당 승객의 수: 2.75(1988); 2.68(1989); 2.75(1990); 2.95(1991)
Winston-Salem 시(노스캐롤라이나 주)	수입-거리당 승객-통행의 수: 2.50(1991); 2.43(1992)
Fort Collins 시(콜로나도 주)	수입-거리당 승객의 수: 1.63(1991)
Decatur 시(일리노이 주)	거리당 승객의 수: 1.52(1991)
Waukesha 시(위스콘신 주)	차량-거리당 승객의 수: 1.44(1992)
Lubbock 시(텍사스 주)	수입-거리당 승객-통행의 수: 1.29(1991)
Wichita 시(캔자스 주)	수입-거리당 승객-통행의 수: 1.24(1990); 1.23(1991)
Sioux Falls 시(사우스다코타 주)	수입-거리당 승객-통행의 수: 1.22(1993)

한편 <표 8-7>은 대중교통의 스케줄 준수 정도를 보여 준다.

〈표 8-7〉 노선 시간표의 준수: 주요 사례 도시

Blacksburg 시(버지니아 주)	실제: 100% 시간 준수(1994)
Oklahoma City 시(오클라호마 주)	실제: 99.34% 시간 준수(1991); 98.59% 시간 준수
Lubbock 시(텍사스 주)	실제: 95.2% 시간 준수(1991)
Wichita 시(캔자스 주)	실제: 95% 시간 준수(1990); 94.1% 시간 준수(1991)
Phoenix 시(애리조나 주)	목표: 95% 시간 준수
Charlotte 시(노스캐롤라이나 주)	목표: 첨두 시간대 85%, 비첨두 시간대 95% 시간 준수 실제: 첨두 시간대 94.3%, 비첨두 시간대 99.1% 시간 준수(1987)
Houston 시(텍사스 주)	실제: 91% 시간 준수(1983)a
Boise 시(인디애나 주)	실제: 운행 스케줄의 5분 이내, 90.4%(1991)
Raleigh 시(노스캐롤라이나 주)	실제: 79.43% 시간 준수(1991)

출처: Poister & McGowan(1984: 209).

〈표 8-8〉 버스사고 발생률: 주요 사례 도시

도 시	100,000 버스-거리(마일/대)당 사고 건수
Blacksburg 시(버지니아 주)	실제: 1.3(1994)
Knoxville 시(테네시 주)	실제: 1.65(1991)
Phoenix 시(애리조나 주)	실제: 2.34(1991)
Wichita 시(캔자스 주)	실제: 4.07(1990); 2.5(1991)
Lubbock 시(텍사스 주)	실제: 2.8(1991)
Houston 시(텍사스 주)	실제: 2.3(1991); 2.99(1992)
Winston-Salem 시(노스캐롤라이나 주)	실제: 3.6(1991)
Raleigh 시(노스캐롤라이나 주)	목표: 3.5 미만 실제: 3.63(1987년, 8개월)
Charlotte 시(노스캐롤라이나 주)	실제: 4.77(1991)

출처: Poister & McGowan(1984: 209).

대중교통기관의 교통사고를 최소화하는 것이 또 하나의 성과지표가 될 수 있다. 예를 들어, 피닉스(Phoenix) 시(애리조나 주)는 인구 백만 이상의 도시 중에서 1백만 마일 운행 거리당 단지 23.4건의 교통사고를 기록함으로써 1991년에 National Safety Council의 Fleet Safety Contest에서 1등상을 수상했다. 반면, 소규 모도시 중에는 블랙스버그(Blacksburg) 시(버지니아 주)와 녹스빌(Knoxville) 시(테네시 주)만이 낮은 사고율을 보여 주었다(표 8-8 참조).

3 시사점

이상에서 살펴본 바와 같이 미국의 대중교통 분야의 성과지표를 통해 우리는 미국이 이 분야에서 성과 개선을 위해 주안점을 두고 있는 측면이 무엇인가를 알 수 있다. 대중교통의 경우 다양한 지표가 사용되고 있지만 운수 수입 및 비용 보전과 관련된 지표 및 운행 스케줄의 준수와 버스 사고 발생률 등 대중교통 서비스의 질적인 측면과 관련된 지표가 중요한 위치를 차지함을 알 수 있다. 미국은 대중교통 사업 비용의 20~50%를 요금으로 보전하고 있는데, 이는 대중교통 요금의 수준을 낮춰 시민들을 대중교통 수단으로 유인하려는 정책적 의도가 있다고 볼 수 있다. 또한 운행 시간의 철저한 준수 및 안전한 운행을 도모함으로써 시민들이 편리하고 편안하게 대중교통 수단을 이용할 수 있게 하려고 노력하고 있다. 우리나라도 교통문제를 해결하기 위해서는 대중교통 서비스의 질을 향상시켜 자가용 이용자를 대중교통 수단으로 유인할 수 있는 성과지표의 개발이 바람직한 것으로 사료된다.

제 2 절 보건위생 분야

1 개 요

보건위생 분야에서는 과거 전염병 관리나 가족계획 위주의 사업에서 탈피해 변화하는 정치 · 경제 · 사회적 여건에 부응하는 새로운 정책 대응이 요구된다. 이 분야의 서비스는 중앙정부와 지방자치단체 간 그리고 공공부문과 민간 부문 간의 책임 영역 설정을 명료화해 각각의 주체가 효율적이고 체계적인 서비스 제공을 담당해야 할 것이다. 미국의 경우 보건위생 기능은 일반적으로 카운티(county) 관할인 경우가 많지만, 때로는 시(city) 정부가 이를 제공하기도 한다. 보건위생과 관련한 서비스의 종류는 매우 다양하지만 여기서는 대체로 보건소 및 위생시설 기준을 중심으로 살펴보고자 한다.

2 보건위생 분야의 성과측정

보건위생 분야에서의 성과를 측정하기 위해 미국의 여러 도시들은 아동 예방접종률 및 음식점 위생검사 빈도를 지표로 사용하고 있으며, <표 8-9> 및 <표 8-10>은 주요 사례 도시의 측정 결과를 보여 준다.

〈표 8-9〉 아동 예방접종: 주요 사례 도시

Cincinnati 시(오하이오 주)	실제: 취학아동 중 예방접종률: 99%(1991)
Boston 시(매사추세츠 주)	실제: 취학아동 중 예방접종률: 97% 이상(1992)
Alexandria 시(버지니아 주)	실제: 아동 예방접종률(표본조사): 83%(1989); 88%(1990); 94%(1991); 95%(1992); 95%(1993)
Houston 시(텍사스 주)	목표: 2세 이하 아동의 예방접종률: 최소 90%
New York 시(뉴욕 주)	실제: 취학아동 중 예방접종률: 88%(1991); 88%(1992)
Jacksonville 시(플로리다 주)	실제: 2세 아동 예방접종률: 63%(1992년 추정치)

〈표 8-10〉 음식점 위생검사의 빈도: 주요 사례 도시

Alexandria 시(버지니아 주)	실제: 음식점당 방문검역 횟수(연간): 15(1989); 13(1990); 15(1991); 14(1992); 15(1993)
Overland Park 시(캔자스 주)	목표: 연간 음식점 정기 위생검사의 빈도: 최소 3회
Wichita 시(캔자스 주)	실제: 음식점당 검역 횟수: 1.8(1990); 1.5(1991)

한편, <표 8-11>은 음식점 위생검사에 관한 좀다 자세한 내용을 갈랜드(Garland) 시(텍사스 주)의 예를 들어 보여 준다.

〈표 8-11〉 갈랜드 시(텍사스 주)의 음식점 위생검사의 실시 현황(1990~1991)

위반 사항의 적발	1.85 검사당 1건
시설 폐쇄	64.44 검사당 1건
허가 시설당 검역 횟수	1.77
정규직 검사원 1인당 허가 건수	278.10

출처: Fowler(1992: 20-24).

지방자치단체 간 보건위생 서비스에 대해 최근 GASB(Governmental Accounting Standards Board)의 SEA(Service Efforts and Accomplishments)는 보건위생 활동에 관한 투입, 산출, 결과, 효율성 등과 관련한 측정 기준을 권고했는데, 이에는 산모 및 아동건강 보호, 성병, AIDS, 만성질환, 스트레스 및 과격한 행위의 억제 등이 포함된다.

미국의 경우 보건위생 서비스는 주로 카운티에서 담당하기 때문에 도시정부 차원에서 보건위생 성과측정을 위한 기준을 벤치마킹하기는 쉽지 않다. <표 8-12>은 미국의 APHA(American Public Health Association)에서 제시한 보건위생 서비스에 관한 전국적 기준이다.

한편, 지방자치단체 나름대로의 기준을 마련하고자 하는 경우, 전국적 기준을 그대로 채택하거나, 전국적 기준이 자신들의 여건에 비추어 너무 높은 수준이라면 이 기준과 현재 수준의 중간쯤에서 목표를 설정할 수도 있을 것이다.

3 시사점

보건위생 분야의 경우 미국은 대부분의 서비스가 카운티 정부에 의해서 제공되기 때문에 지방정부 차원에서의 벤치마크는 아동 예방 접종이나 음식점의 위생검사 수준에서 크게 벗어나지 못하고 있지만, 미국공중보건협

〈표 8-12〉 APHA가 제시한 보건위생 서비스의 전국적 기준

구 분	목 표
심장질환에 의한 사망률	인구 100,000명당 100명 이하 (1987년 현재 인구 100,000명당 135명)
비만 인구	20세 이상 인구 중 20% 이하 (1876~1980년 평균: 20~74세 인구의 26%)
암에 의한 사망률	인구 100,000명당 130명 이하 (1987년 현재 인구 100,000명당 133명)
저지방 식단의 제공	저지방, 저칼로리 음식의 선택이 가능한 식당이 전체의 90% (1989년 현재 70%)
학교 급식	미국 식단 기준(Dietary Guidelines for Americans)에 부합하는 메뉴가 최소한 90%
폐암에 의한 사망률	인구 100,000명당 42명 이하(1987년 현재 인구 100,000명당 37.9명)
흡연율	20세 이상 인구 중 15% 이하 (1987년 현재 29%)
미성년자 임신	17세 이하 소녀 1,000명당 50명 이하 (1985년 현재 15~17세 소녀 1,000명 당 71.0명)
자살률	인구 100,000명당 10.5명 이하(1987년 현재 인구 100,000명당 11.7명)
아동 학대	18세 이하 아동 1,000명당 학대 건수 25.2건 미만 (1986년 현재 1,000명당 25.2건)
식중독	식중독 발생률: 목표 / 1987년 기준 Salmonella: 100,000명당 16건 / 18건 Campylobacter jejuni: 100,000명당 25건 / 50건 Escherchia coli 0157:H7: 100,000명당 4건 / 8건 Listeria monocytogenes: 100,000명당 0.5건 / 0.7건
아동 구강위생	6 내지 8세의 아동 중 충치를 보유한 아동이 전체의 20% 이하; 15세 아동 중에는 15% 이하(1986~1989년 평균: 6~8세 아동의 27%, 15세 아동의 23%)
유아사망률	신생아 1,000명당 7명 이하(1987년 현재 1,000명당 10.1명)
임신부 보호	임신 3개월 이내에 산부인과 진찰을 받는 임신부의 비율: 90%(1987년 현재 출생아 중 76%))

출처: American Public Health Association, *Healthy Communities 2000: Model Standards*, 3rd edition.

회에서 제시한 보건위생 서비스의 기준을 보면 아동위생, 임신부 보호, 미성년자 임신, 학교 급식 및 암이나 기타 질환에 의한 사망률 등 다양한 지표를 사용해 보건위생 서비스의 질을 측정하고 이를 제고하고자 노력하고 있는 것을 볼 수 있다. 우리나라 자치행정도 이제는 보건위생이 저소득층이나 일부 취약계층만을 위한 서비스에서 벗어나 전 시민의 건강한 삶을 보장하는 방향으로 정책이 수립되고 성과측정이 이루어질 필요가 있다.

제 3 절 공원 및 레크리에이션 서비스 분야

지방자치의 궁극적 목적이 '주민의 삶의 질 향상'이라는 점을 상기할 때 그 혜택이 지역 주민에게 귀속되지 못하는 개발지상주의적 성장 위주 시책은 한국 지방자치의 성숙화·내실화를 간과하게 됨으로써 최근 자주 비판의 대상이 되고 있다. 이와 관련해 1995년 본격적인 지방자치의 실시 이후 한국 지방정치의 현재적 특징을 박종민 등(1999: 123-139)은 1) 시장(市長) 또는 단체장의 독주 체제, 2) 유권자에 의존하는 선거정치, 3) 성장 위주 정치와 소비 지향적 정치 및 4) 특수주의 또는 귀속정치로 요약하고 있다. 체계적이고 상설화된 주민 참여 기제가 사실상 전무한 우리의 지방자치 현실에서 단체장의 개인적 유대 관계 및 이익 교환 관계에 기초한 지방정부 내 정책결정 체제는 개발지상주의로 대변되는 성장 위주 정치와 소비 지향적 정치의 모습을 띠게 되는 것이다. 이러한 지방정치의 현주소는 일면 지역 정책 결정의 타당성을 직·간접적으로 유권자에게서 찾는다는 점에서 그 본원적 오류가 있다고 볼 수는 없다. 그러나 자원의 한계가 심각한 우리의 현실에서 민선단체장의 독단으로 결정된 투자계획이 가져오는 공적 효율성의 저하라는 측면은 비판받아 마땅하다.

최근 해외여행 또는 해외연수의 보편화에 따라 외국, 특히 미국을 방문해 본 경험이 있는 사람들은 모두 예외 없이 지방 소도시에까지 높은 수준으로 보급되어 있는 공원 등의 지역 주민을 위한 각종 공공 레크리에이션 시설에 놀랐을 것이다. 물론 미국이라는 나라가 가지고 있는 천혜의 국토

조건과 세계 최강국으로서의 경제력이 이를 가능케 했으리라는 점은 쉽게 짐작할 수 있으나 그럼에도 불구하고 지방자치단체 공무원을 비롯한 전 국민의 이 분야에 대한 관심과 노력은 또한 우리가 본받을 만하다. 그리고 실제 지역 주민의 일상 생활 속에서 지방정부가 제공하는 공원 및 레크리에이션 시설은 막대한 기여를 하고 있다는 점을 감안한다면 최근 우리의 지방정책이 지향해야 할 바를 한번쯤 다시 점검해 보게 한다.

이러한 점에서 여기서는 공원 및 공공 레크리에이션 시설 및 서비스 공급과 관련된 미국 주요 도시의 선진 사례를 살펴보고자 한다. 진정한 의미의 벤치마킹이란 단순한 모방이 아니라 계속적이고 체계적인 자기 수정을 통해 우리의 여건에 부합하는 모형과 전략을 설계하는 것이다. 특별히 우리가 외국 사례들을 살펴보면서 주의할 점은 실제 미국의 지방도시들이 어떻게 전국적 성과지표와 목표들을 자신들의 여건에 맞게 지혜롭게 변형해 나가는가 하는 점이다. 이러한 점에서 우리의 지방자치단체를 책임지고 있는 실무 공무원들은 분명하고 합리적인 기준 하에 자신들만의 바람직한 성과목표(performance milestones)를 수립할 필요가 있다.

1 공원 및 레크리에이션 시설 기준

공원 및 레크리에이션 시설의 기준과 관련해 1906년에 PAA(Play-ground Association of America)가 공원 면적에 대한 기준을 소개한 이후 미국에서는 다양한 협회나 전문기관들이 소위 권장 기준을 제시하기 시작했다. 이들 기준들은 현재 미국의 다수 지방자치단체에서 빈번하게 적용되고 있지만 그 타당성에 대해 논란의 여지가 있는 것은 사실이다. 한편 공원 설치에 관한 개괄적 기준은 NRPA(National Recreation and Park Association)에 의해 더욱 구체화되었는데, 공원의 유형, 규모, 서비스 지역, 인구 1,000명당 면적 등에 관한 기준이 포함되고 있다(표 8-13 참조).

또한 특정 레크리에이션 시설에 관한 규정도 제시하고 있는데, 각 체육 및 레크리에이션 활동별로 전체 권장 공간, 개별 시설의 권장 규모 및 면적, 권장 방향, 인구당 설치 기준, 서비스 권역, 적정 입지 기준 등을 정해 놓고

〈표 8-13〉 근린 및 커뮤니티공원 관련 기준

구 분	용 도	서비스 권역	바람직한 규모	인구 1000명당 면적	바람직한 부지 특성
미니파크 (Mini-park)	소규모 지역, 또는 매우 한정된 공간의 인구를 위한 시설	반경 1/4 마일 이하	1에이커 이하	0.25~0.5 에이커	아파트단지나 타운하우스, 또는 노인 주거시설의 인근에 위치할 것
근린공원/놀이터	운동장 경기(field game), 코트 경기(court game), 공예(craft), 놀이기구, 스케이트, 피크닉, 어린이 물놀이 기구 등의 집약적 레크리에이션 활동을 위한 지역	최고 인근 주민 5,000명을 수용할 수 있는 반경 1/4~1/2 마일	15에이커 정도	1~2 에이커	인근 주민이 쉽게 접근할 수 있을 것(지리적으로 중심에 위치해 도보나 자전거로 안전하게 접근할 수 있을 것).
커뮤니티 공원	자연적 환경이 공원으로 적합한 지역; 종합체육시설이나 대형 수영장 등의 집약적 레크리에이션 시설을 포함하기에 적절한 지역; 산책 및 휴식공간 등의 실외 레크리에이션에 적합한 자연적 조건을 갖고 있는 지역	몇 개의 커뮤니티; 반경 1~2마일	25에이커 정도	5~8에이커	호수지역 등의 자연조건이나 집약적 개발이 가능한 지역 등을 내포하고 있을 것; 수혜 인근 주민들이 쉽게 접근할 수 있을 것
공원 전체 총 권장 면적: 인구 1000명당 6.25~10.5에이커					

있다. 예를 들면, 테니스장의 경우 권장 공간은 단식 코트를 기준으로 최소 7,200 평방피트이고 종합시설로는 2에이커여야 하며, 테니스장의 규모 및 면적은 가로 36피트, 세로 78피트, 양옆에는 12피트의 여유 공간이 있어야 하고, 끝쪽에 21피트의 여유 공간이 있어야 한다고 규정하고 있다. 한편, 권장 방향은 긴축을 기준으로 남-북향이 좋고, 인구당 기준으로는 인구 2,000명당 코트 1개이고, 서비스 권역의 범위는 직경 1/4 내지 1/2마일이며, 적

정 입지 조건으로서는 1개의 테니스구장당 2 내지 4개의 코트를 설치할 수 있을 만한 공간이어야 하며, 근린 및 커뮤니티공원이나 인근 학교 부지 내에 위치해야 한다는 등의 규정을 두고 있다.

2 공원 및 레크리에이션 분야의 성과측정

공원 및 레크리에이션 성과측정과 관련해 지적할 필요가 있는 점은, 레크리에이션 시설 및 공원 자체는 투입이기 때문에 성과나 산출의 측정이라고 볼 수 없다는 것이다. 그러나 공원 및 레크리에이션 기능은 대개의 경우 도시정부가 제공하는 시설을 사용자가 스스로 사용한다. 그러므로 공원 및 레크리에이션 시설은 이러한 시설 기준이 성과측정의 중요한 요소가 되는 것이다. 따라서 핵심적인 문제는 적절한 시설이 충분한 질과 양으로 공급되고 있는가 하는 것이다.

미국의 공원 및 레크리에이션 서비스의 효과성 측정과 관련해서 Urban Institute는 <표 8-14>와 같은 목표, 지표 및 자료 수집 방법들을 제안하고 있는 바, 비록 제반 여건이 우리의 현실과 상이하다 할지라도 이들 지표가 지니고 있는 의미는 우리에게 시사하는 바가 크다.

3 벤치마크

공원 및 레크리에이션 분야에서 지방자치단체 공무원과 시민에게 의미 있는 주요 벤치마크는 다음의 4개 범주로 나눌 수 있다. 즉, 1) 공원 및 시설 기준, 2) 부지 및 시설에 대한 유지관리 기준, 3) 프로그램 운영 기준, 4) 비용 보전 등이다.

1) 공원 및 시설 기준

공원 넓이나 유형, 그리고 레크리에이션 시설에 관한 기준에 대해서는 논란의 여지가 많은데 그 이유는 다양한 요인들(예를 들어, 주민 특성, 경

〈표 8-14〉 공원 및 레크리에이션 서비스의 효과성 측정 기준

총괄 목표: 쉽게 이용할 수 있고, 안전하며, 붐비지 않고, 물리적으로 매력적이며 잘 유지 관리된 다양하고도 즐거운 레저 기회를 모든 시민들에게 제공함.

목표	구분	지표*	자료 수집
유희성 (enjoy-ableness)	시민만족도	·근린공원과 레크리에이션 시설을 사용할 수 있는 기회에 대한 만족도	가구 조사
	사용자 만족도	·공원 및 레크리에이션 시설과 프로그램의 이용 만족도	가구 및 사용자 조사
	레크리에이션 시설 이용률	·특정 기간(예를 들어 3개월간) 동안 최소한 한 번씩 커뮤니티공원이나 근거리 레크리에이션 시설을 이용하는 (또는 이용하지 않는) 커뮤니티 내 가구의 비율(%)	가구 조사
	레크리에이션 시설 이용자 수	·공원과 레크리에이션 장소를 찾는 이용객 수	이용객 통계
혼잡도	사용자 만족도	·커뮤니티 시설이 너무 붐빈다고 하는 가구의 비율	가구 및 사용자 조사
	비사용자 만족도	·혼잡으로 인해 시설을 사용하지 않는 가구의 비율	가구조사
	혼잡 요인	·평균 피크타임 이용객 수/수용 능력	이용자 통계치와 수용 능력 추정치
시설에 대한 만족도	사용자 만족도	·물리적 시설 상태에 대한 만족도	가구조사 또는 사용자 조사
	비사용자 만족도	·물리적 시설 상태에 대한 불만으로 시설을 이용하지 않는 가구의 비율	가구조사
	시설의 청결성	·청결도에 만족하는 가구의 비율 ·전문 관찰자가 청결하다고 평가하는 시설의 비율	가구조사 또는 사용자 조사; 전문 관찰자에 의한 등급
시설의 양호한 관리	시설 및 장비의 상태	·청결도에 만족하는 가구의 비율 ·전문 관찰자가 청결하다고 평가하는 시설의 비율. 잔디밭, 놀이터, 화장실, 벤치, 피크닉 탁자 등의 구체적 물건에 대해서도 평가해야 함.	가구조사 또는 사용자 조사 전문 관찰자에 의한 등급
안정성	위험한 시설 및 장비	·(이용자 10,000명 당) 중상자의 수 ·하나 이상의 안전 위험 요소를 지닌 시설의 비율	사고 및 이용자 통계; 전문 관찰자에 의한 등급
	범죄 발생	·(이용자 10,000명당) 범죄 발생 건수	공원 및 레크리에이션 관리사무소와 경찰이

			보유하고 있는 범죄사건의 통계; 이용객 통계
	사용자 만족도	· 시설의 안전도에 만족하는 가구의 비율	가구 및 사용자 조사
	비사용자 만족도	· 시설의 불안전성으로 인해 시설을 사용하지 않는 가구의 비율	가구 조사

목 표	구 분	지 표*	자료 수집
접근성 (accessability)	물리적 접근 가능성	· 15~30분 안에 커뮤니티공원이나 레크리에이션 시설에 도달할 수 있는 (또는 없는) 곳에 사는 시민의 비율	각 시설로부터 이용권역 안에 거주하는 인구의 수
	물리적 접근성: 사용자 만족도	· 물리적 접근성이 만족스럽다고 하는 가구의 비율	가구 또는 사용자 조사
	물리적 접근성: 비사용자 만족도	· 물리적 접근성이 불편함으로 인해 시설을 사용하지 않는 가구의 비율	가구조사
	이용 시간 /날짜 수: 사용자 만족도	· 이용 시간이 만족스럽다고 하는 가구의 비율	가구 또는 사용자 조사
	이용 시간/ 날짜 수: 비사용자 만족도	· 이용 시간의 불편함으로 인해 시설을 사용하지 않는 가구의 비율	가구조사
프로그램의 다양성	사용자 만족도	· 프로그램의 다양성에 만족하는 가구의 비율	가구 또는 사용자 조사
	비사용자 만족도	· 프로그램이 다양하지 않음으로 인해 시설을 사용하지 않는 가구의 비율	가구조사
직원 서비스에 대한 만족도	직원의 서비스에 대한 만족도 - 사용자 만족도	· 직원의 서비스 태도가 만족스럽다고 하는 가구의 비율	가구 또는 사용자 조사
	가구 또는 사용자 조사	· 직원의 나쁜 서비스로 인해 시설을 사용하지 않는 가구의 비율	가구조사

주: *불만족에 초점을 맞추고 싶은 경우는 이상의 여러 지표에서 '만족'을 '불만족'으로 대체할 수 있음.

제적 여건, 문화, 기후, 인구밀도 등)의 영향을 받기 때문이다. 그러므로 이러한 기준들을 적용할 때는 탄력성을 가질 필요가 있는데, 예를 들어 NRPA의 근린 및 커뮤니티공원의 넓이와 관련해 인구 1,000명당 10에이커 기준을 충실히 지키려면 뉴욕 시 맨해튼(Manhattan) 구의 경우, 그 전체 넓이보다도 더 큰 공원 부지가 필요하게 된다. 즉, 아무리 잘 만들어진 기준이라 하더라도 그 기준이 기초하고 있는 여건이 달라지면 유효성이 떨어진다는 점을 명심해야 할 것이다. 인구통계학적·사회경제적 주위 환경이 변하는데도 공원 그 자체가 그대로 있다면 문제이다. 그 때문에, 공원 및 레크리에이션 계획의 바람직한 출발점은, 규범적 기준에 기초하면서도 커뮤니티의 특이성에 맞춰 적절하게 조절할 필요가 있다.

공원 및 레크리에이션 시설에 관한 기준을 적용하는 데에는 해당 자치단체가 여기에서 제시하는 기준들이 대상으로 하고 있는 미국의 전형적인 도시와 얼마나 다른가를 분석하고, 그러한 차이가 지역 주민의 레크리에이션

〈표 8-15〉 공원 및 레크리에이션 시설의 전국 기준과 실제

시설의 유형	1989년 총계	1989년 인구당 기준	전국적 기준
공원 기준			
모든 공원	3,740에이커	1,000명당 9.4에이커	NA
근린공원	295에이커	1,000명당 0.7에이커	1,000명당 2.5에이커
구(district)공원	1,493에이커	1,000명당 3.8에이커	1,000명당 2.5에이커
지역공원	1,952에이커	1,000명당 4.9에이커	1,000명당 20에이커
운동장 경기(단위: 개)			
야구장	25개	15,892명당 1개	5,000명당 1개
축구장	46개	8,637명당 1개	10,000명당 1개
소프트볼	36개	11,036명당 1개	5,000명당 1개
코트경기(단위: 개)			
테니스장	147개	2,703명당 1개	2,000명당 1개
배구장	21개	18,919명당 1개	5,000명당 1개
소극적 레크리에이션			
(단위: 개)	1개	397,300명당 1개	NA
자연 산책로	311개	1,277명당 1개	NA
피크닉용 잔디밭			
적극적 레크리에이션			
(단위: 개)	6개	66,217명당 1개	NA
자전거 도로	3개	132,433명당 1개	NA
운동연습장	5개	79,460명당 1개	NA
조깅용 도로	76개	5,228명당 1개	NA
놀이터	16개	24,831명당 1개	NA
레크리에이션 센터	2개	198,650명당 1개	20,000명당 1개
육상용 트랙	22개	18,059명당 1개	20,000명당 1개
수영장			

요구나 선호에 어떠한 영향을 미치는가를 고려해야 한다. 그러므로 지방자치단체들은 자신들의 여건이 전국적 기준에 미달한다는 것을 고려해 <표 8-15>와 같은 미국의 NRPA 기준을 '최소한의 수준(minimum acceptable level)'이라고 해석하기보다는, 여건을 감안해서 지향해야 할 목표로 이해하고 그들 고유의 공원 면적 및 접근성 기준을 세워 두어야 한다.

2) 유지 관리 기준

공원 및 레크리에이션 부서의 중요 임무는 공원재산, 레크리에이션 시설, 및 기타 공공시설에 대한 유지 관리이다. 불행히도, 이러한 임무에 대한 미국 지방자치단체의 기준은 모호하고 이론적인 수준에 지나지 않는 경우

〈표 8-16〉 Tree City USA의 기준

기준 1: 수목위원회(tree board) 및 수목 관련 부서
수목위원회는 대체로 관심 있는 시민들의 자발적 모임으로서, 공공재산상의 수목관리를 위해 포괄적인 수목관리 사업을 개발하고 집행할 목적으로 조례에 근거하여 조직되었다. 대개 수목위원회는 식물 전문가의 도움을 받아 활동하며 인구 100,000명 이상의 커뮤니티에서는 유급 직원이 있는 수목관리 부서를 둘 수 있다. 이러한 부서는 자문위원회나 행정위원회의 통제를 받는다.
기준 2: 커뮤니티 수목 관련 조례
커뮤니티 수목 관련 조례는 수목위원회나 관련 부서를 선정하고 그들에게 연간 커뮤니티 수목 사업계획을 수립하고 집행할 책임을 부여한다. 조례는 식목, 관리, 나무 제거 등의 공공 수목 관리정책을 결정한다. 이상적으로는, 도시식목조례는 식목 공간 및 위치 규정과 함께 권장 가로수의 종류에 관한 목록을 만들고 지속적으로 이를 갱신하도록 하는 조항이 있어야 한다.
기준 3: 커뮤니티 수목사업에 연간 1인당 최소 2달러의 예산 확보
커뮤니티 수목사업은 공공재산상의 수목 목록을 작성함으로써 시작한다. 목록에는 각 수목의 종류, 위치, 상태(예: 건강함, 가지치기 필요, 뽑아낼 필요가 있음 등)를 기록하고, 목록상의 기록은 시위원회에 대한 보고서에 요약되어야 한다. 보고서는 도시지역 산림의 현재 상태에 대한 객관적 분석이어야 하며, 장차의 관리에 대한 권고안을 포함해야 한다. 커뮤니티 수목사업이란 현재 진행중인 거리, 공원, 기타 공공 장소에서의 수목에 관한 핵심적 관리 활동을 말한다. 연도별 업무계획은 나무심기, 물주기, 비료주기, 죽은 나무 및 위험한 나무제거, 안전 및 미관상의 가지치기, 그리고 병충해 방제 등의 활동을 포함해야 한다. 소위 'Tree City USA'가 되기 위해서는 지방자치단체는 가로수 관련 부서 및 공원 담당부서의 예산을 포함해 매년 1인당 최소 2달러씩을 커뮤니티 수림사업을 위해 지출해야 한다.
기준 4: 식목일 행사 및 선언
식목일 기념식은 간단하게 할 수도 있고 하루 종일 또는 1주일 내내의 행사일 수도 있다. 식목일 기념행사는 시장의 선언과 함께 시작된다.

출처: National Arbor Day Foundation, "Tree City USA Application" (Nebraska City, NE: National Arbor Day Foundation, n.d.).

가 많지만 지역 주민의 삶의 질 향상을 위해 고민하는 우리의 지방 공무원에게 중요한 지침을 제공하는 역할은 충분하리라고 본다.

(1) 수목 관리

수목관리와 관련해 미국의 NAA(National Arborist Association)와 함께 대표적 조직인 NADF(National Arbor Day Foundation: Tree City USA 프로그램의 후원단체)의 권장 기준을 소개하면 <표 8-16>과 같다.

한편, <표 8-17>는 수목관리의 질적 수준 평가를 위한 캘리포니아 주 서니베일(Sunnyvale) 시 공원담당 부서(Parks Division)가 개발한 점검표인 바, 비록 계량화할 수는 없지만 공원을 찾는 지역 주민의 편의를 위해 고민한 모습은 곳곳에서 발견할 수 있다.

〈표 8-17〉 수목 품질 기준 점검표

안전성
• 부러지거나 매달려 있는 나뭇가지, 또는 기타 땅에서 봤을 때 분명한 위험 요소가 없을 것
• 중요하고 분명한 구조적 결함이 없을 것
• 보행자의 통행로 직상방 10피트 이내, 또는 승용차 통행로 직상방 14피트 이내에는 반쯤 또는 완전히 자란 나무의 나뭇가지나 무성한 잎이 없어야 함.
• 나무 그루터기는 보행에 지장을 주어서는 안 됨.
심미성
• 수목은 각 수종마다 가지고 있는 최소한의 공통적 모습을 보여 주어야 함. 자연적 특성이라고 간주할 수 있는 정도의 다소간의 허용치는 가능하지만, 완전히 다른 모양의 수목은 허용할 수 없음.
• 그루터기, 죽어서 축 늘어진 가지, 기타 아름답지 못한 변형이 있어서는 안 됨.
• 그루터기는 보이지 않아야 함. 지면(잔디밭의 경우) 아래 최소 12인치까지 잘라내든지, 기존의 화단 등에 가려 보이지 않게 해야 함.
건강성
• 새로운 나무는 승인된 기준에 따라 심어야 함.
• 나무 지지대는 나무둥치가 자력으로 직립할 수 있거나 심은 날로부터 1년 이후에는 제거 가능함. 1년 후에도 계속 지지대를 남겨두거나 자력으로 직립할 수 없는 수목의 지지대를 제거할 때는 반드시 사전에 사업 감독관의 승인을 받아야 함.
• 벌레, 병충해, 인위적인 문제 등은 진행중인 것이 없어야 함.
유용성
• 특정한 목적으로 심겨진 수목(예: 투시 차단용, 방음용, 또는 그늘 조성용)은 목적한 바에 기여해야 함.
• 나뭇가지는 건물이나 각종 전선 및 전화선 등을 방해하지 말아야 함.
• 나뭇가지는 공원 표지판을 가리지 않아야 함. 나무뿌리도 주위 시설물의 사용에 방해가 되어서는 안 됨.

이 밖에도 미국의 주요 도시에서는 수목의 제거 및 가지치기의 신속성에 관한 기준을 정해 놓고 있다.

(2) 초지/잡초/잔디깎기

최근 우리나라도 전반적 소득 수준이 향상되면서 잔디밭 또는 초지에서 주민들이 여가를 보내고자 하는 수요가 커지고 있다. 적절한 잔디의 높이는 지역적 선호, 자원의 가용성, 재산의 용도 등 몇 가지 요인에 의해 영향을 받는다. 또한 잔디깎기의 빈도는 요구되는 잔디의 높이, 지역별 기후 및 강우량에 좌우된다. 잔디관리의 한 예로서, 로스앤젤레스 지역 내 도시들의 잔디관리 기준을 살펴보면 <표 8-18>과 같다.

〈표 8-18〉 로스앤젤레스 지역 내 도시들의 잔디관리 기준

<table>
<tr><td colspan="2">가장자리 작업의 등급
1 = 우수: 인도 가장자리에서의 잔디 깎은 상태가 매끄러움; 확실한 일직선을 형성
2 = 양호: 가장자리에서의 잔디가 다소 김; 그러나 1.2인치보다 더 길지는 않음.
3 = 보통: 가장자리에서의 잔디가 1인치 정도 더 김.
4 = 불량: 가장자리에서의 잔디가 1인치보다 더 김.</td></tr>
<tr><td>잔디 색깔의 등급
1 = 초록
2 = 연초록
3 = 황록색
4 = 갈색</td><td>잔디 높이의 등급
1 = 0.5~1.5인치
2 = 1.5~2.5인치
3 = 2.5~4인치
4 = 4~6인치</td></tr>
<tr><td colspan="2">잡초 제거 상태의 등급
1 = 우수: 관찰된 지역에서 전혀 잡초를 발견하지 못함.
2 = 양호: 관찰된 지역에서 10% 이하의 잡초 발견
3 = 보통: 관찰된 지역에서 10~33%의 잡초 발견
4 = 불량: 관찰된 지역에서 33% 이상의 잡초 발견</td></tr>
<tr><td colspan="2">전체 땅에서 잔디가 차지하는 면적(grass cover) 비율의 등급
1등급 = 100%~75%
2등급 = 75%~50%
3등급 = 50%~25%
4등급 = 25%~0%</td></tr>
</table>

(3) 공원구조물, 시설물, 놀이터

미국의 도시들은 공원구조물, 시설물 관리 기준 및 놀이터와 관련해서도

질적 기준에 대한 점검표를 마련해 두고 있다. 예를 들어, 식수대는 견고하게 땅에 고정되어야 하며, 장애자가 쉽게 접근할 수 있어야 하고, 작동했을 때 마시기에 적절한 물의 흐름이 안정적이어야 하며, 잠갔을 때는 물이 새지 않아야 하고, 남은 물은 자연스럽게, 완전히 빠져야 하며, 청결하고 찌꺼기가 없어야 하며, 낙서가 없어야 한다고 규정하고 있다.

한편, 놀이터의 일반적 규칙으로서 제시하고 있는 바를 살펴보면, 모든 놀이터는 전체 표면이 승인된 재료(Play for All Guidelines (c), 1987 참조)로 덮여 있어야 하고, 그 두께는 최소한 10인치(12인치가 더 바람직)로 하고, 보도의 연석은 6인치 이내여야 한다. 또한 표면재에는 위험하거나 불결한 물질(예: 깨진 유리, 동물의 배설물 등)이 없어야 하며, 모든 놀이터는 돌아다니는 데 위험 요소가 없어야 한다(예컨대 뿌리, 장애물 등). 그리고 놀이터 내의 모든 콘크리트 바닥은 표면재로 덮여 있어야 하며 조금도 노출되어서는 안 된다고 규정하고 있다.

3) 프로그램 운영 기준

레크리에이션 시설 운영 기준 중에는 운영 요원에 대한 적절한 훈련 및 자격 조건이 포함된다. 그 대표적인 예가 공공 수영장의 구조 요원에 대한 미국 적십자사의 자격 요건이다(<표 8-19> 참조).

〈표 8-19〉 수영장 구조원 자격 요건

수영 없이 하는 지원 활동(구명 튜브)	수면에 근접한 재해자
- 데크로부터 지원 장비의 투척 입수	- 수영 및 지원장비 구조
- stride jump	- 적극적 재해자 배면 구조
- compact jump	- 소극적 재해자 배면 구조
재해자에 접근하기	수중 재해자
- Modified Crawl	- feet-first 수면 위 다이빙
- Breaststroke	- 수중 재해자 구조
- Rescue kicks: Scissor kick	다중 재해자 구조
Inverted Scissor kick	물에서 건져내기
Elementary Scissor kick	- 2인 들기
Rotary kick	- 1인 들기
	응급처치

4) 비용 보전

특히 재정적으로 어려운 시기에는 레크리에이션 프로그램 소요 비용의 얼마를 사용료로 보전할 것인가가 중요한 관심사가 되는 것은 미국이나 우리나 동일한 사실인 것 같다.

이와 관련해 미국의 주요 사례 도시에서의 비용 보전(cost recovery) 목표 및 실적을 살펴보면 <표 8-20>과 같다.

〈표 8-20〉 레크리에이션 프로그램 소요 비용 보전의 벤치마크

기타 프로그램 및 시설 비용 중 사용료를 통해 보전한 비율	
Savannah 시(조지아 주)	목표: 테니스 사업 비용의 최소 30%(목표) 실제: 27%(1991)
Tallahassee 시(플로리다 주)	실제: 공원 센터 내 공간 임대의 경우 40.7%; 체육 프로그램의 경우 23.8%; 미술 및 공예의 경우 17.7%; 다목적 센터의 경우 8.4%(1991)
Alexandria 시(버지니아 주)	목표: 레크리에이션센터 비용의 82%(1992년 수립)
Overland Park 시(캔자스 주)	목표: 성인 프로그램의 120%; 어린이 프로그램의 40%; 테니스 및 에어로빅의 경우 200%
전체 레크리에이션 소요 비용 중 사용료를 통해 보전한 비율	
Fairfield 시(캘리포니아 주)	목표: 최소 33%
Cincinnati 시(오하이오 주)	실제: 45%(1991)
Loveland 시(콜로라도 주)	실제: 74%(1991)
수영장 비용 중 사용료를 통해 보전한 비율	
Raleigh 시(노스캐롤라이나 주)	실제: 10~79%(1991)
Tallahassee 시(플로리다 주)	실제: 19.9%(1991)
Oak Rodge 시(테네시 주)	실제: 25~40%(1992)
체육/스포츠 프로그램 비용 중 사용료를 통해 보전한 비율	
College Station 시(텍사스 주)	목표: 성인 스포츠의 경우 40~70%; 어린이 스포츠의 경우 0~30%
San Luis Obispo 시(캘리포니아 주)	실제: 80%(1990)

4 시사점

이상에서 언급한 미국 지방자치단체의 공원 및 레크리에이션 성과측정 기준과 벤치마크들은 전문가 집단이나 특별한 관심을 가진 사람들에 의해서 제시된 것들이 많다. 전문가들에 의해 제시된 기준들은 비록 더 나은 서비스를 전달하기 위한 통찰력을 제공하고 있기는 하지만 전문가 집단의 이익에 기초해 기준을 제시할 경우 심각한 부작용을 초래할 수 있다는 점에서 주의를 요한다. 일반적으로 서비스 측정을 위한 벤치마크들은 결과보다는 과정을 중요시하고, 산출보다는 투입을 강조하는 경향이 있다. 그러므로 지방자치단체가 제공하는 서비스를 종합적으로 평가하는 데는 좀더 현명한 관련 전문가와 실무 공무원들의 판단이 필요하다.

진정한 벤치마킹이란 동종의 서비스를 제공하는 기관들 간의 성과를 비교 분석해 그 차이에 대한 원인을 규명하고 이를 극복할 수 있는 방안을 찾아내는 것이다. 특히, 벤치마킹을 성공적으로 수행하기 위해서는 적절한 벤치마킹 대상을 선정하는 것이 중요하며 서비스의 비교 가능성과 협조의 용이성이 심각하게 고려되어야 한다. 그러한 점에서 여기서 소개한 미국 지방정부들의 권장 기준, 지침, 성과 기록이나 성과 목표는 우리의 지방자치단체에 직접적인 벤치마킹 대상이 되지는 못하겠지만 벤치마킹을 위한 유용한 출발점이 될 수는 있다. 이러한 벤치마크들은, 각각의 지방자치단체로 하여금 기초평가를 가능하게 하며 좀더 광범위한 벤치마킹을 수행하는 데 도움을 줄 것이다. 단순히 현재 자신들의 성과를 벤치마크와 비교하는 것만이라도 지방자치단체들은 그들이 갖고 있는 중요한 장·단점을 발견하게 되고, 이를 통해 좀더 상세한 분석이 요망되는 대상으로 한 단계 더 나아갈 수 있는 것이다.

제 4 절 소방 서비스 분야

치안과 함께 소방 서비스는 근세 초기 자유방임국가 이래로 가장 기초적이고 근본적인 지방공공재로서 주민과 재산을 보호하고 공적 질서를 유지하는 보호적 서비스이다. 일반적으로 소방 서비스는 소방관서가 제공하는 모든 공공 서비스를 지칭하는데, 크게 예방 업무, 방호 업무, 및 구조·구급 업무 등을 포괄한다.

소방 서비스는 공공재의 고유한 특성인 비경합성을 가지고 있으며 일부이기는 하지만 비배제성도 가지고 있기 때문에 주민들이 그 혜택에 대한 비용 지불 의사(willingness to pay)를 현시하지 않는다. 이러한 제약으로 인해 적절한 수준의 서비스 공급을 위한 재원 확보가 어렵고 과소 공급이 문제되고 있다. 그럼에도 불구하고 최근 한국에서는 대중매체의 홍보 등으로 인해 구조·구급 수요가 기하급수적으로 증대함에 따라 소방 서비스의 중요성에 대한 인식이 새롭게 확산되고 있고 지역 주민의 삶의 질 수준을 결정하는 핵심적인 요소의 하나가 되고 있다.

그러므로 도시행정을 책임지고 있는 지방자치단체장이나 고위관리자들은 소방 서비스와 관련된 통계나 기준들에 대해 숙지할 필요가 있다. 소방 전문가와 예산상 혹은 운영상의 이슈를 논의할 때 소방 관련 사항이나 수치를 적절히 파악해야만 현안에 대처할 수 있기 때문이다. 이하에서는 소방 서비스의 핵심이라고 할 수 있는 화재 예방 및 진압과 관련해 미국 주요 도시들의 성과측정 지표를 중심으로 살펴보고자 한다.

1 소방 서비스의 투입 요소

소방 서비스와 관련된 예산을 편성할 경우 고려해야 할 세 가지 중요 요소는 1) 적절한 인력 수준, 2) 소방 활동의 위험성에 부합하는 보수의 산정, 3) 적절한 수량 및 종류의 소방 장비 확보 등이다.

이상의 요소들은 소방 활동의 결과가 아닌 소방 활동을 위한 투입 요소와 직접적으로 연관되어 있다. 그러나 많은 미국 내 도시들의 경우 위에 적은 세 가지 요소들이 종종 이슈가 되고 있는 점을 감안해 소방 서비스의 성과측정을 논의하기에 앞서 간략하게 짚고 넘어갈 필요가 있다.

1) 인력 수준

미국 NFPA(National Fire Protection Association)에 의해 집계된 소방 인력 수준에 관한 통계는 <표 8-21>과 같으며, 도시의 규모 및 소방관의 주당 근무시간별로 인구 1,000명당 정규 소방관의 수를 보여 준다. 때때로 인구 대비 소방관의 수가 하나의 기준으로 제시되고 있기도 하지만, 이러한 비율은 각 도시의 다양한 특성들, 예를 들면 도시가 위치한 지역이나 인구밀도 및 화재 위험성에 영향을 주는 다양한 지역적 특성을 고려해서 평가해야 한다.

〈표 8-21〉 주당 근무 시간 및 인구 규모별 주민 1,000명당 정규 소방관 수(1989~1991년)

인구 규모	주민 1,000명당 정규 소방관 수					
	소방관 수			주당 근무 시간		
	최소	중위수	최대	40~45시간	46~51시간	52~60시간
1,000,000명 이상	0.79	1.11	1.75	1.48	1.38	1.07
500,000~999,999	0.83	1.66	2.82	2.27a	1.73a	1.35a
250,000~499,999	0.61	1.32	2.63			
100,000~249,999	0.38	1.35	3.12	2.41	1.56	1.33
50,000~99,999	0.00	1.25	3.32	2.13	1.83	1.43
25,000~49,999	0.00	1.21	3.29	2.22	1.61	1.48

주: 이 수치는 인구 250,000~999,999까지의 도시를 나타냄.

2) 업무의 위험성

한국에서는 최근에야 관심이 고조되고 있지만, 미국에서는 일찍부터 소방관의 보수를 인상해야 한다고 주장하는 사람들을 중심으로 소방 업무의 위험성이 거론되고 있는데, 그들에 의하면 소방관이 미국에서 가장 위험한 직업이라고 주장한다. 그러나 실제 단위 종사자당 사망률을 보면 미국 내 1

차 산업(임업, 농업, 및 수산업 등)에 종사하는 사람 100,000명당 사망자가 44명인데 반해 소방관의 사망률은 13.8명으로 나타나 그다지 사망률이 높지 않다. 그러나 이러한 통계치에도 불구하고 미국 소방관의 안전훈련 및 안전장치 등을 감안한다면 소방 업무가 부상이나 사망의 위험성이 높은 어려운 일이라는 것에 대해서는 이론의 여지가 없다.

그러나 소방 업무의 위험성을 과장하는 주장에 대처하기 위해서 소방관의 부상이나 사망에 관한 통계를 숙지하고 이를 전국적인 관점에서 바라볼 필요가 있다. 만약 자기 지역의 사상 건수가 전국적인 기준에 비추어서 높은 수준을 보일 경우, 소방관에 대한 교육이나 체력 단련, 기타 화재 현장에서의 진압 절차 등에 관해서 재검토할 필요가 있다.

한편, <표 8-22>에 나타난 바와 같이 화재 진압시 사망하는 소방관의 비율은 전체 소방관 사망 건수의 절반에 불과하다. 나머지 절반은 화재 현장으로 출동하는 도중이나 화재 진압 후 귀환하는 도중, 혹은 훈련을 받거나 기타 업무에 종사하는 도중에 발생한다. 소방관의 사망률은 소방관의 연령이 높아짐에 따라 증가하는 경향이 있다. 40대 소방관의 사망률이 10,000명당 1명 이하이고, 50대 소방관의 사망률이 2.6명인데 반해, 60대 이상의 소방관은 그 비율이 4.7명에 이른다.

〈표 8-22〉 업무 유형별 미국 내 소방관 사망자 수(1989년)

원 인	사망자 수	비 율
소방 활동	58명	50.0%
소방 활동과 관련 없는 사고	6명	5.2%
경보에 대한 대응 및 귀환	28명	24.1%
기타 업무	12명	10.3%
교육	12명	10.3%

3) 장비 확보

소방 관련 주요 장비들은 그 가격이 매우 비싸다. 두말 할 나위 없이 적절한 소방장비를 갖추지 않으면 소방 업무에 막대한 지장을 초래하게 된다. 하지만 소방관서가 구비하기를 원하는 첨단장비를 모두 구입할 수 있을 정도로 재정적인 여유를 가지고 있는 도시들은 그다지 많지 않다. 따라서 각 도시들은 소방관서의 요구와 재정의 형편을 고려해 적절한 타협점을 찾아야 하며, 다양한 규모의 도시들이 어떠한 장비를 갖추고 있는지 파악할 필요가 있다.

미국의 대도시들은 소도시들에 비해 다량의 펌프차와 고공 장비를 보유하고 많은 수의 소방서를 운영하고 있지만, 인구 1,000명당 이들의 비율은 그다지 높지 않다. 도시의 규모별로 상당한 차이가 있지만, 미국 전국 평균으로 인구 3,700명당 1펌프차, 인구 35,700명당 1고공장비, 그리고 인구 5,400명당 1소방서를 평균적으로 보유하고 있다.

2 소방 활동의 성과지표

소방 인력 수준이나 소방관의 사상 건수 그리고 장비 및 소방서의 보유율 등에 관한 통계는 예산이나 소방관의 보수를 책정하는 데는 도움이 되지만, 이러한 수치가 성과의 척도를 나타내는 것은 아니다.

성과의 척도는 각 지역이 제공하는 소방 서비스를 다른 지역과 비교함으로써 측정할 수 있다. 업무량 지표도 성과측정을 위해 유용하기는 하지만 이러한 지표들은 무엇을 했느냐만 보여 줄 뿐 어느 정도 능률적으로 했으며 과연 의도한 결과를 가져왔는지에 대해서는 측정할 수 없다. 따라서 성과측정은 단순한 업무량 지표 외에 능률성 및 효과성을 평가할 수 있는 지표들을 포함하는 것이 이상적이다.

미국의 저명한 도시문제 연구기관인 도시연구소(Urban Institute)의 하트리(H. Hatry) 등은 소방 업무의 효과성을 측정하기 위한 다양한 지표들은 제시하고 있는데 그 내용은 <표 8-23>과 같다. 이러한 지표들은 화재 예방을 비롯해서 화재 진압 및 그 이외 다양한 측면의 소방 서비스에 관한 성과를 측정하기 위한 것으로, 우리의 광역자치단체별로 구성된 소방 체제의 효과성 측정에 응용해 볼 만하다.

〈표 8-23〉 미국 도시정부 소방 활동의 효과성 지표

전반적인 목표: 화재 발생을 예방하고 화재 발생시 피해를 최소화하여 인명 및 재산상의 피해를 최소화하고자 함.

목표	구 분	지 표	자료 수집
전반적 피해의 최소화	민간인 사상자	· 인구 100,000명당 민간인 사상자 수 및 사상률	사고 보고서 및 센서스
	소방관 사상자	· 소방관 100명당 또는 화재 1,000건당 소방관 사상자 수	사상자 보고서
	재산 손실액	· 재산 1,000달러당 또는 인구 100,000명당 화재로 인한 재산 손실액	소방서나 보험회사의 추정
화재 예방	화재 신고 건수	· 인구 1,000명당 신고된 화재 건수(전체 및 점유 형태별)	사고 보고서
	건물 화재 신고 건수	· 건물 1,000개당 건물 화재 건수(점유 형태별 및 화재 규모별)	사고 보고서, 계획부서 기록
	신고 및 미신고된 것을 포함한 건물 화재 발생률	· 1,000 가구(혹은 사업자)당 신고 및 미신고된 건물화재 발생 건수	가구 및 상업 활동 조사
	화재 예방 능력	· 점검과 사전교육을 통해 예방할 수 있었던 화재 비율	사고 보고서
	점검 효과성	· 점검을 거친 곳에서의 화재와 그렇지 않은 곳에서의 화재 발생비	사고 보고서와 결부된 화재 점검 기록
	방화 예방 능력	· 인구 1,000당 방화 혐의가 있는 화재 건수	사고 보고서 및 방화와 관련된 경찰 및 법원 기록
	화재 관련 범죄자 검거 능력	· 방화 혐의자의 유죄 확정률	경찰 체포기록 및 소방서 사건 기록과 결부된 화재 사고 및 점검 기록
	미성년자 상습 방화율	· 방화로 인해 교화 프로그램에 보낸 미성년자가 2년 내 다시 방화한 비율	미성년자 교화 프로그램의 기록
	점검 실시율	· x개월 내에 점검된 비율 점검 기록	점검 기록
	점검 결과에 의한 시정 비율	· x일 내에 벌칙의 부과나 위험물의 제거에 따라 시정된 비율	점검 기록
	화재경보기 및 스프링클러 이용·유지 상태	· 스프링클러나 정상적인 화재경보기를 갖춘 가정 및 사업장의 비율	가구조사 및 점검 기록
	화재 예방교육 실시	· 화재 예방교육을 받은 시민의 비율	가구조사 및 공공교육기관
화재 진압	소방대가 출동한 화재의 재산 피해액	· 소방대 도착시 화재의 규모 및 점유 형태별 화재당 평균 손실액	소방대 도착시 화재 규모를 추정한 사고 보고서
	소방대 도착 후 화재 확산 면적	· 소방대 도착 후 화재 면적의 확산이 x 평방피트 내로 억제되거나, 화염의 정도가 x 단계 내로 진화된 화재의 건수나 비율	소방대 도착시 화재 규모를 추정한 사고 보고서
	화재 진화 소요 시간	· 화재 진압 및 진화에 소요된 시간	사고 보고서 및 출동본부 기록

	소방 서비스의 신속성	·x분 이하(혹은 이상)에 대응한 비율이나 평균 대응 소요 시간	사고 보고서 및 출동본부 기록
	구조의 효과성	·구조된 인원 수 대비 사상자 수 사고보고서	사고 보고서
	경보 오작동	·경보 오작동의 수	사고 보고서
전반적 목표	시민 만족도	·소방 서비스를 만족스럽게 여기는 주민의 비율	가구 및 고객조사

3 화재 발생률 및 경보 오작동률

소방 업무의 성격을 단순히 관할구역 내에 화재가 발생할 경우 이를 진압하는 것으로 보는 좁은 시각이 있는 반면, 인명 및 재산상의 손실을 최소화하고 화재를 미연에 방지하는 역할을 담당해야 한다고 생각하는 넓은 관점이 있다. 이와 같은 광의적 시각을 견지하고 있는 미국의 지방정부 소방관서는 적극적인 화재 예방 점검을 통해 화재 발생의 빈도 및 수준을 완화하려는 노력을 기울이고 있다. 이러한 노력은 NFPA의 연구에 의해 그 효과성이 입증되었는데, 매년 거의 모든 공공건물에 대해 화재 예방 점검을 실시한 지역에서는 그렇지 않은 지역과 비교해 화재 발생률이 절반에 불과했다.

〈표 8-24〉 화재 발생률: 미국 주요 사례 도시

구조물 1,000개당 화재 발생 비율 오리건 주 그레셤(Gresham) 시 목표: 주택-0.65% 상업용 건물-0.55% 조지아 주 사바나(Savannah) 시 실제: 주택-0.90%(1993) 인구 1,000명당 구조물의 화재 건수 캘리포니아 주 서니베일(Sunnyvale) 시 목표: 1.43(1990) 캘리포니아 주 새크라멘토(Sacramento) 시 실제: 1.6(1992) 워싱턴 주 시애틀(Seattle) 시 실제: 1.8(1991)	인구 1,000명당 화재 건수 아이오와 주 아이오와 시티 실제: 6.8(1990); 4.1(1991) 아칸소 주 페이어트빌(Fayetteville) 시 실제: 4.7(1991) 애리조나 주 챈들러(Chandler) 시 실제: 5.74(1991) 오하이오 주 포틀랜드(Portland)시 실제: 7.8(1989); 7.0(1990); 6.4(1991); 4.1 (1991) 오하이오 주 신시내티(Cincinnati) 시 실제: 9.15(1987); 10.05(1988); 8.5(1989); 7.2(1990); 7.8(1991)

소방 업무를 넓은 시각에서 바라보고 적극적으로 수행하는 소방관서는 화재 발생시 이를 즉시 진압할 뿐만 아니라, 화재 예방에도 심혈을 기울이고 있다. 화재 발생률은 이러한 화재 예방 노력의 성공 정도를 가늠하는 지표로 사용되며, <표 8-24>는 미국 내 주요 사례 도시들의 화재 발생률을 보여 준다.

한편, 한국에서는 장난 전화나 착오로 인한 화재 신고가 상당히 심각한 문제가 되고 있지만, 미국에서도 다양한 이유로 화재가 발생한 것이 아님에도 불구하고 경보가 작동되고 있다. 미국 내에서는 전국 평균으로 소방관서가 접수한 긴급 전화의 약 10%가 경보의 오작동에 의한 것이라고 한다.

4 화재 대응 소요 시간

화재 현장에서의 진압 능력이 중요하지만 신속한 대응 또한 효과적인 화재 진압과 인명 구조시에 매우 중요하다. 즉, 대응이 신속하면 신속할수록 재산 및 인명의 손실은 줄어든다고 할 수 있다.

대응 시간은 두 부분으로 구성된다. 하나는 긴급 전화의 접수 후 소방대의 출동에 소요되는 시간이고, 다른 하나는 출동 후 화재 현장에 도착하는 데 소요되는 시간이다. 대응 시간을 줄이기 위해 두 번째 부분을 단축하기 위한 노력은 그다지 바람직하지 않다. 소방차를 과속으로 운전하게 되면 소방관이나 일반 운전자 및 보행자에게 필요 이상의 위험 부담을 줄 수 있다. 따라서 소방대의 출동 준비 시간을 줄이거나 소방서의 위치를 적절히 선정해서 대응 시간의 첫째 부분을 줄이도록 노력하는 것이 바람직하다.

LCC(League of California Cities)는 긴급 업무를 담당하고 있는 부서의 대응 시간을 5분 이내로 하고 있으며, 펜실베이니아에서는 8분 이내의 대응을 기준으로 삼고 있다. 한편, 미국 내 도시들의 화재 대응 시간을 보면 4분이 평균 대응 시간의 중위수이다. 평균 대응 시간이 3분 이하인 도시들도 몇몇 있기는 하지만 대부분의 도시들의 경우 화재 대응에 평균 3~6분이 소요된다.

5 화재 진압 및 화재 발생 기록 작성

소방관과 소방장비가 화재 진압에 필요한 중요한 요소임에는 틀림없지만, 화재 진압을 효과적으로 하기 위해서는 이들 자원이 긴급 상황 하에서 적절히 쓰여야만 한다. 화재 진압의 효과성을 측정하기 위해서는 <표 8-25>와 같이 화재 확산의 방지와 화재 진압에 소요되는 시간을 주요한 측정 지표로 사용하고 있다.

〈표 8-25〉 화재 진압: 미국 주요 도시의 성과 및 실제

화재 확산 방지	
코발리스(Corvallis) 시 (오리건 주)	목표: 화재 현장 도착시 진행된 수준 이내로 구조물 및 건물의 화재를 억제 실제: 95%(1991); 100%(1992)
오크리지(Oak Ridge) 시 (테네시 주)	실제: 화재가 최초로 발생한 공간 이내로 건물 화재의 확산을 방지한 비율-89%(1991); 98%(1992)
위치타(Wichita) 시 (캔자스 주)	실제: 화재가 최초로 발생한 공간 이내로 건물 화재의 확산을 방지한 비율-92%(1990); 91%(1991)
전국 통계	실제: 구조물 화재 건수의 73%-화재가 발화한 공간 이내로 억제; 4.4%-발화한 층 이내로 억제; 22.6%-발화한 층(floor) 이상으로 확산(1983-1987)
화재 진압 소요 시간	
오크리지(Oak Ridge) 시 (테네시 주)	실제: 화재 현장 도착 후 진압 소요 시간-평균 2.9분(1991), 평균 2.4분(1992)
알렉산드리아(Alexandria) 시 (버지니아 주)	실제: 화재 현장에서의 체류 시간-15.9분(1989), 16.6분(1990), 16.7분(1991), 16,7분(1992), 16.5분(1993)
산 호세(San Jose) 시 (캘리포니아 주)	목표: 긴급 화재 건수의 최소 75%를 현장 도착 후 15분 내에 진압; 최소 95%를 1시간 내에 진압 실제: 15분 내 75% 진압; 1시간 내 97% 진압(1989)

미국 내 도시지역 지방정부의 소방 부서는 그들의 기본적인 임무 외에도 다양한 업무를 수행하는데, 그 중 하나가 화재 발생에 관한 기록을 유지하

는 것이다. 모든 소방 부서는 이러한 기록을 하고 있지만 많은 경우에 화재 분석에 필요한 필수적인 요소들조차 누락하고 있다. 화재 발생과 관련된 기록은 최소한 다음 여덟 가지를 포함해야 한다.

① 출동 시간
② 화재 발생 주소
③ 출동 소방대의 소속 및 출동 시간
④ 화재 현장 도착 시간
⑤ 화재 현장으로부터 귀환한 시간
⑥ 무선 통신 교신 내역
⑦ 전화 통화 내역
⑧ 화재 현장에서의 주요 사건 발생 시간

6 시사점

이상에서 우리는 미국의 주요 도시 정부의 화재 진압 및 예방과 관련한 성과 지표들을 살펴보았는 바, 특별히 주목할 필요가 있는 것은 소방 업무의 위험성에 대한 인식이다. 사실 이것은 소방 서비스의 업무 성과에 관한 직접적인 척도가 되지는 못하지만, 우리의 경우 소방 업무 중 안전 사고에 대한 일반의 인식 수준이 지나치게 낮기 때문에 이 기회를 통해 주의를 환기하고자 함이다.

우리나라는 소방 업무가 광역자치단체를 중심으로 이루어지고 있는 광역소방 체제를 견지하고 있다. 지방자치단체의 열악한 재정자립도는 고가의 장비 구입 등 투입 요소를 중심으로 소방 서비스를 개선하고자 하는 데는 큰 장애가 되고 있다. 소방 서비스 개선을 위한 재원의 조달 등과 같은 투입 요소도 한층 강화될 필요가 있지만, 좀더 근본적인 문제는 각 자치단체별로 한정된 자원으로라도 최대한 서비스의 생산성을 높이고자 하는 참다운 의미의 행정의 경영화 노력이 아닌가 한다. 이러한 측면에서 소방 서비스와 관련해 선진 지방자치단체의 사례를 벤치마킹하는 것은 우리나라 소방 서비스의 질적 여건을 개선하는 데 크게 도움이 될 것이다. 한편, 여기서는 화재 진압시 절대적으로 의존할 수밖에 없는 화재용 급수전의 설치 및 유지에 대해서 다루지 않고 있는데, 이는 상수도 관련 부서에서 다루고 있다(최병대 외 편역, 1999: 27).

제5절 재정 분야

1 개 요

지방자치 발전의 관건은 바로 자치단체의 건전한 재정력의 확보에 있다. 지방재정을 분석하고 진단을 실시하는 것은 이를 통해 지방재정의 건전성과 효율성을 확인하고, 만약 건전성과 효율성이 떨어질 경우 재정 상태에 따라 대책을 강구해 지방재정의 파행적 운영을 방지함과 아울러 재정 위기 발생을 사전에 예방하고자 하는 데 있다. 우리나라 지방재정법 제118조에서는 모든 지방자치단체는 지방재정보고서를 작성해 행정자치부에 제출하도록 하고 있다. 이 보고서의 분석 결과 재정의 건전성과 효율성이 현저히 떨어지는 지방자치단체에 대해서는 현지 정밀진단을 실시하도록 하고 있다. 또한 진단 결과를 공개하도록 하여 불건전 단체에 대해서는 지방재정 건전화계획을 수립하도록 하고 행정자치부가 특별 지도 및 관리하도록 하고 있다.

현재 우리나라는 다음과 같은 경우 재정진단 실시 대상 단체로 설정하고 있다. 1) 세입예산상 채무 비율이 세입예산의 일정 비율을 초과하거나 채무 잔액이 과다한 지방자치단체, 2) 결산상 세입 실적이 예산액보다 현저히 감소한 지방자치단체, 3) 인건비 등 경상비 성격의 예산 비율이 현저히 높아 재정 운영의 건전성이 현저히 떨어지는 지방자치단체, 4) 행정자치부 장관이 재정보고서의 분석 결과 재정진단이 필요하다고 인정되는 지방자치단체 등이다.

이와같이 지방재정의 건전한 운용을 위해 점검 활동을 게을리하지 않도록 하고 있는데, 여기서는 우리나라의 건전한 지방정부의 재정 운용을 하는 데 유용한 참고가 될 수 있다는 측면에서 미국 주요 지방자치단체(도시)들의 재정분석 및 재정진단 사례를 중심으로 살펴보고자 한다.

2 도시재정 건전성의 평가

미국 지방자치단체들의 도시 재정을 평가하기 위한 가장 손쉬운 방법은 도시재정의 건전성을 살펴보는 것이다. 재정건전성의 평가 방법 중 비교적 신속하고 간단해 보편적으로 쓰이는 방법이 바로 각 도시에서 발행한 지방채의 신용 등급을 이용하는 것이며, 그 밖에도 재무관리의 세부적인 측면을 고려해 평가하는 방법을 사용하기도 한다.

1) 지방채의 신용평가

일반적으로 새로운 시설에 대한 투자나 기존 시설의 개량을 위해서는 지방채를 발행해서 그 재원을 조달한다. 지방채는 세 가지로 분류할 수 있다. 첫째, 도로나 공원의 조성과 같은 도시의 전통적인 기능의 수행을 위해서는 일반채(general obligation bond)를 발행한다. 이러한 기능들은 특별한 수입이 발생하지 않으므로 조세권을 그 원리금 상환을 위한 담보로 제공한다.

둘째, 공항이나 상수도 처리시설과 같이 수입이 발생하는 사업은 그 수익금으로 원리금을 상환하는 수익채(revenue bond)를 발행한다.

셋째, 산업개발채(industrial development bond)를 발행하기도 한다.

각 도시에서 발행한 지방채의 신용도는 무디스(Moody's)나 스탠더드 앤드 푸어스(Standard & Poor's)와 같은 신용평가기관에서 등급을 정하며, 이러한 신용 등급이 도시정부 재정의 건전성을 나타낸다. 스탠더드 앤드 푸어스의 경우 일반채의 신용도는 다음의 네 가지 요소를 고려해 결정한다.

첫째, 고용 현황, 조세수입, 인구 구성(연령 분포, 교육 수준, 소득 수준, 기술 수준 등) 등 지역경제 기반을 고려한다.

둘째, 회계 절차, 수입 및 지출의 구조 및 유형, 예산의 운용, 재정의 탄력성, 예산 및 재정계획, 연금 등 재정상 압박 요인 등 재정 운용의 결과를 고려한다.

셋째, 부채율을 고려한다.

넷째, 재정 운용의 자율성, 주요 지방공무원의 배경이나 경력, 지방선거의 빈도 등을 고려한다.

한편 무디스와 스탠더드 앤드 푸어스의 신용 등급 표시는 약간 다르지만, 일반적으로 <표 8-26>에 나타난 바와 같이 서로 호환성이 있다. 스탠더드 앤드 푸어스의 경우 BBB 이상의 등급은 투자 등급(investment grade)이며, BB 등급 이하는 투기성을 내포하고 있는 등급(speculative grade)이다. 또한 스탠더드 앤드 푸어스는 조기 재정경보 지침(Early Warning Guidelines)을 작성해 사용하고 있으며, 그 내용은 <표 8-26>과 같다.

〈표 8-26〉 무디스와 스탠더드 앤드 푸어스의 지방채 신용평가 등급

평가 등급		설 명
무디스	스탠더드 앤드 푸어스	
Aaa	AAA	최상등급: 원리금 상환 능력이 극히 높음.
Aa	AA	상등급: 원리금 상환 능력이 매우 높음.
A	A	중상등급: 원리금 상환 능력이 높음.
Baa	BBB	중등급: 원리금 상환 능력이 적절함.
Ba와 그 이하	BB와 그 이하	투기등급: 원리금 상환 능력이 낮음.

출처: City of Fort Collins(Colorado), *1993 Annual Budget: Volume 1. Budget Overview*, p. 95.

주: 무디스는 각 등급에 '1'을 첨가해 같은 등급 내에서의 차이를 나타낸다. 예를 들면, A1이나 Aa1은 A나 Aa보다 약간 등급이 높다. 스탠더드 앤드 푸어스는 '+'나 '-'를 붙여 같은 등급 내에서의 약간의 차이를 표시한다. 예로 AA-나 A+는 A보다는 약간 높고 AA보다는 약간 낮은 등급이다.

<표 8-27>은 스탠더드 앤드 푸어스에 의해 개발된 조기 재정경보 지침(early warning guidelines)으로서 지방채의 신용 등급을 평가할 때 고려되는 변수들을 나타내고 있다. 이들은 경상 적자, 과거 5년간 2년 이상 일반회계 적자, 재산세 징수율이 92% 이하, 순부채 비율의 증가 정도, 세수입의 감소 추세 등 15개의 항목에 이르고 있다. 최근에는 이와 같은 재정지표 외에도 사회·경제적 요인들이 신용평가시에 추가되는 경향을 보여 준다.

〈표 8-27〉 조기 재정경보 지침: 지방채 등급 평가시 고려 사항

재정경보
- 금년도 경상적자
- 2년 연속 경상적자
- 지난 5년간 2년 이상 일반회계 적자
- 회계연도 말 공채수입 기대채(Bond Anticipation Notes)를 제외한 단기 부채액이 경상수입액의 5% 이상
- 단기채의 이자와 금년도 부채 원리금 상환액이 전체 수입액의 20% 이상
- 재산세 징수율 92% 이하
- 시장가치의 하락(3년 추이 중 2년 연속)
- 4년 전과 비교해서 순부채율이 50% 이상 증가
- 금년 경상적자액이 작년 적자액보다 증가
- 금년도의 일반회계 적자
- 회계연도 말 단기 부채액이 2년 이상 증가 추세
- 재산세입이 조세한계액(tax limit)의 90% 이상
- 순부채액이 부채한계액(debt limit)의 90% 이상
- 3년 추이 중 2년 연속 세수입 감소 추이
- 전년도와 비교해서 순부채율이 20% 이상 증가

2) ICMA의 재정 추이 감시 체제

ICMA(International City/County Management Association)는 1980년에 재정 추이 감시 체제(Financial Trend Monitoring System)에 관한 일련의 지침서들을 간행했다. 이 시스템은 <표 8-28>에 포함된 36개의 지표를 사용한다. 각 지표들의 최소 기준은 제시하지 않고 있지만, 위험 추세를 찾아내 분석할 것을 제안하고 있다. 신용평가기관이 사용하는 평가 기준의 일례를 살펴보면, 재산세의 미징수율이 5~8% 이상일 경우와 미징수율이 2년 연속 증가할 경우 위험 요소로 간주하고 있다.

신용평가기관은 당해 연도의 경상적자는 재원 조달 및 적자의 원인 등을 분석해 위험 요소로 평가하지만, 다음의 경우는 위험 요소로 간주한다. 즉 2년 연속 경상적자인 경우와 당해 연도의 경상적자가 전년도의 경상적자보다 증가한 경우가 그것이다. 또한 회계연도 말 공채수입 기대채(Bond Anticipation Notes)를 제외한 단기 부채액이 경상수입액의 5% 이상이거나, 회계연도 말 단기 부채액이 2년 이상 증가 추세를 보이는 경우 위험 요소로 간주한다.

〈표 8-28〉 재정 추이 감시 지표

지 표	공 식
1. 1인당 수입액	순경상수입액/인구 수
2. 제약된 수입 비율(restricted revenues)	제약된 경상수입액/순경상수입액
3. 정부간 수입 비율	정부간 경상수입액/총경상수입액
4. 탄력조세 수입 비율	탄력경상수입액/순경상수입액
5. 1회성 수입 비율(one-time revenues)	일시수입액/순경상수입액
6. 재산세 수입	총재산세입액
7. 재산세 징수 비율	미징수된 재산세액/순재산세 부과액
8. 사용료 및 수수료 비용보전 비율	사용료 및 수수료 수입액/관련된 서비스 지출액
9. 수입 부족 비율	경상예산과 실제 경상수입의 차이/순경상수입
10. 1인당 지출액	순경상지출액/인구 수
11. 1인당 공무원 수	총지방공무원수/인구 수
12. 경직성 비용 비율	경직성 비용액/순경상지출
13. 기관부담비 비율 (fringe benefits: 급여 외에 보험 등의 기관 부담)	기관부담비 지출액/총급여액
14. 경상수지 비율	일반회계 경상적자액/순경상수입액
15. 공기업 손실	공기업의 순익이나 손실액
16. 일반회계 수지	일반회계 자금 수지/순경상 수입
17. 유동성	현금보유액과 단기투자액/현재부채액
18. 현재부채 비율	현재부채액/순경상수입
19. 장기부채 비율	순장기부채/평가가치액
20. 부채비용 비율	순부채비용액/순경상수입
21. 중첩된 부채 비율(overlapping debt)	중첩된 장기부채액/평가가치액
22. 연금부채 비율	연금지불비용액/평가가치액
23. 연금자산 비율	연금자산액/연금지출액
24. 공무원 연·월차	사용하지 않은 총 연·월차 일수/공무원 수
25. 관리 유지 노력	일반고정자산의 유지·보수비용액/자산가치액
26. 자본지출 수준	경상 계정으로부터의 자본 지출/순경상지출
27. 감가상각	감가상각비용액/고정자산의 상각 비용
28. 인구	총인구 수
29. 중위연령(median age)	인구의 중위 연령
30. 1인당 개인 소득	총개인소득액/인구 수
31. 빈곤가구 비율 및 공적 부조 수혜 비율	빈곤하거나 공적 부조를 받는 가구 수/총가구 수(천 단위)
	현재산가치액/전년도 재산가치액
32. 재산가치 변화율	주거재산의 시장가치액/총재산의 시장가치액
33. 주거 개발	주거점유율
34. 점유율	실업률, 총고용 수
35. 고용 기반	총소매업 매출액, 지역 총업체 수, 총업체 수입액
36. 상업 활동	상업건물의 가치, 개발된 상업 면적

출처: Groves, Godsey, & Shulman(1981: 12).

3) 재정건전성 평가를 위한 측정지표

재정건전성의 평가시 다음 세 가지 측면에 특히 유의해야 한다. 즉 자금 수지, 부채 및 공기업의 운영 현황이다. 자금 수지는 모든 수입 및 지출의 차이로 정의할 수 있으며 수지를 적절히 유지하면, 안정적인 운영자금을 확보하게 되고, 급격한 수입 감소나 예상치 않은 지출에 대비할 수 있고, 새로운 시설의 설치나 기존 시설의 개량을 위한 지방채의 발행을 피할 수 있으며, 지방채의 신용도 제고에도 도움을 준다.

그러나, 어느 정도의 자금 수지를 유지해야 하느냐에 대해서는 여러가지 의견이 있다. 신용평가기관들은 연간 수입액이나 지출액의 10%를 건전한 수준(healthy level)으로 보고 있으며, 다른 신용평가사들은 최소한 5%를 타당한 수준(prudent level)으로 간주한다. 한편 노스캐롤라이나 주 재무국 산하 Local Government Commission에 의하면 최소한 일반회계 지출의 8%를 확보하도록 권고하고 있다.

자금 수지의 적정 수준은 각 도시들이 처한 여건이나 재정 형편에 따라 다르므로 모든 도시에 대해 일률적으로 적용할 수는 없다. 예를 들면, 긴급 사태가 발생할 경우 이에 대처하기 위한 재정적 능력이 낮은 소규모 도시에서는 일반회계 지출의 50%나 그 이상의 자금을 확보해 놓기도 한다.

부채는 도시의 재정건전성을 보여 주는 또 다른 유용한 지표이다. 많은 도시들이 새로운 기반 시설 및 공공편익시설의 확충을 위해 기채를 통해 자금을 마련하고 있으나, 부채 수준이 너무 높게 되면 재정상 문제를 야기할 수 있다. 부채 수준의 적정성을 파악하기 위해서는 첫째로 재산평가 가치 대비 순부채액(net debt)을 살펴볼 필요가 있다. 순부채액이 평가 가치의 10%를 넘게 되면 위험 수준으로 봐야 한다. 둘째는 조세의 부과가 가능한 모든 재산의 시가 대비 직접 순부채액(direct net debt)의 수준을 검토해야 한다. 직접 순부채액은 일시차입금 및 수익에 의해 원리금이 상환되는 부채를 제외한 것으로서 조세에 의해 그 원리금이 상환되는 부채이다. <표 8-29>에 의하면 이 비율은 일반적으로 1~3%의 분포를 보이고 있다.

특히 오리건 주 포틀랜드(Portland) 시와 플로리다 주 라고(Largo) 시는 다음과 같은 경우 부채가 위험 수준에 이른 것으로 간주하고 있다. 즉 순부채가 평가가치의 10%를 넘을 때, 1인당 순부채가 1,200달러를 넘을 때, 시장가치로 평가해서 전년도 대비 순부채가 20% 이상 증가할 때, 시장 가치로 평가해서 4년 전 대비 순부채가 50% 이상 증가할 때, 1인당 순부채가 1인당 개인 소득의 15%를 초과할 때, 직접 순부채가 주법에 정해진 한도의 90% 이상일 경우 부채 수준이 위험한 것으로 간주하고 있다.

〈표 8-29〉 지방채와 조세 부과가 가능한 총재산의 시장 가치와의 비율

인구 수	조세 부과가 가능한 총재산의 시장 가치 대비 순지방채 비율(중위수)
500,000명 이상	2.2%
300,000-499,999명	2.0%
200,000-299,999명	2.7%
100,000-199,999명	1.4%
50,000-99,999명	1.5%
25,000-49,999명	1.4%
10,000-24,999명	1.3%
10,000명 이하	2.3%

출처: Moody's Publid Finance Department(1988: 9).
주: 특별구 및 다른 중첩된 지역의 지방채는 제외되었으며, 운영상 일시차입금과 지방공기업의 수입기대채도 제외되었다.

부채 수준이 높게 되면 그 원리금의 상환에 소요되는 비용이 커져 예산상 어려움을 겪게 된다. 신용평가기관들은 부채 상환 비용이 경상수입의 20%를 넘게 되면 잠재적인 위험 요소로 간주하며, 10% 정도가 적절한 것으로 보고 있다. 일반적으로 대부분의 도시에서 부채 상환 비용의 비중을 10~25% 이하로 제한하고 있는 것이 보편적이다.

공기업의 운영 현황은 도시의 재정건전성을 가늠할 수 있는 또 다른 지표이다. 도시의 재정을 평가하는 데 정부 소유 공기업의 운영 현황은 고려하지 않고, 일반회계상의 재정 운용만을 기초로 하게 되면, 도시의 전반적인 건전성의 평가에 오류를 범할 수가 있다. <표 8-30>은 지방공기업 운영의 전국적인 현황을 보여 준다. 각 도시들이 소유하는 공기업의 현재 운영 현황을 이 표와 비교하게 되면 그들이 처한 위치를 파악하는 데 도움이 될 것이다.

〈표 8-30〉 지방공기업의 재정 지표

구 분	지방공기업 중의 중위수					
	공항	전력 배전	전력 생산 및 송전	하수도	상수도	하수도 및 상수도
운영비 비율a	55.6%	488.5%	74.4%	60.6%	70.1%	63.7%
순익 비율b	51.3%	17.0%	27.8%	44.5%	34.0%	42.0%
이자 비율c	2.25	4.93	4.05	3.45	4.08	3.58
원리금 비율d	1.77	2.87	2.41	2.01	2.18	2.60
부채비용 마진e	25.3%	8.25%	17.4%	30.1%	23.6%	24.3%
부채 비율f	57.0%	39.8%	42.9%	22.1%	33.1%	20.5%

출처: Moody's Public Finance Department(1988: 10-12).
주: a. (운영 및 유지 비용/총경상수입) × 100
b. (순수입/총수입) × 100
c. 순수입/이자 비용
d. 순수입/이자 및 원금 상환 비용
e. [(순수입 - 이자 및 원금 상환 비용)/총수입] × 100
f. [순부채/(순고정자산 + 순운영자본)] × 100

3 재정수입 예측의 정확성

도시정부를 원활하게 운영하기 위해서는 수입 예측을 정확하게 하는 것은 필수적이다. 수입 예측은 가급적 실제 수입과의 오차가 적을수록 이상적이지만, 대부분의 도시들은 수입을 과소 평가하는 보수적인 접근법을 택하고 있다. <표 8-31>에 의하면 미국 주요 도시의 경우 오차가 3% 이내로

〈표 8-31〉 수입 예측의 정확성에 대한 기준

도 시	목 표	실 제
Oakland 시(캘리포니아 주) Duncalville 시(텍사스 주) St. Petersburg 시(플로리다 주) Savannah 시(조지아 주)	±2%	일반회계수입의 예측과 실제의 차가 0.7%(1992) 실제 수입이 예상 수입의 101%(1990) 실제 수입이 예상 수입의 100.2%(1990)
Portland 시(오리건 주)	±3%	일반회계 수입이 예상 수입의 102%(1988); 102%(1989); 103%(1990); 98%(1991)
Knoxville 시(테네시 주) Nashville-Davidson County (테네시 주)	±5%	일반회계 수입이 예상 수입의 104.7%(1989); 103.8%(1990); 101.8%(1991) 수입의 예측과 실제의 차가 3.4%(1991)

이들 도시들이 수입 예측을 비교적 정확하게 하고 있는 것으로 나타났다.

4 재무관리

재정 담당 부서는 수입 및 지출 행위를 비롯해서 재정 현황의 보고, 대금의 지급, 조세의 부과 및 징수, 현금 및 투자관리 등 도시의 재정과 관련된 많은 업무를 수행하고 있다. 이러한 다양한 업무의 성과를 측정하기 위해 제시된 기준들은 그다지 많지 않지만, 많은 도시들이 그들 나름대로 성과 목표를 정해 시행하고 있다.

대부분의 도시들은 <표 8-32>에서 나타나는 바와 같이 월별 재정보고서를 다음 달 중순 이전까지 발간하도록 하고 있으며, 몇몇 도시들은 연례회계감사 및 종합재정보고서의 발간을 회계연도 종료 후 5~6개월 이내에 완료할 것을 목표로 한다.

또한 대부분의 도시들은 재산세 징수율이 95% 이상인 것으로 나타나고 있

〈표 8-32〉 월별 재정보고서의 발행 기준

도 시	목 표	실 제
Raleigh 시(노스캐롤라이나 주) College Park 시(메릴랜드 주) Savannah 시(조지아 주)	보고 기간 종료 후 2일 내 다음 달 5일 이내 보고 기간 종료 후 6근무일 내	7일(1988) 8.5일(1989) 8일(1990) 7일(1991)
College Station 시(텍사스 주) Sunnyvale 시(캘리포니아 주) Houston 시(텍사스 주) Denton 시(텍사스 주) Greenville 시(사우스 캐롤라이나 주) Oakland 시(캘리포니아 주) Oak Ridge 시(테네시 주)	보고 기간 종료 후 8근무일 내 보고 기간 종료 후 8근무일 내 보고 기간 종료 후 10일 내 보고 기간 종료 후 9근무일 내 다음 달 10근무일 이내 다음 달 15일까지 현금관리보고 다음 달 15일까지	50%(1992년 추정) 100%(1992) 84%(1991) 67%(1992) 91%(1991) 100%(1990) 100%(1991)
Lubbock 시(텍사스 주) St. Petersburg 시(플로리다 주) Fayetteville 시(아칸소 주) Grants Pass 시(오리건 주) Shreveport 시(루이지애나 주)	다음 달 18일까지 보고 기간 종료 후 15근무일 내 월별 보고 25일 내; 분기별 보고 30일 내 보고 기간 종료 후 4주일 내	월별 보고 기간 종료 후 10근무일 내 -100%(1991): 중간 보고 기간 종료 후 4주 내-67%(1991)

〈표 8-33〉 조세징수율

도 시	조세징수율
College Park 시(메릴랜드 주)	실제: 재산세 부과의 99.62%(1991)
Iowa City 시(아이오와 주)	실제: 재산세 수입예측 대비 실제 수입: 99.4%(1989); 99.1%(1990)
Grand Junction 시(콜로라도 주)	실제: 재산세 부과의 96.67~99.67%(1982-1990); 98.6%(1991)
Saginaw 시(텍사스 주)	실제: 97.9%(1990); 98.2%(1991)
Irving 시(텍사스 주)	실제: 96.9~98.46%(1983-1990); 98.01%(1991)
Portsmouth 시(버지니아 주)	실제: 부동산세 부과의 95.8%(1991); 97.0%(1992); 97.7%(1993) 개인재산세 부과의 84.3%(1991); 85.8%(1992); 84.9%(1993)
Duncanville 시(텍사스 주)	실제: 97.5%(1990)
Richmond 시(버지니아 주)	실제: 부동산세 부과의 96.74%(1989); 97.46%(1990); 96.99%(1991); 97.50%(1992)
Denton 시(텍사스 주)	실제: 97.1%(1989); 96.6%(1990); 97.3%(1991)
Avon 시(코네티컷 주)	실제: 재산세 부과의 99.09%(1991)
Sioux Falls 시(사우스다코타 주)	실제: 재산세 부과의 96.8%(1990); 97.1%(1991)
Fort Worth 시(텍사스 주)	실제: 98%(1991); 97%(1992)
Shreveport 시(루이지애나 주)	실제: 재산세의 97%(1991)
College Station 시(텍사스 주)	실제: 재산세의 96.4%(1990); 95.8%(1991); 96.7%(1992)
New York 시(뉴욕 주)	실제: 재산세 부과의 96.2%
Boston 시(매사추세츠 주)	실제: 부동산세 및 개인재산세의 96%(1992)
Oak Ridge 시(테네시 주)	실제: 99%(1990); 93%(1991); 96%(1992)
League City 시(텍사스 주)	실제: 재산세의 최소 96%
Greenville 시(사우스캐롤라이나 주)	실제: 재산세의 93.8%(1989); 94.7%(1990)
Newburgh 시(뉴욕 주)	실제: 94.48%(1991)
Portland 시(오리건 주)	실제: 약 94%
Savannah 시(조지아 주)	목표: 재산세 부과의 최소 94%; 기타 조세(맥주, 와인, 양주, 호텔세)의 99% 실제: 91%, 995(1988); 94%, 99%(1989); 91%, 99% (1990); 94%, 99%(1991); 94%, 99%(1992년추정)
Rochester시(뉴욕 주)	실제: 92.9%(1992)
Newnan시(조지아 주)	실제: 재산세의 85.1~91.9%(1982-1991)

으며, 미징수된 재산세에 대해서는 상당한 징수 노력을 기울이고 있다. <표 8-33>에서 나타나는 바와 같이 칼리지 파크(College Park) 시, 아이오와 시티(Iowa City) 시, 오크리지(Oak Ridge) 시, 사배나(Savannah) 시의 경우 연도에 따라 다소 차이는 있지만 대체로 99% 이상의 징수율을 보여 준다.

현금관리를 적절하게 하기 위해서는 수입을 신속하게 입금해야 하며, 대금의 지급을 적시에 해야 한다(표 8-34 참조). 대금 지급의 적시성에 관해서는 두 가지 입장이 있다. 하나는 청구서 수령 후 2~3일 이내에 신속하게 지급할 것을 목표로 하는 것과, 다른 하나는 과태료를 물기 전까지 최대한 지급 시기를 늦춰 그동안 투자 수익을 올려야 한다는 입장이다. 전자의 경우에 해당하는 도시들은 오하이오 주의 어퍼 앨링턴(Upper Arlington) 시(2일), 캘리포니아 주의 오클랜드(Oakland) 시(3일), 텍사스 주의 포트 워TM(Fort Worth) 시와 덴턴(Denton) 시(5일) 등으로 이들 도시는 가능한 한 신속하게 지급하는 것을 원칙으로 하고 있다. 반면에 후자에 해당하는 도시들은 텍사스 주의 휴스턴(Houston) 시(45일), 오클랜드 주의 오클라호마 시티(Oklahoma City) 시(30일), 플로리다 주의 올랜도(Orlando) 시(30일), 조지아 주의 사바나(Savannah) 시(30일), 매사추세츠 주의 보스턴(Boston) 시(21일) 등으로 가능한 한 지급 시기를 늦추고 있다.

〈표 8-34〉 수입 입금의 신속성에 대한 기준

Raleigh 시(노스캐롤라이나 주)	실제: 전기, 가스, 수도 등 공공요금 수입의 당일 입금률 -79.8%(1991)
Tucson 시(애리조나 주)	목표: 당일 입금-최소 50%; 다음 날 아침 입금 -100%
Orlando 시(플로리다 주)	실제: 수령 후 1근무일 내 입금한 비율-100%(1991)
Reno 시(네바다 주)	실제: 수령 후 24시간 내 입금한 비율-99%(1990)
Savannah 시(조지아 주)	목표: 일반자금 및 상·하수도료의 최소한 90%를 1일 내 입금 실제: 1일 내 90%(1988~1991)
St. Petersburg 시(플로리다 주)	목표: 모든 수입의 신속한 입금 후 회계과에 다음 날 오후 4시까지 보고 실제: 1990년에 2일간 입금 시한을 초과

현금관리의 성과측정을 위한 두 가지 중요한 측면으로는 여유자금 투자의 극대화 및 현금관리 비용의 적절화를 들 수 있다. <표 8-35>에서 보이는 바와 같이 대체로 현금의 90% 이상을 적극적인 투자 활동에 활용하고 있다. 그 중에서 가장 적극적으로 현금을 관리하고 있는 도시는 뉴욕 주 로체스터(Rochester) 시, 산 호세(San Jose) 시 및 롱 비치(Long Beach) 시 등으로 현금의 99% 이상을 생산적으로 활용하고 있다.

현금관리의 목적 중 하나는 당장 필요하지 않은 여유자금을 투자해 수익을 올리는 데 있다. 이러한 투자 수익의 성과를 평가하기 위해 미국 재무성 증권(U.S. Treasury Bills)의 수익률이나 주 공동 투자 수익률 등과 각 도시의 투자 수익률을 비교해 현금의 활용 상태를 파악하고 있다.

〈표 8-35〉 주요 도시의 현금관리 기준

여유자금의 투자	현금관리 비용
Rochester 시(뉴욕 주) 실제: 투자된 현금의 비율- 99.87%(1991) Savannah 시(조지아 주) 실제: 투자액 대비 미투자된 현금의 비율 -0.12%(1989); 0.18%(1990); 0.17%(1991); 0.15%(1992년 추정) San Jose 시(캘리포니아 주) 실제: 투자된 현금의 비율- 99.6%(1989) Long Beach 시(캘리포니아 주) 목표: 모든 자금의 최소 99.5%를 투자 Sunnyvale 시(캘리포니아 주) 목표: 이용 가능한 자금의 99.5%를 투자 Auburn 시(앨라배마 주) 목표: 모든 여유자금의 98.5% 투자 Irving 시(텍사스 주) 목표: 투자되지 않은 현금의 비율-4.75% 실제: 4.89%(1991) New York 시(뉴욕 주) 실제: 투자된 자금의 비율-93.4%(1991); 89.1%(1992)	Corpus Christi 시(텍사스 주) 실제: 투자수익 천 달러당 관리비용- 0.024달러(1991) Fort Collins 시(콜로라도 주) 실제: 총투자액 대비 투자 프로그램 비용 비율- 0.06%(1991) Gresham 시(오리건 주) 목표: 현금관리비용(예: 인건비, 은행 수수료)이 투자자산 대비 0.25% 이하일 것

5 예 산

미국의 GFOA(Government Finance Officers Association)는 예산서의 작성과 관련된 기준들을 제시하며, 도시정부의 예산이 다음의 네 가지 측

〈표 8-36〉 GFOA가 제시한 표준예산 기준

정책 방향의 제시
- 장기적인 이슈에 관련된 조직 전반의 정책 및 재정 목표에 대한 일관성 있는 방침
- 차기 연도의 예산 작성과 관련한 단기적인 재정 운영 방침
- 조직 단위의 체계적인 목표 기술
- 차기 연도 예산에 관련된 정책 우선순위와 이슈에 대한 메시지
재정계획의 수립
- 지출 금액에 해당하는 모든 항목 망라
- 세부세입, 지출 항목을 망라하는 것과 별도로 조직의 재원을 전반적으로 살펴볼 수 있도록 주요 세원과 지출 항목에 대한 요약 기술
- 전년도와 금년도의 세입, 지출 상황 및 차기 연도의 예상을 포함
- 주요 세원에 대해 기술하고 조세수입 변화 추이 분석
- 지출할 수 있는 모든 자금의 수지 변화 포함
- 현재의 부채 상환 의무, 현재의 부채 수준과 법적 한도의 관계와 현재의 부채가 추후의 자금 운영에 미칠 영향 등에 대해 서술
- 모든 자금에 대한 예산서 작성 근거 또는 관련 규정에 대해 명시
운영지침의 제시
- 조직이 수행하는 활동, 서비스, 기능 등 기술
- 조직 단위 활동이나 프로그램 결과에 대한 객관적 평가 수단을 제시
- 조직 전체에 대한 헌장을 포함
- 전년도, 금년도, 차기 연도 예산담당자 및 직위에 관한 스케줄 및 요약도를 만들어 포함
의사 소통의 수단
- 주요 예산 관련 이슈, 추이, 재원 조달 방법 등에 대한 요약 정보 제공
- 예산이나 그 과정에 대한 기획의 예상 효과 포함
- 차기 회계연도의 예산서를 준비, 검토, 채택하는 과정 기술
- 도표, 그림표 따위를 사용하며 이를 찾기 쉽게 목차에서 정리
- 이해되기 어려운 용어에 대해서는 용어 설명란을 별도로 작성
- 조직이나 지역, 주민에 대한 통계 자료 또는 각종 보조 자료 및 서비스 관련 배경 정보 포함

면, 즉 '정책 방향의 제시', '재정계획의 수립', '운영지침의 제시', '의사소통의 수단'에서 우수하다고 인정될 경우 Distinguished Budget Presentation Awards를 수여한다.

GFOA는 예산서의 작성 방법이나 형식을 구체적으로 지정하고 있지는 않지만, 이상의 네 가지 기능을 예산서의 가장 중요한 역할로 여기고 있다. <표 8-36>은 각 기능별로 좀더 구체적인 기준들을 제시해 주고 있다.

6 시사점

지방자치단체의 재정력이 지방자치단체 발전의 성패를 가늠할 수 있는 척도라고 해도 과언이 아니다. 앞서 살펴본 바와 같이 미국의 지방자치단체들은 재정의 건전성을 분석하고 진단하기 위해 다양한 제도와 평가 기준 및 지표들을 활용하고 있다. 이들은 지방채에 대한 신용평가, ICMA가 발간한 재정 추이 감시 체제의 활용, 재정건전성 측정을 위한 평가지표로서 자금수지 및 부채 관리 실태, 공기업의 운영 현황, 재정수입 예측의 정확성에 대한 정도, 조세징수율, 현금관리 실태, 월별 및 연도별 회계감사보고서 및 종합재정보고서의 분석, 예산의 합리적인 운용 등이다.

지방자치단체의 재정 운용과 관련해 미국의 경우 우리나라와는 달리 기본적으로 지방자치단체의 자율성에 기초해 지방재정을 운용하도록 하고 있으며, 시장 메커니즘에 의해 통제될 수 있는 시스템에 토대를 두고 있는 특징을 지닌다. 이를테면, 지방자치단체가 발행하는 지방채에 대해 신용평가기관인 '무디스(Moody's)'나 '스탠더드 앤드 푸어스(Standard & Poor's)'가 지방자치단체마다 신용도를 평가해 등급을 매기며 이를 공표하고 있는 것이 좋은 예라 하겠다. 한편 해당 지방자치단체들은 외부 기관에 의한 신용등급이나 ICMA 등 유관 기관이 제시한 기준이나 지표들을 통해 항시 스스로를 진단해 볼 수 있도록 하여 재정 위기 상황을 사전에 예방할 수 있도록 하는 데 초점을 두고 있다.

반면에 아직까지 우리나라는 지방자치단체의 재정 운용에 대해 중앙정부가 상당한 통제를 가하고 있다. 특히 지방채와 관련해서는 사전에 행정자치부가 지방채 발행 계획 수립 지침을 시달하고 이에 의거해 지방자치단체는 지방채 발행계획을 수립해 행정자치부에 제출하도록 하고, 이를 관계 부처와의 협의 및 심사를 통해 승인하도록 하고 있다. 즉 재정 운용과 관련해 지방자치단체의 자율성이 상당히 제약되어 있는 실정이다. 이는 아직까지 지방자치에 대한 경험이 일천하고 사회의 신용평가 기능이 제대로 뿌리를 내리지 못하고 있는 환경적 요인과도 무관하지 안다고 판단된다. 그러나 앞으로는 점차 재정 운용의 자율성이 신장될 개연성이 높고 이와 더불어 우리나라의 지방자치단체들도 선진 외국이 사용하고 있는 재정분석 및 진단 기법이나 평가 지표들을 잘 활용할 수 있는 지혜를 배워야 할 필요가 있다.

제 6 절 지방정부의 행정 성과측정: 미국 미시간 주의 플린트 시와 펜실베이니아 주 지역계획위원회의 사례를 중심으로

1 배 경

지금까지는 지방정부가 제공하는 대중교통, 보건위생, 공원 및 레크리에이션, 소방, 재정 분야 등 각 분야별 성과측정을 중심으로 고찰했는데, 여기서는 지방정부의 종합행정적 특성을 감안해 종합적인 성과측정을 중심으로 살펴보기로 한다. 민선 자치단체장의 출범과 더불어 지방정부에도 성과 지향적 행정을 지향하고자 하는 노력이 경주되고 있다. 그러나 아직까지 의욕만 앞섰지 구체적으로 어떠한 부문에 어떠한 방법으로 대응해야 하는지에 대해서는 고민의 수준을 크게 벗어나지 못하고 있는 상황이다. 이에 지방자치의 역사가 깊을 뿐만 아니라 지방행정의 경영화를 제도화시켜 가고 있는 미국의 사례를 살펴봄은 적지 않은 의의가 있으리라 생각된다.

공공 부문의 효율적 관리(public management)와 민영화(privatization)

에 대한 논의는 1970년대 초 사바스(E. S. Savas)의 공공 서비스의 효율적인 관리 방안에 관한 발표 논문("Municipal Monopolies Versus Competition in Delivering Urban Services and The Civil Service: A Meritless System?")을 기점으로 하여 공공 부문의 효율성 제고 방안이 활발하게 논의되기 시작했다. 이후 미국에서는 정부의 효율성 증대 요구와 더불어 기업행정(business administration)에 대한 관심이 고조되기 시작했다. 이는 행정에서 기업행정에 초점은 둔 공공 부문의 효율적 관리와 민영화가 논의의 핵심이다.

이와 관련해 미국에서 전개되고 있는 세 가지 흐름을 주목할 필요가 있다.

첫째, 클린턴 행정부의 등장과 더불어 고어(Al Gore) 미국 부통령을 중심으로 한 태스크 포스(task force)가 발간한 NPR(National Performance Review)보고서이다. 이 보고서는 연방정부의 행정개혁 방안 및 정부의 경영화 문제를 중점적으로 다루고 있는데, 첫 단계로 「To Create Government that Costs Less and Works Better」(1993)라는 보고서를 제출·발간했다. 이 보고서는 현재의 관료 체제가 시대 상황에 적절하지 않다고 간주하고, 그 해결 방안으로 "기업가 정신을 발휘할 수 있는 조직 체제의 구축·운영"을 제시하고 있고 이를 달성할 수 있는 하위 목표로서 1) 관료적인 형식주의 제거, 2) 고객 중시, 3) 성과 향상을 위한 권한 위임, 4) 비용 절감의 극대화를 지향하며, 이를 위한 구체적인 대응 방안을 제시하고 있다.

둘째, 캘리포니아 및 오하이오 주의 지방정부에서 시정관리관(市政管理官, City Manager)을 역임한 게블러(Ted Gaebler)와 저명한 저널리스트인 오스본(David Osborne)이 저술한 『정부재창조(*Reinventing Government*)』(1992)이다. 이들은 자신들의 행정 경험 및 정당의 자문 활동 등을 토대로 하여 생산적인 정부 구축 방안을 다루고 있는데, 그 핵심은 기업가적 정부, 고객 지향적 정부, 분권적 정부가 바람직하며, 특히 앞으로 공공 부문에서도 기업 원리를 적극 도입해야 한다고 한다.

셋째, 연방정부 차원의 정부 효율성 증대 요구에 대응해 탄생한 NPR과는 달리 지방정부 차원에서의 생산적인 정부를 위한 윈터위원회(Winter

Commission)의 탄생이다. 이 위원회는 위원장인 윈터(William Winter)의 이름을 차용해 윈터위원회라 불리는데, 여기서는 주로 지방정부가 어떻게 하면 효율적으로 공공 서비스를 제공할 수 있을 것인가에 초점을 두고 있다. 윈터위원회은 뉴욕주립대학(State University of New York at Albany)의 Rockfeller College of Public Affairs에 사무국을 두고 있으며, 톰슨(Frank Thompson)이 사무국장을 맡고 있다. 여기에서는 효율적인 정부를 위한 방안을 제시하는 보고서를 발간했는데, 그 보고서의 부제를 "문제도 많고 선택도 어렵다(Hard Truths and Choices)"로 하여 지방정부의 경영 마인드 도입이 지난한 과제임을 암시하고 있다.

이와같이 연방정부건 지방정부건 간에 어떻게 하면 효과적으로 공공 부문의 성과를 측정할 것인가가 관건이다. 이를 위해 미국의 지방정부들은 그들이 제공하는 서비스에 대한 성과를 측정하는 경우가 일반적인데, 여기서는 미국 미시간 주의 플린트(Flint) 시와 펜실베이니아의 남서부 지역에서 지방정부가 제공하는 서비스에 대한 성과를 측정하는 지표를 중심으로 살펴보고자 한다.

2 플린트 시의 서비스 성과측정

플린트 시의 서비스 성과측정은 <표 8-37>에서 알 수 있듯이 사무, 인사, 재정 등과 같은 행정 내부보다는 주로 도시정부가 제공하는 삶의 질에 관련되는 서비스 수준을 평가하는 데 주안점을 두고 있다. 따라서, 플린트 시가 시민들에게 제공하는 다양한 생활 관련 서비스의 질을 시민의 시각에서 평가할 수 있도록 하고 있다. 아울러 시의 정책담당자들도 측정 결과를 토대로 당해 시정부의 삶의 질에 관련되는 서비스 제공 수준을 자체 진단할 수 있도록 하고 있다.

측정지표의 주요 항목은 적정한 생활 수준, 주택의 접근성, 도시의 물리적 환경, 주거 안정성, 주거 건강성, 법적 정의(正義), 교육 기회, 레저 기회, 교통의 적정성, 그리고 의사 결정에의 참여 기회를 포함한다. 각 항목은 다시 세부 측정 지표로 나뉘고 이를 계량화할 수 있도록 측정지표를 제시하

〈표 8-37〉 플린트 시의 측정지표

대분류	소분류	측정 방법
적정한 생활 수준	복지국가 기준 소득 이하인 가족의 비율	기준 소득 이상인 가정 수/ 기준 소득 이하인 가정 수 × 100%
	연방 기준 소득 이하인 가족의 비율	기준 소득 이상인 가정 수/ 기준 소득 이하인 가정 수 × 100%
적정한 주택으로의 접근 용이성	적정한 주택의 공급	무주택가구/ 총주택 수 * 100%
	혼잡의 정도	미국 기준인 1방당 1.01인의 기준 이상인 사람/ 기준 이하인 사람 × 100%
	경제적 장벽	최고 주택가격과 가구 소득의 25% 비교
	인종적 장벽	주거지의 분리 정도(흑인 거주 밀집 정도)
물리적 환경	대기오염	연방 대기 기준을 이용
	수질오염	미시간 수질 기준을 이용
	주거환경 관리	Echo 프로젝트 기준
	공원과 운동장	1,000명당 3.5에이커 기준/접근 용이성
	약국	시민의 일상적 이용에 충분한 수인가?
주거의 안정	총범죄 건수/유형	주요 범죄 연간 증가율 비교
	좀도둑	10만 명당 좀도둑 수
	교통사고	10만 명당 자동차 사고 사망아 수
주거의 건강	사망 나이	사망 평균 나이
	유아사망률	신생아 1,000명당 사망아 수
	어린이 예방접종	예방접종률
법적 정의	구속에서 재판까지 기간	구속에서 재판까지의 시간대별 비율
	인종에 의한 구속과 재판	유색인종 구속-재판까지의 시간 비교
교육의 기회	어린이 교육 지출	어린이 1인당 의무 교육에 드는 지출
	성인교육 수준	고등학교 졸업자의 비율
	대학	대학교 졸업자의 비율
	학교 자퇴율	학교 자퇴자 수의 비율
	학생 성과(성적)	표준학습 시험에서의 성적
레저 기회	공동체의 학습 참여	학교 프로그램에의 참여 정도
교통의 적정성	공원과 운동장	1,000명당 3.5에이커 기준/접근 용이성
	도로	도로의 연계율
	교통 안전	10만 명당 자동차 사고 사망자 수
	버스	거주지-주요 활동 지역과의 접근성
	공항시설	주요 항로의 빈도
결정 참여	선거 참여	공공 결정 과정(선거)에서의 참여 빈도

출처: Rapp & Patitucci(1977).

고 있다.

이와같이 플린트 시는 외부 환경평가와 계량지표라는 특징을 갖는다. 이러한 특성은 도시를 시장경제적 관점에서 보는 공공 선택적 시각에 입각하고 있음을 보여 준다. 즉, 각 지방정부는 재화와 서비스의 공급자로서 서로 경쟁 관계에 있고, 지방정부가 제공하는 재화와 서비스의 분배 메커니즘이 시장 원리에 의해 결정된다는 것이다. 이러한 관점에서 볼 때 "플린트 시는 우리가 거주 또는 사업을 하는 데 적절한가?"의 여부를 판단하는 유용한 판단 근거를 제공할 수 있다고 본다. 또한 정책담당자들은 서비스 측정 결과를 토대로 더 많은 납세원(시민과 기업)을 확보하기 위한 정책을 개발하는 방안을 강구하도록 한다.

3 남서부 펜실베이니아 지역계획위원회의 성과측정

미국 펜실베이니아 주의 남서부 펜실베이니아 지역계획위원회(South-western Pennsylvania Regional Planning Commission: SPRPC)는 소도시 지방정부가 관리 및 운영의 효율성에 관한 측정을 할 수 있도록 11개 분야에 관한 평가 기준을 제시하고 있다. 그 주요 내용은 <표 8-38>에서와 같이 각 분야별로 진단 항목을 설정하고 항목별 주요 기준에 의거해 이의 부합 여부를 점검함으로써 효율적인 지방정부 관리 및 운영 상태를 자체 측정할 수 있도록 하고 있으며, 주요 측정 항목은 다음과 같다.

- □ 일반관리 분야 □ 재무관리 □ 인사관리 □ 구매관리 □ 경찰
- □ 소방 □ 도시관리사업(가로, 도로, 쓰레기, 수도, 하수도)
- □ 토지이용 규제 □ 공원/여가시설 □ 위기관리 □ 응급의료 서비스

남서부 펜실베이니아에서 사용하고 있는 성과측정 지표의 특성을 살펴보면, 첫째로 여타 측정 지표와는 달리 효율적 지방정부 관리·운영의 기준을 설정해 놓고 이의 달성 여부를 측정하는 데 초점을 둔다.

둘째, 설정된 기준은 해당 기관이 달성해야 할 최소 기준이며, 모두가 비계량 지표로 구성되어 있다.

〈표 8-38〉 남서부 펜실베이니아 지역계획위원회의 성과측정 기준

구분: 부문	구분: 요인	측정 사항	측정 기준 설정 배경
일반 관리	관리 회합 (governing meeting)	- 입법 과정의 공개성	- 정부 신뢰 확보의 토대 - 시민 참여를 통한 공개 행정
		- 입법회의의 공식의제 준비 여부	- 책임 소재의 명확화
		- 대(對)시민 의제 공개 여부	- 공개 회합 이전에 시민에게 의제 공개 → 참석 중요성을 인지시킴.
		- 특정 의제 결정 이전에 시민들에게 의견 제시 기회 부여	- 시민 참여 제고
	전문 관리	- 행정/관리 책임이 국장 또는 실무관리자 권한위임 법규 여부	- 행정/관리의 전문성 증대 - 최고관리자는 목표 설정 및 정책 결정에 집중하도록 함.
		- 국·실장의 전문교육 여부	- 관리 능력 확보로 위임받은 책무 수행의 효과성 제고
		- 국·실장 보직의 실적 제도	- 보직의 정치성 배제
	지방정부 내부조직	- 각 위원회 조직/운영규칙	- 법규에 의한 조직 운영
		- 각 부서별 일상 사무절차 매뉴얼 수립 여부	- 원활한 업무 수행
인사 관리	선발 및 승진	- 공개성	- 인사 제도의 공정성과 실적주의 확립
		- 인사의 직무 관련성	
		- 실적주의 인사	- 행정의 전문화와 능률성 제고
		- 신규/승진시 수습 제도 및 공식적·정기적 평가	- 업무 수행 능력 제고
	보상 제도	- 민간 및 다른 자치단체와의 보상 경쟁성	- 업무 생산성 제고
	업무 수행 평가	- 평가계획안 작성에 피평가자의 참여	- 평가자와 피평가자 간의 상호 신뢰성 확보
		- 평가자의 평가 전문성	- 평가의 공평성, 효과성 제고
	직무교육	- 모든 공무원에 대한 직장 내외에서의 직무교육	- 직무생산성 제고
		- 직무교육 예산 확보	
		- 직무교육의 정기적 평가	
	인사 기록	- 응시, 고용, 직무 변동, 승진, 평가 등 종합적 인사 기록	

(표 8-38 계속)

구 분		측 정 사 항	측정 기준 설정 배경
부문	요인		
재무관리	재정 계획 및 과정	- 예산/재무관리의 전문성	- 적절한 예산/의사 결정
		- 예산의 종합성	- 정부의 모든 활동 반영 - 재정 건전도 점검
		- 예산 준비 과정에 공청회 포함	- 시민 신뢰 제고와 참여 증대
		- 세수 및 지출계획	- 수지 균형
	중기자본 투자계획	- 매년 중기(5년) 자본투자계획 수립	- 자본 투자의 우선순위 파악
		- 중기 자본투자계획에 대한 공청회	- 시민 이해 및 의견 반영
		- 부채 상환계획	- 자본 투자 부채 상환계획 수립
		- 설비/장비 유지 보수 계획	- 중기 지출계획 수립 용이
	징세	- 모든 조세수입의 징세 즉시 예금 여부	- 손실 방지 및 이자 수입 극대화
		- 납세자 명부 확보 절차	
		- 세금 정산에 대한 회계감사	
		- 조세 범죄에 대한 정기 검사	- 세수 확보
	회계	- 공식적 회계 제도와 전문성	- 회계 업무의 효율성 제고
		- 매월 실질 세입·세출과 예산의 비교/보고	- 정책결정자에게 정확한 결정 근거 제공
		- 내부통제 시스템	- 회계 안전성 및 책임 명확화
	감사	- 감사의 독립성과 전문성	- 감사의 공정성 확보
		- 감사관과 공무원과의 마감 회합 (exit conference)	- 감사 결과 토의를 통해 정확한 활동계획(action plans) 수립
현금관리	현금관리/투자	- 모든 세입의 투자계획 통합 여부	- 가용 현금 투자 촉진
		- 소액 현금 관리	- 소액 현금관리 계정

(표 8-38 계속)

구분		측정 사항	측정 기준 설정 배경
부문	요인		
구매관리	정책 및 절차	- 서비스/용역 구매 매뉴얼 여부	
		- 구매 매뉴얼 준수 여부	
	입찰 절차	- 구매 절차의 표준화	- 법규상의 입찰 구매 요건 준수
	비경쟁 입찰	- 비경쟁 입찰의 공식적 절차	- 비경쟁 입찰을 요하는 서비스/용역도 비교 구매로 가격/서비스의 질 경쟁성 제고
	입찰평가	- 최저 입찰자 과거 실적 평가	- 구매하는 서비스의 질 향상
	긴급 구매	- 긴급 구매 절차의 확보	- 긴급을 요할 경우의 긴급 구매
	구매통제 및 책임	- 구매자의 책임 규제	- 구매 활동의 책임성 확보 및 고위직의 구매 간섭 배제
	정부간 구매	- 정부간 합동 구매	- 정부간 협동 구매를 통한 가격 적정화
도시관리사업	가로 및 도로	- 유지 보수 관리 정도	
		- 청소 상태	
		- 도로 표지 체제(심미성, 가시성, 관리 상태)	
		- 제설 체제 및 설비(소금, 모래, 장비 등)	
	쓰레기 관리	- 수거(최소 주 1회)	
		- 쓰레기 처리의 질(수송, 처리, 수거 후 청소 상태 등)	
		- 민간위탁 수거 비용 평가	
		- 쓰레기 처리시설 소유자와의 쓰레기 처리 계약	
	하수도	- 자치구 간 하수도 운영 및 유지에 관한 협정	

(표 8-38 계속)

구분		측정 사항	측정 기준 설정 배경
부문	요인		
공원 및 여가 시설	공원/여가 시설 활용성	- 지역사회의 모든 사람이 이용 가능한가의 여부	
		- 시설에 대한 주민 만족도 조사 여부	
	시설 유지관리 및 안전성	- 유지관리 상태, 안전도 등의 정기검사	
		- 쓰레기통 구비 여부 및 정기적 수거 상태	
		- 화장실 청결도 및 소독	
		- 잔디 관리 상태	
		- 시설 및 장비 사용에 관한 안내문 부착과 위반시 규제 실행 여부	
		- 시설 내 범죄 예방 (정기적 순찰 등)	
		- 시설 및 여가 프로그램의 관리 감독	
	여가 프로그램 담당 인력	- 전문교육 여부(레크리에이션 교육 등)	

출처: Southwestern Pennsylvania Regional Planning Commission(Summer 1991).

<참고> : 모든 측정 기준에 대한 성취 여부는 다음과 같이 세 가지로 구분/측정된다.

① 설정된 기준이 충족되었고 효과적이다.

② 충족되었으나 비효과적이다(이 경우, 당해 자치정부가 이에 대한 논평 또는 설명을 하도록 하고 있음).

③ 충족되지 않았다(다음에서 이유 체크하고, 그에 대한 설명 제시).

이유 —— 기준이 부적절

—— 중요치 않음

—— 재원 부족

—— 행정 능력 및 동기 부족

또한 각 부문 측정이 완료되면 각 부문을 통합한 종합 평가가 이루어짐.

※ ① 각 부문의 종합평가는 다음과 같이 이루어짐.

—— 모든 기준 충족(매우 우수)

—— 대부분 기준 충족(우수)

——— 과반수 기준 충족(미충족 사항 주의 필요)

——— 과반수 미만 충족(불량)

② 위의 종합평가에 의거해 해당 자치단체는 향후 활동계획(action plan)의 절차를 수립하고 책임자를 선정해야 함.

셋째, 외부 평가자가 아닌 정부공무원(선출직 및 임명직)이 자체 측정을 위해 사용할 목적으로 지표가 개발되었다.

넷째, 효과적인 기준 달성이 안 되었을 경우, 이에 대한 정부 자체의 설명과 이유를 제시하도록 하고 있다.

마지막으로, 자체 측정 후 진단자(특히 관리자 계층)는 각 진단 부문에 대한 등급을 정하고, 그에 따른 실행계획(action plans)을 수립하도록 하고 있다.

4 평 가

이상에서 비교적 상호 대조되는 미국의 두 유형의 지방정부 성과측정 지표에 대해 살펴보았다. 그러나 이들 각각은 지방자체단체 행정의 종합적인 성과측정 지표라는 측면에서는 한계가 있을 수 있다. 즉, 플린트 시의 성과측정 지표는 외부 환경평가에 치우쳐 있어서, 종합적인 지방정부 측정지표로는 미흡하다. 특히, 지방정부가 삶의 질을 높이는 서비스를 제공하기 위해서는 행정 내부의 효율성이 선행되어야 한다는 점에서 사무, 인사, 재정, 리더십 분야 등이 제외된 단점이 있다.

한편 남서부 펜실베이니아 지역계획위원회에서 개발한 측정지표의 상당 부분이 주민만족도와 대응성에 초점을 둠으로써 정책결정자들이 정책결정시 정책의 반응성을 고려할 수 있도록 하고 있다는 점이 주목된다. 또한 정책 및 프로그램의 적법성에도 상당한 비중을 두고 있다. 지표의 기준 충족 정도의 평가를 토대로 향후의 목표 및 활동계획 수립에 유용한 준거틀을 제시할 수 있다고 판단된다.

그러나, 지표의 포괄성에도 불구하고 모든 측정 지표가 비계량 지표이고, 세부 지표의 개발이 미흡해 실제 적용하기 위해서는 구체적인 수준으로 다시 지표화해야 할 뿐만 아니라 효과성 측정에 평가자의 주관이 개입할 여지가 많다고 볼 수 있다. 또 측정 단위가 개괄적이어서 여러 지방정부 간 비교가 매우 어렵다는 문제점이 있다.

그럼에도 불구하고 이들 미국 지방자체단체의 행정 성과 측정 지표는 우리에게 시사하는 바가 크다. 왜냐하면 우리의 지방자치단체들은 경영화를 강조하지만 이의 좌표와 구체적 방향성이 크게 부족하기 때문이다. 따라서 이러한 점을 고려할 때 우리의 지방자치단체도 나름대로의 특성을 고려해 행정 성과를 측정하고 문제점을 개선할 수 있는 측정지표의 개발이 시급하다고 할 것이다.

제 7 절 지방의회 사무조직(사무국)의 성과측정

1 지방의회 업무의 성과측정

기관대립주의를 채택하고 있는 지방자치 제도 하에서는 지방자치의 두 가지 핵심적인 축은 집행기관과 지방의회를 중심으로 한 의결기관이다. 이상에서는 지방정부 집행기관의 업무에 대한 성과측정을 중심으로 살펴보았다. 의결기관인 지방의회에 대해 업무를 측정하기 위한 성과측정의 개발은 집행기관에 비해 상대적으로 어려움이 있다. 즉 집행기관과는 달리 지방의회 사무국(조직)은 지방의회 의원들의 효율적인 의정 활동의 지원을 목적으로 하기 때문에 성과 지표를 설정하기가 용이하지 않다. 그렇다고 불가능한 것이 아니라 고민하기 따라서는 얼마든지 의회 사무기구의 업무에 대해 성과를 측정할 수 있는 효과적인 지표를 찾을 수 있다. 여기 소개하고 있는 미국 지방정부 지방의회에서 성과측정을 위한 여러 지표들은 우리에게 유의미한 시사점을 줄 수 있다고 판단된다. 특히 아직 우리나라에서는 지방의회 사무국(조직)에 대한 성과측정 기능이 미약함을 고려할 때 더욱 의의가 있다.

2 미국 지방의회 사무국의 성과측정 지표

미국 지방의회의 사무국이나 기록 담당 부서에서 성과측정을 측정할 때 다음과 같은 측면을 고려하도록 하고 있다.

첫째, 지방의회의 사무국에서 회의 안건 및 관련 정보를 회의 시작하기 얼마 전까지 준비해야 하는가?

둘째, 지방의회의 회의 종료 후 의사록을 얼마나 빨리 정리해야 하는가?

셋째, 의사록 정리 후 시민들의 의사록·열람 요구에 대응하기 위해 얼마나 빨리 자료의 색인 작업 등 정리를 해야 하는가?

넷째, 지방의회의 활동에 대해 사무처가 얼마나 신속하게 업무 처리를 해야만 하는가?

다섯째, 자치단체의 공식 기록(official records)에 대한 정보 청구에 얼마나 신속하게 대응해야 하는가?

1) 회의 안건 및 관련 정보의 준비

회의 안건과 관련된 정보를 너무 일찍 준비하면 최근의 정보가 빠지거나, 안건을 자꾸 추가하는 관례가 조성될 수 있으며, 너무 늦게 준비하면 의회의원들의 회의 준비에 지장을 줄 수 있다. 따라서 이상적인 사전 고지 시간(lead time)은 <표 8-39>에서 보여 주듯이 회의 시작 전주의 주말 2~3일 전이다.

〈표 8-39〉 회의 안건의 고지(notice) 및 관련 정보의 제공: 주요 사례 도시의 성과목표

캘리포니아 주 애너하임(Anaheim) 시	회의 시작하기 전주의 목요일 정오까지 회의 안건 고지
매사추세츠 주 보스턴(Boston) 시	모든 회의 시작 24시간에서 48시간 전까지 회의 안건 고지
캘리포니아 주 서니베일(Sunnyvale) 시	회의 시작하기 최소 4일 전까지 의회의원에게 안건 관련 정보 제공

2) 지방의회 의사록의 준비

지방의회 간 의사록의 준비 시간에 대해서는 <표 8-40>에서 보는 바와 같이 짧은 경우 2일에서부터 가장 긴 경우에는 1개월까지로 큰 차이를 보여 준다. 즉 캘리포니아 주 서니베일 시에서는 회의 2일 이내 의사록을 준비하는 것을 목표로 하고 있지만, 버지니아 주 알렉산드리아 시에서는 회의 1개월 이내를 목표로 하고 있다. 의회 사무처의 다른 업무를 고려하면 2주일 정도가 합리적이다.

〈표 8-40〉 지방의회 의사록의 준비: 주요 사례 도시의 목표와 실제

텍사스 주 던컨빌(Duncanville) 시	목표: 회의 48시간 이내 실제: 99% 49시간 이내(1990)
캘리포니아 주 오클랜드(Oakland) 시	목표: 회의 14일 이내 실제: 90% 14일 이내 (1991), 100% 14일 이내(1992)
캘리포니아 주 서니베일(Sunnyvale) 시	목표: 회의 2일 이내 실제: 89% 2일 이내(1994 예상치)
플로리다 주 오칼라(Ocala) 시	목표: 회의 2주일 이내
텍사스 주 어빙(Irving) 시	실제: 100% 회의 9일 이내(1991)
캔자스 주 오버랜드 파크(Overland Park) 시	목표: 15근무일 이내
플로리다 주 성 피터스버그(St. Petersburg) 시	목표: 회의 다음 주 금요일 실제: 100% 회의 다음 주 금요일(1990)
캘리포니아 주 애너하임(Anaheim) 시	목표: 다음 다음 회의시까지
버지니아 주 알렉산드리아(Alexandria) 시	목표: 회의 1개월 이내 실제: 95% 1개월 이내(1991); 100% 1개월 이내(1992); 100% 1개월 이내(1993)
네바다 주 레노(Reno) 시	목표: 회의 2주 내 준비 및 승인 실제: 95% 2주 내 준비 및 승인(1990)
플로리다 주 탈라하세(Tallahassee) 시	목표: 회의 1개월 이내 실제: 35% 회의 1개월 이내(1991)

3) 지방의회의 결정 사항 및 관련 서류의 색인 작업

지방의회의 결정 사항 및 관련 서류의 색인 작업(전자 색인 포함)은 많은 도시에서 사무처의 책임이며, 색인은 정보조사를 용이하고 신속하게 해 준다. <표 8-41>은 미국 주요 도시에서의 색인 작업에 소요되는 시간을 나타내고 있는데 가장 짧은 것은 오클라호마 주 오클라호마 시티 시가 평균 2.5시간이고(1992년 기준), 반면에 플로리다 주 탈라하세(Tallahassee) 시의 경우에는 6주 이내에 불과 35%(1991년 기준)만을 완료하고 있는 실정이다.

〈표 8-41〉 지방의회의 결정 사항 및 관련 서류의 색인: 주요 사례 도시

오클라호마 주 오클라호마 시티 (Oklahoma City) 시	목표: 폐회 후 2시간 이내 실제: 평균 2.5시간(1992)
캘리포니아 주 애너하임(Anaheim) 시	목표: 5근무일 이내
캘리포니아 주 오클랜드(Oakland) 시	목표: 80% 7근무일 이내
텍사스 주 허스트(Hurst) 시	목표: 2주일 이내 실제: 75% 2주일 이내(1990)
플로리다 주 오칼라(Ocala) 시	목표: 2주일 이내
텍사스 주 러벅(Lubbock) 시	실제: 80% 1개월 이내(1991)
플로리다 주 탈라하세(Tallahassee) 시	실제: 35% 6주 이내(1991)

4) 공문서의 처리

시의회에서 어떤 결정이 내려지면 이를 공식 문서화하여 간행하고 배부하는 것은 사무처의 책임이다. 각 도시들이 이러한 책임을 얼마나 빨리 수행하는지를 <표 8-42>가 잘 보여 준다. 즉 버지니아 주 알렉산드리아 시는 회의 후 2일 이내에 결의안을 처리하고, 회의 후 1일 이내 시 담당 변호사에게 조례를 제출하며, 회의 후 1일 이내에 활동 기록을 처리하는 것을 목표로 한다. 반면에 테네시 주 오크리지 시는 채택·수령·승인 후 10일 이내 공식 서류의 90%를 처리·간행·분류하는 것을 목표로 하고 있음을 알 수 있다.

〈표 8-42〉 공문서의 처리: 주요 사례 도시

버지니아 주 Alexandria 시	목표: 회의 후 2일 이내 결의안 처리; 회의 후 1일 이내 시 담당 변호사에 조례 제출; 회의 후 1일 이내 활동 기록 처리
텍사스 주 Lubbock 시	실제: 회의 후 1.5일 이내 100% 서류 처리(1991)
캘리포니아 주 Oakland 시	실제: 3일 이내 85%의 조례에 번호 부여 및 배부(1992)
플로리다 주 Ocala 시	목표: 공식 결정 후 3일 이내 법적 문서 처리
네바다 주 Reno 시	실제: 5일 이내 95% 서류 처리(1990)
일리노이 주 Decatur 시	실제: 7일 이내 100% 서류 처리(1991)
캘리포니아 주 Anaheim 시	목표: 8일 이내 서류 이송
테네시 주 Oak Ridge 시	목표: 채택 · 수령 · 승인 후 10일 이내 공식 서류의 90% 처리 · 간행 · 분류 실제: 85% 10일 이내(1991); 70% 10일 이내(1992)
텍사스 주 Irving 시	실제: 10일 이내 99%의 서류 처리 및 배부(1991)

5) 기록 및 정보의 열람

기록 및 정보 열람의 신속성은 기록담당 부서 직원의 근무 태도에 달려 있지만, 정보의 분류 · 보관 · 색인 체제의 적절성에도 달려 있다. 정보 열람에 걸리는 시간은 5~30분부터 1~2일까지 정보의 내용이나 보관 장소에 따라 큰 차이가 난다. 즉 <표 8-43>에서 보이는 바와 같이 실제로 텍사스 주 어빙(Irving) 시에서는 98%를 5분 이내(1991)에, 텍사스 주 던컨빌(Duncanville) 시에서는 평균 12분, 네바다 주 레노(Reno) 시에서는 95%를 15분 이내(1990)에 처리하고 있는 반면에, 캘리포니아 주 서니베일(Sunnyvale) 시와 같은 경우는 95%를 2일 이내에 처리하는 것을 목표로 하고 있다.

〈표 8-43〉 기록 및 정보의 열람: 주요 사례 도시

텍사스 주 Irving 시	실제: 98% 5분 이내(1991)
텍사스 주 Duncanville 시	실제: 평균 12분
네바다 주 Reno 시	실제: 95% 15분 이내(1990)
테네시 주 Nashville-Davidsion County	목표: 95% 30분 이내
플로리다 주 St. Petersburg 시	목표: 신청 당일 열람(오후 3시 이후 신청시 다음날 오전 8시까지 열람)
캘리포니아 주 Oakland 시	목표: 90% 1일 이내
애리조나 주 Peoria 시	목표: 80% 24시간 이내
플로리다 주 Orlando 시	목표: 48시간 이내
플로리다 주 Tallasassee 시	실제: 100% 2일 이내(1991)
캘리포니아 주 Sunnyvale 시	목표: 95% 2일 이내; 마이크로필름이나 별도 보관 기록은 10업무일 이내
버지니아 주 Alexandria 시	목표: 정보공개법상 요청시 5일 이내 실제: 평균 10일(1990); 5일(1991); 5일(1992); 5일(1993)

6) 기타 평가지표

이 밖에도 의사록의 검수, 시의회 활동의 보도 자료 준비, 시의회 조회 사항의 처리, 비영리 단체의 청원 허가, 마이크로 필름 작업 등 다양한 지표들을 활용하고 있는데, 그 내용들은 <표 8-44>와 같다.

〈표 8-44〉 기타 지방의회 사무처의 평가지표: 주요 사례 도시

시의회 의사록의 검수	텍사스 주 Corpus Christi 시	수정 없이 검수된 의사록의 비율: 88%(1991)
시의회 활동의 보도자료 준비	캘리포니아 주 Sunnyvale 시	목표: 회의 후 24시간 이내 최소한 95% 준비(1994)
시의회 조회 사항의 처리	캘리포니아 주 Oakland 시	회의 후 2근무일 이내 처리된 비율: 90% (1991); 80%(1992)
	테네시 주 Oak Ridge 시	5일 이내 처리된 비율: 90%(1992)
비영리단체의 청원 허가	네바다 주 Reno 시	1주일 이내 처리된 비율: 100% (1990)
출생 및 사망 신고의 처리 시간	매사추세츠 주 Boston 시	출생·결혼·사망 신고당 17분 (1992)
마이크로 필름작업	네바다 주 Reno 시	시간당 333쪽 마이크로 필름화 (1990)

3 맺음말

흔히 공공 부문은 민간 부문과 달리 성과를 측정하기가 쉽지 않다고 한다. 특히 그 중에서도 지방의회의 생산성을 측정하기란 더더욱 어려운 속성을 지닌다. 그럼에도 불구하고 앞서 살펴본 바와 같이 미국 지방의회 사무처의 경우 다양한 방법으로 지표를 개발해 성과를 측정하고 있음을 알 수 있다. 즉 회의 안건 및 관련 정보의 준비, 지방의회 의사록의 준비, 지방의회의 결정 사항 및 관련 서류의 색인 작업, 의사록의 준비, 공문서의 처리, 기록 및 정보의 열람 등이 성과측정의 주요 지표로 활용되고 있다.

지방의회 사무국의 성과측정과 관련해 지방정부마다 상당한 차이가 나는 부분도 적지 않다. 이를테면, 의사록 준비의 경우 2일(서니베일 시)에서부터 1개월(알렉산드리아 시)까지로 그 편차가 비교적 심한 편이다. 색인 작업에 소요되는 시간의 경우 오클라호마 주 오클라호마 시티 시가 평균 2.5시간인 반면에, 플로리다 주 탈라하세 시의 경우에는 6주 이내에 불과 35%(1991년 기준)만을 완료하고 있다.

또한 목표치를 설정해 실제 달성 정도를 파악함으로써 그 성과를 가늠할 수 있도록 하고 있다. 아울러 업무 수행에 대한 대응 기간을 우리와 같이 막연하게 '1주일' 또는 '2주일'이라는 개념이 아니라 '2시간 이내' 또는 '5근무일' 등과 같이 가능한 한 구체적으로 적시하고자 하고 있다는 점이다. 의회 사무국의 성과측정을 위해 미국 지방정부에서 사용하고 있는 이러한 지표는 앞으로 우리에게 좋은 벤치마킹 자료가 될 수 있으리라 생각된다.

제9장 영국 지방정부의 성과측정

제1절 영국 지방정부의 성과 지향적 행정

한마디로 영국의 지방정부는 성과 지향적인 '일류 기업'을 지향한다. 경쟁과 능률이라는 기업식 개념을 도입해 지역의 비약적인 발전을 꾀하는 것이 바로 영국이다. 형식적으로 지방자치단체장은 시장이지만 외부 또는 외국의 손님이 왔을 때 지역 주민을 대표해 접견하는 정도의 역할이 거의 전부이다. 이런 까닭으로 영국에서 자치단체장은 지역사회의 대표하는 상징적인 의미밖에 없고 다수당의 의회 의원들이 1년을 임기로 번갈아가며 시장(단체장)을 맡는다.

지방의회의 지휘를 받아 실질적으로 행정을 총괄 감독하고 운영하는 자는 수석집행관이다. 수석집행관을 지방자치단체의 얼굴 시장 밑에서 자치단체의 살림을 맡은 전문경영인이다. 영국 지방자치단체의 특성은 지방 활성화를 위해 도입된 수석집행관 제도에 있으며, 이들이 효율성에 바탕을 둔 지방정부의 기업식 운영 및 지역 발전을 선도하고 있다. 다시 말하면, 영국에서 경영적인 지방정부의 운영의 조타수 역할은 바로 수석집행관들이 맡고 있다. 잉글랜드나 웨일스 지역에서만 전문경영인인 수석집행관이 80여 명에 이른다. 이들은 공무원 중에서 발탁되기도 하지만 경영 능력이 뛰어난 일반 기업의 우수한 전문경영인들 중에서 스카우트되는 경우가 많다. 이들의 연봉은 개인별로 차이가 많지만 비교적 높은 편이며, 일부는 약 8만 파운드(한화 약 1억 원)인 메이저(John Major) 영국 총리의 연봉보다 높은 경우도 있다.

영국은 지방정부 스스로 경영적인 정부 운영을 위한 노력을 게을리하지 않지만, 중앙정부도 이를 적극 권장하는 조치를 강구하고 있다. 그 대표적인 것이 '차터 마크'상이다. 이 상은 영국의 보수당 정부가 자치단체의 효율성을 끌어올리기 위해 1992년에 만들어진 것으로 1992년에 8개 지방자치단체가 이 상을 받았다.

영국은 지방정부의 기업적 운영을 위해 다양한 방법을 동원하고 있다. 이를테면, 공공 서비스 공급에서도 민간회사들과 계약제, 입찰제, 민·관(民·官) 협동 체제 등 다양한 방법을 강구하고 있다. 그러나, 여기서 중요한 사항은 서비스 공급이 어떠한 형태로 이루어지건 간에 반드시 서비스 공급에 대한 성과를 지속적으로 측정하고 있다는 점이다. 서비스 공급에 대한 측정 결과를 토대로 좀더 양·질의 서비스를 좀더 저렴한 가격으로 공급(저비용·고효율)할 수 있는 방법을 강구한다. 여기서는 성과 지향적인 지방정부의 운영의 토대가 되고 있는 공공 서비스 성과측정 지표를 중심으로 고찰하기로 하는데, 영국 런던(Corporation of London) 사례를 중심으로 살펴보기로 한다.

제 2 절 런던의 서비스 성과측정

1 성과측정의 목적

성과측정의 목적은 시민들이 공공기관이 제공하는 서비스에 대한 결과를 측정함으로써 공무원들의 책임 의식을 높이고 궁극적으로는 좀더 생산적인 서비스를 제공하도록 하는 데 있다. 모든 시민들은 지방정부가 제공하는 행정 서비스에 대해 그 성과를 판단할 수 있는 정보를 요구하고, 또한 그들은 자기가 낸 세금이 어떻게 효율적으로 사용되고 있는지를 당연히 알 권리가 있다고 인식하고 있다.

이를 위해 영국에서는 1992년 통과된 법에 의거해 런던시(City of London)를 비롯한 32개의 모든 자치정부(borough: 서울시의 자치구에 해당)로 하여금 당해 정부가 제공하는 행정 서비스에 대한 성과를 측정할 수 있도록 측정 지표를 설정하고, 그 결과를 언론에 공표하도록 하고 있다. 여기서는 런던(Corporation of London)을 중심으로 살펴보기로 하는데, 런던의 자치구(borough)도 이와 유사하다.

성과측정을 위한 지표를 선정하는 방법은 각 지방자치단체의 의회, 소비자단체, 정부 부서 등의 협조와 자문을 통해 회계위원회가 측정지표를 선정한다. 지표 선정시 모든 사람들이 성과 측정에 대한 지표의 타당성을 인정할 수 있도록 하는 데 초점을 둔다.

2 성과측정 분야

런던의 자치정부는 교육, 경찰, 주택, 공공시설, 청소, 소방, 사회복지, 환경, 공원 등 19개 분야에 대해 서비스 성과를 측정하고 있다. 이들 19개 분야에 대해서는 구체적인 측정지표를 개발해 매년 행정 업무 및 서비스에 대한 측정을 하고, 이를 납세자들에게 공표하도록 하고 있다. 19개 측정 대상 분야는 <표 9-1>과 같다. 이들 분야 가운데 교육, 경찰, 주택, 환경보전 등과 같이 매우 포괄적인 분야도 있지만, 반면에 공중화장실, 가로등, 지방세 징수 등과 같이 매우 구체적이며 제한적인 특성을 띠는 경우도 있다. 특히 후자와 같이 구체적이며 한정되어 있는 분야에 대해서도 독립된 서비스 측정 대상으로 선정한 이유는 아마 이들 서비스가 시민들의 일상 생활과 밀접한 관련성을 가지고 있기 때문이 아닌가 여겨진다.

런던이 성과측정 대상 분야로 선정한 것 중에서는 아직 우리나라에서는 지방자치단체 사무로 분류되지 않은 분야도 포함되어 있다. 예를 들면, 경찰, 교육, 고속도로 분야 등이다. 여기서는 런던이 1993~94 회계연도에

〈표 9-1〉 서비스 성과측정 대상 분야

□ 교육	□ 사회복지 서비스	□ 폐기물 처리	□ 공공도서관
□ 소방	□ 경찰	□ 주택	□ 쓰레기 수거
□ 개발 규제 및 지역계획		□ 지방세 및 주택연금	
□ 지방세 징수		□ 상업 기준	□ 고속도로 및 보도
□ 가로등		□ 공원 및 개활지	
□ 레저	□ 가로 청소	□ 환경 보건	□ 공중화장실

실시한 서비스 성과 측정지표 중에서, 대민 서비스, 쓰레기 수거 및 사회서비스 부문에 대한 측정 지표들을 중심으로 살펴보기로 한다. 여기서 한 가지 주의할 사항은 모든 지방정부가 동일한 서비스를 제공하지 않을 뿐 아니라, 각 지방정부의 특성이 다르기 때문에 성과측정의 결과를 지방정부의 우열을 가리는 데 사용하지 않도록 주의를 요하고 있다는 점이다.

3 성과측정 지표

1) 대민 서비스 성과측정 지표

<표 9-2>에서 나타나는 바와 같이 성과측정 지표 중 대민 서비스 부문은 공무원들의 전화 응답과 서면 응답에 대한 소요 시간을 측정함으로써 얼마나 신속하게 시민들의 민원에 대응하는가를 측정하고 있다. 또한 옴부즈만 제도를 운영하면서 이에 접수된 민원의 건수를 측정하고, 아울러 신속하고 민주적인 민원 처리가 이루어지는가를 평가하기 위한 정책과 절차, 효과성 진단을 포함한다. 특히 민원 응답에 대해 민원인이 불만족할 경우, 이에 대한 후속 처리 제도가 있는지를 측정함으로써 일단 시민으로부터 민원이 제기되면 일회성 응답이 아닌 만족한 수준에서 민원이 해결될 수 있도록 제도적 장치를 요구하고 있다.

공공건물 접근도 측정은 시민들이 얼마나 자유롭게 공공건물을 이용할 수 있는가를 평가하는 데 목적을 두고 있다. 일반 시민뿐 아니라, 장애자들

이 모든 공공장소에 쉽게 드나들 수 있는가를 측정함으로써 정부가 공공시설물 및 공공장소에 장애자들이 불편 없이 접근할 수 있는 시설을 갖출 것을 유도하고 있다.

〈표 9-2〉 대민 서비스 성과측정 지표

지 표			성과측정 단위(측정 방법)
대분류	중 분 류	소 분 류	
대민 서비스	- 전화 응답	- 응답 소요 시간(목표: 20초)	- %(20초 이내 응답 수/총 전화 문의 수)
	- 서면 응답	- 응답 소요 일수(목표: 주택 문제 15일, 사회 서비스 10일, 기타 5일)	- %(표본 추출해 우편접수일과 응답 발송일로 소요일수 내 응답한 비율 계산)
	- 옴부즈만에 제출된 민원	- 민원 건수	- 건수
	- 민원(불평불만) 처리	- 민원 처리 정책 및 절차	- 유·무(이하 동일)
		- 명확한 책임 할당	
		- 민원 처리 시간 제한, 목표	
		- 시간 제한 및 목표 미충족시 접수 민원 명시	
		- 서면 접수민원의 서면 응답 명시	
		- 민원응답 불만족시의 후속 절차	
		- 민원 재검토 시스템	
		- 민원 공개	
	- 공공건물 접근도	- 시민에게 공개된 공공건물의 수	- 건물 수
		- 신체 장애자가 모든 필요한 시설에 접근할 수 있는 공공건물의 수	- 건물 수

출처 : London Research Centre(January 1995).

2) 쓰레기 수거 성과측정 지표

쓰레기 수거는 공공 서비스의 효율성을 측정할 수 있는 대표적인 분야이다. 런던은 쓰레기 수거 서비스 수준의 향상을 유도하기 위해 각 가구별로 쓰레기 수거함을 제공하는지, 대형 쓰레기를 유료 수거할 경우, 무단 투기

등의 우려가 있으므로 대형 쓰레기의 무료 수거를 실시하는지, 그리고 장애인들을 위한 특별 쓰레기 수거 제도가 있는지 등을 측정한다. 또한 쓰레기 수거의 신뢰도를 높이고 폐기물의 재활용을 위한 측정지표도 설정하고 있다. 끝으로 쓰레기 수거의 경제적 능률성을 측정하는 지표로서는 가구당 수거비를 산출하도록 하고 있다(표 9-3 참조).

〈표 9-3〉 쓰레기 수거 서비스 성과측정 지표

지 표			성과측정 단위(측정 범위)
대분류	중 분 류	소 분 류	
쓰레기 수거	- 수거 서비스	- 가정용 수거함 제공	- 유·무
		- 대량 쓰레기 수거 예약제	
		- 무료 대량 쓰레기 수거	
		- 재활용 쓰레기 수거	
		- 쓰레기 수거 불만 전화	
		- 장애인을 위한 특별 쓰레기 수거 제도	
	- 신뢰도	- 가정용 쓰레기 수거 신뢰도 목표	- 월~금요일 100% 목표
		- 실수 발생시 재수거 시간	- 목표 : 2시간
		- 수거량	- 톤
	- 재활용	- 재활용 쓰레기 비율	- %
		- 총가구 수	- 가구 수
	- 수거비 지출	- 가구당 수거비	- 총쓰레기 수거비 지출액/가구 수

출처: London Research Centre(January 1995).

3) 사회복지 서비스 성과측정 지표

사회복지 서비스 부문의 성과측정은 노인정책, 학습장애자 정책, 신체장애자 정책 등으로 나뉜다. 이들은 복지국가로서의 시민들의 사회복지 서비스 만족 수준이 자치정부의 성과를 측정하는 데 중요한 변수임을 보여 준다. <표 9-4>에 나와 있듯이 각 정책별로 자가에서 해당 서비스를 받는 인구와 보호시설에서 서비스를 제공받는 인구를 구분해 각각에 대한 서비스 제공 실태를 평가하도록 한다.

〈표 9-4〉 사회복지 서비스 성과측정 지표

지 표			성과측정 단위 (측정 방법)
대분류	중 분 류	소 분 류	
사회복지서비스	- 노인정책 (65세 이상)	- 자가에서 정부도움 받는 노인 비율	- %
		- 보호시설에서 정부 도움받는 노인 비율	- %
	- 학습장애 (65세 이하)	- 65세 이하 중 학습장애 인구 수	- 인구 수
		- 학습장애로 보호시설에서 당국 도움 받는 인구 비율	- %
	- 신체장애 (65세 이하)	- 성인 신체장애자 수	- 장애자 수
		- 자가에서 당국 도움받는 성인 신체 장애자 비율	- %
		- 보호시설에서 당국 도움받는 신체 장애자 비율	- %
	- 정신장애 (65세 이하)	- 자가에서 당국 도움받는 성인 정신 장애자 비율	- %
		- 보호시설에서 당국 도움받는 정신 장애자 비율	- %
	- 자가에서 도움을 받는 인구	- 자가에서 당국 도움받는 전체 성인 수	- 성인 수
		- 자가에서 당국 도움받는 전체 성인 비율	- %
	- 인구 1인당 사회 서비스 지출비	- 노인 및 신체장애자	- 수치
		- 학습장애자	- 수치
		- 정신장애자	- 수치

출처: London Research Centre(January 1995).

제 3 절 시사점

성과 지향적인 지방정부의 운영을 위해 영국은 행정 서비스 제공 성과를 판단할 수 있는 정보 제공에 초점을 둔다는 점에 의의가 있다. 서비스별 성과측정이라는 점에서 미국 등 선진 외국들의 지방정부와 유사하나 몇 가지 특징을 살펴보면 다음과 같다.

첫째, 경우에 따라서는 매우 협소한 분야를 독립된 측정 대상 분야로 선정하고 있다는 점이다. 즉, 서비스 측정 대상 분야가 '교육', '경찰' 등과 같이 매우 포괄적인 분야가 있는가 하면, '공중화장실' 등과 같이 매우 구체적이며 극히 제한된 분야가 있다. '공중화장실'과 같이 비록 매우 좁은 영역이지만 독립된 성과측정 대상 분야로 지정한 것은 아마 이러한 시설이 시민의 일상 생활에 밀접하게 관련되어 있기 때문이라 생각된다. 둘째, 측정지표(소지표)가 매우 구체적이며, 거의 계량 지표를 활용하고 있다는 사실이다. 이를테면, 사회복지 서비스의 경우에 매 지표마다 구체적으로 도움을 받은 사람이나 그 비율 등을 적시하며 질적 지표는 없다는 사실이다.

성과 지향적 지방정부의 운영에 크게 공헌하고 있는 행정 서비스에 대한 성과측정의 장점으로는, 첫째, 측정 항목의 선정과 성과 측정 방법이 비교적 구체적으로 선정되어 있어서 납세자뿐 아니라 공무원들도 측정 결과를 보면 행정 당국의 현재 서비스 제공 수준이 어떠한가를 쉽게 이해할 수 있도록 되어 있다. 측정 결과는 매년 발간·배부해 우리나라의 통계연감과 같은 역할을 하고 있다.

둘째, 측정 항목과 측정 방법의 통일로 회계연도 간에 지방정부 간 성과의 측정·비교가 용이하다. 여기서 한 가지 유의할 점은 지방정부 간 인구, 재정력 등의 차이가 있기 때문에 성과측정 지표가 지방정부 간 절대 비교의 목적으로 개발된 것이 아니라는 점이다. 즉, 측정 결과를 가지고 단순하게 지방정부들 간 우열을 비교하는 데는 상당히 신중을 기하도록 하고 있다.

그러나 영국의 지방정부 행정 서비스 성과 측정지표는 그 목적 자체가 대(對)주민 정보 제공에 있으며 측정 항목도 공공 서비스에 국한되어 있어서 지방자치단체의 조직, 인사, 재정, 리더십 등을 파악하는 데는 근본적인 한계가 있다는 점을 감안할 필요가 있다.

제10장 한국 지방자치단체의 성과측정과 과제

그동안 우리나라의 지방정부는 성과 지향적인 행정에 상대적으로 소홀한 점이 없지 않았다. 그러나 1995년 민선 자치단체장 체제가 출범하면서 성과측정에 대한 관심이 증가하고 있다. 지방정부의 지도자가 지도력을 발휘하기 위한 두 가지 요건으로 안정적인 정치적 기반과 지방정부 행정기관의 원활한 운영을 들 수 있다. 이 두 가지 요건들은 서로 밀접한 관련을 맺고 있다. 정치적 기반의 쇠퇴는 행정 운영에 영향을 줄 수 있으며, 미숙한 행정 운영은 정치력의 발휘 및 정치적 안정에 부담을 줄 수 있다. 따라서 지방정부의 지도자와 관리자들은 항상 행정기관 및 부서의 운영 실태 및 업무 성과에 관심을 가져야 한다. 지방자치제 부활 이후 그동안 각 지방자치단체는 각기 그들 특성에 부합하는 성과를 측정하기 위해 노심초사하고 있으며, 다양한 성과 체계를 개발하고 있지만 아직까지 성숙한 성과평가를 기대하기에는 한계가 있다. 이런 점에서 이상에서 논의한 미국과 영국 지방정부의 성과측정 사례는 우리에게 많은 교훈을 주고 있다. 이러한 사례를 토대로 하여 앞으로 우리나라 실정에 부합하는 평가 체계의 구축 및 측정 지표를 개발할 필요가 있다.

1991년 지방자치제가 부활한 이후 행정자치부를 중심으로 중앙정부는 지방자치단체에 대한 계층적 통제가 점차 어려워짐에 따라 지방자치단체에 대한 평가를 통해 통제하고자 하는 경향이 나타나고 있다. 이러한 결과 행정자치부를 비롯해 재정경제부, 문화관광부, 농림부, 해양수산부, 보건복지부, 건설교통부, 산업자원부 등 중앙정부로부터 지방자치단체에 대한 다양한 평가 제도가 도입되고 있다. <표 10-1>에서 나타나는 바와 같이 2006년을 기준으로 확인되고 있는 평가만 하더라도 지방행정 혁신평가 등 49종류의 평가가 실시되고 있으며, 그 중에서 행정자치부가 평가하는 것만 해도 29종류에 이른다.

이러한 평가가 지방자치단체의 생산성 제고에 기여하며 자치단체의 역량을 높이는 데 순기능적으로 작용하도록 지원·조장하는 데 초점을 두는 평가가 되어야지 지방자치단체를 통제하거나 제어하고자 의도를 지녀서는 아니 된다. 한편 지방자치단체는 앞서 살펴본 미국과 영국의 성과측정 지표를 참고로 하여 선진 외국의 사례를 벤치마킹하여 우리의 현실을 잘 반영할 수 있는 성과측정 체계를 개발하는 데 심혈을 기울여야 한다.

〈표 10-1〉 지자체 관련 평가 실시 현황

부처별	평가 시책명	평가 시기	대상 기관	비 고
행정자치부	국정시책 합동평가	2~4월	시도	인센티브 및 표창
〃	지방행정 혁신평가	11~12월	시도, 시군구	〃
〃	시군구 민원행정 추진 상황 종합 평가	11월	시군구	〃
〃	지방자치단체 재정분석	8~12월	시도, 시군구	〃
〃	지방재정 조기 집행 평가	7~9월	시도, 시군구	〃
〃	지방물가 관리실적 평가	7월, 1월	시도, 시군구	〃
〃	여성이 행복한 고을 선정 사업	8~10월	시군구	〃
〃	행정기관 홈페이지 평가	8~12월	시도, 시군구	〃
〃	기초자치단체 정보화 수준 평가	1~7월	시군구	〃
〃	접경지역 지원사업 평가	11월	3시도, 6시군구	〃
〃	정주지원사업 추진 실적	12월	시군구	〃
〃	정보공개 제도 운영 실태 평가	11월	시도, 시군구	결과 발표 및 표창
〃	정부지식관리 운영 실태 조사	6월	4시도, 5시군구	〃
〃	일하는 방식 개선 실태조사	11월	시도	〃
〃	지자체 공공근로사업 확인 평가	10~11월	34개 시군구	〃
〃	지방도로 정비사업	11월	15시도, 166군구	〃
〃	자전거이용 활성화사업	12월	시도, 시군구	〃
〃	오지종합개발사업 평가	11~12월	10시도, 116시군	〃
〃	도서종합개발사업 평가	11~12월	8시도, 37시군구	〃

〃	행정절차제도 운영 실태 확인/점검	연중	시도, 시군구	실태 점검
〃	국가 핵심 기반 보호 체계 관련 지자체 추진 실태 확인	2~3월	시도	〃
〃	지역정보화 지원 사업	7월	3개도, 6시군구	〃
〃	법정 선거사무 추진 지도/점검	4월, 10월	선거지역 지자체	〃
〃	지문인식기 운영 실태 파악	3월	74개 시군구	〃
〃	인감증명 발급 등 인감 제도 상황 점검	1월	시도	〃
〃	인감 업무 시도 교차 평가	9~10월	시도	〃
〃	지방이양사업 추진 상황 확인/평가	12월	시도, 시군구	〃
〃	지방교부세 재원 운영 실태 확인/점검	4~5월	15시도, 56시군구	〃
〃	자동차세 관련 징수율 제고 시책 상황평가	4~5월	시도, 시군구	〃
재정경제부	국유재산 관리	연말	시도	〃
문화관광부	관광 홈페이지 구축		시도, 시군구	〃
농림부	지방농정평가	연말	시도, 시군구	〃
소방방재청	재해관리 체계 평가	연말	시도, 시군구	〃
농촌진흥청	국고보조사업 평가	연말	시도, 시군구	〃
해양수산부	전국 해수욕장 평가	6~8월	시군구	〃
산림청	산림행정 평가	연말	시도	〃
재정경제부	지자체 소비자행정 평가		시도, 시군구	결과 발표 및 표창
보건복지부	한방지역보건사업 평가		시도, 시군구	〃
〃	건강생활 실천사업 평가		시도, 시군구	〃
〃	가족보건사업 평가		시도, 시군구	〃
건설교통부	개별 공시지가 추진 실적 평가		시군구	〃
청소년위원회	청소년 보호 종합대책		시군구	〃
소방방재청	재해사전 대비 업무 평가		시도, 시군구	〃
〃	자동우량 경보시설 확충사업		시도, 시군구	〃
특허청	부정경쟁행위		시도, 시군구	〃
해양수산부	어업 질서 확립		시도	〃
〃	적조 방제		시군구	〃
	전국 수산정책 평가		시도	〃
산업자원부	에너지 절약 및 이용 효율화		시도	〃

출처: 류순구(2006: 89).

제 4 부

행정의 경영화

제 11 장 자치행정의 경영화

공익을 추구하는 행정의 본질적인 특성으로 인해 행정의 경영화에 대한 반론도 적지 않다. 하지만 그동안 오랜 기간에 걸쳐 형성되어 온 공공 부문의 관료주의, 무사안일, 결과보다는 절차와 과정 중심의 행정적인 특성으로 기인한 비효율성 등으로 인해 행정도 경영적인 시각에서 접근해야 할 필요성이 있다는 논의가 제기되고 있다. 특히 공공 부문의 생산성이 민간 부문에 비해 극히 저조하다는 지적은 이제 행정도 공공 부문의 특성을 강조해 온 과거와는 달리 경영적인 시각에서 접근할 필요가 있다는 주장을 뒷받침하고 있다.

제 1 절 경영체로서의 자치단체

1945년 해방 이후 1990년대 초까지 한국의 지방(자치)정부는 중앙정부 중심의 관치행정에서 크게 벗어나지 못한 재 중앙정부의 우산(보호) 아래 성장해 왔다. 그러나 1988년 지방자치법이 개정되고 1991년 지방의회의 구성으로 행정 여건이 크게 변모하기 시작했고, 1995년 6.27 자치단체장 선거를 비롯한 4대 동시선거가 실시되고 지방화 시대의 도래로 그 양상은 크게 달라지고 있다.

앞으로 자치정부는 이전과는 달리 판이한 모습으로 탈바꿈될 것을 강요받고 있다. 부모의 보호 아래서 성장해 온 자녀가 부모의 울타리를 벗어나 홀로 세상에 나가 살아가는 방법을 강구해야 하는 것과 마찬가지로, 앞으로 자치정부(自治政府)는 스스로의 능력과 지혜로써 살아가는 방법을 터득해야 한다. 이를 위한 한 방법이 자치단체를 하나의 경영체(經營體)로 간주하고 문제를 해결하려는 접근 방법이고, 이는 지방자치제가 발달한 선진국가들에서 나타나고 있는 공통적인 특징이다.

지방자치단체를 하나의 경영체로 보는 시각이 최근 들어 활발히 국내에서도 소개되고 있는데, 그 대표적인 것이 풀(Robert Poole)의 『지방정부 경영론(*Cutting Back City Hall*)』과 이와쿠니(岩國)와 호소카와(細川)의 공저인 『지방(地方)의 논리』가 바로 그것이다. 이 책들의 기본 흐름은 지방자치단체는 무한한 자원이나 재원을 가진 단체가 아니라, 한정된 자원이나 재원을 가지고 어떻게 하면 생산성 및 시민에 대한 서비스를 제고할 것인가에 관심의 초점을 두며, 이를 위해서는 필연적으로 행정에서도 경영성(經營性)의 개념이 적극적으로 도입되어야 한다는 것을 강조하고 있다.

풀은 지방정부의 딜레마를 타개하기 위해서 세 가지의 해결 방안을 제시하고 있는데, 그것은 민영화(民營化, privatization), 사용자 부담 원칙(user charges) 및 현명한 판단(합리적 경영)을 들고 있다. 먼저 민영화의 핵심은 가능한 한 공공 서비스를 민간 부문에서 공급하도록 한다는 것이다. 이 때 민영화는 두 가지 부문으로 나누어 살펴볼 수 있는데, 하나는 민간 자선 사업 형태로 지역사회 발전을 위해 이들이 주체가 되어 필요한 공공 서비스를 제공하는 부분이며, 다른 하나는 이윤을 추구하는 민간 기업체가 주체가 되어 소요되는 공공 서비스를 능률성 있게 제공하는 부문이다.

공공 서비스의 경우라도 경우에 따라서는 특정인만이 그 서비스를 수혜하는 경우가 있는데, 이 때에는 그 특정인이 서비스 사용에 대한 대가로 수수료를 지불하도록 해야 한다는 것이 사용자 부담 원칙이다. 지방정부가 공급하는 서비스는 대체로 공공재(公共財, public goods)적 성격을 지니고 있다. 일반적으로 공공재는 <표 11-1>에서 나타나듯이 비배제성(非排除性, non-exclusion)과 비경합성(非競合性, non-rival consumption)[1)]이라는 두 가지 특성을 갖고 있기 때문에 일반 사적 재(시장재)와 구별되지만, 사실상 지방정부가 당연히 공공재라고 생각하는 재화의 성격을 면밀히 살펴보면, 공공재의 범위는 축소될 가능성이 있으며 상대적으로 사용자 부담원칙을 적용할 수 있는 여지가 있게 된다. 또한 과거에는 사적 재로 간주되던 서비스가 공공적인 요소가 가미되는 경향이 있으며, 그 반대로 공공재에 사적 재적 요소가 내포되는 경우도 나타나고 있다. 특히 최근에 이르러 이러한 경향이 증가하고 있다. 일례로 그동안 식료품 등 먹거리는 전형적인 사적 재에 해당했지만 인체에 해로운 농약 성분의 검출 등으로 식품안전관리 부서가 생겨 시료의 채취·검사를 통해 공공 부문이 관여하는 경향이 나타나고 있으며, 또한 환경재인 공기가 대기의 오염 상태가 점차 심각해짐으로써 대기의 오염배출권을 시장에서 거래가 가능하도록 허용하는 경우가 이에 해당한다.

재화의 유형 구분과 관련해 대부분의 민간 시장경제 하에서 거래되는 재화는 사적 재에 해당하지만, 공공 부문에서 제공하는 국방·외교 등은 전형적인 공공재에 해당한다. 한편 요금재(toll goods)는 서비스 공급에서 배제는 가능하지만 경합이 이루어지기 어려운 서비스로 비록 공공 서비스이긴 하지만 요금을 지불해야만 서비스 이용이 가능한 경우가 해당된다. 이를테면 지방정부가 제공하는 유료 공원의 경우 입장료를 지불한 자만이 공원에 입장할 수 있지만 입장료를 지불하지 않은 자는 서비스에서 배제된다. 하지만 일단 입장료를 내고 입장한 자들은 서로 간 경합됨이 없이 공원이 제공하는 서비스를 모두 공동으로 수혜할 수 있게 된다. 반면에 공동소유재(common pool goods)는 배제는 불가능하지만 경합이 이루어지는 서비스로 지하 광물자원이나 바닷고기가 이에 해당한다. 예를 들면, 깊은 바다에 있는 고기는 누구나 잡을 수가 있다. 하지만 바다 속의 고기의 총량은 제한되어 있기 때문에 누가 먼저 고기를 잡을 경우에 그 숫자만큼의 고기 숫자가 감소하므로 서로 간에 경합이 이루어지게 된다.

---

1) 비배제성이란 특정 집단의 사람들을 서비스 소비에서 배제하는 것이 불가능한 경우를 의미한다. 한편 비경합성이란 재화를 여러 사람이 소비할 때 전원이 같은 양을 소비할 뿐이며, 특정 집단에게는 더 많은 재화를 소비하도록 하는 것이 불가능한 경우를 지칭한다.

〈표 11-1〉 서비스의 유형 구분

구 분		경 합 성	
		경 합	비 경 합
배제성	가 능	민간재(private goods)	요금재(toll goods)
	불 가 능	공동소유재(common pool goods)	공공재(public goods)

한편, 아무리 공공 서비스라 하더라도 예리하고 객관적인 분석으로 현명한 판단에 의해 합리적인 (행정)경영을 하면 능률성을 향상시킬 수 있는 여지가 충분히 있다는 점이다. 풀(R. Poole)과 이와쿠니는 한정된 자치단체의 예산 규모로써 증가하는 주민 수요에 대처하는 방법은 행정에서도 경영성의 개입을 도입하는 것이 첩경임을 강조하고 있다.

일본의 경우, 매년 만성적인 적자에 허덕이던 국영철도(國鐵)를 당시 나카소네 야스히로(中曾根康弘) 총리의 결단으로 여러 개의 철도회사로 분할한 후 민영화해 마침내 흑자로 돌아서게 만들었다. 또한, 매년 예산 심의 때마다 국회에서 운수대신(교통부 장관)과 철도국장(철도청장)은 선로, 객차, 기관차, 역사 등 하드웨어가 낡아서 적자를 면치 못하고 있다고 변명했으나, 민영화 이후 하드웨어는 거의 그대로이지만 새로운 여행 상품 개발과 같은 신소프트웨어 개발로 마침내 민영화된 철도 회사들이 흑자로 돌아선 사실은 우리에게 시사하는 바가 크다. 대처(Margaret Thatcher) 전 영국 총리도 브리티시텔레콤, 의료기관 등 과감한 민영화 조치를 단행했고, 사회주의 색채가 강한 프랑스의 미테랑(François Mitterand) 대통령도 국영화 정책의 과오를 뒤늦게나마 깨닫고 민영화 정책으로 방향을 전환했다.

제 2 절 경영화의 등장 배경과 의미

1 등장 배경

정부의 역할은 시대의 조류와 환경의 변화에 따라 많은 변화를 보이고 있다. 우선 대외적으로 세계화 · 개방화의 거센 물결로 인해 국가 간, 정부 간 무한경쟁 시대가 도래하기 시작했다. 무한경쟁 시대의 도래는 적자생존을 위한 경쟁력의 확보 및 제고가 핵심 이슈로 등장했다. 거시적 맥락에서는 지구상에서 이념 장벽의 붕괴로 국가 간 이해 관계가 경제 중심으로 전환되는 것과 맥을 같이한다.

대내적으로는 민선 지방자치단체장의 등장으로 인해 전통적인 관료 영역으로부터 탈피하고자 하는 경향이 나타나고 있음과 동시에 민간 부문에서는 공공 분야에 침투하고자 하는 노력이 경주되고 있으며, 이러한 경향은 점차 증대될 전망이다. 한편 지방자치제의 부활 및 지방화 시대의 도래로 주민들의 욕구는 양적으로는 증가하고 질적으로는 한층 높은 수준의 서비스를 요구하고 있다. 그럼에도 불구하고 자치단체의 재정력은 극히 취약하며 주민들은 증세(增稅)에는 강한 거부감을 보이고 있다.

이와 같은 대내외적인 여건 변화는 좀더 효율적인 정부, 작고 강한 정부를 요청하고 있다. 비능률의 표상으로 인식되어 온 기존의 거대해진 관료체제로써는 무한경쟁 시대에 경쟁력의 확보가 불가능하다는 판단에서 이제 정부도 경영적이며 기업적인 마인드로 무장하지 않으면 안 된다는 사실을 지각하기에 이르렀다. 즉 이제 정부도 행정의 경영화란 시각에서 조직과 인력 및 자원을 관리해야 할 상황에 직면했다.

공공 부문에서 경영화가 도입된 계기는 미국 사바스(E. S. Savas)의 『공공 부문의 민영화(*Privatizing the Public Sector*)』란 연구를 통해서 표출되고, 1978년 6월 재산세 제한을 골자로 하는 미국 캘리포니아의 주민투표에 의한 '제안 13호(Proposition 13)'의 통과로 촉발되었다(Gaebler, 1983: 3). 한편 일본에서는 지방정부를 하나의 주식회사 형태의 경영체로 간주해 최소 비용으로 최대 복지를 추구하고, 이러한 흐름에 고베(神戶) 시는 1974년 '도시경영 시스템 개발 연구'를 통해 선도적 역할을 했다. 즉 "지방정부는 재단법인 회사이다. 시장은 사무역이고 시민은 주주이다"라고 했다(高寄昇三, 『지방자치의 경영』).

한편 영국의 지방정부도 경영화를 강력하게 추진하고 있다. 한마디로 영국의 지방정부는 '일류 기업'을 지향한다. 경쟁과 능률이라는 기업식 개념을 도입해 지역의 비약적인 발전을 꾀하는 것이 바로 영국이다. 형식적으로 지방자치단체장은 시장이지만 외부 또는 외국의 손님이 왔을 때 지역 주민을 대표해 접견하는 정도의 역할이 거의 전부다. 이런 까닭으로 영국에서 자치단체장은 지역사회를 대표하는 상징적인 의미밖에 없고 다수당의 의회 의원들이 1년을 임기로 번갈아가며 시장(단체장)을 맡는다.

기관 통합형 자치 제도를 채택한 영국의 경우, 지방정부는 수석집행관이 지방의회의 지휘를 받아 실질적으로 행정을 총괄 감독하고 운영하는 책임을 맡고 있다. 수석집행관은 지방정부의 얼굴 시장 밑에서 지방정부의 살림을 맡은 전문경영인이다. 영국 지방정부의 특성은 지방 활성화를 위해 도입된 수석집행관 제도에 있으며, 이들이 효율성에 바탕을 둔 지방정부의 기업식 운영 및 지역 발전을 선도하고 있다. 다시 말하면, 영국에서 경영적인 지방정부의 운영의 조타수 역할은 바로 수석집행관들이 맡고 있다. 잉글랜드나 웨일스 지역에서만 전문경영인인 수석집행관이 80여 명에 이른다. 이들은 공무원 중에서 발탁되기도 하지만 경영 능력이 뛰어난 일반기업의 우수한 전문경영인들 중에서 스카우트되는 경우가 많다. 이들의 연봉은 개인별로 차이가 많지만 비교적 높은 편이며, 일부는 약 8만 파운드(한화 약 1억 원)로 당시 메이저(John Major) 영국 총리의 연봉보다 높은 경우도 있다.

영국은 지방정부 스스로 경영적인 정부 운영을 위한 노력을 게을리하지 않지만, 중앙정부도 이를 적극 권장하는 조치를 강구하고 있다. 그 대표적인 것이 '차터 마크'상이다. 이 상은 영국의 보수당 정부가 자치단체의 효율성을 끌어올리기 위해 1992년에 만든 것으로 1992년에 8개 지방자치단체가 이 상을 받았다.

지방정부는 자치단체의 기업적 운영을 위해 다양한 방법을 동원하고 있다. 이를테면, 공공 서비스 공급에서도 민간 회사들과 계약제, 입찰제, 민·관 협동 체제 등 다양한 방법을 강구한다. 그러나 여기서 중요한 사항은 서비스 공급이 어떠한 형태로 이루어지건 간에 반드시 서비스 공급에 대한 성과를 지속적으로 측정하고 있다는 점이다. 서비스 공급에 대한 측정 결과를 토대로 좀더 양질의 서비스를 좀더 저렴한 가격으로 공급(저비용·고효율)할 수 있는 방법을 강구한다.

2 경영화의 의미와 유사 개념

1) 행정의 경영화에 대한 의미

지방정부에서 경영화란 공공 서비스의 효율적 공급을 위해 기업가 정신에 입각한 지방정부의 운영을 강조한다. 다시 말하면, 행정의 경영화란 기업가 정신에 입각해 최소의 경비로 주민의 삶의 만족도를 최대한 높이는 것을 의미한다. 궁극적으로 이는 최소 비용으로 질적·양적으로 다양한 주민의 욕구를 충족시키는 것이다. 이는 지방정부가 이윤과 경쟁을 바탕으로 하는 민간 부문의 경영적 요소를 도입해 행정의 공공성을 저해하지 않는 범위 내에서 능률성과 사업성을 추구하고, 한정된 지방정부의 재원으로 좀 더 다양한 양질의 행정 서비스를 주민에게 공급하기 위한 일련의 노력이다.

관료조직의 대표적 병폐인 비능률적 관청 체제의 온존, 비시민적 서비스 공급 체계의 유지, 비합리적 급여 체계에 대한 옹호 등이 지방정부 구성원들의 잠재된 심층심리이다. 이들은 행정에 기업 원리를 도입하는 것에 대해 자치단체에서는 상당한 알레르기 증상이 있으며, 공공 분야에 기업 원리를 도입하는 것은 공공성에 어긋난다고 주장한다. 과연 그럴까? 기업 원리를 수익주의나 시장주의와 같이 해석하면 분명히 공공성에 위반되는 경우도 있지만 기업 원리는 특정한 투자·서비스를 어떻게 싼 값에 또한 소비자의 수요에 부응하도록 제공하는가 하는 경제성·효율성의 원칙이고, 그 한도 내에서는 공공성에 어긋나지 않는다. 또한 지방행정은 종합행정으로 지역 개발에서부터 복지 서비스까지 매우 폭이 넓기 때문이며, 지역 개발 등의 시장 분야의 행정에 시장 원리를 적용하지 않으면 오히려 공공성에 어긋나며, 지역 개발 그 자체도 성공하기 어렵다.

행정의 최상의 선택은 지역 복지의 극대화와 목표 달성을 위한 시장 메커니즘으로 단련된 기업적 시스템을 도입하는 것이다. 즉 자치행정에도 기업적 시스템이나 시장 메커니즘의 적용은 상당한 여지가 있다고 판단된다. 주의해야 할 것은 기업 원리로서의 수익성을 너무 강조하면 목적과 수단의 전도 현상이 발생할 수 있다.

2) 민간 부문과 공공 부문의 차이점 및 특성

전통적인 관점에서의 공공 부문과 민간 부문의 차이점은 <표 11-2>에서와 같이 정리할 수 있다. 주요 차이점을 중심으로 살펴보면, 첫째, 조직 규모 및 특성의 차이이다. 공공조직의 조직 규모가 기업조직보다 상대적으로 크다. 또한 공공 부문은 수직적인 피라미드 구조로 경직적인데 비해, 민간 부문은 수평적인 네트워크가 중시되며 과업 중심의 탄력적인 운용을 본질로 한다.

〈표 11-2〉 공공 부문과 민간 부문과의 비교

구 분	공공 부문	민간 부문
목적/ 목표	시민의 풍요롭고 안전한 생활 공익 추구	제품·서비스 제공을 통한 이윤 사익 추구
성 격	종합 서비스, 추상적, 경직적임.	한정되고 구체적임.
고 객	모든 시민 (소득 등을 감안한 배려)	국내외 소비자 (변덕스럽고 수시 변화)
실현 수단	공권력(강제권)의 발동	자발적 교환
경쟁자	독점 경영체	국내외 무한 경쟁 노출
견제 평가	중앙정부, 의회, 시민	소비자, 정부
의사결정 방식	집단적 결정	개인적 결정
변화 속도	공공 서비스의 본질 불변 변화 대응 지연	사업, 기술, 고객 취향의 급변 변화 자체가 생존의 조건
보유 자원	자연자원 포함 광범위 위기에 대처할 자원 상시 보유	사람, 돈, 정보 등이 비교적 명확하고 위기 발생시 자원 동원
리 더	행정가, 정치가	기업가, 전문경영인
운영의 틀	법제도, 규정에 근거한 판단	리더십과 의사결정
재원 조달	세금(조세) 및 사용 수수료	판매 수입
산출물	공공재 및 준공공재	민간재(사적 재)
가격 결정	경제적+정치적 판단	시장 메커니즘+전략적 판단
조직 형태	수직적 피라미드 직급 중시로 경직적	상대적 수평적인 네트워크 과업 중시의 탄력적 운영

출처: 이상철 외(2000), 공기업의 이해, p. 67을 바탕으로 재구성.

둘째, 조직 목적상 차이가 있다. 기업은 이윤 극대화를 목적으로 하는 데 비해, 행정은 공공복지의 극대화를 목적으로 한다.

셋째, 경쟁 상대의 유무이다. 기업 간에는 이윤을 둘러싼 치열한 경쟁 관계가 존재하지만, 행정은 독점적으로 경쟁자가 존재하지 않으며 파산도 없다.

넷째, 강제 권력의 유무이다. 기업 부문과는 달리 행정은 일반적으로 규제행정으로 강제력을 동반한다.

다섯째, 법령 규칙의 의무에 대한 사항이다. 기업 활동이 법규제를 받는 데 비해, 행정은 법령 규칙에 묶여서 그 법규의 집행 자체가 행정의 내용을 이루는 경우가 많다.

여섯째, 공공 부문은 집단적 의사결정 방식이 지배적인데 비해 민간 부문은 개인적 의사결정 방식이 지배적이다. 또한 서비스의 성격, 고객집단, 변화의 속도, 보유자원, 리더의 특성, 재원 조달이나 가격의 결정 등에서 양자는 차별화되고 있다.

하지만 양자간에 이러한 차이가 있음에도 불구하고 최근 들어 이들 간에 상호 보완적인 의미가 교호하는 특성이 있으며, 이는 바로 행정의 경영화와 밀접하게 연관되고 있다. 이를테면, 행정이 민간 부문과는 달리 비수익성을 특징으로 한다 해도 재정적 사업 등에서는 기업 부문과 마찬가지로 효율성을 간과할 수는 없다. 또한, 비록 행정이 독점성을 갖는다 하더라도 그것이 지방정부가 제공하는 행정 서비스의 지역 독점의 한계를 벗어나 다른 지방정부 간의 경쟁 관계가 발생한다. 행정의 공권력성에 대해서도 종래의 관(官) 우위의 일방적인 행정에서 민의의 반영과 합의를 구하는 함께 다스리는(거버넌스) 행정으로의 시대 이행을 무시할 수는 없다. 법규성과 관련해서도 법률을 만들면 무엇이라도 임무는 해결된다는 법률만능주의는 전국을 하나의 공통된 자로 재려고 하여, 지방정부의 독창성과 효율적 행정 발전에 저해 요인으로 작용한다는 비판에 직면할 수밖에 없다.

이러한 비판은 과거와 같이 공공 부문과 민간 부문이 서로 다른 세계에서 살아가고 있다고 하는 종래의 변명은 통용되기 어려워지고 있다. 결과적으로 이는 지역 특성의 다양화, 자치행정은 공공 서비스 산업이라고 하는 관점에서 행정의 경영화란 요소가 접목될 필요성을 증가시키고 있다.

3) 행정의 경영과 기업의 경영

행정에 경영적인 요소를 접목하고자 하는 행정의 경영화가 한 추세이기는 하지만 그렇다고 양자가 동일시될 수는 없으며 행정의 경영과 기업의 경영과는 본질적인 요소에 차이가 존재한다. <표 11-3>에서 나타나는 바와 같이 경영 목적이나 경영 원리, 운영 원리, 경영 수단, 경영환경과 추구 수단 간에 차이가 존재한다. 전자는 공익의 극대화, 수요 충족 원리의 추구, 합의 형성에 기초한 예산 배분, 강제성에 기초한 조세를 통한 자원의 확보, 공공경제 원리에 기초한 사회적 배분 원리 및 권력적 규제와 개입을 통한 이해 조정을 본질로 한다. 반면에 후자는 수익의 극대화, 이윤 원리에 기초한 기업성의 추구, 기업회계 방식에 의한 손익 계산, 시장경제 원리에 의한 자본의 조달과 경쟁의 확대, 수익을 창출하기 위해 광고와 선전을 통한 이익을 도모하는 것을 본질로 한다.

〈표 11-3〉 행정의 경영과 기업의 경영의 차이

구 분	행정의 경영	기업의 경영
경영 목적	• 주민 복지(公益)의 극대화	• 수익(收益)의 극대화
경영 원리	• 수요 충족 원리에 기초한 공공성의 추구	• 이윤 원리에 기초한 기업성의 추구
운영 원리	• 예산 배분 방식에 기초한 합의 형성	• 기업회계 방식에 기초한 수지 계산
경영 수단	• 강제성에 기초한 조세 징수, 공공 서비스 제공	• 자유경제에 기초한 자본 조달 및 서비스 제공
경영 환경	• 공공경제 원리에 기초한 상호 의존 사회의 배분 원리	• 시장경제 원리에 기초한 경쟁사회로 확대 원리
추구 수단	• 권력적 규제, 개입에 대한 이해 조정	• 광고, 선전, 이익 공여에 의한 이익 유도

출처: 이종수 외(2005), 새행정학, p. 35를 바탕으로 재구성.

4) 지방정부의 경영과 지방정부의 관리

한편 행정에 경영적인 요소가 도입되기 이전의 행정은 관리적인 요소가 지배적인 패러다임이라고 볼 수 있다. 그런 의미에서 지방정부에 대한 경영과 관리에 대한 차이점도 이해할 필요가 있다. 지방정부 경영은 여건 변화에 적극적·능동적이며 효율성을 지향하고 다양하며 창의적이며 개성적인 요소를 강조하는 데 비해, 지방정부 관리는 외부 환경의 변화에 소극적·수동적이며 현상 유지적 성향을 지니며 다양성을 추구하기보다는 획일성을 강조하는 경향이 있다.

우리가 인정하길 원하든 아니든, 관료주의는 공공 분야에서 관리와 수행의 우세한 패러다임이다. 공공관리자가 창조하고 유지하는 세계는 본질적으로 대부분 위계조직이고, 업무의 분할, 방향의 통일, 집권화, 그리고 피라미드 조직의 정상에서 보호되는 권위와 책임을 선호한다. 그동안 대부분의 공공기관은 대체로 그들의 영역 안에서 일하고 있는 사람들에 대해 자율성을 제약하고, 명령과 분배 방식에 익숙하며, 친절 및 서비스와는 거리가 멀며, 절차와 형식에 얽매여 목표보다는 수단이 강조되었다.

이에 반해, 경영적인 시각에서의 행정가, 일명 기업가 정신은 기존의 관료주의와 대조되며 넓게는 공공관리와 이질적이다. 행정인의 기업가 정신은 꾸준히 기존 시스템의 문제점은 없는지를 지속적으로 검토하고, 잘못된 제도나 관행은 과감히 개선한다. 또한 항상 자율성에 기반해 창의적이며 새로운 아이디어를 찾기 위해 노력하며, 형식에 기속되기보다는 성취 지향적인 사고와 행태를 중요시한다.

3 경영화의 방향

지방정부가 경영화를 위해서는 민간 부문에서의 기업 경영의 원리가 공공 부문에서도 접목될 필요성이 있다는 점이다. 그러면 기업 경영의 어떠한 수법이 지방정부의 경영에 도입될 수 있을 것인가?

첫째, 경제성의 추구이다. 이는 공공 서비스의 생산에서 경제적이어야 할 뿐만 아니라 생산된 서비스의 공급에서도 경제적이어야 함을 의미한다. 현재 지방행정의 영역 중에서 이러한 원리를 적용할 수 있는 분야는 다양하다. 예를 들면 이벤트, 박람회, 그 외 지방정부가 주최하는 모든 행사가 이에 해당한다.

둘째, 수익자 부담 원칙의 적용이다. 하수도 사업에서의 수익자 부담금의 징수만이 아니라, 지역 개발, 교통사업, 사회복지, 사회교육 등의 분야에서는 수익과 부담의 공평 원칙이 더욱 강력하게 실시되어야 한다. 즉 수익자 부담 원리에 기초해 편익 또는 수익과 부담 간의 공평성 및 형평성을 확보해야 한다. 여기서 수익과 부담을 정하는 기준은 획일적이 아니라 공공 서비스의 유형에 따라 차별적 접근이 필요하다. 기초적인 복지시설 등과 같은 필수적이며 기초적인 서비스는 무료이거나 또는 저렴해야 한다. 한편 선택적이며 기초적 서비스이거나 필수적이며 기초적 이상의 서비스인 경우에는 응익 원칙(應益原則)의 도입이 요청된다. 이를테면, 공원이란 서비스는 기본적으로 공공 부문이 제공해야 할 서비스라고 볼 수 있다. 하지만 공원의 성격에 따라 공공재적 요소가 지배적인 경우가 있는 반면에 사적 재에 가까운 공원도 존재할 수 있다는 사실이다. 일례로 서울시에서 제공하고 있는 공원의 경우 한강시민공원, 여의도공원, 어린이대공원, 서울대공원, 서울랜드 등 다양한 공원이 있다. 이들 중 한강시민공원과 여의도공원은 필수적이며 기초적인 서비스 성격이 강해 무료로 시민 모두가 자유롭게 이용할 수 있다. 어린이대공원의 경우에는 자라나는 새싹들을 위한 공원이라는 의미에서 그동안 어른들은 아주 저렴한 입장료를 받고 어린이는 무료로 운영하다 최근에는 모두 무료로 전환했다. 한편 서울대공원의 경우에는 공원이 제공하는 서비스를 수혜하기 위해서는 비록 시장경제적 요인에 의한 가격(입장료)은 아니지만 일정 금액의 입장료를 지불해야 한다. 반면에 서울대공원과 바로 인접해 있는 서울랜드는 서울시가 부지를 제공하고 민간이 시설물을 설치한 위락공원이다. 이는 거의 사적 재와 유사해 여기의 입장료는 상당한 금액을 지불해야 한다. 왜냐하면 여기서는 다른 일반 공원에서 즐길 수 없는 볼거리와 위락시설물들을 이용할 수 있기 때문이다.

셋째, 유도행정의 촉진이다. 유도행정이란 지방정부가 직접 실시하는 것이 아니라, 민간 혹은 그 외의 단체 등을 활용해 공공이 수행해야 할 업무 등을 대행하게 하거나 간접적인 방법을 통해 업무를 수행하도록 하는 것을 의미한다. 이러한 방법으로 흔히 민간위탁이 활용된다.

넷째, 제3섹터의 활용이다. 민간 부문과 공공 부문이 상호 협력, 즉 민관 파트너십을 통해 수행해야 할 필요성이 증대되고 있다. 민관 협력을 통해서 행정에서도 경영적인 기업 원리가 최대한 활용되어야 하지만 아직까지 활성화되지는 않고 있다. 앞으로 한층 민간 능력의 활용이 적극적으로 도모되어야 한다.

다섯째, 내부관리의 증진이다. 기업 경영의 엄격한 관리 개선의 성과를 살펴보면, 지방정부는 상당한 분야에 걸쳐서 관리가 실시될 여지가 있고, 또 그러한 관리 노력에 결과에 따라서 경영화의 가능성이 증폭될 여지가 있기 때문에 앞으로 지방정부의 경영적인 관리가 더욱 요구된다.

4 행정인의 기업가 정신: 기업가적인 행정인

행정이 경영화를 지향하기 위해서는 제도의 개선 등과 같은 시스템적 접근도 필요하다. 하지만 제도 못지않게 그 제도를 운용하는 사람의 몫이 훨씬 중요하다. 행정인의 기업가적 정신, 즉 기업가적인 행정인이 절실히 요청된다. 그러면 기업가적인 행정인은 어떠한 특성은 지니는지 살펴볼 필요가 있다(Gaebler, 1983: 4-6).

첫째, 기업가적인 행정인은 목표는 정해져 있으나 직무는 정해져 있지 않으며, 그들 스스로 조직과 개인의 스케줄을 만들어 그들 스스로 선택한 업무를 수행한다.

둘째, 기업가적인 행정인은 유연하고 기회를 살피고 포착하며 외부의 변화에 민감하다.

셋째, 기업가적인 행정인은 끊임없이 도전하고 발생 가능한 것에 의문을 제기하고, 변혁의 장애물로서 현행 법률, 규칙, 규정이나 관습, 전통 같은 것에 구속되지 않고 과감하게 개선을 시도한다.

넷째, 기업가적인 행정인은 미래 지향적으로 장기적 안목을 가지고 현재에 얽매이지 않으며 안주하지 않는다.

다섯째, 기업가적인 행정인은 예측 가능한 위험을 감수한다. 실패가 두려워 위험을 감수하지 않는다면 어떠한 성공도 기대할 수 없기 때문이다.

여섯째, 기업가적인 행정인은 이익 지향적이며 계산적이다. 불필요한 예산을 과다하게 요구하는 것이 아니라 필요한 만큼의 예산을 요구하고, 정기적으로 산하조직과 현장의 서비스를 점검하며 필요시 기관의 폐쇄뿐만 아니라 매각도 적극적으로 고려한다. 기업가적인 행정인의 창의적인 힘은 문제를 회피하기보다는 문제로부터 어떻게 수익을 창출하거나 예산을 절약할 것인지를 지속적으로 탐색한다.

일곱째, 기업가적인 행정인은 주인 의식을 가진다는 점이다. 고용인이 아니라 고용주라 느끼고 생각하고 행동한다.

제12장 자치단체의 업무와 아웃소싱*

제1절 머리말

오늘날 행정은 자국(自國)의 정치 · 경제 · 사회 · 문화적 여건 변화와 산업화 · 정보화의 추세에 따라 그 역할과 기능에서 새로운 전기를 맞이하고 있다. 지난 반 세기 동안 세계 각국은 경제 성장 논리 및 사회경제적 문제에 대한 정부의 적극적 간섭 등으로 정부 부문의 비대화를 초래하게 되었고, 그 결과 재정 부담의 증대와 비효율적인 자원 배분, 그리고 민간 부문의 자율성 제약이라는 문제를 초래하게 되었다.

이러한 상황은 한국에서도 예외는 아니다. 지방자치제의 실시로 인한 주민 수요의 급증, 지역 개발 및 삶의 질 향상에 대한 주민들의 기대치 상승은 지방재정에 부담을 가중시키고 있다. 재정자립도가 낮은 지방자치단체의 경우 자체 재원으로 소속 공무원의 인건비도 지급할 수 없는 정도이다. 따라서 한국을 포함한 세계 각국은 비대화된 정부 기능보다는 작지만 효율적인 정부를 주창하면서 정부의 역할과 기능에 중대한 변화를 보이고 있다. 그 중에서도 서비스 전달 방법의 개선을 통해 효율적인 지방정부를 지향하

* 이 장은 이시화 교수(평택대학교)와 공동 집필한 것이다.

고자 하는 움직임이 활성화되고 있다.

행정 서비스의 공급 체계로서 과연 직영 방식이 모든 서비스에 최적하다고 말할 수 있을까? 직영 방식은 행정의 허가, 인가, 권력적 행정 등의 한정된 분야에 그치고 스포츠, 문화, 관광시설의 대부분은 간접 방식이 더 낫다고 평가된다. 이는 시민측 입장에서 최소의 부담으로 최대의 복지, 최소의 비용으로 최대의 효과라는 민간 부문의 원리 도입이 효과적이다.

이러한 시대적 상황 속에서 아웃소싱은 지방자치단체의 인력과 자원의 제약을 극복하고 적은 비용으로 양질의 서비스를 창출해 새로운 변화에 능동적으로 대응할 수 있도록 해 주는 하나의 대안으로 부각되고 있다.

국내 지방자치단체의 경우, 아직까지 가시적인 대규모의 아웃소싱은 진행되고 있지 않지만, 대도시를 중심으로 일부 지방자치단체는 단편적으로나마 아웃소싱을 확대해 나가고 있다. 그러나 아웃소싱의 효과를 평가하는 기법이 체계적으로 개발되지 않아 대부분의 지방자치단체는 아웃소싱의 대부분을 충분한 사전 분석 없이 추진하고 그 효과 측면에서 의문이 제기되고 있다. 이러한 현실 속에서 여기서는 지방자치단체의 성공적인 아웃소싱 추진을 위한 업무 선정과 전략에 대한 방향을 제시하는 데 그 목적이 있다.

제 2 절 지방정부에서 아웃소싱

아웃소싱 평가와 관련해 최근에 두 가지 유형의 연구가 진행되고 있는데, 1) 기존의 아웃소싱 중에 있는 업무를 대상으로 사후 효율성을 분석하는 연구이며, 2) 아웃소싱하기 전에 적합한 아웃소싱 대상 업무를 선정해 그 효과를 높이기 위한 연구이다.

이미 아웃소싱이 진행중인 업무를 대상으로 사후 평가하는 대표적인 연구로는 국내에는 지방자치단체 환경기초시설을 대상으로 민간위탁 효과성에 관한 분석(최병대, 2002)과 사회복지관 민간위탁 운영의 효과성 평가(김경혜, 2001) 외 몇 편의 연구 논문이 있다. 해외 연구로서는 휴먼 서비스에 대한 민간위탁과 성과측정(Blasi, 2002), 지방정부 서비스의 민간위탁 대상에 관한 연구(Siegel, 1999), 공공 서비스에 대한 민간위탁에 관한 연구(Preger, 1994) 등이 있다.

또한 아웃소싱 대상 업무 선정과 관련된 연구는 대부분이 일반적인 아웃소싱의 혜택과 문제점 등을 경험적인 측면에서 논의한 것이다(Siegel, 1999; Madden, 1998). 그러나 이러한 논의는 체계적인 평가 틀 없이 경험적으로 주장되어 왔다. 이 분야의 연구 중에서 비교적 체계적으로 분석된 연구로서는 우선 콜로라도 주 회계감사원(CSA)에서 아웃소싱의 기술적인 타당성을 평가하기 위해 개발한 기준서를 들 수 있다. 이 기준서는 아웃소싱을 결정할 때 고려해야 할 주요한 아홉 가지 요소를 제시하고, 나아가 각각의 요소에 점수를 부여해 단위 업무의 아웃소싱 총점에 따라 아웃소싱을 결정하는 것이다. 물론 지방자치단체와 단위 업무의 특성에 따라 점수 비중을 달리할 수 있다.

CSA에서 선정한 아홉 가지 주요 요소로는 민간시장의 경쟁성(market strength), 정치적인 저항(political resistance), 서비스 질(service quality), 기존 공무원에 대한 영향(impact on public employee), 법적인 제약(legal barriers), 위험성(risk), 자원(resources), 통제(control), 비용 효율성(cost efficiency) 등이다. 그러나 이러한 계량적인 모형은 실질적인 아웃소싱 결정에 구체적인 도움을 줄 수 있는 반면에 문제도 있을 수 있다. 우선 아웃소싱을 결정하는 아홉 가지 요소 외에도 업무의 특성에 따라 새로운 요소가 반영되어야 하며, 또한 다양한 아웃소싱 내외부 환경 여건에 대비한 구체적인 대응전략을 수립하기에는 부족한 면이 없지 않다.

한편 글로버만(Steve Globerman)과 바이닝(Adian R. Vining)의 연구는 아웃소싱 대상 업무 선정에 관한 구체적인 프레임워크를 제시한다(Globerman & Vining, 1996). 그들은 아웃소싱은 그것으로 인해 비용이 절감될 때 합리화가 될 수 있으며, 비용은 생산비와 아웃소싱의 지속적인 관리에 사용되는 비용으로 구분될 수 있다고 주장한다. 즉 성공적인 아웃소싱은 이 두 가지 비용의 총합이 절감되어야만 달성될 수 있다. 따라서 아웃소싱 발주 후에 발생하는 중장기적인 보이지 않는 관리비용은 최소화되어야 하며, 관리비용은 몇 가지 단위 업무의 특성을 고려하면 미리 예측될 수 있다. 아웃소싱 관리비용에 영향을 미치는 요인으로서 업무의 복잡성(task complexity), 업체의 경쟁성(contestability), 그리고 고정자산의 투입(asset specificity)을 들 수 있다.

이 연구는 다음과 같은 측면에서 의의가 있다. 먼저, 많은 지방자치단체가 아웃소싱에 대해 부분적으로 수행 및 계획중이지만 기존 아웃소싱에 대한 사후평가가 제대로 이루어지지 않은 상황 속에서 아웃소싱 대상 업무 선정을 위한 프레임을 제시한다는 점이다. 둘째로, 어떤 상황 속에서 아웃소싱의 위험성이 있으며 어떻게 대응해야 하는지를 알려 주는 지렛대 역할을 할 수 있다는 점이다. 마지막으로, 개발된 아웃소싱 선정 모형을 실제로 우리나라 어느 기초자치단체 모든 부서의 단위 업무를 대상으로 검정해 본다는 측면에서 기존 연구와 차이가 있다.[1)]

제 3 절 아웃소싱 대상 업무의 발굴과 이를 위한 모형 개발

1 대상 업무 발굴을 위한 모형 개발의 기본 방향

이 연구의 아웃소싱 대상 업무 선정 모형은 기존 연구에서 제시된 공공기관의 아웃소싱 대상 업무 선정시 고려되어야 할 요소와 문제점, 그리고 지자체의 역할을 고려한 아웃소싱 목표 및 기대 효과 등을 고려해서 구상되었다. 지방자치단체의 아웃소싱은 조직의 특성과 역할을 고려할 때 단기적인 비용상의 혜택을 넘어서 지역에 대한 파급 효과, 공무원의 사기 저하, 장기적으로 나타날 수 있는 보이지 않는 비용 등을 포함하는 다양한 요소를 고려해야 할 것으로 생각된다.

따라서 아웃소싱 대상 업무 선정 모형은 아웃소싱으로 인한 혜택(비용

1) 여기서 소개되고 있는 아웃소싱과 관련된 사례분석은 한양대학교 행정문제연구소에서 수행한 「강남구 아웃소싱 대상 업무 선정에 관한 연구」(2003)에서 아웃소싱 대상 업무 발굴과 관련된 내용을 중심으로 발췌해 재정리한 것이다.

절감, 서비스 질의 제고, 투명성 및 효율성 확보)과 내/외부 위험성(민간 업체의 독점 가능성, 부패 가능성, 공무원 사기 저하, 서비스 중단으로 인한 중대한 문제 발생 등)을 충분히 고려해 개발해야만 한다.

2 아웃소싱 대상 업무 발굴을 위한 모형

[그림 12-1]은 아웃소싱 대상 업무 선정을 위한 다섯 가지 기본적인 단계를 제시한 것이다. 우선 아웃소싱이 필요한 업무에 대한 명확한 아웃소싱 목표 및 혜택을 선정하고(1단계), 이를 위해 혜택을 극대화시키고 아웃소싱에 따른 위험성을 최소화시키기 위한 분석 단계를 거쳐(2~3단계), 실질적인 아웃소싱 전략을 수립하는 단계를 거치게 된다(5단계).

[그림 12-1] 아웃소싱 대상 업무 발굴 및 추진 모형

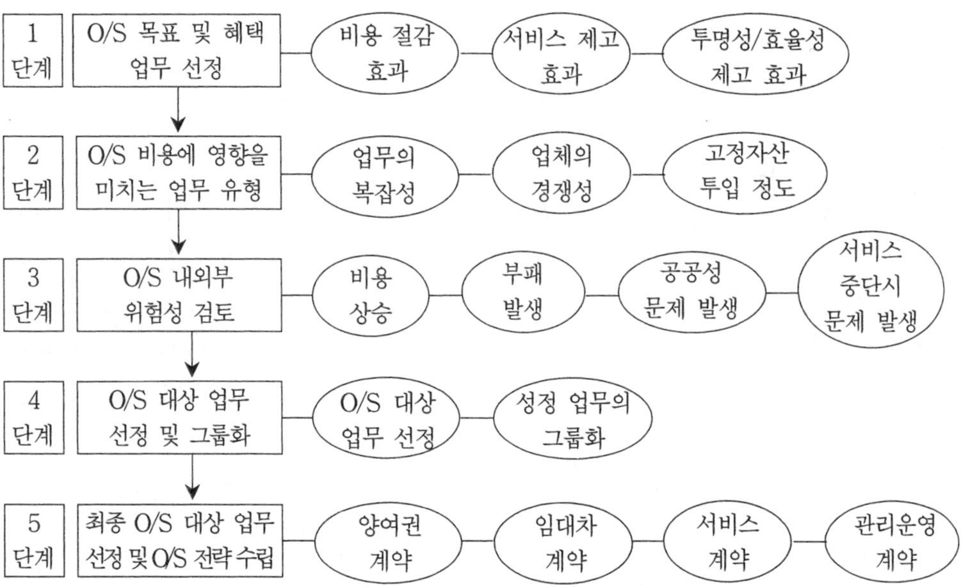

1) 1단계: 아웃소싱을 통해 혜택이 예상되는 업무 선정

아웃소싱 대상 업무를 선정하기 위해서는 무엇보다도 아웃소싱을 통해 기대 효과가 나타나야 한다. 지방자치단체가 아웃소싱을 하는 이유는 여러 가지가 있을 수 있지만 대표적인 기대 효과로서는 <표 12-1>에서와 같이 예산 절감, 서비스 질의 제고, 행정 업무의 투명성(효율성) 확보 등을 들 수 있다.

〈표 12-1〉 아웃소싱 효과 및 내용

아웃 소싱 목표	내 용
비용 절감의 효과	• 아웃소싱을 통한 비용 절감은 지방자치단체의 비용뿐만 아니라 시민의 비용 부담과 용역 업체의 운영 비용까지도 포함하는 것이 바람직하다.
서비스 제고 효과	• 아웃소싱을 통해 서비스의 질이 제고되어야 한다. 따라서 업무의 성격에 따라 비용이 오히려 상승하더라도 서비스 제고가 아웃소싱 최고의 목표가 될 수 있다.
투명성과 효율성 제고	• 아웃소싱으로 인해 업무의 투명성과 효율성을 높이는 것이 아웃소싱의 목표가 될 수 있다.

2) 2단계: 아웃소싱 비용에 영향을 미치는 업무 유형 분류

아웃소싱 혜택이 있다고 판단되는 업무를 대상으로 업무별 유형 분석을 실시한다. 아웃소싱은 업무의 특성에 따라 장단기적으로 보이지 않는 관리 비용이 증가하는 경우가 많으므로 이를 파악하기 위함이다. 아웃소싱에 따른 장기적인 관리 비용 증가 가능성을 파악하기 위해 <표 12-2>에서 나타나는 바와 같이 단위 업무의 세 가지 특성(업무의 복잡성, 시장의 경쟁성, 다른 용도로 전환할 수 없는 이미 투자된 비용)을 검토해 단위 업무 유형을 분석한다.

<표 12-2>의 업무 유형 분석 기준을 적용해 장기적인 관리비용 증가에 영향을 미칠 수 있는 지방자치단체의 업무 유형을 분류하면 <표 12-3>에서와 같이 크게 여덟 가지로 요약할 수 있다.

결론적으로 여러가지 유형 중에서 아웃소싱하기에 적합한 업무는 업무

〈표 12-2〉 업무 유형 분석의 기준

업무의 특성	장기적 관리 비용 증가 가능성 내역
단위 업무의 복잡성 • 복잡 업무 • 단순 업무	• 단위 업무의 복잡성을 의미한다. 이 때 복잡성이란 단위 업무를 이해하고 수행하는 데 어느 정도의 전문성이 필요하거나 다른 업무와 연계되어 있어 업무 수행이 단순하지 않는 업무를 의미함. • 아웃소싱 대상 업무의 평가와 관련해 측정이 어려운 정도를 말한다. 복잡한 업무는 일반적으로 아웃소싱할 업무에 대한 비용을 산정하는 데 어려움을 동반한다. • 즉 시장환경이 변할 때 예상치 못한 아웃소싱 계약 비용이 높아질 수 있으며, 또한 아웃소싱 수행 업체가 대상 업무를 수행하는 데 따른 노하우를 가지고 있을 때는 더욱 그럴 가능성이 높다. • 따라서 복잡한 업무는 일반적으로 아웃소싱하기보다는 내부에서 수행하는 경우가 많다.
민간 업체의 경쟁성 • 높은 경쟁 • 낮은 경쟁	• 아웃소싱을 수행할 민간 업체의 수가 많아 경쟁이 치열하거나 현재는 업체가 별로 없지만 업무가 아웃소싱될 경우 이를 수행할 업체가 충분히 발생할 수 있을 경우를 의미한다. • 일반적으로 민간 업체가 많을 경우는 아웃소싱을 낮은 가격에 좋은 업체를 선정해 수행할 수 있다. • 반대로 아웃소싱을 수행할 업체가 적으면 아웃소싱시 비용이 높아질 뿐 아니라 재계약시에도 어려움이 발생할 수 있다. • 따라서 민간업체가 많아 경쟁이 치열할수록 아웃소싱을 하는 지방자치단체는 유리한 입장에 설 수 있다.
고정 투자된 자산 여부 • 투자 많음 • 투자 적음	• 업무 수행을 위한 시설 확보를 위해 아웃소싱 업체가 투자해야 하며, 확보된 시설이 다른 목적으로 사용될 수 없는 경우를 말한다. • 따라서 아웃소싱 업무를 수행하기 위해 투자된 고정자산이 많거나 앞으로 투자가 많이 되어야 할 경우, 수행 업체를 선정하는 데 여러가지 어려움이 있을 수 있으며, 결국 비용면에서 효과적이지 못하다.

가 단순하고 투자된(될) 비용도 적고 업체의 경쟁력이 큰 G형의 업무이다. 즉, 업무 수행을 위해 투자된 고정자산도 별로 없을 뿐 아니라 업무 수행 평가도 용이하고 업체 간의 경쟁이 높아 독점 가능성이나 재계약시 문제가 전혀 없다.

그와 반대로 D형은 업무도 복잡하고, 고정자산도 많을 뿐 아니라 아웃소싱을 수행할 민간 업체가 별로 없어 아웃소싱 비용 측정도 어렵고 독점에 따른 위험성도 있어 아웃소싱에 적합하지 못하다. 한편, A형, B형, C형, E형,

〈표 12-3〉 업무 유형별 아웃소싱 적합성

유 형	유형별 특성	아웃소싱 적합성
(A형) • 복잡 업무 • 높은 경쟁 • 투자 많음	• 업무가 복잡하고, 많은 투자가 이루어진 고정자산이 존재하나 다수의 민간 경쟁력이 존재하는 경우이다. • 따라서 시설 투자에 대한 지원을 요구하거나 비용이 상승하더라도 (시설)투자 없이 용역을 수행할 가능성이 높다.	보통
(B형) • 복잡 업무 • 높은 경쟁 • 투자 적음	• 다수의 민간업체가 경쟁적으로 존재하고 투입된 고정자산이 적으나 업무가 복잡하다. • 업무가 복잡해 정확한 아웃소싱 비용 산정이 어려울 수 있으며, 업무 수행 평가가 어려울 수 있다.	보통
(C형) • 복잡 업무 • 낮은 경쟁 • 투자 적음	• 투입된(될) 고정자산이 없으나 업무가 복잡하고 민간 경쟁이 약하다. • 업무가 복잡해 정확한 아웃소싱 비용 산정이 어려울 수 있다. 또한 낮은 경쟁시장으로 인해 독점 가능성이 있으며, 재계약시 높은 단가가 책정될 수 있다.	보통
(D형) • 복잡 업무 • 낮은 경쟁 • 투자 많음	• 업무도 복잡하고 투자된(될) 고정자산도 많으며 민간 업체의 경쟁력도 약한 경우이다. • 모든 상황이 아웃소싱하기에 좋지 않다.	부적합
(E형) • 단순 업무 • 낮은 경쟁 • 투자 적음	• 업무가 단순하고 투자된(될) 고정자산도 없으나 민간 업체의 경쟁력이 약하다. • 민간업체의 경쟁이 부족한 경우를 제외하고는 별 문제가 없다.	보통
(F형) • 단순 업무 • 낮은 경쟁 • 투자 많음	• 업무는 단순하나 투자자산도 많고 업체 경쟁력도 약하다. • 민간 업체는 시설투자 비용을 지불해야 하며, 업무를 수행할 업체가 부족해 독점 가능성의 위험성이 있다 • 따라서 지자체 및 수행업체 양쪽 다 어려운 상태이다	보통
(G형) • 단순 업무 • 높은 경쟁 • 투자 적음	• 업무가 단순하고 투자 비용도 적고 업체의 경쟁력도 크다. • 아웃소싱에 적합한 업무이며, 업무 수행 평가도 용이하며 경쟁이 심해 재계약시 문제가 없다.	적합
(H형) • 단순 업무 • 높은 경쟁 • 투자 많음	• 업무도 단순하고 민간 경쟁력도 높으나 투입된(될) 고정자산이 크다. • 따라서 시설 투자에 대한 지원을 요구하거나 비용이 상승하더라도 아웃소싱 업체가 (시설)투자 없이 용역을 수행할 가능성이 높다.	보통

F형, H형은 부분적으로 문제점을 갖고 있지만 효율적인 아웃소싱 전략이 수립되면 아웃소싱을 할 수 있는 업무로 분석된다.

3) 3단계: 내/외부 위험성 검토

다음으로 공공기관의 아웃소싱은 내·외부에 존재하는 위험성을 충분히 파악해 대상 업무를 선정해야 한다. 아무리 아웃소싱 효과가 있는 업무라 할지라도 위험성이 많으면 아웃소싱을 신중히 재검토해야 한다. 아웃소싱 내·외부 위험성을 파악할 수 있는 지표로서는 아웃소싱으로 인한 공무원과 민간 업체의 부패 가능성, 장기적인 주민 비용의 상승 가능성, 공무원의 사기 저하 및 업무 수행 능력의 저하, 공공성과 공정성 문제 발생, 서비스 중단시 부정적인 파급 효과 등이다.

4) 4단계: 아웃소싱 대상 업무 선정 및 그룹화

1에서 3단계의 결과를 바탕으로 아웃소싱 대상 업무를 선정하고, 4단계에서는 업체 선정 및 아웃소싱의 효율성을 높일 수 있도록 대상 업무 중에서 성격이 비슷한 업무를 그룹화하여 민간 업체가 관심을 가질 수 있도록 업무를 규모화해야 한다. 이 때 아웃소싱을 위한 업무의 그룹화는 업무의 내용과 특성을 충분히 고려해야 하므로 업무 관련 부서의 담당공무원의 의견을 충분히 반영하는 것이 바람직하다.

〈표 12-4〉 아웃소싱의 유형

양여권 계약	임대차 계약
• 민간 부문이 사업의 투자 및 서비스 개선 등 총관리를 책임진다.	• 정부가 시설을 투자하고 민간은 시설을 임대해 운영한다.
서비스 계약	**관리 운영 계약**
• 지자체가 사업을 운영 관리하고 민간은 한정된 서비스만 제공한다.	• 민간이 정해진 위탁관리비로 운영하고 정부는 재정적인 책임을 진다.

5) 5단계: 최종 아웃소싱 대상 업무 선정 및 아웃소싱 전략 수립

마지막 5단계에서는 선정된 아웃소싱 대상 업무의 특성에 기반해서 가장 효율적인 아웃소싱 유형을 결정한다. 일반적인 아웃소싱 유형은 <표 12-4>에서와 같이 크게 네 가지로 구분할 수 있다.

제 4 절 사례분석

위에서 개발된 아웃소싱 대상 업무 선정을 위해 개발된 5단계의 분석틀을 서울특별시 ○○구 모든 부서의 단위 업무를 대상으로 분석해 보았다.

1 조사 대상 및 방법

○○구 모든 부서의 단위 업무를 대상으로 직접 업무를 수행하는 담당자를 대상으로 1차 설문조사와 2차 면담조사를 실시했다. 1차 설문조사는 단위 업무 담당자를 대상으로 설문조사를 실시해 기본적인 단위 업무의 특성을 파악했고, 2차 면담조사는 좀더 심도 있는 분석을 위해 설문조사에 파악된 기초 자료를 바탕으로 각 부서 담당자와 직접 면담을 실시해 좀더 구체적인 업무의 특성을 파악했다. 주요 설문조사 내용은 <표 12-5>와 같다.

〈표 12-5〉 주요 설문 내용

구 분	주 요 설 문 내 용
아웃소싱의 목표 및 혜택	• 비용 절약 효과 • 서비스 질의 제고 • 투명성 및 효율성 확보
O/S 비용에 영향을 미치는 단위 업무의 특성	• 업무의 복잡성 • 민간 업체의 경쟁성 • 기존 투자 현황 등
O/S 내·외부 위험성	• 민간 업체의 독점 가능성 • 부패 가능성 • 공무원 사기 저하 • 서비스 중단으로 인한 중대한 문제 발생 등

2 분석 결과

1) 아웃소싱 혜택 업무 분석

아웃소싱을 통해 혜택을 볼 수 있는 업무 파악은 위에 제시된 세 가지 기준에 근거한다. 설문조사 및 면접을 통해 파악된 아웃소싱 효과가 있는 대표적인 업무를 몇 가지 소개하면 <표 12-6>과 같다.

〈표 12-6〉 아웃소싱의 혜택 업무

아웃소싱 혜택	단 위 업 무
비용 절감의 효과	• 구청사 관리, 구민회관 관리, 물품관리 업무, 체납 관련 업무
서비스 제고 효과	• 목요 상설 무대, 장애인 편의시설 실태조사 및 관리, 자판기 관리 업무, 생활체육교실 운영
투명성 · 효율성 제고	• 법제 업무, 건축 허가 법률 검토

2) 단위 업무 유형 분석

단위 업무의 유형은 업무의 복잡성, 아웃소싱을 수행한 민간 업체의 경쟁 업체의 수, 단위 업무 수행을 위해 기존에 투자한 비용 등을 감안해서 <표 12-7>에서와 같이 여덟 가지(A-H) 유형으로 구분했다.

3) 내외적 위험성 분석

단위 업무 특성을 분석한 후 각 단위 업무에 대한 내외적 위험성 분석을 실시했다. 이는 각 단위 업무를 아웃소싱했을 때 발생할 수 있는 문제점을 파악하고 대비하는 데 도움을 줄 수 있다. <표 12-8>은 몇 가지 단위 업무를 대상으로 위험성 분석을 실시한 결과를 예시한 것이다.

4) 아웃소싱 대상 업무 선정 및 그룹화

1~3단계의 결과를 바탕으로 아웃소싱 대상 업무를 선정하고, 4단계에서

〈표 12-7〉 유형별 단위 업무

유 형	주요 업무	비고
(A형) •복잡 업무 •높은 경쟁 •투자 많음	•사내 방송 운영, 전산자원(서버) 관리 운영, 주민 회원 전자 메일 서비스 등	보통
(B형) •복잡 업무 •높은 경쟁 •투자 적음	•목요 상설무대 운영, 영상 홍보, ○○아카데미 사업, 의료기관 및 의약업소 소송업, 개별 공시지가 조사, 계약 및 회계 관련 업무 등	보통
(C형) •복잡 업무 •낮은 경쟁 •투자 적음	•장애인 편의시설 실태조사, 지방세 체납 및 압류, 무허가 건축물관리, 주택 건설 사업 승인, 가로수 관리, 건축 공사장 관리/감독, 방문간호사업, 과 소관 세무의 체납 업무, 건축허가 법률 검토, 위생업소 관련 소송 업무 등	보통
(D형) •복잡 업무 •낮은 경쟁 •투자 많음	•방견 및 유기 동물 위탁관리, 봉급 관리, 수방장비 정비관리, 도시계획정보 시스템 운영 및 관리, 피견인 차량 보관소 운영 등	부적합
(E형) •단순 업무 •낮은 경쟁 •투자 적음	•신발생 무허가 철거, 각종 청소년 시설 운영, 각종 위반 과태료 부과 징수, 동청사 관리, 하천관리 등	보통
(F형) •단순 업무 •낮은 경쟁 •투자 많음	•구립도서관 운영, 전자도서관 운영, 각종 시설물 유지 관리(가로등, 도로시설, 공원 등), 제설 대책 민간위탁 용역, 생활 폐기물 수집 및 운반, 각종 복지시설 운영 등	보통
(G형) •단순 업무 •높은 경쟁 •투자 적음	•식품위생업 현장실사, 식품위생업 위반업소 행정처분 및 사후관리. 자판기 관리 업무, 쓰레기 무단 투기, 불법 소각 단속 업무, 불법 고정 광고물 정비, 농·수·축산지도, 노상 주차장 운영, 물품관리 업무 등	적합
(H형) •단순 업무 •높은 경쟁 •투자 많음	•재활용센터 운영, 재활용 수집 및 운반 등	보통

〈표 12-8〉 단위 업무별 내외적 위험성 분석

단위 업무	독점 가능성	부패 가능성	주민 비용 증가	공무원 사기 저하	공공성 문제 발생	중단시 문제 발생	업무 대체 어려움	업무 평가 어려움	통제 용이성	법/제도 개선
체납관리 업무		○								○
물품관리										
생활체육 교실 운영			○		○					
장애인 편의 시설 관리	○	○								
계약관리										
목요 상설 무대 운영										
체류 외국인 편익 증진										
자금 관리		○								
건강한 ○○ 만들기 사업										
공원/녹지/ 녹지 관리				○						
건강증진 사업										
하자 보수 점검		○								
정보시스템 관리 업무	○					○			○	

는 업체 선정 및 아웃소싱의 효율성을 높일 수 있도록 대상 업무 중에서 성격이 비슷한 업무를 그룹화해야 한다. <표 12-9>는 부서별로 아웃소싱이 가능한 업무의 예를 열거한 것이다.

〈표 12-9〉 부서별 아웃소싱 대상 업무

부 서	주요 업무
총무과	• 구민회관 관리, 구청사관리, 사내 방송 운영, 구대표 전화 민원실 운영, 외국인 안내 및 상담, 직원 친절교육 등
정책기획과	• 법제 업무, 송무 업무, 기금 운영, 기채관리, 경영수익사업
자치행정과	• 문화복지시설 관리, 체육시설 관리, 동 청사 및 주민자치센터 관리, 생활체육 취미교실 운영
문화공보과	• 청소년독서실 운영, 도서관 운영, 영상홍보, 목요 상설무대 기획 및 홍보
민원여권과	• 여권 민원상담원 운영
재무과	• 자금관리, 하자보수, 물품관리, 계약 및 회계 관련 업무
전산정보과	• 지역정보화교실 운영, 포털 사이트 운영, 전산자원(서버)관리 운영, 주민 회원 전자메일 서비스
세무과	• 지방세 체납고지서 인쇄 및 발송, 주민세 수기 영수필통지서 전산 입력, 과소관 세목의 체납 업무(차량 취득세/등록세 등)
지적과	• 무인민원 발급기 유지관리, 개별 공시지가 조사
사회복지과	• 자활사업, 장애인 편의시설 실태조사
환경청소과	• 분뇨·정화조 청소, 생활폐기물 수집 및 운반, 재활용센터 운영, 가로 청소, 음식물 쓰레기 수집·운반·처리, 음식물 쓰레기 자원화시설 운영, 환경보존 홍보 및 교육
가정복지과	• ○○청소년쉼터, ○○청소년회관, 기타 복지 관련 시설 운영
지역경제과	• 방견 및 유기 동물 위탁관리, 농수축산 지도
주택과	• 무허가 건축물관리, 주택건설 사업 승인 등
도시계획과	• 불법 옥외광고물 정비 및 지도 감독, 도시계획정보 시스템 운영 및 관리, 체비지와 미매각 토지 변상금 징수 업무
건축과	• 건축공사장 관리감독, 건축 허가 법률 검토, 건축민원기동반 설치 운영, 위법 건축물 조사 단속 업무 등
공원녹지과	• 무허가건물 관리, 가로화 분유지관리, 가로수 관리, 공원관리 등
건설관리과	• 노점상·노점적치물 정비, 공공용지의 점용료 징수 및 체납, 가로 환경 순찰, 가로장애물 제거와 관련된 부당 이익금 징수
교통행정과	• 거주자 우선주차제 운영, 노상 주차장 운영, 교통유발 부담금 징수, 자동차 과태료 징수 업무
교통지도과	• 피견인 차량보관소 운영, 주정차 위반 과태료 징수 및 체납관리
토목과	• 도로시설물 유지관리 청소, 도로시설물 안전 점검 용역, 제설대책 민간 위탁 용역, 가로등 및 보안등 시설물 유지관리
치수과	• 치수공사 분야 책임감리, 빗물펌프장 운영관리 및 정비, 수방장비 정비 관리, 빗물받이 준설 및 유지관리 등
보건위생과	• 위생업소 관련 소송 및 사후관리 업무, 자판기 관리 업무 등
보건지도과	• 가정간호사업, 방문간호사업, 예방접종 등

5) 최종 O/S 대상 업무 선정 및 O/S 전략 수립

아웃소싱 대상 업무를 그룹화해 민간 업체에 아웃소싱할 수 있는 단위 업무를 개발하고, 업무별 유형과 내외적 위험성을 충분히 파악한 다음 최종 아웃소싱 대상 업무를 선정하고 이에 적합한 아웃소싱 전략을 수립할 수 있다. 연구 분석 결과를 토대로 발굴한 몇 가지 주요 아웃소싱 대상 업무를 정리하면 <표 12-10>과 같다.

〈표 12-10〉 최종 선정된 주요 아웃소싱 대상 업무

체납관리 업무	물품관리	생활체육교실 운영
장애인 편의시설 관리	계약관리	목요 상설무대 운영
○○ 체류 외국인 편익 증진	자금관리	건강한 ○○만들기 사업
공원·조경·녹지관리	건강 증진사업	하자 보수 점검
정보시스템 관리 업무		

(1) 각종 체납관리 업무

지방세, 세외수입 등 각 부서의 체납 관련 업무를 총괄해 아웃소싱하여 징수의 효율성을 도모할 수 있을 것으로 판단된다. 현재 많은 부서에서 부과 및 징수 업무를 수행하고 있으며, 그 중에서 상당한 금액이 체납되어 있으나 여러 가지 열악한 여건으로 인하여 체납 관련 업무가 제대로 수행되지 못하고 있다.

국내에서 체납 관련 업무를 아웃소싱하기 위해서는 법과 제도의 개선이 필요하므로 단계적으로 접근하는 것이 바람직하다. 따라서 우선 지방자치법 149조에 근거해 특별지방자치단체조합을 설립해서 체납 업무를 수행하도록 하거나, 민·관 합동으로 체납 업무를 수행하다가 차후 법·제도의 개선 후에 전면 민간위탁을 수행하도록 할 수 있다.

궁극적으로는 부과·징수·체납 업무를 일괄적으로 아웃소싱하는 것이 바람직한 것으로 판단된다. 그러나 체납관리 업무는 부패의 가능성이 있을 수 있으므로 완전한 민간위탁을 위해서는 이에 대한 대책 마련이 필요하다.

(2) **물품관리 업무**

구청 내 물품의 수리, 관리 및 구매를 전담하는 아웃소싱을 함으로써 좀 더 효과적으로 물품을 관리해서 비용을 절감한다. 현재 각 부서의 물품을 수리하거나 필요한 부서에 적절히 배치하고 효율적으로 물품을 매입하면 비용 절감 및 적시에 물품 서비스를 받을 수 있는 효과가 있을 것으로 분석된다.

물품의 수리, 관리 및 구매를 일괄적으로 책임지는 민간위탁이 적합하다. 물품관리를 잘 수행할 수 있는 민간 업체를 파악하고, 신속한 물품 구입 및 관리를 위한 명확한 조건이 명시되면 아웃소싱으로 인한 특별한 위험성은 없는 것으로 판단된다.

(3) **생활체육교실 운영**

분산된 생활체육 및 취미교실을 통합·관리해 구민에게 양질의 프로그램과 서비스를 제공하기 위해 아웃소싱이 필요하다. 현재 ○○구에서 제공하는 프로그램은 수입과 지출이 거의 맞아 독립적으로 운영되고 있으나 동의 경우는 일부 지원금으로 운영된다.

구와 동의 프로그램이 비슷하므로 프로그램과 인력을 통합 관리하는 민간위탁이 적합하다. 이 때 동의 지원금을 업체에게 지원해 좀더 양질의 프로그램을 제공하도록 한다. 민간 업체의 경쟁을 유도해 양질의 서비스를 제공하도록 하고, 특히 구민의 지불 비용이 증가하지 않도록 모니터링해야 한다.

(4) **장애인 편의시설 관리**

건축물의 장애인 편의시설을 확보하고 체계적인 관리를 통해 장애인들의 동선이 확보될 수 있도록 장애인 서비스의 질을 높이기 위해 아웃소싱이 필요한 업무이다. 현재 대부분의 건축물이 장애인 편의시설을 형식적으로 갖추고 있는 것으로 판단된다. 신규 건축물의 경우는 설계와 준공 과정에서 점검이 필요하고, 건축 후에도 용도 변경이 발생했는지를 확인해야 함에도 불구하고 여러가지 여건상 제대로 수행되지 못하고 있다.

장애인 편의시설 관리에 따른 부패를 최소화시키기 위해서는 관리의 총책임은 ○○구가 맡고 시설조사 및 관리는 용역 형태로 아웃소싱하는 것이 바람직하다. 또한 차후 독점에 따른 비용 상승을 막기 위해서는 우선 시설 정비 대상에 관한 데이터베이스를 구축하고 이를 바탕으로 지속적으로 관리되도록 해야 한다.

(5) 계약관리 업무

계약관리 업무의 효율성과 전문성을 고려해 전문가나 용역을 통해 좀더 체계적이고 적정한 계약이 체결될 수 있도록 아웃소싱한다. 현재 부서별로 표준화된 계약 방식이 이루어지지 않아 동일하거나 유사한 사업이 상이한 조건으로 계약될 가능성이 있으며, 원가 산정의 적정성을 확보하는 데도 어려움이 따른다. 또한 때때로 계약 내용의 구체성과 적절성이 부족해 차후 문제가 발생하는 경우도 있다.

전문가를 영입하거나 용역을 통해 일관되고 명확한 계약이 체결될 수 있도록 한다.

(6) 목요 상설무대 운영

구민의 문화·예술에 대한 욕구를 충족시켜 줄 수 있는 목요 상설무대의 효율적인 운영을 위해 프로그램 기획과 홍보에 뛰어난 민간 기획 업체에 아웃소싱하는 것이 바람직하다. 목요 상설무대의 프로그램 기획 및 홍보를 포함한 모든 업무를 민간 위탁하는 것이 바람직하다. 이 업무는 독립적이고 전문적인 업무이므로 아웃소싱을 하더라도 별 문제가 없는 것으로 판단된다.

(7) ○○체류 외국인 편익 증진

○○구에 체류하고 있는 외국인의 편익을 증진함으로써 세계 도시로 나아가기 위한 기반을 조성하도록 아웃소싱을 통한 적극적인 지원 체계를 강구한다. 외국인 불편 사항(거주 공간, 전/출입, 전화 설치, 교육 제공, 제세 공과금, 의료 서비스 등)을 좀더 적극적으로 지원할 수 있도록 업체에 용역을 주는 것이 바람직하다.

외국인의 불편 사항을 정확히 파악할 수 있도록 관련 서비스에 대한 데이터베이스를 구축하고 외국어에 능한 인력을 확보한 업체를 선정하는 것이 좋다.

(8) **자금관리 업무**

구청 각 부서에서 관리하는 기금 및 자금을 총괄적으로 관리해 자금의 효율적인 활용과 수익을 도모한다. 현재 기금은 각 부서별로 심의위원회의 자문을 받아 관리되고 있다. 국내 일부 지자체(서울 등)와 같이 전문가를 영입해 기금 및 자금을 효율적으로 관리하는 것이 바람직하다.

기금과 자금의 활용에 대한 제약 조건 및 위험성에 대해 충분히 검토해야 한다.

(9) **건강한 ○○만들기 사업**

각 부서에서 ○○가꾸기와 관련된 소규모의 도시 정비 관련 업무 중 지역단체와 주민의 참여를 통해 추진할 수 있는 사업을 일괄적으로 지역단체에 위탁한다.

주요 대상 사업으로는 청소년 유해 업소 단속 및 담배 판매 여부 점검, 어린이놀이터 점검, 골목길 청소, 방과 후 어린이 놀이 프로그램 운영, 자율방범대, 꽃길 조성, 환경순찰 및 감시, 동별 생활체육 행사 주관 등이 될 수 있다.

이 업무는 지역단체에 위탁하거나 지역단체와 같이 co-production으로 추진할 수 있다. 최근 지역단체와 주민의 참여가 요구되는 거버넌스 시대인 점을 고려해 볼 때 이 사업은 자발적인 구민 참여를 유도와 구민들의 공동체 의식을 함양할 수 있다.

(10) **공원 · 조경 · 녹지관리**

공원, 조경, 녹지 관련 시설의 아웃소싱을 통해 효율적인 유지 관리와 비용 절감을 도모할 수 있다. 시설물 유지 관리는 민간위탁 형태의 아웃소싱이 바람직하며 장기적으로는 모든 업무를 대상으로 아웃소싱을 확대할 수 있다. 공무원은 감시 및 모니터 업무를 수행하는 것이 바람직하다.

단기적으로 일용 상용직의 저항이 예상되므로 단계적으로 아웃소싱을 확대해 나가는 것이 현실적이다.

(11) **건강 증진사업**

복지 시대에 부응해 건강한 ○○인 육성을 위한 건강 증진 관련 사업을 확대하고 아웃소싱하는 것이 바람직하다. 현재 보건소에서 계획 및 구상중인 건강증진센터 설치, 컴퓨터 세대 아동들의 건강을 위한 척추측만증 및 아동정신보건사업 등을 아웃소싱을 통해 효과를 극대화시킬 수 있을 것이다. 전문 복지 및 의료기관에 민간위탁이나 용역 형태로 아웃소싱을 할 수 있다.

(12) 하자 보수 점검

각 부서에서 시행되는 공사의 완성도를 높이기 위해 공사 후 하자 보수 기간 동안 지속적으로 감독함으로써 공사에 대한 감독 기능의 강화 효과와 더불어 차후 보수로 인한 예산 낭비를 막을 수 있다.

현재 연 2회 점검을 실시하도록 되어 있으나 인력 부족 등의 원인으로 점검이 매우 소홀하게 이루어지고 있다. 모든 부서에서 시행되는 공사의 하자 공사 감독을 일괄적으로 용역 형태의 아웃소싱을 추진하는 것이 좋다.

(13) 정보 시스템 관리 업무

현재 각 부서에서 관리하고 있는 정보 시스템의 운영은 각 부서에서 책임지고 시스템 운영은 전문 업체에서 일괄적으로 관리·운영하는 것이 바람직하다.

특히 도시계획과의 도시계획정보 시스템, 토목과의 도로정보관리 시스템과 같은 GIS 관련 시스템은 전문지식 없이는 운영이 어려우므로 전문 업체에 아웃소싱해서 통합 운영과 관리를 맡기는 것이 바람직하다.

정보 시스템의 보안 특성을 고려해 민간위탁보다는 서버와 같은 주요 장비는 구에서 보관하고 운영 및 관리를 용역 형태로 아웃소싱하는 것이 바람직하다. 또한 이 업무는 전문적인 기술이 필요하고 고정시설 투자가 예상되므로 아웃소싱할 경우 명확한 관리·운영 지침을 만들어 서비스 중단 시와 다른 업체를 대체할 경우에 문제가 발생하지 않도록 한다.

제 5 절 맺음말

좀더 효율적으로 지방정부의 공공 서비스를 전달하기 위한 한 방법으로서 민간위탁 업무가 점차 증가하는 추세에 있다. 그러나 자칫하면 잘못된 민간위탁으로 인해 오히려 역기능이 초래될 우려도 없지 않다. 따라서 민간위탁은 신중하고 체계적인 업무의 분석을 통해 접근해야 한다. 이런 맥락에서 여기서는 민간위탁에 따른 위험성을 체크할 수 있는 열 가지 요인을 적출해 적용함으로써 민간위탁에 따른 위험성을 사전에 방지하고자 했다. 이들 열 가지 요인은 독점 가능성, 부패 가능성, 비용의 증가, 공무원의 사기 저하, 공공 문제의 발생 여부, 서비스 중단시의 문제 발생 여부, 업무의 대체 가능성, 업무평가의 용이성, 통제의 용이성 및 법이나 제도의 개선사항 등이다.

이러한 요인을 중심으로 구체적으로 서울시 ○○구에 적용시켜 봄으로써 단순한 이론적 논의 수준이 아니라 실제로 검증을 시도했다. 분석 결과, 우선적으로 민간위탁의 가능성이 높은 대상 업무는 체납관리 업무, 물품관리, 생활체육교실 운영, 장애인 편의시설 관리, 계약관리, 자금관리, 하자 보수 점검 등 총 13개 대상 업무를 발굴했다. 민간위탁 업무를 실시할 경우에는 초기 민간위탁을 실시할 때 기대한 효과가 지속적으로 나타나는지를 평가하고 모니터링해야 한다. 민간위탁 후 사후관리가 소홀해질 경우 민간위탁의 효과가 반감될 수 있음을 명심해야 한다.

제13장 민간위탁과 그 효과: 서울시 탄천하수처리장을 중심으로

제 1 절 공공 서비스의 공급과 민간위탁

우리나라의 민간위탁은 그동안 관 중심의 서비스 공급 체제가 민(民)과 관(官)이 함께 협력해 서비스를 공급함으로써 양질의 서비스를 제공함과 아울러 좀더 생산적인 서비스 공급을 지향하고자 하는 맥락에서 접근하고 있다(Ross, 1987).[1] 현재 우리나라는 이를 장려하기 위해 지방자치법 제5조 3항에서 지방자치단체가 각종 법률에 규정된 소관 사무 중 일부를 지방자치단체가 아닌 법인·단체 또는 그 기관에게 맡겨 그의 명의와 책임 하에 행사하도록 하고 있으며, 또한 '행정 권한의 위임 및 위탁에 관한 규정'을 제정해, 이 규정 제2조 3항에서는 "민간위탁이라 함은 각종 법률에 규정된 행정기관의 사무 중 일부를 지방자치단체가 아닌 제3의 법인단체 또는 그 기관이나 개인에게 맡겨 그의 명의와 책임 하에 행사하도록 하는 것을 말한다"라고 규정하고 있다.

일반적으로는 민간위탁을 "국가 또는 지방공공단체 등의 사무나 사업을 국가 또는 공공단체 등이 직접 처리하지 않고 감독권 등의 행정 책임을 유

1) 로스(T. Ross)는 민간위탁의 의의로 비용 절약, 서비스 질의 제고, 업무 집행 시간의 단축, 지역의 정치적인 문제의 해결, 위험의 분산, 노조 문제의 해결 등을 들고 있다.

보한 채 민간의 영리 또는 비영리기관과의 계약을 통해 재화나 서비스를 공급하는 행정 서비스 전달 방식의 하나"라고 정의하고 있다(박중훈, 2000: 31; 이성우, 1998: 35; 김순양, 1998: 89). 이는 정부가 민간기업 등을 통해 서비스의 공급 역할은 이전하나 그 공급에 대한 책임은 계속 보유하는 형태이다. 이는 공공이 독점적으로 생산 및 공급하던 공공 서비스를 민간 부문을 통해 공급함으로써 서비스의 전문성과 신축적인 대응을 용이하게 하며 민간 기업이 소홀하기 쉬운 공공성도 함께 유지하고자 할 때 주로 활용되는 방법이다. 우리나라에서 최초로 공공 서비스에 대해 민간위탁이 이루어진 것은 1948년 쓰레기 수거 사업에서 시작되어 환경 및 보건, 사회복지, 교통, 건설, 공원 등의 시설관리 및 운영으로 확대되었다(김경혜, 2000: 13).

이와같이 민간위탁에 대한 필요성과 위탁 사례가 점증하고 있음에도 불구하고 아직까지 선진국에 비해 우리나라는 민간위탁에 대한 구체적인 성과나 시행상에서 나타나고 있는 문제점 등에 관해 구체적인 연구가 미진한 실정이다. 특히 그동안 우리나라에서 쓰레기 수거 문제나 상수도 보급과 관련해서는 간혹 관련 연구가 있긴 하지만(이양수, 1999), 하수처리장과 관련해서는 이 연구와 유사한 연구를 찾기가 어렵다. 따라서 이 연구는 하수처리장의 민간위탁이 과연 성과를 거두고 있는지를 실증적인 차원에서 구체적 사례를 중심으로 분석함으로써 향후 하수처리장의 민간위탁에 대한 정책적 시사점을 탐색해 보고자 한다.

제 2 절 민간위탁의 필요성과 민간 참여 방법

1 민간위탁의 필요성

지난 20여 년간 정부개혁에 대한 세계적인 추세는 정부 부문을 축소하고 정부 운영의 효율을 높이고자 하는 데 초점이 모아지고 있다(Moon &

Welch, 2000; Rockman, 2001). 특히 OECD 국가들을 중심으로 한 서구 선진 국가들은 '작지만 효율성이 높은 정부'를 지향하고 있다. 이의 주된 요인은 1980년대 이후 세계적인 경기 침체와 더불어 점차 단일화되어 가고 있는 세계 경제 구조의 변화 때문이다. 국가 및 공공 부문의 경쟁력을 제고하기 위한 행정개혁의 중요 수단 중의 하나가 바로 민간위탁이다. 우리나라는 1997년 말 외환 위기를 겪은 이후 더욱더 공공 부문의 민간위탁 필요성이 높아지고 있다.

공공 서비스의 민간위탁 필요성과 관련해 학자들 간에 다소의 시각 차이가 있다. 사바스(Savas, 1982)와 라우터 위원회(Lauder Commission, 1992)는 민간위탁의 적극적인 필요성을 주장하고 있는 반면에, 카머만과 칸(Kammerman & Kahn, 1989)은 상대적으로 소극적인 입장을 견지하고 있다. 즉 민간위탁에 대한 기본적인 시각은 정도의 문제이지 공공 서비스 공급 방법에서 하나의 보편적인 현상으로 간주된다(Kettle, 1993). 일반적으로 민간위탁이 필요한 까닭으로는(Moe, 1987; Sharansky, 1980), 첫째, 공공 부문의 효율성 제고를 들고 있다. 그 이유는 정부는 기본적으로 경쟁 개념 및 성과 의식의 부재로 민간에 비해 비효율적이라는 점이다. 둘째, 1930년대 이후 지속되어 온 '적극적인 정부(positive government)'로 인해 여러 가지 측면에서 '정부의 실패'를 경험하게 되고 결과적으로 이는 '작은 정부'를 지향하게 된다는 점이다. 즉 민간위탁은 작은 정부를 지향하는 일종의 대안적인 서비스 제공 방식으로 각광받기 시작했다. 셋째, 민간 위탁은 민간 부문의 활력을 공공 부문에 적극 도입·활용할 수 있는 통로를 제공한다는 점이다.

최근에 공공 서비스에 대한 민간위탁은 지방정부 차원에서 활발히 전개되고 있다. 1972년부터 1982년 사이 미국 지방정부에서 민간위탁 규모는 220억 달러에서 650억 달러로 약 3배 신장되었으며, 매년 약 16%의 증가 추세를 보인다(Kettle, 1993: 248; Walsh & Davis, 1993: 74). 특히 한국은 1997년 말 갑자기 도래한 IMF 체제로 인해 공공 부문에 대한 일대 개혁을 단행하는 계기가 되었다. 즉 그동안 고비용·저효율의 공공 부문을 저비용·고효율의 체제 전환을 요구받기에 이르렀고, 이는 공공 부문의 구조조정 및 공공 서비스 공급 방법에서 일대 개혁을 촉발케 했다.

2 하수처리장의 운영과 민간 참여 방법

상·하수도 시설, 하수처리장, 폐수처리장, 분뇨처리장 등 환경기초시설의 운영과 관련한 민간 참여 방식은 크게 두 가지로 구분할 수 있다. 하나는 자치단체(공공 부문)가 시설소유권을 모두 가지며 단지 관리 운영 부분에 대해서만 위탁하는 경우로 관리 운영에 관한 민간위탁이다. 다른 하나는 시설소유권까지 민간 사업자에게 매각하는 경우로 이는 민영화 또는 자산 매각에 해당한다. 1999년 3월 SOC사업의 민간 투자를 적극적으로 유인하기 위해 종전의 '민자유치촉진법'이 '사회간접자본시설에대한민간투자법'으로 개정되었으며 동법에서 하수처리장을 민간투자 대상 사업으로 분류하고 있다.[2] 개정된 동법에 의거 하수처리장의 경우도 다양한 방식의 적용이 가능하게 되었다. 즉 법 개정 이전에는 민자 유치 대상 시설을 공공성의 정도에 따라서 1종 및 2종 시설로 구분해 1종 시설은 BTO(build, transfer, operate), 2종 시설은 BOO(build, own, operate) 방식을 적용하도록 했는데, 개정 법령에 의거 1종 및 2종 시설의 구분 의미는 사라졌으며, BOT(build, operate, transfer) 및 ROT(refurbish, own, transfer) 방식까지 가능하게 되었다(우동기·이종규, 1996: 252-7; 서울시, 1994: 5). 즉 앞에서 언급한 지방자치법 제5조 3항이 민간위탁에 관한 일반법적 성격이라면, 민간투자법은 민간위탁의 적극적 도입을 위한 특별법적 성격을 지닌다.

하수처리장을 위탁해 운영하는 방법에는 크게 네 가지 방법이 있다(서울시, 1994: 5-6). 첫 번째, 서비스 계약(service contract) 방식인데, 이는 민간 참여의 가장 단순한 방법으로 자치단체가 운영 및 관리의 전반적인

2) '사회간접자본시설에 대한 민간투자법' 제2조에 의하면 하수종말처리시설, 폐수종말처리시설, 분뇨처리시설 및 축산폐수공공처리시설, 도로 및 도로부속물, 철도, 도시철도, 항만시설, 공항시설, 다목적댐, 수도, 하천부속물, 어항시설, 폐기물처리시설, 전기통신설비, 전원설비, 가스공급시설, 집단에너지시설, 전산망, 유통단지, 화물터미널 및 창고, 여객자동차터미널, 종합여객시설, 관광지 및 관광단지, 재활용시설, 생활체육시설, 청소년수련시설, 도서관, 박물관 및 미술관, 국제회의시설, 지능형 교통 체계 등 총 32개 시설에 대해 SOC투자사업으로 지정하고 있다.

책임을 보유하고 일정한 범위의 제한된 서비스만 외부 조달(예컨대 긴급보수)하는 방법이다. 이 방법은 자치단체가 모든 사업 리스크와 고정자산 및 운영자금의 재원 조달을 하며 계약 기간은 단기간으로 보통 1~2년 정도이다.

두 번째, 관리운영 계약(management contract) 방식이다. 이 경우 수탁자는 정해진 위탁관리비로 시설의 운영과 관리 책임을 지는데, 자치단체가 신규 투자 및 운영 자금의 조달 등과 같은 재정적인 책임을 진다. 수탁자는 신규 투자나 운영상의 재정적 책임이 없으며, 계약 기간은 보통 3~5년 정도이나 조건에 따라서는 좀더 장기간의 계약이 가능하다.

세 번째, 임대차 계약(lease contract) 방식이다. 이는 민간 임대사업자가 자치단체에 임대료를 지불하고 일정 기간 시설을 임대 운영하는 방식으로 자치단체가 시설 소유권을 보유하고 신규 시설 투자와 재원 조달 및 중요 시설 교체 등에 책임을 진다. 민간사업자는 시설의 운영과 유지 관리를 위한 사무실, 차량, 간단한 보수 등 운영 자금을 조달하게 된다. 이 방식은 자치단체는 자본 투자 리스크를, 민간사업자는 사업상의 리스크를 부담하는 형태로 계약 기간은 보통 5~10년 정도로 중장기적이다.

네 번째, 양여권 계약(concession) 방식이다. 이 방식은 민간 사업자(concessionaire)가 시설의 운영, 보수, 유지 관리 및 서비스 향상을 위한 신규 자본 투자에 이르기까지 서비스 공급 전반에 대해 책임을 지는 형태이다. 이는 민간 사업자의 투자 수준과 자본 회수 기간에 따라 보통 20~30년 장기간에 걸쳐 계약이 이루어지며 프랑스, 스페인 및 라틴 아메리카에서 많이 활용된다. 이상의 네 가지 방식의 유형별 특성을 요약하면 <표 13-1>과 같다.

하수 처리 장과 관련해 선진국에서 민간 활력을 이용하고 있는 수준(out-sourcing)은 비교적 높은 것으로 나타났다. <표 13-2>에서 보는 바와 같이 영국은 100%, 일본은 87%, 미국은 약 20%의 수준을 보인다. 1998년 말을 기준으로 우리나라에는 총 114개의 하수처리장이 있는데, 이 중 부산시의 해운대하수처리장 등 14개의 하수처리장이 민간위탁 운영되고 있다(서울시, 1994: 4, 8). 이들은 위의 네 가지 방법 중 주로 관리 운영 계약 방식에 해당한다고 볼 수 있다.

〈표 13-1〉 민간위탁의 유형별 특성 비교

구 분	서비스 계약	관리 운영 계약	임대차 계약	양여권 계약
투자재원의 조달	공공	공공	공공	민간
운영자본의 조달	공공	공공	민간	민간
시민과의 계약 관계	공공	공공 대신한 민간	민간	민간
민간 책임과 자율성 수준	낮음<-->높음			
민간자본의 필요 정도	낮음<-->높음			
재정적 리스크	낮음<-->높음			
계약 기간(년)	1~2	3~5	5~10	20~30
가격 결정 책임	공공	공공	계약에 의함	계약에 의함
비용 지불 방법	서비스 공급-단위 가격, 일괄 지급	비용과 생산성 향상에 대한 보너스	기본요율 적용	요율 적용
민간 참여 중요 목표	운영 효율성 증대	운영 효율성 증대	운영 효율성 증대	민간자본의 활용/도입, 운영 및 유지관리의 효율화

출처: Idelovitch & Ringskog(1995: 22).

〈표 13-2〉 선진국의 하수처리장 유지관리 민간 활력 이용 수준

구 분	유지관리 민간 활력 이용(out-sourcing) 수준	비 고
영 국	100%	-10개의 민간 물관리회사가 지역별로 운영 -시설투자비의 증가: 약 20조(1989~1994)
일 본	약 87%	-전체 시설 out-sourcing: 77% -일부 시설 out-sourcing: 10%
미 국	약 20%	-처리 비용의 5~10% 절감
독 일	아웃 소싱 수준 저조	-물관리조합(공사)에서 유지 관리

출처: 동아건설산업(주) 기술사업본부, 선진 외국의 하수처리시설 민간위탁 현황, p. 24 ; 서울시, 「하수처리장 민간위탁 실천 방안에 관한 연구용역」(1999.10. p.11)에서 재인용.

제 3 절 탄천하수처리장의 위탁 과정 및 개요

1 탄천하수처리사업소의 위탁 과정

서울시는 민선 2기 단체장 출범과 함께 서울시의 구조조정 작업을 본격적으로 추진했다. 이를 위해 민간인 중심으로 '시정개혁위원회'를 구성해 1단계로 서울시 본청 및 사업본부에 대해 구조조정안을 도출해 1998년 7월 서울시에 권고했다. 이어 서울시는 1단계 구조조정 작업에 이어 1998년 8월부터 서울시 사업소 및 투자기관을 대상으로 2단계 구조조정 작업을 진행했다(서울시, 2001: 57). 이 작업 결과를 토대로 시정개혁위원회는 1차로 12개 사업소에 대해 민간위탁할 것을 권고했고, 서울시는 준비 과정을 거쳐 12개 기관에 대해 민간위탁을 실시하고 있다.

탄천하수처리장의 민간위탁 과정을 좀더 구체적으로 살펴보면 다음과 같다. 1998년 8월 서울시는 시정개혁위원회의 권고에 따라 서울시 4개 하수처리장 중에서 우선 최소한 1개 기관을 민간위탁 대상기관으로 선정하기로 하고 1999년 2월 9일 하수처리시설 민간위탁 자문단을 구성했다. 이 자문단은 시의원 2명, 환경단체 2명, 교수 3명, 변호사 1명, 공무원 5명 등 총 13명으로 구성되었다. 1999년 4월 15일 부시장 방침에 의거 하수처리장 민간위탁을 위한 학술 용역 발주 계획을 수립하도록 하고, 동년 5월 외부 전문기관과 학술 용역 계약을 체결했다. 이 용역의 주된 내용은 4개 하수처리장의 경영분석 및 대상처리장 결정, 위탁 비용 산정, 수탁업체 계약(선정) 방법, 위·수탁협약(안) 작성 등에 관한 사항이었다.

한편 서울시는 민간위탁의 제도적 뒷받침을 위해 '서울시 하수처리시설 설치 및 관리에 관한 조례'를 제정해 1999년 5월 25일 입법 예고해 동년 9월 30일 조례를 공포했다. 또한 서울시는 용역 결과를 토대로 하여 동년 10월 대상 처리장 결정, 위탁 비용 산정, 수탁 업체 선정 방법, 위·수탁 협약을 작성했으며, 2000년 3월 25일 주식회사 탄천환경과 2000년 4월 1일부터

2002년 12월 31일까지 위탁계약을 체결했다. 위탁 방법은 앞서 설명한 '관리 운영 계약' 방식에 해당하며 운영 주체인 탄천환경의 주된 구성원이 이전 탄천하수처리사업소의 직원들이기 때문에 일종의 EBO(employee buy out) 방식에 해당한다고 볼 수 있다.

2 탄천하수처리사업소(주식회사 탄천환경) 개요

1) 설립 근거 및 설립 목적

서울특별시 산하 하수처리장을 민간위탁할 때 하수 처리 업무에 종사하던 자가 법령에 의해 적합한 법인을 설립하는 경우, 그 법인에게 위탁할 수 있도록 규정한 '서울특별시 하수처리시설 설치 및 관리에 관한 조례' 제10조 제2항의 규정에 의거 서울특별시와 '탄천하수처리시설 위·수탁 협약'을 체결해 관리·운영하고 있다. 탄천환경의 설립 목적은 서울시가 직접 관리·운영하던 환경기초시설인 탄천하수처리장을 위탁받아 관리·운영할 때 도시 및 지역사회의 건전한 발전과 공중위생의 향상에 기여하고 공공수역의 수질을 보존하는 데 있다.

2) 주요 사업

주식회사 탄천환경이 수행하는 주요 사업 내용은 다음과 같다. 즉 탄천하수 처리시설의 관리·운영 및 유지 보수, 하수 및 처리수의 수질검사·시험, 처리수의 수질 개선 방법 및 연구 개발, 하수처리시설의 관리·운영에 영향을 미치는 사항, 주민의 복리를 증진하거나 지역 개발의 활성화에 이바지할 수 있다고 인정되는 사업, 기타 위 각 호에 부가되는 사업 등을 수행한다.

3) 조직 및 인원

조직은 사장 아래 2실 6부로 구성되어 있으며(관리실: 총무부, 시설관리부/운영실: 수처리부, 오니처리부, 수질관리부, 자동제어부), 총 정원 및 현원은 128명이다. 이 중 5년 이상 근무자가 82명으로 64%를 차지하며, 3년 미만 근무자는 43명으로 33.6%를 점하고 있다.

제 4 절 탄천하수처리장 평가와 관련한 평가 개요 및 평가지표

1 평가 개요

1) 평가 배경 및 목적

서울시에는 중랑, 서남(가양), 난지 및 탄천하수처리장 등 네 개의 하수처리장이 있는데, 이 중 탄천하수처리장은 2000년 4월 1일부터 주식회사 탄천환경에 민간위탁되어 오고 있다. 민간위탁 후 1년 여가 경과된 시점에서 과연 민간위탁에 따른 효과가 있는지를 가늠해 볼 필요성이 제기되고 있다. 이 평가의 목적은 탄천하수처리장의 민간위탁 전과 민간위탁 후의 성과를 상호 비교해 민간위탁 본래의 취지를 제대로 구현하고 있는지를 그 성과를 가늠하며, 그 결과를 토대로 향후 동 시설이나 유사 시설에 대해 확대·적용 가능한지를 탐구하는 데 있다.

2) 평가 방향

첫째, 민간위탁 전·후 비교 평가를 통해 그 성과를 평가하는 데 초점을 두었다. 즉 민간위탁의 효과를 평가하기 위한 것으로 1차적으로 탄천하수처리장의 위탁 전과 후의 성과를 상호 비교 측정하는 데 초점을 두었다. 둘째, 절차 중심 위주의 평가라기보다는 결과 중심 평가를 지향했다. 즉 과거 행정은 과정을 중요시하는 절차 중심의 행정문화가 지배적이었는데 비해 최근 행정의 사조는 과정보다는 결과 중심의 행정으로 바뀌고 있으며, 이 평가도 절차나 과정보다는 실적 위주의 결과 중심적 평가에 중점을 두었다. 셋째, 민간위탁을 통한 서비스 전달 방법으로 인한 효율성을 평가하도록 했다. 과거 공공조직을 통한 직접 서비스 전달 방법으로부터 민간위탁을 통한 간접 서비스 전달 방법을 통해 업무 또는 임무 수행의 효율성을 평가하는 데 주안점을 두어 평가했다.

2 평가지표 및 평가 기준

1) 평가지표

평가와 관련해 가장 중요한 이슈가 평가지표의 개발이다. 평가지표를 개발하기 위해 1단계로 외부 전문가 8인으로 구성된 평가위원회를 구성해 평가지표를 개발했다. 이와같이 개발된 평가지표를 중심으로 2단계인 피평가기관 및 관계 부서(서울특별시)와 상호조정회의를 통해 최종적으로 평가지표를 확정했다. 먼저 외부 전문가들이 평가지표를 개발하게 한 까닭은 가능한 한 제3자적 입장에서 공정하고 객관적인 평가지표를 도출하기 위함이었다. 또한 이렇게 개발된 지표가 현실 적합성의 검토 및 위탁기관의 정책적 의지를 동시에 고려할 필요가 있었다. 이를 위해 2단계로 평가위원회, 피평가기관 및 관계 부서가 합동으로 의견을 수렴하도록 했다.

평가지표 체계는 평가 항목과 평가지표로 구성되며, 5개의 평가 항목에 총 14개의 평가지표로 구성되어 있다.[3] 평가 항목은 제도 및 업무 개선, 재정 운용의 효율성, 인력 및 조직관리의 효율성, 하수 처리의 효율설 및 님비 시설의 친환경성으로 구성되어 있다. 평가지표는 제도·업무 개선 노력, 재정자립도 추이, 회계 운용 실태, 인건비 절감 실적, 운영비 절감 실적, 사업비 등 기타 예산 집행 실적, 인력관리의 적정성, 조직관리의 적정성, 정보화 수준, 하수 처리 수질 상태, 하수 처리 관련 예산 절감 실적, 친환경적

3) 평가지표의 개발은 케틀 및 월시와 데이비스가 민간위탁의 의의로서 제시하고 있는 비용 절감, 서비스 질의 향상, 서비스 전달 방법 개선, 경쟁 개념의 도입, 지역 주민들과의 정치적 마찰 해소 등에 주안점을 두어 개발했다(Kettle, 1993: 249-256; Walsh & Davis, 1993: 74). 이러한 지표들은 이 평가를 위해 활용하기에는 다소 무리가 있었다. 예를 들면, 노사 문제, 지역 정치적인 문제, 위험 분산에 관한 문제 등 우리 현실과는 다소 상이한 문화·환경적인 측면이 내재되어 있기 때문이다.

〈표 13-3〉 평가지표 체계

평가 항목	평가 지표	평 가 내 용
제도 및 업무 개선	• 제도·업무 개선 노력	• 민간위탁 후 제도·업무 개선 실적
재정 운용의 효율성	• 재정 자립도 추이	• 위탁이전 서울시의 사업소 지원 예산 내역 / 위탁 이후 위탁비 예산 내역
	• 인건비 절감 실적	• 민간위탁 전·후 대비 인건비 절감을 통한 예산 절감 실적 비교(금액/비율)
	• 운영비 절감 실적	• 민간위탁 전·후 대비 운영비(시설비 제외) 절감을 통한 예산 절감 실적 비교(금액/비율)
	• 사업비 등 기타 예산집행 실적	• 기관 설립 목적에 부합한 사업비 집행 실적 비교
인력 및 조직관리의 효율성	• 인력관리의 적정성	• 시설 운영에 필요한 인력관리의 적정성 • 운영 인력의 전문성 정도 - 기술인력 현장 투입, 자격증 보유 정도
	• 조직관리의 적정성	• 시설 운영에 필요한 조직구조의 적정성 • 조직계층 구조
	• 정보화 수준	• 정보화 기본계획(master plan)의 적정성 • 업무 관련 데이터베이스의 구축 활용도 • 홈페이지 운영
하수 처리의 효율성	• 하수 처리 수질 상태	• 수질 기준 충족 상태 및 오염물질 제거 효율 - BOD 13, COD 18, SS 11, T-N 27, T-P 1.3 • 평가의 공정성, 객관성
	• 하수 처리 관련 예산 절감	• 하수 처리 톤당 처리 단가 증감률
	• 에너지 절감 상태	• 하수 처리 톤당 전력 사용량 증감률
님비 시설의 친환경성	• 환경 친화적 시설 조성 및 환경 개선 상태	• ISO 14001 추진 실적 • 민간위탁 이후 친환경적인 시설 조성 • 주민 이해를 위한 노력도 • 지역 주민 민원에 대한 대응 노력
	• 시설 개방 정도 및 외부 주민 활용도	• 개방 가능 시설의 개방도 및 주민 이용도 • 인식 전환을 위한 홍보 노력
	• 안전사고 예방 대책	• 안전사고 발생 내역 • 안전시설물 정비 실적 • 안전교육 실적

인 시설 조성, 안전사고 예방 대책 등으로 구성되며, 구체적인 지표 체계는 <표 13-3>과 같다.

2) 평가 기준[4)]

각 지표에 대한 평가 기준은 민간위탁 전과 후를 비교해 그 결과가 비슷할 경우에는 '현상 유지', 어느 정도 개선의 효과가 가시적인 경우에는 '개선', 상당한 정도의 가시적인 효과가 있는 경우에는 '매우 개선'으로 평가하도록 했다. 반면에 민간위탁 전에 비해 그 효과가 나빠진 경우에는 '미흡', 위탁 전에 비해 오히려 극도로 나빠진 경우에는 '매우 미흡'으로 평가했으며, 평가 기준에 대한 준거표는 <표 13-4>와 같다.

〈표 13-4〉 평가 기준에 대한 준거표

구 분	평 가 기 준
매우 개선	1) 민간위탁 이전에 비해서 상당한 정도의 개선이 이루어진 경우 2) 평가 지표에서 요구하는 평가 내용을 매우 만족하는 경우 3) 주어진 상황 하에서 최선을 다한 것으로 판단되고 해당 부서 직원들의 노력의 정도가 객관적 자료에 의해 현저하게 인정되는 경우
개선	1) 민간위탁 이전에 비해서 위탁 이후 어느 정도 개선이 구체화된 경우 2) 평가 지표에서 요구하는 평가 내용을 대체로 만족하는 경우
현상 유지	1) 민간위탁 이전과 이후 비교시 거의 비슷하거나 같은 수준일 경우 ※ 민간위탁 이전과 이후 비교 불가능한 경우, 유사 기능 시설과 비교
미흡	1) 민간 위탁 이전에 비해서 오히려 성과 / 실적이 낮아진 경우 2) 해당 부서 직원들의 노력의 정도가 미흡해 과거 수준의 실적에 다소 미달된 경우
매우 미흡	1) 민간위탁 이전에 비해서 성과 /실적이 매우 낮아진 경우 2) 평가 지표에서 요구하는 평가 내용에 극히 미진한 경우 3) 주어진 상황 하에서 전혀 노력을 기울이지 않은 정도가 현저히 인정된 경우

4) 평가 기준이나 방법은 다양하게 접근할 수 있다. 즉 척도화하는 방법, 일정한 기준에 따라 점수를 부여하는 방법, 이해 관계 집단이나 전문가들의 의견을 수렴해 평가하는 방법 등이다. 이 평가와 관련해 관계 분야 전문가 및 피평가 기관들과의 브레인스토밍 결과, 탄천 하수처리장의 민간위탁 전·후 평가는 비교 시점이 명확하고 전·후 실적의 비교가 용이하기 때문에 민간위탁의 효과성 평가에는 별 무리가 없다는 데 의견의 일치를 보았다.

제 5 절 탄천하수처리장 평가

위의 평가 기준을 중심으로 각 지표별 평가 내용과 결과는 다음과 같다.

1 제도 및 업무 개선 평가

1) 제도 · 업무 개선 노력

민간위탁 후 제도 · 업무 개선 내용을 살펴보면 <표 13-5>와 같다. 민간위탁 후 제안 제도 등의 활성화로 업무의 능률 향상 및 하수 처리 시스템에 관한 업무를 개선하고자 많은 노력이 강구되었다. 위탁 후 제도 개선에 대한 실적은 2000년 30건, 2001년 53건이며, 이로 인한 예산 절감액은 약 18억 원에 이르는 것으로 나타났다.

〈표 13-5〉 민간위탁 후 제도 · 업무 개선 실적

(단위: 천 원)

연도	계		업무 개선		제안 제도 추진		D/B 구축		기타	
	건수	예산 절감액	건수	예산 절감액	건수	예산 절감액	건수	예산 절감액	건수	예산 절감액
계	83	1,823,387	33	1,121,835	34	48,040	3	8,256	13	645,156
2000년	30	1,110,169	21	594,615			2	6,556	7	508,998
2001년	53	713,118	12	527,220	34	48,040	1	1,700	6	136,158

민간위탁 후 제도 · 업무 개선 효과에 대해 몇 가지 사례를 살펴보면 다음과 같다. 차집 관거 침사지를 직영으로 준설 시행한 경우이다. 즉, 각 지천에 설치되어 있는 우수 토실 침사지에는 상시 토사가 퇴적되고 있어 적기 준설이 조치되지 않을 때 하천으로 오수가 넘침은 물론 차집 관로에 토사가 퇴적되어 오수 유입에 장애를 초래했다. 민간위탁 이전에는 이를 준

설시 민간 회사와 도급 공사로 시행했으나 위탁 후에는 예산 절감을 위해 순찰반이 수시 순찰해 직접 직원이 준설 실시해 약 25,000천 원의 예산을 절감했다. 이 밖에도 준설토 처리 개선(양질의 준설토는 재활용), 저수조를 경유하는 상수도 시설을 직접 공급 방식으로 변경해 예산 절감, CCTV를 이용한 무인 경비 시스템의 설치, 상수도 내부 관로 누수 실태를 파악해 누수율 차단, 차집 관거 시설 보수공사 직접 실시, 고심도 굴삭기 및 고심도 스크레이퍼 준설기를 개발해 준설 공법의 변경 실시, 침사지 벨트 콘베이어 설비 운영 개선, 제2처리장 포기조 지하수 재활용 등 다수의 업무 개선 사항이 있었다. 이상의 예산 절감액 및 제도 개선 실적을 종합해 볼 때, '제도·업무 개선 노력' 지표에 대한 평가는 위탁 이전에 비해 민간위탁 이후는 '매우 개선'된 것으로 평가된다.

2 재정 운용의 효율성 평가

1) 재정자립도 추이

탄천하수처리장은 위탁계약 조건에 의해 예산 규모가 정해지므로 재정자립 정도를 살펴보기에는 다소 무리가 있다. 따라서 서울시가 직영하고 있는 하수처리장과 비교함으로써 탄천하수처리장의 재정 운용의 건실성을 파악하는 것이 효과적이다. 이를 위해 중랑, 서남, 난지 및 탄천하수처리장의 연도별 예산 증감 내역을 살펴보면 <표 13-6>과 같다.

전반적으로 연도별 예산 증감률이 탄천은 다른 처리장과 비교해서 낮은 편이다. 민간위탁이 실시된 2000년에 탄천은 예산이 10.1% 감소한 반면에, 중랑, 서남 및 난지하수처리장의 경우는 각각 6.3%, 14.4%, 5.5%로 증가했다. 특히 2000년 4월 1일 탄천하수처리장을 민간위탁하기 전에 서울시가 당초 편성한 예산이 182억 5천 1백만 원이었는 비해 위탁 체결시의 예산 규모는 161억 2천 4백만 원으로 21억 2천 7백만 원의 예산이 절감(11.64%) 되는 효과를 가져왔다. 탄천하수처리장은 2000년 4월 1일부터 위탁됨에 따라 서울시 직영 기간인 2000년 1/4분기 동안의 세출액을 합산했음에도 불구하고 10.1%가 감소했다. 2001년의 경우에도 탄천은 다른 하수처리장에 비교해 볼 때, 상대적으로 예산 규모가 적으며, 과거 난지하수처리장의 예산 규모가 탄천보다 작았음에도 불구하고 2001년 현재에는 오히려 총액 규모가 큰 상태이다. 이와같이 '재정자립도 추이' 지표에 대한 평가는 4개 하수처리장의 예산 규모 변동 상황을 비교해 볼 때 위탁으로 인한 예산 절감 효과는 '개선'된 것으로 평가된다.

〈표 13-6〉 4개 하수처리장의 연도별 예산 증감 내역

(단위: 백만 원, %)

연도별	탄 천		중 랑		서 남		난 지	
	금 액	증감률	금 액	증감률	금 액	증감률	금 액	증감률
1996	15,597		31,555		20,156		12,450	
1997	16,587	+ 6.4	31,997	+ 1.4	21,115	+ 4.7	13,939	+ 11.9
1998	18,173	+ 9.5	37,337	+ 16.6	25,435	+ 20.5	19,482	+ 37.7
1999	17,926	− 1.3	30,699	− 17.7	25,808	+1.3	17,069	− 7.6
2000	16,124	− 10.1	32,656	+ 6.3	29,456	+ 14.4	18,021	+ 5.5
2001	16,967	+ 5.2	33,828	+ 3.5	30,490	+ 3.5	18,922	+ 9.9

주: 1. 서울특별시 하수도사업특별회계 세입세출예산서 예산액임.
2. 2000년도 탄천하수처리사업소의 예산액은 민간위탁 비용임.
(탄천하수처리사업소 2000년 당초 예산액 : 18,251백만 원이었음.)

2) 인건비 절감 실적

탄천하수처리장의 위탁 전 직원 수 및 인건비는 정원 180명에 47억 9천만 원(1998년)이었다. 2000년 1~3월까지 서울시 직영시의 인건비 내역까지 포함하더라도 2000년의 경우, 순수인건비 및 복리후생비를 포함해 1999년 IMF로 인해 고도의 긴축 재정 하(체력단련비 125% 감소)의 규모인 43억 6천만 원보다도 6억 1천만 원이 감소한 37억 5천만 원이었다. 또한 2001년의 경우에는 36억 97백만 원으로 더욱 감소 실적을 보이고 있다. 그러나, 1인 연평균은 위탁 후인 2000년에는 2,725만 원, 2001년에는 2,888만 원으로 위탁 전에 비해 200여만 원이 상승했다. 이는 위탁전에 비해 구조조정을 통해 인력이 128명으로 감축되었으며, 이의 일부가 인건비로 전환되었고 노동의 강도는 위탁 전에 비해 상대적으로 높아지고 있음을 추론할 수 있다.

'인건비 절감 실적' 지표에 대한 평가에서 총액인건비(2001년 약 37억 원)는 위탁 전에 비해 위탁 후에(1998년을 기준으로 할 때) 약 10억 원의 절감 효과(21%)가 나타나고 있다. 이와 같은 인건비 절감은 180명의 정원이 128명으로 감축에 따른 결과로 판단된다. 결과적으로 위탁 전에 비해 위탁 후에는 인건비 절감이 '매우 개선'된 것으로 평가된다.

3) 운영비 절감 실적

탄천하수처리장의 운영비 예산 항목은 별도 분리가 어려우므로 전력료, 슬러지 처리비 등을 중심으로 위탁 전·후 절감 실적을 살펴보면 <표 13-7>과 같다. 전력료는 1998년 및 1999년과 2000년 당초 예산보다 증액되었다. 이는 한국전력의 전력 요금 인상(1999. 11. 5: 8% 인상; 2000. 11. 15: 5% 인상)으로 나타난 결과이다. 슬러지 처리비는 2000년 당초 예산 46억보다 약 12억이 절감된 34억으로 상당한 예산을 절약한 것으로 나타났다.

〈표 13-7〉 위탁 전·후 운영비(전력료, 슬러지 처리비 등) 사용 내역

(단위: 백만 원)

연도별	구 분	계	인건비	전력료	사업비	슬러지 처리비	기타
1998년	예산액	17,949	3,895	2,908	3,744	4,144	3,258
1999년	예산액	18,217	4,158	3,219	2,907	4,717	3,216
2000년	당초 예산	18,251	5,235	3,147	2,836	4,634	2,780
	예산액(협약)	16,119	3,837	3,301	2,906	3,413	3,018
	증감액	- 2,132	- 1,398	154	70	- 1,221	262

'운영비 절감 실적' 지표에 대한 평가에서 전력료는 불가피한 외부 요인에 의한 전력 요금의 상승 요인으로 인해 오히려 다소 증가하고 있다. 그러나, 슬러지 처리비는 상당히 절감된 것으로 평가되어 이 부분은 '개선'의 효과가 있는 것으로 판단된다.

4) 사업비 등 기타 예산집행 실적

탄천하수처리장의 사업비 등 기타 예산 집행 실적은 시설비를 중심으로

살펴보기로 한다. 여기서 시설비는 주로 정비 및 보수와 관련한 비용을 의미한다. 2000년 시설비는 탈수기동 전동 셔터 수리, 공기압축기 수리, 진공차단기 수리 등 총 66건에 부가가치세 10%를 포함해 총 27억의 예산을 집행했다. 이는 당초 예산보다 1,556만 7천 원을 절약했다(표 13-8 참조).

〈표 13-8〉 2000년 시설비 집행 실적

(단위: 천 원)

구 분	예산액	배정 금액	집행액	집행 잔액	비 고
계	2,726,900	2,711,243	2,711,243	0	2000년 예산보다 15,567천 원 절약
시설비	2,479,000	2,464,767	2,464,767	0	
부가가치세	247,900	246,476	246,476	0	

'사업비 등 기타 예산 집행 실적' 지표에 대한 평가에서 시설비를 중심으로 살펴볼 때, 크게 개선된 여지는 별로 없는 것으로 평가되어 '현상 유지' 수준이다. 다만 위탁비를 집행할 때 정산 항목(슬러지 처리비, 전력비, 시설비)과 비정산 항목(인건비, 약품비, 기타 경비)으로 구분해 정산 항목의 경우 집행·정산 후 다시 서울시로 반납해야 하는 예산으로 수탁기관의 인센티브 연계와는 무관하므로 적극적인 동기 유발 요인이 낮을 것이다.

3 인력 및 조직관리의 효율성 평가

1) 인력관리의 적절성

시설 운영에 필요한 인력관리의 적정성과 관련해 위탁 이전 탄천하수처리장의 정원은 184명에서 위탁 후에는 128명으로 56명이 감축되어 30.4%의 감축률을 보이고 있다. 또한 위탁 이전에는 184명의 정원 외에 방호 업무에 공익요원 12명, 녹지관리를 위한 일용 인부 4명, 취로 인부 요원 35명 등 51명의 정원외 활용 인력이 있었음을 고려할 때, 감축 규모는 더욱 커진다. 위탁 전에 비해 중간관리층 및 하위직의 폭이 상대적으로 두터운 것으로 나타나고 있다. 즉 위탁 전 7급 이상의 관리 계층은 67명으로 36.4%였으나 위탁 후 3급 이상의 관리 계층은 26명으로 20.3%를 보이고 있다. 아마 이는 중간관리 계층에 있는 공무원들은 서울시로 원대 복귀하고 신규 인력을 충원했기 때문으로 사료된다.

운영 인력의 전문성 정도와 관련해 위탁 전·후 탄천하수처리장의 운영 인력의 전문성 정도를 가늠하기 위해 직렬별, 자격증 보유 현황별, 학력별 인력구조 현황을 살펴보면 다음과 같다. 직렬별 인력구조는 <표 13-9>에서 나타나는 바와 같이 현장기술직인 토목, 환경, 기계 등 전문 분야별 인력구조의 구성비가 다소 높게 나타나고 있다. 자격증 보유 현황을 살펴보면 기존 인력(45.7%)보다 신규 인력(53.1%)의 보유율이 상대적으로 높은데 이는 신규 인력 채용시 자격증 소지 여부가 하나의 기준으로 작용했기 때문인 것으로 사료된다(표 13-10 참조). 학력별 인력구조는 기존 인력에 비해 신규 인력이 학력의 정도가 상대적으로 높고(대졸이 16명), 인문 고교

〈표 13-9〉 위탁 전·후 직렬별 인력구조

(단위: 명)

구 분	총계	행정(사무 일반직)	현 장 기 술 직						비정규직
			소계	기계	전기	토목	환경	기타	
위탁 전	184	39 (21.2%)	130 (70.6%)	60 (32.6%)	34 (18.5%)	2 (1.1%)	2 (1.1%)	32 (17.4%)	15 (8.1%)
위탁 후	128	26 (20.3%)	94 (73.4%)	44 (34.4%)	24 (18.7%)	15 (11.7%)	7 (5.5%)	3 (2.3%)	9 (7.0%)

주: 1. 위탁 전의 현장기술직의 기타는 위생, 조무, 운전, 방호, 농림, 전산 등임.
2. 직렬별 인원의 비율은 총인원 대비임.

〈표 13-10〉 운영 인력 자격증 보유 현황 비교

(단위: 명)

총인원			기존 인력(공무원)			신규 인력			비고
계	보유	미보유	계	보유	미보유	계	보유	미보유	
119	58 (48.7%)	61 (51.3%)	70	32 (45.7%)	38 (54.3%)	49	26 (53.1%)	23 (46.9%)	일용직 9명 제외

〈표 13-11〉 학력별 인력구조 현황 비교

(단위: 명)

구 분	계	고 교			전문대	대학교	대학원
		소계	인문고	공고			
계	119	66	38	28	27	25	1
기존 인력 (공무원)	70	45	28	17	15	9	1
신규 인력	49	21	10	11	12	16	

보다는 실업계 고교의 비중이 상대적으로 높아 인력의 전문성 정도가 나아진 것으로 파악된다(표 13-11 참조).

'인력관리의 적정성' 지표에 대한 평가에서 위탁 전에 비해 인력 감축(30.4%)은 상당히 높은 실적을 보이고 있다. 한편 인력의 전문화 수준을 가늠할 수 있는 직렬별, 자격증 보유 현황별, 학력별 인력구조 등을 종합적으로 고려할 때, 이는 위탁 전에 비해 '개선'된 것으로 판단된다.

2) 조직관리의 적정성

시설 운영에 필요한 조직구조의 적정성과 관련해 위탁 전·후 조직을 비교하면, 위탁 전에는 3과 9팀이었으나 위탁 후에는 2실 6부로 1과 3팀이 축소되었다. 위탁 전에는 일반직(사무직)과 기능직(현장)으로 철저하게 구분되어 사무실의 하급직 직원이 현장의 상급직 기능직보다 상위에 있게 되어 업무 지시를 하는 등 양자간 괴리감이 있었으나, 위탁 후에는 사무실과 현장 및 일반직과 기능직의 구분이 없고 양자간에는 언제든지 인사 교류가 이루어질 수 있어 상호간 괴리감이 상대적으로 해소되었다.

조직계층 구조를 살펴보면 위탁 전에는 일반직 4~9급, 기능직 6~10급, 별정직 7~8급, 청경 및 미화원으로 되어 있었으나, 위탁 후에는 사장 아래 정규직 1~7급과 임시직인 일용직을 두고 있다. 위탁 전의 다양한 직렬구조를 정규직으로 통일했으며 계층 수도 상대적으로 축소 조정했다.

'조직관리의 적정성' 지표에 대한 평가는 위탁 전의 관료제적 조직을 사업 부서적인 현장 중심의 조직으로 전환했으며, 기구 수 및 계층 수를 상대적으로 단순화시켰음은 위탁 전에 비해 '개선'된 것으로 평가된다.

3) 정보화 수준

정보화 기본 계획의 적정성과 관련해 1일 종합 가동 일지 개선, 기기 이력 카드 전산화, 사내 LAN망 설치 등 부분적인 정보화 사업은 추진했거나 추진중에 있지만 종합적이며 체계적인 정보화 기본 계획 수준에는 이르지 못하고 있다. 업무 관련 데이터베이스의 구축 및 그 활용도와 관련해서는 현재 주요 기기 가동 현황 데이터베이스화하는 정도로 극히 미진한 상태에 있다. 정보 공개 실적 및 홈페이지 운영과 관련해서는 정보화를 통한 정보 공개가 아직까지 미진하며 홈페이지는 이제야 구축 작업을 하고 있는 중이다.

'정보화 수준' 지표에 대한 평가에서 정보화 시대에 정보화와 관련한 기본 계획의 구축, 데이터베이스 구축 및 활용도, 정보 공개, 홈페이지 운영 부문은 아직까지 '미흡'한 것으로 평가된다. 특히 중랑하수처리장 등 서울시 직영하수처리장의 경우에도 이미 홈페이지를 구축해 적극적으로 정보를 공개하고 홍보 활동을 전개하고 있는 것과 비교하면 상대적으로 저조한 실정이다.

4 하수처리의 효율성 평가

1) 하수처리 수질 상태

수질 기준 충족 상태와 관련해 하수 처리 후 방류 수질 기준치는 <표 13-12>와 같다. 위탁 전·후 방류 수질을 이 기준치와 비교할 때, 모두 법적 및 권고 기준치를 밑돌고 있다(표 13-13 참조). 특히 위탁 후에는 유입수의 SS가 위탁 전에 비해 매우 높게 나타났는데, 이는 2001년 1월부터 김포매립지에 음식물 반입 금지로 인한 사전 계도 기간으로 인해 나타난 결과라 사료된다. 그럼에도 불구하고 SS는 위탁 전과 동일하게 처리해 방류하고 있다. 방류수의 오염물질 제거 효율은 위탁전과 거의 비슷하거나(BOD & SS) 약간 낮아진 것으로 나타났다(TN). 한편 평가의 공정성과 객관성을 확보하기 위해 시민단체, 환경·수질관리 전문가, 시설물 유지관리 전문가 및 서울시 관계자들이 합동으로 참가해 평가하고 있다. 이들은

〈표 13-12〉 하수처리장 법적 및 권고 방류 수질 기준치

구 분	BOD	COD	SS	TN	TP
법적 기준치	20	40	20	60	8
권고 기준치	13	18	11	27	1.3

〈표 13-13〉 위탁 전·후 유입수 대비 방류 수질 현황

구 분	위탁 전(1999. 4 ~12)					위탁 후(2000. 4 ~12)				
	BOD	COD	SS	TN	TP	BOD	COD	SS	TN	TP
유입수	101.5	69.1	89.2	30.5	2.1	103.5	51.0	106.9	32.2	2.2
방류수	10.6	12.4	5.2	21.6	1.0	9.5	11.1	6.0	23.8	0.7
제거율	90%	82%	94%	29%	52%	91%	78%	94%	26%	67%

외부 전문가 5명과 서울시 관계자 6명으로 구성되어 매분기별로 합동으로 점검하고 있다.

'하수 처리 수질 상태' 지표에 대한 평가는 방류수의 수질 기준 충족 상태, 오염물질 제거 효율은 위탁 전과 유사하거나 상대적으로 약간 충족 상태가 나아진 측면도 있으며, 평가의 객관성과 공정성을 유지하고 있는 것으로 판단된다. 종합컨대, 하수처리 수질 상태는 위탁 전과 비슷한 '현상 유지' 수준을 유지하고 있는 것으로 평가된다.

2) 하수 처리 관련 예산 절감 상태

위탁 전·후 하수 처리 톤당 처리 단가 증감률 내역을 비교하면 <표 13-14>와 같다. 서울시 4개 하수처리장의 톤당 처리 단가가 1999년보다 2000년이 높은바, 이는 물가상승률 및 노후도 개선에 따른 것으로 파악된다. 탄천하수처리장의 경우 서울시 직영 하수처리장의 경우보다는 상대적으로 높다. 그러나 위탁 전·후를 비교해 볼 때, 탄천의 증가율이 7.37%인 반면 중랑, 서남, 난지하수처리장의 경우는 각각 17.97%, 20.11%, 24.68%로 나타나 상대적으로 증가율이 낮게 나타나고 있다. '하수처리 관련 예산 절감 상태' 지표에 대한 평가는 하수 처리 톤당 처리 단가를 기준으로 할 때 비교적 '개선'된 것으로 평가된다.

〈표 13-14〉 위탁 전·후 하수처리 톤당 처리 단가 증감률 비교

(단위: 원)

처리장명	위탁 전(1999. 1~12월)	위탁 후(2000. 1~12월)	증감률(%)
중 랑	38.4	45.3	17.97
탄 천	44.8	48.1	7.37
서 남	35.8	43.0	20.11
난 지	38.9	48.5	24.68

3) 에너지 절감 상태

하수처리 톤당 전력 사용량 증감률을 기준으로 위탁 전·후 및 서울시 직영 하수 처리 톤당 전력 사용량을 비교하면 <표 13-15>와 같다. 위탁 전에는 톤당 전력 사용량이 0.1791이었으나 위탁 후에는 0.1728로 낮아졌다. 서울시 4개 하수처리장을 비교하면 탄천은 3.64% 감소했으나 다른 하수처리장은 오히려 4~11%의 증가율을 보이고 있다. 한편 탄천하수처리장의 톤당 전력 사용량이 중랑이나 난지하수처리장에 비해 상대적으로 높은데, 이는 원래의 기본적인 하드웨어 시설이 전력 사용량이 상대적으로 많이 소요되는 시스템으로 구축되었기 때문으로 파악된다. '에너지 절감 상태' 지표에 대한 평가는 에너지 사용량의 절감 정도를 고려할 때 어느 정도 '개선'된 것으로 평가된다.

〈표 13-15〉 하수 처리 톤당 전력 사용량 비교

처리장명	위탁 전(1999. 4~12월)			위탁 후(2000. 4~12월)			증감률(%)
	하수 처리량 (㎥)	전력 사용량 (KWh)	톤당 전력 사용량 (KWh/㎥)	하수 처리량 (㎥)	전력 사용량 (KWh)	톤당 전력 사용량 (KWh/㎥)	
중랑	566,057,233	80,695,000	0.1426	541,587,263	81,645,000	0.1508	+5.75
탄천	244,080,748	43,712,000	0.1791	254,690,446	44,015,000	0.1728	−3.64
서남	500,422,654	94,808,000	0.1895	482,433,109	95,070,000	0.1971	+4.01
난지	266,882,224	37,854,000	0.1418	246,824,050	39,002,000	0.1580	+11.42

5 님비시설의 친환경성 평가

1) 환경친화적 시설 조성 및 환경 개선 상태

하수처리장은 님비시설로 일종의 기피 시설이다. 환경단체의 감시가 강화되는 추세에서 하수처리장은 더욱더 친환경적인 시설로 탈바꿈할 필요가 있다. 이런 맥락에서 ISO 14001의 환경인증제 도입 추진은 바람직하다. 탄천하수처리장은 ISO 14001를 도입하기 위해 2001년 3월 외부 전문기관에 의한 컨설팅을 실시했다. 위탁 이후 친환경적 시설 조성 및 관리 운영 실적은 친환경적인 시설 조성을 위해 2001년에 5,777본의 수목을 식재하고 인공 연못을 조성해 물레방아, 파고라 등을 조성했다. 또한 아치형 조롱박 터널을 설치해 탄천하수처리장을 견학하는 내방자 및 체육시설 이용자들에게 볼거리를 제공하고 전원적인 풍경을 연상하도록 했다.

주민 이해를 위한 노력도에서는 인근 주민들에게 주말농장 부지를 제공해 지역 주민들과 공감대 제고를 위해 노력하고 있다. 제2처리장 도로 예정부지에 사원 및 그 가족(200여명)뿐만 아니라 노인대학 등 인근 주민 100여 명이 함께 참여하는 주말농장을 운영하고 있다. 위탁시설로 인한 지역주민 민원에 대한 대응 노력은 하수 처리 과정에서 발생하는 악취를 최소화하기 위해 제1처리장 최초 침전지 등 악취 발생 방지 덮개 설치, 악취 발생시 우려되는 침사 협잡물 적하장 등에 악취 제거물 주 2회 살포, 악취 발생 취약 시간인 20:00~익일 06:00 사이에 탈취 팬 증가 가동 등의 방안을 강구하고 있다. 인근 주민들로부터의 민원 발생 건수는 1999년 2건, 2000년 및 2001년 현재 각 1건씩 발생했다.

'환경 친화적 시설 조성 및 환경 개선 상태' 지표에 대한 평가는 ISO 인증제의 도입을 추진중이나 아직까지 획득된 상태는 아니며 친환경적 시설 조성, 지역 주민을 위한 이해 노력도 등은 아직까지 만족할 만한 수준이 아닌 '현상 유지'적인 것으로 평가된다.

2) 시설 개방 정도 및 외부 주민의 활용도

개방 가능 시설의 개방도 및 주민 이용도와 관련해 위탁 전·후 처리장 견학 실적을 살펴보면 학생 및 공무원은 위탁 전보다 오히려 감소하고 있다. 그 이유는 민간위탁 후 서울시 직영시설(공무원 조직)이 아니기 때문으로 분석하고 있는데, 이럴수록 좀더 적극적인 대응이 요구된다(표 13-16 참조). 또한 개방 가능 시설의 이용을 위한 홍보 및 적극성이 미약하고 소극적 홍보 및 정보화 수단을 이용한 홍보 대처가 미흡한 편이다.

〈표 13-16〉 위탁 전·후 탄천하수처리장 견학 실적 비교

(단위: 횟수/인원)

기 간	계	학 생	시 민	공무원	외국인	기 타
위탁 전 (1999.4~12월)	241/15,827	166/13,074	50/1,680	16/999	5/42	4/32
위탁 후 (2000.4~12월)	147/10,396	119/9,273	8/417	17/652	3/54	-
2001년 (1~7월)	102/7,135	89/6,739	10/354	3/42	-	-

한편 위탁 전·후 시설물의 주민 이용도를 살펴보면 <표 13-17>과 같다. 2000년의 시설 이용자 수는 1999년에 비해 21.6%가 높아졌고 2001년 7월 기준으로는 14.7%가 상승했다. 특이한 점은 위탁 전 독서실 이용자가 많은

〈표 13-17〉 위탁 전·후 탄천하수처리장 개방 시설물의 주민 활용도

연 도		계	체육시설물			독서실	기타 (주차장 조깅)
			축구장	테니스장	기타		
1999년	회	2,962	199	1,054		829	880
	명	14,224	6,149	2,147		829	5,099
2000년	회	1,238	334	891		1	12
	명	17,301 (121.6%)	12,340	3,246		1	1,715
2001년 (7월 말 현재)	회	1,141	333	801		-	7
	명	(114,7%)	11,806	3,422		-	1,090

데 이는 서울시 직영시 업무 후에도 개방되어 공무원들의 자녀가 많이 이용했기 때문으로 파악된다. 그러나 위탁 후 독서실 이용자가 없다는 점은 주목할 사실이다.

인식 전환을 위한 홍보 노력은 인근 지역 주민들의 인식 전환을 위한 적극적인 홍보 활동보다는 봉사 활동 안내문 정도를 홍보하고 시설 견학도 위탁 이후 감소하고 있어 소극적으로 대응하고 있는 것으로 판단된다. 그러나, 인근 일원동 일대 저소득층 거주 지역의 생계가 어려운 장애인 세대 및 독거노인 2세대를 선정해 세대당 월 30만 원(총 240만 원)을 지원하고 있으며, 송파구 소재 사회복지시설인 소망의 집과 자매 결연을 맺어 바자회 및 각종 행사시 인력을 지원(111명)하고 자발적인 기부(donation)를 통해 재정 지원(2000년 465만 원, 2001년 454만 원)을 하고 있다.

'시설 개방 정도 및 외부 주민 활용도' 지표에 대한 평가는 개방 가능 시설에 대한 적극적 개방도, 개방시설의 주민 이용도 및 인식 전환을 위한 홍보 노력과 관련해서는 전반적으로 '미흡'한 것으로 평가된다. 적극적인 홍보 활동이 미흡하고, 시설의 견학자가 위탁 전보다 감소했다. 위탁 후 독서실 이용자가 전혀 없는데 만약 불필요하다면 다른 도의 대체공간으로 활용하는 방안을 강구할 필요가 있다.

3) 안전사고 예방 대책

안전사고 발생은 위탁 전인 1999년 9월 17일에 직원이 야간 근무 중 제1처리장 유입 동 집수정에 추락해 1명이 사망하는 사고가 발생한 적도 있었으나, 위탁 후 현재까지는 특별한 안전사고가 없었다. 안전시설물 정비 실적은 위탁 후 2001년 8월 말까지 총 155건의 점검을 실시해 조치 완료했으며, 안전표지판 181, 도로반사경 4, 과속방지턱 12곳을 신설했다. 위탁 전의 자료가 없어 위탁 전후의 비교는 불가능했다. 안전교육 실적은 민간위탁 전에는 매분기별 1회 안전교육을 실시했으나, 위탁 후에는 매월 1회 이상 안전교육을 실시해 2000년에는 11회, 2001년에는 9월말 현재 9회의 안전교육을 실시했다.

'안전사고 예방 대책'에 대한 평가는 하수처리장은 시설 특성상 곳곳에 안전사고 발생 위험이 높은 시설이다. 위탁 이후 안전사고 발생이 전무하고 안전사고 교육에 철저를 기하고 있는 것은 긍정적이다. 정기적인 시설물 안전점검, 안전시설물 정비, 안전표지판 부착, 안전 장구 착용의 생활화 등 안전사고 예방 대책은 위탁 전보다 '개선'된 것으로 평가된다.

제 6 절 평가 결과 요약 및 정책적 함의

1 평가 결과 요약

탄천하수처리장은 14개 평가 지표 중 2개 지표는 '매우 개선'으로, 7개 지표는 '개선'으로, 3개 지표는 '현상 유지' 수준으로, 나머지 2개 지표는 '미흡'으로 평가되었다. 즉 '재정자립도 추이', '운영비 절감 실적', '인력관리의

〈표 13-18〉 탄천하수처리장 평가 결과 종합

평가 항목	평가 지표	평가 결과
제도 및 업무 개선	제도·업무 개선 노력	매우 개선
재정 운용의 효율성	재정자립도 추이	개선
	인건비 절감 실적	매우 개선
	운영비 절감 실적	개선
	사업비 등 기타 예산 집행 실적	현상 유지
인력 및 조직 관리의 효율성	인력관리의 적정성	개선
	조직관리의 적정성	개선
	정보화 수준	미흡
하수 처리의 효율성	하수 처리 수질 상태	현상 유지
	하수 처리 관련 예산 절감 실적	개선
	에너지 절감 상태	개선
님비시설의 친환경성	환경 친화적 시설 조성 및 환경 개선 상태	현상 유지
	시설 개방 정도 및 외부 주민 활용도	미흡
	안전사고 예방 대책	개선

적정성' 및 '조직관리의 적정성' 등 거의 모든 지표에서 좋은 평가를 받았으며, 특히 '제도·업무 개선 노력' 및 '인건비 절감 실적'에서는 상당한 개선 효과가 있는 것으로 평가되었다. 다소 미흡한 '정보화 수준'과 '시설 개방 정도 및 외부 주민 활용도'를 제외하고는 종합적으로 볼 때, 민간위탁에 대한 긍정적인 효과가 있는 것으로 평가되었으며, 이를 요약하면 앞의 <표 13-18>과 같다.

2 정책적 함의

앞서 살펴본 바와 같이 탄천하수처리장의 경우 전반적으로 지금까지는 민간위탁으로 인해 긍적적인 효과가 나타나고 있는 것으로 평가된다. 그러나, 상대적으로 미흡한 부문도 없지 않으며, 또 다른 한편으로는 민간위탁으로 인한 효과를 지속적으로 확보하고 하수처리장이 지닌 공익적 특성을 고려해 볼 때, 향후 다음과 같은 사항에 특히 주의를 기울여야 할 것으로 판단된다.

먼저 이 평가를 통해 미흡한 평가 부문에서는 조기에 대응 방안이 강구되어야 할 것이다.

첫째, 취약한 정보화 기반을 구축·강화시킬 필요가 있다. 기관의 성격에 잘 부합할 수 있는 정보화 관련 기본 계획의 구축, 적극적인 업무 관련 데이터베이스의 구축, 현재 구축중인 홈페이지를 적극적으로 활용한 정보의 공유 및 홍보 기능의 활성화 방안 등이 모색되어야 할 것이다.

둘째, 하수처리장은 일종의 님비시설이기 때문에 인근 지역 주민들과의 긍정적인 유대 관계의 형성이 매우 중요하다. 특히 현재 위탁 운영되고 있는 탄천하수장의 경우는 과거의 서울시가 직영할 때와는 법적 성격이 변했기 때문에 주민들과의 관계에 한층 관심을 가져야 한다. 특히 민간위탁 이후 학생들의 견학 신청이나 인근 주민들과의 관계가 위탁 이전보다 교류가 적어지고 있다는 사실을 인지하고 이에 대한 좀더 적극적인 자세 전환이 필요한 것으로 판단된다.

셋째, 탄천하수처리장의 민간위탁은 민간위탁 효과의 지속성을 확보·강화하기 위한 방안이 강구되어야 할 필요가 있다. 즉, 그동안의 위탁을 통해 나타난 평가를 토대로 잘된 부문은 계승하고 미흡하거나 부족한 부문은 개선되어야 한다. 이와 관련해 두 가지를 적시하면 다음과 같다.

첫째, 앞으로 조직 구성원 간 내부 갈등이 발생할 잠재성이 내재되어 있으므로 사전에 이에 대한 대비책을 강구할 필요가 있다. 현재 구성원은 크게 서울시 공무원이었다가 잔류한 직원(76명)보다 신규로 채용된 직원(52명)이 다소 적은 분포를 보이고 있다. 전자의 그룹은 주로 중상위직에 있으며, 후자의 그룹은 주로 하위직에 배치되어 있다. 향후 시간이 다소 경과하면 이들 양 그룹 간의 갈등이 발생할 소지도 없지 않으며 자칫하면 노조의 등장도 고려한 조직 및 인력 관리 방안이 강구되어야 할 것이다.

둘째, 민간위탁의 실효성을 담보할 수 있는 제도의 강화가 필요하다. 이를테면, 현재 예산 사용은 정산 항목과 비정산 항목으로 구분하고 정산 항목에 대해서는 아무리 노력해 예산을 절약하더라도 잔액은 다시 서울시로 반납해야 하니 적극적 예산 절약 노력이 반감될 소지가 있다. 비록 정산 항목이라 하더라도 절약분에 대해서는 탄천하수처리장의 익년도 예산 편성에 포함할 수 있도록 하든지, 아니면 아예 정산과 비정산 항목의 구분을 없애고 좀더 적극적인 인센티브 제도를 연계시키도록 해야 한다.

한편 하수처리장은 시설의 특성상 공익성을 고려한 위탁 및 위탁관리가 이루어져야 할 필요가 있다. 하수처리장은 기본적으로 공익적 성격이 강하며 시설의 노후도가 빨리 진척되는 하드웨어 시설이다. 순수기업성의 측면에서 민간위탁이 이루어지고 관리될 경우, 추후에 좀더 큰 부담으로 되돌아올 개연성이 충분히 있다. 단시간에 얻을 이익에만 집착해 노후 부품의 적기 교체, 보수 및 정비·관리가 제때에 이루어지지 않을 경우 오히려 나중에 큰 부담으로 귀착될 수 있음을 항상 명심하면서 위탁관리할 필요가 있다.

민간위탁이란 위탁 그 자체가 목적이 아니고 공공 서비스의 질을 높이고 좀더 생산적인 서비스 공급을 위한 수단적 성격을 지닌다. 따라서 민간위탁의 효과성을 높이고 공공 서비스의 생산성을 높이기 위해서는 민간위탁 사업에 대한 평가가 1회성으로 끝나서는 안 되며 일정 주기별로 지속적으로 평가되고 모니터링되어야만 한다.[5] 아울러 평가 결과를 통해 나타난 지적 사항이나 건의 내용을 참고해 해당 기관은 물론 이를 관리 및 책임을 맡고 있는 관련 부서들은 한층 더 민간위탁의 취지를 적극적으로 구현할 수 있는 방안을 강구할 필요가 있다. 또한 이 평가를 통해 민간위탁의 효과가 부정적인 것보다는 긍정적인 현상이 지배적으로 우세하므로 하수처리시설과 유사한 환경기초시설로의 확대·적용할 수 있는 시사점을 얻을 수 있다고 사료된다.

5) 월시와 데이비스(Walsh & Davis, 1993: 105)도 민간위탁의 효과성을 지속적으로 확보하기 위해서는 모니터링 체계(monitoring system)의 구축이 무엇보다 중요하다고 강조하고 있다.

제14장 일본 지방정부의 경영 사례

앞으로 한국의 지방정부가 지향해야 할 경영전략은 어떠한 모습이어야 할까? 행정의 경영화와 관련해서는 일본의 지방정부가 우리보다 상당히 앞서 가고 있으므로 이들 사례를 중심으로 살펴보는 것이 우리에게 많은 시사점을 줄 것으로 생각된다. 여기 소개하는 사례는 필자가 일본 지방정부를 방문하면서 경영화와 관련된 사례를 수집하고 관계자와의 면담을 통해 정리한 내용을 중심으로 기술했다.

제1절 주식회사 고베 시(株式會社 神戶市)

1 관리에서 경영으로

과거 지방자치단체의 기본적 사고나 자세는 관리행정이 초점이었다. 공공 부문은 민간 부문과 근본적으로 차이가 있고 지방자치단체는 정부가 배정해 주는 예산과 자치단체에서 거둬들이는 세금으로 적당하게 꾸려나가는 것이 주임무였다. 그러나 세수 부족 등으로 중앙정부가 지원하는 예산 규모도 점차 한계에 직면하게 되고 지방자치단체도 재원 동원의 한계에 직면하게 되자 자치단체도 단순한 관리가 아니라 경영적인 시각이 필요하게 되었다. 이를 몸소 먼저 실천하고 있는 도시가 고베(神戶) 시이다.

이제 공공 부문도 민간 부문과 동떨어진 별개의 영역이 아니라 민간 부문의 장점이 공공 부문에도 공유될 수 있다는 인식이 확산되고 있다. 지방자치단체에 대한 역사가 오래된 외국의 지방자치단체는 벌써 단순하게 자치단체관리가 아닌 자치단체 경영이란 인식에 토대를 두고 있다. 지방자치단체에 대한 경험이 일천한 우리의 현실로서는 외국의 좋은 경험을 살펴봄으로써 우리의 나아갈 바를 올바르게 정립하는 데 기여할 수 있을 것이다. 특히 1995년 6·27 지방선거 이후 등장한 민선 1기 자치단체장들은 외국 자치단체들의 경영 사례를 의욕만 앞선 채 사전에 치밀한 준비도 없이 무분별하게 도입해 기대한 만큼의 효과를 얻지 못하고 있는 현실이다.

이러한 점에서 먼저 우리나라와 인접하고 문화권이 비슷한 일본의 경험을 살펴보는 것은 매우 유익할 것이다. 일본 자치단체의 구체적인 경영 사례를 살펴보기에 앞서 여기에서는 일본의 경우에도 가장 경영적으로 도시를 운영하고 있는 것으로 정평이 있는 고베 시를 먼저 살펴보기로 한다.

2 주식회사 고베 시의 연혁

고베 시는 인구 약 160만 명으로 요코하마(横濱), 오사카(大阪)와 더불어 일본 3대 항구도시의 하나이며, 인구 규모로는 일본 10대 도시 중의 하나이다. 고베 시의 도시 경영은 제2차 세계대전 이전부터 시작되었다. 즉 전전(戰前)부터 교통사업을 인수하거나 해면 매립을 하기도 했으며, 1930년대부터는 적극적으로 택지를 개발하거나 개발된 택지를 매각하기도 했다.

단순히 소극적으로 자치단체의 관리가 아니라 적극적으로 자치단체를 경영하기 위해서 고베 시는 공공 디벨로퍼(개발자)로서의 적극적인 역할을 수행해 오는 데 특징이 있다. 공공 디벨로퍼로서 고베 시는 토지 등 부동산의 선행 취득(先行取得)에 우선적 관심을 두었다. 제2차 세계대전 직후 상당한 부동산을 택지로 조성했는데, 이를 원활하게 하기 위해 개발형의 외곽단체를 만들어 은행에서 돈을 융자하든가 하여 그러한 시설을 경영하도록 했다.

1950년대부터는 관리형의 외곽단체를 만들기 시작했다. 이 때부터 서비스 산업에 대한 진출이 본격화되고, 관광시설을 만든다든가, 휴양시설을 조성하고, 이러한 시설들의 효율적 관리를 위해 외곽단체를 만들고 또한 이벤트 사업까지 추가했다.

주식회사 고베 시의 도시 경영은 먼저 토지의 선행 취득이 시작되고, 이들 토지를 기반으로 개발형의 부동산업을 하며, 서비스 산업에 대한 진출로 이어지는 특징을 지닌다. 최근 들어서는 복지 분야에도 진출하고 있고 다양한 이벤트도 기획하고 있다.

특히 고베 시는 일본에서 제3섹터의 발원지로, 또한 행정의 경영화를 선도하는 도시로 인식되고 있다. 대표적인 한 사례를 소개하면 '포트피아'로 지칭되고 있는 1981년 포트아일랜드에서 개최한 박람회이다. 이 포트아일랜드는 폐토나 산의 흙을 매립해 인공섬을 조성했다. 이렇게 조성된 매립지는 민간에게 바로 분양하지 않고 고베 시가 매립지 일부에 패션타운을 조성했으며, 이후에 매립지의 지가(地價)는 엄청나게 상승했다. 이렇게 하여 상승된 매립지를 민간에 분양해 엄청난 이득을 취했다. 1981년에 '새로운 해양문화도시 창조'란 슬로건 하에 개최된 박람회에는 총 1,061만 명이 참가해 약 60여억 엔의 흑자를 달성했다.

<표 14-1>에서 나타나는 바와 같이 현재 고베 시가 운영하고 있는 외곽단체는 100% 출자한 단체가 12개, 50% 이상 출자한 것이 13개, 25% 이상 출자한 것이 11개 단체, 기타 12개의 단체로 총 48개의 외곽단체가 있다.

〈표 14-1〉 고베 시 외곽단체

구분	번호	법 인 명	형태	주 요 업 무
	1	고베시도로공사	특별법인	• 유료도로의 관리 운영 • 유료도로의 건설
	2	고베시토지개발공사	〃	• 공공용지의 선행 취득 처분 • 토지 조성
	3	고베시주택공급공사	〃	• 분양 주택의 공급 • 임대주택의 경영, 주택 상담 등

<표 계속>

출자율 100% 12개 단체	4	(재)고베시근로복지진흥재단	재단법인	•근로자 복지의 조사연구, 근로자 평생교육사업 •중고연령자 복지 증진사업, 고용 개발사업
	5	(재)고베시실버인재센터	〃	•고연령자 능력 활용사업
	6	(재)고베시민문화진흥재단	〃	•시민 생활문화·예술문화 활동의 진흥 •문화시설의 관리 운영
	7	(재)고베시연금복지협회	〃	•垂水해양센터, 太山보양소 관리 운영 •연금조합 운영, 홍보선전 전문 운영
	8	(재)고베시민복지진흥협회	〃	•복지 의식의 계발, 시민복지 활동의 진흥 •노인맨션타운의 관리 운영
	9	(재)고베시도시정비공사	〃	•도시재개발·정비·학교교육시설 건설 •도시교통시설 관련 사업
	10	(재)고베항부두공사	〃	•페리 부두의 건설관리 •무역 부두의 건설 관리
	11	(재)고베시개발관리사업단	〃	•회관·풀장·구기장 관리 운영 •CATV 운영·건설사업
	12	(재)고베시급수보급협회	〃	•급수시설의 합리적 설치 •수도사업에 관한 조사연구
출자율 50% 이상	13	(재)고베국제교류협회	재단법인	•수출입품 거래촉진사업, 국제교류사업 •국제회의장, 국제 전시장의 관리 운영
	14	(재)포토피아81기념재단	〃	•박람회 성과의 유효 이용, 지역문화의 진흥
	15	(재)산업무역전시관	〃	•각종 견본시(市), 전시회의 유치 •회의·집회 등 개최
	16	(재)고베시녹농개발공사	〃	•토지개량사업, 포전정비사업 •농업생산단지 조성, 六甲山목장 관련 사업
	17	(재)고베시海濱관리협회	〃	•수산자원 배양사업 •바다낚시공원의 관리 운영
	18	(재)한신(阪神)고속도로이용협회	〃	•한신고속도로 통행요금 징수 업무 •고가 아래 시설의 설치·관리
	19	고베신교통(주)	주식회사	•일반운수업(고베 신교통, 포트아일랜드선)

<표 계속>

13개 단체	20	(주)고베상공무역센터	〃	• 회의실 · 주차장 임대사업
	21	(주)아리마(有馬)온천기업	〃	• 아리마온천의 온천수 개발(급탕)
	22	고베도시진흥(주)	〃	• 공동점포 빌딩 관리(고베백화점, 조이플라자 등)
	23	고베부두(주)	〃	• 사일로, 옥상, 창고 하역 업무
	24	(주)고베뉴타운개발센터	〃	• 단지 내 상업시설의 정비 · 관리
	25	고베교통진흥(주)	〃	• 교통국으로부터의 수탁사업 및 경영 개선에 관한 사업 • 광고대리 업무 및 물품 판매 업무
출자율 25% 이상 11개 단체	26	(재)효고현 예방의학협회	재단법인	• 보건 지식의 보급, 환경보건사업 • 보건정보 활동, 각종 검진
	27	(재)고베시 원예진흥기금협회	〃	• 원예 생산물의 소비 안정 공급의 계몽 • 원예 생산물의 가격 안정, 계획 생산사업
	28	고베 고속철도	주식회사	• 철도 영업(西代~版急三宮, 阪神元汀, 新開地~神鐵環川)
	29	고베중앙축산 荷受(주)	〃	• 육류의 수탁 구입 · 판매 • 식육의 수입 판매
	30	(주)고베국제회관	〃	• 회의장 임대 업무 • 부동산 업무
	31	고베중앙냉장	〃	• 냉장창고 제빙 업무
	32	고베중앙청과	〃	• 야채 · 과일의 유통 업무 • 상사 업무(수입 과일, 야채 등)
	33	고베지하가	〃	• 교통센터 빌딩, 산노미아 지하가 • 고베 지하가의 운영, 주차장 수탁관리
	34	(주)고베센터플라자	〃	• 선플라자 빌딩, 센터플라자 빌딩 관리 운영 • 주차장의 수탁관리
	35	(주)고베페리센터	〃	• 深江青木의 페리부두 관리 운영
	36	(주)고베오토버스	〃	• 上星사업(수출입 자동차)
	37	고베시사회복지복지협의회	특별법인	• 사회복지사업 추진 • 스포츠 활동사업 추진
	38	고베시민생활협동조합	〃	• 화재 공제 · 교통공제 사업 • 다방, 회의실 운영
	39	(재)고베시공원녹화협회	재단법인	• 공원 등 유지관리 • 녹화상담소 운영 • 주차장 경영, 운동공원 등의 관리

<표 계속>

기타 12개 단체	40	(재)고베王子동물원협회	〃	• 동물시설 정비 협력, 놀이시설의 운영 • 동물 애호, 출입구 개찰 업무 수탁, 주차장 관리
	41	(재)고베항후생회	〃	• 선원 숙박시설의 제공 • 회의실 임대, 식당, 다방 운영
	42	(사)고베국제관광협회	사단법인	• 국민 숙사의 수탁 운영, 관광안내소 운영 • 컨벤션 어드바이저, 수족관 부대사업
	43	(사)고베국제컨트리클럽	〃	• 골프장 운영 • 체육 진흥
	44	(사)고베항진흥협회	〃	• 항만진흥 업무 • 포터타워, 항만박물관의 운영
	45	(사) 고베다구협회	〃	• 요금 징수사업 수탁 등
	46	고베고속농업(주)	주식회사	• 메트로고베 등의 부동산 관리 • 매점 등 서비스업
	47	고베포터서비스(주)	〃	• 선박 급유시설의 관리 운영
	48	고베협동흥업(주)	〃	• 고베타워사이드호텔의 관리 운영

3 고베 시의 도시 경영 전략

1) 건설보다 경영 중시

고베 시는 기본적으로 건설보다는 경영에 중점을 두고 있다. 즉 토지를 개발하거나 건물을 지을 경우 건설 당시부터 경영적 사고에 몰입해 일을 추진한다. 건설이라는 것은 누가 하더라도 별로 차이가 없지만 경영을 잘하는 것과 잘못하는 것은 엄청난 차이가 있다는 기저에서 출발한다. 예를 들면, 재개발사업 등에서 누가 하더라도 이전 보상이나 간선도로 계획은 별 차이가 없고 아스팔트 도로는 누가 건설하더라도 동일한데 비해, 상점가로의 조성시 업종이나 사람들의 흐름(이동성) 등은 매우 중요하게 다루어져야만 한다는 점이다.

이러한 일례가 고베 시 미야기(三宮) 역전(驛前)의 '상치카 타운'이라는 지하도이다. 이것은 건설 당초부터 경영이란 개념에 토대를 두어 추진되었다. 단지 1,000만 엔의 자금으로 페이퍼 컴퍼니(paper company)를 세웠다. 즉 1,000만 엔의 자금으로 설계도만을 만들어 분양한 것이다. 다시 말하면, 설계도만으로 입찰해 지하도를 건설하게 하고 권리금을 취득한 것이다. 이것은 일반적으로 자금이 많지 않으면 공공 개발이 어렵다는 발상을 바꾸어 놓았다.

2) 개발 이익의 내부화

일반적으로 공공 부문의 투자가 이루어지고나면 개발 이익이 사유화되고 있는데, 고베 시에서는 개발 이익의 사유화를 방지하고 공유화하려고 노력하고 있다. 이를 위한 수단으로 외곽단체를 적극적으로 활용했다. 즉 개발 이익을 내부로 흡수하기 위해서는 외곽단체 방식이 매우 효과적이라고 판단한 것이다.

앞서 언급한 '상치카 타운'의 경우, 건설 후에 민간에 매각한다면 나중에 인플레이션으로 가격이 상승될 경우에 고베 시는 그에 따른 이익을 공유할 수 없고 사유화되어 버리는 결과가 될 수밖에 없다. 그러나 권리금을 받고 임대한 것이므로 상치카 타운은 최종적으로 어디까지나 상치카 타운을 운영하는 주식회사가 지니고 있다. 물론 임대 당시 권리금이 40만 엔에서 200만 엔이나 400만 엔으로 오르기도 하지만 이 경우에 사용료를 통해 적절하게 조절한다. 이와같이 고베 시는 개발 이익을 반영구적으로 보존하고자 한다면 외곽단체를 통해 개발 이익의 사유화를 방지하고 공유화하는 전략을 구사하고 있다.

3) 복합 경영 방식

지방자치단체가 수익만을 좇아 경영할 수는 없다. 기본적으로 자치단체 경영이란 최소의 비용으로 최대의 주민 삶의 질을 높이는 데 있다. 경영성에 토대를 둔 외곽단체도 모두 수익을 올릴 수는 없으며 적자를 볼 수밖에 없는 경우도 있다. 이 경우에 흑자를 보는 단체와 적자를 보는 단체를 연계시켜 다각 경영이나 복합 경영을 하게 한다. 이를테면 비록 공원협회는 주식회사가 아니지만 일반적으로 유료공원의 관리는 대개 적자이다. 이 경우에 매년 적자분의 예산을 확보하기 위해서는 일반회계에 예산을 편성해야 하고 의회의 심의를 받아야 한다. 그러나 적자가 발생하는 유료공원의 관리를 흑자가 나는 주차장사업과 연계시키면 적자사업과 흑자사업 간에 수지 균형을 이룰 수 있을 뿐만 아니라 복잡한 행정 절차까지 생략할 수 있어 훨씬 효과적으로 공원관리 업무를 수행할 수 있도록 하는 방식이다.

4) 외곽단체의 사장은 고베 시장

외곽단체에 대한 비판적인 시각도 없지 않은데 이는 주로 외곽단체가 극단적으로 정치 도구나 행정 수단으로 이용될 수 있는 우려 때문이다. 예를 들면 이들이 인사 배출구로 이용되거나 예산 회계상의 회피 수단으로 이용되는 것이다.

고베 시의 외곽단체의 장은 반드시 현역 시장이나 부시장이 하지 퇴직관료로 하지 않는다. 인구 160만의 고베 시에 3명의 부시장이 있어 다소 많은 느낌이 있는데, 이들 부시장은 모두 여러 개의 외곽단체의 장을 겸하고 있어 외곽단체의 효율적 경영을 위해 직접 책임을 맡고 있는 것도 한 이유라고 볼 수 있다. 이는 퇴직 고급관료가 외곽단체의 장을 할 경우 초래될 수 있는 폐해 때문이다. 예를 들면 주택공급공사에 전직 주택국장이 퇴직해 사장으로 앉게 되면 그 공사는 주택국장만의 산하단체가 되어 버려 고베 시 전체의 공익을 추구하기에는 한계가 있을 수 있기 때문이다.

따라서 고베 시의 외곽단체의 장은 현역 시장이나 부시장이 직접 맡고 퇴직 관료는 민간 회사로 치면 전무 수준의 역할을 수행하고 있다고 볼 수 있다. 또한 고베 시의 외곽단체는 기본적으로 시의 단체이므로 비록 일반회계와 같이 시의회의 통제를 받지는 않지만 시의회에 대해 예산과 결산의 보고 의무와 시의 질의를 받게 되어 있어 무분별하게 외곽단체의 운영을 방임하고 있지는 않다. 이와같이 외곽단체 운영의 궁극적인 책임은 고베 시장이 지게 되어 있다.

5) 외곽단체와 인사 교류

외곽단체는 고베 시가 상당 부문의 주식을 투자하고 있는 대주주이므로 시에서 한 사람을 파견하고 있는데, 이로 인해 외곽단체의 경영에 해가 되는 간섭을 하고 있지는 않다. 앞서 언급한 바와 같이 외곽단체의 경영에서 수지 경영의 원칙, 다각 경영의 원칙, 복합 경영의 원칙이나 민주적 통제의 기본 원칙을 준수하고 있기 때문이다.

외곽단체의 공무원을 파견할 경우 상당히 우수한 사람을 파견해 건실한 경영을 하도록 유도하고 있다. 경우에 따라서 그리 유능한 사람이 간혹 파견되는 경우도 있는데, 이 경우에는 외곽단체에서 좋은 경영 실적을 달성하면 여러가지 특혜를 부여하는 인센티브 방안을 강구하고 있다. 다시 말하면, 외곽단체를 만들어 고베 시가 사사건건 간섭할 경우 외곽단체 설립 본래의 취지를 무의미하게 할 우려가 높으므로 가능한 한 외곽단체 나름대로의 경영성을 제고시킬 수 있도록 배려하는 특징을 보인다.

4 주식회사 고베 시

일본에서 흔히들 고베 시를 지칭할 때 '고베시 주식회사(神戶市 株式會社)' 또는 '주식회사 고베시(株式會社 神戶市)'라고 일컫는다. 이는 고베 시가 도시를 경영적인 시각에서 운영하는 데서 출발한다고 볼 수 있다. 즉 민간 부문으로 비유하면 고베 시를 하나의 회사로 간주하고 다각적인 사업을 전개하며 여러 개의 프로젝트를 추진해 나가고 있는 스타일이다. 그렇다고 해서 행정 서비스가 경영적인 측면만을 고려할 수 없는 경우도 허다하다. 그러나 이러한 경우에도 공무원들이 항상 시장적이며 경영적인 사고에 지배되고 있으며 이는 행정 업무를 하는 데도 비용 의식이 강하게 개재되어 더 적은 비용으로 양질의 서비스를 생산하고자 하는 노력을 기울이고 있다.

고베 시의 도시경영 전략을 살펴보면, 고베 시는 공공기관이 갖고 있는 장점을 십분 활용해 적극적인 도시개발 사업을 전개한다. 흔히 공공 개발에 따른 개발 효과가 사유화되는 것이 일반적인데, 고베 시는 가능한 한 이러한 개발 이익을 공유함으로써 지역 주민 모두에게 돌아가도록 한다. 이와같이 고베 시가 직접 개발사업을 전개하고 이와 관련된 다양한 부대사업이나 관리 업무를 효과적으로 수행해 나가고 있는 것은 지방자치단체로서 고베 시가 갖고 있는 공적인 신뢰도를 적극 활용하고 있는 것으로 사료된다.

제2절 고베 시 농업공원(神戶市 農業公園)

1 도농 복합의 절묘한 조화

여기에서는 고베 시의 대표적인 경영 사례 중의 하나인 '고베 시 농업공원'을 중심으로 살펴본다.

한마디로 고베시는 도농 복합적 성격을 지닌 지역적 특성을 절묘하게 조화시켜 '고베시 농업공원'을 탄생시켰다. 인구 160만 명인 고베 시의 면적은 약 55,000ha인데, 이 중 약 10%인 5,600ha가 농업지역으로 약 6,000호의 농가가 있다. 농가 1호당 면적이 1ha도 채 안 되는데 도시 근교농업의 육성을 통해 일본 내에서 가장 성공한 지역으로 손꼽히고 있다.

이 지역은 원래 물이 부족해 농사를 짓기에는 매우 부적절했는데 물 부족 문제를 해결하기 위해 사세야먀 지역으로부터 송수관을 매설해 물 문제를 해결한 후 이 물을 이용해 포도와 배를 재배하고, 포도주(와인)의 생산과 축산, 이 일대를 농업공원으로 조성해 1·2·3·4차 산업을 수직 계열화시켜 농산물의 안정적인 소비망을 구축하고 부가가치를 높인 농공상지(農工商知) 일체형의 대표적인 성공 사례의 하나이다.

2 농업공원의 조성 목적

고베 시 농업공원 조성의 목적은 크게 다섯 가지로 요약된다.

첫째, 물과 관련된 농업용지 개발사업을 추진한다는 점이다. 원래 이 지역은 물이 부족한 지역이라 작물을 재배하기가 부적절했으나 사세야마 지역으로부터 송수관을 매설해 물 문제가 해결되자 이와 관련한 농지 개발사업을 추진할 필요가 있었다.

둘째, 이를 통해 고베 시의 새로운 농업을 전개시키는 것이다. 즉 고베 시 농업의 거점을 조성하고 농공상지(農工商知, 1·2·3·4차 산업)의 복합 경영(複合經營)을 도입함으로써 부가가치를 높이고 취업 기회를 증대시키는 것이다.

셋째, 학생들과 도시 주민에게 농업 체험을 제공하고 편안하고 안락하게 쉴 수 있는 장소를 조성하는 데 있다.

넷째, 고베 비프(beef)와 고베와인조합(組合)에 의한 지역산업을 육성하는 데 있다.

다섯째, 농업공원의 조성을 통해 새로운 관광자원을 개발하는 것이다.

3 연 혁

고베 농업공원은 1971년 용수사업을 시작으로 1980년에 기본계획을 완성했다. 1984년 10월 28일에 농업공원을 개원해 만 3년이 채 안 된 1987년 6월에 100만 명의 방문객을 유치했다. 1988년 9월에는 몬테셀렉션 상을, 1991년 2월에는 아사히(朝日)농업상을 수상했다. 1993년 4월에는 개원 이후 400만 명의 방문객을 맞았으며 매년 40만 명 이상의 방문객이 찾아오고 있다. 고베 농업공원이 조성된 구체적인 연혁을 살펴보면 다음과 같다.

고베 농업공원 연혁

- 1971년 : 동파 용수사업(東播用水事業) 시작
- 1976년 ~ 1978년 : 배단지의 조성 및 식재(植栽)
- 1978년 : 계획 수립을 위한 조사
- 1979년 ~ 1980년 : 기본계획 작성
- 1979년 ~ 1983년 : 포도단지의 조성 및 식재
- 1980년 ~ 1984년 : 용지 취득·조성 및 시설 건설(농업공원)
- 1984년 10월 28일 : 개원(開園)

- 1987년 6월 21일 : 방문객 100만 달성
- 1988년 9월 21일 : 몬테셀렉션 상 수상(제1회)
- 1988년 11월 1일 : 고베와인동호회 발족
- 1989년 8월 7일 : 방문객 200만 달성
- 1991년 2월 8일 : 아사히(朝日) 농업상 수상
- 1991년 7월 31일 : 방문객 300만 달성
- 1992년 9월 22일 : 몬테셀렉션 상 5년 연속 수상
- 1993년 4월 28일 : 방문객 400만 달성

4 주요 사업 내용

1) 사업 주체

고베 시 농업공원의 조성 및 운영과 관련해 여러 개의 사업 주체가 있다. 농용지(農用地) 개발은 근기농정국동파용수농업수리(近畿農政局東播用水農業水利)사업소가 담당했으며, 과수단지의 경영은 다섯 개의 농사조합법인(農事組合法人)이 맡고 있다. 농업공원은 고베 시가 고베 시 원예진흥기금협회에 위탁하고 있다. 고베와인의 제조는 재단법인인 고베시 원예진흥기금협회가, 고베와인의 판매는 고베와인주식회사가 맡고 있다.

〈표 14-2〉 규 모

<table>
<tr><th colspan="2"></th><th>전체 면적
(ha)</th><th>식재(植栽)
면적(ha)</th><th>식재 연도
(植栽年度)</th><th>식재 본수
(植栽本數/本)</th></tr>
<tr><td rowspan="2">배단지</td><td>배</td><td rowspan="2">40.2</td><td>26.0</td><td>1976년~1978년</td><td>10,020</td></tr>
<tr><td>포도(시험 재배)</td><td>1.5</td><td>1979년</td><td>1,097</td></tr>
<tr><td colspan="2">포도단지</td><td>120.6</td><td>60.5</td><td>1980년~1983년</td><td>35,723</td></tr>
<tr><td colspan="2">농업공원</td><td>31.0</td><td>5.2</td><td>1983년</td><td>3,324</td></tr>
<tr><td colspan="2">계</td><td>191.8</td><td>배 26.0
포도 67.2</td><td></td><td>배 10,020
포도 40,144</td></tr>
</table>

2) 규 모

조성된 농업공원의 면적 및 배농원이나 포도농원의 규모는 <표 14-2>와 같다. 포도단지가 약 120ha, 배단지가 약 40ha이고 농업공원의 면적은 31ha에 이르며, 농업공원과 관련한 전체 면적은 약 190ha에 해당한다.

3) 농업공원의 시설 내용

농업공원의 주요 시설은 크게 고베와인 생산과 관련한 시설, 농민 연수(農民研修) 및 농사 체험을 위한 시설, 일반 시민을 위한 레크리에이션 시설과 기타 시설로 구성되어 있다. 각 시설들에 대한 구체적인 내용은 <표 14-3>과 같다.

〈표 14-3〉 농업공원 시설 내용

<table>
<tr><th>기 능</th><th>지 역
(zone)</th><th>시설명</th><th>규모·내용</th><th colspan="2">지역 설정</th></tr>
<tr><td rowspan="3">고베
와인
생산
기능</td><td rowspan="2">센터존
(center zone)</td><td>와인양조시설
공장동
숙성동
제품동
옥외작업장</td><td>
1동 1,172㎡
1동 1,440㎡
1동 1,115㎡
5,000㎡</td><td rowspan="13">센터존
2.5ha

과수존
5.2ha

농원존
2.1ha

주차장
1.9ha</td><td rowspan="13">• 와인 양조시설, 본관 연수관, 농업체험실습관, 레스토랑·호텔관 등 시설을 포함한 ㅁ자형으로 배치한 농업공원 심벌 존

• 고급 와인 포도시험재배 과수원

• 어린이 및 도시 주민의 체험농장 및 꽃나무, 과실 재배시험장

• 버스, 승용차, 택시, 자전거의 수용</td></tr>
<tr><td>브랜디관</td><td>1동 157㎡</td></tr>
<tr><td>과수존(zone)</td><td>와인용 포도밭</td><td>52,000㎡</td></tr>
<tr><td rowspan="10">農民
研修
·
농업
체험
기능</td><td rowspan="2">센터존
(center zone)</td><td>본관·연수관</td><td>1동 1,325㎡
와인박물관
회의실 3실, 대홀</td></tr>
<tr><td>농업체험실습관</td><td>1동 1,548㎡
객실, 화실(和室) 30실
연수실, 단체식당</td></tr>
<tr><td rowspan="4">농원존(zone)</td><td>농업체험농장
관리동</td><td>
3동 891㎡</td></tr>
<tr><td>온실</td><td>4동 500㎡</td></tr>
<tr><td>농원</td><td>6,200㎡</td></tr>
<tr><td>炭燒場</td><td>1,200㎡</td></tr>
<tr><td rowspan="4">녹지존(zone)</td><td>민속농기구전시관</td><td>2동 161㎡</td></tr>
<tr><td>표고버섯관</td><td>1동 414㎡</td></tr>
<tr><td>고베牛增殖館</td><td>1동 144㎡</td></tr>
<tr><td>고베비프관</td><td>1동 1,048㎡</td></tr>
</table>

일반 시민 레크리에이션 기능	센터존 (center zone)	레스토랑・호텔	1동 1,617㎡ 객실 양실 12실 레스토랑 120석, 팝	조정지 0.7ha	•홍수 방지를 위한 방재시설
		回廊, 중앙광장	3,086㎡		
		입구 광장	3,000㎡		
	농원존(zone)	도예관, 가마	424㎡	녹지존 18.8ha	•산책로를 둘러싼 자연녹지, 운동장, 잔디광장, 장래 시설을 위한 보유지, 각종 꽃나무, 과실 재배지
		전망대	363㎡		
		선인장 온실	1동 113㎡	주변 녹지 12.4ha	
	녹지존(zone)	야외 바비큐광장	4,600㎡		
		다목적 광장	8,000㎡		
		잔디광장	16,500㎡	광장 5.3ha	
		야외 스테이지	245㎡		
		풀	1,200㎡ 25m×5 코스, 아동용 풀	수림 1.1ha	
		버드게이지	600㎡		
		야외녹지광장 어린이광장 스포츠광장	 500㎡ 2,500㎡		
		cycle spot	6,746㎡ 사이클 광장(자전거 60대) 골프장(18홀)		
기타	센터존 (center zone)	관리사무소	1동 667㎡		
		제2관리사무소	1동 183㎡		
	주차장	주차장	600대 19,500㎡		
	녹지존(zone)	요금 케이트	1동 207㎡		
		방목장(放牧場)	2개소 1,925㎡ 퇴비사(堆肥舍) 1동 125㎡		
		조정지(調整池)	2개소		

4) 시설의 이용 현황

1984년부터 1994년까지의 시설 이용자 현황을 살펴보면 <표 14-4>와 같다. 표에서 나타나는 바와 같이 개장 연도에만 13만 명의 방문객이 찾았으며 그 다음 연도에는 약 36만 명이, 개장 후 2년 뒤인 1986년부터는 연간 40만 명 이상이 방문하고 있으며, 1991년도에는 무려 62만 명의 방문객이 찾았다. 1984년 개장 이후 1991년까지 이용자 수가 계속 증가하다가 1992년부터는 다소 감소하고 있는데, 그 이유는 1992년부터 화훼단지 및 과일단지의 조성으로 이용 인구가 분산되고 있기 때문이다.

〈표 14-4〉 시설 이용 상황 (단위: 명)

연도	방문객 수	숙박자 수	연도	방문객 수	숙박자 수
1984	130,478	4,923	1990	602,589	24,765
1985	355,456	15,333	1991	620,783	24,490
1986	447,791	16,616	1992	614,168	23,865
1987	501,178	18,731	1993	528,139	22,594
1988	532,690	18,889	1994	429,171	24,088
1989	587,763	21,910			

5 고베와인

고베 하면 대표적으로 상징되는 것이 바로 와인이다. 과거 메이지(明治) 시절에 고베 시에 포도를 재배했으나 당시에 만연한 포도병으로 포도 농사가 실패로 돌아가 포도 재배를 하지 않았다. 그런데 포도 생산 및 와인 제조의 연계 개발은 이미 기후 여건이 매우 열악한 홋카이도(北海道)의 이케다초(池田町) 지방에서 선행된 것으로서 이에 비해 고베는 포도 재배에 매우 양호한 지역 여건에 고무되어 추진하게 되었다. 즉, 고베 시는 비가 적고 기온이 높아서 포도를 재배할 경우 당도가 높아 포도 재배지로서는 적합한 기후 조건을 갖추고 있다.

고베 시가 포도를 재배하기 위해서는 당시 일본의 포도 재배 실태 조사 및 품질을 분석해 본 결과 일본에서 경작되는 포도로써는 좋은 포도주(와인)를 생산하기가 어렵다는 판단을 내렸다. 왜냐하면 와인의 품질은 원료가 되는 포도가 60~70%를 좌우하는데 당시 일본에서 재배되는 포도로써는 이를 충족시킬 수가 없었기 때문이다. 그래서 와인 생산의 명성을 갖고 있는 유럽의 포도 묘목을 도입해 포도밭을 조성했다.

고베와인의 탄생 과정 및 생산량을 살펴보면 다음과 같다.

□ 와인 제조

○ 시험 제조 1980~1982년

○ 기한부(期限付) 제조 1983년부터(1983년 5월 9일 면허 취득)

○ 판매 시작 1984년 10월 28일

○ 본격 제조 1986년 7월 (1986년 7월 8일 면허 취득)

□ 포도 및 와인 생산량

연도 구분	1984	1985	1986	1987	1988	1989	1990	1991	1992	1993	1994
포도 생산량(t)	231.1	281.0	483.4	651.3	837.0	698.0	707.0	808.7	822.6	952.2	1,037.9
와인 생산량(kℓ)	173.3	229.0	373.6	503.1	633.1	539.0	526.2	601.3	637.2	764.4	802.2

6 주요 특징 및 시사점

고베 시 농업공원의 조성 및 운영 등에서 나타나는 주요 특징이나 우리에게 주는 시사점을 살펴보면 다음과 같다.

첫째, 철두철미하게 복합 경영 방식을 도입하고 있다는 점이다. 고베 시 도시 경영의 특징 중의 하나가 바로 복합 경영인데 농업공원에서도 예외 없이 적용된다. 1·2·3·4차 산업을 수직 계열화시켜 농공상지(農工商知) 일체형으로 연계화하고 있다. 농산물의 생산지 및 가공을 위한 시설을 관광단지화하여 식음(식당)이나 판매시설 및 숙박시설과의 복합화를 도모해 단지 자체를 관광상품화하고 있다. 또한 농산물의 생산은 주민이, 농업공원의 운영은 고베 시가, 와인 제조는 제3섹터 방식으로, 판매는 별도의 법인이 담당하는 다각·복합적인 시스템이다.

둘째, 지역적 특성을 잘 활용하고 사업 전개를 위해 사전에 치밀한 조사 분석이 철저하게 이루어졌다는 점이다. 작물 재배 품목 선정에서 와인 제조의 결정에 이르기까지 10년간의 기간이 소요되었으며 이 기간 동안 농민들을 지속적으로 설득했다. 고베는 지역의 입지 환경이 비가 적고 연중 평균 기온이 높으며 주야간 기온의 차이가 크기 때문에 포도의 재배 적지로 판단했다. 그러나 당시 일본의 포도는 미국계 품종으로서 이 포도로써는 좋은 와인 생산이 불가능하기 때문에 유럽 지역의 현지조사를 통해 프랑스 및 독일계 품종을 도입해 재배했다.

셋째, 안정성의 확보이다. 농산물은 풍작 및 흉작의 작황에 따라 심한 편차를 보이기 마련이다. 농가에서 수확한 포도는 전량을 매수하고 있기 때문에 농민이 흉작이나 풍작에 대한 걱정 없이 안정적으로 포도 생산을 가능하게 만들었다. 즉, 흉작시에는 농가에 대해 최소한의 이윤을 보장하도록 하고 반면에 풍작시에는 일정 부문의 이익(마진)을 약간 적게 하여 이를 흉작시에 보전하도록 하며, 아울러 농공사(農工商) 일체형 시스템으로 위험부담을 경감시키고 있다.

넷째, 농업공원의 조성을 위해서 먼저 토지의 선행 취득에서부터 출발하고 있다. 이 공원의 조성을 위해 고베 시가 총 80억 엔을 투자했는데 이 중 15억 엔으로 31ha의 토지를 매입했다. 포도단지 120ha는 국유지를 임차해 포도를 재배하고 있으며 배단지 40ha는 농가가 소유하고 있다. 도시 개발에서 제일 먼저 부딪치는 문제가 토지의 확보인데 토지의 선매입(先買入)으로 공영 개발사업을 계획에 차질 없이 수행해 나가는 고베 시 특유의 도시 경영 전략을 구사하고 있다.

다섯째, 마케팅 개념에 토대를 두면서 연관 산업의 개발 및 연계화이다. 포도의 가공을 통해 와인을 생산하고 와인의 소비를 촉진하기 위해 '고베비프'(쇠고기)를 생산했다. 양질의 쇠고기를 생산하기 위해 생명공학 기술을 활용해 우성 교접을 통해 탄생한 우성 종자(고베소)를 농가에서 사육하도록 하고 성장 후에는 재매입해 고베비프 및 치즈를 생산하고 있다. 즉, 고베와인과 고베비프를 연계해 상품화하고 있다. 고베와인 1병의 가격은 1,200엔으로 시중의 일반 와인 가격이 약 500~600엔 정도인데 비해 고가전략(高價戰略)을 구사하고 있는데 이는 품질(맛)에 자신이 있기 때문이라고 한다. 연간 약 110만 병의 와인을 생산하고 있는데 이 중 약 50%는 농업공원에서 판매하고 나머지는 주류 도매상에서 판매하는데 매년 재고가 거의 없이 전부 판매된다고 한다. 한편, 농업공원 인근 지역에 과일, 꽃 등의 재배단지인 프루트 앤드 플라워 파크(Fruit & Flower Park)를 개발해 온천 개발과 호텔 및 결혼식장 등과 복합화하고 있다. 즉, 고객 유인을 위해 리조트시설을 만들고 호텔을 짓고 판매장 및 식당 등을 조성했다.

여섯째, 대도시 주변의 근교 농업지역을 도농 복합으로 조화시켜 모두에게 제로섬(zero-sum)이 아닌 포지티브섬(positive-sum)으로 탈바꿈시키고 있다. 농업공원이 조성되기 이전에 이곳의 농민들은 별다른 기술이 없었으며 농가의 호당 소득도 매우 보잘것 없었으나 농업공원이 조성된 후 호당 평균 소득이 연간 평균 800만 엔에 이른다. 한편 고베 시는 매년 40만 명 이상의 관광객이 방문함으로써 지역경제 활성화에 지대한 공헌을 하고 있다.

종합하면, 고베 농업공원은 대도시 주변부의 열악한 자연환경에서 1차 산업 중심의 저소득층이 주류를 이루고 있었으나 이제는 모도시(母都市)의 성장을 이끌어 가는 중추 역할을 하고 있음을 엿볼 수 있다. 즉 중심부와 주변부가 상호 반목과 대립이 아니라 도농(都農) 상호간의 절묘한 조화를 통해 지역이 지니고 있는 잠재력을 최대로 발현하고 있다.

아울러 농업공원은 단순하게 농산물을 생산하는 것만이 아니라 생산과 제조, 가공 및 판매가 상호 연계 일체화함으로써 위험 부담을 줄이면서 안정성을 꾀하고 가능한 한 부가가치를 극대화하는 전략을 구사하고 있다. 양질의 고베비프를 생산하기 위해 생명공학 기술까지 동원되고 있다. 즉, 농공상지(農工商知)의 1·2·3·4차 산업이 상호 조화롭게 연계고리를 형성하면서 시너지 효과를 극대화하고 있다.

제 3 절 가나가와 과학공원(Kanagawa Science Park)

1 조성 배경

최근 세계 경제가 재편성되는 가운데, 동아시아 지역이 세계에서 성장의 중심으로 대두되고 있으며, 일본-NIES-ASEAN 간에 산업(제품을 생산하는) 네트워크가 새로이 구축되고 있다. 일본은 종래의 제품과 산업을 아시아의 다른 지역으로 넘겨 주고, 내부적으로는 고부가 가치 산업을 위한 새로운 산업의 창조가 요구된다. 이를 위해 왕성한 기업가 정신과 연구 개발 능력을 바탕으로 창조적인 가치를 만들어 활동하고 있는 중소・중견기업의 역할이 매우 중요해지고 있다. 가나가와(神奈川) 현은 바로 산업구조를 좀 더 적극적으로 지식집약형・기술집약형으로 전환하고 있다. 즉 가나가와를 두뇌형 산업의 세계적인 메카로 육성한다는 취지 아래 장기적으로 '두뇌센터 구상'을 내걸고 있는 가나가와 현은 '연구개발형 기업'의 육성을 중요한 과제로 추진하고 있다. 가나가와 과학공원(KSP)은 이와 같은 두뇌센터의 구상을 실현하기 위해 가나가와 산업사회에 연구개발형 기업을 전략적으로 육성하려는 거점 프로젝트이며, "연구개발형 기업이 싹트고, 자라며, 모여 상호 교류"하는 도시형 사이언스 파크로 조성된 것이다.

2 개 요

가나가와 현 가와사키 시(川崎市)에 있는 이 과학공원은 지방이 산업정책의 주체가 되어 산업정책과 과학기술의 결합을 통해 지역 활성화를 도모하는 도시형 첨단과학 기술단지이며 산업구조를 적극적으로 지식 및 기술 집약형으로 재구축해 가나가와를 두뇌형 산업의 세계적인 메카로 육성하려는 전략이다. 가나가와 현은 일본 47개 광역자치단체 중에서 가장 처음으로 과학 기술과 산업개발 정책을 연계 추진한 자치단체이다. 처음에 가나가와 과학공원은 일본의 지방자치단체 차원에서 추진한 최초의 과학공원으로 가나가와 현과 가와사키 시의 공동 프로젝트(Joint Local Project)로 추진되었다. 이 프로젝트가 추진될 당시에 통상성(通商省)에서는 중앙정부 차원의 국가 프로젝트로 추진할 것을 제안했다. 그러나 당시에 가나가와 현과 가와사키 시는 앞으로는 산업의 개발도 지역 중심의 지방자치단체가 중심이 되어야 한다고 주장하고 중앙정부의 제의를 거절했다.

3 구성 및 특징

1) 구 성

가나가와 과학공원은 과학공원의 핵심 사업 주체인 주식회사 KSP

[그림 14-1] 가나가와 과학공원 핵심 세 기관 간의 네트워크

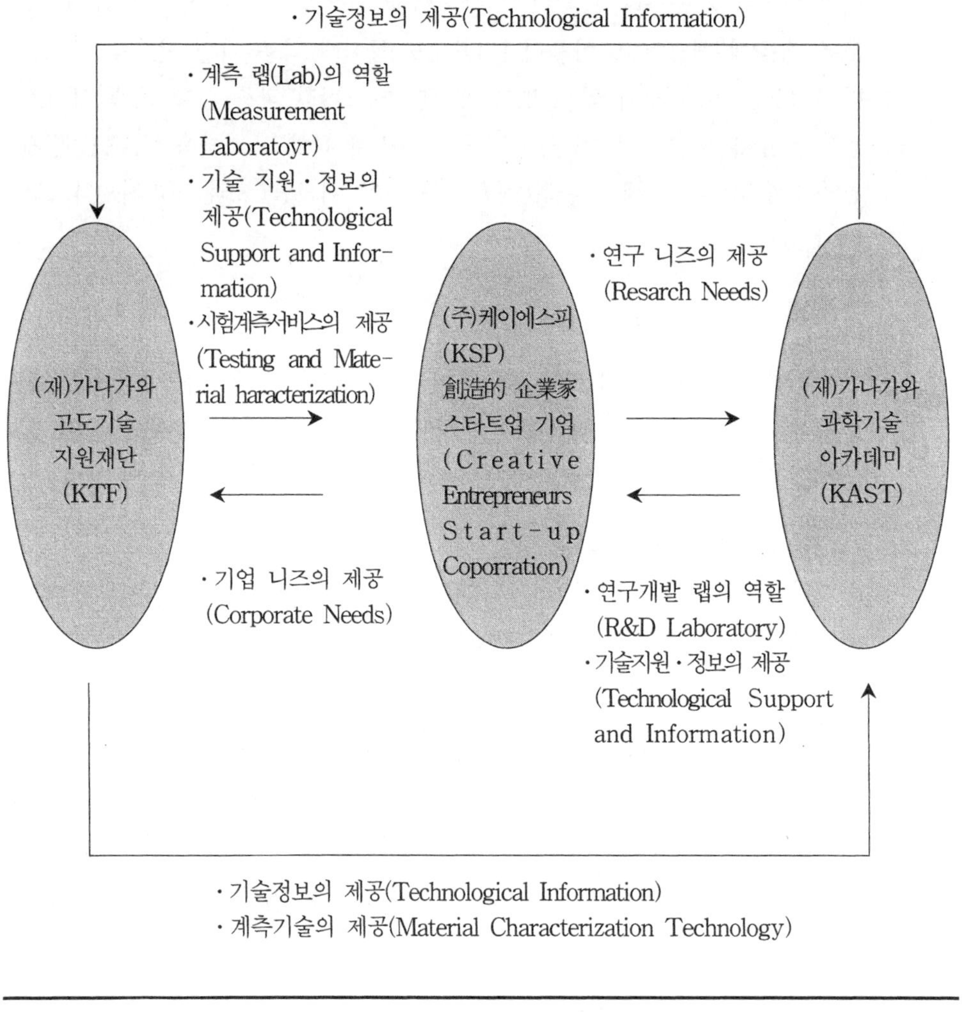

(Kanagawa Science Park), 연구개발 랩(Lab)을 담당하는 재단법인 KAST(Kanagawa Academy of Science & Technology), 기술시장의 형성 및 측정 랩의 역할을 수행하는 재단법인 KTF(Kanagawa High-Technology Foundation) 등 세 단체로 구성되어 있다. 이들 세 기관은 상호 네트워크로 구성, 삼위일체가 되어 서로 연계고리를 형성하고 있다. 이들 세 기관

간의 관계를 살펴보면 다음과 같다.

KSP는 연구에 대한 니즈(needs)를 KAST에 제공하고 KTF에는 기업에 대한 니즈를 제공한다. KAST는 연구개발 랩의 역할이나 기술 지원 및 정보를 KSP에 제공하고, 아울러 KTF에도 동시에 각종 기술 정보를 제공한다. KTF는 기술 지원 및 정보의 제공뿐만 아니라 각종 시험 계측 서비스 등을 KSP에 제공하고, 아울러 각종 기술정보나 계측 기술을 KAST에 제공하고 있다. 이들 세 기관의 상호 협력 네트워크를 요약 정리하면 [그림 14-1]과 같다.

2) 특 징

일본에서 자치단체로서는 제일 먼저 시작된 가나가와 과학공원은 1986년 개원 이래 괄목할 만한 업적을 이루고 있는데, 이 과학공원의 주요 특징을 살펴보면 다음과 같다.

(1) 새로운 중소기업의 진흥

지역경제에서 중소기업의 위치를 적극적으로 취급하고자 하는 뜻에서 가나가와 과학공원에서는 연구개발형 기업을 의도적이며 효과적으로 창출해 그 연구개발을 지원하고 있다.

(2) 새로운 형태의 산업 기반(연구개발형 기업 빌딩)

인큐베이터 기능(기업을 만들어 키움), 랩(Lab) 기능(연구개발·측정·디자인 시작[試作] 등의 시설) 교류 기능, 인제 육성 기능, 기타 각종 지원 서비스 기능을 복합적으로 갖춘 연구개발 기능의 집적(集積) 거점으로 정비되어 있다.

(3) 새로운 도시의 형성

기성 시가지의 공장터를 활용한 개발사업으로, 지역사회 속의 일원, '열린 과학공원'으로서, 도시 가운데 나무와 물이 있는 공간을 제공하는 등 지역의 쾌적한 환경 조성에 기여하고 있다. 또한 연구개발에 의한 주변 환경에 끼치는 영향을 고려해 주변 주민과 '환경보전협정'을 체결해 엄정한 환경관리 시스템에 의해 공해 방지에 임하고 있다.

(4) **새로운 형태의 과학공원**

수도권의 정보·산업·연구 기능을 모으고 지역사회의 하이테크산업·연구개발형 기업·고도전문가 공기업을 모아 인재, 자본, 금융, 유통, 도시기반 등 도시의 기능을 최대한으로 활용하는 새로운 형태의 '도시형 산업과학공원'이다.

(5) **새로운 사업 추진 방식**

지방자치단체가 민간단체와 파트너십을 맺고 민간은 지혜와 힘을 집결시키고 자치단체는 그것을 총괄하는 역할을 맡는 방식으로 추진된다.

4 가나가와 과학공원(KSP)

KSP(Kanagawa Science Park)는 가나가와 과학공원의 핵심적인 사업의 주체로서 설립된 제3섹터 방식의 주식회사이다. 이것은 새로운 기업을 창출하는 기업 인큐베이터 기능이 가장 핵심적인 기능인데, 이의 설립과 자본금 및 주요 사업 내용을 살펴보면 다음과 같다.

□ 설립: 1986년 12월 19일

□ 자본금: 45억 엔

○ 공공섹터 약 15억 엔(神奈川縣, 川崎市, 日本開發銀行)

○ 민간섹터 약 30억 엔(飛島建設(株) 등 41개 회사)

□ 사업 내용

1) **인큐베이터 사업**

창조적인 연구개발형 기업의 창업과 성장을 위한 지원을 조직적으로 실시해, 새로운 산업의 창출을 의도적으로 추진한다. 지원 내용은 개인이나 기업의 상황에 따라 단계별로 나누어서 실시한다.

① 창업 카운슬링: 창업을 지향하고 있는 사람의 상담을 받고 계획 수립 방법, 준비 내용, 안전하고 효과적인 사업가 동 등에 관해 풍부한 사례를 기초로 해서 조언해 준다

② 경영훈련: 사업 준비를 갖춘 사람이 부담 없이 사업을 시작할 수 있도록 KSP 내에 공동사무소(쉐어드 오피스)를 설치해, 경험을 체험하면서 사

업계획을 한층 더 확실한 것으로 만들 수 있도록 한다.

③ 스타트업(start-up) 지원(인큐베이터 B): 창업 또는 연구개발형으로 전환 후 아직 얼마 안 된 기업에 대해 수준이 높은 방을 염가로 제공해 사업이 안정될 때까지(약 5년) 경영 등에 관한 지원을 한다.

④ 성장 지원(인큐베이터 A): 스타트업 기업 또는 경영 경험을 갖고 있는 개인 중 성장성이 있는 사업을 선정해서 자금, 비즈니스 정보 등 필요한 지원을 실시함으로써 경영자와 함께 사업 확대에 도전한다.

KSP가 설립된 지 7년 반 만에 76개의 새로운 회사가 탄생했다. 1997년 3월 현재 스타트업 룸(start-up room)에서는 창업 후 5년 미만된 56개의 회사가 입주해 있는데, 이들 회사의 종업원은 450명으로 매출은 85~90억 엔에 이른다. 즉 1개 회사의 평균 직원이 9명이고 평균 매출은 약 1.5억 엔에 이른다.

이곳에서의 창업 성공률은 5년간의 통계를 기준으로 할 때는 약 70%의 성공률을 보이고 있으며 10년간의 통계를 기준으로 할 때는 약 30%의 성공률을 보이고 있다. 창업이 성공할 경우에는 1억 엔의 30%를 회수하고 실패할 경우에는 투자 손실로 처리한다. 창업이 성공해 상품화되었을 경우에는 상호 협상을 통해 매상의 일정 비율을 회수하도록 하고 있다. 투자 손실에 대한 대비 때문에 모험 자본(venture capital)을 운영하고 있다.

2) 인재 육성사업

인큐베이터 사업의 가장 핵심적인 요체는 바로 사람(人材)이므로 인재 육성사업을 적극 추진하고 있다. 이를 위해 경영자나 기업가가 원하는 세미나를 개최한다.

3) 교류사업

파크 내 기업 간의 교류모임과 각종 행사를 실시하고 과학기술과 정보의 교류를 촉진시킨다. 홀, 화랑, 상설 전시장, 회의실 등의 교류시설도 운영한다.

4) 부동산 임대사업

연구개발형 기업에 당사 소유의 부동산을 임대한다.

5 가나가와 고도기술지원재단(KTF)

가나가와 고도기술지원재단(Kanagawa High-Technology Foundation: KTF)은 기업의 연구개발과 생산 활동을 지원하기 위해 고도의 시험 계측 서비스를 제공하는 동시에 특허권의 유통과 활용을 촉진하는 기술 시장을 형성하기 위해 설립된 재단법인이다. 가나가와 과학공원의 '측정 랩'의 역할을 수행한다.

KTF는 최근에 야광시계에 방사선이 없는 야광(시계) 물질을 개발했으며, 맥주병 무게를 30% 가볍게 하는 맥주병(기린맥주)을 개발해 맥주 수송비를 약 30% 절감시키는 개가를 올리기도 했다. 이의 설립과 투자 및 주요 사업 내용을 살펴보면 다음과 같다.

□ 설립: 1989년 8월 28일
□ 기본 재산: 12억 엔(가나가와 현 10억 엔, 가와사키 시 2억 엔)
□ 조직

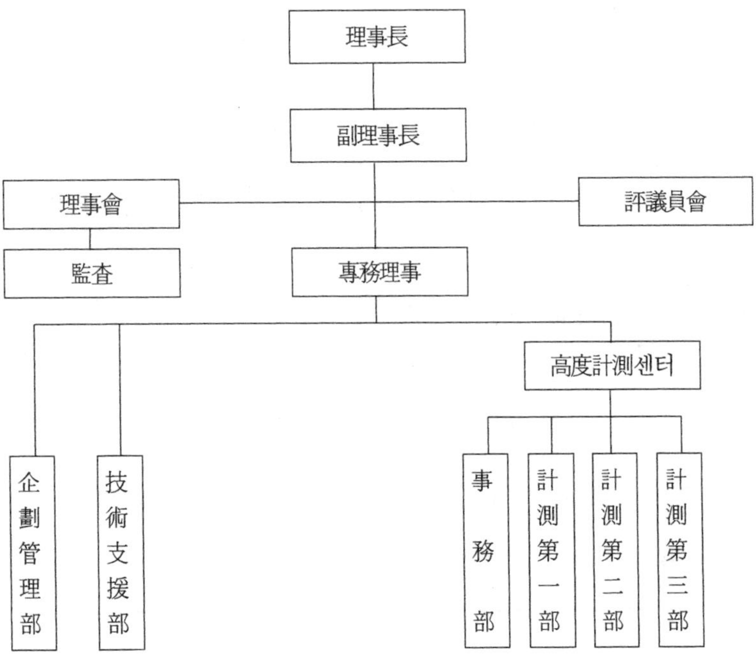

□ 주요 사업 내용

1) 시험계측 서비스 사업

기업의 고도의 시험 계측 요구에 응하기 위해 첨단의 시험 계측 기기를 갖춘 '고도계측센터'를 설치해 각종 시험계측 서비스(시험 계측의 종류 : 재료실험 · 성분분석 · 표면분석 · 신뢰성시험)를 실시하고 있다.

① 시험 의뢰: 기업 등의 의뢰에 의한 시료의 시험 · 분석
② 개방 이용: 시험계측 기기의 개방 이용
③ 컨설팅: 기업이 안고 있는 기술상의 과제에 대한 조언 · 지도
④ 위탁연구: 시험계측 분야의 기술개발 · 개량에 관한 위탁연구 · 공동연구
⑤ 기타: 시험 계측 기기의 전시 · 시용 공간의 제공, 연구생 · 연수생의 교육, 각종 세미나 등의 개최

[그림 14-2] 기술시장 서비스사업의 구조

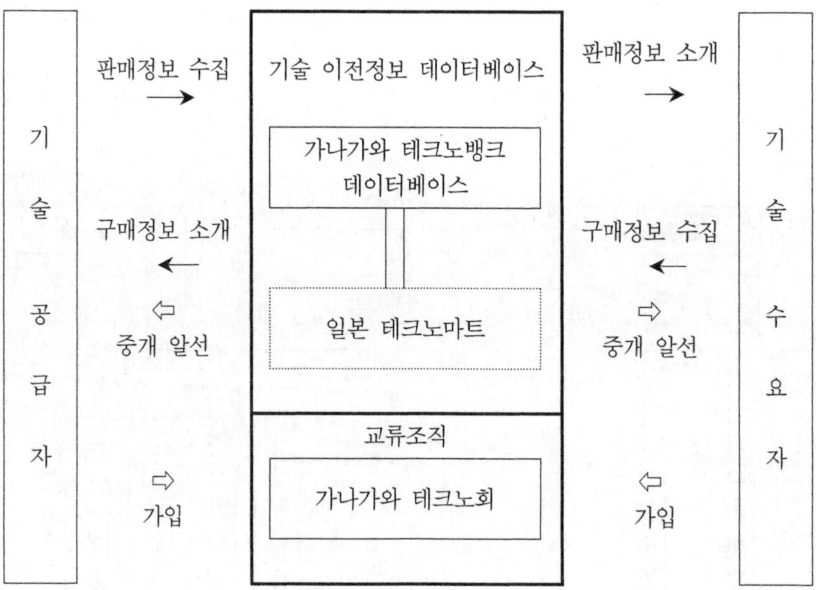

2) 기술 시장 서비스 사업

원활한 기술 이전을 위해 이전 가능한 기술정보의 등록, 기술의 공급자와 수요자 각 자의 요구에 따른 정보의 제공, 기술의 중개·알선을 하는 '가나가와 테크노뱅크'를 운영한다.

기업과 기업 간의 기술의 교류 및 이전을 도모하고 기업 간 기술 매매를 지원하는 KTF는 연 평균 약 20~30건의 계약을 성사시키고 있다. 이와같이 KTF가 기술시장 서비스 사업을 제공하는 구조를 살펴보면 [그림 14-2]와 같다. 즉 기술 수요자와 기술 공급자는 '가나가와 테크노뱅크'에 가입하며, 테크노뱅크는 양자에 대해 중개 알선뿐만 아니라 구매 정보 및 판매 정보를 수집하고 소개하는 역할을 한다.

6 가나가와 과학기술아카데미(KAST)

가나가와 과학기술아카데미(Kanagawa Academy of Science & Technology: KAST)는 산업계·학계·공공기관의 협력에 의해 고도의 첨단 과학기술 분야의 연구 및 기술 이전, 창조력을 갖춘 인재의 육성, 학술 문화 활동의 진흥, 지역사회의 중소기업의 연구개발에 대한 지원 등을 하기 위한 새로운 기구로 설립된 재단법인이다. KAST는 공익연구단체로 연구 결과는 모두 공개하는 것을 원칙으로 한다. 반면에 이곳에는 NEC, HP, SONY 등 기업이 소유하고 있는 무수한 연구기관이 있는데 이들의 연구 결과는 비밀로 할 수밖에 없다.

KAST는 가나가와 과학공원의 '연구개발랩(Lab)' 역할을 담당하고 있는데, 이의 설립과 투자 및 주요 사업 내용을 살펴보면 다음과 같다.

□ 설립: 1989년 7월 14일

□ 기본 재산: 목표액 40억 엔(가나가와 현 35억 엔, 가와사키 시·민간 5억 엔)

□ 조직

□ 주요 사업 내용

[그림 14-3] 지역개발 추진을 위한 원리의 모형

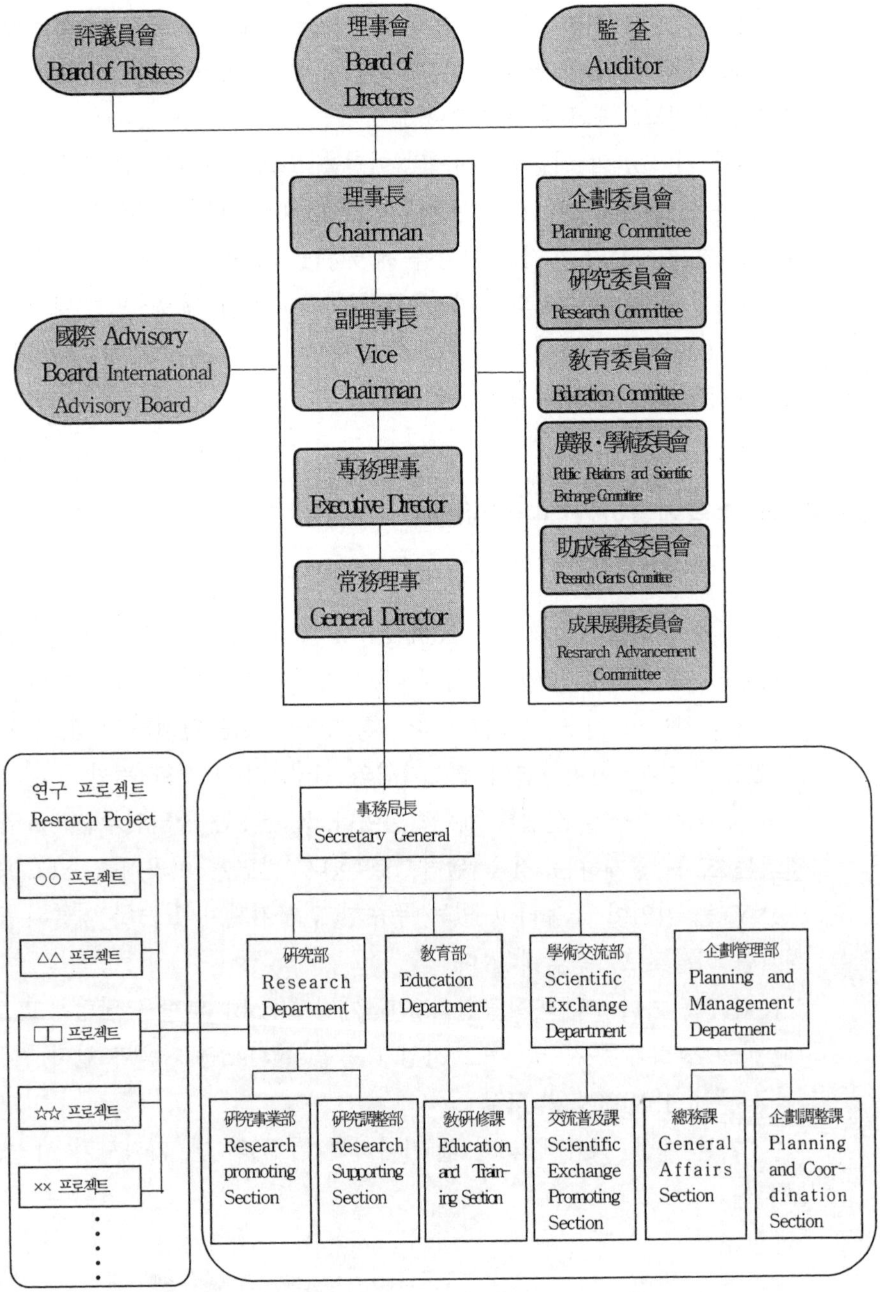

1) 연구사업

연구 기간을 한정한 연구 시스템을 바탕으로 국내외의 신진 기예(新進氣銳)의 연구자를 연구원으로 초빙해 3년 또는 5년 정도 기간에 걸쳐 높은 수준의 연구 활동을 하고 있다. 입주를 원하는 연구자는 연구 테마를 심사받아 합격해야 입주가 가능하며 외국인도 참여가 가능하다. 연구자로 채택되면 응용 분야는 3억 엔, 기초 분야는 5억 엔의 연구비가 지원되므로 전국에서 우수한 과학자가 모여든다. 이들이 이미 200건 이상의 특허를 출원했으며 그동안 많은 성과를 도출했다. 예를 들면 광기술(光技術), 저공해의 세라믹 엔진, 인공 심장, 암 치료약 등도 개발했다. 현재 동물들이 겨울에 동면하는 원인을 규명해 이를 인간 생활에 활용하는 연구를 추진하고 있다.

2) 교육사업

첨단기술 분야에서 창조적이고 실천적인 인재를 육성하기 위해 주로 사회인을 대상으로 수강생의 연구 능력 향상을 목적으로 강좌와 실습을 통해 대학원 수준의 교육을 하고 있다. 아울러 가나가와 과학공원에 입주한 117개 관련 회사 직원을 주대상으로 하는 재교육 및 훈련을 실시하고 있다.

3) 학술 교류사업 등

과학기술에 관한 강연회, 심포지엄, 연구회를 개최해 연구 집회를 활성화함으로써 대학과 공공기관 및 기업에 있는 연구자들 간의 학술 교류의 확대와 심화를 도모하고 창조적인 기초 연구에 대해 지원하고 있다. 그리고 재단기관지를 발행해 과학기술에 관련되는 정보들을 제공한다.

7 성과 및 시사점

지금까지 기존의 산업정책은 국가가 전담했기 때문에 산업정책에 대한 국가와 지방 간의 입장 차이에도 불구하고 가나가와 현은 풍부한 재정력을 바탕으로 하여 과학기술 정책을 지방자치단체 단위에서 최초로 독자적으로 추진했다. 총 117개 입주 업체 중 94개가 연구기업이고 전체의 20%가 외국기업이며, 총 4,000명의 종업원 중 연구자가 80% 정도이며 종업원의 평균 연령은 29세이다. 미국, 독일 등 선진국뿐만 아니라 이스라엘, 한국 등에서도 이곳에 기업을 입주시키고 있다. 1997년 4월 현재 11개의 미국 회사가 이곳에 있으며, 이스라엘도 2개의 기업을 입주시키고 있다. 한국에서는 유일하게 현대전자가 이곳에 입주하고 있다.

(재)KAST는 대학원의 대학원 수준으로서 고도의 연구, 교육기관이며 연구자는 45세 이하로서 연구 테마를 심사 후 결정하며 기초 분야의 경우 5년 동안 지원한다. (재)KTF는 기술의 공급 및 수요를 연계시켜 기술시장을 형성해 연간 20~30건의 기술 이전 계약으로 체결하고 있으며 계측센터의 경우 일본 내에서도 지명도가 매우 높다.

(주)KSP는 전체를 조정하는 기능으로서 신규 기업의 탄생 및 육성을 담당하고 있으며 신규 기업가(起業家)에 대해서는 3년간 1억 엔을 지원한다. 현재 인큐베이터의 스타트업 룸(srart-up room)에는 창업 후 5년 이내 기업이 56개의 업체가 입주해 업체당 평균 약 9명의 종업원을 보유하고 있다. 성장회사의 주식 공개계획으로 모험자본 사업을 착수하고, Management School을 운영해 기술인력에 대한 경영교육도 실시하고 있다.

지방자치단체에서 산업정책의 일환으로 기존 시가지의 공장 부지를 재개발해 조성한 가나가와 과학공원는 지금까지 성공적으로 운영되고 있다. 특히 다른 지역에 비해 가나가와 현은 재정력이 풍부해 상대적으로 손쉽게 사업을 추진할 수 있는 장점이 있었다. 이 과학공원은 연구 활동의 지원을 통해 신기술을 개발하고 이를 상업화하기 위한 벤처기업을 육성하며 기술시장의 활성화를 통해 과학기술의 원활한 유통을 도모하는 복합적인 메커니즘이 특징이고, 단지 개발 측면에서도 기성 시가지 내에 새로운 도시의 형성을 시도해 지역사회의 '열린 사이언스 파크'로서 쾌적한 환경 조성에 기여하고 있다. 또한 과학공원을 지원하기 위한 커뮤니티 시설, 환경보전위원회 등을 부수적으로 설치 운영하고 있다.

이와같이 가나가와 과학공원은 우리에게 여러가지 교훈을 준다. 첫째는 산업정책은 지금까지 중앙정부의 전유물로 인식되어 왔는데 이제는 지방자치단체도 산업정책의 주역으로 등장할 수 있음을 경험적으로 보여 주고 있다는 점이다. 둘째는 기성 시가지의 부적격 기능을 지역이 갖고 있는 잠재력과 결부시켜 기성 도시를 새로운 도시로 탈바꿈시키고 있음을 사실적으로 보여 준다. 셋째는 유관 기관의 복합화 및 종합화를 통해 기관 간 연계화 및 상호 교류를 촉진해 시너지 효과를 한층 높이고 있다는 점이다.

제 4 절 도야마 현 도가무라(富山縣 利賀村)

1 가진 것도, 희망도 없었던 도가무라

사람의 모습이 각기 다르듯이 지방자치단체의 속성도 각기 다르다. 키가 큰 사람, 작은 사람, 비만한 사람, 야윈 사람, 건장한 사람, 정상이 아닌 비정상의 장애인 등 사람의 외양도 각기 다른데 그 내면의 속성(개성)은 더욱 더 천차만별이다. 치열한 경쟁 사회에서 때로는 정상적인 사람도 하기 어려운 일을 온갖 어려움을 극복하고 장애인들이 정상인보다 더욱 값진 성취를 이루는 것을 종종 본다. 아마 이는 끊임없는 노력과 숨겨진 잠재성 발현의 결과가 아닐까 여겨진다.

일본에는 약 3,300개의 지방자치단체가 있다. 이 가운데 도야마 현의 도가무라는 모든 여건에서 가장 열악한 여건에 처해 있었던 기초자치단체였다. 물적 자원도 인적 자원도 보잘것 없고 교통 여건도 극도로 나쁜 오지로 장래 희망이라고는 전혀 기대할 것이 없는 깊은 산골의 아주 조그마한 기초자치단체에 불과했다.

도야마 현의 남서쪽 끝자락에 위치한 도가무라 촌은 전체 면적 178㎢ 중에서 97%가 산림이나 임야이고 겨울에 눈이 왔다 하면 3미터 이상씩 적설량을 보이는 경우가 허다한 산골 오지이다. 인구도 도야마 현 전체 인구가 약 32만 명인데 도가무라 촌의 인구는 불과 1,050명에 불과하다.

도가무라의 자연환경을 구체적으로 살펴보자. [그림 14-4] 및 [그림 14-5]에서 나타나는 바와 같이 강우량 및 적설량이 매우 많다. 1994년의 경우 1년중 20일 이상의 눈·비가 내린 달이 3개월(1월, 3월, 12월)이나 되고 가장 비가 적게 내린 달(6월, 8월)도 9일이나 된다. 즉 이는 적어도 매달 3일에 한 번 이상씩 눈·비가 내리는 호우(豪雨) 지대이다.

한편 1981년부터 1994년까지 적설량 및 1일 최고 강설량은 [그림 14-5]와 같다. 연평균 최대 적설량은 244.64㎝로 최대 적설량은 1981년이 430㎝이고 최소 적설량을 보인 해는 1989년으로 128㎝나 되었다. 1일 최고 강설량은 연평균 66.86㎝이고 1일 최대 강설량은 1981년의 100㎝이고 가장 적었던 해가 1989년과 1993년의 50㎝이다. 이와같이 도가무라는 1년 내내 눈과 비가 많은 호우·호설(豪雨·豪雪) 지대로 기후 여건이 매우 열악한 지역이다. 지역의 최고 표고는 1,638m로 주변의 대도시인 도야마 시에서 버스로 약 1시간 30분이 소요되는 자연환경과 접근성이 매우 나쁜 지역이다.

열악한 자연환경의 심산유곡에 자리잡고 있는 조그마한 지방자치단체인 도가무라는 인구가 지속적으로 점차 감소하고 있었다. 일본의 고도 성장기인 1945년부터 1955년에 이곳 인구가 도쿄 등 대도시로 인구가 유출되기 시작했다. 1965년부터 1975년 사이에 도가무라 인구의 약 70%가 도시로

[그림 14-4] 도가무라의 강우량 및 강우 일수(1994년)

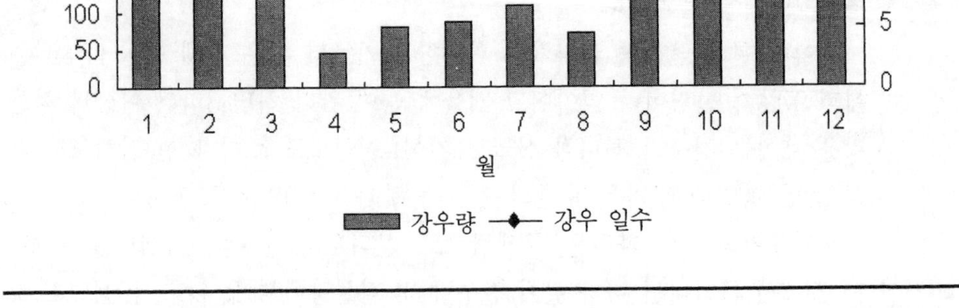

[그림 14-5] 도가무라의 적설량 및 1일 최대 강설량

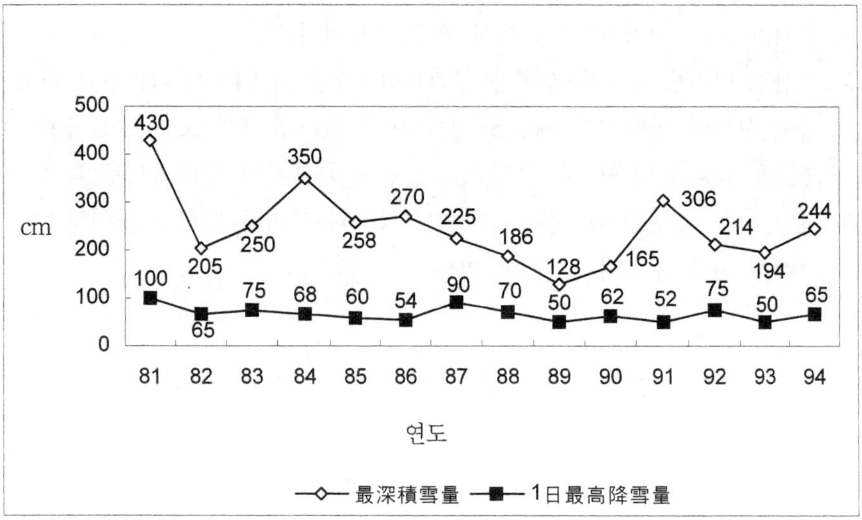

[그림 14-6] 도가무라의 연도별 인구 추이

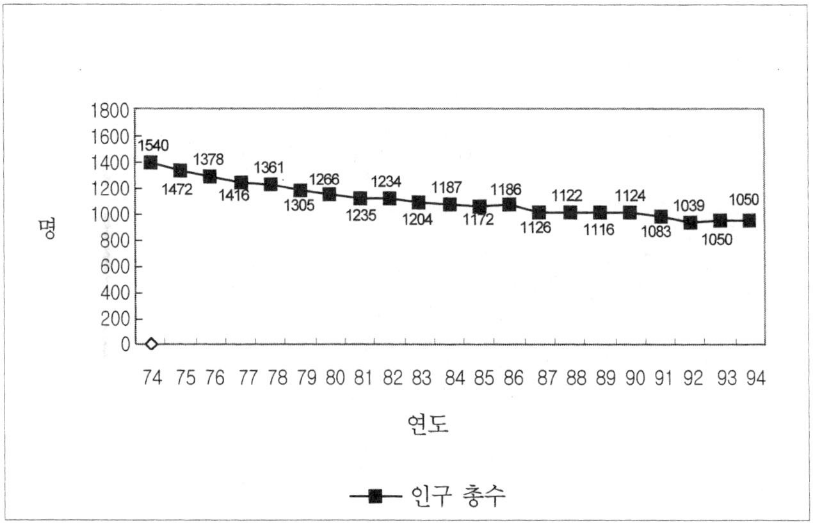

유출되었다. [그림 14-6]은 1974년부터 1994년까지 21년간의 인구 변화 추이를 보여 주고 있는데, 1980년대 중반 이후 지속적으로 감소해 오던 인구 추세가 둔화 내지 현상 유지적 패턴을 보인다.

한편 연령별 인구 구성비를 살펴보면 [그림 14-7]에서 나타나는 바와 같이 전형적인 항아리형 패턴을 보인다. 즉 60~70세의 노년층이 가장 많은 분포를 보이고 있고, 유아 및 청·장년층의 분포가 상대적으로 적은 노령화된 인구 분포를 보인다. 이는 지역의 역동성이나 활력을 불어넣기에 부적절한 인구 분포라고 할 수 있다.

[그림 14-7] 도가무라의 연령별 남녀 인구 구성(1995년: 총인구 1,050명)

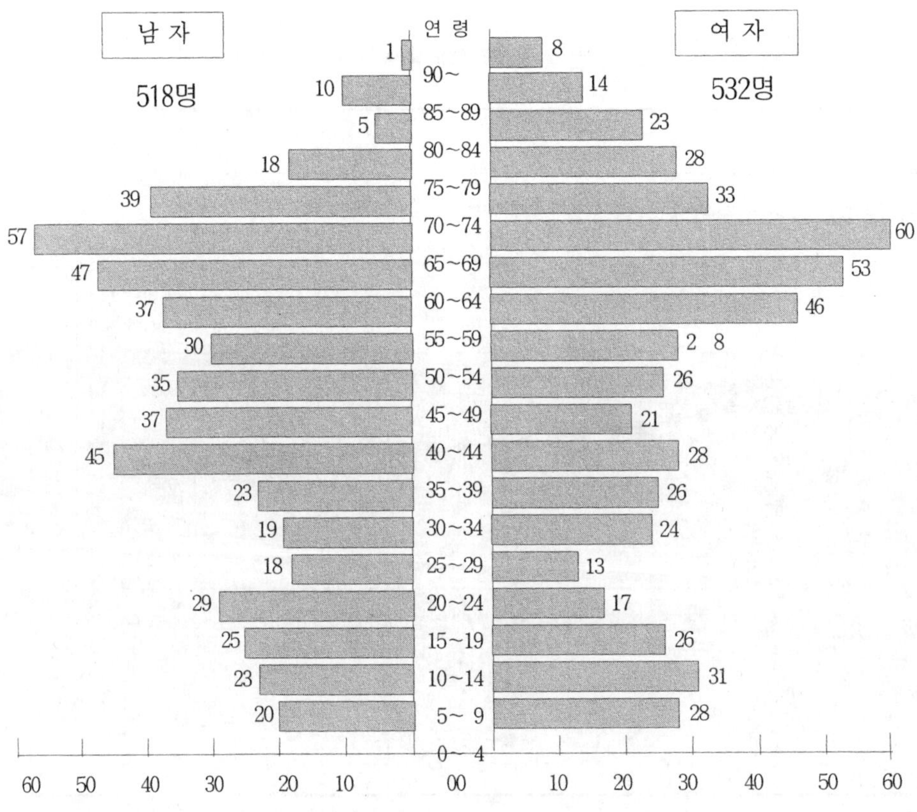

2 파멸로만 버려둘 수 없다! 도가무라가 살 길은?

지역산업 기반이 점차 취약해지고 인구는 계속 감소하자 도가무라는 가만히 있을 수가 없었다. 지역을 부흥시키고자 공장과 기업을 유치하려고 갖은 정책과 수단을 동원했지만 심산유곡의 이곳 산골 마을까지 유치하기는 불가능했다.

이곳 인구의 도시 유출로 인해 다수의 빈 집(空家)이 발생했다. 도가무라는 이 빈 집을 이용해 도시와의 인구 교류사업을 적극 추진했다. 이를 위해 빈 집을 교류 인구의 수용을 위한 2층의 표준 주택으로 개조했고, 이들 주택을 합병(合併) 주택단지로 개발했다. 이들 주택을 합장가옥(合掌家屋)이라 하는데 이 주택은 못을 전혀 안 쓰고 합각으로 연결해 만든 전통식 일본 목조 건물이다.

도가무라는 막연한 기업이나 공장의 유치가 아니라 이 지역이 갖고 있는 독특한 산골문화를 만들고 문화촌를 개발해 도시와 교류사업을 추진하고자 했다. 대도시 일상 생활의 무미건조함이 도가무라의 산골문화가 신선함을 줄 수 있다는 사실이 하나씩하나씩 알려지기 시작했다. 합장가옥은 도쿄대학 등의 MT용으로 사용되기도 했다.

도가무라의 특산물은 메밀인데 이곳의 특산물을 알리기 위해 메밀축제를 개발했다. 1976년 2월 11일 도가무라가 메밀축제를 개최중일 때, 당시 도쿄의 젊은이들 사이에 인기가 있었던 와세다(早稲田) 소극장의 스즈키(鈴木) 단장이 이곳을 방문했다. 당시 지방에 새로운 연극 터전을 구하러 다니던 스즈키 단장은 도가무라에서 합장가옥으로 된 문화단지를 보는 순간 이를 극장으로 활용할 수 있겠다고 직감했다.

스즈키 단장은 이 가옥을 극장으로 개조하고자 하는 신청서를 제출했고 총 6동으로 구성되어 있는 합장가옥 중 2동을 5년 계약으로 임대했다. 임대로 빌린 합장가옥의 내부는 연극단원들의 손에 의해 1동은 400명을 수용할 수 있는 도가산방(利賀山房)으로, 또 하나의 가옥은 연극단원들의 합숙소로 개조되었다.

막다른 골목길에 다다른 도가무라, 앉아서 파멸만을 기다릴 수는 없었다. 때묻지 않은 자연환경, 도가무라의 깨끗함과 순수함, 심지어 도가무라를 버리고 떠난 빈 집(空家)까지도 새로운 도가무라를 만드는 중요한 자원이 되고 있다. 도가무라가 살 길은 도시와의 경쟁에서가 아니라 도가무라가 갖고 있는 특성이나 자원을 가지고 도시나 여타 자치단체가 가질 수 없는 것을 충족시켜 줌으로써 도가무라의 진가가 더욱 나타나고 있다는 사실이다.

3 새로운 도가무라의 씨앗은 무엇인가?

쇠락해만 가는 도가무라, 보잘것 없었던 도가무라도 보는 시각에 따라, 활용 여하에 따라 엄청나게 달라질 수 있음을 도가무라는 우리에게 사실적으로 보여 준다. 도가무라의 특징인 산, 눈, 메밀, 인구 유출로 인한 빈 집 등도 새로운 도가무라를 만드는 데 일등공신이 되고 있다.

도가무라는 도가무라가 갖고 있는 특징을 살려 이벤트 사업을 적극 전개하고 있다. 도가무라의 특산물은 메밀이다. 메밀을 이용해 매 겨울마다 메밀축제를 벌이고 있다. 순수 메밀가루로 만든 메밀국수를 중심으로 여러 가지의 산촌요리와 향토상품들을 개발해 관광객을 맞이한다. 겨울 이벤트인 메밀축제 가운데서도 순메밀국수 먹기대회는 가장 인기가 높아 때로는 희망하는 관광객을 모두 수용할 수가 없어 마을 입구를 차로 가로막는 상황까지 벌어지고 있다. 일본에서 메밀 하면 도가무라를 연상할 수 있는 이미지를 구축했다. 그러나 도가무라는 일본 내에서만 메밀문화의 특화가 아니라 세계로의 특화를 지향하고 있다.

메밀의 원산지는 네팔인데, 네팔을 방문해 메밀과 관련된 모든 정보를 수집했다. 이를 지속적으로 추진하기 위해 네팔의 '쭈그체'촌과 자매 결연을 맺었다. 도가무라는 '쭈그체'촌과의 교류를 통해 메밀과 관련된 300여 점이나 되는 전통 농기구와 생활농기구, 생활민예품을 가지고 왔다.

도가무라는 '메밀전시관'을 만들어 1층에는 세계의 메밀문화에 관한 각종 자료를 전시하고 2층에는 도가무라의 생활문화를 소개하고 있다. 또한 메밀 요리를 체험할 수 있는 '메밀공방', 메밀 음식을 시식할 수 있는 '맛보기방', 손님 숙박시설로 이용하는 '손님방' 등이 구비되어 있다. 1992년에는 일본에서 최초로 '세계메밀박람회'를 8월 7일부터 9월 6일까지 한 달 간이나 개최해 이 이벤트에 무려 13만 6천여 명의 관광객이 다녀갔다.

도가무라의 여름 축제는 연극제인 '도가 페스티벌'이 있다. 앞서 살펴본 바와 같이 와세다소극장 스즈키 단장과 단원들의 헌신적인 노력으로 1976년 8월 28일 드디어 제1회 연극제가 개최되었다. 막이 오르자 도가산방에 못 들어간 관객이 발을 굴렀고 극장은 대만원이었다. 해를 거듭할수록 도가무라 연극제는 그 명성을 더해 갔고, 500석 규모의 극장도 세계연극제를 대비해 800명을 수용하는 야외극장으로 탈바꿈시켰다.

1982년에 개최한 세계연극제인 '토가 페스티벌 '82에는 미국, 영국, 일본, 인도, 폴란드, 부탄 등 6개국 12극단에서 참가한 200여 명의 출연자로 대성황을 이루었다. 인구 1,000여 명의 조그마한 자치단체에 세계 각국으로부터 무려 13,000여 명의 관광객이 모여들었다.

도가무라는 계절마다 축제가 있다. 즉 사계절 축제를 개최하고 있다. 봄이면 오랜 겨울잠에서 깨어난 아름다운 신록에서 '사자축제'가 개최된다. 이 사자 축제는 먼 옛날부터 촌민(村民)들의 생활 속으로 이어져 온 것으로 이 날이 되면 모든 주민들은 함께 즐기며, 이들은 함께 피리를 불고 장구를 치며 사자춤을 춘다.

가을이 되면 아름다운 산촌의 단풍 속에서 '산촌축제'를 개최한다. 산촌축제에서는 지역의 산과 들, 강에서 거두어들인 산물들을 재료로 하여 만든 음식물을 만들고 이벤트 광장에서는 도가무라의 각종 전통 행사를 재현해 관광객들에게는 산촌의 음식과 산촌 생활을 체험할 수 있는 기회와 기쁨을 만끽할 수 있는 축제를 베풀고 있다.

또한 여름과 겨울에는 앞서 살펴본 바와 같이 연극제인 '도가 페스티벌'과 '메밀축제'를 벌이고 있다.

이와같이 도가무라는 지역이 갖고 있는 자원을 매계절마다 이벤트 사업과 연계해서 엄청난 관광객을 끌어들이고 있다.

4 도가무라는 어떻게 달라졌는가?

불과 30여 년 전만 하더라도 도가무라는 산골 오지에 가진 것도 없고 희망도, 미래도 없어서 사람들은 도가무라를 떠나기만 했고 빈 집은 늘어만 갔다. 그러나 1970년대부터 도가무라가 가진 지역 특성이나 특산물을 활용한 도시와의 인구 교류사업이나 이벤트 사업의 활성화로 도가무라는 점차 바뀌어가기 시작했다.

우선 산업구조 변화를 살펴보면 1차 산업 중심에서 2차 산업, 3차 산업으로 급격히 변화가 일어나고 있다. [그림 14-8]은 1970년도부터 1990년도까지 매 5년 간격의 1, 2, 3차 산업구조의 변화 추이를 보여 준다. 1970년에 주종이었던 1차 산업이 1990년에는 극히 미미하고 오히려 3차 산업이 핵심 산업으로 변모했다. 특히 산업구조 변화가 1975년을 기점으로 크게 변화하고 있는데, 바로 이 시점은 인구 교류사업을 추진하고 각종 이벤트 산업을 추진함으로써 나타난 결과이다.

한편 도가무라의 관광객 수 변화 추이를 살펴보면 크게 증가하고 있다. [그림 14-9]는 1985년부터 1994년까지의 관광객 변화 추이를 보여 주는데, 1990년대 들어서 거의 매년 37만 명을 상회하고 있다. 이는 1980년대 중반의 14만 명 내외를 보이는 규모보다는 괄목할 만한 성장이라 하겠다.

도가무라의 사계절 축제인 봄축제, 여름 축제(연극제)인 '도가 페스티벌', 가을 축제인 '산촌축제' 및 겨울 축제인 '메밀축제(소바축제)'의 이벤트 사업의 방문객 수는 <표 14-5>와 같다. 1985년부터 1994년까지의 방문객 수를 보면 계속 꾸준한 증가세를 보이고, 1988년 이후 매년 3만 명 이상이 이벤트 행사에 참여하고 있음을 알 수 있다.

[그림 14-8] 도가무라의 산업별 취업자 수 변화 추이

구분 \ 연도	1970년	1975년	1980년	1985년	1990년
계(명)	1,146	897	812	848	716
제1차 산업	473	179	89	76	61
농 업	331	137	64	63	53
임 업	142	41	15	9	3
어 업	0	1	10	4	5
제2차 산업	446	384	376	384	294
광 업	11	11	12	10	11
건설업	298	249	254	267	176
제조업	137	124	110	107	107
제3차 산업	227	330	347	388	361
도·소매업	32	26	31	40	37
금융보험업	0	1	0	0	0
부동산업	0	0	0	0	0
운송·통신업	22	30	33	32	25
전기·가스·수도업	9	16	17	18	14
서비스업	111	187	204	238	217
공 직	52	70	62	59	68

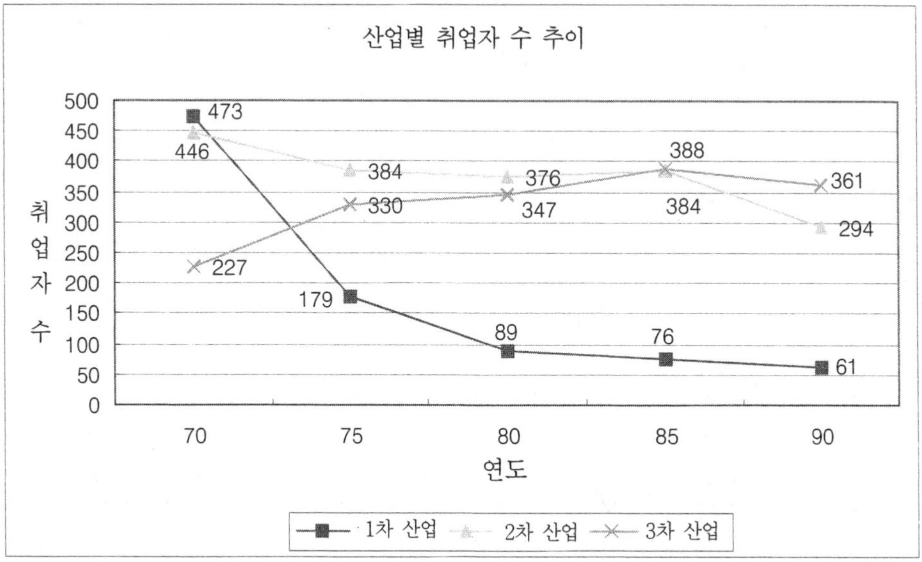

[그림 14-9] 도가무라의 관광객 추이 변화

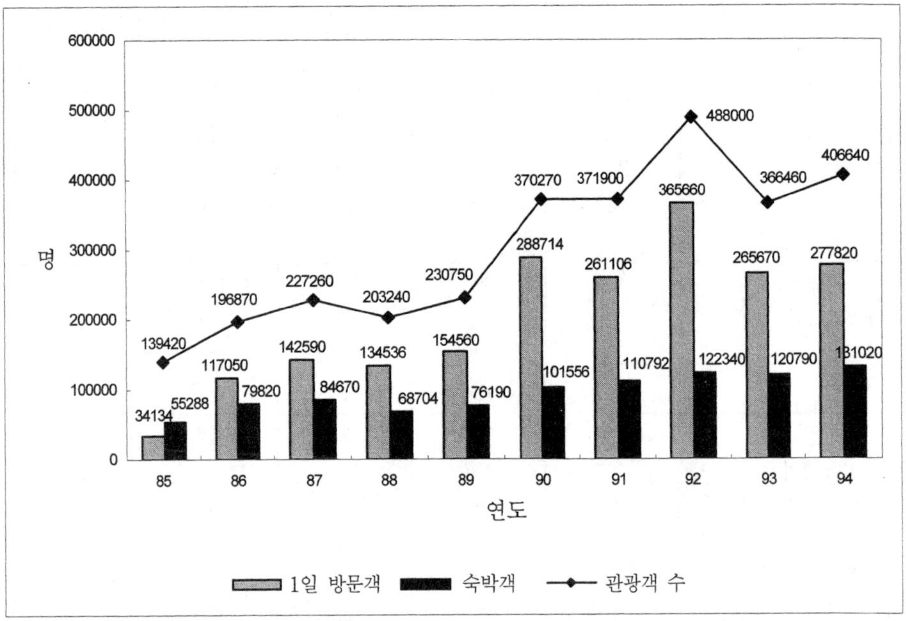

〈표 14-5〉 도가무라의 이벤트 방문객 수

구분 연도	메밀축제	도가 페스티벌	산촌축제	봄축제	계
1985년	2,000명	11,000명	-	500명	13,500명
1986년	15,000명	12,000명	3,000명	600명	30,600명
1987년	17,000명	11,000명	-	800명	28,800명
1988년	22,000명	11,000명	5,000명	1,100명	39,100명
1989년	20,000명	12,000명	7,000명	1,300명	40,300명
1990년	25,000명	8,000명	7,000명	1,500명	55,000명
1991년	20,000명	11,000명	7,000명	1,200명	39,200명
1992년	20,000명	8,100명	2,500명	1,600명	32,200명
1993년	21,000명	9,100명	5,100명	2,000명	37,200명
1994년	9,000명	12,900명	12,000명	2,200명	36,100명

6 극과 극은 서로 통한다!: 동일한 현상을 보는 시각과 의지에 따라 극과 극이 될 수 있다

도가무라는 가진 것도, 희망도, 미래도 없는 아주 조그만 산골 오지의 외딴 지방자치단체였다. 입지 여건이 열악하고 가진 것이 없으니 기업이나 산업의 유치가 성공할 리가 없었다. 그러나 생각을 바꾸고, 마음가짐을 바꾸고, 행동을 바꿈으로써 도가무라는 과거의 도가무라가 아닌 오늘의 새로운 도가무라로 탈바꿈할 수 있었다. 그 요인은 무엇인가?

첫째, 대규모 투자를 동반하지 않으면서 낙후지역을 개발할 수 있는 아이디어나 프로그램을 중시했다. 기업이나 산업을 유치하는 것이 능사가 아니라 도시 생활에 심신이 피로한 도시민을 산골 마을에 때묻지 않은 순수함과 상호 교류함으로써 양자가 서로 포지티브섬(positive-sum)을 얻을 수 있다는 점을 간파했다는 점이다.

둘째, 지역이 갖고 있는 잠재성을 최대한 활용하고 있다는 점이다. 지역 특산물인 메밀, 지역이 갖고 있는 산골, 눈 등을 적절하게 잘 활용하고 있다는 점이다. 겨울마다 골칫덩어리인 수십 센티미터의 강설량이 겨울 눈축제를 위한 도구로 사용될 때에는 골칫덩어리가 아니라 축복의 선물이 되고 있다. 도시 인구 유출로 폐허가 된 빈 집이 합장가옥의 산골 문화마을의 전진 기지가 되고 연극 공연을 위한 극장으로 탈바꿈시키는 지혜는 놀랄 만한 일이다.

셋째, 철저하게 프로 기질이 체질화되어 있다는 점이다. 지역의 특산물인 메밀을 일본에서뿐만 아니라 세계 무대에까지 특화시키고 있다. 이를 위해 세계 오지인 네팔의 '쭈그체'촌까지 찾아가서 자매 결연을 맺고 정보를 얻고 각종 자료를 수집해 메밀에 관한 한 모든 것, 세계 최고를 추구하고 있다는 사실이다. 우리나라 지방자치단체장이 외국의 지방자치단체를 방문할 때마다 맺는 형식적인 자매결연 방식과는 그 속성이 천양지차이다.

넷째, 모든 것이 일회성이거나 단발성이 아니라 연속적이며 연계성에 초점을 주고 있다는 점이다. 이벤트 사업은 그 속성 자체가 일회성이다. 그러나 그러한 이벤트 사업을 단발성으로 그치는 것이 아니라 연속적으로 계속 발전시켜 나간다는 점이다. 이를테면 도가무라 메밀축제를 세계 메밀 축제로, 도가무라 연극축제를 세계 연극 축제로 탈바꿈시켜 나가고 있다. 또한 매 계절마다 지역이 갖은 특성과 결부시켜 사계절 이벤트 사업을 상호 연계해 발전시키고 있다.

다섯째, 모든 도가무라인은 일심동체가 되고 있다. 오늘의 도가무라가 있기에는 모든 도가무라인의 헌신적인 땀이 있었기에 가능했다. 입지 환경이 극도로 열악한 지역에서 그 지역의 고유한 테마를 선정해 주민의 합의를 도출하는 과정이 쉬운 일이 아니기 때문이다. 어찌 보면 막다른 골목길에 다다른 도가무라인으로서는 다른 길이 없었기에 쉽게 한마음 한뜻으로 결집될 수 있었을지도 모른다. 이는 극과 극은 서로 통할 수 있다는 교훈을 우리에게 던져 준다.

절망의 도가무라가 밝은 빛이 미치는 희망의 도가무라로 변해 가는 과정을 살펴보면서 우리나라의 모든 지방자치단체도 희망이 있음을 일깨워 주고 있다. 우리나라 230개의 기초자치단체 중에 도가무라보다 더 열악한 자치단체는 흔하지 않기 때문이다. 이제 민선2기 자치단체장을 맞은 우리나라 지방자치단체도 도가무라를 타산지석으로 삼아 한층 더 지방자치의 건전한 발전을 도모할 수 있는 용기와 지혜를 모아야 한다.

제 5 절 후쿠이 현 오이마치의 원자력발전소

1 개 요

오이마치(大飯町)는 후쿠이 현(福井縣)의 해안지역의 작은 기초자치단체의 하나로 인구는 불과 6,700명에 불과한 농업, 어업, 임업 등이 기간산업으로 되어 있는 자연환경이 매우 열악한 낙후지역이었다. 지역의 낙후성을 벗어나기 위해 오이마치는 모든 자치단체가 기피하는 님비(NIMBY: 기피

시설 또는 혐오시설)인 원자력발전소를 유치해 지역을 새로운 모습으로 탈바꿈시키고 있는 지역이다.

후쿠이 현은 원자력발전소가 15개나 있는 원전의 집중 지역인데, 오이마치가 원자력발전소를 유치하고자 한 목적은 크게 두 가지이다. 하나는 후쿠이 현의 35개 마치(町) 중에서 가장 낙후한 지역(소득 순위 35위)이기 때문에 무엇보다도 지역 소득 수준을 높이는 것이 당면 과제였다. 다른 하나는 오이마치를 가로지르고 있는 강 때문에 지역 개발에 상당한 장애를 받고 있기 때문에 다리를 건설해 지역활성화를 기하고자 한 점이다. 발전소 건설은 자연스럽게 이 다리를 건설할 수밖에 없는 지역에 입지하도록 하여 다리 건설 문제를 저절로 해결하도록 했다.

원자력발전소를 유치하는 과정에서 해당 지역의 주민들의 반대는 크지 않았으나 주변 지역의 반대가 매우 극심했다. 원전 유치에 따른 경제적 효과 때문에 대부분의 지역 주민들은 우호적이었지만 일부 주민들은 적극적으로 반대했다. 반대의 유형은 크게 세 가지로 감정적 반대, 기술적 반대, 법률적 반대로 구분할 수 있다.

첫 번째의 반대는 원전이 갖는 위험의 잠재성 때문에 주로 제기되는 반대였다. 이 감정적 반대는 당해 지역의 주민들보다는 인근 지역의 주민들의 반대가 훨씬 심각했다. 그 이유는 당해 지역 주민들은 비록 원전이 님비시설이기는 하지만, 원전 유치에 따른 경제적 효과 및 지역 발전의 잠재성 때문에 상대적으로 반대의 강도가 약했다. 반면에 주변 지역 주민들은 원전 입지에 따른 직접적인 경제적 효과나 주변 지역 개발에 대한 기대 효과는 미약한데 반해서 원전 입지로 인한 잠재적인 위험을 감내해야 하기 때문이다.

두 번째는 기술적인 반대인데, 이는 현대 원전 기술이 아무리 발달했다 할지라도 기술적으로 완벽할 수는 없다는 점을 주민들이 제기했다. 원전은 그 특성상 조그만 기술상의 하자가 있더라도 그 결과는 치명적일 수밖에 없기 때문이다.

세 번째는 법률적 반대인데, 원전 입지 반대를 위한 각종 법·제도적 장애 요소를 근거로 한다.

2 주요 내용

1) 원자력발전소

현재 원자력발전소는 1~4호기를 합쳐서 발전량이 471만kW로 단일 지역으로는 일본 최대 규모의 원자력발전소이다. 원전 건설의 추진 경위를 살펴보면, 1979년에 원전 1호기 및 2호기를 준공해 117만 5천kW의 발전용량을 확보했다. 전력 수요가 계속해서 증가하자 3호기는 1991년 12월에, 4호기는 1993년 2월에 준공해 가동하기 시작했다. 오이마치발전소의 주요 내용은 <표 14-6>과 같다.

원전 건설 이후 환경에 대한 위해 여부를 점검하기 위해 지속적인 감시체계를 구축하고 있다. 발전소 요소요소 주요 지점마다 점검 장비를 설

〈표 14-6〉 오이마치 발전소 개요

위 치	福井縣 大飯郡 大飯町 大島1字 吉見1-1
부지 면적	188만㎡(甲子園球場의 약 50배)
전기 출력	1, 2호기 각 117.5만, 3, 4호기 각 118만, 총 471만kW
원자로 형식	加壓水型 輕水爐(PWR)
원자로 격납 용기	1, 2호기 아이스 콘덴서형 격납 용기 3, 4호기 프레스토레스트 콘크리트제 격납 용기(PCCV)
냉각 수량	1, 2호기는 초당 각 75㎥, 3, 4호기는 초당 각 84㎥, 합계 초당 318㎥
취방수 방식	표층 취수(表層取水), 수중 방수(水中放水)
발전 용수	해수담수화(장치 5기) (합계 6,500㎥/日)
송 전 선	50만 볼트 4회선
가동 시작	1호기 1979년 3월 2호기 1979년 12월 3호기 1991년 12월 4호기 1993년 2월

치하고 모니터링해 이를 통해서 도출된 각종의 데이터를 분석하고 있다. 생태조사를 위해 식물 조사, 대기질 조사, 연안 바다의 진흙 조사 및 어류 조사, 바닷물의 수질조사를 지속적으로 해 오고 있는데, 발전소 건설 이후 아직까지 별다른 피해는 파악되지 않고 있다. 발전소 건설·가동 이후 연안 지역 바닷물의 온도가 약 3도 가량 상승했다고 하는데, 이로 인해 특별한 문제는 없으며 연안 지역의 물고기를 식용으로 해도 전혀 문제가 없다고 한다.

또한 원자력발전소 운영과 관련한 모든 정보를 케이블 TV로 가정과 연결시켜 항상 주민들이 이를 파악할 수 있도록 하여 주민의 불신이 발생할 수 있는 여지를 근원적으로 해결하고 있다. 오히려 원자력발전소가 지역 주민을 위해 도움을 줄 수 있는 갖가지 정보를 제공하고 이용하도록 함으로써 발전소의 순기능적인 측면을 적극 홍보하고 지역 주민들과 일체감을 형성해 나가고 있다.

2) 오이마치 종합운동공원

원전 유치로 인한 세수(稅收)로써 지역 가꾸기 사업을 전개하고 있는데, 그 중 대표적인 것이 오이마치 종합운동공원 조성사업이다. 이 운동공원은 해안을 매립한 후 조성한 다목적 종합운동공원이다. 이곳에는 거의 모든 스포츠시설이 망라되어 있다.

야구장, 축구장, 테니스장, 소프트볼, 육상 등의 옥외시설과 수영장, 롤러스케이트장, 농구, 발레, 탁구, 배드민턴 등 옥내 시설이 두루 갖추어져 있다. 아울러 야간에도 이들 시설의 이용이 가능하도록 조명시설까지 갖추어져 있어, 여름에는 멀리 오사카(大阪), 교토(京都) 등지의 사람들까지 4일 내지 5일 일정으로 합숙을 오는 경우도 허다하다.

종합운동공원에 인접해 인근 주민들의 이용뿐만 아니라 관광객의 유치를 위해 약 100조를 수용할 수 있는 오토캠프장을 설치, 조성해 약 3만 여명의 가족들이 여름 휴가 때 이용할 수 있도록 했다. 또한 온천을 개발해 이곳 시설을 이용하는 숙박자들이나 이용객들이 이용하도록 하고 있다. 이 사업의 조성 경위를 요약·정리하면 다음과 같다.

오이마치 종합운동공원 추진 과정

- 1986. 8. : 오이마치 종합운동공원의 주요 시설이 오이마치발전소 3, 4호기에 관한 전원 입지(電源立地) 촉진대책 교부금사업으로 승인을 득함.
- 1991. 3. : 오이마치 종합운동공원 기본계획 확정 (주요 시설 : 종합체육관, 야구장, 다목적 운동장, 테니스 코트, 체력단련센터, 꽃밭, 향토사료관[鄕土史料館], 도서관 등)
- 1991. 11 : 메립지를 '成和'로 명명(命名)
- 1992. 1 : 지반 개량 공사 착공
- 1992. 11 : 마루야마공원(丸山公園) 정비 공사 착공
  : 綜合町民체육관, 향토사료관, 도서관 건축 공사 착공
- 1992. 12 : 成和地區農業集落 배수처리장 착공
- 1993. 11 : 테니스 코트, 다목적 운동장, 체력단련센터, 야구장, 꽃밭 등의 정비 공사 착공
- 1994. 3 : 오이마치 종합운동공원의 애칭을 '프레파크'로 결정
- 1994. 4 : 마루야마공원 개장
- 1994. 12 : 종합 완성
- 1995. 1. : 준공

3) 오이 후루사토진흥공사(재단법인)

오이마치 종합운동공원 등 지역의 커뮤니티 시설을 운영하기 위해 제3섹터 형태인 후루사토진흥공사를 설립했다. 이것은 1992년 10월 30일 설립된 재단법인으로 오이마치로부터 수탁받은 공공시설의 경제적 관리와 이용의 효율화를 도모함과 동시에 오이마치에서 산업, 관광 및 스포츠 진흥에 관한 사업을 실시하고, 시설 이용자의 서비스 향상과 주민 복지 증진에 기여하는 것을 목적으로 한다.

당 공사 종사자의 대부분은 지역의 퇴직 공무원을 활용하고 있다. 당 공사를 직접 공무원이 운영할 수도 있는데, 이 경우에 운영경비가 훨씬 많이 들기 때문에 제3섹터형의 공기업을 설립·운영하고 있다고 한다. 그러나, 이 진흥공사의 이사장은 자치단체장(大飯町長)이 맡고 있으며, 마치(町)에

서 2명의 직원을 파견하고 있다. 진흥공사의 1년 운영경비는 약 4억 엔 정도로 이 중 60%는 이용료로 충당하고 있으며, 나머지 40%는 마치(町)에서 보조하고 있다. 오이 후루사토진흥공사(재단법인)에 관한 주요 내용을 정리하면 다음과 같다.

재단법인 후루사토진흥공사 개요

□ 설립 목적
- 공공시설의 경제적 관리와 이용의 효율화를 도모함과 동시에 오이마치에서 산업, 관광 및 스포츠 진흥에 관한 사업을 실시하고, 시설 이용자의 서비스 향상과 주민 복지 증진에 기여함을 목적으로 함.

□ 설립 연도 : 1992. 10. 30.

□ 사업 내용
- 오이마치의 위탁을 받아 실시하는 시설관리, 운영에 관한 사업
- 관광 개발 및 지역산업 진흥에 관한 조사연구 사업
- 위 각 호의 시설을 활용한 관광객 유치 등의 모임 개최
- 기타 위 목적을 달성하기 위해 필요한 사업

□ 임 원
- 이사 : 10명 이상 13명 이내
- 감사 : 2명
- 평의원 : 10명 이상 13명 이내

□ 조직 및 인력
- 조직 : 총무과, 업무과
- 인력 : 마치(町) 직원 2명, 사업국장 1명, 공사 직원 8명, 촉탁 직원 11명, 고용 27명, 총 47명(오이마치 파견직원 2명 제외)

□ 수탁사업
- 사브리천공원, 키노크센터, 키노크숲, 오토캠프장, 특산품 개발, 종합운동공원, 피트니스센터(체력단련센터), 숙박사업

□ 재 원
- 기본 재산의 과실(果實) 및 수탁사업 수입을 사업비 및 관리비로 충당하고 부족분(약 40%)은 오이마치에서 지원

3 원자력발전소 유치에 따른 효과

원전 건설 이전까지만 하더라도 오이마치의 살림살이는 거의 대부분을 중앙정부의 보조금에 의존했다. 그러나, 원전 건설 이후 이제 더 이상 중앙정부에 의존할 필요성이 없이 오이마치는 자립경제 기반을 구축했다. 이를 구체적으로 살펴보면, 1998년의 일반 예산 규모가 93억 5천만 엔인데, 이 가운데 세금으로 인한 세수입이 67억 8천만 엔이다. 이 세수입 중 원자력발전소에서 나오는 것이 63억 엔(이 중 대부분인 97%가 재산세임)으로 이는 전체 세금 수입의 93%를 차지한다.

이 밖에도 님비시설인 원자력발전소가 입지하기 때문에 국가가 당연히 지급 의무가 있는 국가보조금 6억 5천만 엔의 세입이 발생하으로써 원전 입지로 인한 직접적인 세입만 해도 69억 5천만 엔에 이른다. 따라서 발전소 건설 이후 국가의 보조금을 받지 않아도 될 정도의 지방재정 여건이 건실해졌다.

후쿠이 현에는 총 35개의 마치(町)가 있는데 원자력발전소 건설 이전에는 오이마치의 가장 하위인 35번째의 소득 수준을 가진 기초자치단체였다. 그러나, 발전소 건설 이후 지역경제 기반이 강화되고 활성화되어 현재에는 후쿠이 현의 35개 마치 가운데 4번째 또는 5번째 정도의 소득 수준을 보이는 비약적인 발전을 이룩했다. 즉, 현재에는 오이마치가 일본에서 재정 여건이 매우 튼튼한 기초자치단체에 속한다.

한편, 발전소 입지 이후 이 지역의 인구도 약 1,000여 명이나 증가했다. 그러나, 이러한 인구 증가는 지역산업의 발전에 따른 증가라기보다는 대부분 발전소와 관련된 관계 직원이나 그 가족들이 상당 부분을 점한다.

지역경제 기반의 낙후성으로 국가보조금에 의해 겨우 명맥을 유지해 나가던 오이마치는 원전 유치로 자립경제 기반이 갖추어지자 스스로 지역 개발/가꾸기 사업을 전개하기 시작했다. 지역 개발/가꾸기 사업의 기본 전략은 지역 주민의 유출을 방지하기 위한 것으로서 대형 기업의 유치는 지역의 노동시장의 특성에 적합하지 않기 때문에 고령 또는 퇴직 노동자를 활용하기 위한 용도로서 관광 리조트 시설을 설치하기로 했다. 이를 위해 온천장, 자동차(오토) 캠프장, 운동공원, 특산품 전시 판매장 등을 설치했다. 특히 장수촌이란 지상 4층 건물의 온천장이 유명한데, 이곳에서는 이 지역의 특산물인 버섯, 매실, 매실로 만든 젤리 등을 만들어 지역 특화상품으로 개발해 그 명성을 얻고 있다. 향후에는 이곳 동쪽 해안 지역에 좀더 대규모의 회원용 리조트 시설의 건립 계획을 수립하고 추진중에 있다.

4 우리에게 주는 교훈

오이마치가 지역의 낙후성을 벗어나기 위해 원자력발전소를 유치하기로 결정한 것은 마지막 선택이었다고 볼 수 있다. 원자력발전소 유치의 논란 여부를 떠나서 지방공무원의 유치 결정과 지역 주민의 설득 과정, 원전의 안전 장치 등에 대한 홍보, 원전 유치로 인한 세수를 지역 주민을 위한 레저, 여가시설에 투자하고 운영 인력도 그 지방의 인력을 고용하는 전략은 높이 평가할 만하다.

원자력발전소가 위험성을 지닌 시설임은 누구나 인식하고 있다. 그러나, 우리는 전력 없이는 단 하루도 살아갈 수 없는 것이 오늘의 현실이다. 오이마치로서는 최후의 선택으로서 지역이 살 길은 원전 유치라는 결론을 얻었으며, 이를 위한 어려운 과정을 슬기롭게 대처해 나갔다. 주민의 반대를 설득하고 이해시키는 지루한 과정을 조금도 게을리하지 않고 지속적으로 반복해 나가면서 주민의 동의를 구했다. 또한 원자력발전소 가동 이후 운행 상태를 매일매일 지속적으로 점검해 안전성을 확보하고, 안전과 관련된 모든 정보를 즉시 주민들에게 알려 주민들로부터 신뢰를 구축해 나가고 있다.

원자력발전소 건설 이전에는 후쿠이 현에서 가장 낙후되었던 오이마치가 원전 유치 이후에는 후쿠이 현에서 앞서가는 기초자치단체가 되고 있다. 지역 주민들은 소득 향상뿐만 아니라 생활문화 시설이 여느 지역보다 더 잘 갖추어져 있어 풍요로운 삶을 향유하고 있다. 오토 캠프장 등 리조트단지를 개발하고 지역 특산물인 버섯, 매실 등을 이용해 특산품과 특산 요리

(먹거리)를 개발해 많은 관광객을 유치하고 이를 점차 확대·발전시켜 나가는 지혜는 놀랄 만하다. 이제 더 이상 가난과 굶주림에 발버둥쳐야만 하는 어제의 오이마치가 아니라, 풍요롭고 온갖 문화 생활을 향유하면서 삶의 여유를 만끽할 수 있는 새로운 오이마치로 변모했다.

님비시설 하면 처음부터 노이로제 현상을 보이고 있는 우리의 현실을 되돌아볼 때 좋은 귀감이 될 만한 사례라 여겨진다. (지방)정부는 기만적이고 무책임하게 강압적으로 님비시설의 입지를 강요할 것만이 아니라, 지역 발전을 도모하면서 공동의 이익을 도모할 수 있는 지혜를 정책당국은 배워야 한다. 아울러 주민들도 맹목적이고 무조건적인 반대가 아니라 무엇이 지역을 위하고 스스로를 위하는지를 냉철하게 되돌아볼 필요가 있다. 무엇이 지역과 주민 모두를 위한 최선의 대안인지, 아니면 그 차선책은 무엇인지를 냉철하게 살펴보고 모두가 공존·공영할 수 있는 방법을 오이마치는 우리에게 가르쳐 주고 있다.

제 6 절 지역활성화센터와 공영기업금융공고

일본에서 자치단체의 경영화가 촉진되고 있는 이유는 지방자치단체 스스로의 노력이 주된 동인이기는 하지만 중앙정부 차원에서 이를 적극적으로 지원하고 조장한 부분도 적지 않다는 점이다. 여기서는 경영화를 지향하는 지방자치단체를 뒤에서 적극 지원하고 있는 지원기관에 대해서 살펴보기로 한다. 그 가운데 대표적인 것이 지역활성화센터와 공영기업금융공고(公營企業金融公庫)이다. 전자는 일본 국토 공간구조의 도쿄(東京)로의 일극집중(一極集中)을 억제하기 위해 지역의 인력, 자원, 기술, 풍토, 전통문화 등을 활용한 산업 진흥이나 지역 진흥을 추진하는 시정촌(市町村)을 지원하기 위해 설립되었다. 후자는 지방공공단체에 저리의 안정적인 자금을 융자해 주민의 복지 증진에 기여할 목적으로 설립되었다.

2 지역활성화센터

1) 설립 배경 및 경위

1950년 중반 이후 일본 경제는 고도 성장 시대로 진입하게 되었다. 철강, 조선산업 등 대규모 장치산업들은 도쿄, 오사카 등 공업지대로 집중했다. 이는 농어촌의 인구가 도시로 이동하는 이농 현상을 가속화시켰다. 이러한 결과는 농촌과 도시지역 간 과소 및 과밀 문제를 발생시키는 요인이 되었다. 1962년에는 '제1차 전국종합개발계획'이 수립되고 거점적 산업개발 방식으로 국가 주도의 대규모 개발 프로젝트가 추진되었다. 1970년대 중반부터 기업 유치에 의한 지역 발전뿐만 아니라 내발적인 지역 특성을 근거로 한 지역활성화사업이 등장하기 시작했다.

한편, 한동안 고도 경제 성장을 구가하던 일본 경제도 1973년에 갑작스레 도래한 석유 위기(oil shock)로 주춤거리기 시작했다. 즉, 그동안 지속되어 온 고도 경제 성장이 붕괴되어 철강, 조선, 북양(北洋)어업 등이 불황을 맞게 되고, 이는 하청 중소기업의 경영 악화를 초래하고 고용 불안을 심화시켰다. 그러나, 1980년대 중반 이후에는 다시 도쿄로의 집중 현상이 심화되었으며 농촌지역은 특히 청장년층의 이농 현상으로 인해 고령화되었으며 농업, 임업 등 1차 산업은 쇠퇴하게 되었다. 이 때부터 '일촌일품(一村一品) 운동'을 비롯한 지역의 인력, 자원, 기술, 풍토, 전통문화 등을 활용한 산업진흥이나 지역 진흥을 추진하는 시정촌(市町村)이 증가하기 시작했다. 이후 지역 특산품뿐만 아니라 문화, 관광, 행사 등 소프트한 사업도 지역활성화에 중요한 수단으로 인식하게 되었다.

또한, 정보화의 진전은 소비자의 욕망을 다양화하며 상품 수명을 짧게 한다. 이는 소비자의 욕구와 시장의 동향 파악, 기술혁신의 상황 파악이 필요하게 되었다. 또한, 다른 지역의 정보를 파악할 뿐만 아니라 스스로 자기 지역의 특산품이나 관광, 이벤트 등에 대한 정보를 알릴 수 있는 수단이 필요하게 되었다. 지역활성화센터는 바로 이러한 사회경제적 상황을 배경으로 1985년 10월에 설립되었다.

2) 지역활성화센터의 회원 및 운영 · 구성

지역활성화센터는 도지사협의회 및 시정촌협의회가 공동으로 이 단체의 결성을 결의했기 때문에 모든 자치단체가 자발적으로 가입하고 있다. 이것은 자치성이 인가한 일종의 제3섹터 형태의 재단법인으로 전국 지방자치단체와 민간기업(3,500여 명)으로 설립된 관민 합동의 공동조직이다. 회원들은 정령지정시(政令指定市), 도, 특별구, 일반시, 정촌(町村), 민간 및 기업회원으로 구성되어 있다. 일본에는 3,300여 개의 지방자치단체가 있는데 이들 자치단체는 모두 가입하고 있으며, 민간기업들은 그들의 의사에 따라 가입과 탈퇴를 함으로써 비교적 변동이 심한 편이다. 한편, 이 센터는 회원의 가입을 일본 국내에 국한하지만 않고 국제적으로도 가입을 개방해 있다. 한국의 한 지역발전연구회도 연간 20만 엔의 가입비를 내고 가입해 이 센터가 제공하는 각종 자료와 정보를 활용하고 있다.

지역활성화센터는 현재 47명의 직원으로 구성되어 운영되고 있다. 직원의 구성 내역을 살펴보면, 출향(出向)공무원(비록 급료는 이 센터로부터 받고는 있지만)으로 3인은 자치성으로부터 파견된 공무원과 도 및 현으로부터 19인의 공무원이 파견되어 있다. 6인은 지역활성화센터에서 직접 채용한 직원이며, 나머지는 민간인으로 민간기업에서 파견된 자들로 구성되어 있다. 즉 직원의 구성 내역을 살펴보면, 이 센터의 핵심 인력은 주로 관계기관 등에서 파견된 인력이며 자체적으로 채용한 인력은 하위직의 행정 보조요원 일부에 불과하다.

3) 기능 및 역할

지역활성화센터는 전국의 지방공공단체와 민간기업을 회원으로 한 전국적인 공공조직으로 다양한 노하우를 모아 지역 가꾸기, 산업 진흥 등 각종 지역진흥사업을 지원하고 있다. 지역 만들기의 핵심 사업은 사회생활 환경정비, 지역산업 진흥, 지역 행사의 활용, 지역 간 교류(특히 도시와 농어촌과의 교류)사업 등인데, 이들에 대한 주요 내용을 살펴보면 다음과 같다.

(1) 사회생활 환경정비

초기에 지역활성화센터는 사회생활 정비사업에 초점을 두었는데, 이는 과거 우리나라의 새마을사업과 유사한 성격을 띠고 있다. 이러한 사업을 법적으로 뒷받침하고 있는 법률로서는 과소지역대책긴급조치법(1970~1979), 과소지역진흥특별조치법(1980~1989), 과소지역활성화특별조치법(1990~1999) 등이다. 그동안 생활정비 사업으로 추진된 주된 사업에 대한 주요 내역을 살펴보면, 교통통신 체계 정비(50%), 교육문화시설 정비(10%), 생활환경시설 및 복지후생 정비(10%), 산업 진흥(26%), 의료 확보 및 기타(4%) 등이다.

사회생활 정비사업으로 비록 과소(過疎)화의 진행을 막을 수가 없었지만 사회생활 환경 정비는 급격하게 개선되었다. 앞으로 남은 향후 과제는 좀 더 쾌적한 환경을 만들고 아름다운 경관을 가꾸는 데 사회생활 환경 정비 사업의 초점이 모아지고 있다.

(2) 지역산업 진흥

지방자치단체에 활발한 산업이 다양하게 존재한다는 것은 생생한 활력이 있는 지역사회에서의 필요 조건이다. 이러한 지역산업은 해당 지방의 특성과 잘 어울릴 때 활성화되고 성공 가능성이 높다. 그럼에도 불구하고 지금까지의 지역산업 진흥은 해당 지역이나 주민의 입장에서라기보다는 기업 중심적 시각을 탈피하지 못한 점이 적지 않았다. 이제는 지금까지의 이러한 지역산업 진흥정책을 반성하고 기업이나 산업 입장의 산업 진흥(기업 유치 등의 방식) 방식에서 지역사회 입장의 산업진흥정책으로 변모되어야 하며, 바로 지역활성화센터가 이러한 역할을 적극적으로 수행하도록 하고 있다. 지역활성화센터는 지역 자원을 적극적으로 발굴하고 활용하며, 그동안 중앙-지방 간 수직형의 경제구조에서 수평적인 네트워크형 경제구조로 전환시키는 데 중추적 역할을 수행한다.

지역의 특성에 토대를 둔 지역산업을 진흥시키기 위해 추진된 대표적 사업이 일촌일품(一村一品)운동이다. 그러나, 분별 없는 일촌일품운동의 전개는 오히려 지방자치단체의 지역산업 진흥을 저해하는 요소도 없지 않았다. 그 사유를 살펴보면 다음과 같다. 일본에서는 오이타(大分)현이 처음으로 일촌일품운동을 시도해 성공했는데, 이를 본떠 거의 모든 자치단체들이 무조건적으로 이 운동을 전개하기 시작했다. 이로 인해 남의 것을 무조건적으로 흉내낸 자치단체는 거의 실패로 귀결되었다. 왜냐하면, 거의 비슷한 동질품이 다수 생산되어 공급이 과잉되는 결과를 초래했고, 이는 동 제품의 가격 하락을 초래했으며, 상당수의 지방자치단체가 실패하거나 도산하는 쓰라림을 맛보아야만 했다. 따라서, 지역활성화센터는 성공한 사업과 실패한 사업의 경험을 활용해 지역 특성에 적합하고 특색 있는 지역 특산품의 개발을 위해 지원하고 이와 관련한 각종 정보를 제공한다.

이 밖에도 지역활성화센터는 관광 개발에 의한 지역산업 진흥, 정보화의 진전과 지역산업, 다종다양하게 개최되는 지역의 각종 행사 및 이벤트 사업의 육성 및 지원하는 역할을 수행하고 있다. 또한, 지역 간 교류사업을 활발하게 전개하고 있는데, 국내뿐만 아니라 국제 교류사업도 수행하고 있다.

3) 주요 사업

앞서 살펴본 바와 같이 지역활성화센터는 지역산업의 진흥을 위해 다양한 사업을 전개하고 있는데, 지역활성화센터가 추진하고 있는 주요 사업을 살펴보면 다음과 같다.

(1) 지역활성화를 위한 정보 제공 사업

지역 특산물, 관광 진흥, 이벤트 등 전국 각지에서 시행되고 있는 독특하고 개성이 풍부한 최신 지역 개발에 관한 정보를 수집하고 이들 정보를 각 자치단체 등에 제공하는 사업을 실시하고 있다. 자료, 정보, 사례 등의 조사는 주로 각 지방자치단체에 조사표를 발송해 취합하고 있으며 공익단체이기 때문에 무료로 이들을 제공받고 있다. 업체로부터 정보를 입수하는 경우와 직접 취재 활동도 하기는 하지만 대부분의 정보는 조사표를 통해서 얻고 있다.

각 지역의 관광에 대한 각종 정보, 이벤트 등 각종 행사 내역을 모아서 책과 비디오도 만들고, 이들을 인터넷에 등재함과 아울러 매스컴을 통해 전파한다. 매달 정보지를 발간하고 무료로 배부하고 있다. 매스컴을 통해 광고하는 경비는 각 자치단체가 분담하도록 하고 있다. 지역활성화센터가 설립된 이후 이전에 비해 훨씬 적은 광고비로 좀더 많은 광고 효과를 보이고 있다. 즉 지역활성화단체가 전국 지방자치단체의 광고를 모두 취합해서 광고할 경우, 이전에 비해서 광고비가 반 이상으로 절감되었다는 사실이다. 그 이유는 개별 자치단체가 각기 광고하던 것을 이 센터가 모든 광고를 종합적으로 다루다 보니 이 단체는 매스컴에 대해 영향력을 가진 비중 있는 고객으로 힘을 발휘할 수 있게 되었고, 이는 결과적으로 광고비 협상에 매우 유리한 입지를 확보하게 되었다는 사실이다.

(2) 연수 교류사업

지역 개발의 핵심인 인재를 양성하고 전국 각지의 지역활성화센터가 좀더 효과적으로 활동할 수 있도록 연수회를 개최하고 정보 교환을 위한 교류의 장을 제공함과 아울러 해외 연수사업도 실시하고 있다. 지역의 인재(leader)를 육성하기 위해 1년에 30명씩 교육을 실시하고 있는데, 1997년까지 240명을 교육시켰다. 인재교육의 경비는 무료이지만 인재교육을 받기 위해서는 반드시 지방자치단체장의 추천이 있어야 하며, 또한 여러가지 자격, 능력 등에 관한 제한 요건이 있다. 즉 인재교육을 받기 위해서는 술을 잘 마실 수 있어야 하며, 가무(歌舞) 등도 잘할 수 있고, 대인 관계를 잘할 수 있는 능력의 소유자를 우선적으로 고려하도록 하고 있다. 그 까닭은 지방자치단체가 추진하는 사업이 항상 100% 주민의 동의 하에 추진하는 경우는 드물고 항상 반대자가 있기 마련이므로 이들을 잘 설득할 수 있는 자질이 필요하다는 것이다. 즉 이들 반대자들과 함께 어울려 술도 마시고 노래 등을 불러 공감대를 형성할 수 있는 능력이 지역의 인재들은 가질 필요가 있다는 점이다.

(3) 지역 특산물, 관광 및 이벤트 진흥사업

지역 특산물의 개발, 판촉 활동, 관광자원의 개발 및 활성화와 이벤트 노하우 등에 대해 연수회를 개최하고 전문가 파견 등 각종 지원을 전개하고 있다. 즉, 지역 특산물을 적극적으로 개발할 뿐만 아니라 개발된 특산물에 대한 판매 촉진 활동도 아울러 전개하고 있다. 또한 고부가가치 산업인 관광산업을 적극 육성하고 이를 위한 각종 이벤트사업을 발굴하고 지원한다.

(4) 컨설팅 사업

지역활성화에 대한 다양한 사업 및 활동에 대해 지역활성화센터의 직원 및 각계 전문가가 주민과 일체가 되어 지역 발전을 위한 최적의 방안을 위한 자문을 하고 있다. 특히 지방자치단체가 신규 사업을 추진할 경우에 경험이나 노하우가 부족하기 때문에 시행착오의 우려가 높으므로 지역활성화센터는 축적된 다양한 정보와 전문가들을 동원해 컨설팅 활동도 적극적으로 수행하고 있다.

(5) 후루사토정보플라자

후루사토(故鄕)정보플라자에서는 지역정보의 종합 및 발신 기지로서 각 자치단체의 팸플릿을 전시 및 제공하고 있다.

2 공영기업금융공고

1) 개 요

지방자치단체의 발전을 위해서 가장 필수적인 요소가 재원의 조달이다. 지방자치단체가 필요한 재원을 조달하기 위해 설립된 기관이 바로 공영기업금융공고(公營企業金融公庫, Japan Finance Corporation for Municipal Enterprises)이다. 이 공영기업금융공고는 1957년 지방공공단체에 저리의 안정적인 자금을 융자해 주민의 복지 증진에 기여할 목적으로 설립되었다.

이 단체는 당초에는 지방공공단체의 공영기업에 대한 대출을 실시했으나 1972년 지방도로공사 및 토지개발공사에 대해서도 대부를 실시했으며, 1978년 공영기업 이외의 보통회계에 속하는 임시 3개 사업에 대해서도 대부를 실시하고 있어 그 영역을 점차 확대하고 있다.

2) 재원의 출처 및 운용

공영기업금융공고의 대출을 위한 재원은 주로 정부가 보증하는 채권 발행(공모채)을 통해 조달되고 있다. 1997년 현재 자본금이 166억 엔으로 재원의 조달 방법 및 과정을 살펴보면 [그림 14-10]과 같다. 재원의 약 20%

는 지방공무원 연금 운용기관인 지방공무원 공제회로부터의 연고채(緣故債)이다. 이 기관의 대출 금리는 채권 발행 금리(3.05%)보다 대출 금리(2.85~2.95%)가 일반적으로 낮은데 이 차액은 정부보조금, 경마, 경륜에 의한 수익금의 일부로 보전하고 있으며, 이윤을 추구하지는 않는(이익률을 0로 설정) 특수법인의 성격을 띠고 있다. 공영기업금융공고에서는 전체 지방채 발행액의 12.3% 및 공익사업의 약 30%를 대출하고 있으며, 운영경비는 자본금 운용 수익으로 충당한다. 이 기관이 대출한 대출금의 평균 대출기간은 25년이고, 채권 발행은 10년 단위로 실시하고 있으며, 이 기관이 발행한 채권은 국채 다음으로 수요가 많다.

[그림 14-10] 재원 조달 과정/내역 및 대부 대상사업

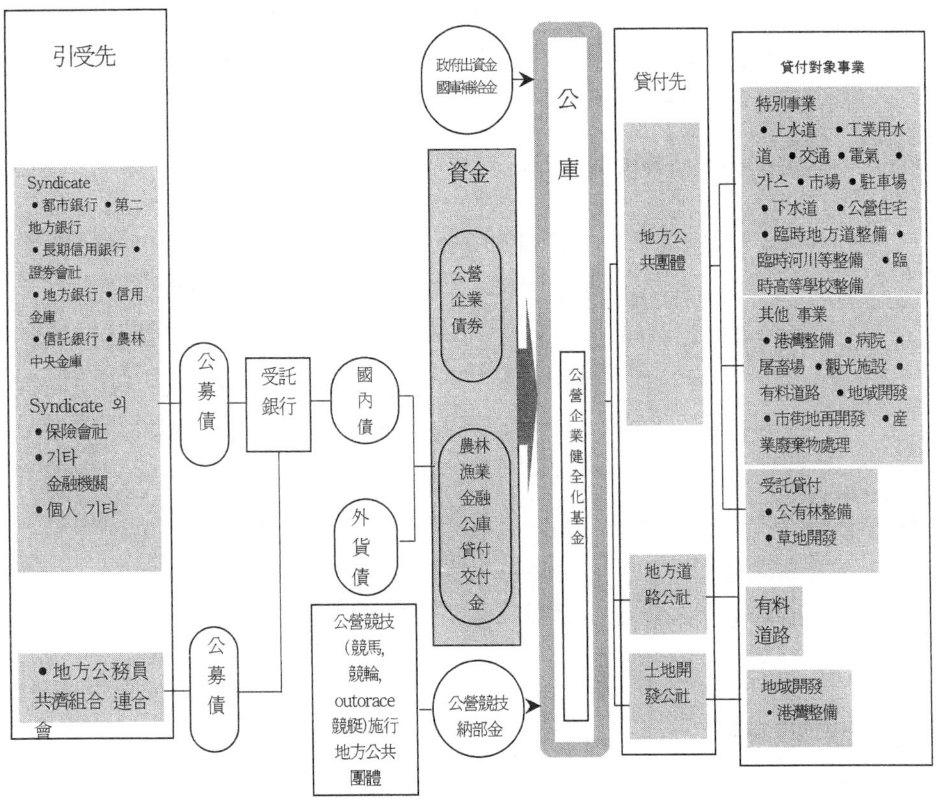

그러나, 이 공영기업금융공고는 지방의 공공단체 및 공공사업에 대해 저리로 안정적인 자금을 대출해 주는 효과가 있지만, 여타의 금융기관 또는 공공기관과 업무의 중복이 예상되므로 공고 존립 자체에 대한 논란이 없지 않다. 한편, 이 공고의 대출 기간이 평균 25년이고 채권 발행은 10년 단위로 이루어지기 때문에 금리 상승으로 인한 손실이 발생할 우려가 있다. 따라서 이 공고에서는 금리 상승으로 인한 차액을 보전하기 위해 약 7,000억 엔 정도를 적립해 이에 대비하고 있다.

3) 대부 대상사업

공영기업금융공고가 대부하고 있는 사업들을 살펴보면, 특리(特利) 사업으로 상수도, 공업용 수도, 교통, 전기, 가스, 주차장, 하수도, 공영주택사업 등이 있으며, 기타 사업으로는 항만 정비, 병원, 관광시설, 시가지 재개발, 산업폐기물 처리사업 등이 있는데, 구체적인 대부 대상사업은 앞의 [그림 14-10]에서 보는 바와 같다.

4) 기구 및 직원의 구성

공영기업금융공고는 도쿄에 사무소를 두고 있으며, 기구는 총재, 이사 및 감사, 4부 8과로 구성되어 있다. 구체적인 조직과 각 부서의 주요 업무는 [그림 14-11]에 나타나는 바와 같다. 이 기관의 정원은 총 88명으로 총재 1명, 3명의 이사, 감사 1명과 83명의 직원으로 편성되어 있다. 그런데, 공영기업금융공고 직원은 거의 대부분 중앙정부, 즉 주로 자치성 출신 직원들로 채워져 있으며 최하 말단의 행정 보조인력 몇 명 정도만 이 공고에서 채용되었다고 한다. 이는 아마 자치성 등 중앙정부의 승진에서 탈락하는 관료들을 산하기관에서 수용하는 관료들의 퇴출의 통로로 활용한다. 자치성 산하에는 이런 종류의 단체가 28개 있다.

3 시사점 및 교훈

지방자치단체의 경영화는 각기 다른 지역의 잠재력을 발굴하고 개발하

[그림 14-11] 공영기업금융공고의 조직

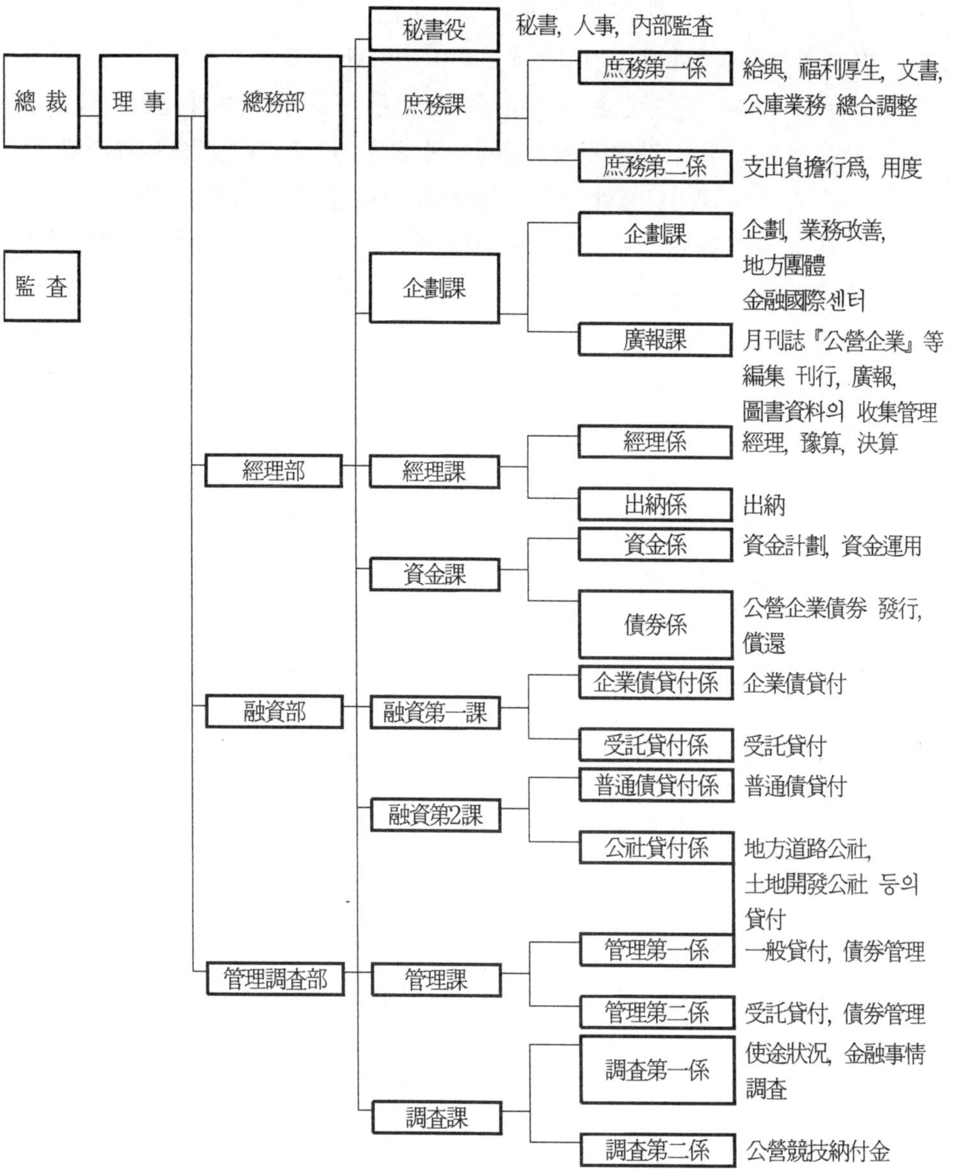

는 것이다. 그러나, 열악한 자치단체의 인력과 자원 및 재원의 부족으로 그 한계도 적지 않다. 이러한 자치단체의 취약점을 보완하고 지원함과 아울러 규모의 경제를 실현할 수 있게끔 지원하는 기관이 필요한데, 바로 일본의 지역활성화센터와 공영기업금융공고가 이러한 역할을 수행한다. 지역활성화센터의 가장 큰 장점은 지역활성화를 위한 자료 및 정보의 집적이익이다. 지역 발전을 위해 각 지방자치단체가 필요한 사항을 개별적으로 추진할 경우와 유사한 자치단체의 요구를 취합해 처리할 경우, 후자의 경우에는 업무의 효율을 높이고 비용 절감을 도모할 수 있다는 사실이다. 일례로 지역활성화센터에서는 각 현에서 작성한 광고를 취합해 신문 등에 고정적으로 게재함으로써 상당한 비용 절감 및 광고 효과를 누리고 있다. 한편, 공영기업금융공고는 지방자치단체가 가장 절실히 필요로 하고 있는 재원을 대출해 줌으로써 자치단체의 활로에 숨통을 틔워 주고 있다.

그러나, 다른 한편으로는 운용상 미흡한 측면도 없지 않다. 이를테면, 회원 수가 워낙 많기 때문에 간혹 회원들이 센터에서 주관하는 연수 및 발간자료 등에 대한 홍보가 개별 자치단체에까지 미치지 못해 혜택을 받지 못하는 경우가 발생하기도 한다. 즉, 지역활성화센터 회원들은 가끔 각종 정보가 자치단체의 고위정책 결정자까지 정보 전달이 잘 되지 않는다고 불만을 토로하는 경우도 있는데, 그 이유는 실무자들이 현재 업무도 과중한데 보고하면 또 다른 업무가 부과될 가능성이 높으므로 기관장에게 보고를 기피하는 경우가 있으며, 이는 결과적으로 이 센터의 소극적 활용을 조장하는 측면이 있다.

또한, 지역활성화센터와 공영기업금융공고의 직원들의 구성을 살펴보면, 아마 거의 대부분이 중앙정부나 관련 단체로부터 출향(出向) 공무원으로 파견되거나 승진 과정 등에서 탈락한 퇴직관료들이 주류를 이루고 있으며, 기관 자체 스스로 충원한 직원은 최하위직의 극히 일부분에 한정되어 있다는 사실이다. 이는 일본 특유의 관료사회의 폐쇄성과 공무원의 퇴출 통로로 산하 관련 단체를 적극 활용하고 있다는 사실이다. 자치성 산하에만 이러한 기관들이 28개나 된다는 사실은 눈여겨볼 사항이다.

제15장 한국 지방자치단체의 경영 사례: 서울시 월드컵경기장사업단을 중심으로*

상암 월드컵경기장은 서울시 마포구 상암동 일대 월드컵공원의 남쪽 자락에 위치한다. 상암구장 일대의 월드컵공원은 총 105만 평으로 생태공원으로 조성된 하늘공원, 퍼블릭 골프장으로 조성된 노을공원과 평화공원, 난지천공원과 난지한강공원 등 5개 공원으로 구성되어 있다. 상암월드컵 경기장은 2002년 세계인의 축구 축제를 위해 건설된 축구경기장이다. 2002년 세계인의 눈이 상암 경기장에 쏠렸으며 당당히 한국은 4강이라는 쾌거를 이룬 공간이기도 하다.

현재 이 경기장은 서울특별시의 공기업인 서울시설공단이 관리·운영하고 있다. 여기서 상암동 월드컵경기장을 살펴보는 이유는 월드컵 경기가 끝난 이후 이 경기장이 수익을 창출하는 도시경영 사례의 좋은 본보기가 되기 때문이다.

* 여기서 소개하고 있는 상암 월드컵경기장에 관한 자료는 서울시의 공기업인 서울시설공단 월드컵경기장사업단에서 제공하는 내부 자료를 중심으로 정리한 것이다.

제1절 상암동 월드컵경기장 개요

1 경기장 시설

먼저 상암 월드컵경기장의 주요 시설물 현황을 살펴보면 대지 면적은 216,712㎡(65.555평)으로 마포구 상암동 일대에 위치하며, 건축 면적은 59,777㎡(18.082평)이고, 연면적은 155,674㎡(47.091평)에 이른다. 건축 모양은 한국 전통의 방패연을 형상화한 직사각형(206m × 243m) 형태로 지하 1층, 지상 6층으로 최고 높이 49.4m에 달한다.

2 수용 규모

상암월드컵 경기장의 수용 규모는 일반 관람석이 66,806석, 귀빈석 916석, 언론 보도석 754석과 가족이나 친지들이 함께 경기를 즐길 수 있는 회원석이 1실당 12~29석으로 배치된 6개 유형으로 총 좌석 수는 75석이다. 일반관람석의 90%(VIP, 언론, 보도, 장애인석에는 100%)는 지붕이 설치되어 있어 비가 오더라도 큰 불편 없이 관람할 수 있다.

주차 대수는 총 3,601구획 경기장 1,160구획, 공원 주차장 2,441구획)이다. 또한 경기하는 모습을 가장 가까이서 볼 수 있도록 그라운드에서 관중석까지 거리는 터치 라인에서 11m, 골 라인에서 17m이다. 관람석을 프리케스트 콘크리트(PC)구조, 관람석 하부는 철골 구조(지하층 RC구조), 그리고 지붕은 철골 트러스와 강세(tensile) 구조, 패브릭(fabric) 막으로 이루어져 있다.

3 시설 내부 현황

시설 내부 현황은 경기장 출입구, 장애인 시설, 의료시설, 관중 편의시설 및 안전 관련 시설로 나누어 살펴볼 수 있다. 일반 관람객 출입구가 총 96개, 회원용 출입구가 16개소 있으며, 내부 울타리 출입구 총 245개소가 있다. 장애인 시설로는 장애인석 총 186석(가변석 146석 포함)과 보조인석 102석(가변석)이 구비되어 있고 장애인 화장실 총 62개소(남 28개소, 여 26개소, 남녀 구분 없음 8개소)이고, 장애인 주차장 총 40대(경기장 대지 내 10대, 남측 주차장 30대)가 마련되어 있다. 의료시설로는 관중용 의무실 4개와 선수 및 심판용 의무실이 별도로 설치되어 있다. 관중 편의시설로는 화장실 총 307개소(남자 95개소, 여자 96개소), 매점 총 24개소, 안내소 총 3개소, 입장권 판매소 3개(창구 수 20개)가 있다. 안전 관련 시설로는 중앙통제실(4층), 경찰관실(4층), 안내방송실(4층), 소방관실(4층)과 방재센터(1층)로 구성되어 있다.

4 월드컵 몰 현황

상암 월드컵경기장이 여타 월드컵경기장과 차별화되는 특징 중의 하나는 바로 쇼핑몰의 조성이다. 상암 월드컵경기장에는 월드컵 몰이 조성되어 있는데, 여기에는 18,000평의 할인 매장(주차시설 900대), 1,800석의 복합영화 상영관(CGV), 패션존, 스포츠센터(수영장, 찜질방), 식당가(8개), 편의시설(치과, 동물병원, 꽃집 등), 예식장(250석 규모의 다이아몬드 홀과 에메랄드 홀) 및 컨벤션 홀(뷔페, 미용실, 드레스실, 폐백실, 사진실 등)이 갖추어져 있다.

5 대관 시설

대관 시설로는 주경기장과 보조경기장, 리셉션 홀, VIP룸, 북측 광장, 인터뷰실 등이 있다.

제 2 절 건설 및 관리 운영 주체

1 건 설

상암 월드컵경기장의 건설은 월드컵 행사를 주관하는 대한축구협회와 중앙정부의 일정 부분 지원 하에 서울시가 총공사비 1,944억 원을 들여 건설했다. 공사 기간은 1998년 10월 20일에 착공해 2001년 12월 27일에 준공되어 총 38개월이 소요되었다. 공사 종류별 건설비 내역은 <표 15-1>과 같다.

2 건설 과정

상암 월드컵경기장의 건설은 결코 순탄한 과정만은 아니었다. 먼저 건설 공사비의 조달에 관한 문제였다. 1997년 말 월드컵 행사를 주관하는 한국축구협회에서 서울시는 우리나라 여타 지방자치단체에 비해 재정력이 있으니 서울시 자체 예산으로 건립할 것을 주문했고, 서울시는 축구협회가 건설 경비의 일정 부분을 지원하지 않는다면 전액 자체 예산으로 지을 수 없다고 주장했다. 상호 의견 조율이 여의치 않자 축구협회는 서울시를 월드컵 개최 도시에서 제외하겠다고까지 했다. 상암 월드컵경기장 건설이 난관

〈표 15-1〉 상암 월드컵경기장의 건설공사비 내역

(단위: 백만 원)

공 종	세 부 공 종	공사비	계
건 축	철근 콘크리트. 철골	23,107	108,832
	지 붕	40,570	
	마 감	37,932	
	기타(중수 냉각탑 등)	7,223	
토 목	토공사(부지 정비 터파기 등)	2,803	15,860
	배관 매설(우수, 상수 등)	1,178	
	구조물(공동구 등)	6,472	
	기타(도로, 부대공사 등)	5,407	
조 경	그라운드 잔디	1,277	10,986
	외부 조경	6,678	
	남측 주차장 조경	3,031	
기 계	장비(냉난방, 엘리베이터 등)	3,550	10,758
	배 관	5,834	
	소 방	723	
	자동 제어	651	
전 기	장비(수배전, 무정전 등)	4,236	15,986
	조명 설비	4,032	
	기타(동력, 감시 제어, 피뢰 등)	7,718	
통 신	전광판	7,727	11,890
	음 향	3,373	
	영 상	790	
기 타	설계비	5,456	20,160
	이전비	3,864	
	남측 주차장 조성	10,840	
총 계			194,472

에 부딪히자 당시 고건 국무총리가 중재하기에 이르렀으며 가까스로 합의에 도달해 중앙정부와 축구협회의 일부 재정적 지원 하에 여타 자치단체보다 한 발 늦게 경기장 건설을 준비했다.

1998년 7월 1일부터는 민선 2기가 출범했는데 고건 전 국무총리가 당선되어 서울시정을 책임지게 되었다. 고건 시장은 취임하자마자 상암 월드컵 경기장에 지대한 관심을 가졌다. 경기장 건설에 앞서 월드컵 경기가 끝난 후 과연 경기장 시설을 어떻게 생산적으로 활용할 것인가를 고민하게 되었다. 이를 위해 민간 전문 컨설팅 기관에 의뢰해 대안을 탐색했다. 분석 결과 경기장 건설과 동시에 경기장 주변을 문화복합 시설 및 유통시설 중심으로 개발하기로 했다. 그 이유는 운동경기장이 공공체육시설이니 이를 중심으로 한 문화시설을 복합시켜 복지시설화하는 것이 주민의 삶의 질 제고에 기여할 것이라고 판단했기 때문이다. 또한 마포구 상암동 일대에는 유통시설이 낙후되어 대규모 유통시설을 입지시킬 경우 수익도 창출할 수 있음과 동시에 주민 편의도 증진시킬 수 있다고 판단되어 유통시설을 입지시키기로 했다.

3 관리 운영 주체: 운영조직 및 인원

현재 상암 월드컵경기장의 운영·관리는 서울시설공단의 월드컵경기장사업단에서 이루어지고 있다. 조직은 1사업단 2팀으로 경영팀과 시설관리팀이 있다. 인원은 48명으로 경영팀에 18명, 시설관리팀에 30명이 배치되어 있다. 그동안 상암 월드컵경기장의 관리·운영 주체는 월드컵대회 이전(2002년 5월 이전)까지는 서울시 월드컵주경기장건설단이, 월드컵대회 기간 중(2002년 6월중)에는 월드컵대회 조직위원회가, 월드컵대회 이후(2002년 7월 이후)부터는 서울시장과 서울특별시 시설관리공단이사장 간의 위·수탁 협약서 체결에 의해 서울특별시시설관리공단 서울월드컵경기장사업단이 운영 책임을 맡고 있다.

제 3 절 수지 실태 분석

그동안 상암 월드컵경기장의 운영 수지 상황을 살펴보면 <표 15-2>에서 나타나는 바와 같이 상당한 흑자를 보이고 있다. 비록 월드컵 경기가 개최된 2002년에는 수입에 비해 지출이 많아 27억 8,500만 원의 적자를 보였지만, 2003년부터는 계속 흑자를 보이고 있으며, 흑자 규모도 점차 증가 추세를 보이고 있다. 2003년부터 발생하기 시작한 흑자의 가장 중요한 부분은 유통시설(까르푸: 홈에버로 바뀜)의 임대료 부분이 큰 비중을 차지하고 있다. 임대료는 2003년에 73억, 2004년에 118억, 2005년에는 125억으로 이는 모든 지출 비용을 제하고도 남는 금액이다. 2002년의 적자 부분도 임대료 부분이 없기 때문이었다.

〈표 15-2〉 상암동 월드컵경기장 수지 현황 (단위:백만 원)

연 도	수 입		지 출		손 익
2002	총 계	2,356	총 계	5,141	- 2,785
	·월드컵대회 수입	900	·인건비	1,865	
	·입장료	80	·경비	2,851	
	·행사·관람 사용료	934	·자산취득비	380	
	·주차료	442	·간접관리비	45	
2003	총 계	12,966	총 계	6,984	+ 5,982
	·임대료	7,306	·인건비	2,579	
	·입장료	110	·경비	3,537	
	·행사·관람 사용료	3,738	·자산취득비	25	
	·주차료	1,812	·간접관리비	843	
2004	총 계	15,971	총 계	7,577	+ 8,394
	·임대료	11,816	·인건비	2,587	
	·입장료	240	·경비	4,086	
	·행사·관람 사용료	2,855	·자산취득비	111	
	·주차료	1,060	·간접관리비	793	
2005	총 계	18,111	총 계	7,557	+ 10,554
	·임대료	12,529	·인건비	2,539	
	·입장료	211	·경비	3,664	
	·행사·관람 사용료	4,118	·자산취득비	417	
	·주차료	1,253	·간접관리비	937	
2006	총계	18,131	총 계	7,739	+ 10,392
	·임대료	12,918	·인건비	2,750	
	·입장료	175	·경비	3,450	
	·행사·관람 사용료	3,814	·자산취득비	557	
	·주차료	1,224	·간접관리비	982	

출처: 서울특별시 시설관리공단 월드컵경기장사업단 내부 자료(2007).

4 시사점

상암 월드컵경기장은 매우 우수한 경영 사례로 평가된다. 세계인의 축제인 2002년 월드컵을 치르기 위해 각 지방자치단체마다 경기장을 건설하는 데만 심혈을 기울였지 월드컵이 끝난 이후 경기장 시설물을 어떻게 생산적으로 이용할 것인가에 대해서는 상대적으로 관심이 소홀했다. 그 결과 월드컵 경기를 치른 지방자치단체는 경기장 시설의 유지관리비로 매년 수십억 원의 예산을 지출하고 있음을 고려할 때, 서울시 상암 월드컵경기장의 성공적인 운영 사례는 매우 고무적이다.

서울시 상암 월드컵경기장의 임대수익의 내역을 살펴보면 월마트에 이어 세계 2위의 유통시설인 까르푸와 20년 임대계약을 체결했으며, 10개의 상영관을 가진 CGV영화관 · 사우나 · 수영장과는 10년 임대계약을 체결했다. 또한 웨딩홀 · 패밀리마트 · 스터벅스 · 피자헛 등 기타 임대시설은 3년마다 임대계약을 체결하고 있다. 여기서 까르푸의 2005년 매출액은 작년 아시아 지역에서 1위를 할 정도로 상권이 활성화되고 있었다고 한다.[1] 입점 업체에 대해서는 판매만을 위탁하는 것은 가능하나 전대는 허용하지 않는다. 임대 기간이 만료되어 재입찰시에는 기존 입점 업체에 대해 특별한 인센티브를 제공하지도 않고 있다. 전대가 불허되고 원계약자와 명확하게 계약하므로 비교적 관리가 용이하도록 운영하고 있다. 또한 상암 월드컵경기장사업단은 상권을 활성화하기 위해 임대 업체와 매월 1회 기능 활성화를 위해 정기 만남을 가지며, 때로는 시기별(5월 경우 어린이날, 어버이날 행사 관련 등)로 계획적 마케팅을 적극적으로 전개하고 있다.

서울시 상암 월드컵경기장의 성공적인 경영 사례는 공공기관의 시설물 관리 및 운영에 많은 교훈을 주고 있다. 대부분의 공공시설물은 특정 용도에만 부합되게 설계되고 운영되고 있는 것이 특징이다. 그러다보니 공공시

---

1) 상암동 월드컵경기장 사업단장과의 인터뷰에 의하면 매일 아침마다 현장을 체크하며 입점자들의 불만 사항이나 고객들의 불편 사항을 적극 수렴해 더 나은 서비스를 제공하기 위해 심혈을 기울인다고 한다.

설물의 유지 관리에 엄청난 재정이 소요되고 이는 열악한 지방재정에 더욱 부담을 주고 있다. 서울시 상암 월드컵경기장은 시설물의 설계 이전에 해당 시설물뿐만 아니라 향후 활용 방안을 함께 고민함으로써 공공시설물이 세금만을 먹는 하마가 아니라 수익을 창출하는 시설로 거듭나고 있음을 확인시켜 주고 있다.

제 5 부

자치행정의 역량 제고

제16장 한국 지방자치 10년의 성과와 과제

제1절 지방자치 10년의 회고

대한민국 지방자치 제도의 출발은 1945년 8·15 해방 이후 대한민국 정부가 수립되어 헌법에 지방자치에 관련된 조항이 설치되고, 이에 의거 1948년 11월 17일 법률 제8호로 6개월 시한의 지방행정에 관한 임시조치법이 공포되면서부터이다. 이어 1949년 7월 4일 법률 제32호로 지방자치법이 공포되고 동년 8월 15일부터 시행에 들어갔다. 그러나 1950년의 6·25사변으로 혼란을 겪다가 1952년 피난 수도인 부산에서 제1대 지방의회가 구성·출범했다. 하지만 전쟁으로 인한 국가재난 및 혼란과 이에 따른 4·19 학생의거 등으로 그동안 우왕좌왕하던 지방자치는 1961년 발생한 5·16 군사혁명으로 30년 동안 영어(囹圄)의 신세가 되어버렸다. 즉 1950년대의 약 10년 동안 우리나라 지방자치는 당시 전후 복구기의 경제적 혼란, 정치적 무질서, 사회 발전의 미성숙 등 복합적인 요인으로 오히려 지방자치에 대한 이미지가 부정적이었던 시기였다고 볼 수 있다. 그 후 1987년에 6·29가 선언되었고, 다음해인 1988년에 지방자치법이 개정되어, 1991년의 민선 지방의회 부활되었으며, 1995년 민선자치단체장의 직선 등으로 이어져 오늘에 이른다.

특히 2005년은 지방자치제가 부활한 이후 민선지방자치단체장 체제가 출범한 이후 만 10년이 되는 해였다. 바로 10년 전인 1995년 6·27 동시 4대 지방선거로 당시 전 국민은 흥분을 감추지 못하고 있었다. 기대와 우려 속에 그동안 평범한 민주주의 원리인 '주권재민(主權在民)'에 소외되어 온 국민들은 풀뿌리 민주주의를 구현할 수 있는 절호의 기회라고 생각했다. 10년이면 강산이 변한다고 하는데 과거와 달리 급속도로 변모하고 있는 오늘날 민선 지방자치 10년이 그동안 어떠한 모습으로 변했을까? 여기에서는 지방자치제 부활 이후 지난 10년 동안의 성과와 앞으로 더욱 바람직한 지방자치 발전을 위한 향후 과제를 중심으로 논의해 보기로 한다.

제 2 절 민선자치 10년의 성과

민선 지방자치 10년의 성과를 가늠해 보기 이전에 먼저 1991년 지방의회가 부활된 이후의 지방자치제의 변화 과정을 중심으로 한 우리나라의 주요 여건의 변화 실태를 살펴보면 [그림 16-1]과 같이 요약·정리할 수 있다. 즉 1991년 4월에 지방의회가 먼저 구성되어 출범했으며, 이어 3년 뒤인 1995년 6월 27일 4대 동시지방선거로 인해 광역과 기초자치단체장 및 의회의원 선거가 실시되었다. 동년 7월 1일부터 시작된 민선자치단체장 체제는 제1기가 1995. 7. 1~1998. 6. 30, 제2기는 1998. 7. 1~2002. 6. 30, 제3기는 2002. 7. 1~ 2006. 6. 30이다. 이 기간 동안 노태우 정권으로부터 노무현 정권에 이르기까지 4번의 정권이 바뀌었으며, 선진국으로 도약하는 OECD 가입과 더불어 1997년 말 유사 이래 처음으로 경험한 IMF 환란을 겪게 됨으로써 지방자치제도 인고(忍苦)의 세월을 함께할 수밖에 없는 상황에 직면했다.

한편 2005년을 기준으로 우리나라의 민선 지방자치단체장은 총 250명으로 이 중 광역단체장이 16명이고 기초자치단체장이 234명이다. 여기서 기초자치단체장 234명의 재선 여부를 중심으로 살펴보면, <표 16-1>에서 나

[그림 16-1] 지방자치 제도의 주변 여건 변화

연 도	1991.4	1992.12	1995.7	1997.12	1998.7	1999.5	2001.1	2002.7 2003.12
지방자치 제 도입	부분적 도입기		민선 제1기		민선 제2기			민선 제3기
정권 변화	노태우 정권	김영삼 정권		김대중 정권				노무현 정권
경제적 변화	OECD 가입			IMF 관리 체제				월드컵 개최, 3대 분권법 제정
정부조직 개편		2원 14부 5처 4청	기획원+재무부 →재정경제원	내무부→ 행정자치부	기획예산처	여성부 신설		
시·군 통합	1995. 1.1 광역시		1995. 1.1. 시·군 통합 단행 (40개 통합시 탄생)					
국회의원 선거		1992. 3. 24 제14대 국회의원	1996. 4. 11 제15대 국회의원		2000. 4. 13 제16대 국회의원			2004. 4.15 제17대 국회의원

출처: 손희준(2005: 9).

〈표 16-1〉 우리나라 기초자치단체장의 연임 현황

(2005년 5월 기준)

합 계	1선	2선	3선
234(명)	152	53	29
비율(%)	65.0	22.6	12.4

타나는 바와 같이 초선이 152명으로 전체의 65%에 달하며, 재선이 53명에 22.6%, 3선이 29명에 12.4%에 이른다.

민선자치 부활 이후 그동안 어려운 대내·외적 상황 하에서도 우리나라 지방자치제는 꾸준한 성장을 지속해 왔다. 먼저 지방자치제 실시 이후 나타난 긍정적인 변화를 중심으로 살펴보면, 첫째, 고객 중심적인 행정 서비스 공급 방식의 변화이다. 다시 말하면 공급자(공무원) 중심의 행정 서비스에서 수요자(주민/시민) 중심의 행정 서비스로 전환되었다는 점이다(최병대, 2005: 2). 이는 그동안 지방자치단체장이 중앙정부(대통령)로부터 임명되던 것이 주민으로부터 임명(선출)되는 데 따른 결과이다. 단체장으로 선출되기 위해서는 무엇보다도 먼저 주민들의 니즈(needs)를 정확하게 파악해야 하기 때문이다. 이런 결과로 인해 그동안 관청의 문턱이 높게만 여겨졌고 관청 가기가 두렵기만 하던 것이 이제는 아무 부담감이나 스스럼없이 찾을 수 있는 곳이 되었다. 즉 민원 서비스가 과거에 비해 크게 향상되었다는 점이다.

일례로 이러한 가시적인 변화는 무엇보다도 지방자치단체의 민원실을 방문하면 누구나 체감할 수 있게 되었다. 참고로 이와 관련해 최근 경제정의실천시민연합에서 2005년 4월 11일(월)에서부터 5월 22일(일) 6주간에 걸쳐, e-mail, 우편, 팩스를 이용해 전국 경실련 회원 364명(임원, 정책위원, 실무자 등)을 대상으로 조사한 결과를 중심으로 살펴본 결과는 <표 16-2>와 같다. 지난 10년간 지방자치를 실시하면서 가장 개선된 점으로 '주민 민원 서비스의 확대'(20.9%)를 들고 있다. 어떠한 측면에서 민원 서비스가 개선되었는냐는 질문에 쾌적성(69%), 신속성(60%), 친절성(57%), 정확성(49%) 등으로 나타났다(경실련, 2005: 139, 141).

둘째, 주민의 알 권리 요구에 대한 적극적 대응 및 주민 참여의 확대를 들 수 있다. 지방자치제가 부활하기 이전에 주민은 항상 수동적이며 지방정부가 일방적으로 결정하는 사안에 따를 수밖에 없었다. 간혹 주민들

〈표 16-2〉 지난 민선자치 10년 동안의 가장 개선된 점

순위	분 야	비율(%)
1	주민 민원 서비스 확대	20.93
2	행정정보의 공개, 홍보 강화	20.34
3	사회복지 서비스	15.38
4	환경문화 서비스	11.31
5	자치단체의 정체성 강화	9.42
6	지방공무원 의식 개혁	7.74
7	지역경제 활성화	4.56
8	청소년 교육 서비스의 충실화	3.47
9	다른 자치단체와의 원만한 대외 관계	3.47
10	지방의 국제화	3.37
합 계		100.00

출처: 경실련(2005: 139).

이 일방적으로 결정된 내용에 대해 이견을 표출하더라도 집행기관의 대응은 매우 소극적이었으며 냉담했다. 그러나 단체장의 직선 이후부터는 그 양상이 변화하기 시작하고 있다. 지방자치 발전을 위해 이제 주민들은 먼저 목소리를 내기 시작했으며, 자치단체의 잘못된 정책 결정에 대해서는 호된 질책을 마다하지 않고 있다. 주민의 목소리가 커져 가고 있으며 참여의지가 점차 높아지고 있다. 이제 지방자치단체도 적극적으로 주민들의 의견을 경청하기에 분주해지고 있다. 최근 활발해지고 있는 지역 시민단체의 활동도 주민 참여 확대의 순기능적 역할을 하는 데 크게 기여하고 있는 것으로 생각된다.

그 일례가 행정정보 공개를 위한 조례의 제정이라든가 주민만족도 조사 등 일련의 주민 의견 조사들로 나타나고 있다. 다시 말하면, 이제는 자치단체 스스로가 행정정보를 공개하고 주민들과 호흡을 함께하기 위해 적극적인 홍보 활동을 전개하고 있다(표 16-2 참조). 행정정보를 적극적으로 공개하기 위해 지방자치단체는 행정정보화 부문에 상당한 예산을 투자했음을 엿볼 수 있다. 즉 기초자치단체를 기준으로 일반회계 전체 예산에서 정보화 예산이 차지하는 비중은 1998년 0.45%, 1999년 0.75%, 2000년 1.0%, 2001년 1.24%로 지속적으로 증가했으나, 2002년에는 1.02%로 소폭 감소세를, 그리고 2003년에는 1.17%로 소폭 증가를 보이고 있다. 부문별 정보화 사업 예산은 기반 구축(44.94%), 개발(26.81%), 유지 관리(17.43%), 기타(6.00%), 교육(4.37%) 순으로 예산 비율이 높은 것으로 나타났으며, 영역별 정보화 예산은 행정정보화(64.98%)가 지역정보화(19.63%)보다 높은 비중을 차지하고 있는 것으로 나타났다(김영미, 2005: 117).

셋째, 지역 주민을 위한 복지 서비스의 향상이다. 민선자치단체장 출범 이후 공통적으로 나타나고 있는 특징 중의 하나가 바로 사회복지 부문의 예산 증가이다. 여기서 참고로 서울특별시와 부산, 인천, 대구, 광주광역시의 지난 10년 동안 사회복지 부문의 예산 변화를 살펴보면 [그림 16-2]에서와 같이 1995년 약 4% 전후이던 것이 적게는 약 11%(서울, 인천), 많게는 약 18%(부산)까지로 증가하고 있다. 즉 지난 10년간 사회복지 예산은 그 증가율이나 절대 규모면에서 5개 자치단체 모두가 상당한 증가를 보였으며, 특히 서울과 부산의 절대 액수 증가 정도가 두드러진다. 1995년에는

[그림 16-2] 총예산 대비 사회복지 예산 비율의 추이

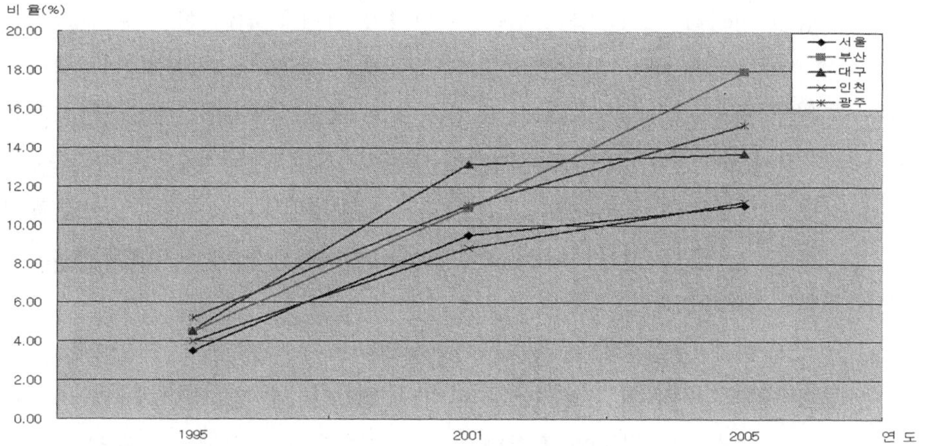

출처: 주재현(2005: 77).

자치단체 간의 절대액 격차가 그리 크지 않았으나 1995년에서 2001년 간에는 서울의 급증이, 그리고 2001년에서 2005년 간에는 서울의 지속적 증가와 부산의 상승세가 나타나고 있다(경실련, 2005: 141).

한편 사회복지 서비스의 경우 각 분야별로 보면, 도서관이나 문화센터 등의 사회교육시설 부문이 57%로 가장 높게 나타났으며, 생활체육시설(55%), 복지시설(45%), 복지 다양성(44%) 등의 순서로 나타나고 있다(주재현, 2005). 참고로 서울시에서 1999년부터 시작한 각 분야별 시민만족도 조사에서 보건소 분야의 경우 63.4%였으나(서울시, 1999: 34) 매년 상승해 2005년에는 1999년의 만족도 조사보다 약 15% 상승했다(서울시, 시민만족도 조사보고서, 각 연도). 이러한 현상은 우리나라 대부분의 기초자치단체에서도 비슷한 패턴을 보이고 있다.

넷째, 지역 특성에 기반한 지역문화의 창달이다. 지금까지 우리나라가 선진 외국에 비해 가장 취약한 부문이 문화 분야였다. 지방자치제가 도입된 이후 문화에 대한 인식이 점차 달라지고 있다. 특히 5~6월과 9~10월에는 전국 지방자치단체마다 축제의 물결에 휩싸이고 있다. 이를 혹자는 선심성

행정이라고 비판하기도 하고, 아직까지 문화에 대한 이해와 경험이 일천한 관계로 시행착오가 있기는 하지만, 수도권의 어느 기초지방자치단체의 오케스트라는 외국에서 개최되는 경연대회에서 대상을 수상하기도 했다.

다섯째, 지역 정체성(identity)의 창출이다. 지방자치를 실시하는 근본적인 이유 중의 하나가 바로 지역이 지니고 있는 잠재력의 극대화이다. 지방자치제 부활 이후 그동안 매몰되었던 지역의 특색이 살아나고 있다. 지방자치단체마다 새로운 슬로건이 만들어지고, 지역의 특징을 살리고자 캐릭터가 만들어지고, 지역의 자원을 최대한 활용하기 위한 지연(地緣) 산업의 개발에 심혈을 기울이고 있다. 지역의 특산물을 알리기 위해 온갖 홍보전쟁이 전개되고 있다. 지역경제를 활성화시키기 위해 국내의 기업뿐만 아니라 공공기관의 지방 이전을 유치하고자 심혈을 기울이고 있으며, 다른 한편으로는 외국 자본을 유치하기 위해 전세계를 무대로 갖은 노력을 기울이고 있다. 이를 위해 지방자치단체에서는 인허가 업무를 원스톱(one-stop) 서비스화하여 최대한 간소화하고 단축하고 있다.

이 밖에도 지방자치제 부활 이후 우리의 일상 생활에 변화를 가져오고 있는 것이 한두 가지가 아니다. 때로는 지방자치단체에서의 좋은 행정 사례가 중앙정부에 벤치마킹되는 사례도 적지 않다. 일례를 들면 지방자치단체에서 처음으로 시작된 각 분야별 행정 서비스에 대한 주민만족도 조사(시민만족도 조사 또는 고객만족도 조사)가 중앙정부 차원에서는 각 부처별 국민만족도 조사로 전환되어 벤치마킹되었으며, 국세청 및 관세청의 고객 중심적 행정으로 인해 중앙정부로부터 우수 혁신대상기관으로 선정된 바탕에는 바로 고객만족도 조사가 크게 기여했다고 볼 수 있다.

제3절 민선자치 지난 10년의 반추

어떠한 제도이든 간에 각종 제도는 양면성을 지니는 것이 일반적이다. 즉 주어진 제도를 잘 운용하면 장점이 적극적으로 발현되지만, 잘못 운영하면 단점이 부각되어 제도 본래의 의미를 퇴색시키는 경우도 적지 않은 것이 현실이기도 하다. 지방자치제 실시와 관련해서 앞서 살펴본 바와 같이 긍정적인 측면이 지배적이기는 하지만, 다른 한편으로 지방자치제 실시로 인해 실망스럽거나 우려하고 있는 측면도 없지 않다.

첫째, 지방자치를 실시하는 근본적인 이유 중의 하나는 지역이 지니고 있는 잠재자원을 최대한 잘 활용해서 지역을 잘살게 하기 위함인데, 때로는 지나친 지역이기주의로 인해 지역 간 갈등이 유발 및 심화되고 공공의 선(善)을 유지하는 데 장애 요소로 작용하고 있는 경우도 간혹 발생하고 있다는 점이다. 이를테면 선호시설은 앞다투어 자기 지역에 유치하려고 혈안이 되는 반면에 쓰레기 소각장이나 추모공원 등의 님비시설에 대한 입지는 온갖 노력으로 반대에만 급급하고 있는 경우도 발생하고 있으며, 이러한 결과는 <표 16-3>의 조사 결과에서도 확인된다. 따라서 앞으로는 지방자치단체 간 지나친 경쟁으로 인해 상당한 진통과 혼란이 초래되는 부분도 없지 않으므로 이러한 갈등을 잘 관리해 나가면서 상호 협력을 증진시킬 수 있는 지혜를 모을 필요가 있다(육동일, 2005: 57, 60).

둘째, 지역 여건과 조화롭지 못한 무분별한 난개발이라든가 환경 훼손에 관한 문제이다. 흔히 지역 발전은 곧 지역 개발과 직결된다고 인식되고 있다는 점이다. 지역적인 환경 여건과 부조화스러운 '나 홀로 아파트'가 발견되기도 한다. 학교나 하수처리장 등 공공시설의 입지도 미비한 채 수백, 수천 세대의 아파트가 들어서고, 무차별적인 자본의 논리에 지배당한 채 무분별하게 자연자원이 심하게 훼손되고 있는 측면도 없지 않다(표 16-3 참조). 경실련에서 지난 10년 동안 환경 분야 서비스에서 가장 악화된 것이 무엇인가에 대한 질문 결과 '자연보전의 악화'가 43%로 가장 높게 나타났으며, 이어 '공해 방지의 미흡'(40%)을 들고 있다(경실련, 2005: 142).

셋째, 일부 지방자치단체장 및 지방의회 의원들의 비리와 부패 문제가 끊임없이 제기되고 있다는 점이다. 지방자치를 반대하는 일부 세력들은 이를 한껏 부풀려 지방자치의 폐해를 역설하는 데 빌미를 제공하고 있다. 과거와 같이 비교적 언로(言路)가 자유롭지 못한 시절에 비해 다소 부풀려진 측면도 없지는 않지만 이는 반드시 제거되어야만 할 지방자치의 바람직하지 못한 모습이다(육동일, 2005: 66).

넷째, 민원을 지나치게 의식한 나머지 기초생활 질서의 문란화, 또는 기초질서 확립의 미흡 및 소홀이다. 민선단체장의 등장 이후 선출직 공직자는 가능한 한 지역 주민들과의 갈등을 지양하고 있으며, 이로 인해 공공의 기초 질서 확립에 다소 문제가 발생하고 있다는 점이다. 이와 관련해 가장 문제가 많이 제기되는 부분이 주차 문제로 65%의 주민들이 매우 부정적인 의견을 개진하고 있다. 또한 도로교통 안전의 소홀(37%), 청소년 유해업소 단속의 미흡(35%) 등을 들고 있다(경실련, 2005: 142-143).

이 밖에도 민선자치단체장 출범 이후 일부 지방자치단체에서 지속적으로 제기되고 있는 문제가 학연이나 지연 및 연고에 따른 정실 인사, 선거를 기제로 나타나는 줄서기 및 편가르기 문제가 이슈화되고 있는 등의 인사상의 잡음, 전시행정과 선심성 행사의 남발, 특정 이해집단과의 유착 문제 등의 문제점을 제기하는 경우도 있다(육동일, 2005: 60).

〈표 16-3〉 민선자치 10년 동안 가장 악화된 점

순위	분 야	비율(%)
1	선심성 행사	20.70
2	무분별한 난개발	18.96
3	지역경제의 편차	13.64
4	다른 자치단체와의 지역이기주의 양상	12.27
5	지방공무원 타성적 행동	10.26
6	중앙정부와 자치단체 간의 갈등	7.78
7	행정정보의 일부 계층의 독점	6.14
8	청소년 교육 서비스의 미비	4.85
9	사회복지 서비스의 미비	3.57
10	주민 민원 불편	1.83
합 계		100.00

출처: 경실련(2005: 139).

제 4 절 향후 지방자치 발전을 위한 과제

최근 전국시장·군수·구청장협의회 또는 전국기초자치단체의회 의장협의회는 중앙정부와 잦은 이견이 표출되고 있다. 기초자치단체장 선거에 대한 정당공천제 배제 요구, 단체장 3선 연임 제한 철폐와 관련해 중앙정부와 마찰을 빚었으며, 전국 지방자치단체에 대한 감사원의 대대적인 감사와 관련해 감사원과 지방자치단체 및 직장협의회 등과 심한 갈등이 야기되고 있다. 지금 이 순간에도 중앙정부와 지방자치단체 간에는 긴장감이 감돌고 있다. 이러한 현상들은 아직까지 우리의 지방자치 제도가 미흡한 점이 적지 않다는 것을 반증하는 것이다.

1 제도적 장애 요인의 개선

앞으로 바람직한 지방자치 발전을 위한 방향이나 향후 과제는 무엇일까? 무엇보다도 먼저 지방자치 발전에 저해되는 요소를 제거하고 제도적 기반을 튼튼히 하는 것이다. 이를 위해서는 우선 지방자치 발전에 역행하는 제도적 장애 요인을 개선해야만 한다. 1988년 지방자치제를 부활할 당시에 충분한 논의를 거쳐 자치 발전을 위한 제도적 기반을 튼튼히 해야 함에도 불구하고 당시에 여당과 야당 간에 지방자치제 도입 여부를 놓고 팽팽히 접전을 벌인 관계로 지방자치 제도에 대한 심층적인 검토가 미비했다. 이를테면 중앙과 지방 및 광역과 기초자치단체 간 기능 재조정, 행정권, 재정권 등 참여정부가 주창하고 있는 분권형 시스템으로의 재구축이다.

2 획일적 제도의 극복: 폐쇄형에서 개방형 또는 메뉴형으로

다음으로는 제도의 획일성을 극복할 수 있도록 해야만 한다. 지방자치의 가장 큰 장점 중의 하나는 각 지역이 지니는 차별화된 특성이나 개성을 발현할 수 있도록 해야 한다. 하지만 오랜 기간 동안에 중앙집권화된 구조 속의 획일화된 제도에 익숙해져 있다. 지방자치가 한 단계 더 성숙하기 위해서는 다양성이 인정될 수 있는 시스템이 구축되어야 한다. 즉 탄력적이며 개방적인 시스템으로 개편되어야 한다. 이를 위해서는 크게 세 가지 방법이 있다. 즉 폐쇄형(close system)과 개방형(open system), 메뉴형(menu system)이다.

여기에서 폐쇄형은 현재와 같이 중앙정부가 지방의 창의성을 발현하기가 거의 불가능하도록 하나의 제도로 획일화하는 방안인데, 이는 국가가 자치단체를 관리하기가 용이한 측면이 있다. 이와 반대로 개방형은 지방자치단체가 자율성을 가지고 지방자치단체 실정에 부합하게 다양한 제도의 선택권을 지방자치단체에 부여하는 방식인데, 이는 지방자치단체의 특성을 살리는 데는 유용하지만, 국가 차원에서는 다양한 제도로 인해 관리하기에 다소 어려움이 있을 수 있다.

반면에 메뉴형은 양 제도의 중간 형태에 해당하는 것인데, 이는 국가가 지방자치 제도를 획일화하는 것이 아니라 몇 가지의 메뉴 형태로 제시해, 그 메뉴 가운데서 해당 자치단체는 각 지역에 부합하다고 판단되는 제도(메뉴)를 선택하도록 하는 제도를 말한다. 예를 들면 현재 이슈가 되고 있는 기초자치단체장의 정당 공천 문제와 관련해 정부가 획일적으로 참여 또는 금지 등 일률적으로 정할 것이 아니라 그 선택권을 주민들이 갖도록(주민투표 등을 통해) 하는 것이다. 이럴 경우 지방자치단체마다 다양한 제도를 선택할 수 있으며, 특정 제도를 선택한 자치단체는 스스로 선택한 제도가 성공적으로 정착되도록 하기 위해 최선의 노력을 기울일 것이다. 결과적으로 이는 다양한 제도 간의 경쟁 관계 및 제도적 긴장 관계를 조성함으로써 제도 상호간 윈-윈(WIN-WIN) 전략의 구축에 순기능적으로 작용할 가능성이 높다.

참고로 최근 중국에서 지방행정의 경쟁력을 높이고자 획기적인 제도 개선이 이루어졌는데, 그 핵심적인 내용은 새로운 행정 수요에 신속하고 탄력적으로 대응하기 위해 '선자율(先自律) 후견제(後牽制)'라는 방법을 도입했다는 점이다. 즉 중국은 2000년 3월 15일 제9기 전국인민대표회의에서

'중국인민공화국 입법법'을 제정했는데, 동법 제64조 2항에서 "지방법규의 입법 권한에 대해서는 국가가 법률 또는 행정 법규를 제정하지 않는 경우는 성(省), 자치구, 직할시 및 비교적 큰 시(市)가 당해 지방의 구체적 상황 및 실제의 필요에 의해 먼저 지방 법규를 제정할 수 있다"라고 하여 지방정부에 대폭적인 자율권을 부여했다.

3 취약한 재정력의 극복

지방자치 발전을 위해서 무엇보다도 중요한 것이 지방자치단체의 재정력이다. 현재 지방자치단체의 평균 재정자립도는 56%에 불과한 실정이다. 234개의 기초자치단체 가운데 재정자립도가 50% 이하인 지방자치단체가 81%인 202개에 이르며, 지방자치단체 공무원들의 인건비조차 스스로 해결하기 어려운 재정자립도 10% 미만인 기초자치단체도 5개에 이르는 현실이다(행정자치부, 2004: 156).

더욱 문제가 되는 것은 지방자치제 실시 이후 중앙정부의 예산에 비해서 지방자치단체 예산의 비중이 오히려 점차 악화되고 있다는 사실이다. <표 16-4>에서 나타나는 바와 같이 1992년에 국가 예산의 비중이 62.1%(43조 8421억 원)이고, 지방자치단체의 예산 비중이 37.9%(26조 6,598억 원)인데 비해, 2005년에 개선되기는커녕 오히려 감소했다. 즉 2005년의 중앙정부의 예산은 194조 9,570억 원(67.9%)인데 반해, 지방자치단체의 예산은 92조 3,673억 원(32.1%)으로 1992년에 비해 지방자치단체 예산의 비중이 5%나 감소했다.

한편 예산의 증가율에서도 중앙정부 예산은 33.6%인 반면에 지방자치단체의 예산은 26.7%로 나타나고 있다. 향후 지방자치 발전을 위해 반드시 선결 과제로 해결해야만 할 사항이 바로 이와 같은 취약한 지방자치단체의 재정력을 어떻게 극복할 것인가 하는 문제이다.

〈표 16-4〉 국가 예산 및 지방 예산 규모(순계) 추이

구분 \ 연도	1992년	1997년	2002년	2005년	2002년 대비 2005년도 증가율
국가 예산	43조 8,421억 원 (62.1%)	92조 4,642억 원 (64.5%)	145조 9,602억 원 (66.7%)	194조 9,570억 원 (67.9%)	33.6%
지방 예산	26조 6,598억 원 (37.9%)	50조 9,590억 원 (35.5%)	72조 8,838억 원 (33.3%)	92조 3,673억 원 (32.1%)	26.7%
계	70조 6,019억 원	143조 4,323억 원	218조 8,440억 원	287조 3,243억 원	.

출처: 행정개혁시민연합(2005: 26).

4 문화 지향적인 지방자치

경실련이 2005년 향후 지방자치단체가 지향해야 할 미래상에 대한 설문조사 결과, [그림 16-3]에서와 같이 문화예술 분야에 대한 욕구가 특히 강한 것으로 나나타고 있다. 즉 앞으로 문화예술 중심의 도시로의 육성을 바라는 욕구가 56%로 주거 중심의 도시나 정보학술 중심이나 상업도시로의 육성보다도 압도적으로 높게 나타나고 있는 점이 시사적이다.

이와 관련해 지방자치가 발전되고 성숙된 나라일수록 문화 선진국이며, 이는 결과적으로 문화 및 관광 선진국으로 귀결되고 있다는 사실에 주목할 필요가 있다. 참고로 세계 문화관광 선진국들의 관광객 수 및 관광 수입을 살펴보면 <표 16-5>에서 나타나는 바와 같다. 즉 관광객의 수를 기준으로 할 때, 프랑스가 75,048천 명으로 여타 국가에 비해 압도적으로 높은 편이며, 그 다음으로 스페인(51,830천 명), 미국(41,212천 명), 이탈리아(39,604천 명) 등의 순으로 나타났다. 이들 국가의 관광객 수 및 관광 수입은 기본적으로 지방정부가 주도적인 역할을 하고 있음을 고려할 때, 우리에게 시사하는 바가 적지 않다. 앞서 언급한 바와 같이 지난 민선자치 10년을 비판적 시각으로 바라보는 측면 중의 하나가 선심성 행정의 만연으로 지적하는 부분이 없지 않은데, 이제는 그동안의 척박한 지역 및 문화 기반을 한층 더

[그림 16-3] 향후 소망하는 자치단체의 미래상

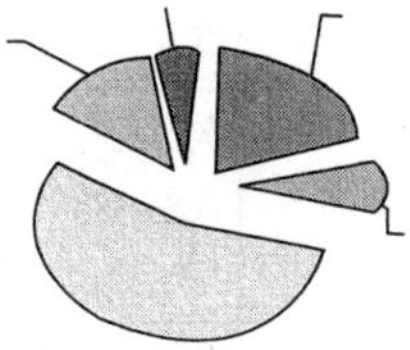

출처: 경실련(2005: 140).

〈표 16-5〉 세계 문화 및 관광 상위국의 주요 통계

(단위: 천 명, 백만 달러)

순위	국가명	여행객 수		순위	국가명	관광 수입	
		2002년	2003년			2002년	2003년
1	프랑스	77,012	75,048	1	미국	66,547	64,509
2	스페인	52,327	51,830	2	스페인	33,609	41,770
3	미국	1,892	41,212	3	프랑스	32,329	37,038
4	이탈리아	39,799	39,604	4	이탈리아	26,915	31,222
5	중국	36,803	32,970	5	중국	20,385	17,406
6	영국	24,180	24,715	6	독일	19,158	22,984
7	러시아	23,296	-	7	영국	17,591	22,752
8	캐나다	20,057	17,534	8	터키	11,901	13,203
9	멕시코	19,667	18,665	9	오스트리아	11,237	14,068
10	오스트리아	18,611	19,078	10	홍콩	9,943	7,657
...				...			
31	한국	5,347	4,754	20	한국	5,919	5,343

출처: WTO Compendium of Tourism Statistics 2004, WTO World Tourism Barometer (2005. 1).

공고히 하고, 좀더 성숙되고 세련된 문화예술의 영역으로 승화시킬 수 있는 지혜의 구축이 절실히 필요한 시점이 아닌가 여겨진다.

이를 위해서는 내적 기반의 구축 및 강화도 중요하지만, 아울러 지방자치단체의 국제화 사업도 한층 강화되고 적극화될 필요가 있다고 생각된다. 그동안 지방자치단체의 연도별 자매 결연 추이를 살펴보면, 1961년 이후 1989년까지 19년 동안은 <표 16-6>과 같이 연평균 3.8건의 미미한 실적을 나타냈으나, 1994년 이후 본격적인 자매 결연 활동이 시작되어 1997년에는 1994년에 비해 28건이나 증가하는 자매 결연 실적을 나타내고 있다. 최근의 자료에 의하면 각 지방자치단체별로 국제화 부서를 두고 전문적인 국제교류를 추진한 결과 2004년에는 441건이라는 비약적인 증가를 보였다(정창화, 2005: 104). 이는 각 지방자치단체가 국제 교류의 중요성을 인식하고 착실한 국제화 준비를 위해 노력한 결과라고 볼 수 있다.

한편 대상 국가별 자매 결연 양상을 보면, 1993년까지의 자매 결연은 주로 미국과 일본을 위주로 한 일반행정 중심의 교류가 이루어져 왔다. 그러던 것이 1994년에는 경제 분야에 중점을 둔 중국과의 국제 교류가 증가되기 시작하면서 2004년까지 전체 자매 결연 대상 국가 중 중국은 총 129건으로 전체 자매 결연의 29%를 차지하는 것으로 나타났다(정창화, 2005: 101). 향후에 한층 더 성숙한 국제 교류가 되기 위해서는 양적 차원의 단순한 자매 결연의 차원을 넘은 문화적으로 상호 교감할 수 있는 질적 차원으로 전환할 필요가 있다.

〈표 16-6〉 연도별로 본 자매 결연 현황

연 도	1961-1989년	1990년	1993년	1994년	1997년	1998년	2000년	2002년	2003년	계
결연 도시	110	7	11	35	63	21	27	18	15	441

출처: 지방자치단체국제화재단(2004: 73).

제 5 절 더욱 성숙된 지방자치를 향해

최근 지방자치단체장 직선 이후 지방자치 10년의 평가에 대한 주민 의견을 조사한 바에 의하면 중립적인 의견을 제외할 경우 '만족한다' (약 62%)는 편이 '불만족스럽다'(약 34%)는 경우보다 거의 2배로 나타나고 있다(육동일, 2005: 59). 즉 아직도 불만족스러운 부분이 없지는 않지만 전반적으로 긍정적인 의견이 지배적으로 나타나고 있다. 이는 지방자치 실시 이후 주로 참여 및 봉사행정의 구현, 행정 서비스의 향상, 민원 문제에 대한 적극적인 대응, 주민의 자치 의식 함양 등에 따른 결과가 아닐까 여겨진다.

인간이 만든 제도가 완전할 수는 없다. 이러한 이유는 크게 두 가지 점에서 기인한다. 하나는 제도를 만든 사람 자체가 완전하지 못하기 때문이다. 인간이 신이 아닌 이상 발생할 모든 상황을 예측할 수 없고, 또한 이해를 가진 사람들 상호간에 발생할 수 있는 상호 역학 관계를 정확하게 파악해 모두 수렴하기가 용이하지 않기 때문이다. 다른 하나는 사회 현상이란 것이 불변(不變)인 채로 정체되어 있는 것이 아니라 끊임없이 변하고 있다는 점이다. 끊임없이 변하고 있는 상황을 정지된 하나의 제도로 고착화한다는 것은 근원적으로 불가능한지도 모른다. 우리나라의 지방자치법도 이러한 한계 상황을 인식이나 한 듯이 무수히 개정되어 왔다. 1988년 개정된 지방자치법이 지금까지 거의 매년 개정되고 있다. 그러나 현행 지방자치법 및 관련 법규는 아직까지 적지 않은 문제점이 내포되어 있어서 앞서 논의한 바와 같이 지방자치가 건실하게 발전할 수 있는 상황으로 개정되어야 한다. 즉 향후 지방자치법 및 관련 법규는 지방자치 본질에 적합하고 참여형 정부가 지향하고 있는 분권형 정부에 부합하도록 획기적으로 개선되어야만 한다.

흔히 지방자치가 성공한 국가일수록 선진 국가이고 지방자치가 미숙하거나 형식적인 국가일수록 후진 국가의 틀을 벗어나지 못한다고들 한다. 즉 지방자치 발전은 바로 국가 발전과 직결된 과제라 할 수 있다. 현재 한국의 지방자치 제도는 광역자치단체건 기초자치단체건 간에, 대규모 자치단체건 소규모 자치단체건 간에, 도시형 자치단체건 농촌형 자치단체이거나 또는 도·농 복합형이건 간에 거의 획일적이다. 획일화된 자치 제도는 중앙정부나 감독관청의 입장에서 보면 일목요연하고 자치단체에 대한 통제를 위해서는 매우 편리한 측면이 있다. 그러나 지방자치 제도는 주민의 복리를 위해서 존재하는 것이지 중앙정부의 감독과 통제의 편의를 위해 존재하는 것이 아니다.

궁극적으로 지방자치란 가장 기본적이고 핵심적인 사항에 대해서는 법률로써 기본 골격을 세울 필요가 있겠지만, 가능한 한 지방자치 제도가 주민의 선택에 의해 지역 실정에 가장 적합한 제도를 선택할 수 있도록 하고, 이를 통해 우리 현실에 경쟁력 높은 제도를 찾아내고 이를 정착시키는 데 최선의 노력을 기울이도록 유도하는 것이다. 즉 법률로써는 전국적으로 통일성을 가질 필요가 있는 최소한의 자치 제도만을 규정하도록 하고, 각 자치단체 실정에 따라 경쟁력 높은 제도를 선택할 수 있도록 제도적 보장을 하도록 하는 것이다. 다시 말하면 지방자치제란 지방자치제마다 다양한 특성을 살릴 수 있는 길을 열어 주어야 한다는 사실이다. 다양화의 필요성을 들면, 첫째는 자치단체 나름대로의 개성의 창출이 가능하다는 점이며, 둘째는 다양한 제도를 통한 다양한 실험을 통해 한국적 실정에 부합한 제도의 창출이 가능하다는 점이고, 마지막으로는 다양한 실험을 통해 경쟁력이 높은 시스템은 여타 지방자치단체들의 벤치마킹 대상이 되게 함으로써 궁극적으로 우리나라 지방자치 제도를 한 단계 더 끌어올릴 수 토대가 되기 때문이다.

제17장 지방자치제 실시와 지방세 징수 효과*

제 1 절 머리말

1988년 지방자치법이 개정되어 한동안 사장되었던 지방자치제가 부활되는 계기가 마련되었다. 1991년 지방의회가 구성되고 1995년부터는 지방의회뿐만 아니라 단체장까지 주민 직선으로 선출되어 본격적으로 지방화 시대가 전개되기 시작했다. 지방자치 발전을 위해서는 건전한 지방재정이 선결 요건이다. 자주재원의 확보 문제와 관련해 그동안 많은 논의가 이루어져 왔지만 여전히 매우 미흡한 상태이다. 이를테면 2001년 현재 취약한 지방세 구조로 인해 지방 세수로 소속 공무원의 인건비조차 해결하지 못하는 자치단체가 248개 중 절반을 넘는 146개(59%)에 이르는 실정이다(행정자치부, 2002: 61).

자주재원의 문제 중에서도 지방세는 실제로 세금을 지역 주민들에게 거두어들인다는 의미에서 자주재원 중 가장 지방자치에 부합되는 재원이다. 지방자치제 부활 이후 지방세 징수율이 떨어지고 체납액이 크게 증가하고 있는 최근의 상황은 심각한 문제가 아닐 수 없다. 만일 이러한 문제가 앞으

---

* 이 장은 김성년(한양대 졸)과 공동 집필한 것이다.

로도 지속된다면 자치단체는 재정면에서의 자주성이 지금보다 더 약화되고, 지방세를 성실하게 납부하는 주민들의 사기를 떨어뜨려 지방세 징수를 더 어렵게 만드는 악순환이 계속될 것이다.

이 연구는 지방세 징수와 관련한 문제를 중심으로 논의하고자 한다. 즉 "지방자치제의 도입이 지방세 징수에 어떤 영향을 미쳤는가?"에 관심의 초점을 둔다. 다시 말하면 지난 10여 년 동안의 지방자치제 실시가 과연 실제 지방세 징수에 어떠한 효과를 가져왔는지를 분석하는 것을 이 연구의 목적이다. 구체적으로는 지방의회 구성 전후와 민선단체장 선출 전후로 지방세 징수에 어떠한 변화가 있었는지를 비교 분석해 보고자 한다.

이 연구와 관련해서 공간적 범위는 전국을 대상으로 할 수도 있겠지만, 서울시와 서울시 내의 25개 자치구로 한정하고자 한다. 그 이유는 자치단체 중에서도 지방세 징수액이 가장 많고, 일반회계 세입 중 지방세 비중이 가장 높은 서울특별시와 기초자치단체인 25개 자치구를 연구 대상으로 하여 상호 비교하는 것이 비교적 그 변화 특성을 파악하기가 용이하지 않을까 하는 생각에서다. 시간적 범위는 『지방세정연감』을 통해 지방세 징수 정도를 살펴볼 수 있는 1985년부터 2000년까지의 자료를 사용해 지방의회 구성 전후, 민선단체장 선출 전후를 중심으로 지방세 징수상의 특징이 무엇인지를 분석하고자 한다.

제 2 절 지방세 징수와 관련한 선행 연구 및 연구 가설

1 지방세 징수 효과와 관련한 선행 연구

지방세 징수의 문제점과 관련해 많은 연구들이 이루어져 왔으나 지방자치제 도입 전후로 지방세 징수의 변화를 비교·검토한 선행 연구는 찾아보기 어려운 실정이다. 따라서 여기에서는 지방세 징수 문제와 관련한 선행 연구를 검토해 현재의 지방세 징수 현황을 살펴봄으로써 연구에 참고하고

자 한다.

리트백 등(Litvack et al., 1998)은 자원 배분의 효율성과 관련해 개발도상국의 지방분권 강화가 반드시 자원 배분의 효율성에 기대한 만큼의 효과를 가져오는 것은 아님을 주장해 지방재정 운용상의 문제점을 지적하고 있다. 지방세 징수와 관련해 미케셀(Mikesell, 2003)은 자신의 세목에 대해서는 상대적으로 적극적인 징수 노력을 기울이지만 위임 징수하는 세목에 대해서는 상대적으로 소극적으로 대응하는 것이 일반적인 현상이라고 주장한다. 우리나라에서 지방세 징수와 관련한 유사한 연구로는 최근에 원윤희(2004)[1]가 서울시의 자치구를 대상으로 하여 지방자치 실시와 지방자치단체의 재정 행태 변화에 관한 연구를 실시해 지방자치 실시와 지방세 징수율을 중심으로 분석하고 있다. 이 밖에는 지방세 수입에 영향을 주는 변수를 설명한 연구들은 많지만, 지방세 징수율에 영향을 주는 변수를 설명한 연구들은 거의 없는 실정이다.

원윤희(2000)는 민선자치 출범 이후 지방세의 변화와 특징에서, 1) 일반회계 세입 내역 중 지방세 비중의 계속적인 하락, 2) 국세 대비 지방세 징수율 감소폭 증가, 3) 종합토지세의 과표 현실화율과 과표 인상률의 하락 등의 문제를 들고 있다. 이것을 살펴볼 때, 선거를 의식하는 민선 자치단체장들이 지역 주민들의 지방세 부담을 강화하는 것에 어려움을 느껴, 지방세를 통한 세입 확보 노력이 약화될 것이라는 점을 강조하고 있다.

조동훈(2000a, 2000b)의 두 연구는, 지방자치제 실시와 민선단체장 선출이 재정자립도에 어떠한 영향을 미쳤는지에 대해 실제 1986년부터 1999년까지의 광역자치단체 순계 규모 재정자립도를 독립 표본 T검증을 이용해 집단 간의 차이가 존재하는지 살펴보았다.

지방세 체납액 발생 및 비과세·감면 제도와 관련해 홍대원(2001)은 지방세제의 문제점 분석에서 지방세 비과세·감면 제도 운영에 관한 문제점과 체납 지방세 징수 문제에서 1) 지방세 고유의 체납 해소 법령의 미비, 2) 근본적 체납 원인 해소보다 현재 체납세 감소의 문제에 급급함, 3) 강제 징

1) 이 연구는 서울시 자치구의 재정자립도, IMF더미, 지방자치더미, 국세징수율 등의 변수를 이용해 지방세 징수율의 변화 요인을 분석하고 있다(원윤희, 2004: 119-138).

수 방법의 한계, 4) 세정 업무 부서 운영의 문제 등을 지적하고 있다.

한편 심규명(2002)은 1) 과다한 지방세의 비과세·감면, 2) 세무행정의 비효율성, 3) 체납 세액의 과다, 4) 세원의 국세 편중과 지방세의 신장세 결여 등에 관한 문제점을 지적한다.

자치단체장 직선과 관련해 강대오(1999)는 지방재정에 대한 공공선택론적 분석에서 선거를 통해 선출되는 단체장은 지역 유권자의 지지도 획득을 고려한 공공재 공급을 통해 재선의 확률을 높일 수 있으므로, 공공재 공급과 관련해 재원의 조달 측면도 고려해 공공재의 공급량을 결정하지만, 반면에 관료는 선거를 인식하지 않으므로 재원 조달과 관련된 책임의 인식이 약하며 단순히 예산의 절대적 규모에 더 관심을 갖는다고 서술했다.

한편 박종우(1999)는 지방재정 수입의 영향 요인에서 외부적 환경 요인(정치·행정적 요인, 사회·경제적 요인)과 내부적 요인(자치단체장, 재정조직)을 들었다.

또한 남동우(1996)는 지방세의 문제점을 1) 지방세 구조에서 낮은 소득과세 수준과 재산과세 중심의 체계, 2) 비과세·감면 제도의 불합리한 운영, 3) 세목의 과다와 세원의 중복, 4) 기초자치단체 간 세원의 편재, 5) 지역개발세 세원의 과소 및 지역 간 편차 등을 지적한다.

2 선행 연구에 대한 평가

지금까지의 지방세 징수와 관련한 선행 연구들은 원윤희(2004)의 연구를 제외하고는 아직까지 지방자치가 시행된 지 오래되지 못했기 때문에 풍부한 자료들을 토대로 한 통계적 방법의 연구보다는 단시간의 자료를 토대로 한 협소한 측면의 제도적·구조적 문제점을 논하는 데 그치고 있다. 특히 최근의 지방재정, 지방세 징수와 관련한 논문에서 원윤희와 조동훈의 경우를 제외하고는 통계분석을 통해 연구의 결과를 도출한 경우는 거의 없는 실정이다. 따라서 거시적인 시각에서의 지방세 징수의 문제를 살펴보기보다는 미시적인, 협소한 부분들에서의 문제점들을 논의하게 되고, 따라서 충분한 자료가 없이 이론적인 문제점들을 중심으로 나열하는 경향이 강하다.

이 연구에서는 지방자치가 실제로 부활되기 이전인 1985년부터 2000년까지 16년간의 수집된 자료의 분석을 통해 지금까지 지방자치제 도입과 관련한 지방세 징수의 문제들을 살펴봄으로써, 앞으로의 지방세 징수와 관련한 연구의 진행에 도움이 되었으면 한다. 또한 위의 선행 연구에서 언급한 여러 영향 요인 중에서 이 연구의 목적과 부합해 변수로 활용할 만한 충분한 가치가 있다고 판단되는 변수를 중심으로 연구를 진행한다. 위의 연구들에서 제시하고 있는 지방세 징수와 관련한 문제점들은 크게 제도적 요인, 운영적 요인, 그리고 납세자 요인 등의 세 가지로 구분해 살펴볼 수 있다. 이 연구에서는 이 중에서 제도적 요인(비과세·감면 제도의 불합리한 운영), 운영적 요인(세무공무원 수), 그리고 정치적 요인(민선단체장 및 지방의회 구성) 및 경제적 요인(IMF로 인한 경제 위기)을 중심으로 이러한 변수들이 지방세 징수에 어떠한 영향을 미쳤는지를 중심으로 분석한다.

3 연구를 위한 가설

앞서 논의된 내용을 토대로 하여 이 연구에서는 지방의회 구성과 민선단체장의 선출이라는 변수를 중심으로 특정 시점을 기준으로 하여 그 전후 기간 동안의 지방세 징수 변화를 중심으로 논의한다.

첫째, 지방자치제 실시·부활로 인한 지방의회 구성이 지방세 징수율에 부정적인 영향(징수율의 감소)을 미쳤을 것이다.

지금까지 지방자치의 실시가 지방재정 지출 변화에 미친 영향을 설명한 연구는 많으나, 지방자치의 실시가 지방재정 수입 변화에 미친 영향을 설명한 연구는 거의 없다. 앞서도 언급했듯이 지방자치제 도입으로 지방자치단체는 자치재정권을 가지므로 지방의회와 지방자치단체장은 지방재정 운영에 결정적인 역할을 수행한다. 이러한 권한의 변화로 인해, 이전에 재원의 조달과 관리, 지출함에 대해 중앙의 간섭을 받을 때와 지방자치제 이후 자치재정권을 가진 때의 지방세 징수에 변화가 있을 가능성이 있는데, 이것이 통계적으로도 유의미한 결과를 나타내는지 살펴보려 한다. 즉 재정분권화로 인해 지역 유권자들의 표를 의식해야 하는 선출직 공직자들의 적극적인 징세 노력이 약화될 개연성이 있을 것이라는 점이다. 이 연구에서는 지방의회 선거가 실시되고 지방의회가 구성된 1991년을 기준으로 하여 그 전후를 중심으로 지방세 징수율에 이러한 변화가 있는지를 규명해 본다.

둘째, 지방자치단체장의 주민 직선으로 인해 지방세 징수율에 부정적인 영향(징수율의 감소)을 미쳤을 것이다.

지방자치단체장의 주민 직선은 지방세 징수율에 부정적인 영향을 주게 될 것이다. 다시 말하면, 주민의 표를 의식해야 하는 자치단체장은 적극적인 징세 노력이 임명제 단체장 시절보다는 약화될 것이라는 점이다. 민선단체장의 선출은 단체장이 중앙정부보다도 투표권을 지닌 주민들을 더 의식할 수밖에 없으며, 지방세 징수 측면에서는 지방자치단체가 납세자에게 지방세 납부를 적극적으로 독촉하기가 여의치 않으므로 지방세 징수율이 이전보다 상대적으로 떨어지게 될 것이다. 이 연구에서는 민선단체장 선거가 시행된 1995년(1기), 1998년(2기)을 기준으로 하여 그 전후의 통계 자료를 중심으로 분석한다.

셋째, 지방의회 구성과 민선단체장 선거 실시가 서울특별시 특별시세와 자치구세의 징수율 격차의 확대에 정(正)의 결과를 초래하고 스스로의 지방세를 징수하는 자치구세가 대리 징수하는 특별시세보다 지방세 징수율이 더 높을 것이다.

현재 기초자치단체가 광역자치단체와 기초자치단체의 지방세를 일괄 징수하기 때문에 기초자치단체는 대리 징수하는 광역자치단체의 세금보다 직접 징수하는 기초자치단체의 세금을 더 적극적으로 징수하려고 노력하게 될 것이다. 그 결과 기초자치단체의 지방세 징수율이 광역자치단체 지방세 징수율보다 높은 결과가 나타나게 될 것이다. 특히 그 중에서도 지방세가 5년에 걸쳐 누적되는 과년도 누적분 징수율의 격차가 지방세 당해 연도 징수율 격차보다 더 크게 나타날 것이다.

제 3 절 지방세 징수 실태 분석: 서울특별시의 경우

1 우리나라 지방세 구조 및 지방세 징수 체제

서울시의 지방세 징수 현황을 살펴보기에 앞서 먼저 우리나라 지방세 구조를 살펴보면 다음과 같다. 현재 한국의 지방 세목은 총 17개로 구성되어 있으며, 2003년의 예산을 기준으로 할 때, 전체 세수는 28.8조 원으로 국세 113.6조 원을 포함한 총조세 142.4조 원의 20.2%에 해당한다. 광역자치단체와 기초자치단체의 세입원으로서 지방세는 지자체의 유형에 따라 도세(7개)와 시·군세(10개) 또는 특별시세·광역시세(13개)와 자치구세(4개)로 구분된다.[2] 이와같이 도세와 특별시세·광역시세 및 시·군세와 자치구세 간 세목의 종류와 구조가 다른 것은 농촌을 기반으로 하는 도와 비교적 단일 생활권에 기초해 대도시를 기반으로 하는 경우에는 그 특성이 상이하기 때문에 차별화하고 있는 것으로 판단된다.

지방세 징수와 관련해 주행세 및 담배소비세를 제외하고 대부분의 지방세를 기초자치단체가 부과·징수하고 있다. 즉 광역자치단체의 세목이라 하더라도 지방세법 제4조의 권한 위임에 관한 조항에 근거해 기초자치단체가 부과·징수하고 있다. 서울시의 경우에는 시장은 시세의 부과·징수와 관련해 별도로 규정된 것을 제외하고는 당해 과세 객체의 소재지를 관할하는 구청장에게 위임해 처리하도록 하고 있으며, 구청장은 위임받은 시세의 부과·징수사무 중 납세 고지, 독촉 및 체납처분과 시세의 가산금 및 가산세의 수납, 기타 필요하다고 인정하는 사무를 소속 공무원 또는 동장에게

2) 특별시·광역시세(13)에는 취득세, 주민세, 등록세, 담배소비세, 자동차세, 주행세, 도축세, 레저세, 농업소득세, 도시계획세, 공동시설세, 지역개발세, 지방교육세가 포함되고, 자치구세(4)는 종합토지세, 재산세, 면허세, 사업소세가 포함된다. 한편 도세의 7개 세목은 취득세, 등록세, 면허세, 레저세, 공동시설세, 지역개발세, 지방교육세이고, 그 나머지가 시·군세에 해당된다.

재위임해서 처리할 수 있도록 하고 있다. 한편 주행세와 담배소비세의 징수와 시세 중 건당 500만 원 이상 체납한 자에 대해서는 서울시가 직접 시세를 부과·징수하도록 하고 있다.[3)] 한편 시세를 대신 징수한 자치구는 징세행정에 소요되는 경비를 보전하기 위해 세수의 3.0%를 서울특별시로부터 징수교부금으로 배분받고 있다.

현재와 같이 대부분의 지방세를 광역자치단체가 기초자치단체에 위임해 징수하는 경우에 민선자치단체장이 대리 징수하는 시세의 경우와 자치구세의 경우에 징수율에 차이가 발생할 것이라는 추론이 가능하다. 다시 말하면, 3.0%의 징수교부금만을 받고 대리 징수하는 시세에 비해 징수세액 전체가 자체 수입이 되는 자치구세에 훨씬 관심이 높으며, 이는 결과적으로 징수율에 크게 영향을 미칠 것이라는 점이다.

현재의 지방세 징수 체제는 그동안 우리나라 지방행정 체제와 무관하지 않다. 1988년 지방자치제가 부활되기 이전에는 광역 및 기초자치단체장이 모두 중앙정부의 임명제였으며 지방의회는 구성될 수 없었다. 따라서 서울시 구청장의 임면권은 서울시장에게 있고 구청은 서울시의 하급 행정기관에 불과했기 때문이다. 이 당시에 지방세를 광역이 징수하건 기초가 징수하건 큰 의미가 없었다.

2 서울시 지방세 징수 현황 및 변화 추이

먼저 서울시 지방세 징수와 관련해 당해 연도를 포함한 체납으로 인한 지난 5년간의 통계치(부과액, 징수액, 징수율 등)를 살펴보면 <표 17-1>은 서울시 전체, <표 17-2>는 특별시세, <표 17-3>은 자치구세를 나타낸다(부과 후 5년 이상 되면 결손 처리됨). <표 17-1>에서 1985년부터의 통계자료를 살펴볼 때, 서울특별시 전체 지방세의 부과·징수액은 1998년 IMF의 영향으로 감소했을 때를 제외하고는 꾸준히 증가해, 2000년 현재는 1985년보다 부과액은 9.75배, 징수액은 9.45배가 증가했다. 반면, 미수액도 꾸준히 증가했는데, 부과·징수액보다 높은 10.82배의 증가를 나타냈다.

---

3) 서울특별시 시세조례 제6조.

반면, 징수율의 경우는 다른 지표와는 달리, 1990년까지는 지속적으로 상승세를 나타내다가 1991년부터는 계속적으로 감소하는 추세를 나타냈다. 그 중에서도 특히 1998년의 큰 감소폭이 눈에 띈다. 1991년은 바로 지방의회 구성 시기로 앞서 설명한 가설이 실제로 타당한지는 더 정확한 검증이 필요하다.

〈표 17-1〉 서울특별시 지방세 전체 징수액·징수율(특별시세+자치구세)

(단위: 천 원, %)

연도	부과액	징수액	불납결손액	미수액	징수율
1985	781,786,427	656,687,709	13,323,191	111,775,527	84.0
1986	826,096,309	709,010,083	13,801,252	106,284,974	85.5
1987	977,658,359	840,449,138	17,932,429	119,276,792	86.0
1988	1,311,953,241	1,156,135,624	21,396,236	134,421,381	88.1
1989	1,933,405,988	1,757,739,884	25,214,448	150,451,656	90.9
1990	2,296,966,297	2,091,676,362	18,254,689	187,035,246	91.1
1991	2,803,729,602	2,540,753,272	19,541,817	243,434,513	90.6
1992	3,236,491,580	2,907,141,165	13,837,997	315,512,418	89.8
1993	3,661,714,844	3,259,784,113	13,569,796	388,360,935	89.0
1994	4,362,018,313	3,849,973,057	13,685,095	498,360,161	88.3
1995	4,994,853,090	4,339,477,169	12,471,399	642,904,522	86.9
1996	5,653,035,368	4,890,598,519	67,105,676	695,331,173	86.5
1997	6,209,059,464	5,332,573,589	42,457,601	834,028,274	85.9
1998	6,091,572,079	4,944,433,756	64,218,791	1,082,919,532	81.2
1999	6,874,953,030	5,566,123,740	85,855,561	1,222,973,729	81.0
2000	7,623,304,437	6,204,198,237	210,214,661	1,208,891,539	81.4

다음으로 서울특별시의 특별시세 징수액과 징수율을 살펴보면 <표 17-2>와 같다. 1989년부터의 자료를 살펴볼 때, 부과·징수액은 역시 1998년을 제외하고는 계속적인 상승세를 보였다. 부과·징수액은 1989년 대비 2000년에 각각 3.87배, 3.44배 증가했다. 반면에 미수액의 증가 속도도 상당히 높아 8.05배나 되었다. 징수율을 살펴볼 때, 역시 1990년을 정점으로

1991년부터는 계속 떨어지는 추세이며, 서울특별시 전체 징수율과 마찬가지로 1998년에 큰 감소폭을 나타냈다.

〈표 17-2〉 서울특별시 특별시세 징수액·징수율

(단위: 천 원, %)

연도	부과액	징수액	불납결손액	미수액	징수율
1989	1,715,952,119	1,558,945,956	23,042,786	133,963,375	90.9
1990	1,982,645,073	1,801,750,226	16,536,926	164,357,921	90.9
1991	2,389,428,350	2,160,893,451	17,692,924	210,841,975	90.4
1992	2,709,161,677	2,421,436,554	12,139,223	275,585,900	89.4
1993	3,045,777,027	2,695,629,537	11,926,377	338,221,113	88.5
1994	3,620,032,767	3,173,717,733	11,727,246	434,587,788	87.7
1995	4,140,750,843	3,569,298,378	10,253,947	561,198,518	86.2
1996	4,745,800,593	4,067,806,138	60,943,623	617,050,832	85.7
1997	5,303,037,874	4,517,081,908	38,829,048	747,126,918	85.2
1998	5,206,934,337	4,178,809,395	58,628,769	969,496,173	80.3
1999	5,950,483,264	4,775,951,060	79,813,521	1,094,718,683	80.3
2000	6,636,848,775	5,360,464,609	198,065,748	1,078,318,418	80.8

또한 서울특별시의 자치구세 징수액과 징수율을 살펴보면 <표 17-3>과 같다. 자치구세 또한 서울특별시 전체나 특별시세의 통계와 거의 유사하다. 자치구세의 부과·징수액은 1989년 대비 2000년에 각각 4.54배, 4.24배 증가했고, 미수액 또한 7.92배의 높은 증가폭을 나타냈다. 자치구세 징수율을 살펴보면, 1990년과 1992년, 그리고 1996년에 전년 대비 소폭 상승했고, 그 이외에는 계속적인 하락세를 나타냈다. 특히 다른 경우와 마찬가지로 1998년에 큰 징수율 하락을 나타냈다.

앞의 세 종류의 징수율을 함께 나타내면 <표 17-4>와 같으며 세 징수율 모두 1990년 이후로 지속적인 징수율의 감소를 나타낸다(그림 17-1 참조). 전체 징수율과 특별시세 징수율은 거의 유사한 하락폭을 나타낸 반면, 자치구세 징수율은 약간 높은 범위에서 징수율이 하락하는 것을 볼 수 있다.

〈표 17-3〉 서울특별시 자치구세 징수액·징수율

(단위: 천 원, %)

연 도	부과액	징수액	불납결손액	미수액	징수율
1989	217,453,869	198,793,926	2,171,662	16,488,281	91.4
1990	314,321,224	269,926,136	1,717,763	22,677,325	92.2
1991	414,301,252	379,859,821	1,848,893	32,592,538	91.7
1992	527,329,903	485,704,611	1,698,774	39,926,518	92.1
1993	615,937,817	564,154,576	1,643,419	50,139,822	91.6
1994	741,985,546	676,255,324	1,957,849	63,772,373	91.1
1995	854,102,247	770,178,791	2,217,462	81,706,004	90.2
1996	907,234,775	822,792,381	6,162,053	78,280,341	90.7
1997	906,201,590	815,491,681	3,628,553	86,901,356	90.0
1998	884,637,742	765,624,361	5,590,022	113,423,359	86.5
1999	924,469,766	790,172,680	6,042,040	128,255,046	85.5
2000	986,455,662	843,733,628	12,148,913	130,573,121	85.5

[그림 17-1] 서울특별시 전체, 특별시세, 자치구세 징수율

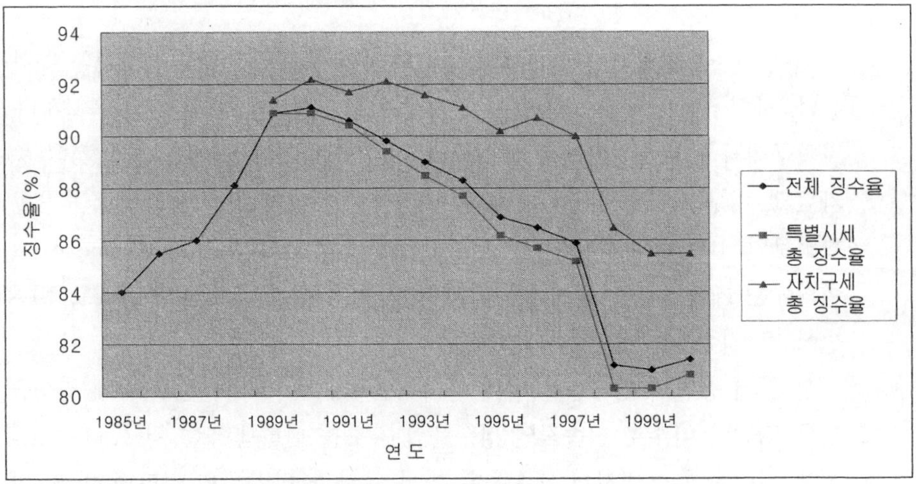

〈표 17-4〉 서울특별시 전체, 특별시세, 자치구세율

(단위: %)

연 도	서울특별시 전체 징수율	특별시세 징수율	자치구세 징수율
1985	84.0	-	-
1986	85.5	-	-
1987	86.0	-	-
1988	88.1	-	-
1989	90.9	90.9	91.4
1990	91.1	90.9	92.2
1991	90.6	90.4	91.7
1992	89.8	89.4	92.1
1993	89.0	88.5	91.6
1994	88.3	87.7	91.1
1995	86.9	86.2	90.2
1996	86.5	85.7	90.7
1997	85.9	85.2	90.0
1998	81.2	80.3	86.5
1999	81.0	80.3	85.5
2000	81.4	80.8	85.5

이상의 세 가지 징수율의 차이를 중심으로 살펴보면 <표 17-5> 및 [그림 17-2]와 같다. 이 차이를 비교할 때, 특별시세 징수율과 전체 징수율의 격차는 1% 이하에서 별로 큰 차이를 나타내지 않았다. 그러나 자치구세를 기준으로 한 징수율 격차는 상대적으로 큰 폭의 변화를 보이는 바, 크게는 5~6% 정도의 차이를 나타내고 있다. 이것을 볼 때 자치구세가 특별시세보다 높은 징수율을 나타낸다는 가설에 대한 타당성이 있는지를 검증해 볼 필요성이 제기되고 있다.

다음으로 지방세 당해 연도에 대한 지방세 규모 및 징수율을 살펴보기로 한다. 부과·징수액 상승 정도는 1985년 대비 2000년에 총 징수액은 각각 9.24배, 9.34배, 특별시세는 각각 9.72배, 9.90배, 자치구세는 각각 7.00배, 6.89배이다.[4] 징수율의 경우 <표 17-6> 및 <그림 17-3>에서 나타나는 바

〈표 17-5〉 서울특별시 지방세 징수율 격차

(단위: %)

연 도	특별시세 징수율 - 전체 징수율	자치구세 징수율 - 전체 징수율	자치구세 징수율 - 특별시세 징수율
1989	0.0	0.5	0.5
1990	-0.2	1.1	1.3
1991	-0.2	1.1	1.3
1992	-0.4	2.3	2.7
1993	-0.5	2.6	3.1
1994	-0.6	2.8	3.4
1995	-0.7	3.3	4.0
1996	-0.8	4.2	5.0
1997	-0.7	4.1	4.8
1998	-0.9	5.3	6.2
1999	-0.7	4.5	5.2
2000	-0.6	4.1	4.7

[그림 17-2] 서울특별시 지방세 징수율 격차

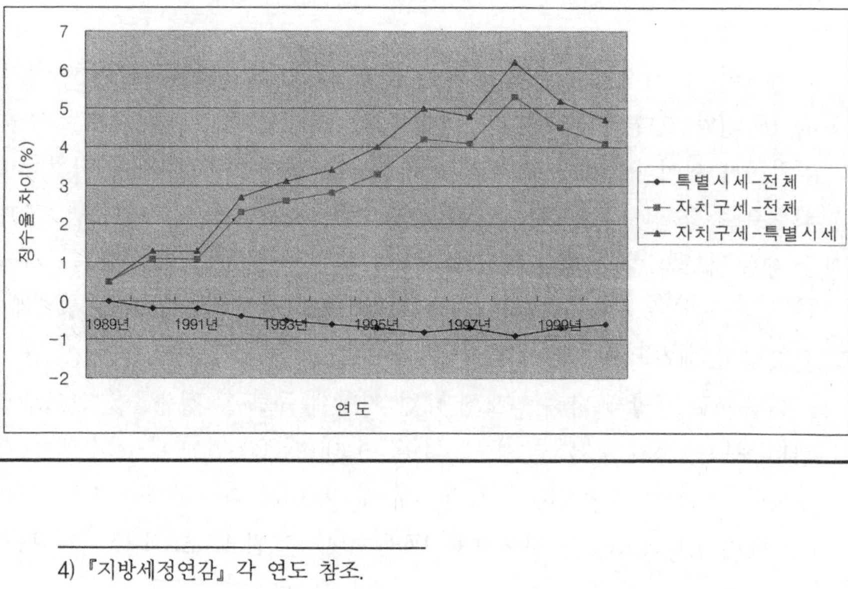

4) 『지방세정연감』 각 연도 참조.

와 같이 전체 징수율과 특별시세 징수율은 오히려 상승했고, 자치구세 징수율은 소폭 하락했다. 즉 세 징수율 모두 큰 폭의 변동은 없지만, 전체 징수율과 특별시세 징수율은 1985년 대비 약간의 상승을, 자치구세 징수율은 약간의 하락을 보여 준다.

〈표 17-6〉 서울특별시 당해 연도 전체 징수율, 특별시세 및 자치구세 징수율

(단위: %)

연도	당해 연도 전체 징수율	특별시세 당해 연도 징수율	자치구세 당해 연도 징수율
1985	94.5	93.8	97.8
1986	95.7	95.4	96.9
1987	95.4	95.0	97.2
1988	95.9	95.8	96.8
1989	96.8	96.7	97.1
1990	96.5	96.5	96.5
1991	96.1	96.2	96.0
1992	96.1	96.0	96.7
1993	96.1	96.0	96.5
1994	95.6	95.4	96.2
1995	95.1	95.0	95.7
1996	95.5	95.3	96.7
1997	94.9	94.9	96.3
1998	92.8	92.6	94.4
1999	94.7	94.6	95.1
2000	95.5	95.4	96.1

한편 세 징수율의 격차를 살펴보면 <표 17-7> 및 [그림 17-3]과 같다. 세 징수율 간의 격차는 앞서 살펴본 전체 징수율 격차와는 다소 완화된 모습을 보인다. 이것은 앞서 언급했듯이 현년도는 강제 징수할 시간적 여유가 거의 없기 때문에 격차의 폭이 상대적으로 완화된 것이 아닌가 여겨진다.

다음으로 지난 5년간의 과년도 누적분을 중심으로 살펴보기로 한다. <표

[그림 17-3] 서울특별시 당해 연도 전체 징수율, 특별시세 및 자치구세 징수율

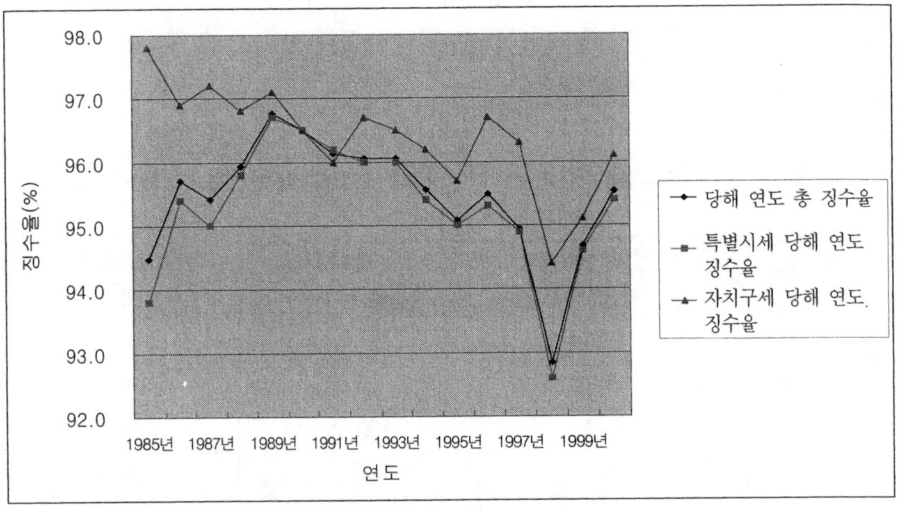

〈표 17-7〉 서울특별시 당해 연도 징수율 격차

(단위: 천 원, %)

연 도	특별시세 징수율 - 전체 징수율	자치구세 징수율 - 전체 징수율	자치구세 징수율 - 특별시세 징수율
1985	-0.7	3.3	4.0
1986	-0.3	1.2	1.5
1987	-0.4	1.8	2.2
1988	-0.1	0.9	1.0
1989	-0.1	0.3	0.4
1990	0.0	0.0	0.0
1991	0.1	-0.1	-0.2
1992	-0.1	0.6	0.7
1993	-0.1	0.4	0.5
1994	-0.2	0.6	0.8
1995	-0.1	0.6	0.7
1996	-0.2	1.2	1.4
1997	0.0	1.4	1.4
1998	-0.2	1.6	1.8
1999	-0.1	0.4	0.5
2000	-0.1	0.6	0.7

[그림 17-4] 서울특별시 당해 연도 징수율 격차

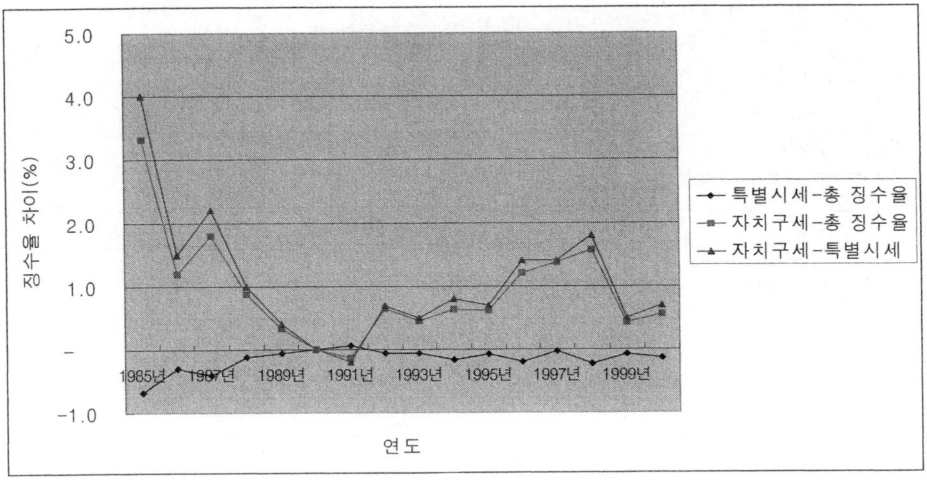

17-8> 및 [그림 17-5]는 과년도 누적분의 징수율을 보여 준다. 세 징수율 모두 조금씩 상승하다 1998년을 기점으로 큰 폭으로 하락해 안정세를 유지

[그림 17-5] 서울특별시 과년도 누적분(5년) 전체, 특별시세, 자치구세 징수율

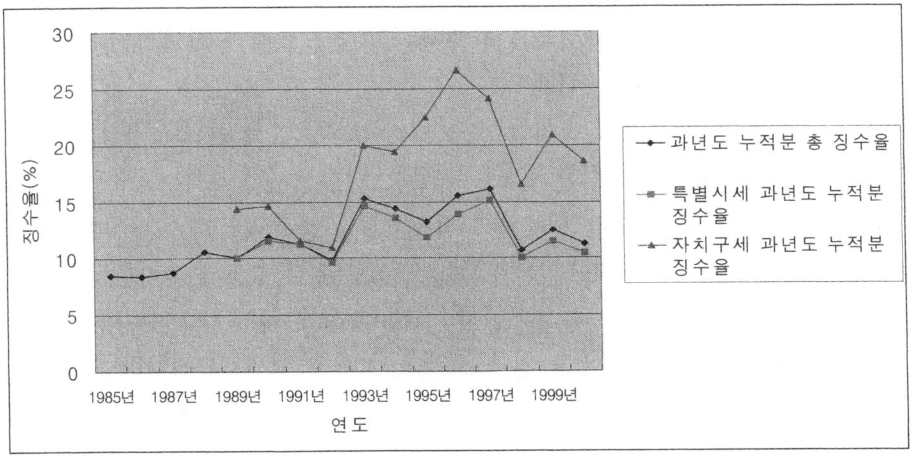

〈표 17-8〉 서울시 과년도 누적분(5년) 전체, 특별시세, 자치구세 징수율

(단위: 천 원, %)

연도	과년도 누적분 전체 징수율	특별시세 과년도 누적분 징수율	자치구세 과년도 누적분 징수율
1985	8.5	-	-
1986	8.4	-	-
1987	8.7	-	-
1988	10.6	-	-
1989	10.0	10.0	14.4
1990	11.9	11.6	14.6
1991	11.3	11.3	11.6
1992	9.8	9.6	10.9
1993	15.3	14.6	20.0
1994	14.4	13.6	19.4
1995	13.2	11.8	22.4
1996	15.5	13.9	26.6
1997	16.1	15.1	24.1
1998	10.7	10.0	16.5
1999	12.5	11.5	20.9
2000	11.3	10.4	18.6

하고 있다. 세 징수율 중에서도 자치구세 징수율은 특히 상승률이 높은데, 가설에서도 언급했지만 과년도 누적분 징수에서 기초자치단체의 상대적으로 적극적인 징수 노력으로 인해 자치구세 징수율이 특별시세 징수율보다 높은 것이 아닌가 여겨진다.

한편 세 징수율의 차이를 직접 비교해 보면 <표 17-9> 및 [그림 17-6]과 같다. 과년도 누적분 징수율의 경우는, 전체 징수율과 시 징수율 간에는 별로 큰 차이를 보이지 않지만, 자치구세를 기준으로 한 징수율 격차는 다소 큰 차이를 나타낸다. 특히 1993년에 한 번 큰 폭으로 증가하다가 1995년에 또 한 번 큰 폭으로 상승한 후, 1998년 소폭 격차가 줄어들다가 다시 벌어지는 상태로 진행되고 있다. 이것을 살펴볼 때 앞서 언급한, 지방재정의 확보가 용이하지 못한 기초자치단체가, 대리 징수하는 광역자치단체의 세금보다 직접 징수하는 기초자치단체의 세금을 더 적극적으로 징수하려고 노력한 결과, 기초자치단체의 지방세 징수율이 광역자치단체 지방세 징수

〈표 17-9〉 서울특별시 과년도 누적분 징수율 격차

(단위: 천 원, %)

연 도	특별시세 징수율 - 전체 징수율	자치구세 징수율 - 전체 징수율	자치구세 징수율 - 특별시세 징수율
1989	0.0	4.4	4.4
1990	-0.3	2.7	3.0
1991	0.0	0.3	0.3
1992	-0.2	1.1	1.3
1993	-0.7	4.7	5.4
1994	-0.8	5.0	5.8
1995	-1.4	9.2	10.6
1996	-1.6	11.1	12.7
1997	-1.0	8.0	9.0
1998	-0.7	5.8	6.5
1999	-1.0	8.4	9.4
2000	-0.9	7.3	8.2

[그림 17-6] 서울특별시 과년도 누적분 징수율 격차

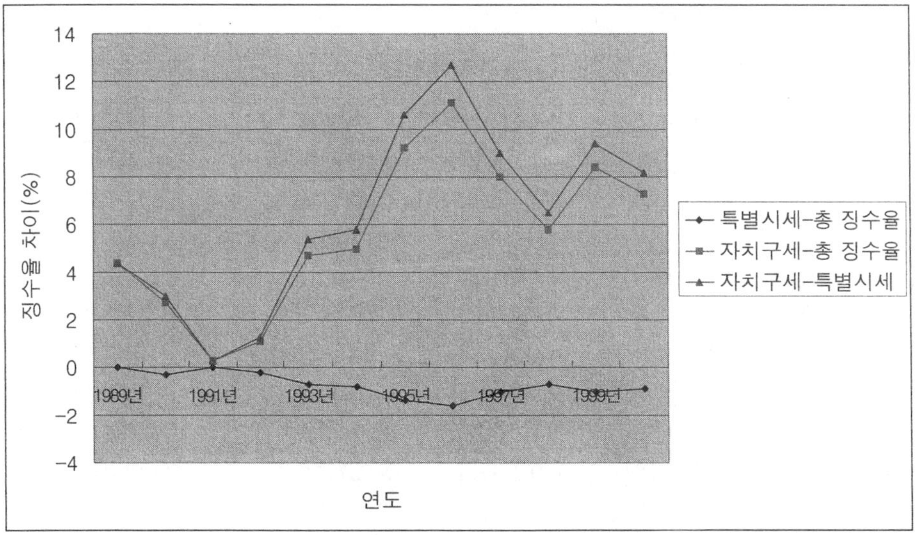

율보다 높은 결과가 나타나게 될 것이며, 특히 과년도 누적분 징수에서 더 큰 차이가 있을 것이라는 가설에 대해 어느 정도의 시사점을 주는 것으로 판단된다.

다음으로 비과세·감면 제도의 운영 및 세무 공무원 수를 살펴보자. 먼저 비과세·감면 제도의 운영을 살펴보면 <표 17-10>과 같다. 비과세·감면액을 비교해 볼 때, 연속적이지는 않지만 지속적인 증가세를 나타내고 있다. 특히 특별시세 비과세·감면액은 지속적으로 증가하는 반면, 자치구세 액수는 1995년 이후 감소하다 2000년에 다시 1995년 수준으로 되돌아온 추세이다. 특별시세와 자치구세 간 차이도 1998년까지는 증가하다가 2000년까지는 다시 조금씩 감소하는 추세이다. 한편 세무 공무원의 수는 IMF 경제 위기가 있었던 1998년과 1999년을 제외하고는 거의 지속적으로 상승했다. 세무 공무원의 수는 특별시세와 자치구세 통계치를 구하기가 어려워 전체 세무 공무원 수만을 활용했다.

〈표 17-10〉 비과세·감면액 (단위: 천 원)

연도	총 비과세·감면액	특별시세 비과세·감면액	자치구세 비과세·감면액	특별시세와 자치구세 비과세·감면액 차이
1985	47,683,268			
1986	52,851,355			
1987	44,955,541			
1988	67,978,807			
1989	134,797,562	89,507,307	45,290,255	44,217,052
1990	57,731,245	39,642,134	18,089,111	21,553,023
1991	99,619,378	46,216,094	53,403,284	-7,187,190
1992	440,842,996	321,809,165	119,033,831	202,775,334
1993	395,384,889	296,845,995	98,538,894	198,307,101
1994	442,321,077	349,825,277	92,495,800	257,329,477
1995	287,159,928	191,965,285	95,194,643	96,770,642
1996	250,680,603	234,877,321	15,803,282	219,074,039
1997	435,488,651	368,672,515	66,816,136	301,856,379
1998	560,569,774	504,911,904	55,657,870	449,254,034
1999	385,659,641	345,081,926	40,577,715	304,504,211
2000	479,716,683	385,274,720	94,441,963	290,832,757

2 상관 관계 분석

1) 서울특별시 전체 징수율과 변수들과의 관계

서울특별시 전체 징수율의 경우, 모든 변수들이 부(負)의 관계를 나타냈는데, 특히 민선단체장 선거 실시 변수가 가장 강한 부의 관계를, 그리고 IMF 경제 위기, 비과세·감면액 등의 순서로 부의 관계를 나타냈다(표 17-11 참조).

〈표 17-11〉 서울특별시 전체 징수율과 변수 간 상관 관계

구 분	전체 징수율	지방의회 구성	민선단체장 선거 실시	비과세·감면액	세무 공무원 수	IMF 경제 위기
총 징수율	1.000					
지방의회 구성	-.503*	1.000				
민선단체장 선거 실시	.838**	.447	1.000			
비과세·감면액	-.687**	.672**	.442	1.000		
세무 공무원 수	-.537*	.805**	.519*	.807**	1.000	
IMF 경제위기	.707**	.200	.447	.408	.161	1.000

주: * $p<.05$, ** $p < .01$,

2) 서울특별시 특별시세와 자치구세 징수율 간 격차와 변수들과의 관계

서울특별시 특별시세와 자치구세 징수율 간 격차의 경우, 모든 변수들이 정(正)의 관계를 나타냈는데, 특히 비과세·감면액 차이 변수가 가장 강한 정의 관계를, 그리고 민선단체장 선거 실시, 지방의회 구성 변수 등의 순서로 정의 관계를 나타냈다(표 17-12 참조). 참고로 세무 공무원 수 변수는 특별시와 자치구를 구분한 통계를 구하지 못해 제외했다.

〈표 17-12〉 서울특별시 특별시세와 자치구세 징수율 간 격차와 변수 간 상관 관계

구 분	특별시세와 자치구세 징수율 격차	지방의회 구성	민선단체장 선거 실시	비과세·감면액 차이	IMF 경제 위기
특별시세와 자치구세 총 징수율 격차	1.000				
지방의회 구성	.682**	1.000			
민선단체장 선거 실시	.855**	.447	1.000		
비과세·감면액 차이	.884**	.566*	.603*	1.000	
IMF 경제 위기	.569*	.200	.447	.611*	1.000

주: * $p<.05$, ** $p < .01$

제 4 절 서울시 지방세 징수율의 변화 요인 분석

1 측정모형

이 연구에서는 1985년부터 2000년까지의 기간을 중심으로 지방의회 구성과 민선단체장의 선출, IMF라는 경제 위기라는 특정 시점을 놓고 그 전후 기간 동안의 지방세 징수의 변화를 살펴보려 한다. 이 연구는 근본적으로 지방자치제 도입에 대한 지방세 징수 효과를 살펴보는 것으로서 종속변수는 지방세 징수율이 된다. 독립변수는 지방의회 구성, 자치단체장 주민직선, 비과세·감면 제도의 불합리한 운영, 세무 공무원 수, IMF로 인한 경제 위기 등이다. 여기서 더미(Dummy) 변수는 지방의회 구성, 민선단체장 직선 및 IMF로 인한 경제 위기이다. 즉 이 연구의 측정모형인 선형회귀모형은 다음과 같다.

지방세 징수율 = f(비과세·감면액, 세무공무원 수, 지방의회 구성 Dummy, 직선단체장 Dummy, IMF Dummy)

지방의회 구성이 지방세 징수행정에 영향을 미칠 것이라는 추론을 할 수 있다. 그동안 지방자치의 실시가 지방재정 지출 변화에 미친 영향을 설명한 연구는 많이 있으나(이승종, 2000; 김태일, 2001; 강윤호, 2003), 지방자치의 실시가 지방재정 수입 변화에 이친 영향을 설명한 연구는 원윤희(2000, 2004)의 연구를 제외하고는 거의 없는 실정이다. 이 연구에서는 1988년 지방자치법이 개정되어 실질적으로 지방의회가 구성되어 출범한 1991년을 기준으로 하여 그 전후를 중심으로 분석하고자 한다.

민선단체장의 등장은 지방자치나 지방재정에 큰 영향을 미치고 있음이 확인된다(손희준, 1999; 김창수, 2000). 특히 과거 국가에서 임명한 관선 단체장과는 달리 주민의 선거를 통해 선출된 단체장이기에 실질적인 의미의 지방자치가 시작되었다고 볼 수 있다. 이 연구에서는 민선단체장 선거가 시행된 1995년(1기), 1998년(2기)을 기준으로 하여 그 전후를 중심으로 분석한다.

비과세·감면 제도의 불합리한 운영에 대해서는 심규명(2002: 52)의 연구에서, 근거 법령들이 상당수 자치단체의 완전한 자율성이 보장되어 있지 않고 전국적으로 공통으로 적용되므로, 결과적으로 중앙정부의 부담을 지방정부에 전가시키고, 자치단체의 자주재원 확충과 지방세 운영에 관한 자주권 및 조세 공평성을 저해하는 원인이 되며, 중앙과 지방 간 분쟁 발생도 우려된다고 언급하고 있다. 또한 홍대원(2001: 47)의 연구에서, 우리나라의 지방세 비과세·감면 제도는 지방정부의 역할 부재로 시행의 주체가 전도되어 중앙정부의 정책 수행 목적으로 활용됨으로써, 세수의 손실을 가져오고, 조세의 중립성을 손상시키고 시장 기능의 왜곡을 초래하며, 또한 부문 또는 계층 간에 조세 부담의 형평성을 저해한다는 문제점을 공통적으로 가지고 있다고 언급한다. 이러한 논의를 중심으로 이 연구에서는 비과세·감면 제도의 비효율적 증가가 지방세 징수율을 떨어뜨리는 데 영향을 미쳤는지를 살펴본다.

또한 지방세 징수 및 징세행정과 관련해서는 세무 공무원의 수가 중요한 변수이다. 심규명(2002: 55)의 연구에서 세무 업무량, 즉 과세 물건과 세수 규모 등이 매년 15% 내외로 증가하고 있음에도 인력은 이에 비례해 증가하지 않아 절대 부족한 실정이며, 세무 인력이 부족함에 따라 부족 인력을 정규직이 아닌 기능직 · 일용직으로 충원함으로써 업무의 질 저하는 물론 비리 발생의 개연성이 있으며, 또한 보안 측면에서의 취약성이 드러났다고 언급하고 있다. 지방세 부과 · 징수액이 증가할수록 이를 관리하는 인력의 충원이 무엇보다 필요한데, 이 연구에서는 서울시의 세무공무원 인구의 변화 상태가 지방세 징수율에 어떠한 영향을 미쳤는지를 살펴본다.

한편 IMF로 인한 경제 위기는 우리나라의 경제 관련 문제를 언급할 때는 빼놓을 수 없는 중요한 요인이다. 징수율에 영향을 미치는 변수로서 경제환경의 변화를 들 수 있다. 즉 호황기의 경우에는 납세자들의 지불 능력이 불황기에 비해 상대적으로 높기 때문에 불황기에는 지방세 징수율이 상대적으로 하락할 것이라는 추론이 가능하다. 이러한 논의는 원윤희(2004)의 연구에서도 언급되고 있다. 이런 맥락에서 우리나라가 유사 이래 처음 맞이한 IMF 경제 위기가 지방세 징수율 하락에 어떠한 영향을 미쳤는지를 규명해 볼 필요가 있다고 판단되기 때문이다.

2 분석 결과

회귀분석 결과 독립변수와 종속변수와의 관계에서 통계적으로 유의미한 것을 중심으로 살펴보면 다음과 같다.

1) 종속변수가 서울특별시 지방세(특별시세+자치구세) 전체 징수율인 경우

종속변수가 서울특별시 지방세 전체 징수율인 경우의 분석 결과는 <표 7-13>과 같다. 이의 특징을 살펴보면 다음과 같다.

첫째, 변수들의 통계적 유의성을 알아보기 위해 t값을 살펴보면, 민선단체장 선거 실시, IMF 경제 위기, 비과세 · 감면액 변수가 $p < .05$ 수준에서 유의미한 영향을 미치는 것으로 나타났다.

둘째, 영향력의 정도는 베타값을 통해 나타나는 바와 같이 세 변수가 모두 부(負)의 영향을 미치는 것으로 나타났는데, 민선단체장 선거 실시, IMF 경제 위기, 비과세·감면액 변수 순으로 영향력이 큰 것으로 나타났다.

셋째, 모형의 설명력에 대해서는 수정된 R^2 = .874로 독립변수가 종속변수를 약 87.4% 정도 설명해 주는 것으로 나타났다. 따라서 위의 모형의 종속변수에 대한 설명력은 상당히 높다고 할 수 있다.

〈표 17-13〉 서울특별시 지방세 총 징수율과 독립변수 간 회귀분석 결과

종속변수	독립변수	β	표준오차	베타	t	유의 확률
서울특별시 지방세 총 징수율	민선	-4.051	.922	-.553	-4.392	.002
	IMF	-3.292	1.215	-.335	-2.708	.027
	비과세	.000	.000	-.304	-2.464	.039
	상수	91.817	.938		97.894	.000
R^2	.909		Adj R^2	.874		
표준오차	1.3546		F	6.073		

2) 종속변수가 서울특별시 특별시세와 자치구세 징수율 격차인 경우

종속변수가 서울특별시 특별시세와 자치구세 징수율 격차인 경우의 분석 결과는 <표 17-14>와 같다.

이의 특징을 살펴보면 다음과 같다.

첫째, 변수들의 통계적 유의성을 알아보기 위해 t값을 살펴보면, 비과세·감면액 차이, 민선단체장 선거 실시, 지방의회 구성 변수가 $p < .05$ 수준에서 유의미한 영향을 미치는 것으로 나타났다.

둘째, 세 변수 모두 정(正)의 영향을 미치는 것으로 나타났는데, 비과세·감면액, 민선단체장 선거 실시, 지방의회 구성 변수 차례로 정의 영향을 미치는 것으로 나타났다.

셋째, 모형의 설명력에 대해서는 수정된 R^2 = .958로 독립변수가 종속변수를 약 95.8% 정도 설명해 주는 것으로 나타났다. 따라서 위의 모형의 종속변수에 대한 설명력은 매우 높은 것으로 나타났다.

〈표 17-14〉 서울특별시 특별시세와 자치구세 징수율 격차와 독립변수 간 회귀분석 결과

종속변수	독립변수	β	표준오차	베타	t	유의 확률
서울시 특별시세와 자치구세 징수율 격차	비과세	.000	.000	.489	5.749	.000
	민선	1.626	.269	.474	6.050	.000
	지방의회	.892	.349	.194	2.556	.034
	상수	.689	.262		2.632	.030
R^2	.970		Adj R^2	.958		
표준오차	.3666		F	6.533		

분석 결과 지방자치제 도입(부활)으로 인한 지방의회 구성이 지방세 징수율에 영향을 미쳤을 것이라는 가설에 대해는 유의미하지 않는 것으로 나타났다. 반면에, 자치단체장의 주민 직선이 지방세 징수율에 미치는 영향에 대한 가설은 유의미한 것으로 나타났다. 또한 지방의회 구성과 민선단체장 선거 실시가 특별시세와 자치구세의 징수율 격차에 미치는 영향에 대한 가설 검증에서는 특별시세와 자치구세 징수율 격차에서는 지방의회 구성과 민선단체장 선거 실시 변수가 모두 유의미한 정적 영향을 주는 것으로 나타났다.

제 5 절 맺음말

건전한 지방자치제가 뿌리내리기 위해서는 지방자치단체의 충분한 재정력이 확보되어야 하는데 아직까지 우리나라 대부분의 지방자치단체는 아직 충분한 자주재원을 확충하지 못하고 있다. 이는 상대적으로 의존재원의 비율이 증가하게 되고 결국 제도적으로는 지방자치제를 도입하고 있다 하더라도 실질적으로는 과거와 같이 중앙정부에 의존되는 결과를 가져올 수밖

에 없다.

이 연구에서는 이러한 자주재원의 확충의 중요성을 인식하고 자주재원 중에서도 지방자치의 이념에 가장 부합하는 지역 주민들로부터 직접 거두어들이는 지방세 징수를 중심으로 논의했다. 최근 지방세 징수율의 감소가 두드러지게 나타나며 심각한 문제로 대두되고 있는데, 이러한 상황에서 지방자치제 실시로 인한 단체장의 주민 직선 등 관련 변수가 지방세 징수율 감소에 영향을 주는 것으로 가정하고 이것이 실제로 타당한지를 검증하고자 했다.

분석 결과 지방의회 구성은 지방세 징수율에 영향을 미치지 않는 것으로 나타났지만, 민선단체장 선거는 서울특별시 지방세 전체 징수율, 특별시세 징수율과 자치구세 징수율에서 부(負)의 영향을 주었고, 반면 과년도 누적분 자치구세 징수율에서는 정(正)의 영향을 주었음을 확인할 수 있었다. 특별시세와 자치구세 징수율 격차와 관련해서는 전체 징수율 격차의 경우 지방의회 구성과 민선단체장 선거 실시 변수가 모두 정의 영향을 주었고, 지난 5년간의 과년도 누적분 징수율 격차 변수에는 민선단체장 선거 실시 변수가 매우 강한 정의 영향을 주었다. 결과적으로 민선단체장 선거 실시는 상대적으로 특별시세(광역자치단체)보다는 자치구세의 세금 징수율을 높였던 것을 확인할 수 있었다.

결론적으로 자치단체장의 주민 직선은 서울특별시 지방세 전체 징수율과 자치구세 과년도 누적분 징수율 변수에 영향을 미친다는 것을 확인하게 되었다. 특별시세와 자치구세의 비교를 통한 연구의 결과는, 특히 특별시세와 자치구세의 차이가 민선단체장 선거 실시 전후로 전체 징수율에는 약간의 영향을, 과년도 누적분 징수율에서 큰 영향을 받은 것으로 나타나 있었는데, 이것은 기초자치단체가 지방세 징수시에 대리 징수하는 광역자치단체의 세금보다는 기초자치단체 세금의 징수에 더 관심을 가지고 업무를 수행한다는 사실을 확인할 수 있었다.

이러한 분석 결과가 주는 시사점은 지방세 징수율 제고를 위해 광역자치단체별로 지방세의 직접 징수를 위해 시세사무소의 설치 필요성이 제기된다는 점이다. 현재와 같이 기초자치단체(자치구)가 광역자치단체의 지방세(서울특별시)를 대리해서 징수하는 경우에는 광역자치단체(서울시)의 지방세 징수율이 자치구세의 징수율보다 낮을 수밖에 없기 때문이다. 참고로 일본 도쿄도(광역자치단체)의 경우 도쿄도세는 기초자치단체에 위임해 대리 징수하지 않고 도세사무소를 설치해 직접 지방세를 징수하고 있다는 사실을 주목할 필요가 있다. 또한 자치구가 대리해 징수하는 서울특별시세의 징수율을 높이기 위한 한 방안으로 현재 자치구에 일률적으로 교부하고 있는 3%의 징수교부율을 징수율의 실적에 따라 일정 범위 내에서 차등화해 교부하는 방안도 검토할 필요가 있다. 즉 현재의 교부율 3%를 2%에서 5%까지 차등화해 징수 실적에 따라 인센티브와 연계시킬 필요가 있다.

제18장 지방자치 시대 정부간 관계: 도쿄도와 특별구와의 관계 조명

제1절 지방자치 시대의 광역자치단체와 기초자치단체

현재 우리나라의 지방자치단체는 지방자치법 제2조 1항의 규정에 의거해 1) 특별시와 광역시 및 도, 2) 시와 군 및 자치구의 2계층제로 되어 있다. 즉 2006년 7월 1일부터 특별자치도로 출범한 제주특별자치도를 포함해 16개의 광역자치단체와 230개의 기초자치단체로 구성된 중층구조를 하고 있다.[1] 또한 동법 제3조 2항에서는 특별시와 광역시 및 도는 정부의 직할하에 두고, 시와 군은 도의 관할구역 안에 두며, 자치구는 특별시와 광역시의 관할구역 안에 두도록 하고 있다.

1995년 6월 27일 4대 동시지방선거(광역 및 기초의회 의원과 광역 및 기초자치단체장 선거) 이전까지만 하더라도 비록 지방의회가 구성되었지만 자치단체 간에는 그리 심각한 갈등 양상은 나타나지 않았다. 하지만 6·27 선거 이후 민선자치단체장이 등장함으로써 과거와 같이 광역과 기초자치단

---

1) 2006년 7월 1일부터 제주도는 제주특별자치도로 전환되었다. 즉 제주도는 광역자치단체와 4개의 기초자치단체(제주시, 서귀포시, 북제주군, 남제주군)로 2계층이던 자치계층이 제주특별자치도로 단일계층으로 바뀌었다. 따라서 우리나라의 기초자치단체의 수는 종전의 234개에서 230개로 축소되었다.

체 간 협력 관계가 점차 어려워지고 있다. 급기야 서울시에서는 서울시 정무부시장의 임명제 자치구청장의 필요성에 대한 언급이 제기되고, 한편으로는 서울시 중구청장이 조순 당시 서울시장의 자치구 연초 순방계획에 반기를 드는 등 서로간 갈등이 표출되었다. 이러한 현상이 발생하는 기저에는 광역과 기초자치단체 간의 관계에서 도(道) 단위에서와 특별시와 광역시에서의 차이가 있기 때문인 것으로 사료된다. 즉 후자인 대도시는 대부분 단일 생활권으로 생활권이 분리된 도(道) 단위와는 성질을 달리하는 특성이 있기 때문이다.

양자간 이러한 갈등 양상은 경우에 따라서 앞으로 더욱더 확대되고 깊어질 수 있다는 잠재성이 있다는 점에 문제의 심각성이 있다. 여기서는 한국보다 지방자치에 대한 경험이 훨씬 오래된 일본 도쿄도의 사례를 살펴봄으로써 우리에게 주는 시사점을 찾아보고자 한다.[2] 즉 서울시와 비슷한 대도시로서 동일 문화권에 속해 있는 도쿄도와 특별구 간에 오랫동안 구축되어 온 관계를 조망해 봄으로써 우리나라의 지방자치를 조기에 정착시키고 시행착오를 줄일 수 있는 좋은 교훈을 얻을 수 있다는 점에서 큰 의의가 있다고 여겨진다.

제 2 절 도쿄도 특별구 제도의 특성

일본의 지방자치 제도는 메이지(明治) 22년(1889) '시제(市制)', '정촌제(町村制)' 및 메이지 24년(1891)의 '부현제(府縣制)' 시행 이후 시정촌과 부현에 의한 2층 구조를 띠고 있다. 그러나 도쿄, 교토(京都), 오사카(大阪)와 같은 대도시에서는 정치경제의 중심이 되고, 인구와 다양한 도시 기능이 집중되어 일반 시정촌 제도와는 다른 대도시 특유의 제도가 시도되었다.

2) 여기서 도쿄도와 특별구 간의 관계에 대한 주된 내용은 다음의 자료를 중심으로 재정리한 것이다. i) 御厨貴, 都廳のしくみ, 都市出版, 1995, ii) 1993年 東京都職員研修所, 職員 ハンドブック, (株)ぎょうせい.

대도시 행정의 특성을 감안해 현행 일본의 지방자치법은 대도시 제도로서 '정령지정도시(政令指定都市)' 제도와 '특별구(特別區)' 제도를 도입하고 있다. 양자간의 차이는 정령지정도시는 단일의 시가 하나의 대도시를 구성하고 있는 경우에 적용되는 것인데 비해, 특별구는 복수의 지방공공단체(특별구)가 일체가 되어 하나의 대도시를 구성하고 있는 경우에 적용된다. 제도적으로는 전자는 시에 부현 권능의 일부를 가지게 되지만, 후자는 대도시 행정의 일체성을 확보하기 위해서 일반 시의 권능 일부와 특별구에 관한 조정 기능을 도(都)가 가지도록 하는 데 있다. 다시 말하면, 도쿄도에서 특별구는 원칙적으로 시정촌에 해당하지만, 시정촌과 비교하면 그 자치권은 제약받고 있다. 아래에서는 도쿄도와 특별구와의 관계에서 특별구가 특별히 제약을 받고 있는 권능을 중심으로 살펴보고자 한다.

제 3 절 도쿄도 특별구가 처리하는 사무

도쿄도의 특별구는 주민과 가장 가까운 지방자치단체이다. 그러나 대도시행정의 일체성을 확보한다는 의미에서 권능이나 세·재정(稅·財政) 등의 측면에서 일반 기초자치단체인 시·정·촌(市·町·村)과는 차이점이 있으며, 이러한 측면에서 도쿄도의 특별구는 특별지방자치단체로 간주하고 있다. 특별구는 법령에 의해 도(都)가 처리하는 것으로 간주되고 있는 것을 제외한 공공사무, 법령에 의한 시(市)의 사무, 법령에 의한 특별구의 사무, 그 구역 내의 국가에 속하지 않는 행정사무를 처리한다.

그러면 구체적으로 특별구가 일반 시(市)와 다르게 도(都)에 유보되어 있는 사항이 무엇인가를 살펴보면 다음과 같다.

첫째, 특정 구획 등의 지역지구의 도시계획 결정 사무 및 전기·가스 공급시설 등의 도시시설의 도시계획 결정 사무 등이다(도시계획법 §87 ②, 동법 시행령 §46).

둘째, 일반폐기물의 수집 운반 등의 청소 사무에 대해서는 별도로 법률로 정하는 날까지는 도(都)에 유보했으나, 이는 추후에 개정해 폐기물의 수집・운반 업무는 특별구로 이양되고 도(都)에서는 쓰레기를 처리하는 업무를 담당하는 것으로 재조정되었다(폐기물의 처리 및 청소에 관한 법률 §23, 지방자치법 개정 부칙 §20).

셋째, 전염병원 등의 설치 및 가정 용수의 사용을 정지한 경우의 가정 용수의 공급 사무이다(전염병예방법 §28 ②, 동법 시행령 §14).

넷째, 공공하수도의 설치관리 사무이다(枝線에 대해서는 都와 특별구가 협의에 의해 정하는 날까지 都에 유보: 하수도법 §42, 지방자치법 개정 부칙 §15).

다섯째, 소방사무이다(消組法 §16-17, 소방법 §37).

여섯째, 특별구의 교육위원회 소관에 속하는 교육직원의 임용, 그 외의 신분 대우, 교육 과정, 교과서 등의 취급에 관한 사무이다(地教行法 §59).

반면에 일반적으로 시(市)의 단체사무로 간주되지 않고 있지만 법령에 의해 특별구에 위임된 사무가 있는데, 예를 들면 보건소 설치시의 사무 및 경마법에 기인하는 경마를 시행하는 사무가 있다. 단, 보건소 설치시의 사무 중에서도 정령으로 정하는 사무(환경위생지도원의 설치와 가축검사원의 설치 등)는 도(都)에 유보되어 있다.

1 도쿄도와 특별구 및 특별구 간 사무 조정

특별구가 그 권능에 속하는 사무를 자주적 판단에 기인해 처리할 수 있는 것은 당연하지만, 특별구가 존재하는 구역은 그것이 전체적으로 하나의 대도시를 형성하고 있기 때문에, 도쿄도 및 특별구의 사무 처리에 대해서는 서로 균형을 유지하는 것이 필요하다. 이를 위해 사무 처리에 관해 도쿄도와 특별구 및 특별구 상호간의 조정을 위해 도구협의회(都區協議會)가 설치되어 있다.

도구협의회의 성격은 도쿄도 및 특별구 공동의 부속기관이라고 할 수 있지만, 구체적인 집행 권한은 없고 도(都) 및 특별구의 자문기관과 유사한 성격을 지닌다. 도쿄도지사(東京都知事)는 도구재정조례(都區財政條例) 및 사무조정조례(事務調整條例)를 제정 또는 개폐(改廢)하는 경우에는 우선

도구협의회의 의견을 들어야만 하며, 이 밖에도 도구 간(都區間)의 중요한 여러가지 문제에 대해서 협의하고 있다. 도구협의회의 회장은 도쿄도지사이고 도쿄도 측의 위원 7명, 특별구 측의 위원 7명으로 구성되어 있다.

2 특별구의 사무처리 체계

원래 특별구의 구장(區長)[3]은 도지사의 동의에 의한 의회 선임제였지만 1975년 개정된 자치법에 의해 1952년 폐지된 구장 직선제(區長直選制)가 부활되었다. 특별구 구장의 지위, 권한은 그 처리해야만 하는 사무의 범위 내에서 일반 시장의 경우와 마찬가지이고 임기는 4년으로 되어 있다. 특별구는 보통 8~9부(部: 기획, 총무, 區民, 후생, 아동, 환경, 위생, 건축, 토목부 등)로 구성되고 구장에 속하는 사무를 분장·처리하고 있다.

특별구의 직원은 1974년 이전에는 직원의 과반수가 도(都)로부터 배속되었지만, 1974년의 제도 개정에 의해서 배속 직원 제도는 폐지되고, 1975년 3월 31일을 기준으로 도(都)로부터의 배속 직원은 특별구의 고유 직원으로 신분이 변화되었다. 따라서 현재 특별구 직원에 대한 인사권은 구장이 갖고 있으며, 인사 제도의 효율적 운영의 확보 등의 견지에서 그 권한의 일부를 특별구 인사·후생사무조합에서 처리하도록 함과 동시에 23개 특별구 공통의 임용, 급여 등의 기준, 특별구 상호간 및 도구(都區) 간의 인사 교류를 위한 특례 제도가 설치되어 있다.

제 4 절 특별구의 재정

특별구는 도쿄도의 사무를 분담해서 처리한다고 하는 특별한 대도시 제도 하에 있으므로 재정적인 측면에서는 일반 시·정·촌과는 다른 몇 가지 차이점이 있다.

3) 여기서의 구장(區長)은 우리나라의 자치구청장에 해당된다.

1 지방세의 과세권

특별구가 과세하는 세목은 일반 시·정·촌(市·町·村)보다 적고, <표 18-1>과 같이 지세법(地稅法) 등에 의해 특례적으로 도(都)와의 사이에서 세원의 배분이 실시된다. 시·정·촌 법정보통세 중 특별구가 부과하는 세목은 특별구민세(개인분만), 경자동차세(經自動車稅), 특별구 담배세, 광산세이고, 시정촌민세 법인분(市町村民稅 法人分), 고정자산세, 특별토지보유세는 도세(都稅)로 되어 있다.

〈표 18-1〉 도쿄도 특별구의 지방세 구조

구 분				도(都)	특별구
市町村税	보통세	市町村民税	개인분		○ (特別區民稅)
			법인분	◎	
		고정자산세		◎	
		경자동차세			○
		市町村담배세			○
		광산세			○
		특별토지보유세		◎	
		법정외보통세		○	○ (都의 동의 필요) (과세 실태 없음)
	목적세	入湯税		○	
		사업소세		○	
		도시계획세		○	
		水利地益稅			○ (과세하고 있지 않음)

구 분			도(都)	특별구
市町村税	목적세	공동시설세		○ (과세하고 있지 않음)
		택지개발세		○ (과세하고 있지 않음)
		국민건강보험세		○ (보험료로서 징수)
교부금		利子割交付金		○
		골프장이용세 교부금	○	
		자동차취득세 교부금		○
		교통안전대책특별 교부금		○
		시정촌교부금	○	
지방양여세		소비양여세		○
		지방도로양여세		○
		자동차중량양여세		○
		특별톤양여세	○	
		항공기연료양여세	○	

시정촌 목적세에 대해서도 목욕세, 사업소세, 도시계획세는 도(都)가 부과하는 것으로 되어 있고, 특별구는 이러한 것들 이외의 목적세에 대해서 부과할 수 있다고 되어 있지만, 현재 과세를 하고 있지 않다. 또 지방양여세, 시정촌 교부금에 대해서도 특별구 상호간의 재원의 균형화를 도모하고 있다.

그 이외의 특례로서는 특별구가 법정 외 보통세를 신설·변경하는 경우에는 도(都)의 동의가 필요하다고 되어 있다. 또 도(都)는 특별구의 구역 내에서 시(市)로서의 법정외 보통세를 설치하는 것이 가능하도록 규정하고 있다.

2 지방채

지방채(地方債)를 발행하기 위해서는 허가가 필요하고, 일반 시정촌(市町村)은 도도부현(都道府縣) 지사의 허가를 받지만, 특별구는 지정도시와 마찬가지로 자치대신(自治大臣)의 허가를 받게 되어 있다. 또 특별구가 지방재정법 제5조 제1항 제5호에서 말한 건설사업 등을 위해서 지방채를 재원으로 할 수 있는 경우는 도(都)가 같은 기채로써 재원으로 할 수 있는 경우로 한정된다고 하는 특례가 설치되어 있다. 그러나 과거보다는 지방채 발행에 대한 제한은 실제 운용상 많이 완화하고 있다.

3 지방교부세

국세(소득세, 법인세, 주세, 소비세, 국가담배세)의 일정 비율을 지방공공단체에 교부해 지방재원의 균형화를 도모하고, 지방행정의 계획적 운영을 보장하는 지방교부세(地方交付稅)는 지방공공단체의 중요한 재원이다. 이 교부세의 산정에 대해서 도(都)에는 다음과 같은 특례가 정해져 있다. 즉 도·부·현(道·府·縣)에 대한 지방교부세의 산정에 대해서는 전 구역을 도·부·현으로 간주하고, 시·정·촌에 대한 교부세의 산정에 대해서는 특별구가 존재하는 지역을 하나의 시·정·촌으로 간주하고, 각각 산정한 기준 재정수요액, 기준 재정수입액을 합산해 도(都)의 기준 재정수요액, 기준 재정수입액으로 하는 것이다. 이것이 지방교부세 제21조의 합산 규정이라고 불리는 것이다. 이 결과, 지방교부세의 산정상 도구(都區)는 하나가 되어 하나의 단체로 간주되고 있고, 특별구는 교부세의 교부 대상 단체로 간주되고 있지 않다.

4 도구재정조정 제도

도구재정조정 제도(都區財政調整制度)는 자치법 제282조 제2항의 규정에 의해, 도(都)와 특별구, 특별구 상호간의 재원의 균형화를 도모하고, 특별구의 자주적이고 계획적인 행정 운영을 확보하기 위해서 설치되어 있는 제도로, 도구(都區) 간의 재원 배분과 특별구 상호간의 재원조정이라는 두 가지 중요한 측면을 가지고 있다.

1) 도구 간의 재원 배분

도구 간의 재원 배분은 도구 간의 사무 배분과 세원 배분을 전제로 총체적으로 재원을 분배하는 것이고, 도쿄(東京)라는 대도시의 사무를 도(都)와 구(區)가 현행 제도상 가장 적절하게 집행할 수 있도록 재원의 균형화를 도모하는 것이 그 목적이다. 즉 도쿄도의 도구(都區) 간 재원 배분은 특별구의 기본적인 재정 수요에 부응하기 위한 재원 보장이라는 의미를 지닌다.

도구 간 재원 배분은 도(都)가 부과하는 시정촌법정보통세인 고정자산세, 시정촌민세 법인분 상당분, 특별토지보유세(이것을 調整 3稅라고 한다)의 일정 비율(이것을 조정률이라고 하고, 현행은 44%이다)의 액수를 특별구에 교부하는 재원으로서 우선적으로 확보한다. 이것에 의해 특별구는 자주적이고 계획적인 재정 운영을 하기 위한 일정한 기준이 생기게 되는 셈이다.

특별구에 교부되어야 하는 조정 3세의 일정 비율은 특별구 전체의 재정수요액(현재의 사회적·경제적 조건 속에서 특별구가 실시하는 합리적이고 타당한 행정의 수준을 경비의 액수로 나타낸 것)과 재정수입액을 산정해서 재원 부족액을 구하고, 이 부족액을 조정 3세의 수입 예상액에 대한 비율을 기본으로 해서 결정되고 있다.

2) 특별구 상호간의 재정조정

특별구가 존재하는 구역은 각각의 특별구가 모든 기능을 분담하고, 전체적으로 하나의 대도시를 형성해 발전하고 있으며, 특별구의 행정 수준은 서로 일정 정도의 균형이 유지될 필요가 있다. 그러나 각 특별구의 재정력은 세원의 편재나 행정 수요의 다양성 등의 여러가지 요인에 의해 일률적이지 않다. 이 때문에 특별구 상호간은 각 특별구의 재원 수요에 따라서 재원을 배분할 필요가 있고, 특별구 상호간의 재원조정이 도구(都區) 재정조정 속에서 실시되고 있다.

제 5 절 도쿄도로부터의 교훈

민선 자치단체장의 등장으로 인해 본격적인 지방화 시대가 전개되고 있다. 하지만 1960년대 초 지방자치가 채 싹을 틔워 보기도 전에 동토(凍土) 속에 묻어 두어야 했던 아픈 경험을 가진 우리로서는 지난 날을 거울삼아 스스로를 되짚어볼 필요가 있다. 지방자치의 성공적인 정착을 위해서 가장 먼저 고려해야 할 사항은 지방화 시대에 부응한 광역자치단체와 기초자치단체 간의 건설적인 관계를 구축하는 것이다. 특히 대도시는 지리적·공간적으로 일체화되어 근접성을 지니고, 문화적으로 동질적이며 사회적으로 거대한 단일 생활권을 형성하고 있다는 점이다. 이에 따라 대도시 행정의 일체성 확보가 필요하며, 이에 따라 광역과 기초 간의 분권화를 지향하면서도 대도시 행정의 효율성을 기할 수 있는 고뇌가 필요하다는 점이다. 이러한 관점에서 지금까지 살펴본 도쿄도와 특별구 간의 관계를 통해 우리에게 주는 몇 가지 교훈을 정리해 보고자 한다.

첫째, 광역과 기초 간의 사무 구분을 분명히 정리할 필요가 있다는 점이다. 즉 상호간 기능 배분 및 역할 분담을 명확하게 해야 한다. 규정이 모호하거나 이중으로 기능이 배분되어 있는 것은 분명하고 한 목소리로 정리되어야 한다는 점이다. 특히 단일생활권으로 구성된 특별시나 광역시는 도(道) 단위와는 차별화된 특성이 반영되어야 한다.

둘째, 지방자치 정신에 부합하는 기능 배분이 이루어져야 한다. 예를 들면 도시계획에서 용도지역, 지구, 구역의 종류 및 행위 제한 방식, 상세 계획구역의 지정 요건 등 어느 선까지 자치구 권능으로 해야 할 것인가에 대한 검토가 이루어져야 할 것인데 가능한 한 지역의 특성을 살릴 수 있는 계획권이 확보되도록 해야 한다.

셋째, 광역과 기초자치단체 간 및 자치구 상호간 의견 교환 및 이견 조정을 위한 협의기구가 강구되어야 한다. 이 기구에는 최소한 다음의 기능이 포함되어야 한다. 사무 배분에 따른 이견 조정, 인사 교류에 관한 사항, 계획권의 범위에 대한 조정, 재정 문제에 관한 사항을 조정할 수 있는 시·구 협의회(市·區協議會)가 구성되어야 한다.

넷째, 현재 심하게 불균형을 이루고 있는 자치구 간 재정 문제에 대한 조정 기능이다. 도쿄도가 도구재정조정 제도를 통해 이 문제를 해결하고 있는 것처럼 서울시도 제도적으로 재정 불균형 문제를 시정할 수 있는 제도적 장치를 강구해야 한다.

지금까지 도쿄도의 도(都)와 특별구의 관계를 조명해 봄으로써 우리에게 주는 시사점을 정리해 보았다. 지방자치는 지방의 개성이, 특성이, 권능이 보장될 때 그 진가를 발휘할 수 있다. 그러나 자칫 잘못해 지나친 자기 아집이나 지역이기주의가 발호될 때 지방자치의 위기를 맞을 수도 있다. 이제 우리 모두가 성공적인 지방자치의 정착을 위해 지역이기주의가 아니라 부분과 전체가 조화로울 수 있는 지혜를 모아야 한다.

제19장 미국 지방정부의 행정개혁

최근 국제적으로나 국가적으로나 지방적으로나 개혁이란 용어가 유행하고 있다. 미국의 경우 클린턴 정부의 등장과 더불어 공공 부문에서 다양한 개혁 방안을 마련하고 있으며, 우리나라는 김영삼 정부의 등장으로 '작고 강한 정부'란 기조하에 행정개혁을 추진했으나 실패로 귀결되었다. 1997년 말 갑자기 유사 이래 처음으로 경험한 IMF 사태는 공공 부문에 대한 김대중 정부의 강력한 구조조정 작업으로 이어졌으나 IMF 사태가 어느 정도 진정 기미가 보이자 국민의 정부 하에서 구조조정 작업의 빛이 퇴색하기에 이르렀다. 이어 등장한 노무현 대통령의 참여정부는 개혁과 혁신이 화두로 등장하면서 다양한 행정개혁 방안을 추진하고 있지만 참여정부 말기인 2007년에는 벌써 6만여 명의 공무원이 증원되었다. 이와 같은 중앙정부의 행정개혁 방향은 당연스레 지방자치단체로 이어지고 있다. 각 지방자치단체는 1995년 6월 출범한 직선 자치단체장 체제와 더불어 자치단체 나름대로의 다양한 방안들을 강구했으나 기대한 만큼의 효과를 보이지 못하고 있는 현실이다. 행정자치부에서는 총정원제, 총액인건비제 등 총량제를 통해 지방자치단체의 팽창을 억제하고자 노력하고 있으나 지방자치단체에서는 여전히 팽창 지향적으로 나아가고 있다.

미국은 연방정부 차원의 정부효율성 증대 요구에 대응하기 위해서 「NPR 보고서(National Performance Review)」를 발간했다. 한편, 지방정부 차원에서 생산적인 정부를 만들기 위한 노력으로서 윈터위원회(Winter Commission)를 구성했고 이 위원회의 위원장인 윈터(William Winter)의 이름을 따서 윈터위원회라고 부른다. 여기서는 미국의 지방정부가 어떻게 하면 효율적으로 공공 서비스를 제공할 수 있을 것인가에 초점을 두고 있는데 이 위원회에서 발간한 첫 번째 보고서가 『문제도 많고 선택도 어렵다(*Hard Truths/ Tough Choices*)』이다. 이 보고서는 미국의 지방정부 차원에서 생산적인 정부를 위해 걸림돌이 되고 있는 요인이 무엇이며, 이를 극복하기 위한 대안들이 무엇인지를 중심으로 다루고 있는데, 우리에게 많은 시사점을 줄 수 있을 것으로 생각되어 여기서 소개한다. 「윈터보고서(Winter Report)」를 접하면서 미국의 지방정부도 우리나라의 지방정부가 고민하고 있는 것을 먼저 고민하고 대책 마련에 부심하고 있음을 실감했고, 이들의 경험이 한국의 자치행정의 발전에 적지 않은 교훈이 될 것으로 사료된다.[1)]

제 1 절 미국 지방정부의 당면 과제와 도전

미국의 주(州) 및 지방공무원의 수가 1,500만 명을 넘고 있으며, 이는 전국 노동력의 13%에 해당한다. 이 공무원들은 나라의 살림을 꾸려 나가기 위해 실질적인 과업을 담당하고 있다. 미국 국민들은 그들 없이는 살 수 없다. 그들은 상수도를 공급하고, 쓰레기를 수거하며, 아이들에게 예방 접종을 실시한다, 우리의 지역사회를 지키고, 교통 안전, 공항, 다른 지역 및 외국과의 교류에 필요한 체계를 관리한다. 그들은 우리의 아이들을 좀더 건전하게 양육하기 위해 교육이나 훈련 및 상담을 한다. 그들은 청소 및 환경보호 프로그램에 대한 책임을 맡고 있다. 그들은 빈곤을 퇴치시키고 일자

1) 이 글은 『미국 지방정부 개혁의 길』(최병대 역, SDI)을 중심으로 우리나라의 지방정부 개혁에 시사점을 줄 수 있다고 생각되는 부분을 발췌해 재구성한 것이다(이 책의 원제목은 Winter Commission Report의 *Hard Truths/Tough Choices*).

리와 주택을 마련할 수 있는 프로그램을 만들고 집행한다. 그들은 최빈곤층을 위해 병원을 운영하기도 한다. 그들은 사법 체계에 관한 업무뿐만 아니라 대부분의 교도소도 운영한다. 그들의 과업이 우리의 생활에 영향을 미치지 않고 지나가는 날은 단 하루도 없다(표 19-1 참조).

〈표 19-1〉 미국의 주 및 지방정부의 수 및 공무원 수(1991년)

구 분		정부의 수	공무원 수
계		86,692개	15,451,772명
주 정 부		50	4,521,385
지방정부		86,692	10,930,387
지방정부	County	3,043	2,196,263
	Municipalities	19,246	2,661,823
	Townships	16,666	414,717
	School Districts	14,556	5,045,433
	Special Districts	33,131	612,151

출처: 「U.S. Bureau of the Census, *Public Employment: 1991*, Series GE 91-1, Washington, D.C.: U.S. Government Printing Office, 1992」을 중심으로 재정리한 것이다.

그러나 급변하는 경제 및 사회 환경의 변화에 대응하려 한다면, 주 및 지방정부가 그 능력을 더욱 적극적으로 향상시킬 필요가 있다는 합의가 시민과 공무원 사이에서 대두되고 있다. 이 보고서는 1,500만 명이 넘는 주 및 지방공무원이 이런 임무를 어떻게 수행할 것인지에 대한 일련의 제안을 담고 있다. 이 제안들은 잘못된 낡은 명령과 통제 체계를 개선할 수 있을 것이라고 믿는다.

이 위원회는 약 8만 7천 개의 주(州) 및 지방정부와 그곳에서 일하는 공무원들이 미국을 쇠약하게 만들고 있다고 생각하지는 않는다. 왜냐하면 설문조사는 주민들이 자기가 살아온 50개의 주, 약 3,000개의 카운티, 36,000개의 시티와 타운, 15,000개의 교육구, 33,000개의 특별구를 좋아하고 있음을 보여 주기 때문이다.

그럼에도 불구하고 주 및 지방정부는 더 많이 바뀌어야 한다는 견해가 높아지고 있다. 구태의연한 태도가 정부의 쇠퇴와 몰락의 요인으로 작용하고 있음에도 불구하고, 너무나 많은 주(州) 및 지방정부 그리고 주민들이 여전히 이에 대해 무감각적이다. 그 위험 신호를 살펴보자.

- 더 많은 주민들이 정부로 하여금 교육, 보육, AIDS, 무주거자, 환경, 노인 문제, 공원, 교통 등 모든 분야에서 더 많은 예산을 지출하도록 요구하지만, 빈면 동시에 주세 및 지방세 거부운동을 활발하게 전개하고 있다.
- 지방정부를 신뢰하는 주민 수가 1987년 73%에서 1991년 60%로 떨어졌고, 주정부를 신뢰하는 주민 수가 같은 기간에 73%에서 51%로 떨어졌다. 플로리다 주의 한 의원은 『뉴욕타임스』에서 다음과 같이 말했다. "만약 우리가 대중에게 미식 축구에 대한 정보만큼 정치에 관한 정보를 제공하고 주민을 참여시킬 수 있다면, 지금처럼 많은 문제는 없었을 것이다. 주민들은 이러한 상황에서 벗어나 참여해야 한다."
- 공공 서비스에 관한 국가위원회(National Commission on the Public Service: the Volcker Commission)가 대학의 우등생들을 대상으로 한 설문조사는 단지 1.8%와 0.9%의 학생들만이 주정부와 지방정부를 자신들이 가장 선호하는 직장으로 여겼다. 연방정부는 3%였고, 대기업은 34%였다.
- 재정 압박을 겪고 있는 주 및 지방정부의 수가 지금보다 많았던 적은 없다(예를 들어, 29개 주는 1991년 원래의 예산보다 적은 지출을 했다; 23개 주는 임금을 동결했다; 17개 주는 복지비 지출의 절대 액수를 삭감했다; 12개 주는 공무원을 일시 해고했다; 34개 주는 세금을 인상했다).

아이러니하게도, 우리는 강력한 리더십을 원하지만, 민주주의의 이름으로 권한을 분산하거나 리더십을 약화시킨다. 우리는 훌륭한 공무원을 고용하려 하지만, 채용 과정을 공정하게 하기 위해 복잡한 제도를 만들었고 이는 훌륭한 공무원들을 떠나게 했다.

우리는 예산을 효율적으로 사용하려 하지만, 재정적 책임 때문에 많은 규칙과 절차가 필요한 조달 과정을 마련했고, 이는 많은 훌륭한 기업들이 입찰 과정에 참여하지 않는 결과를 낳았으며, 가장 간단하고 비용이 적게

드는 구매를 가장 복잡하고 비싼 구매를 할 수밖에 없는 상황으로 만들었다. 관료제는 재정 운용을 명확하고 효율적으로 운용하려 하지만, 결과적으로 매 회기연도의 말(연말)까지 "모두 지출하지 않으면 다음 예산이 삭감된다(spend-it-or-lose-it)"라는 낭비적이며 비생산적인 불용액 삭감 예산제도(不用額削減豫算制度)를 만들었다.

물론 리더십을 방해하고 좌절시켜야 한다거나 하는 등의 법령은 없다. 일선공무원이 서비스를 어떻게 전달하며, 정부가 어떻게 업무를 수행하는가를 알리지 말라는 법령은 없다. 정부가 주민과 동떨어진 관계를 유지해야 한다는 규칙은 없다. 우리는 변화할 수 없다고 규정하는 조항도 없다. 많은 주 및 지방정부를 지배하고 있는 안일한 분위기로부터 벗어나려면, 기존의 관행이 미국의 다음 세대를 파멸로 이르게 할 것이라는 점을 인식하는 것부터 출발해야 한다.

제 2 절 지방정부 개혁의 길

1 간소하고 대응적인 정부를 위한 장애 제거

지방정부의 관리자를 선별할 수 있고, 정부기구를 재조직하며, 프로그램을 통합할 수 있는 권한을 단체장에게 부여하는 것은 누가 책임이 있는가를 명백히 하는 데 도움을 준다. 그렇다면 문제는 "무엇에 대해 책임을 지는가?"라는 점이다. 단체장이 운영하는 기구가 새로운 리더십에 적절하게 부응하지 않는다거나, 혹은 그 운영의 준거가 되는 규칙과 규제가 변화와 개혁의 추진을 방해한다면, 단체장이 내각 수준의 각료를 선택할 수 있다는 권능은 별 의미가 없다.

사실, 많은 주 및 지방기구들은 스스로 거대한 기념비처럼 서 있으며, 자기 내부의 규칙과 위계에 의해 유지되고 보호받는다. 그들은 종종 절대적으로 필요한 창조성을 억누르며, 새로운 아이디어나 정력적인 지도자의 진로에 지속적인 장애물을 놓는다. 단체장, 공무원, 관련 주민을 자연스럽게 다시 연결할 때, 개혁은 갑작스럽게 일어날 수 있다. 이것이 바로 일리노이 주가 교회의 연결망을 통해 소수인종 양부모(minority adoptive parents)를 충원하는 프로그램을 시작한 방법이며, 미시시피 주의 터펠로(Tupelo)에서 교육에 대한 민관합동(public-private partnership)을 창조한 방법이고, 매사추세츠 주에서 원천적으로 오염을 방지하기 위해 제조업자와 함께 일하는 독특한 반오염 프로그램을 입안한 방법이다. 그들의 경험과 포드재단의 행정개혁상(하버드대학에 의해 실시)을 수상한 자들의 경험은 주 및 지방정부가 개혁을 추진할 수 있다는 점을 보여 준다(표 9-2 참조).

소기업에서 대기업에 이르기까지, 그리고 소규모의 공공기관에서 대규모 관료제에 이르기까지 모든 조직들은 시간이 지날수록 비대해지고 규칙에 포위된다. 실제로 이는 선택에 의해 발생하는 현상이 아니다. 비록 비대해지기를 원하는 기구는 없을지라도 시간이 지남에 따라 자연적인 현상으로 나타나고 있다.

이런 기구들의 군살을 빼야 할 필요성은 고성과(高成果) 지향적 정부와 직접적으로 연관된다. 단체장은 정부기구 혹은 부서가 얼마나 잘하고 있는지를 평가하기 위해 일선공무원과 연결되어야 한다. 동시에 일선공무원은 상부로부터 내려오는 정책을 마지막으로 알고 있는 사람이 되거나, 왜 그 결정이 이루어졌는지를 몰라서는 안 된다. 사실 그들은 처음부터 정책결정 과정에 포함되어야 한다.

단체장은 관리 계층의 확대가 어느 정도 커뮤니케이션을 개선하거나 통제할 수 있을 것이라고 생각하기도 하지만, 그 결과는 종종 그 반대로 나타나고 있다. 단체장들은 종종 고립된 자신을 발견하며, 그 조직의 역할과 업무를 제대로 수행하지 못하는 자신을 발견한다. 단지, 관리공무원의 비율을 낮춤으로써 인건비와 행정비용을 줄일 수 있다는 이유 외에도 관리계층이 줄어야 할 또 다른 이유가 있다. 계층이 많은 조직은 대응성이 떨어지며, 새로운 문제에 대처하기 위한 변화를 모색하는 과정에서 개혁 지향적인 집행 및 입법적인 선택권이 제한된다. 마지막으로 아무도 주어진 목표에 대해 확실한 책임을 지지 않을 때, 산출물에 대해 책임을 지는 정부기구를 유지하는 것은 불가능하다. 정부는 가능하다면 신속해야 한다. 그런 목표를 향해 윈터위원회는 한 가지 제안을 한다.

〈표 19-2〉 포드재단의 행정개혁상을 수상한 주 및 지방정부

자동교통감시 및 통제(Automated Traffic Surveillance and Control), 캘리포니아 주 로스앤젤레스 시	로스앤젤레스는 컴퓨터화된 최첨단 신호관리 체계인 ATSAC을 통해 혼잡을 감소시키고, 공기오염을 개선했으며, 크게 교통 소통 시간을 단축했다.
환경정화계획(Environmental Cleanup Project), 캔자스 주 위치타 시	환경정화계획은 환경 보호와 건전한 경제의 균형적인 발전을 추구했다. 위치타 시는 값비싼 환경 정화에 대한 책임을 짐으로써, 과도한 비용과 시간 지연을 초래하는 연방정부의 슈퍼펀드 규제를 피했다.
2개국어 혼용의 빈곤구제계획(Bilingual Outreach), 버지니아 주 앨링터 카운티	2개 국어 혼용 빈곤구제계획은 쉽게 접근할 수 있는 친숙한 서비스를 통해 이민자 지역사회를 안정시키고 이민자 가족을 미국적 생활 양식에 적응하는 데 도움을 주었다.
Humanitas, 캘리포니아 주 로스앤젤레스 통합교육구(Unified School District)	Humanitas는 선생님에게는 커리큘럼의 통제를 가하고 학생에게는 학습의 통제를 가하는 쓰기에 기초한(writing-based) 학습과 학제간 팀을 통해 도시교육에 적절한 결과를 가져왔다.
CityWorks, 매사추세츠 주 케임브리지 시	CityWorks는 Rindge School of Technical Arts에서 21세기에 직업을 갖게 될 9학년들에게 직업과 학교교육을 재결합시키고, 교실과 지역사회를 연계시켰다.
Fleet Improvement R & D Networks, 뉴욕 주 뉴욕 시	뉴욕시 의 Fleet Improvement R&D Networks는 일선기술공(front-line mechanics)의 창조성을 격려(tapping)함으로써 6,000개의 하수처리시설을 위한 비용 절감, 품질관리를 제고했다.
노동자보상제도(Workers' Compensation Systems), 워싱턴 주	산업재해(on-the-job injuries)를 보상하는 워싱턴의 노동자보상 제도는 건전한 재정적 투자와 경영 프로그램, 최근의 정보기술, 그리고 노동자 안전 캠페인을 통해 이루어졌다.
퀸시법원의 가정내 학대방지계획(Quincy Court Model Domestic Abuse Program), 매사추세츠 주 퀸시지구법원	퀸시법원의 가정 내 학대방지계획은 구타당하는 여성과 아동을 보호하기 위해 구타자를 통제하고 형벌을 가함으로써, 희생자로 하여금 정의와 안전을 추구하도록 격려하는 법률 서비스를 시행하고 있다.
아동보호계획(Child Assistance Program), 뉴욕 주	CAP는 복지제도를 고용, 저축, 아동보호를 장려하도록 개혁함으로써, 부모들이 자신의 아이들이 빈곤에서 벗어나기를 원한다는 전제 위에서 설립되었다.
노인서비스계획(Elderly Service Program), 워싱턴 주 스포케인(Spokane) 카운티	스포케인 카운티의 노인서비스계획은 노인들과 재택지원 서비스를 연결하는 공공 또는 개인적 봉사자의 소개를 통해 혼자 사는 노인들이 독립할 수 있도록 돕고 있다.

1) 관료제의 계층 수 축소

무엇보다도 정부기구의 상층과 하층 사이의 관리 계층 수를 줄여야 한다. 정부의 상층과 하층 간의 적당한 계층 수, 일정한 관리직과 하위직 간의 비율, 단체장이 최대로 감독할 수 있는 최적 구성 단위의 수는 존재하지 않는다. 즉 적절한 계층의 수는 임무와 목표에 따라 다르다.

오늘날 정부는 여러가지 이유로 분파적이며 분절적인 특징이 나타나고 있다. 단체장은 명령과 통제를 잘하기 위해, 매니저는 직원들의 더 많은 급여를 받는 지위로 승진시키기 위해, 의원들은 새로운 프로그램을 운영하기 위해 계층을 추가했다. 그 이유야 어떻든, 현재는 계층을 줄여야 할 시기이다. 본 위원회는 대부분의 정부기구가 효율성의 저하 없이 관리 계층을 줄일 수 있다고 믿는다. 계층의 축소는 책임성을 더 높이고 예산을 절약할 수 있다.

이런 측면에서 볼 때 정부는 여러 분야에서 일선공무원들(예를 들어, 고용상담원, 사회복지사, 공공간호사)에 대한 수요가 지나치고 비현실적이며, 또한 이것이 양질의 서비스 제공을 저해하고 있다. 반면에 때때로 현재보다 더 많은 공무원들이 필요한 분야가 있기도 하다.

2) 규제 완화

베테랑 및 연장자에 대한 선호를 줄이는 것을 포함해, 공직사회를 개혁하고, 조달 과정을 합리화하고, 예산 과정을 더 유연하게 함으로써 정부의 규제를 완화해야 한다. 간소하고(계층 수가 적고), 대응적인 정부기구를 만드는 것은 또한 낡은 법률, 내부 규제, 오랜 기간에 걸쳐 자라난 통제라는 벽으로부터 단체장, 매니저, 그리고 일선공무원을 자유롭게 하는 것을 수반한다. 실질적으로 규제 완화는 계층 줄이기(이는 규칙을 강요하는 매니저와 감독자를 줄이는 것이다)를 필요로 한다.

그러나 계층 축소가 없이 규칙의 축소는 용이하지 않을 것이다. 현재의 채용, 구매, 그리고 예산 체계는 종종 그들이 성취하고자 하는 목표를 좌절시킨다. 좀더 대응적인 정부기구를 만들기 위해서 본 위원회는 다음과 같은 제안을 한다.

(1) 공직사회의 잘못된 제도 혁파

미국의 공무원 제도는 채용 과정에서 실적을 보장하기 위해 100년 전에 만들어졌다. 그러나, 불행하게도 많은 주 및 지방정부들은 너무나 많은 규칙에 둘러싸여 있는 복잡한 체계를 만듦에 따라 그 장점은 반감되었다. 예를 들어, 감독자가 그 일을 하고자 하는 수백 명의 후보자 가운데 융통성 없이 단 세 명만을 선택하도록 강요한다면 어떻게 그 가치가 유지될 수 있는가? 급료가 주로 근무 경력에 근거해 지불될 때, 어떻게 그 장점이 유지될 수 있을까? 최고관리자들이 하위직 종사자들에 의해 그들의 일이 방해받을 때, 어떻게 그 장점이 유지될 수 있을까?

시간이 지남에 따라, 공무원 제도의 기본 목적은 잊혀지고 있다. 재능 있는 인물을 공직사회에 충원하는 것이 어려워지고 있다. 주 및 지방정부는 능력 있고 재능 있는 자를 충원하는 것이 쉽지 않음을 토로하고 있다. 이제 우리는 개혁에 장애가 되는 편협된 사고에서 탈피해야 한다.

분권화된 실적주의는 주 및 지방정부의 정부기구 및 부서가 채용과 인사이동, 급료, 다양성, 해고, 그리고 인사 제도 운영에 효과적으로 대응할 수 있다고 본 위원회는 믿는다. 확실히 공공 부문의 노조는 지난 수 년에 걸쳐 이런 영역 내에서 열심히 일해 왔으며, 그들이 자의적이라고 느끼는 관리행위에 대항해서 공무원들의 안정을 보장하기 위해 깊이 고심했다. 많은 지방정부에서 고성과(高成果) 지향적 공무원을 창조하기 위해 필요한 개혁을 성취하기 위해서는 노조와 완전한 제휴를 하는 것이 중요해질 것이다.

① 채용(hiring)과 인사이동(mobility)에 대해서

현재의 인사 제도는 두 가지 이유 때문에 훌륭한 공무원을 채용하는 것을 방해한다. 1) 공무원 제도는 편견이 있을 수 있고, 낡았으며, 업무 수행능력을 제대로 파악하기 어렵고, 문제 구성에 많은 비용이 드는 필기시험에 크게 의존한다. 2) 공무원 제도는 '3배수 추천(rule of three)' 혹은 다른 제한 조건을 통해, 면접에 응할 수 있는 수많은 후보자들을 지나치게 제한한다. 이런 규칙 하에서는, 단지 목록에 기록된 상위 3명만이 채용 자격을 얻는다. 부서의 배치는 종종 필기시험 성적에 크게 의존하며, 대인 관계 기술과 같은 다른 중요한 특성은 평가 절하된다.

따라서 본 위원회는 주 및 지방정부가 이제 이런 요구 조건을 재고려할 것을 권고한다. 많은 지방정부들은 필기시험보다는 다른 선별 기준을 사용하는 것이 더 좋은 사람을 발견하고 승진시키는 데 중요하다는 점을 인식하고 있다. 또한 면접에 응할 수 있는 후보자의 명단을 확대시키는 것은 다양성을 이루기 위한 좀더 적극적인 채용을 가능하게 한다.

더 나아가 본 위원회는 공직사회에 훌륭한 인재를 채용하기 위한 모든 효과적인 방법이 동원되어야 한다고 생각한다. 경력으로써 공공 서비스 분야에 충원할 수 있는 제도가 나타나고 있다. 좋은 인턴 프로그램은 좋은 정부를 만드는 데 도움을 주고 있으며, 종종 정부로 들어오려는 훌륭한 학생들을 위한 지름길로 기여하고 있다. 이러한 방법은 유지되고 확대되어야 한다.

본 위원회는 또한 주 및 지방정부가 연장자 및 베테랑 선호 규칙에 대해 더 많은 주의를 기울일 것을 권고하며 채용이나 승진 및 감축시 그들을 보호하는 것은 문제가 있다. 장기근속 공무원을 보호하는 연장자 규칙(seniority rules)은 특히 여성과 소수집단(minority)을 위해서는 공평성에 대한 이슈를 제기한다. 인사 과정에서 연장자에 대한 특별한 선호는 군복무를 했던 사람에 한해야 하며, 그것도 다른 지원자와 동점인 경우 우선순위를 주는 것뿐이어야 한다.

본 위원회는 현재 대부분의 주 및 지방정부 체제를 특징짓고 있는 수백 혹은 수천의 직렬(classification)을 지속시키더라도 모든 공무원에게 적용되는 직군(job families)의 수를 줄일 것을 제안한다. 예를 들어, 주정부에서의 직렬의 수는 7,300개에 달하는 뉴욕 주에서부터 551개밖에 안 되는 사우스다코타에 이르기까지 다양하다(표 19-3 참조).

본 위원회는 직군 내에서 전문성 등을 감안해 직위를 구분할 수 있는 몇십 개 정도의 직렬이 필요하다고 믿는다. 직렬의 축소는 변화하는 수요에 따라 좀더 탄력적인 인력 배치를 가능하게 할 것이며, 정부기구 간 또는 부서 간에 더욱 원활한 인적 교류를 가능하게 할 것이다.

본 위원회는 일단 유능한 사람을 임용한 후에는, 이 사람들을 정부에서 지속적으로 근무하도록 하는 것이 중요하다고 생각한다. 유능한 지원자들이 낡고 고정적인 연금 체계에 의해 경력자로서 진입하는 것을 막아서는

〈표 19-3〉 주정부의 직렬(1991년)

주	직렬 수	주	직렬 수
Alabama	1,600개	Montana	1,350개
Alaska	1,050개	Nebraska	1,300개
Arizona	1,500개	Nevada	1,300개
Arkansas	1,900개	New Hampshire	1,490개
California	4,324개	New Jersey	6,400개
Colorado	1,348개	New Mexico	1,200개
Connecticut	2,600개	New York	7,300개
Delaware	1,434개	North Carolina	3,500개
Florida	1,596개	North Dakota	1,075개
Georgia	1,570개	Ohio	1,804개
Hawaii	1,660개	Oklahoma	1,418개
Idaho	1.550개	Oregon	1,100개
Illinois	1,680개	Pennsylvania	2,782개
Indiana	1,500개	Rhode Island	1,500개
Iowa	1,250개	South Carolina	2,318개
Kansas	1,142개	South Dakota	551개
Kentucky	1,614개	Tennessee	2,258개
Louisiana	3,800개	Texas	1,339개
Maine	1,500개	Utah	2,500개
Maryland	3,000개	Vermont	1,280개
Massachusetts	1,150개	Virginia	1,888개
Michigan	2,700개	Washington	2,100개
Minnesota	2,140개	West Virginia	2,000개
Mississippi	2,053개	Wisconsin	2,000개
Missouri	1,100개	Wyoming	774개

안 된다. 1991년 현재 약 40%에 달하는 주 및 지방공무원들은 10년을 근무해야 연금수령권을 받을 수 있다. 따라서 본 위원회는 주 및 지방정부가 연

방법 하의 민간기업과 마찬가지로 최소 5년을 근속하면 연금수령권을 줄 것을 권고한다. 5년이 지난 후, 공무원들은 자신이 원한다면 떠나면서 그 연금을 받을 수 있거나 새로운 연금기금으로 그 연금을 옮길 수 있도록 한다.

이와 같은 인사 이동의 목표는 공공 부문과 민간 부문 간의 자유로운 이동을 촉진하려는 것이다. 양 무분 간의 지식이나 기술은 상호 교환 가능하며, 공무원들로 하여금 두 세계를 이해하도록 하는 것은 장기적으로 국가에 도움이 된다.

② 급료(pay)에 대해서

본 위원회는 훌륭한 공무원에게는 인센티브를 제공할 수 있고, 정부기구들 간 공무원의 자유로운 이동을 장려하며, 필요에 따라 좀더 쉬운 재배치를 촉진할 수 있는 간명한 급료 및 승진 구조를 채택할 것을 제안한다. 이는 현재 사용되는 복잡한 직급과 호봉(grade-and-step) 체계 대신에 적은 수의 폭넓은 급료 밴드(일반적으로 세 개)를 이용하도록 한다. 현재 체계하에서 공무원 급료는 직급(grades)의 수에 기초(보통 15개 정도)하며 이 직급 내에서 근속 연수에 기초한 다양한 호봉(보통 10개 정도)에 의존한다. 150개나 되는 급료 수준(pay levels)을 가진 체계는 직장 내에서 큰 갈등을 일으킬 수 있다. 그렇지만 훨씬 단순하며 폭넓은 급료 밴드 체제(broad-banding of pay)는 매니저로 하여금 공무원들에게 새로운 직함(job title)을 주지 않으면서 보상할 수 있도록 한다. 이는 매니저로 하여금 수요와 선호의 변화에 더 쉽게 대처할 수 있는 인사관리를 가능하게 한다.

본 위원회는 주 및 지방정부가 현재 채택하고 있는 성과급 제도(pay-for-performance plans)를 재검토할 것을 제안한다. 현재 절반 이상의 주와 대부분의 카운티 및 시에는 성과급 제도 내에서 성과급을 받는 약간의 공무원이 있다. 불행하게도, 현재 시행하고 있는 제도는 본래의 의도와는 상당한 차이가 있다. 일부에서는 적절한 기금 조성도 없이 운영하고 있으며 또한 매우 복잡하고 형식적이다. 한 연구에서는 공공 부문에서 성과급 제도는 잘못 운영되고 있으며, 주 및 지방정부는 부담스러우면서 잠재적으로는 정치 과정을 통해 배분되는 적은 액수의 상여금을 남발하는 것을 매우 조심해야 한다고 지적한다. 본 위원회는 만약 공무원들이 그 제도를 공정하지 않다고 생각하거나, 기금 조성이 되어 있지 않다면, 이와 같은 제도를 폐지할 것을 권고한다.

나아가 본 위원회는 각 공무원들의 과업 수행에 따른 실적과 조직 발전의 공헌도에 따른 보수 체계와 상여금 체계를 구축할 것을 권장한다. 즉 이는 성과에 따른 보수 체계를 구축하는 것이다.

③ 다양성(diversity)에 대해서

문제는 명확하다. 정부 외부의 미국 모습은 정부 내부의 모습보다 빨리 변화한다. 로스앤젤레스의 상황을 생각해 보자. 로스앤젤레스 폭동 초기에 Independent Commission on the Los Angeles Police Department의 보고서에 따르면, 도시 주민의 63%가 유색인임에 비해 시경찰 관료들은 31%가 유색인이었다. 흑인과 라틴계 관료를 적극적으로 채용했음에도 불구하고, 시는 흑인과 라틴계를 대표할 수 있는 관료의 양성을 소홀히 하고 소수인종이 고위직으로 승진할 수 있는 기회를 어렵게 하고 있다.

정부의 서비스를 받는 사람과 정부에 근무하는 사람 간의 불일치는 오히려 긴장만을 잉태시킨다. 피지배자들의 인구 분포를 반영하지 않는 정부가 심각한 인종 간의 갈등이나 적대감에 직면했을 때 과연 이에 효과적으로 대응할 수 있을 것인가에는 정당성의 문제가 제기된다.

이런 문제점에 대한 치유책은 여성과 소수인종에 대한 좀더 적극적인 채용이다. 본 위원회는 정부가 지역사회의 다양성을 반영할 수 있는 공무원을 적극적으로 채용할 뿐만 아니라, 더 많은 여성과 소수인종이 공공 서비스 부문에서 일할 수 있는 자격을 갖게 하기 위해 이들을 위한 교육에 적극적으로 투자할 것을 강력히 권고한다.

주 및 지방정부는 지난 20년 동안 여성과 소수인종을 채용하는 데 많은 발전을 했다. 상근(full-time) 여성 공무원은 1974년 35%에서 1989년 42%로 증가했으며, 소수인종의 비율 역시 20%에서 27%로 성장했다. 그러나 여성과 소수인종은 여전히 일선에 배치될 뿐 핵심 부서에는 배치되지 않았다. 주 및 지방정부에서 낮은 급료를 받는 대부분의 직책은 여성과 소수인종이 차지하고 있다. 비록 1970년대 중반 이후부터 불균형이 조금씩 개선되고는 있지만, 주 및 지방정부는 아직도 요원하다.

본 위원회는 여성과 소수인종이 고위직에 도달할 수 있는 혁신적 방법을 모색해야 한다고 생각한다. 주 및 지방정부는 공무원들을 위한 교육 기회를 적극 제공해야 하며, 이는 여성 및 소수인종 집단이 고위 관리직을 위해 준비하는 데 도움이 될 것이나. 또한 좀디 유연한 채용과 승진 관행을 도입하는 것도 여성과 소수인종들이 정부의 중상위 직책으로 승진하는 데 도움이 될 것이다.

그러나 급료와 직책만이 문제되는 것은 아니다. 본 위원회는 인구 분포에 비례하는 공무원을 채용하려는 정부의 노력과 아울러 많은 부서에서 여성의 승진을 막는 장벽들을 제거해야 한다고 믿는다. 여전히 여성들은 여러 분야에서도 기여할 수 있는 능력이 있음이 증명됨에도 불구하고 교통, 교정, 농업 혹은 법집행(law enforcement)에 관한 업무보다는 교육, 보건, 노인시설, 도서관, 복지기관에서 주로 종사하고 있다.

④ 해고(firing)에 대해서

현재의 해고 체계는 두 가지 문제점을 지니고 있다. 하나는 업무 능력이 부족한 사람을 파면시키기가 용이하지 않으며, 다른 하나는 채용 과정에서 훌륭한 인적 자원을 충원하기에 부적절하다는 점이다. 많은 매니저들은 업무 능력이 부족한 사람을 파면시키기보다는 불필요한 직책으로 전보시키고 있다. 파면은 항상 최후의 수단이 되어야 할 것이지만 파면시킬 수 있는 길을 봉쇄해서는 안 된다.

⑤ 인사 체계의 운용에 대해서

대부분의 주 및 지방정부는 정부 차원에서 일어나는 모든 인사상의 결정에 대해 많은 통제를 가할 수 있는 집권적인 인사 체계로 되어 있다. 그러나 캘리포니아에서는 중앙위원회(central board)가 명시된 지침 하에서 부서들에게 책임을 부여하고 있다. 본 위원회는 주 및 지방정부가 더 많은 인사 결정 권한을 각 부서로 이양하고, 주 및 지방정부는 그런 결정이 공정하고, 주, 지방, 연방법에 저촉되지 않도록 보장하는 자문역을 맡을 것을 강력히 권고한다.

(2) 조달 과정의 신속화

신속하고 효과적인 정부 계약과 조달 관행에 대한 가장 큰 장애물은 반드시 거쳐야 하는 다계층의 승인 과정이다. 이 과정은 매우 복잡하고 많은 비용이 소요되므로, 좋은 회사는 정부 계약에 대한 입찰 과정에 참여하기를 거부한다. 그 이유는 단순히 시간과 노력을 투여할 만한 가치가 없기 때문이다. 반면 정부관리와 공무원들은 필요한 물품이나 장비를 복잡한 절차 때문에 필요로 할 때 제때에 조달할 수 없다. 더욱 위험한 것은 질보다는 가격이 종종 구매와 계약 과정에서 지나친 기준이 된다는 점이다.

결과적으로 조달 과정은 단지 이루고자 하는 목표를 방해하는 데 기여할 뿐이다. 경쟁은 점차 줄어들고, 저가 입찰은 일상화되고 있으며, 정부도 납세자도 그 돈의 가치에 해당하는 편익을 얻지 못한다. 이제 이러한 다단계의 복잡하고 비효율적인 조달 과정은 좀더 신속하고 효율적인 조달 과정으로 바뀌어야 한다.

- 고성과(高成果)에 대해서는 동기를 부여하고 낮은 성과의 사업에 대해서는 강한 벌칙을 주는 전제 하에서 단순하게 비용보다는 질(質)이나 결과를 중요시하라. 낮은 입찰가는 어떤 사업이든 계약자를 선택하는 과정에서 유일한 혹은 엄격한 기준일 수 없다.
- 새로운 신기술과 절차에 보조를 같이하여 충분하고 합리화된 과정을 갖추어라. 하루가 멀다 하고 급속하게 이루어지는 컴퓨터 기술 분야에서 새로운 컴퓨터 시스템을 구입하는 데 2년을 기다려야 하고, 부품을 조달하는 데 6개월이 소요되어서는 곤란하다. 비경쟁 입찰을 위한 범위를 확장함으로써, 매니저에게 신속한 결정을 할 수 있는 탄력성을 부여함으로써, 신속한 서비스를 제공하는 공급자에게 여러 종류의 수의계약 체제를 도입함으로써 정부는 물자 수급에 신속하게 대응할 수 있는 장치를 강구해야 한다.
- 문서를 최소화하라. 다단계의 검토(통제)는 조달 과정을 늦출 뿐만 아니라, 최종 계약에 불필요한 비용을 추가시킨다. 그 비용은 궁극적으로 납세자가 지불하게 된다.
- 소액 구매의 단일결재나 책임자 전결을 도입·확대하라. 일선공무원이 모든 소규모 구매에 대해 다단계의 결재를 받을 필요는 없다. 모든 장비

나 모든 사무비품을 정부기구나 부서의 중앙공급 부서에서 공급할 필요는 없다. 만약 한 공무원이 상대적으로 값싼 품목을 필요로 하고 가까운 상점에서 경쟁력 있는 비용으로 신속히 구입할 수 있다면, 담당자는 그런 종류의 결정을 신속하게 할 수 있도록 해야 한다.

요약하면, 정부는 단순한 가격보다는 산출의 질, 효율성, 책임성을 강조하는 계약 및 조달 체계를 구축해야 한다.

(3) 불용액 삭감 예산제도(不用額削減豫算制度, spend-it-or-lose-it budget system)[2]의 폐지

대부분의 주 및 지방정부의 예산 체계는 매니저로 하여금 회계연도 말까지 그 예산을 다 쓰거나 그렇지 않으면 일반예산에 반납하도록 하고, 이 경우에 다음 해의 예산을 삭감시킴에 따라 낭비를 조장했다. 즉 절약에 대해 상을 주는 것이 아니라 벌을 주었다.

비록 미래를 정확하게 예측하는 것이 불가능함에도 불구하고 앞으로(미래에) 발생할 수 있는 모든 행위에 대해 구체적으로 계상된 상세한 항목별 예산(line-item budgets) 체제 하에서 '쓰지 않으면 삭감되는 예산제도는 급한 필요성이 있는 영역에 예산이 이전될 수 없다. 매니저들은 급박한 문제에 신속하게 대처하기 위해 예산을 재작성하기보다는, 이미 편성된 예산선(豫算線, budget line)에 의해 엄격한 제약을 받는다. 즉 주변 여건은 급격하게 변화하는 데 비해 경직적인 예산 제도 때문에 신축적으로 대응할 수 없는 한계에 직면하게 된다. 모든 예산 제도는 다음 네 가지 요건을 갖추어야 한다.

첫째, 예상하지 못한 문제와 급박한 필요에 대응할 수 있도록 단체장에게 예산을 재편성할 수 있는 신축성을 부여하라. 물론 본 위원회는 예산을 증대하고 지출하는 것에 대한 합법적인 입법부의 책임을 알지만, 단체장은 지금보다는 신속하게 예산을 변경할 수 있는 자율성을 가져야 한다. 본 위

---

2) 이 예산 제도는 당해 연도에 편성된 예산을 모두 사용하지 않으면 다음 예산(익년도 예산) 편성시에 예산이 삭감되는 불이익을 받는 예산 제도를 말한다. 이런 제도 하에서는 회기말에 예산이 무분별하게 낭비되는 경향을 조장한다.

원회는 주 및 지방정부가 입법기관과 충분히 상의해 정해진 성과 목표를 통해, 정부기관의 예산에 대한 탈기속적(脫羈束的)인 예산 제도를 실험해 볼 것을 권고한다.

둘째, 한 회계연도에 지출하지 못한 예산은 다음 회계 연도로 이월시켜라. 현재의 예산 제도는 만약 정부기구가 한 회계연도에 지출하지 못한다면, 매니저와 공무원은 어떻게 효과적으로 지출할 것인가를 심사숙고했다는 이유로 익년도 예산 편성에서 불이익을 받고, 회계연도 말에 미친듯이 지출(예산을 낭비)하는 것에 대해서는 오히려 이익을 부여하는 모순을 내포하고 있다. 주어진 예산선의 1/4 범위 이내에서 다음 회계연도로 이월하는 것을 허락하는 것은 현재의 낭비적이며 비효율적인 당해 회계연도 예산 사용 제도가 지니는 취약점을 보정(補正)할 수 있는 첫걸음이다.

셋째, 자본 투자에 대한 감가상각을 고려하라. 도로, 교통 등의 사회간접자본시설에 대해서 예산은 감가상각을 전혀 고려하지 않는 것이 관행화되고 있다. 본 위원회는 주 및 지방정부가 물리적 자본에 대한 감가상각을 실험해 보길 권한다.

넷째, 예산 지출과 산출 간을 연계하라. 물론 성과주의 예산을 집행하기는 어렵겠지만, 이는 주 및 지방공무원들로 하여금 올바른 것, 즉 성과에 대해 생각하도록 한다. 이를테면 성과 목표(performance goals)는 복지기관에 얼마나 많은 공무원이 종사하는가를 묻는 대신, 복지 서비스 대상 건수는 떨어졌는가, 가장은 직업을 찾았는가, 혹은 아이들은 고등학교를 졸업했는가를 묻는다. 핵심적인 것은 성과 목표가 처음부터 명백해야 하며, 공무원들에게 동기 부여할 수 있는 방법을 강구해야 하고, 일을 통해 성취감을 고취시킬 수 있는 계기를 부여해야 한다.

이처럼 채용과 인사 관행, 보수, 연금 제도, 조달 과정, 예산 제도 등 행정의 각 부문에서 계층 수의 축소 및 대응적인 정부를 추구하는 것은 많은 고통과 어려운 선택을 요구한다. 이는 또한 정부와 민간 부문 간의 관계도 재인식되어야 함을 의미한다. 이는 캘리포니아 주 세무청(California Franchise Tax Board)이 기업과 교육기관과 함께했던 것과 같은 혁신적 파트너십의 형태를 취할 수도 있다. 그 목표는 지역사회에 깊은 관심을 가지고 지역 발전을 위한 적극적인 파트너가 되는 것이다.

때로는 공공 서비스의 민영화(privatization)도 하나의 효과적인 방법이 될 수 있다. 비록 민영화가 전능한 것도 아니고 책임의 회피 및 분산을 증대시킬 수 있는 측면도 없지 않지만, 이는 정부에게 신선함과 새로운 에너지를 가져올 수 있다. 실제로 주 및 지방정부는 주민들이 인식하고 있는 것 이상으로 민영화를 추진해 오고 있다. 특히 비영리집단은 상당한 세력으로 성장했으며, 종종 함께 책임을 공유할 만한 가치가 있다. 이미 이런 집단들은 주 및 지방정부의 사회적 서비스 프로그램을 전달하는 데 중요한 역할을 담당하고 있다.

2 학습하는 지방정부의 창조

생산적인 정부가 되기 위해서는 학습하는 정부가 되어야 한다. 이를 위해서는 1) 공무원훈련과 교육예산을 복구하고, 2) 모든 공무원들을 위한 새로운 기술/교육 패키지를 창조하며, 3) 해당 지위에 근무한 시간이 아니라 능력에 기초해 임금을 지불하고, 4) 단순한 서류전달자(paper passer)가 아니라 새로운 종류의 문제 해결 능력이 있는 매니저를 요구하며, 5) 새로운 형태의 하위직과 관리직 간 의사소통을 장려함으로써 학습하는 지방정부를 창조해야 한다.

공무원은 자신들의 기술과 영역을 확장할 수 있는 훈련이 필요하며, 위험을 회피하려는 무사안일한 업무 스타일(play-it-safe style)은 버려야 한다. 만약 공무원들로 하여금 이런 새로운 역할을 수용하도록 하려면, 모든 정책 결정에 그들을 참여시켜야 한다. 업무를 좀더 완벽하게 하기 위해서 공무원들은 자신들의 의견과 판단이 중요함을 알아야 한다.

이를 위한 첫 번째 단계는 관리자가 공무원을 보는 시각을 바꾸어야 한다. 단체장과 관리자(매니저)들은 공무원들을 세밀하게 다루어야 할 직원으로 보지 말고, 그들을 문제해결자와 혁신자(해야 할 것과 하지 말아야 할 것을 제도적으로 판단하는 원천으로서)로 인식하는 것이 큰 도움이 된다. 공무원들을 조직표의 하단에 위치시키지 말고 일선으로 상승시켜야 한다. 공무원들은 새로운 역할을 수행하기 위해 약간의 실수가 있더라도 위험을 감수할 자유와 스스로 문제를 신속하게 해결하기 위해 행동할 자유를 필요로 한다.

문제는 무엇인가 가치 있는 것을 성취하기 위해 도전할 과업이나 기회가 없는 것이 아니라, 수십 년에 걸쳐 내려온 정부의 단절되고 협소한 사고에 의해서 만들어진 잘못된 관행 때문이다. 너무나 많은 주 및 지방정부의 공무원은 내일(미래)에 발생할 과업에 대응할 수 있는 준비를 하지 않고 있다는 점이다.

현재 공무원들에게 이와 같은 새로운 역할을 맡도록 요청한다면, 그들은 그저 반응하는 것이 아니라 흥분할 것이 분명하다. 주 및 지방정부가 학습의 장(learning centers)이 되도록 보장함으로써 이러한 공무원들의 에너지를 발산시키고 극대화할 필요가 있다. 정부가 긴축 예산을 이유로 훈련 비용을 삭감하거나 지출을 제한함으로써 공무원들이 단지 협소한 영역에서만 훈련을 받도록 한다면 정부는 스스로 그 목표를 포기하는 것과 같다. 중상위직의 관리직에게만 여비 및 회의 참석비를 지급함으로써 새로운 기술과 정보에 대한 접근을 제한하는 것은 옳지 않다. 공공 서비스에 관한 국가위원회(National Commission on the Public Service)에 의해 수행된 연구 결과는 공무원들이 무엇보다도 업무와 배울 수 있는 기회에 도전함으로써 동기가 부여됨을 보여 준다(표 19-4 참조). 이런 기회를 거부하는 것은 공무원들을 낙담시킬 뿐이다.

〈표 19-4〉 직업에서 가장 선호하는 가치의 순위

1. 업무에 도전하는 것	2. 개인적 성장
3. 유쾌한 업무 조건	4. 좋은 사회 관계
5. 직업의 자율성	6. 사회에 대한 봉사
7. 직업의 안정성	8. 전문적 지식
9. 승진 기회	10. 급료 및 기타 금전적 보상
11. 특권	

출처: National Commission on the Public Service, 1988, Survey of college honor society members: Phi Beta Kappa, Sigma Xi(science and engineering), and Phi Alpha Alpha(public affairs).

학습하는 조직을 만드는 것은 정부의 훈련기관이 공무원들이 필요로 하는 것이 무엇이며 교육을 통해 이를 어떻게 변화시키며 충족시킬 것인가에 직결된다. 그것이 기초적인 컴퓨터 사용에 관한 영역이든, 의사 전달(communication)에 관한 것이든, 고객 서비스에 관한 것이든, 공무원들은 좀더 광범위한 업무(직업) 영역에서 다양한 기술을 습득할 수 있도록 해야 한다. 이런 목적을 위해 본 위원회는 다섯 가지의 제안을 한다.

1) 공무원에 대한 교육훈련비의 대폭 확보

궁극적으로 학습은 교육으로부터 출발하며 이는 예산이 수반된다. 학습의 질은 교육훈련 학습에 투여된 시간 수보다 더욱 중요하므로, 주 및 지방정부는 안정적인 학습 예산으로 최소한 전체 인건비(personal costs)의 3%를 배정해야 한다.

일단 해당 예산이 정해지면, 주 및 지방정부는 이를 기본적인 근로계약의 일부로 간주해 이 예산을 보호해야 한다. 따라서 교육훈련 예산을 훈련부서가 마음대로 쓰도록 하지 말고, 예산은 조직의 임무와 일치하는 일반적인 지침(가이드라인) 내에서 사용될 수 있도록 개별 공무원들의 계좌에 배분되어야 한다. 그 공무원들은 정부의 훈련기관에서 교육을 받아도 되며, 그 지방의 대학에서 교육을 받아도 된다. 이런 교육훈련비에 대한 계좌는 개별 공무원들이 학습을 지속하도록 동기를 창조할 것이며, 동시에 이는 교육훈련비를 둘러싸고 정부 내외부에서 건전한 경쟁을 유도할 것이다.

2) 새로운 기술 패키지의 창조

학습하는 조직이 되기 위해서는 모든 공무원이 보유하고 있어야 할 어떤 기술이나 지식이 있다고 본 위원회는 믿는다. 우리의 교육 및 훈련기관이 협소한 전문화를 넘어 광범위하고, 산출과 관련된 교육훈련을 강조함에 따라, 그 교육 과정 역시 성과를 위해 필수적인 새로운 능력의 틀을 반영해야 한다.

• 팀 구축 능력의 강화: 본 위원회는 정부의 미래 과업이 대부분 소규모 팀(그 중 일부는 단체장과 매니저가 이끌 것이고, 또 일부는 일선공무원이 이끌 것이다)에 의해 수행될 것이라고 믿는다. 성공을 위해서, 매니저와 공무원은 모두 어떻게 단체조직이 작동하는지를 알아야 하며, 목표 설정(goal-setting)과 갈등 해결의 역동성 속에서 훈련받아야

한다.

• 원활한 의사 전달: 정부의 큰 도전 가운데 하나는 그것이 잠재적인 소비자에게 서비스를 광고하는 것이든, 아니면 공공적 투입을 요구하든지, 혹은 제안된 계획을 지지하는 것이든 주민과 원활하게 의사소통을 하는 것이다. 정부의 훌륭한 마케팅은 종종 공공 부문에서 간과되는 두 가지의 기술을 필요로 한다. 그것은 1) 특정한 청중들을 설득할 수 있는 메시지를 만드는 능력이고, 2) 청중들이 생각하고 원하는 것을 이해할 수 있는 능력이다. 만약 정부가 미래의 전망을 명확히 명시하고자 한다면(그리고 이에 대한 지지를 확보하려면), 반드시 귀기울이고 대응하는 것을 배워야 한다.

• 참여 의식의 제고: 이 보고서에서 반복되는 주제는 정부의 일상적 업무 속에 일선공무원을 더욱 적극적으로 참여시켜야 한다는 점이다. 그러나 이와 같은 참여는 하위직과 관리직 사이에 새로운 양식과 새로운 수준의 의사소통을 필요로 한다. 이는 매니저가 참여를 위해 어떻게 수용적인 환경을 창조할 것인가를 배워야 한다. 동시에 일선공무원들도 그들의 아이디어를 어떻게 설득력 있는 제안으로 만들 것인가를 배워야 한다.

• 문화적 차이에 대한 인식: 사회가 점차 다문화적으로 되어감에 따라, 모든 공무원은 여러 문화에 걸쳐서 의사소통하는 것을 학습해야 한다. 이런 학습은 공무원들이 서비스 제공자로서 혹은 공동 작업자로서 일상 생활에서 조우하는 상이한 문화에 대한 실질적인 학습을 포함하는 것으로서 전통적인 감수성 훈련을 넘어선다. 이런 새로운 학습은 장식용이 아니다. 인구가 점차적으로 다양해지고 있는 지방정부와 주에서, 정부는 다양한 문화를 함께 묶어 주는 접착제이며, 직장과 상층 이동을 위한 원천이 되어야 한다.

• 서비스 질의 향상: 본 위원회가 TQM(Total Quality Management)과 같은 특정한 경영철학을 지지하는 것은 아니지만, 주민을 고객으로 간주하고 서비스 질을 제고시키는 데 높은 가치를 둔다. 차량과(車輛課, department of motor vehicles)는 고객에 중심을 둔 서비스의 아주 적절한 일례라고 볼 수 있다. 이런 경향은 주민과 접촉이 많은 다른

정부기관에서도 똑같이 나타난다. 본 위원회는 더 높은 수준의 성취와 서비스를 위해 하위직과 관리자 간 관계를 개선시킬 수 있는 어떤 훈련 프로그램이 필요함을 인정한다.

3) 학습을 위한 금전적 동기 부여

기술 습득에 근거한 급료 인상은 확실히 학습을 장려하고 성과를 향상시킬 수 있는 좋은 방법이다. 이와 같은 체계를 처음부터 설계하기는 어려울 것이다. 그러나 기술 습득에 근거한 급료 인상은 공무원들에게 자동적인 연례적 임금 인상보다 자신들의 능력을 개발하려는 더 많은 동기를 부여한다. 그 직업에서 시간을 더 보낸다고 해서 더 훌륭한 공무원이 되는 것은 아니다. 그러나 습득된 기술은 조직에 새로운 가능성을 추가하며, 그래서 공무원들을 더욱 가치 있게 만들 수 있다. 물론, 궁극적으로 학습을 위한 가장 강력한 동기는 공무원들이 그들의 기술을 의미 있고, 도전적인 업무에 사용하는 것을 보장하는 것이다.

4) 새로운 유형의 매니저(관리자) 육성

매니저들은 자신의 직무를 재학습해야 하고, 어떤 경우 이미 언급한 새로운 기술 패키지에 적용시켜야 한다. 좀더 광의로 말한다면, 매니저들은 새로운 역할을 수용해야 한다. 그들은 오랫동안 관리자로서 감독, 규율, 재고(再考), 재검토(double-checking)를 해 왔지만, 이제 이를 넘어서, 새로운 시대와 새로운 유형의 공무원에게 요구되는 지도(coaching), 벤치마킹(benchmarking), 청취(listening), 고문 역할(mentoring), 지원(championing)을 시작해야 한다.

- 지도자(coach)로서 그들의 역할은 부하 직원들이 혁신하고 성취할 수 있도록 가르치고 격려하는 것이다. 매니저의 역할은 어떻게 그 일을 할 것인가에 대해 상세하게 처방하는 것이 아니라, 부하 직원들로 하여금 기술을 선별하고, 스스로 할 수 있는 가장 좋은 방법을 결정하도록 도움을 주는 것이다.
- 벤치마커(benchmarker)로서 그들의 역할은 일이 이루어지도록 '가장 좋은 방법'을 찾는 것이며, 그들의 사무실 내에서 그 유사한 방법이 효

율성을 증대했는지를 부하 직원들과 함께 조사하는 것이다. 그들의 직무는 새로운 아이디어를 가로막는 것이 아니라, 작업이 부드럽게 진행될 수 있도록 자신들이, 혹은 부하 직원들이 찾은 어떤 아이디어를 빌려오고 조율하는 것이다.

• 청취자(listener)로서 그들의 역할은 부하 직원의 제안을 듣고 그것을 심각하게 고려하는 것을 포함한다. 어떤 조직에서 부하 직원의 참여를 가장 방해하는 방법은 일선으로부터 아이디어를 모은 다음 그것을 무시하는 것이다. 부하 직원들은 매니저가 듣고 행동할 준비가 되었다고 인식하는 순간, 그들의 아이디어를 공유하기 시작한다.

• 고문(mentor)으로서 그들의 역할은 권한과 지식을 자신의 부하 직원들과 공유하는 것이다. 계층 수가 적고 유연한 미래의 정부기구에서, 매니저는 더 이상 유일한 지휘자일 수는 없다. 그들은 모든 공무원이 성과에 대한 책임을 공유하는 자기관리(self-managed) 팀을 창조해야 할 것이다.

• 지원자(champions)로서 그들의 역할은 부하 직원의 아이디어를 지원하는 것이다. 그들의 직무는 어떤 것이 필요가 있을 때, "예"라고 말하는 것이며, 그리고나서 필요한 자원을 확보하거나 그 아이디어를 일정 수준으로 높여서 실천되도록 방법을 모색하는 것이다.

5) 새로운 유형의 하위직과 관리자 간 의사소통 장려

본 위원회가 이 장에서 권고한 많은 것들은 하위직과 관리직 간의 밀접한 관계를 가짐으로써 자연적으로 얻어지는 결과일 것이다. 왜냐하면 너무도 오랫동안 양자 간에는 적대적인 분위기가 지배적이었기 때문이다. 이러한 분위기가 혁신을 방해하고 정부의 수행 능력에 대해 공공연한 냉소주의를 양성해 왔던 것이다. 하위직과 관리직이 함께 일하는 정부에서 긍정적인 결과가 나타날 것은 명백하다.

본 위원회는 이와 같은 양자간에 밀접한 관계를 형성하기 위해서, 공무원들이 공식적으로 노조를 조직하고 있든 아니든(현재 주 및 지방정부 고용원 중 35%가 조직되어 있음), 하위직과 관리직이 새롭고 근본적인 의사소통 통로를 개방할 필요가 있다고 믿는다. 부분적으로 관리자 측은 의사

결정 과정 초기부터 하위직과 노조지도부를 포함해야 한다. 변화 과정에서 하위직을 초기부터 참여시키는 것은, 이전까지 명령과 통제라는 멘탈리티(mentality)가 남아 있는 정부단체장에 의해 종종 무시되었던 요소로서 질적 관리(quality management)를 위한 보장이다. 일단 하위직과 관리직이 좀더 긍정적인 관계를 세운다면, 노조도 적대 관계의 시기부터 전해 내려온 방어적 장치, 예를 들어 연장자에 대한 프리미엄, 감원의 경우 지나치게 세밀한 규정, 작업 규율에 대한 과도한 제한과 같은 것을 다시 고려함으로써 대응해야 한다.

전국에 걸쳐 협조적인 하위직과 관리직 간 문제 해결의 바람직한 사례가 많이 존재할 뿐만 아니라, 관련 연구들은 노조화된 공무원이 비노조 공무원보다 기회가 주어진다면 더욱 적극적으로 관리직 측에 제안을 하는 경향이 있다고 지적한다. 이런 접근은 오리건 주에서 확실히 효과를 거두었는데, 이곳에서 공공서비스 노동자조합(Service Employees International)의 구성원들은 관리자 측과 함께 문제가 되는 사회적 서비스의 작업 부담을 줄였다. 이는 미네소타 주의 긍정적 변화를 이끌어냈는데, 이곳에서 미 공무원 노동조합(American Federation of State, County, and Municipal Employees)의 구성원들은 주의 정신장애자 보호 제도를 재편하는 데 도움을 주었다. 그리고 이는 위스콘신 주의 매디슨(Madison)에서 지속적이며 매우 이롭고 새로운 운영 형태로 발전되었는데, 이곳에서 노동조합(Labor International) 소속의 공무원들은 주민의 만족을 증대시키면서, 예산을 절약하는 데 선도적인 역할을 했다.

정부가 어떻게 하면 더 잘할 수 있을 것인가에 대해 일선에 근무하는 사람들만큼 잘 아는 사람은 거의 없다. 오늘날의 고도로 경쟁적인 세계에서 구래의 적대 관계를 지속시키는 것은 아무런 의미도 없으며, 단지 정부의 발목만을 잡을 뿐이다. 정부가 좀더 생산적이 되도록 협조적으로 행동함으로써 모든 공무원들은 이익을 얻을 것이다. 하위직과 관리직 간의 협조와 노동 절약적 혁신에 따른 과실(果實)은 일선공무원들과 국민에 의해 공유되어야 한다.

3 주민 참여를 위한 장애 제거

주 및 지방정부의 근본적인 우선순위는 신뢰이고 주민과 함께 일하는 것이라고 믿는다. 효과적인 정부는 주민들이 정책, 프로그램, 이슈에 관해 알고 있고, 진행 과정에서 주민들의 적극적인 참여가 필요하다. 정부는 단순히 주민을 고객 혹은 서비스의 대상으로서가 아니라 문제 해결의 동참 기회를 주민들에게 제공해야 한다. 이런 패러다임은 정부가 주민을 어떻게 생각하고 다루어야 할 것인가에 대한 사고방식의 변화를 요구한다. 이는 또한 정부가 예산 과정에서부터 선거 과정(campaign trail)에 이르기까지 모든 영역에서 문호를 개방할 것을 필요로 한다.

주민들이 특정 부분에 대해서는 신뢰를 갖고 있는 것도 사실이지만, 일반적으로 정부에 대한 의구심과 냉소주의가 만연해 있다. 1989년의 한 조사에서, "어떤 관료(연방, 주, 지방)가 가장 정직하다고 생각하는가?"라는 질문에, 13%는 연방을, 11%는 주(州)를, 35%는 지방관료를 지적했던 반면, 설문 대상자의 1/4은 "아무도 없다"고 대답했다. 비록 지방정부가 주 및 연방정부에 비해 상대적으로 높은 신뢰를 얻고 있지만, 그 양태는 명확하다. 즉 사람들은 자신의 정부를 신뢰하지 않는다. 조사 결과에 따르면, 주민들은 기본적이며 기초적인 서비스를 제공하고 있다는 측면에서 지방정부에게 높은 등급을 주지만, 여전히 주정부가 핵심적인 공공정책에 대해 주도권을 가질 것을 요구한다. 그러나 주민들은 어떤 정부에 대해서도 만족해하지 않으며, 정부가 주민들을 위해 뛰고 있다고 믿지도 않는다.

모든 수준의 정부는 정부의 가장 중요한 책임(즉, 투표와 같은 기초적 수준을 넘어 정부가 하는 일의 진행 과정에 주민들을 참여시키고, 참여하도록 돕는 것)을 수행하지 못하고 있다. 주민은 여러가지 이유에서 정부로부터 소외되었다고 느끼지만, 그 중에서 가장 중요한 것은 주민들이 정부에서 무슨 일이 일어나고, 왜 일어나며, 그것이 그들에게 무엇을 의미하는지에 대해 이해하지 못한다는 점이다. 정부구조와 운영이 점차 커지고 복잡해짐에 따라, 주민들을 통합하고 정보를 전달할 필요성이 강화되었다. 왜냐하면 결국 그것은 그들의 정부이기 때문이다.

정부가 주민들을 그 과정에 효과적으로 참여하도록 한 많은 좋은 사례들이 있다. 여기에는 1980년대 말에 시작된 오리건 벤치마크 프로그램(Oregon Benchmark Program)과 같은 노력이 포함된다. 주민들은 교육에서부터 마약 남용에 이르기까지 모든 결성 과정에 참여한다. 몇몇 지방정부에서, '커뮤니티 정책 결정(Community Policing)'은 주민들을 정책 결정 과정에 끌어들이는 좋은 수단을 제공했다. 아직도 전반적으로 정부는 더 나은 정책 결정을 위해, 그리고 정부가 하는 일의 효율성을 향상시키기 위해 주민 참여를 장려해야 한다.

그러나 현재 상황에 대한 모든 비난을 정부에게만 할 수는 없다. 명백히 주민은 다시 참여해야 한다. 세금의 증대를 반대하면서 서비스의 증대를 요구하는 것은 모순적인 양상이며, 그 속에서 주민들은 그들의 역할을 인지하지 못하는 것 같다. 물론 본 위원회는 주민들이 거대한 공공 서비스의 사회적 영향에서 자신들의 몫을 인식하기를 원하지만, 현재 주민이 정부에 대한 의심과 냉소주의를 줄이고, 또한 문제 해결과 바람직한 정책 결정을 위해 대중 참여를 장려하기 위해서는 몇 가지가 필요하다.

1) 정부에 대한 정보 공개

선거자금 조달(campaign financing)과 로비 활동에 대한 상세한 정보를 제공함으로써 정부에 대한 정보를 공개하라. 급속하게 증가하고 있는 선거자금과 로비 활동은 정부가 소수의 이익을 대변할 개연성이 높다는 점이다. 물론 돈은 항상 정치 과정의 일부이며, 비록 선거자금과 로비 활동의 증대가 실질적으로 그 과정이 얼마나 깨끗할 것인가에 대한 심각한 문제를 제기하고는 있지만, 어느 정도가 좋고 그른가를 판단하는 것은 본 위원회의 임무를 벗어나는 일이다. 그러나 가장 급한 문제는 돈과 로비 활동뿐만 아니라 비밀이다. 본 위원회는 이것이 바로 정부의 이미지와 공공적 신뢰에 치명적이라고 믿으며, 따라서 다음에 열거할 행동을 취함으로써 정부에 대한 정보를 공개할 것을 권고한다.

(1) 선거자금의 공개

주 및 지방선거는 후보자의 선거자금(campaign spending)이 1976년 2억 4천만 달러에서 1988년 9억 5백만 달러로 증가함에 따라 중요한 사업이 되었다. 이와같이 증가하는 선거자금에 대한 우려는 많은 주 및 지방정부(1991년에만 10개의 주를 포함해)로 하여금 새로운 보고 체제를 만들게 하거나 선거자금 지출을 제한하도록 했다. 미국 대법원은 후보자의 개인적인 재원의 사용을 주로 자유로운 연설을 하는 것으로 명백히 규정하고 있지만, 정치적인 운동을 위해 다른 사람으로부터 어느 정도 지원받는 것을 허용하고 있다. 그러나 누가 누구로부터 얼마나 많은 돈을 받아 어떤 목적을 위해 지출했는가에 대해서는 공개하지 않음으로써 부패에 대한 대중적 의구심을 높인다. 이런 문제를 해결하는 한 가지 방식은 주민들에게 선거자금 지출, 즉 누가 돈을 주었고, 그 돈이 어떻게 지출되었는가에 대한 정보를 공개하는 것이다.

이런 목적을 위해, 본 위원회는 모든 주 및 지방정부가 현재에 사용되는 혹은 앞으로 사용될 보고 메커니즘에 다음 네 가지 핵심적 내용을 포함하는 것을 보장해야 한다고 믿는다.

- 주민들은 선거주기 동안과 각 선거 2주 이내에 선거 기부금에 관한 정기적인 보고서를 적당한 가격으로 접할 수 있어야 함.
- 선거캠페인위원회(campaign committees)의 이름, 주소, 은행 계좌, 회계관을 포함해, 중요한 정보에 대한 후보자의 의무적인 보고, 그리고 후보자가 대표로 있는 정치단체에 대한 동일한 정보의 의무적인 보고, 그 선거에 100달러 이상을 기부하는 사람의 이름, 주소, 직업, 고용주에 대한 의무적 보고
- 항목별로 모든 지출에 대해 선거캠페인위원회는 의무적으로 공개할 것, 예를 들어, 미디어 비용(media purchases), 여론조사비(polling), 유권자 등록(voter registration) 등
- 주민들이 이 모든 것에 대해 좀더 완전하게 이해할 수 있도록 돕기 위해, 주 및 지방정부는 통계분석을 제공할 것.

본 위원회는 주 및 지방정부가 이와 같은 공개법(sunshine laws)을 모든

선거에 대해 적용해야 한다고 믿는다. 이런 종류의 정보에 대한 접근을 막는 상태에서 냉소주의가 생기는 것은 당연한 현상이다.

(2) 로비 활동의 공개

현재 주 및 지방정부 수준에서 로비 활동은 주요한 산업이다. 이는 또한 주요한 스캔들의 원천이기도 하다. 애리조나, 사우스캐롤라이나, 캘리포니아 주의회는 매표행위(vote-buying)가 드러남으로써 큰 곤란을 겪었다. 많은 주 및 지방정부는 로비스트의 활동을 제한하려고 한다(예를 들어, 로비 활동가가 선물이나 초대라는 방법을 통해 로비 활동하는 것을 제한하는 등). 본 위원회는 로비 활동이 본래 나쁜 것이라고는 믿지 않는다. 선거자금과 마찬가지로, 정치인과 정부의 이미지를 상하게 하는 것은 로비 활동뿐만 아니라 비밀이다.

본 위원회는 주 및 지방정부가 다음 다섯 가지의 요구 사항을 포함한 로비활동공개법을 집행할 것을 권고한다.

- 정책 결정이 이루어지는 중요한 의회 회기 동안의 로비 활동 지출에 대한 정기적인 보고서에 시민들이 접근할 수 있도록 보장하라.
- 모든 로비 활동조직을 기록하라.
- 구체적인 항목별로 모든 종류의 로비 활동에 대한 모든 지출을 보고하라.
- 로비 활동 조직으로부터 선물 혹은 서비스를 받은 관료를 공개하라.
- 주민에게 로비 활동과 로비자금 지출에 대한 정보를 저렴한 비용으로 접근할 수 있도록 하라.

2) 정치자금 모금 기간의 제한

정치자금 모금 기간을 선거 6개월 전까지로 제한하고 이월된 선거자금의 이용을 제한하라. 만약 선출된 관료가 다음 선거를 위해 많은 양의 자금을 모금하기 위해 대부분의 시간과 정력을 낭비한다면, 주민 개개인이 자신의 목적을 위해 접근할 수 있는 가능성은 적어질 것이고, 정부 역시 그들의 소리에 귀기울일 기회가 줄어든다. 거의 일상적인 선거자금 모금 때문에 주민과의 접촉이 어려워지는 것, 특히 선출된 관료가 의회 회기 동안 모금하는 것은 주 및 지방정부의 지도자가 주민들과 상호 교류할 기회를 거부하는 것일 뿐만 아니라, 더 나아가 누가 정부를 '소유'하는가라는 오해를 야기할 수도 있다.

이런 문제에 대한 간단한 해결책은 없다. 그러나 정치 과정과 공정성이라는 이슈에 따라, 본 위원회는 주 및 지방정부가 선거 전 6개월 전까지는 정치자금 모금을 일시적으로 정지시키고, 이전에 실시된 선거로부터 이월된 선거자금을 그 다음 선거의 자금으로 쓰거나 개인적 목적으로 전용하는 것을 막도록 권고한다. 정치자금 모금은 더 이상 일년 내내, 그리고 매년 실시되어서는 안 된다. 물론 일부 후보자들은 분명히 이와 같은 유예 기간을 전후해서 방법을 모색하겠지만, 본 위원회는 국가정책이 주민과 선출된 관료 모두에게 관청의 우선 기능이 정책을 결정하고 집행하는 것이지 선거자금을 모금하는 것은 아니라는 점을 분명히 보여 줄 것이라고 믿는다.

3) 주민의 문제 해결 능력 향상

주민연락사무소(citizen liaison offices)를 실험해 보고 국가봉사단(national service corps)을 신설함으로써 주민 스스로의 문제 해결을 장려하라. 아무리 지도력이 있고 가장 대응적인 정부라 할지라도 모든 사회 문제를 혼자서 해결할 수는 없다. 예를 들어 지방정부는 모든 위험한 장소마다 경찰을 근무하게 할 수 없고, 모든 가정마다 사회봉사자를 근무하게 할 수는 없다. 그러나 정부가 할 수 있는 것은 주민들에게 문제해결자의 역할을 공유할 수 있게 하고, 그렇게 하도록 장려하는 것이다.

이와 같은 역할의 확대를 장려하기 위해서, 주 및 지방정부는 단지 비용뿐만 아니라 이런 문제 해결 능력에 대한 효과를 위해서도 각각의 새로운 프로그램에 비중을 두어야 한다. 콜로라도 주는 지역 주민들과 함께 어느 부분에 그리고 어떻게 아동 및 가족복지기금을 지출할 것인가를 결정했다.

주민의 문제 해결 능력을 높이는 것은 주민이 정부에 대한 접근성이 용이해야 한다. 만약 주민 의견 청취 기간(public comment period)이 중요한 정책이 이미 이루어진 후 정책 결정 과정의 끝에 예정되었다면, 결과적으로 갈등과 냉소주의를 피할 수는 없다. 정부가 주민에게 기본적인 정보 제공을 거절하고 주민이 자유롭게 의견을 개진하기가 어렵다면, 주민들은 정부 관료들과 함께 일할 수 있는 방법을 배우려 하지 않을 뿐만 아니라 정부에 대한 기본적인 신뢰조차 발전시키지 않으려 할 것이다. 만약 주민들이 참여한다면, 주민은 정책 결정 과정의 초기뿐만 아니라 모든 과정에 걸쳐 참여하도록 해야 할 것이다. 만약 정부가 주민들에게 주민공청회(public hearing)나 주민 의견 청취 기간과 같은 단지 최종적이고 형식적인 참여만을 지속적으로 허용한다면, 대중적 냉소주의가 만연할 것이고 공공정책 결정의 수행은 용이하지 않을 것이다.

주민의 참여를 강화하기 위해 본 위원회는 두 가지 제안을 한다.

(1) 주민연락사무소의 설립

본 위원회는 정부의 주요 기구들이 주민연락사무소를 설립할 것을 촉구한다. 이 사무소는 정부기구들이 임무 수행하는 관점을 바꾸고, 정부정책, 프로그램, 그리고 심리중인 이슈에 관한 정확한 정보를 시민들에게 적시에 제공하며, 자발적으로 활동하고 참여할 주민들을 모집하기 위한 하나의 장치로서 기여할 수 있다. 이것은 시민이 정부가 수행하는 일에 더욱 적극적으로 참여할 수 있도록 하는 가교 역할을 할 것이다. 이 연락사무소의 임무는 네 가지이다.

- 주민들이 자신들의 문제를 해결하기 위해 좀더 창조적으로 참여할 수 있는 프로그램을 설계하는 것
- 기존에 있었거나 앞으로 시행될 법률 및 규제가 더 나은 성과를 달성하기 위해 어떻게 변화될 수 있는가라는 문제에 대해 정부 부서 및 기관에게 조언을 하는 것
- 정책 결정 과정에서 시민의 참여를 증진시키기 위한 기회를 모색하는 것.
- 정부 부서와 기관 내에서 지역사회와 주민에 대한 더 나은 구제 노력을 지원하는 것

이 사무소는 비록 적은 비용으로 지역사회의 문제 해결을 위한 도구가 될 수 있다. 우리들의 관점에서 이런 주민연락사무소의 설립은 한시적이어야 한다. 그들은 촉매자로서 기여해야지 필연적으로 영구적인 기구가 될 필요는 없다.

(2) 국가봉사단의 설립

정치학자들은 사람들이 어렸을 때 공공 생활을 접하는 것이 오랫동안 긍

정적인 영향을 미친다고 이해해 왔다. 어떤 활동이든지, 어려서 참여했던 사람들은 그들의 일생 동안 공공 서비스와 공공 활동에 더욱 적극적으로 참여하는 경향을 보인다. 그러므로 본 위원회는 국가적 공공 서비스에 대한 이러한 개념을 인정한다. 일례로서 사람들에게 소정의 과정을 수료하도록 하고, 저리(低利)의 학자금 융자와 장학금을 주는 대신 실제로 공공 활동에서 일하도록 하는 컴럼비아 특별구 지역봉사단(District of Columbia Service Corps)을 예로 들 수 있다.

이와 같은 공공 서비스 프로그램은 주 및 지방정부에게 최소한 세 가지의 편익을 창출한다.

- 이 프로그램들은 주민들에게 정부가 하는 일과 공공정책 결정에 대한 수요와 복잡성을 소개한다. 이와 같은 실제 세계에 대한 경험을 통해 주민들을 '길들이는 것(seasoning)'은 정치 및 서비스 전달 체계에 대해 부담을 가중시키는 수요의 지속적인 증대를 감소하는 데 도움을 줄 수 있다; 주민의 문제 해결에 대한 경험 또한 주민으로 하여금 그 일이 얼마나 어렵고 복잡한가를 이해할 수 있도록 한다.
- 이 프로그램은 공공 생활의 경험에 관심이 있는 많은 사람들을 만들어 낸다. 대학 1학년생에 대한 지속적인 조사연구에서 나타난 바와 같이, 관심의 대상이 개인적 이해로부터 공공 참여 쪽으로 돌려지고 있다. 현재 사람들이 가장 필요로 하는 것은 주 및 지방정부가 하고 있는 일을 경험할 수 있는 기회이다.
- 이 프로그램은 주민들이 자신의 문제를 표현할 수 있는 기법을 개선시킨다. 이와 같은 프로그램은 어느정도 재정 지출을 요구하지만, 공공 서비스 제공시에 장기적으로는 상당한 예산 절약이 가능한데, 그 이유는 참여하는 모든 사람들이 주민 문제의 해결자가 되기 때문이다.

본 위원회는 국가봉사단(national service corps)이 어떤 모습을 취하든 관계 없이, 이 제안이 주 및 지방정부와 강력한 파트너십을 제공할 것이라고 주장한다. 즉, 젊은 사람들에게 모든 수준의 정부에서 일할 수 있는 기회가 주어져야 한다. 또한 본 위원회는 연방정부가 그 비용의 상당 부분을 지불해야 한다고 촉구한다.

4 강력한 단체장의 리더십을 위한 장애 제거

고성과 지향적 주 및 지방정부를 만들기 위해서는 강력한 단체장의 리더십으로부터 출발해야 한다. 사실 강력한 리더십을 입법화할 수 있는 방법은 없다. 선거직 혹은 임명직 단체장은 변화하려는 용기를 가질 수도 있고, 그렇지 않을 수도 있다. 그러나 본 위원회는 리더십을 좀더 용이하게 행사하도록 하는 것이 정부개혁을 추진하는 데 효과적이라 생각한다.

집무실 안에서 단체장은 변화를 요구하지만 지속적으로 장애에 직면한다. 단체장은 자신의 팀을 임명할 기회, 정부기구를 형성할 기회, 그리고 핵심적인 법안을 만들 기회를 갖지 못한다. 많은 총명하고 훌륭한 사람들이 공무원 되기를 거부하고 있고, 실행하려는 사람들도 좌절 속에 중단하고마는 것은 당연하다.

궁극적으로, 이 보고서는 더 대응적인 기관, 더 똑똑한 공무원, 주민들과의 더 많은 연계, 또는 신축성 있는 회계상의 여유를 단체장에게 허락하는 것 등을 포함해서 전반적으로 강력한 리더십 구축에 관한 것이 그 핵심이다.

이를 위해 최소한 주 및 지방정부는 단체장에게 정부를 구성할 수 있는 기회를 주는 것으로부터 시작할 수 있다. 누가 책임을 지는가라는 문제를 명백히 하는 것은 정부 내의 문제에 대해 명백히 책임질 수 있는 사람을 분명히 하고, 이를 선거구민에게 확인시키는 것이다. 이런 목적을 위해 본 위원회는 세 가지를 제안한다.

1) 단체장의 권한 강화

독립적으로 선출된 내각 수준의 관료 수를 줄임으로써 단체장의 행동 권한을 강화하라. 많은 주 및 지방정부들은 중요한 집행 부서장에 대한 직선제를 통해, 초기부터 단체장의 권한을 제한했다. 이 제도가 아무리 좋은 의도를 지닌다 하더라도, 내각 수준의 관료에 대한 직선은 책임성(accountability)을 침해하며, 정부의 중요 구성 요소를 지휘해야 하는 단체장의 능력을 약화시킨다. 그렇지만 미국 주정부에서 근무하는 약 2,000명에 달하는 주요 행정 관료 중에서, 약 300명이 직선되며, 750명 정도는 주지사가 아닌 다른 기구에 의해 임명되고 있는 현실이다. 주정부 관료의 절반 이상이 단체장과는 여러 가지 방식으로 독립적이다. 다음의 수치를 살펴보면 쉽게 알 수 있다.

• 36개 주는 분리하여 주행정관(州行政官, secretary of state)을 선출한다.
• 38개 주는 회계관(treasurer)을 선출한다.
• 25개 주는 감사관(auditor)을 선출한다.
• 16개 주는 회계검사관(comptroller)을 선출한다.
• 12개 주는 농림국장(agriculture commissioner)을 선출한다.
• 11개 주는 공공시설국장(public utility board or commissioner)을 선출한다.
• 10개 주는 보험국장(insurance commissioner)을 선출한다.
• 5개 주는 토지국장(land commissioner)을 선출한다.
• 15개 주는 교육감(superintendent of education)을 선출한다.

물론 집행 권한의 통합이라는 경향을 보이고는 있지만, 아직도 더 많은 통합이 이루어져야 한다. 주지사는 내각 수준의 관료들을 선별할 수 있는 완전한 권한을 가져야 한다. 본 위원회는 주민들이 정부가 하는 일을 책임지는 1명의 선거직 혹은 임명직 단체장을 알 수 있을 때, 주민들이 최고의 서비스를 누릴 수 있다고 믿는다. 아직도 독립적인 내각 수준의 관료를 선출하는 주(州)에 대해서, 본 위원회는 관료들이 단체장의 지휘 아래서 일사불란하게 움직이는 관료 체계를 강력하게 촉구하며, 그래야 통일적이고 책임 있는 조치가 강구될 것이다.

지방정부 수준에서, 아직도 낡고 매우 분산된 형태의 정부가 많이 존재한다. 이는 카운티 수준에서 특히 심각한 문제이다. 카운티 정부들 사이에서, 집행 권한을 몇몇의 관료들에게 분산시키는 위원회(commissions 또는 boards)는 가장 일반적인 형태이다. 카운티 정부들은 공공 서비스의 분파주의를 극복하고 비용 절약을 위해 좀더 효율적인 편제를 만들어야만 한다. 시장(단체장) 역시 기존의 명령과 통제 접근법을 '신뢰와 인도' 접근법으로 대체하기 위해서, 관료들을 선별하고 포진시킬 수 있는 집행 권한을 필요로 한다.

2) 지방정부의 분파주의 완화

'기지 폐쇄(base-closure)' 접근법을 통해 중복되거나 수행 성과가 없는 단위를 가능한 한 통합하거나 없앰으로써 정부의 분파주의를 억제해야 한다. 정부 직제는 더 이상 공공의 필요에 기여하지 못하거나, 중복적이고 경쟁적이며, 갈등적인 임무를 수행하는 기관과 부서들로 가득 차 있다. 불행하게도 많은 정부기관들은 일단 만들어지면 사라지지 않는다. 확실히 기관을 없애는 것보다 만드는 것이 훨씬 쉽다. 우리는 많은 주들이 정기적인 평가를 통해 기관과 위원회를 자동적으로 없애려 했지만, 이들을 해체하기보다는 오히려 새롭게 탄생하는 것만을 보았다. 기관들은 예산 편성 과정에서 자신의 영역을 개발했고, 입법부와 로비집단 내부에 강력한 후원자를 만들었다.

만약 단체장이 오래되고 역기능적인 기관의 직급을 없애고, 정부를 재조직하려 한다면, 그렇게 할 수 있는 기제가 필요하다. 본 위원회는 오래된 군사기지를 폐쇄하기 위해 연방정부가 사용했던 방법을 권고한다. 개별 의원들의 큰 저항에 직면했음에도 불구하고, 미 의회는 1988년 대통령으로 하여금 폐쇄되어야 할 기지를 추천할 수 있는 권한을 가진 위원회를 임명하도록 하는 법률을 통과시켰다. 기지폐쇄위원회는 '전부 아니면 전무(all-or-nothing)'라는 계획을 제출한다. 즉 의회는 모든 대상 기지를 폐쇄하는 것에 동의하거나(즉, 한 번의 단호한 조처로 많은 분야에 고통을 확산시키거나), 또한 모든 패키지를 거부하여 전혀 폐쇄하지 않을 수도 있다. 의회가 일정한 기간 내에 집행하지 않으면 기지 폐쇄 계획은 자동적으로 효력을 발생한다.

사례별로 기구를 없애거나 통합하는 것에 대한 저항이 존재한다면, 본 위원회는 주 및 지방정부에서 이와 유사한 개혁위원회를 설립할 것을 촉구한다. 비록 의회 차원에서 기지 폐쇄 과정을 만든다는 것이(리더십과 용기를 필요로 하는) 매우 정치적이라는 것을 인식하고 있지만, 의회는 궁극적으로 그 목표를 성취할 것이다.

3) 집행 의제를 본래대로 유지

집행예산제(executive budget approach)를 사용하고, 주 및 지방의 집행부에게 입법 과정에서 자신들의 프로그램이 전반적으로 고려될 수 있도록 더 많은 기회를 부여해야 한다. 단체장의 리더십은 고도로 분파적인 입법 과정에 의해 더욱 방해받는다. 주(州)의 입법 과정은 혼란스러운 위원회 구조를 통해 법령을 걸러내며, 포괄적인 법안을 수백 조각으로 나눠 버리고, 종종 끝없는 개정안을 허용하며, 최종 법안의 통과를 위해 3/5의 혹은 2/3라는 압도적인 다수를 요구한다. 본 위원회는 주 및 지방정부가 자신들의 의제를 고수할 수 있는 더 많은 기회를 단체장에게 부여할 필요가 있다고 믿는다.

법안 개정을 위한 규칙을 살펴보자. 많은 주와 지방정부들은 단체장의 의제를 'Open Rules(입법부 혹은 의원으로 하여금 때때로 의제와는 관계없는 개정안을 도입하는 것을 허용하는 것)' 하의 입법 과정으로 이관하도록 하고 있다. 본 위원회는 단체장에게 자신의 선호에 근거해 찬성 혹은 반대할 수 있는 권한을 줌으로써 책임성이 커질 수 있다고 믿는다. 그러므로 우리는 Open Rules의 사용을 제한해야 한다고 믿는다.

두 번째 사례로 집행예산제를 들 수 있다. 현재 29개 주는 예산안을 의회 통과 과정에서 수많은 조각들로 분리하고 있다. 오리건 주와 펜실베이니아 주는 매년 대략 100개의 지출안(spending bills)을 다룬다. 일리노이 주는 150~200개를, 미시시피 주는 200개 이상을, 아칸소 주는 450개를 다룬다. 앨라배마 주는 예산을 크게 두 가지로 나누고, 이를 다시 600개의 작은 안으로 분리한다. 이런 분파주의는 최종 항목의 예산 배분을 추적할 수 있는 입법부의 능력을 약화시킬 수 있으며, 그 예산안이 고립되거나 특수 이해집단의 이해 관계에 의해 정해질 가능성을 증대시키며, 이는 다시 집행부의 권한을 약화시키고 책임성을 분산시킨다.

세 번째 사례로는 전반적인 정부조직을 재조직하거나 개선시키려는 법안이다. 그와 같은 법안은 많은 다른 위원회의 영역에 걸치는 포괄적인 개혁을 포함하기 때문에, 또 다른 의도하지 않은 개정안이 나타날 수 있으며, 방향을 잃고 표류할 수도 있다.

따라서, 본 위원회가 입법부로 하여금 집행 의제를 전반적으로 유지하도록 촉구하는 것이 가능한 곳에서는, 첫째로 대규모의 개혁을 다룰 수 있는 한시적인 범영역별 위원회(cross-jurisdictional committees)를 이용하고, 둘째로 법안이 반드시 분리되어야 할 때에는, 그 업무 수행을 위한 명백한 한계를 설정하고, 최종 심사 이전에 일괄적으로 법안을 재배정하도록 한다. 그리고 이런 전체 과정에서 다수결의 횡포는 없어져야 한다.

제 3 절 맺음말

높은 성과를 성취하는 것은 쉽지 않을 것이다. 광범위한 개혁이 불가능할지도 모른다. 기득권의 보호와 일상적인 정치를 통해 조금씩 바꿔 나가자는 유혹이 항상 존재할 것이다. 그렇지만, 본 위원회는 주 및 지방공공서비스의 책임자에게 버릴 것은 버리고, 그 반대로 더 많은 책임을 취하라고 요청한다.

그러나 본 위원회는 어떤 한 집단이 무엇을 포기하든지 그 반대로 더 많은 것을 얻을 것이라고 확고하게 믿는다. 본 위원회는 만약 모든 다양한 이해집단들이 광범한 대응적 측면에서 이 보고서의 권고 사항을 이해한다면, 종합적인 행동을 위한 계기가 만들어질 것이라고 믿는다.

단체장들을 생각해 보자. 이 위원회는 그들에게 정부가 하는 일을 형상화하고 수행하는 데, 대중들과 새로운 대화를 시작하고, 미래에 대한 명백한 비전을 제시하고, 주민들과 일선공무원들이 함께 신뢰를 쌓으라고 요구한다. 그 대가로 단체장들에게는 그들의 정부, 그들의 정책, 그리고 그들의 스태프는 형성할 수 있는 더 많은 권한이 제공될 것이다.

공무원들을 생각해 보자. 본 위원회는 1,500만 명이 넘는 미국의 주 및 지방공무원들(노조원이든 아니든 똑같이)이 좀더 위험을 감수하고 더 많은 책임을 가질 것을 요구한다. 본 위원회는 그들에게 일생의 큰 뜻을 갖고 수준 높은 작업과 일상적인 목표를 더 훌륭히 이룰 수 있도록 학습하도록 권한다. 그 대가로, 본 위원회는 정부로 하여금 공무원들에게 어떻게 그 직무를 할 것인가에 대한 정책 결정 과정에서 더 많이 참여하게 함으로써, 그들에게 도전할 만한 업무를 부여하라고 요청한다. 동시에 본 위원회는 정부가 공무원들에게 훈련과 교육에 대한 필수적인 투자를 할 것을 권고한다.

매니저들을 생각해 보자. 본 위원회는 매니저에게 감독(supervising), 규율(disciplining), 재고(再考, second-guessing), 그리고 재검토(double-checking)의 역할을 벗어나서, 신뢰와 인도 전략의 핵심인 지도(coaching), 벤치마킹(benchmarking), 청취(listening), 고문(mentoring), 그리고 지원(championing)을 하라고 요구한다. 매니저는 혁신을 조장시키는 분위기를 유지하고, 이런 창조적 노력에서 불가피하게 나오는 조그만 실패를 수용하도록 도와 주어야 한다. 그 대가로서, 변화를 준비하는 매니저들은 사람의 고용이나 해고 혹은 구매 결정을 하는 과정에서 시간을 많이 소모케 하는 융통성 없는 규제로부터 자유로워질 것이다. 이런 변화는 매니저들에게 자신들의 부서를 운영하는 방법을 형성하는 데 더 많은 시간과 자유를 허락할 것이다. 또한 그들은 그들이 원하는 단체장과의 접근뿐만 아니라, 교육기회에 대한 접근도 가질 것이다.

주민들을 생각해 보자. 본 위원회는 주민들로 하여금, 잘하고자 하지만 모든 문제를 해결할 능력이 없는 정부를 인식할 것을 요구한다. 주민들은 지역사회의 문제해결자로서의 자신들의 역할을 재발견해야 한다. 주민들이 정부가 행동할 것을 주장할 때, 그들은 정부 행동이 돈을 필요로 한다는 것을 인식해야 한다. 그들은 또한 행동이 지도자에게 행동할 수 있는 권한 부여를 필요로 있다는 점을 인식해야 한다. 그 대가로, 본 위원회는 정부 내에서 더 많은 주민들의 역할을 권고하는데, 이러한 역할은 부분적으로는 주민연락사무소를 통해서 할 수 있다. 그리하여 주민들은 정책 결정 과정의 모든 단계에 참여할 수 있게 된다. 또한 본 위원회는 정부가 너무나 많은 주 및 지방정부에서 나타나는 선거자금 조달과 로비 활동을 둘러싼 비밀을 종식시킬 것을 권고한다.

이와 같은 대응적 사고 방식의 이점은 공공 서비스를 둘러싼 모든 부문이 호혜적 패키지 속에서 공유할 수 있다는 점이다. 이와같이 함께 노력하는 것과 같은 변화를 생각함으로써 우리는 필요한 개혁으로 나아갈 수 있다. 일시적이고 부분적인 대체나 조율은 전반적인 변화만큼 효과적일 수 없다. 단체장, 공무원과 노조, 매니저, 시민들 각각에 대한 압력이 아니라, 그 과업을 확실히 앞당길 수 있는 공공 서비스의 건설에 네 개의 모든 집단이 참여해야 한다.

그러나 정부기구와 정부 시스템의 변화 없이 진정한 개혁은 불가능하다. 우리의 단체장, 주민, 그리고 공무원들은 너무나 오랫동안 관료제적인 사고방식에 젖어 왔다. 이 보고서에서 요구하는 규제 완화와 감축이 이루어질 수 없다면 구습의 체계는 지속될 것이다.

제 6 부

참여행정과 자치행정의 미래

제20장 함께 다스림(governance)과 시민 참여

제1절 지방정부와 정책 결정

오늘날 사회는 고도로 복잡해지고 다원화됨에 따라 공공 부문도 과거와 같이 정부 중심의 통치 방식에서 정부 밖의 NGO단체나 전문가집단, 시민, 민간 부문 등과의 협력 체계의 구축을 통해 문제를 해결하고자 하는 경향이 증가하고 있다. 특히 이러한 경향은 최근 우리나라의 정부정책 활동 과정에서 더욱 두드러지게 나타나고 있는데, 이와 관련해 가장 많이 활용되는 것이 NGO를 중심으로 한 비정부 부문의 활동이다. 따라서 NGO를 제4의 정부라고 지칭하기도 한다.

이에 비해 위원회는 특정 분야의 전문가나 정부정책에 의해 직접적으로 영향을 받는 사람들이 대표를 통해 참여하는 제도를 의미한다(정홍익 · 김호섭, 1991: 439). 즉, 위원회는 정부정책상의 결정이 행정에 의해 일방적으로 이루어지는 조직 체계와 달라서 각 위원들의 상이한 견해를 조정하고, 구체적인 사실이나 목적에 대한 집단적 판단을 가능케 하는 합의제를 말한다. 이와 같은 위원회는 정부정책 결정 과정에서 민주성을 확보할 수 있다는 점에서 중요한 의의를 지니며(신두범, 1986: 200), 특히 거버넌스 시대가 도래한 현 시점에서 위원회의 역할과 기능은 매우 중요해지고 있다. 왜냐하면 거버넌스의 개념에는 성과와 효율을 지향하는 신공공관리적 개혁뿐만 아니라, 정부의 주요 정책 과정에 시민단체 및 시민들이 참여해야 한다는 연대적 혹은 네크워크적 협동 정신이 포함되어 있기 때문이다(김상구 · 최병대, 2003: 124). 따라서 정부의 정책 과정에서 위원회가 어느 정도의 역할을 수행하고 있는지를 분석하는 것은 거버넌스 시대를 맞이해 매우 의미 있는 연구가 될 것으로 판단된다. 그러나 아직까지 정책 과정에서 위원회의 역할에 초점을 맞추어 진행한 연구는 거의 존재하지 않는다. 이에 이 연구는 정책 모든 과정에서의 위원회의 역할을 특정 사례를 중심으로 한 실증 분석을 통해 밝혀보고자 한다.

제 2 절 함께 다스림(governance)의 의미

요즈음 행정학 분야를 비롯한 공공 분야에서 가장 흔히 학자들 사이에 회자되는 언어가 바로 '거버넌스(governance)'가 아닐까 여겨진다. 그럼에도 불구하고 아직까지 거버넌스에 대한 실체가 무엇인지는 보는 시각과 각자의 관심 영역에 따라 각기 다양한 의견이 개진되고 있다. 거버넌스에 대한 용어조차도 아직까지 우리의 언어로 적합한 용어를 찾지 못하고 있는 실정이다. 지금까지 거버넌스에 대한 용어를 다양하게 번역하고 있다. 이를테면, 거버넌스, 국정관리, 신공공관리, 협력적 통치, 네트워크적 관리, 망치(網治), 협치(協治), 공치(共治) 등 다양한데(김석준 외, 2000), 그 어느 것도 본래의 의미를 충실하게 전달하기에는 한계가 있으므로 원어의 발음대로 '거버넌스'로 하자는 의견이 지금까지는 우세한 것으로 판단된다. 거버넌스에 대한 적절한 용어를 찾지 못해 원어의 발음대로 거버넌스로 사용하다 보니 거버넌스를 이해하는 데 적지 않은 혼란이 야기되고 있다. 특히 이 용어(governance)를 처음 접하는 사람들은 쉽게 그 의미를 파악하기가 어렵다는 점이다.

따라서, 여기에서는 먼저 거버넌스에 내포되어 있는 근원적 의미를 되살펴봄으로써 거버넌스에 대한 적절한 용어가 무엇인지를 탐색해 보기로 한다. 우선 결론적으로 얘기하자면 거버넌스에 대한 적합한 용어를 '함께 다스림' 또는 '더불어 다스림'으로 번역함이 원어의 의미에 충실하면서 가장 한국어에 충실한 언어적 표현이 아닐까 여겨진다. 한자어로 표현하자면 협치(協治), 공치(共治)와 유사하지만 '치(治)'란 의미가 다분히 과거 중앙집권적 체제의 권위주의적이며 관료적인 냄새가 강하기 때문에 적절하지 않으며 바람직하지도 않은 용어라 사료된다. 즉 '치(治)'란 의미가 상호 협력의 의미보다는 다분히 지배자가 피지배자를 통치한다는 성격이 강하기 때문이다. 반면에 '다스림'은 남이 나를 다스릴 수도, 내가 남을 다스릴 수도, 또한 내 스스로를 다스릴 수도 있음을 내포한다고 볼 수 있다. 즉 '다스림'에는 구성원들이나 집단들 간 상호 협력의 의미가 더욱 강조되고 있다.

필자는 '함께 다스림(governance)'의 개념을 "함께 참여하여 함께 만들고 함께 해결하며 아울러 책임도 함께 지는 것"으로 정의하고자 한다. 즉 이는 '함께 다스림'이며 '더불어 다스림'이라는 의미이다. 거버넌스 행정은 '함께 다스리는 행정'이며, 이는 곧 '함다행정'이다. '함께 다스림(governance)'은 어떤 문제를 해결하거나 정책을 결정하는 데 과거와 같이 정부(government)가 일방적이거나 정부 주도적으로 결정하고 문제를 해결하는 것이 아니라 어떠한 문제나 정책에 대해 이해 관계를 공유하는 모든 집단이나 관계자들이 함께 참여하고 결정해 문제를 해결해 나가는 것이라고 볼 수 있다. 아울러 그 결과에 대해 참여자들은 책임도 동시에 공유하는 것이다. 이제 '함께 다스림' 또는 '더불어 다스림'에 내재되어 있는 본질적 의미를 살펴보자.

'함께 다스림'에 대한 의미를 파악하기 위해서는 먼저 government에 대한 의미를 이해하는 것이 '함께 다스림'의 의미를 좀더 쉽게 파악할 수 있을 것으로 생각된다. Government는 공식적 권위에 의해 뒷받침되는 제반 활동을 의미한다고 볼 수 있다. 말하자면 (지방)정부가 공식적 권위에 의해 국민이나 시민(주민)을 통치한다는 의미가 그 핵심이다. 반면에 '함께 다스림'은 구성원들의 공유된 목적에 의해 뒷받침되는 제반 활동을 의미한다고 볼 수 있다. 즉 거버넌스는 권위에 의해서가 아니라 공유된 목적에 의해 구성원들 모두가 함께 참여하여 더불어 다스려 나가는 것이라 할 수 있다. 여기서의 구성원들이란 개인뿐만 아니라 단체, 기관, 조직, 정부 등을 총망라한 개념이다.

'함께 다스림'에는 그 용어가 시사하는 바와 같이 본질적으로 다수의 참여자가 존재한다. 즉 다수의 참여자가 공유된 목적을 향해 더불어 다스려 나가는 과정이라고 볼 수 있다. 그런데 이 다수의 참여자는 서로간 우열이 존재하거나 경중이 있는 것은 아니며 상호간 신뢰와 존중 속에 형평성이 보장되어야 한다. 이럴 경우 이상적 의미에서의 거버넌스가 실현될 수 있을 것이다. 그러나, 다수의 참여자가 존재할 경우, 현실적으로 모두가 절대적 형평성을 확보하기는 용이하지 않다. 속담에 "사공이 많으면 배가 산으로 올라간다"는 말이 있듯이 어떤 사안이나 정책이든 간에 모든 참여자가 동등하게 관련성을 지니기가 쉽지 않다. 즉 사안에 따라서 정부 부문이 상대적으로 높은 관련성을 지닐 경우도 있는 반면에, 그 반대로 민간 부문이나 시민의 영역에 더 높은 관련성을 띠는 경우도 있을 것이다. 전자를 "시민의 협력이나 참여를 얻으면서 행정(정부)의 주체성을 근본으로 하는 영역"으로, 후자를 "시민의 주체성을 근본으로 행정(정부)의 협력에 의해 이루어지는 영역"으로 구분하기도 하는데(김수현 · 박원철, 2000), 본인은 전자의 경우를 '정부 주도형 함께 다스림'으로 칭하고, 후자의 경우를 '민간 주도형 함께 다스림'으로 칭하고자 한다. 다시 말하면, 이는 다수의 참여자들 간에 관심의 정도, 이해 관계의 정도, 참여의 정도 등에 따라 다양한 형태의 '함께 다스림'이 나타날 것이다.

정책 과정에서의 '함께 다스림'은 다양한 과정에서 이루어진다. 즉 정책 의제의 발굴 및 설정 단계, 정책 결정 단계, 집행 단계 및 평가 단계이다. 이상적 의미에서의 거버넌스는 매 단계마다 균형적인 시각에서 행위 주체들의 참여가 이루어지겠지만, 실제로 그렇지 않는 경우가 대부분이다. 한 경험적 조사에 의하면 정책 과정에서는 주로 정책의 입안 단계에서 이루어진다고 한다.[1] 최근 OECD의 한 보고서에서도 정책 과정에서 가능한 한 초기 단계에 개입해야만 정책의 실효성을 높일 수 있다고 주장한다(Gramberger, 2001: 85). 즉, 정책 과정에서의 '함께 다스림'의 적용은 정책 집행

1) 조석주 외(2000)의 연구에 의하면, "지방자치단체가 지역의 환경정책을 결정하는 과정에서 어느 단계에서 지역 NGO의 의견을 수렴하느냐?"에 대해 공무원집단의 59.8%, 환경NGO 관계자 집단의 43.1%가 정책 입안 단계로 응답했다고 한다.

단계에서보다는 정책 입안 단계에서 적용 가능성이 높게 나타나고 있는 것이 일반적이다.

'함께 다스림'을 시민 참여와 혼동하는 경우가 없지 않으며, 흔히 관료들은 거버넌스를 시민 참여로 이해하는 경우가 허다하다. '거버넌스'를 '함께 다스림'으로 번역할 경우 시민 참여와 혼동할 가능성은 거의 없을 것이다. 특히 시민 참여라는 견지에서 거버넌스는 중앙정부보다는 지방정부에서 활용 가능성이 매우 높다(Box, 1998: 5-10). 이런 맥락에서 '함께 다스림'은 중앙정부보다 지방정부에서의 'local governance'적 차원에서의 적용 가능성이 훨씬 높다고 사료된다. government에도 시민 참여는 존재한다. 전자(governance)의 경우 시민 참여가 본질적 요소이며 능동적이고 적극적·실제적인 의미를 지니는데 비해, 후자(government)는 절차적이며 수단적인 성격이 강하며 소극적이며 형식적·동원적인 측면이 없지 않다. 비록 거버넌스적 의미에서 시민 참여가 전자의 경우라 하더라도 전제 조건이 필요하다. 즉 미국이나 영국 등 서구 선진 국가들과 같이 시민사회가 성숙되어 정부와 대등한 관계에서 강력한 힘을 발휘할 수 있는 여건이 갖추어져야 한다. 정부와 시민사회 간 불평등 관계가 존재하는 한 아무리 적극적인 시민 참여가 이루어진다 하더라도 이는 '의제된 governance'를 탈피할 수가 없다. 즉 외양은 거버넌스일지라도 진정한 의미(협의)에서 '함께 다스림'이라고 보기는 어렵다.

이와같이 '함께 다스림'에는 여러가지 복합적이며 다차원적인 의미가 함축되어 있다. 이러한 의미에서 거버넌스는 다차원적인 개념(multi-layered concept)이며, 분리할 수는 있으나 상호 관련되는 요소들의 구성체이며, 산출보다는 과정에 초점을 두는 특성을 지니고 있다(김석준 외, 2000: 228-9). 이상적 의미에서의 '함께 다스림'은 참여 주체들 간 참여 정도가 균등화되고, 정책의 모든 과정에서 형평성이 확보되고, 정부 부문과 비정부 부문 간 또는 여러 참여 주체들 간에 불평등 관계가 존재해서는 안 되며 상호 대등한 관계에서 공유된 목적을 위해 수행되는 제반 활동을 의미한다. 이러한 거버넌스를 '최협의의 함께 다스림'이라고 볼 수 있다. 즉 이와 같은 조건 하에서 공유된 목적을 위해 함께 참여해 함께 만들고 함께 문제를 해결하며 아울러 책임도 함께 지는 것이 '최협의의 함께 다스림'이다.

그러나 이상적 의미에서의 최협의의 '함께 다스림'은 현실적으로는 존재하기가 매우 어렵다. 사안에 따라 정부 부문이 비정부 부문보다 비중이 상대적으로 높을 경우도 있으며, 그 반대의 경우도 있을 것이다. 또한 정책 과정에서 정책 집행 단계보다는 정책 입안 단계에서의 거버넌스적 요소가 접목될 가능성이 상대적으로 높게 나타나는 것이 일반적이다. 현실적이며 실제적인 의미에서 '함께 다스림'은 사안에 따라 참여 주체들 간의 역할이나 비중이 고려되고, 정책 과정의 특성에 따라 거버넌스적 요소의 적용 가능성의 차이를 용인할 필요가 있다. 그러나, 이 경우에도 참여 주체들 간에 상호 대등한 관계에서 신뢰와 존경이 뒷받침되어야 한다. 이러한 거버넌스를 '협의의 함께 다스림'으로 부르고자 한다.

광의 또는 일반적인 의미에서의 '함께 다스림'은 협의의 개념에서 현실적으로 참여 주체들 간의 불평등한 관계를 용인하는 것이다. 이러한 경우의 거버넌스를 '광의의 함께 다스림'으로 부르고자 한다. 실제로 현재 한국은 영국이나 미국 등 구미 선진 국가들처럼 아직까지 시민사회가 성숙되지 않았으며 비정부 부문이 정부 부문과 대등할 정도로 활성화되지도 않은 현실이다. 이러한 현실을 부정하고 이상적 의미에서의 거버넌스를 추구할 경우 현재 우리나라와 같은 경우는 거버넌스가 설 땅이 없어진다. 현재 우리나라에서 일반적으로 거버넌스라고 사용되고 있는 의미는 '광의의 함께 다스림'이 주종을 이룬다고 볼 수 있다.

한편 '함께 다스림'에 참여하는 참여 주체들의 영향력 및 참여 정도에 따라 정부 부문이 상대적으로 높을 경우, 이를 '정부 주도형 함께 다스림'이라 볼 수 있다. 반면에 정부 부문에 비해 비정부 부문(민간 부문)의 영향력 및 참여 정도가 상대적으로 높을 경우, 이를 '민간 주도형(비정부 부문 주도형) 함께 다스림'이라고 간주할 수 있다. 마찬가지로 각종의 단체, 기관 등 다양한 참여 주체들 간에 상대적으로 참여의 정도가 차이가 있을 경우, 가장 주도적인 역할을 하며 참여의 정도가 높은 참여 주체를 중심으로 한 '○○ 주도의 함께 다스림'으로 부를 수 있을 것이다.

그러면, '함께 다스림'은 왜 필요한가? 오늘날 사회 구조는 불과 몇십 년 전과는 비교할 수 없을 정도로 고도로 분화되고 이해 관계가 복잡하게 상호 얽혀 있다. 민주성이 신장되고 시민사회가 성숙되어 이해 관계가 상호 충돌하는 경우에는 과거와 같은 권위주의적 접근 방법으로써는 정책을 만들기도 어려울 뿐만 아니라 정책의 실효성을 확보하기가 점차 어려워지고 있다. 즉 정부 주도의 일방적 결정으로는 정책의 집행이 용이하지 않으며 또한 바람직하지도 않다는 점이다. 어떤 문제를 해결하거나 정책을 수립하기 위해서는 무엇보다 이해 관계자뿐만 아니라 공공선을 극대화하는 방안이 무엇인지를 고민해야 한다.

일례를 들어보자. 서울시와 경기도(수원시)의 택시요금을 결정하는 경우를 상정하자. 권위주의적 정부(government) 하에서는 택시요금 결정 업무를 담당하는 서울시 관계자와 경기도(수원시) 관계자 간에 상호 협의·조정을 통해서 결정될 것이다. 양자간 협의시 협의가 결렬되면 상호 책임을 떠넘길 것이다. 즉 택시를 실제로 이용하는 고객의 입장의 의견이 반영될 여지는 거의 없다. 그렇기 때문에 양 도시 간 택시 운영 요금 체계가 다르며 밤 늦은 시간에 취객은 사당역에서 수원까지 총알택시(?)에 생명을 맡겨야 될지도 모를 일이다. 반면에 '함께 다스림'으로 이 문제를 해결하는 경우, 택시 요금을 결정하기 위해서는 위의 양 당사자 이외에도 기본적으로 양 도시 간 택시를 이용하는 승객이나 이들의 모임(단체)뿐만 아니라 양 도시의 택시 회사나 그들의 연합체(단체)들도 참여할 것이다. 아울러 택시의 대중교통적 성격을 간과하기가 곤란하다면 공익 대표자도 참여해 이해관계자(집단)들의 공유된 목적을 위해 합의된 의견을 도출해야 할 것이다.

또 다른 일례를 살펴보자. 서울시의 지하철 1호선(좌측 통행 방식)과 나머지 지하철의 통행 방식(우측 통행 방식)이 상이하다. 더구나 같은 4호선인데도 서울시 구간은 우측 통행 방식인데 경기도 구간인 과천 방향의 남태령부터는 좌측 통행 방식으로 전력 공급 방식[2]이 상이(서울시 구간: 직

---

2) 전력 공급 방식에는 항상 일정한 전압이 흐르는 직류 방식과 그렇지 않은 교류 방식이 있다. 전자(직류)는 지하철과 같은 도시철도에 효과적인 공급 방식이다. 그 까닭은 지하철은 역간 거리가 짧아 자주 정차하고 출발해야 하므로 단시간에 속도를 높이고 줄여야 하는데 효과적이고 비교적 단거리 구간을 운용하는 데 유리하다. 또한 지하철은 지하구간이 대부분인데 직류 방식은 교류 방식에 비해 전력 공급 시설을 장치하는 데 터널의 높이 공간을 교류 방식에 비해 상대적으로 낮게 할 수 있는 장점이 있다. 반면에 후자(교류)는 장거리 운행에 적합하며 도시철도에서와 같이 비교적 단거리 구간에 잦은 정차 및 출발을 해야 하는 경우에는 에너지 효율이 낮을 뿐만 아니라 단시간에 가속 및

류 방식 vs 철도청 구간: 교류 방식)하여 전력 공급이 일시 중단되는 사(死)구간이 발생하고 있다. 즉 전력 공급이 중단되는 이 사구간에는 달려오는 관성으로 달려야 하니 자칫하면 엄청난 위험이 발생할 수 있다. 아마 지하철 통행 방식을 결정할 당시에 서울시 관계자와 건설교통부 또는 철도청 관계자와 통행 방식을 정하기 위해 수 차례 회의를 했을 것이다. 결국 양자 간 자기 주장만 하다가 합의점을 찾지 못한 결과가 현재와 같은 통행 방식을 채택하게 했다. 그 결과 현재 이 지하철을 이용하는 승객은 통행 방식이 다름으로 인한 혼란과 위험을 감내할 수밖에 없는 상황이다. 만약 통치(government)적 시각에서가 아니고 '함께 다스림(governance)'적 시각에서 지하철 통행 방식을 결정했더라면 좌측 통행 방식과 우측 통행 방식이 공존해 지하철 이용 승객들에게 혼란을 주는 결정이 이루어졌을까?

'함께 다스림'은 과거에 존재하지도 않고 서구에서만 존재하는 새로운 개념인가? 최근 미국 등 서구 사회에서는 거버넌스에 대한 다양한 적용 사례가 소개되고 있다. 예를 들면 전종섭 교수는 샌프란시스코 시의 무료 급식 시설 이전과 관련한 분쟁을 거버넌스적 접근으로 훌륭하게 문제를 해결했음을 소개하고 있다(전종섭, 2000). 우리나라에서도 비록 거버넌스란 용어를 사용하지 않았을 뿐이지 오래 전부터 존재해 왔다고 볼 수 있다. 그 일례를 부역(賦役) 사업[3]에서 찾을 수 있다. 1960년대 및 1970년대만 하더라도 태풍이나 여름철 장마가 지나가면 지방의 비포장 도로는 도로가 유실되거나 파손되는 것이 다반사이다. 장마가 지나가면 이를 복구하기 위해서 마을 이장(동장)은 먼저 복구하는 방법을 찾기 위해 통·반장 등 대표자들과 저녁 마을회관에서 회의를 소집해 다 같이 함께 복구 방법을 논의하고 결정한다. 즉 복구를 위한 일시, 방법, 불참시 벌칙(벌금 부과 등) 등 제재 조치 등을 정한다. 이에 따라 정해진 일시에 복구가 이루어지며 만약 이에

감속하기가 곤란하다. 아울러 교류 지하구 간의 경우 전력 공급 시설로 인해 직류에 비해 상대적으로 높은 공간(높이)을 확보해야 한다. 이 경우 공사비가 엄청나게 추가 소요된다는 점이다. 즉 현재 서울시 지하철 1m를 건설하는 데 약 1억 원에 가까운 예산이 소요됨을 고려할 때 교류 방식을 택할 경우 추가적 건설 경비 부담은 엄청날 것이다.

3) 여기서의 부역(賦役)이란 국가나 공공단체가 국민이나 주민에게 의무적으로 지우는 노역(勞役)을 의미하며, 국가에 반역하는 일에 가담하는 부역(附逆)과는 그 의미가 다르다.

불참시에는 벌금 등을 지불해야 한다. 이 경우에 수해(도로) 복구라는 공동의 목적을 위해 이해 관계를 가진 자들이 공동으로 참여해 문제 해결 방법을 강구하고 실행에 옮기며 위반시에는 책임(벌금 등)을 지운다. 여기에서 이장(동장)은 수해 복구라는 문제 해결을 위한 가교 역할을 수행한다고 볼 수 있다. 이 경우 비록 거버넌스란 용어를 사용하지 않았을 뿐이지 '함께 다스림'의 전형적인 사례가 아닐까 여겨진다.

이와같이 '함께 다스림'은 다수의 집단 간 또는 공익과 사익이 상호 충돌의 우려가 높으면 높을수록 '함께 다스림'으로 문제를 해결해야 할 필요성이 점증할 것이다. 특히 오늘날 도시 개발이나 환경 분야 등과 같이 구성원들이나 집단들 간 첨예하게 이해 관계가 대립하는 님비(NIMBY)시설의 기피나 핌피(PIMFY)시설을 서로 유치하고자 경쟁이 치열할 경우, 과거와 같은 통치(government)적 시각으로써는 문제를 해결하기는 한계가 있을 수밖에 없다. 이러한 갈등 현상은 1995년 민선 자치단체장 체제가 등장하면서 더욱 폭증하고 있는 실정이다. 이런 의미에서 '함께 다스림'은 중앙정부에서보다는 지방정부 차원에서 휠씬 그 필요성이 요구된다. 다시 말하면, 지방 차원에서의 '로컬 거버넌스(local governance)'의 필요성이 증대되고 있다. 거버넌스가 지역을 기반으로 한 지방자치단체에서 발현될 때 이를 '로컬 거버넌스'라고 한다. 즉 '로컬 거버넌스'는 '지역 주민과 함께 다스림'이라 볼 수 있다. 로컬 거버넌스는 거버넌스에 비해 한정된 지역(주로 지방자치단체)을 대상으로 하며, 이해 관계 집단의 규모가 좀더 한정적이고, 주민이나 NGO단체와의 접촉성이 상대적으로 높다.

로컬 거버넌스가 활성화되기 위해서는 커뮤니티 거버넌스(community governance)가 활성화되어야 한다. 커뮤니티 거버넌스는 일종의 로컬 거버넌스에 해당하지만 지역 단위에서 가장 기초적이며 하나의 소규모 커뮤니티에서 거버넌스가 활성화되고 성공적으로 전개될 개연성이 높다. 흔히 지방자치를 풀뿌리 민주주의라고 하듯이 함께 다스림도 소규모 일선 단위에서 활성화되면 될수록 더 큰 규모의 함께 다스림도 더욱 발전하고 성장할 것이다. 즉 지방자치의 기초 단위인 커뮤니티에서의 커뮤니티 거버넌스가 활성화되면 될수록 로컬 거버넌스도 더욱 활성화될 것이다.

제 3 절 자치단체에서의 함께 다스림(local governance)과 시민 참여

1 로컬 거버넌스에서 시민 참여의 의미

지방화 · 정보화 · 국제화 현상이 도래하면서 과거의 국가 및 정부 중심의 통치 방식으로는 한계에 직면하는 현상이 곳곳에서 표출되고 있다. 즉 과거 시장의 실패에 의해 정부의 개입 정도가 확대 · 심화되어 온 것과 마찬가지로 정부의 실패가 노정되면서 정부 밖 역할자들의 도움이 절실히 필요하게 되었다. 이러한 맥락에서 비정부 부문의 역할이 중요해지고 있으며, 이의 중심축이 바로 시민 참여라고 볼 수 있다(Salamon, 1995).[4]

특히 대한민국은 1987년 6월 29일 시민항쟁 이후 시민사회가 본격적으로 전개되면서 다양한 시민단체가 폭발적으로 증가하기 시작했다. 게다가 1988년 지방자치제가 제도적으로 부활되고 1991년 지방의회의 구성, 1995년부터 민선 자치단체장의 등장은 그동안 정부(government)의 비민주적이며 권위주의적 행태에 대한 반발 심리가 상승작용을 하여 시민 참여에 대한 욕구가 분출하기 시작했다.[5] 즉 이제는 과거와 같이 정부만에 의해 모든 일을 처리하기에는 한계에 부딪칠 수밖에 없다. 다시 말하면, 정부와 시민이, 또는 다른 기관이나 단체 및 구성원과 더불어 고민하고 함께 문제를 해결하고자 하는 지혜를 결집해야만 한다. 여기에서 각 행위 주체들은 상호 존중의 파트너십을 통해 하나로 묶여지게 된다(김석준 외, 2001: 34).

---

4) 참고로 미국의 경우 16개 주요 도시에서 정부재정으로 지원되는 공공 서비스 공급을 제3섹터, 영리기업, 시정부로 구분할 경우, 제3섹터의 비중이 42%, 영리기업이 19%, 시정부가 39%를 점하고 있다고 한다.

5) 우리나라의 환경 분야와 관련한 NGO의 설립 시기를 살펴보면, 전체 385개 가운데 1990년 이후 설립된 것이 313개로 81.2%를 차지하고 있다. 설립 시기별 구체적인 내역에 대해서는 환경부(1998), 『환경백서』를 참조.

이런 의미에서 함께 다스림에는 시민 참여가 바로 중심축이 되고 있다. [그림 20-1]은 그동안 우리나라에서 시민사회로의 진행 과정을 정리해 본 것이다. 즉 과거의 권위주의적 사회에서 앞으로는 탈권위주의적 사회로, 친거버먼트(pro-government)적 사회에서 시민사회 중심의 친(親)거버넌스(pro-governance)적 사회로 나아갈 것임을 보여 준다.

우리나라 지방정부는 1990년대 초 지방자치제 부활 이후, 그동안 공무원 중심의 공급자 중심의 행정에서 시민 중심의 행정 서비스 공급 체제로 전환되기 시작했다. 즉 공급자 중심에서 시민 지향적인 행정 서비스가 공급되기 시작했다. 그러나, 이는 공무원들의 자발적인 의지에서라기보다는 주민들의 요구에 귀기울여야 하는 민선단체장들의 강력한 요구에 의한 측면이 강하다. 이제 이러한 시민 중심의 서비스 공급은 점차 시민과 함께하는

[그림 20-1] 친거버먼트적 사회와 친거버넌스적 사회의 특성 및 변화

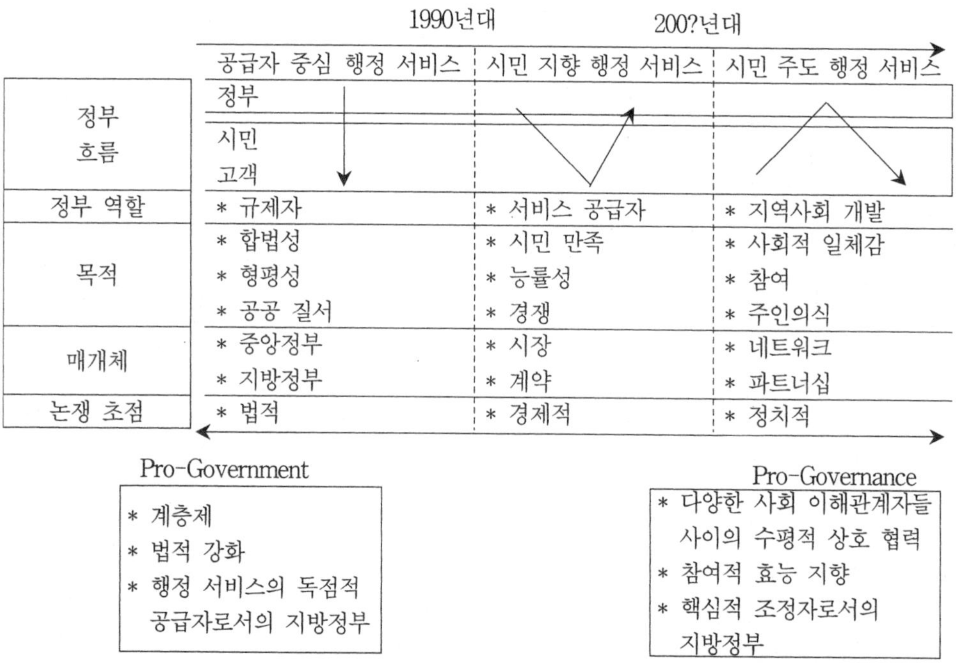

출처: Choi, Byung-Dae(2000, 2001) 및 최병대 · 강황선(2001). 서울시정의 로컬 거버넌스 도입 방안(서울시정개발연구원)을 중심으로 재구성.

또는 시민 주도의 서비스 공급으로 전환되어야 한다. 단순히 시민은 서비스 공급 대상으로서의 객체로서가 아니라 서비스 수혜 대상이면서 동시에 서비스 공급의 주체적인 역할을 수행해야 한다. 이것이 바로 거버넌스에 토대를 둔 21세기의 서비스 공급 방식이다. 그러나, 아직까지 어느 시기가 이러한 시점이 될지 모른다. 하나 분명한 사실은 과거 거버넌스 체제 하의 공급자 중심의 행정에서 시민 중심의 수요자 중심으로의 전환 현상이 싹트고 있다는 사실이다. 이제는 우리 모두가 이러한 현상이 빨리 뿌리를 내릴 수 있도록 최선의 노력을 기울여야 한다는 것이다.

기본적으로 시민 참여란 NGO뿐만 아니라 지역 주민의 개별적 활동까지 포괄하는 광의적인 의미로 받아들여진다(서순복·김선명, 1025). 그러나, 여기에서의 시민이란 무수한 개개 시민으로서는 의사의 결집 등 상당한 한계가 존재하기 때문에 어느 정도 조직화된 시민, 즉 시민 단체로서의 NGO (Non-Governmental Organization)의 역할이 중요하다. 즉 시민 참여의 대표적 활동 주체가 바로 NGO이다. 여기서의 NGO는 기본적으로 비당파적, 비종교적, 공익적, 자발적 및 자율적 특성을 지녀야 한다(조명래, 278). NGO를 통한 국민이나 시민들의 직접적인 참여 증대는 새로운 거버넌스를 가져오고 이는 정부 중심의 거버넌스와는 차별적인 의미에서 NGO 거버넌스라고도 한다(김석준 외, 2001: 81).

2 시민 참여의 유형

'함께 다스림'에서 시민 참여는 본질적 요소이다. 아울러 공공 부문에 대한 시민들이나 주민들의 참여가 과거 관료주의적이며 권위주의적 시절의 형식적이며 동원적인 수준을 벗어나 실제적이며 능동적인 참여를 의미한다. 시민 참여의 대표적인 활동 주체는 NGO이다. 시민 참여를 광의로 해석할 경우에는 NGO뿐만 아니라 시민이나 주민의 개별적 활동까지를 포함한다고 볼 수 있다. 이런 맥락에서 여러 학자들 간에 다양한 의견이 개진되고 있는데, 이를 유형화면 <표 20-1>과 같다. 즉 시민 참여의 유형을 버바와 나이(Verba & Nie, 1972)는 참여 형태에 따라, 지머맨(Zimmerman,

1986)은 참여 정도에 따라, 페이트만(Pateman, 1970)은 의사 결정의 참여 형식에 따라, 에이브램슨(Abrahamson, 1977)은 참여 형식의 질적 차이를 기준으로, 아른슈타인(Arnstein, 1969)은 시민 권력을 기준으로, 토머스(Thomas, 1993)는 공중의 관여 반영 정도를 기준으로 구분한다. 그러나 이러한 분류는 시민 참여에 대한 일반적인 분류 방식으로 거버넌스적 의미에서는 그 적용의 실효성이 반감되고 있다고 볼 수 있다. '함께 다스림'에서 좀더 부합하는 시민 참여에 대한 유형을 정책연계망, 민관협력적 조직 및 체계, 자원봉사에 의한 시민 참여로 분류하고 있다(서순복·김선명, 2001). 그 까닭은 이러한 분류가 공공정책 결정을 비롯한 공공관리 과정에 직접적으로 시민 참여가 이루어지는 것들이고, 아울러 정부와 밀접한 관계성을 지니면서 나타나는 참여 형태이기 때문이다.

앞서 언급한 바와 같이 시민 참여의 대표적인 활동 주체가 바로 NGO이다. NGO라는 용어는 1950년 UN의 경제사회이사회에서 결의안 288조가 통과되면서부터 사용되기 시작했는데, NGO의 장점은 공공 부문과 민간 부문 각각의 편향성을 극복하고 양자간의 역량과 자원을 상호 보완·결합해

〈표 20-1〉 시민 참여의 유형화

학 자	분류 기준	분류 항목
Verba & Nie(1972)	참여 정도	투표, 선거운동, 협동적 활동, 시민 주도적 접촉
Zimmerman (1986)	참여 정도	소극적 형식: 시민에 대한 정보 제공 및 시민 의견 조사 적극적 형식: 타운미팅, 공청회, 시민자문위원회 기타: 주민투표, 시민발안, 시민소환, 자원봉사
Pateman (1970)	의사결정의 참여 형식	의사참여, 부분참여, 완전참여
Abrahamson (1977)	참여 형식의 질적 차이	사회기술적 참여, 정치적 참여
Arnstein (1969)	시민 권력	비참여(조작, 치료), 의사참여(정보 제공, 상담, 회유), 주민 권력(협동 관계, 권력 위임, 주민 통제)
Thomas (1993)	공중의 관여 반영 정도	자율적 관리자 결정, 수정된 자율적 관리자 결정, 단편적 공적 자문, 통일적 공적 자문, 공중적 결정

출처: 서순복·김선명(2001: 1025).

시너지 효과를 창출하는 데 있다. NGO와 유사 용어로 NPO(Non-Profit Organization), CBO(Community-Based Organization), CSO(Civil Society Organization), VO(Voluntary Organization), 제3섹터(the Third Sector) 등이 사용된다. 어떠한 용어이든 간에 NGO의 가장 핵심적인 요건은 정부의 활동 영역을 벗어난 비정부 영역에서 활동하는 조직이며 아울러 사익이나 영리를 추구하는 것이 아니라 공익을 추구한다는 점이다. 샐러먼과 앤하이어(Salamon & Anheier)는 NGO는 최소한의 형식을 갖추고(formal), 민간조직이며(private), 비영리적이며(non-profit), 자율적이며(self-governing), 자발적이며(voluntary), 비종교적이며(non-religious), 비정치적(non-political)일 것을 요구하고 있다(주성수, 1999b).

NGO에는 여러가지 형태가 있다. 활동지역의 범역에 따라 지역NGO, 전국NGO, 글로벌NGO로, 다루는 쟁점의 범주에 따라 단일 과제 NGO와 복합 과제 NGO로, 활동하는 방식에 따라 사회적 요구에 초점을 두는 옹호형 NGO와 사회적 서비스의 생산 및 공급과 이를 집행하는 데 초점을 두는 집행형 NGO로, 활동의 지향이나 목표에 따라 공동체적 연대 지향 NGO, 법제도적 개선 지향 NGO, 사회 체제 변혁 지향 NGO로, 정부와의 관계 유형에 따라 갈등형 NGO, 경쟁형 NGO, 공조형 NGO, 협력형 NGO, 상호 통합형 NGO 등 다양한 유형으로 구분할 수 있다(조명래, 2001: 279).

제 4 절 로컬 거버넌스적 시각에서 본 시민 참여 사례분석: 서울특별시의 시정 참여사업을 중심으로[6]

1 지방정부와 시민사회(민간단체)

시민사회가 성장하면 할수록 민간단체와 지방정부(관료집단)는 갈등 관

6) 이 내용은 최병대 · 강황선(2001), 「서울시정의 로컬 거버넌스 도입 방안」(서울시정개발연구원)에 관한 연구를 주로 활용했다.

계에 놓이는 경우가 많다. 특히 이러한 현상은 개발도상 국가에서 개발국가로, 권위주의 사회에서 탈권위주의 사회로, 관료사회에서 시민사회로의 전환 과정에 있는 과도기 과정에서 흔히 발생하고 있다. 선진국의 경험을 보면 이 양자의 관계가 갈등의 관계에서 상호 이해의 관계로 발전하는 데 적지 않은 시간과 많은 시행착오가 필요하다는 것을 알 수 있는데, 이는 양 집단의 인식의 차이가 존재하기 때문이다. 집단 간 또는 집단 내부의 개인 간 인식의 차이는 눈에 보이는 제도의 변화를 통해서 단기간 내에 바꿀 수 없는 문제이다. 그렇다면 정부관료집단은 성장하는 시민사회의 주체적 세력이라고 할 수 있는 민간단체들과 일정한 거리를 두고 존재할 수밖에 없는 이른바 대립적 협조 관계를 형성할 수밖에 없는가? 선진국들의 예를 볼 때, 결국 이들 양자의 관계는 우호적 파트너 관계로 발전할 가능성이 있으며 또 그렇게 되는 것이 바람직하다. 이런 맥락에서 지방자치단체(서울특별시)와 민간단체 사이의 인식 차이를 좁힘으로써 이들 양자간의 관계가 대립적인 관계에서 상호 우호적인 이해의 관계로 변화시킬 필요가 있다. 왜냐하면 이것이 바로 '좋은 로컬 거버넌스(good local governance)'를 위해 매우 긴요한 일이기 때문이다.

1) 관료집단과 민간단체 간 인식 차이

왜 관료집단과 민간단체의 인식의 차이를 줄이는 것이 중요한가? 민간단체와 관료집단이 서로 파트너 관계로 발전하려는 노력은 많은 개발도상 국가에서도 매우 활발하게 전개되고 있다. 과거 중앙집권적 국가 체계 속에서 전문성을 갖춘 관료집단들이 국가의 발전정책의 중추 역할을 했다. 그 결과 몇몇 개발도상 국가는 급속도로 성장을 이루어 온 것이 사실이다. 그러나 사회가 고도로 분화되고 다양한 집단들 간 이해 관계가 복잡하게 서로 얽히게 됨으로써 이러한 관료 중심의 중앙집권적 행정 체계의 문제점이 드러나고 정부 관료집단만으로 공공 문제를 해결할 수 없다는 인식이 공감대를 형성하게 되었다. 이러한 변화의 시기에 주목받는 것이 정부 관료집단과 시민사회가 서로 건설적인 파트너십을 형성하는 것이다. 지방정부와 시민사회가 상호 협력 관계를 형성해 사회의 공공 문제를 해결하는 성공사례들은 서구 선진 국가들뿐만 아니라 개발도상 국가들에서도 활발하게 나타나고 있어 국제사회의 주목을 받고 있다.

민간단체들이 서울시의 '함께 다스림(local governance)' 체제 속에 분명한 구성원으로서 자리매김하기 위해서는 여러가지 조건들이 갖추어져 있어야 한다. 가장 기본적으로는 법적·제도적 장치들이 마련되어 있어야 한다. 오랫동안 정부 중심의 정책 과정 속에서 숨죽여 있던 시민사회가 성장의 징후를 보이면서 한국 사회의 커다란 여론 형성 세력으로 등장한 것은 1987년대 시민들의 민주화 투쟁으로 대통령 직선제를 관철시킨 직후부터라고 할 수 있다. 이 때부터 각 사업장에서는 합법적으로 노동조합이 등장했으며, 강력한 비판 세력들인 시민운동단체들이 태동되기 시작했기 때문이다. 이들 시민운동단체들이 잠재해 있던 시민들의 정치 참여 욕구, 알 권리를 규합해 제도 정치권과 행정 체제 내부에 투입시키는 데 결정적으로 공헌했다는 것은 부인할 수 없는 사실이다.

이제 민간단체들은 정부의 정책 과정에 직·간접적으로 참여하려는 욕구를 표출하기 시작했으며 이는 여러 가지 형태로 나타나고 있다. 먼저 공무원들과 민간단체 모두 양자간 의사소통은 과거보다는 여러가지 방법을 통해서 늘어난 것을 인정하고 있다. 정책 과정에서 의사소통 단계의 주요 단계는 정책 입안 단계에서 가장 많은 것으로 나타났고 정책의 결정 단계는 아직 미미한 것으로 나타났다. 또한 양자간에는 바람직한 정책 과정에의 참여 방법에 차이가 있다. 즉 공무원들은 주로 정책집행을 도와 주는 차원에서, 혹은 결정권이 없는 자문회의 같은 형식으로 민간단체의 참여를 원하는 반면, 민간단체에서는 정책 입안과 결정 과정에 개입하기를 원하며, 결정권이 있는 기구를 통해 정책 과정에 직접적인 영향력을 행사하기를 원한다.

2) 집단사고이론에 기초한 상대방에 대한 인식

지방정부에서 '함께 다스림'이 효과적으로 작동하기 위한 방안을 강구하기 위해서는 집단사고이론을 주목할 필요가 있다. 집단사고(group think)는 의사결정을 하는 엘리트 집단이 외부 집단과 심리적·사회적으로 격리될 때 발생하는데, 집단사고가 존재하면 해당 집단은 의사결정 과정에서 예상 밖의 판단 오류를 범하게 된다. 집단사고가 일어나게 되면 가장 심각하게 발생하는 상황은 외부 집단과의 격리 상태가 발생하는 것이다. 이렇게 해서 격리된 일부 집단은 다른 외부 집단과 매우 다른 조직문화를 형성하게 되며 다른 외부 집단에 대한 부정적인 마인드와 배타적 의식을 갖게 되는 경우도 있다(Jains, 1972; Schsfer & Crichlow, 1996). 따라서 집단사고 현상을 연구하는 과정에서 한 집단이 다른 외부 집단과 사회적·심리적으로 격리되는 데 가장 큰 영향을 미치는 요소가 무엇인지를 파악할 수 있다. 이런 이유로 인해 집단사고이론은 조직심리학에서 매우 널리 사용된다. 집단사고이론에 대한 비판적인 의견이 없지는 않지만, 이 이론은 여전히 조직 및 사회심리학에서 귀인이론(attribution theory), 기대이론(expectancy theory)과 함께 크게 각광받는 이론이다.

한 조직이 집단사고에 사로잡히게 되는 조건(antecedents)들은 다음과 같다.

① 집단의 고립(group insulation): 한 집단이 다른 외부 집단과 심리적으로 격리되어 의사소통이 단절되는 상황을 의미한다. 한 집단이 다른 외부 집단에 비해 지나치게 엘리트 의식이 높다거나, 지나친 집단이기주의에 빠져 있는 상태에서는 다른 외부 집단에 대한 극심한 편견에 빠질 수 있다.

② 공정한 리더십의 부재(lack of tradition of impartial leadership): 한 집단의 리더가 상대 집단에 대한 지나친 편견에 사로잡혀 있거나, 혹은 자기 집단에 대한 지나친 우월감에 사로잡힌 상황을 의미한다. 또한 조직 내 의사결정 과정에서 다른 부하들 사이에서 자유로운 의사소통을 하지 못하게 하거나, 폭넓은 대안을 도출하지 못하는 리더십의 실패 현상이 자칫 집단 전체의 고립 상태를 가져올 수 있다.

③ 수단적인 절차의 부재(lack of tradition of methodical procedure): 한 조직이 외부 집단과의 사이에 혹은 내부적인 차원에서도 구성원들 상호간에 정기적으로 의사소통 할 수 있는 공식적인 채널이 부족할 때 집단사고가 발생할 가능성이 높다.

④ 집단의 동질성(group homogeneity): 집단 구성원 간에 인적·사회적 배경에 지나친 동질성이 존재하거나 사상의 동질성이 존재할 때 집단 역시 외부에 대한 배타적인 의식에 빠질 수 있다.

⑤ 시간상의 제약(limited time): 집단 내에서 다양한 대안들이나 다른

의견을 수렴할 수 있는 현실적인 여건이 되지 못할 때 집단사고가 발생할 가능성이 높다.

⑥ 최근의 실패로 인한 낮은 자신감(low self-esteem caused by recent failure): 최근에 정책실패를 했거나 패배를 했을 때 조직 내 추진중인 현재의 의사결정에 영향을 미칠 수 있다.

⑦ 높은 개인적인 스트레스(high personal stress): 현재 여러가지 대안을 모색하면서 자칫 따라올 수도 있는 위험성이나 부담감으로 인해 구성원들이 스트레스를 받을 때 역시 조직의 의사결정에 영향을 미칠 수 있다.

⑧ 자신의 집단에 대한 우월감(overestimation of the group): 외부 집단에 비해서 자신의 집단에 대해 지나친 우월감을 갖고 있는 경향을 말한다.

⑨ 닫힌 마음(closed mindedness): 일종의 아전인수 식의 조직문화를 말하는데, 상대방의 집단에 대한 지나친 편견 혹은 자기 집단에 대한 집단적 합리화 경향을 말한다.

⑩ 통합에 대한 압력(pressures toward uniformity): 조직 내 구성원 간의 의견 일치에 대한 일종의 환상이 있다거나 다른 의견을 주장하는 구성원에 대한 압력이 존재하는 상태이다.

이상의 집단사고의 조건들을 원용해서 함께 다스림(local governance)의 시각에서 비추어 볼 때, 현재 공무원들이 외부 민간단체에 대해 갖는 각종 편견들의 원인을 하나씩 되짚어 볼 수도 있을 것이다. 이 집단사고이론에 따라 다음과 같은 연구 가설이 만들어질 수 있다.

① 집단의 고립(group insulation): 공무원들이 민간단체들과 의사소통이 거의 없다거나 공식적·비공식적 채널을 통해서라도 접촉이 없을 때 민간단체에 대한 집단사고를 가질 수 있다.

② 공정한 리더십의 부재(lack of tradition of impartial leadership): 부서의 직속 상관이나 책임자가 민간단체에 대한 편견을 공식적·비공식적 석상에서 자주 표명을 하거나, 구성원 간에 다양한 의견 개진을 원치 않는 경우일수록 강한 집단사고를 갖게 될 것이다.

③ 수단적인 절차의 부재(lack of tradition of methodical procedure): 일정 부서가 외부 민간단체들과 공식적으로 접촉할 수 있는 채널이 부족할 때 집단사고가 강하게 발생하기도 한다.

④ 집단의 동질성(group homogeneity): 공무원들이 서로 사회적 · 심리적으로 동질성이 강하게 존재할 때 집단사고의 가능성은 높다.

⑤ 시간상의 제약(limited time): 다수의 공무원들이 민간단체와의 파트너십을 통해 정책 결정을 내릴 현실적 여건이 되지 않는다는 의견을 갖게 될 때 집단사고가 나타날 개연성이 매우 높다.

⑥ 최근의 실패로 인한 낮은 자신감(low self-esteem caused by recent failure): 최근에 민간단체와 공동으로 공공사업을 추진해 보았으나 그 결과가 좋지 않았을 때 다음 정책을 결정할 때 집단사고 경향이 나타날 수 있다.

⑦ 높은 개인적인 스트레스(high personal stress): 민간단체의 시정 개입 활동이 결국 개인의 업무 분담을 가중시킬 때 집단사고가 발생할 수 있다.

⑧ 자신의 집단에 대한 우월감(overestimation of the group): 민간단체에 대해서 지나친 자신감이 있을 때 배타적 집단사고가 존재할 수 있다.

⑨ 닫힌 마음(closed mindedness): 일종의 아전인수 식의 조직문화를 말하는데, 상대방의 집단에 대한 지나친 편견, 혹은 자기 집단에 대한 집단적 합리화 경향이 존재할 때 집단사고가 존재할 가능성이 높다.

⑩ 통합에 대한 압력(pressures toward uniformity): 조직 내에서 구성원들이 상관의 주장 혹은 조직의 공식적 주장과 다른 의견을 갖게 되는 경우 압력을 받게 되는 상황일 때 집단사고가 존재하게 될 가능성이 매우 높다.

여기서는 위의 가설들을 직접 검증하지는 않는다. 이러한 가설을 검증하는 방법으로 가장 일반적인 것이 설문지 방법을 활용하는 것이지만 공무원들에게 조직문화와 상관에 대한 인식, 특히 현재 서울시가 공식적으로 추진하고 있는 정책(시정 참여 사업과 같이 민간단체의 정책 과정에의 참여 정책)에 대해 혹시 있을지도 모르는 부서와 상관의 부정적인 견해를 알아보는 설문조사에서 공무원들의 솔직한 의견을 받아내는 것은 매우 어려울 것이라고 판단된다. 이러한 우려는 후술하는 설문조사 결과에서 잘 나타나고 있다.

2 서울시 시정 참여 사업을 통해 본 양 집단 간의 인식

현재 우리나라는 제도적으로 공공 부문에서 민간 참여를 확대할 수 있는 방안을 적극적으로 강구하고 있다. 그 대표적인 것이 비영리민간단체지원법이다. 행정자치부에서 입안해 2000년 4월부터 시행중인 '비영리민간단체지원법 시행령'에 의해서 각 지방자치단체는 중앙정부의 지원을 받아 민간단체의 정책 과정에의 참여를 사안별로 보장하고 있다. 서울시의 경우에는 행정자치부의 지침 이전에도 각종의 다양한 채널을 통해 민간단체들이 시정에 참여할 수 있는 문호를 개방했다. <표 20-2>는 설립 시기별로 전국의 비영리단체 등록 현황을 보여 준다. 전체 비영리단체의 약 60%가 1990년 이후 설립된 것을 알 수 있으며, 1960년대 이전에는 6.60%에 불과한 것으로 나타났다. 즉 1980년대 이후부터 전국적으로 비영리 민간단체의 등록 수가 급증하고 있음을 알 수 있다.

한편 <표 20-3>은 회원 수별 비영리단체의 등록 현황을 보여 주는데, 전체의 52.8%가 500명 미만인 것으로 나타나고 있으며, 10만 명 이상의 경우는 2%에 불과한 것으로 나타나고 있다. 1만 명 이상의 경우도 전체의

〈표 20-2〉 설립 시기별 등록 비영리민간단체 현황(전국)

(단위: 개, %)

설립 시기	1959년 이전	1960년대	1970년대	1980년대	1990~1995년	1996년 이후	계
중앙 정부	7 (2.6)	9 (3.4)	8 (3.0)	22 (8.3)	72 (27.2)	147 (55.5)	265 (100.0)
서울시	4 (2.2)	2 (1.1)	10 (5.5)	34 (18.7)	58 (31.9)	74 (40.6)	182 (100.0)
기타 시·도	39 (2.2)	83 (4.7)	102 (5.8)	565 (32.4)	352 (20.2)	605 (34.7)	1746 (100.0)
전체	50 (2.3)	94 (4.3)	120 (5.5)	621 (28.3)	482 (22.0)	826 (37.6)	2193 (100.0)

출처: 행정자치부(2000). 비영리민간단체 현황(2000년 6월 현재).

〈표 20-3〉 회원 수별 등록 비영리 민간단체 현황(전국)

(단위: 개, %)

구분	5백 명 미만	1천 명 미만	3천 명 미만	5천 명 미만	1만 명 미만	5만 명 미만	10만 명 미만	10만 명 이상	계
중앙 정부	84 (31.7)	38 (14.3)	38 (14.3)	11 (4.2)	22 (8.3)	34 (12.8)	14 (5.3)	24 (9.1)	265 (100.0)
서울시	72 (39.6)	23 (12.6)	51 (28.0)	7 (3.9)	10 (5.5)	15 (8.2)	2 (1.1)	2 (1.1)	182 (100.0)
기타 시·도	1,001 (57.3)	261 (15.0)	249 (14.3)	74 (4.2)	58 (3.3)	79 (4.5)	7 (0.4)	17 (1.0)	1,746 (100.0)
전체	1,157 (52.8)	322 (14.7)	338 (15.4)	92 (4.2)	90 (4.1)	128 (5.8)	23 (1.0)	43 (2.0)	2,193 (100.0)

출처: 행정자치부(2000). 비영리민간단체 현황(2000년 6월 현재).

8.8%에 불과한데, 이는 아직까지 대부분의 비영리단체가 소규모의 회원들로 구성되어 영세성을 탈피하지 못하고 있는 것으로 볼 수 있다.

<표 20-4>는 2000년 11월 현재 서울시의 부서별 등록된 비영리 민간단체의 현황이다. 전체 214개 단체 중에서 자치행정과와 관련된 것이 56개 단체로 가장 많고, 그 다음으로는 환경기획과와 여성개발담당관실의 경우가 동일하게 24개의 단체로 분포되어 있다. 분야별로는 시민사회 분야, 문화·체육 분야, 보건·복지 분야의 비중이 상대적으로 높게 나타남을 알 수 있다. 이들 민간단체들은 소관 부서의 각종 업무 추진시에 주로 자문회의, 간담회 또는 심의회 형식으로 참여하기도 하고, 각종 시정 참여 사업들을 통해 직접적으로 해당 부서의 업무의 일부에 참여하기도 한다.

우리나라는 1980년대부터 군사문화가 쇠퇴하기 시작하고 민주 시민사회가 조금씩 성장하기 시작했다. 이 시기부터 여러 비영리 민간단체들이 여론 형성 계층으로 등장하기 시작했고 1990년대 이후부터는 매우 강력한 여론 주도 계층으로 성장했다. 앞으로 민간단체들의 정부정책 과정에의 참여 방법은 점차 다양화될 것이다. 따라서 앞서 논의한 집단 사고(group think)의 조건 중에서 집단의 고립화 현상과 수단적 절차의 부재로 인한 집단사고의 가능성은 점차 적어질 가능성이 매우 높다고 볼 수 있다. 이렇게 비영리단체가 양적으로 늘어나면서 양 집단 간의 원활한 의사소통이 가장 중요

〈표 20-4〉 서울시 비영리민간단체 등록 내역(2000년 11월 현재)

활동 분야	주관과	단체 성격		활동 범위		계
		민간시민 단체	법정지원 단체	전국/ 서울시	자치구	
시민사회	자치행정과	41	15	41	15	56
문화/체육	문화과	17	-	17	-	17
	문화재과	3	-	3	-	3
	체육청소년과	13	-	12	1	13
	문화월드컵기획담당관	5	-	4	1	5
보건/복지	사회복지과	1	-	1	-	1
	노인복지과	10	-	9	1	10
	장애인복지과	12	-	10	2	12
	의약과	8	-	7	1	8
환경	환경기획과	24	-	20	4	24
	조경과	1	-	1	-	1
여성	여성개발담당관	24	-	23	1	24
교통	교통기획관	14	-	14	-	14
	운수물류과	1	-	1	-	1
	교통운영개선기획단	4	-	4	-	4
방재	비상기획단	2	3	3	2	5
	구조구급과	1	-	1	-	1
국제	국제협력담당관	5	-	5	-	5
산업/경제	소비자보호과	2	-	2	-	2
	고용안정과	2	-	1	1	2
도시계획 /주택	도시계획과	1	-	1	-	1
	주택기획과	1	-	1	-	1
	건축지도과	1	-	1	-	1
신문방송	보도담당관	3	-	3	-	3
계		196	18	185	29	214개

출처: 서울특별시 내부자료, 2000. 11.

한데, 어떻게 하면 이 두 집단 간 인식을 좀더 우호적으로 변화시킬 것인가 하는 것에 대한 고찰이 필요하다. <표 20-5> 및 <표 20-6>에서 나타나듯이 아직까지 양 집단 사이에 적지 않은 인식의 차이가 존재함을 알 수 있다. 즉 상대방 집단에 대한 편견과 불신이 존재함을 엿볼 수 있다. <표 20-5>에서 나타나는 바와 같이 시정사업의 파트너로 인식하고 있는 경우가 NGO단체에서는 48.4%로 비교적 높은 반면, 서울시 공무원의 경우에는 31.8%로 상대적으로 낮은 비율을 보이고 있다. 또한 말썽만 일으키는 골칫거리로 인식하고 있는 경우가 NGO단체에서는 5.4%에 불과한 반면, 서울시 공무원의 경우에는 11.5%로 비교적 높게 나타나고 있다.

〈표 20-5〉 서울시와 자치구는 NGO를 어떤 존재로 대하고 있는가?

구 분	NGO 실무자(%)	서울시 공무원(%)
시정사업의 파트너	48.4	31.8
멀리하기 어려운 경쟁자	39.8	47.0
말썽만 일으키는 골칫거리	5.4	11.5
결코 도움이 안 되는 허깨비	1.1	7.4
무응답	5.3	2.3

출처: 주성수(2001).

〈표 20-6〉 지역NGO와 자치단체 간 협력 관계를 저해하는 가장 큰 원인

구 분	공무원		환경단체 관리자		합계	
	빈도(명)	비율(%)	빈도(명)	비율(%)	빈도(명)	비율(%)
자치단체의 지역 NGO에 대한 이해 부족	74	17.3	108	50.0	182	28.3
지역 NGO의 자치단체 불신	147	34.3	14	6.5	161	25.0
공식적인 의사소통 경로의 부재	89	20.8	43	19.9	132	20.5
공동 협력사업의 부족	91	21.3	46	21.3	137	21.3
기타	27	6.3	5	2.3	32	5.0
계	428	100.0	216	100.0	644	100.0

출처: 조석주 · 김필두(2000).

한편 <표 20-6>에서는 환경 분야에서 지역 NGO단체와 지방자치단체 간 상호 협력 관계를 저해하는 요인을 보여 준다. 자치단체의 지역 NGO에 대한 이해 부족의 경우 공무원은 17.3%로 응답한 반면에 환경단체 관계자의 경우에는 과반수(50%)에 이르는 것으로 나타나고 있다. 또한 지역 NGO의 자치단체 불신의 경우에는 공무원집단에서는 34.3%로 매우 높게 나타난 반면, 환경단체 관계자의 경우에는 6.5%로 매우 낮게 나타나는 특징을 보인다. 즉 이는 양 집단 간에 상호 상당한 인식의 격차가 존재함을 의미한다.

민관 간 파트너십을 형성하는 데 장애 요인이 무엇인가에 관한 질문에서 상호간 인식하고 있는 요인이 다소 차이가 존재함을 알 수 있다. <표 20-7>에서 보듯이 공무원들은 '민간단체의 전문성 부재'(23.2%)를 비현실적인 제도 다음으로 꼽았는데 비해, NGO단체는 비현실적인 제도 다음으로 '담당공무원의 인식 부족'(31.0%)을 들고 있다. 즉 공무원들은 민간단체의 전문성 부재를 두 집단 간 협력 관계의 문제점으로 꼽았고, 반면에 민간단체는 공무원들의 민간단체에 대한 이해가 부족한 것을 원인으로 꼽았다.

공무원들이 주로 민간단체의 전문성을 가장 큰 문제점으로 지적하는 부분은 서울시 공무원들과의 면접에서도 반복적으로 확인되고 있다. 한 부서

〈표 20-7〉 민관 파트너십 형성의 걸림돌

구 분	NGO		담당 공무원	
	사례 수	비 율	사례 수	비 율
담당 공무원의 인식 부족	35	31.0%	13	10.4%
경직된 제도의 비현실적인 지침	44	38.9%	42	33.6%
담당 공무원의 전문성 부족	10	8.8%	13	10.4%
민간단체의 전문성 부족	6	5.3%	29	23.2%
민간단체의 인력 부족	8	7.1%	8	6.4%
민간단체에 대한 사회의 부정적인 인식	9	8.0%	16	12.8%
기 타	1	0.9%	4	3.2%

출처: 김수현·박은철(2001).

의 과장은 "우리는 이 부분에서 적어도 20년에서 30년을 넘게 종사해 온 사람들입니다. 그런데 민간단체들이 우리가 하는 일에 어떻게 참여하고, 그들이 우릴 어떻게 도와 줄 수 있겠습니까?" 하고 대답했고, 다른 부서의 팀장은 "민간단체들은 정부의 업무에 대한 일종의 착각 내지는 환상에 빠지는 것 같습니다. 정부 업무는 외부에서 생각하는 것처럼 그렇게 쉽게 접근할 수 있는 내용들이 아닙니다"는 의견을 피력하는 등 앞에서 나타난 설문결과와 매우 유사한 결과를 나타냈다. 민간단체의 전문성에 대한 문제를 제기하는 의견은 면접 대상이었던 중간관리자들 사이에서 일관적으로 나타났다.

이상에서 살펴본 바와 같이, 정부와 민간단체의 인식 차이는 아직까지 어떤 제도적 장치로 좁혀지기 어렵다는 결론에 도달할 수 있다. 집단사고 이론에 근거해서 판단할 때, (기존의 설문 결과뿐만 아니라 이 연구의 면접조사에서 나타난) 서로간 닫힌 마음(closed mindedness)이 공무원들이 민간단체에 갖는 부정적인 인식의 가장 큰 원인이라고 관찰되었다. 면접에서 나타난 일관적인 응답 중 하나는 공무원들의 민간단체에 대한 인식에 영향을 미치는 요소 중에서 상관에 의해 받는 영향이 의외로 적다는 것이었다. 설문조사 결과에서도 응답자들의 절대 다수는 "상급자는 민간단체의 시정참여 사업에 대해 긍정적이며, 대체적으로 민간단체의 정책 참여에 대해 우호적이다"라고 답변했다. 그럼에도 응답자 자신들은 여전히 부정적인 인식을 갖고 있는 것으로 나타났다. 한 부서의 팀장은 "현재 위에서 내려오는 지침이나 국장과 과장이 민간단체에 협조하는 것에 우호적이어서 협조를 해 주려는데 그렇다고 해도 우리 실무자들은 민간단체의 적극적인 시정 참여에 대해 우려를 하지 않을 수 없습니다"라고 대답했다. 이러한 면접 결과를 통해서 알 수 있듯이 현재까지 제안된 민간단체 지원 관련 조례나 각종 지침 등은 공무원집단과 민간단체 사이의 물리적 접촉 기회를 넓히는 데 긍정적인 효과를 가져왔다고 할 수 있으나 집단 사이의 인식 차이를 좁히는 데는 아직은 역부족이라는 것을 관찰할 수 있다.

3 민간단체 시정 참여 사업의 운영 실태 및 개선 방안

1) 민간단체 시정 참여 실태

서울특별시는 지방자치제가 부활되고 민선단체장이 출범한 1995년 7월 이후부터 민간 NGO단체들에게 시정에 참여할 수 있는 기회를 대폭적으로 확대하고 있다. 즉 2000년에 비영리민간단체지원법이 제정되기 이전부터 서울시는 전향적으로 민간단체들의 의견을 수렴해 시정에 반영하고자 하는 적극적인 노력이 강구되었다. 그럼에도 불구하고 제도적인 뒷받침이 미약해 여러가지 한계가 적지 않았다. 이런 점에서 동법의 제정은 상당한 의미를 지닌다고 볼 수 있다. 현재 행정자치부에서는 2000년도 '비영리민간단체지원법'을 통해 각 자치단체에서 민간단체들이 정책 과정에 참여할 수 있도록 국비를 지원하고 있다. 행정자치부가 제시한 사업 선정 기준은 다음과 같다.

- 독창성
- 경제성
- 파급 효과
- 사회 문제 해결 및 주민 욕구 충족도
- 신청 예산 내역의 타당성 및 자체 부담 비율
- 전년도 사업평가 결과
- 단체의 전문성, 책임성, 개발성 및 최근의 공익 활동 실적

이상의 기준을 토대로 서울시는 인권·여성·청소년 공익 신장, 자원 절약·환경 보전, 교통, 자원봉사, 안전관리·재난구조, 사회복지, 국민 화합, 투명 사회 만들기, NGO 기반 구축·확대, 문화시민, 민족 화해 협력, 시민참여 확대, 지정 공모의 11개 분야의 사업을 선정하고, 15인의 전문가, 민간단체 대표들로 구성된 '공익사업선정위원회'에서 사업 공모에 응모한 민간단체들을 선정한다. 2000년 서울특별시의 시정 참여 사업 현황은 <표

〈표 20-8〉 공모사업을 통한 서울시 민간단체 지원 현황

(단위: 천 원)

구분 / 연도	공모사업		
	지원액	사업 수	사업당 평균 지원액
1996년	720,421	69	10,441
1997년	880,250	59	14,919
1998년	658,043	62	10,614
1999년	1,742,815	118	14,770
2000년	1,634,503	114 *	14,465 **

출처: 주성수(2001).

주: 1. * 2000년의 경우 1개 사업이 중단되어 실제로 지원된 사업 수는 113개임.
2. ** 113개 사업 평균

〈표 20-9〉 2000년 시정 참여 사업 유형별 신청/지원 사업 수

구 분	신 청		지 원		경쟁률
	사업 건수	전체 대비 비율(%)	사업 건수	전체 대비 비율(%)	
사회복지	42	17.9	22	19.3	1.9:1
청소년 보호	31	13.2	13	11.4	2.4:1
자원 절약, 환경보전	35	14.9	13	11.4	2.7:1
교통	22	9.4	12	10.5	1.8:1
시민 참여 확대	22	9.4	14	12.3	1.6:1
안전관리, 재난구조	3	1.3	1	0.9	3.0:1
문화시민운동	32	13.6	15	13.2	2.1:1
자원봉사	27	11.5	12	10.5	2.3:1
국민 통합	17	7.2	10	8.8	1.7:1
부정부패	4	1.7	2	1.8	2.0:1
합계	235	100.0	114	100.0	2.1:1

출처: 주성수(2001).

20-8>, <표 20-9>, <표 20-10>과 같다. 공모사업을 통해 서울시는 2000년에만 총 114개 사업에 약 16억 원의 예산을 지원했다(표 20-8 참조). 2000년의 경우 사업 신청 건수에 대한 지원 건수에 대한 경쟁률은 평균 2.1 : 1로 나타났다(표 20-9 참조). 시정 참여 사업의 유형별 내역을 살펴보면, 전체 114건 가운데 사회복지 분야가 22건으로 가장 많으며, 또한 사업당 평균' 금액 규모면에서나 총지원금도 가장 높은 것으로 나타나고 있음을 알 수 있다(표 20-10 참조).

서울시가 의욕적으로 실시하고 있는 시정 참여 사업에 대한 공무원들의

〈표 20-10〉 2000년 시정 참여 사업 유형별 총사업비, 신청 및 지원 결정 금액

(단위: 천 원)

구 분	총사업비 *		신청금 *		지원결정금	
	금액	사업당 평균	금액	총사업비 대비 (%)	금액	신청금 대비 (%)
사회복지(22건)	1,677,643	76,257	529,563	31.6	311,585	58.8
청소년 보호 (13건)	611,793	47,061	313,430	51.2	175,300	55.9
환경보전(13건)	511,133	39,318	317,630	62.1	168,900	53.2
교통(12건)	512,160	42,680	262,245	51.2	177,200	67.6
시민 참여 확대(14건)	471,220	33,659	292,281	62.0	209,900	71.8
안전관리(1건)	68,420	68,420	30,000	43.8	27,000	90.0
문화시민운동 (15건)	630,063	42,004	336,837	53.5	211,800	62.9
자원봉사(12건)	408,057	34,005	255,952	62.7	172,600	67.4
국민 통합(10건)	713,526	71,353	240,772	33.7	167,268	69.5
부정부패(2건)	108,057	54,029	60,000	55.5	51,000	85.0
합계(114건)	5,712,072	50,106	2,638,710	46.2	1,672,553	63.4

출처: 주성수(2001).

주: 최초 사업계획서상의 총사업비 기준.

인식은 어떠한가? <표 20-11>은 민간단체의 시정 참여 사업에 대한 서울시 공무원들의 인식을 나타낸다. 즉 NGO 관계자들은 대부분이 도움을 주는 것으로 인식(90.3%)하고 있는데 비해, 서울시 공무원들은 긍정적인 인식(66.8%)이 높기는 하지만 부정적인 인식(32.8%)도 적지 않은 것으로 나타났다. 특히 그 중에서도 오히려 도움보다는 방해를 주고 있다고 인식하는 공무원의 경우도 13.4%에 달한다는 사실에 주목할 필요가 있다. 즉 아직도 공무원들이 민간단체들에 대해 인식하고 있는 한 단면을 엿볼 수 있는 측면이 아닌가 사료된다.

그럼에도 불구하고 전반적으로 설문조사 결과를 보면 대체적으로 공무원들은 시정 참여 사업에 대해 긍정적인 평가가 부정적인 의견보다는 상대적으로 높은 비중을 보이고 있다. 즉 아직 공무원들의 부정적인 인식이 적지 않은 편이기는 하지만 이전에 공무원의 민간단체에 대한 부정적인 의견

〈표 20-11〉 NGO가 서울 시정에 어느 정도 도움을 주고 있는가?

구 분	NGO 실무자(%)	서울시 공무원(%)
아주 많은 도움	16.1	1.4
어느 정도 도움	74.2	65.4
많은 도움을 못 준다	7.5	19.4
도움보다는 방해	0	13.4
무응답	2.2	0.4

출처: 주성수(2001).

〈표 20-12〉 지난 5년을 지속해 온 서울시정 참여 사업에 대해 어떻게 생각하십니까?

구 분	NGO 실무자(%)	서울시 공무원(%)
중요한 사업	79.6	19.8
있어도 되고 없어도 됨	15.1	53.9
별로 필요가 없는 사업	0	18.0
전혀 필요가 없는 사업	0	5.5
무응답	5.3	2.8

출처: 주성수(2001).

과 비교해 볼 때 시정 참여 사업에 대해서는 긍정적인 편이라고 할 수 있다. 그러나 이렇게 긍정적인 의견의 내용의 속성을 들여다보면 다소 차이가 있다. <표 20-12>는 시정 참여 사업에 의해 집행된 사업의 중요성에 대한 설문 내용이다. 설문 결과와 같이 공무원들은 시정 참여 사업을 통해 민간단체가 집행했던 사업들을 별로 중요하지 않은 사업들로 인식(77.4%)하고 있는데 비해, NGO 관계자들은 대부분(79.6%)이 중요한 사업이라고 간주하고 있다는 점이다.

이런 현상은 시정 참여 사업의 유형들을 살펴보면 좀더 쉽게 이해할 수 있다. <표 20-13>은 민간단체의 시정 참여 사업을 유형별로 구분한 것이다. 표에서 알 수 있듯이 시정 참여 사업의 대부분이 이미 결정된 사업들에 대한 단순한 지원 성격의 사업들이 주류를 이루고 있거나 교육, 세미나·토론, 자원봉사 및 홍보 활동이 대부분을 차지하는 것으로 나타났다.

이상을 종합·정리하면, 공무원들은 시정 참여 사업이 대체적으로 시정에 기여한다고 인정하고는 있지만, 사업 자체의 중요성에 대해서는 별로

〈표 20-13〉 2000년 시정 참여 사업 유형별 사업 추진 방식

사업 추진 방식 / 사업 유형	교육	세미나/토론	캠프	봉사/서비스	캠페인/문화행사	조사
사회복지(22건)	14	4	4	18	13	2
청소년 보호(12건)*	11	1	6	4	3	4
환경보전(13건)	7	7	2	5	10	7
교통(12건)	7	3	-	3	10	2
시민 참여 확대(14건)	11	5	-	8	9	1
안전관리(1건)	1	-	1	-	1	-
문화시민운동(15건)	11	5	2	4	7	4
자원봉사(12건)	10	4	5	10	4	1
국민 통합(10건)	6	3	3	4	3	2
부정부패(2건)	1	2	-	1	2	1
합계(113건)	79	34	23	57	62	24

출처: 주성수(2001).
주: 중단된 1개 사업 제외.

동의하지 않고 있다. 따라서 시정 참여 사업이 행정자치부의 본래 목표대로 "민간단체와 정부의 파트너십 구축을 통한 행정의 경쟁력 제고"와 "지방자치의 성숙 및 참여민주주의 실현"이라는 본래 목적을 달성하기 위해서는 시정 참여 사업의 정책적 중요성을 높이는 것이 필요하다. 이를 위해서 시정 참여 사업이 서울시 각 부서의 전체적인 업무 목표상에 일정 부분 기여할 수 있도록 비중을 높여야 한다. 그러나 현재 현실적으로 서울시 공무원들의 정서는 부서별 비중 있는 사업에의 민간단체 참여를 원하지 않는 것으로 나타났다. 따라서 민간단체의 시정 참여 사업이 점차 중요해질 필요성이 있으며, 양 집단의 상호간의 인식 차이를 좁히는 차원에서 운영될 필요가 있다. 그러할 때 민간단체의 시정 참여 사업이 서울시의 로컬 거버넌스 체제 구축에 기여할 가능성은 점차 높아질 것이다.

2) 민간단체 시정 참여 사업 운영 개선 방안

그동안 공무원과 민간단체 상호간의 교류를 확대시키고 상호 건설적인 동반자로서 자리매김하기 위한 여러가지 대안들이 제시되었다. 서울시정개발연구원(김수현 · 박은철), 지방행정연구원(조석주 · 김필두), 그리고 한양대학교 제3섹터연구소(주성수)에서 제시한 '(가칭)민간단체 협력조례'를 제정하는 방법, 공무원과 민간단체의 상호간 이해를 증진시킬 수 있는 교육프로그램, 그리고 민관협력기금을 조성하는 방법들이 그것이다. 여기에서는 기존의 방법 외에 현재 서울시가 추진하고 있는 '민간단체의 시정 참여사업'에 대한 운영 개선 방안을 통해 앞에서 제시된 공무원들의 민간단체에 대한 인식을 개선할 수 있는 방안을 모색하기로 한다. 설문조사나 면접조사 등을 통해 민간단체의 시정 참여 사업은 아직까지 민간단체들과 공무원들 간 건설적인 파트너십을 형성하는 데에는 한계가 있음이 드러났다. 따라서, 여기서는 민간단체들의 시정 참여 사업을 공무원들과 민간단체가 서로 성공적인 파트너십의 경험을 축적할 수 있는 채널로 활용하는 방안을 모색하고자 한다.

현재 민간단체의 시정 참여 사업들은 대개 행자부 지침에 의해 큰 그림이 그려진다. 일반적으로 서울시는 11개 부문의 사업에 대해 각 부서와 협의해 사업 내용을 결정하고, 그 내용을 민간단체에 공모해 참여하고자 하는 민간단체의 신청을 받는다. 시정 참여 사업에 지원한 민간단체들을 15인으로 구성된 '공익사업선정위원회'에서 행정자치부의 선정 기준에 의거해 선정하게 된다. 또한 집행 후 그 결과를 외부 연구기관이 평가하고, 평가 결과를 다시 워크숍을 통해서 민간단체들의 의견을 수렴한다. 현재 시정 참여 사업의 운영 방식은 민간단체를 활용해 서울시에서 필요한 프로그램들을 실시한다는 의미보다는 중앙에서 법에 의해 결정된 사항을 국비를 갖고 실시하는 것 자체의 의미밖에 없는 사업이 되기 쉽다. 서울시에서는 중앙에서 지원되는 국비 9억 6천만 원과 거의 같은 규모인 7억 원(환경 부문 제외)의 시비를 투입해 다른 자치단체와는 비교할 수 없을 정도의 규모로 시정 참여 사업을 지원한다. 그러나 이러한 시정 참여 사업은 서울시 공무원들의 관심 밖의 사업으로 머물 가능성이 많다고 판단된다. 이는 시정 참여 사업에 각 부서의 적극적인 의견이 반영되기 어렵기 때문이다.

민간단체의 시정 참여 사업이 본래 목적대로 민간단체와 정부 사이의 정책 파트너십을 구축해 행정의 경쟁력을 제고하기 위해서는 현재 서울시에서 추진중인 민간단체의 시정 참여 사업의 운영 방법을 다음과 같이 개편할 필요가 있다.

첫째, 민간단체의 시정 참여 사업의 운영 방법을 크게 이원화할 필요가 있다. 즉, 행정자치부에서 추진하는 10개 분야를 현재와 같은 운영 방식을 유지하면서 국비로 지원하고, 기존에 시정부의 재원을 통해 지원하는 규모를 점증적으로 확대하면서 이를 지정공모사업 위주의 사업 편성을 하는 것이 필요하다. 이는 행정자치부의 지침을 현실적으로 인정하고, 시정 참여를 원하는 민간단체들에게 자율적인 프로그램 선정의 선택권을 보장해 주어야 하기 때문이다. 동시에 지정 공모 사업을 통해 민간단체와 서울시의 각 부서와의 업무 협조 기회를 더욱 확대하고, 민간단체의 참여 사업이 시의 각 부서 업무에 실질적으로 기여할 수 있는 여지를 넓힐 필요가 있기 때문이다. 현재 지정 응모 사업은 2002년도 월드컵을 대비한 사업들로 집행되고 있는데, 앞으로는 시정 참여 사업의 성격을 대폭 지정 응모 사업으로 개편해 앞서 말한 10개 분야에 해당하는 소관 부서에서 꼭 필요한 사업들을 선정하는 것이 시정 참여 사업의 '각 부서별 업무 기여도'를 향상시킬 수 있는 방안이라고 할 수 있다.

둘째, 현재 민간단체의 시정 참여 사업 평가 체계를 이원화하는 방안도 고려해 볼 수 있다. <표 20-14>는 현재 평가 체계 하에서의 지난 2000년도 사업의 평가 결과이다. 만일 시정 참여 사업이 이원화된다면 그 평가 체계도 함께 이원화될 필요가 있다. 즉 행정자치부에서 제시한 10개 사업을 기존대로 실시하고, 기존의 평가 체계를 유지하되, 지정 응모 사업을 늘이는 경우에 [그림 20-2]에서 제시된 대로 지정 공모 사업 부분의 운영 및 평가

〈표 20-14〉 평가 결과 : 20개 항목 종합

평가 기준	평가 항목	항목별 평균	기준별 평균
사업계획	1) 사업계획 내용대로 잘 진행되는가?	3.3	3.35
	2) 사업계획대로 예산이 집행되었나?	3.4	
조직 역량	3) 단체의 목적과 주력사업에 적합한가?	3.7	3.85
	4) 비중 있는 주요 사업으로 추진되는가?	3.9	
	5) 사업 추진 조직과 인력을 갖추었는가?	3.8	
	6) 외부 기관과 전문가의 지원을 받는가?	4.0	
프로그램	7) 프로그램 목표와 목적이 명확한가?	3.8	3.48
	8) 프로그램 추진 방법이 적절한가?	3.5	
	9) 프로그램이 창의적이고 선도적인가?	3.4	
	10) 프로그램이 효과적이고 효율적인가?	3.2	
대상 집단	11) 대상집단이 자발적이고 능동적인가?	4.1	4.00
	12) 대상집단이 좋은 영향을 받았는가?	3.9	
예산집행	13) 예산의 오용, 남용, 낭비는 없는가?	3.5	3.40
	14) 예산집행 규정에 어긋나지 않는가?	3.3	
	15) 영수처리 등 회계 업무가 투명한가?	3.4	
기대 효과	16) 계획된 목적 목표를 달성했는가?	3.5	3.63
	17) 부수적인 긍정적인 효과를 낳았는가?	3.6	
	18) 서울시민의 참여와 관심을 이끌었나?	3.8	
시정 공조	19) 서울시정에 공조하는 효과가 있었나?	3.5	3.45
	20) 계약을 준수하고 업무에 협조적인가?	3.4	
총계		71.7	3.59

출처: 주성수(2001).

[그림 20-2] 민간단체의 지정응모사업 개편 방안: 서울특별시의 경우

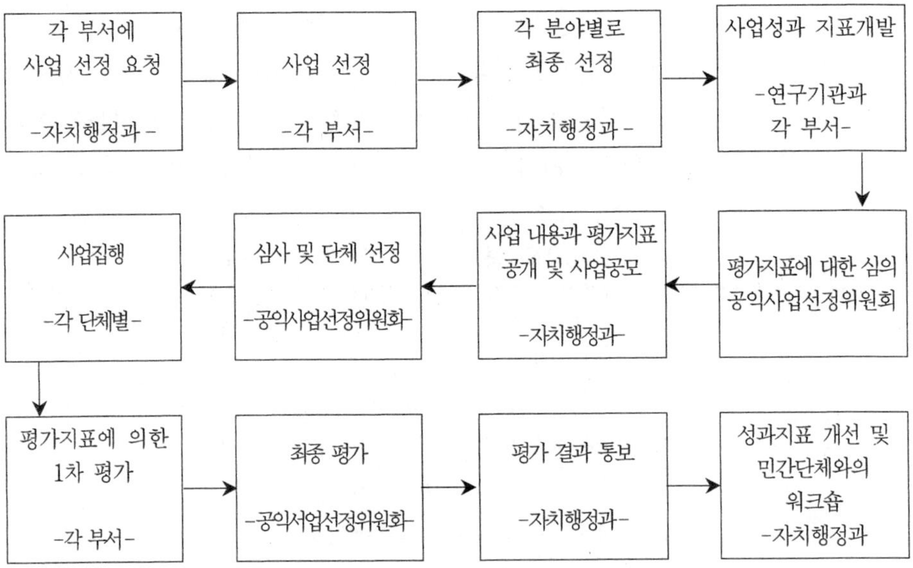

를 개편할 수 있다.

각 부서별로 선정된 지정사업들의 '사업 성과 지표'를 외부 연구기관과 각 부서가 협조해 개발하는 것이 필요하다. 사업성과 지표를 개발하는 것은 미국에서는 매우 일반화된 체제라고 할 수 있다. 정부의 성과를 측정하는 지표를 개발하듯이 시정 참여 사업의 성과를 지표로 개발할 때 몇 가지의 효과를 가져온다. 우선 시정 참여 사업이 각 부서의 업무에 기여하는 정도를 향상시킬 수 있다. 현재의 시스템 하에서는 각 부서가 시정 참여 사업에 '제안자' 정도로 머무르게 된다. 이 경우 해당 부서의 전체적인 업무와 연관성이 상대적으로 낮아질 가능성이 높다. 그러나 각 부서가 외부 연구기관에서 개발한 소관 시정 참여 사업의 성과지표를 함께 검토하고 수정·보완할 경우에는 각 부서의 전체적인 업무 방향과 조율할 여지가 매우 높아진다. 또한 시정 참여 사업의 성과를 좀더 명확하고 장기적인 안목에서 평가할 수 있는 자료들이 만들어질 수 있다. 시정 참여 사업을 1회성 사업으로 끝내기보다는 이전 자료들이 축적해 2년 이상 연속성 사업으로 발전

시킬 가능성이 높아지므로 시정 참여 사업의 사회적 효용성을 높일 수 있다. 또한 시정 참여 사업을 직접 집행하는 민간단체들은 공고되는 해당 정부사업에 대한 좀더 창의성 있는 집행전략들을 발굴해 낼 수 있으며, 정부사업을 위탁받아 추진하는 과정에서 매년 전문성을 축적해 나갈 수 있다. 또한 시정 참여 사업에 대한 서울시 각 부서의 관심도를 높일 수 있게 된다면 시정 참여 사업을 각 부서의 긴밀한 관심과 협조 하에 추진할 수 있고, 이를 통해 서울시 부서와 민간단체들의 건설적인 의사 소통의 가능성을 그만큼 높일 수 있다는 효과가 발생한다.

셋째, 시정 참여 사업에 투입되는 예산의 효율성을 증진시킬 수 있다. 이는 성과측정의 고유한 장점이라고 할 수 있다. 현재의 규모로 보면 시정 참여 사업에 투입되는 예산의 규모가 그리 크지 않은 것은 사실이지만, 앞으로 그 규모가 점차 증가하리라 여겨진다. 향후 성과측정 시스템이 시정 참여 사업에 동원될 때 예산의 효율성이 높아지고, 그러한 과정에서 장기적으로 서울시의 시정 참여 사업도 점증적으로 확대될 가능성이 높아지는 것이다.

제 5 절 맺음말

앞으로의 행정, 특히 지방정부는 주민과 함께하는 행정, 즉 '주민과 함께 다스리는 행정(local governance적 행정)'이 절실히 필요하다. 그럼에도 불구하고 아직까지 거버넌스의 의미가 무엇이며 그 실체가 무엇인지 명확하지 않다. 이 글은 이러한 혼란을 줄이고자 거버넌스를 '함께 다스림'으로, 'local governance'를 '지역 주민과 함께 다스림'으로 번역하고, 그 의미를 지역 주민과 "함께 참여하여 함께 만들고 함께 해결하며 동시에 책임도 함께 지는 것"으로 정의했다. 또한 함께 다스림의 본질적 요소가 무엇인지도 규명해 보았다. 이와 같은 '함께 다스림'은 중앙정부 차원에서보다는 지방정부 차원에서 그 필요성과 활용 가능성이 상대적으로 높다. 이런 맥락에서 서울시가 추진중인 시정 참여 사업은 상당한 의미를 지니고 있다. 그러나 앞서 살펴보았듯이 아직까지 무늬만 로컬 거버넌스적인 듯하지만 본질은 사뭇 다르다는 사실을 확인할 수 있었다. 따라서 앞으로 이를 더욱 전향적으로 발전시킬 필요가 있다.

시정 참여 사업은 무엇보다도 각 부서에서 해당 부서의 전체적인 업무 테두리 안에 시정 참여 사업을 포함시키게 될 때 민간단체는 자연스럽게 서울시의 중요한 파트너로서 자리매김할 수 있다. 공무원들과 민간단체가 서로 건설적인 파트너로서 자리매김하기 위해서 가장 중요한 것이 장기적인 안목으로 시정 참여 사업을 추진해 나가야 한다는 것이다. 지금까지 정부 중심의 행정사업들을 중심으로 추진하는 데 노력해 왔다면, 이제는 시민 또는 민간 분야와 함께하는 행정을 구현하기 위한 노력이 절실히 필요하다는 인식을 해야 한다. 다시 말하자면, 그동안 정부 중심에서 정부와 시민이 함께하는 행정의 governance(함께 다스림)화가 절실히 필요하다. 이럴 경우 서울시의 시정 참여 사업은 한층 높은 시너지 효과를 기대할 수 있다. 서울시는 주민과 각 부서의 업무가 높은 연계성이 있는 사업들을 시정 참여 사업으로 적극 추진해야 한다. 이를 통해 민간단체와 공무원들이 지방정부 서비스 생산과 공급의 파트너로서 건설적인 상호 관계를 구축해 나갈 수 있으며, 높은 예산효율성을 확보할 수 있다. 또한 로컬 거버넌스의 중요한 중심축인 민간단체들의 전문성을 한층 높일 수 있는 토대가 될 수 있다. 지방정부에서 좀더 성숙된 로컬 거버넌스적인 방법으로 시정 참여 사업을 추진할 때, 사업의 경제적 능률성뿐만 아니라 사회적 능률도 동시에 신장시킬 수 있을 것이다.

제21장 정책 과정에서의 NGO 역할*

제1절 머리말

일반대중에 기반을 내리지 못한 급진적 민중운동과 일정한 선을 그으면서 1989년 경실련이 출범한 이후 약 10여년 간 정책 전 과정의 확실한 참여자로서 NGO가 급성장해 왔지만, 행정학에서 이에 대한 이론적 이해를 위한 시도는 1990년대 후반기까지 태동하지 않았다. 그러다가 1998년을 기점으로 행정학 문헌에서 NGO 또는 NPO에 대한 개념 정립을 시도한 연구들이 나타나기 시작해(김준기 · 김정부, 2001: 196), 현재는 '제4의 정부' 또는 '시민사회의 시대', 'NGO의 시대'가 도래했음을 알리는 많은 연구들이 나타나고 있다.

NGO에 대한 지금까지의 연구 경향을 분석하면 대략 다섯 가지의 방향으로 연구가 진행되어 왔다는 것을 알 수 있다.

첫째, NGO에 대한 개념 정립적 연구로서, 이는 NGO 연구의 초기에 많이 수행되었지만, 아직까지 NGO가 무엇이라고 뚜렷하게 합의된 개념은 존재하지 않는다.

둘째, NGO 부문의 역량 혹은 성장 요인에 관한 연구이다. 이 경향의 연

* 이 장은 김상구 교수(한국해양대학교)와 공동 집필한 것이다.

구들은 NGO의 내적 특성 혹은 NGO의 실태를·분석하는 것이 주류를 이루고 있다.

셋째, 정부와 NGO 간의 관계에 관한 연구이다. 이 경향의 연구는 정부와 NGO 간의 바람직한 파트너십 구축을 위해 필요한 전제 조건은 무엇이고, 어떤 방식으로 파트너십을 구축할 것인가? 하는 것에 연구의 초점을 맞추고 있다. 그리고 NGO에 관한 연구의 대부분이 여기에 해당하고 있는 실정이다.

넷째, NGO에 대한 정부 지원에 관한 연구이다. 이 경향의 연구는 NGO가 기여하고 있는 점을 분석하고, NGO에 대한 정부 지원의 근거를 밝히려고 한다. 그리고 정부 지원의 종류도 재정적 지원, 법률적 지원, 행정적 지원 등으로 구분하고 있다.

다섯째, 정책 과정에서의 NGO 역할 혹은 참여에 관한 연구이다. 그러나 이 부분에 대한 연구는 아직 많지 않고, 심도 있는 연구도 진행되고 있지 못한 것이 사실이다. 다만 특정 사례를 중심으로 한 사례 연구는 꾸준히 나타나고 있다(김준기 · 김정부, 2001: 220).

이와같이 '시민사회의 시대', 'NGO의 시대' 등을 알리는 많은 연구들이 수행되었지만, 사회자본 생산자인 NGO의 실제 정책 과정에서의 역할을 분석한 연구는 대단히 드문 실정이다.[1] NGO는 거버넌스 개념의 주요 구성요소이고, 이 개념에는 성과와 효율을 지향하는 신공공관리적 개혁뿐만 아니라, 정부의 주요 정책 과정에 NGO가 참여해야 한다는 연대적 혹은 네크워크적 협동정신이 포함되어 있다.[2] 따라서 정부의 정책 과정에서 NGO들이 어느 정도의 역할을 수행하고 있는지를 분석하는 것은 거버넌스 시대를 맞이해 매우 의미 있는 연구가 될 것이다. 이에 이 연구는 정책 과정에서의 NGO 역할을 시민단체 상근자, 시민단체의 활동에 전문적인 지식이나 자문

1) 아직까지 정책 과정에서의 NGO 참여와 역할에 초점을 맞추어 진행한 연구는 거의 존재하지 않고 있다. 최근 NGO의 정책 활동에 대한 연구를 제시하고 있는 OECD의 연구진도 정책에 대한 NGO의 기여, 정책 과정에서의 NGO의 역할 등을 이해하기 위한 체계적인 분석의 틀을 제시하지 않고 있는 실정이다.

2) 전영평(2002: 128)에 의하면, 한 사회에 어떠한 수준의 NGO가 존재하며, 그것이 정부와 어떤 관계를 유지하고 있는가는 그 사회의 삶의 질과 행정의 효과성을 파악할 수 있는 지표가 된다고 한다.

을 제공해 주는 관련 전문가 및 관련 공무원집단의 인식을 통해 실증적으로 분석하고자 한다.

그리고 이 연구의 목적을 달성하기 위한 조사 대상 시민단체 및 관련 집단은 서울시의 난지도 골프장 건설 사례, 부산시의 명지대교 건설 사례에 참여한 시민단체 및 관련 집단을 중심으로 살펴본다. 그 이유는 서울시 및 부산시가 당해 사업을 추진하는 과정에서 시민단체와 상당한 진통 및 우여곡절을 겪은 사례로 인식되고 있기 때문이다. 즉, 정책결정 과정상에서 다양한 이해관계집단들이 등장해 반목과 갈등 현상이 증폭되었으며, 이러한 과정에서 시민단체들의 역할이 매우 중요한 변수로 등장했기 때문이다. 이러한 사례의 실증분석을 통해 이 연구에서 밝히고자 하는 것은 정책 과정에서의 NGO 역할에 대한 관련 집단 간의 인식에는 차이가 있는지? 있다면 구체적으로 어떻게 차이가 나며? 그 차이의 원인은 무엇인지를 규명하고자 한다. 그리고 NGO 역할의 영향 요인을 도출해 정책 과정에서 바람직한 양자간의 관계를 설정하는 데 도움이 될 수 있는 시사점을 탐구하고자 한다.

제 2 절 NGO의 현황과 변수의 선정

1 정책 과정에 참여하는 NGO의 현황

<표 21-1>은 행정자치부에 등록된 비영리 시민단체의 설립 형태와 회원 수 및 설립 시기를 나타낸 것이다. 먼저 설립 형태를 살펴보면, 비법인 단체 수가 76.3%(2,971개)로 가장 많으며, 다음으로 사단법인 형태의 단체 수가 22.6%(878개), 재단법인 형태의 단체 수가 1.1%(43개)로 나타나, 재단법인 형태의 단체 수가 가장 적은 것으로 나타났다. 그리고 부산광역시에 등록된 비영리 시민단체의 설립 형태를 살펴보면, 비법인 단체 수가 79.6%(234개)로 가장 많으며, 다음으로 사단법인 형태의 단체 수가 19.7%

(58개), 재단법인 형태의 단체 수가 0.7%(2개)로 나타나, 역시 재단법인 형태의 단체 수가 가장 적은 것으로 나타났다. 그러므로 우리나라 시민단체의 설립 형태는 비법인 단체, 사단법인형 단체, 재단법인형 단체의 순으로 시민단체의 수가 많다는 것을 알 수 있고, 이러한 사실은 우리나라의 시민단체 설립자들이 인력이나 재원이 많이 소요되는 사단법인이나 재단법인 형태의 시민단체 설립보다는 설립하기 손쉬운 비법인 단체를 더 선호하고 있음을 반증하는 증거라고 할 수 있다.

다음으로 회원 수를 기준으로 보면, 500명 이하의 회원을 가진 단체 수가 전체의 61.7%(2,403개)로 가장 많으며, 1,000명 이하의 회원을 가진 단체 수가 13.5%(524개), 3,000명 이하의 회원을 가진 단체 수가 11.6%(453개)로 나타나, 우리나라 시민단체의 규모는 영세한 것으로 알 수 있다. 실제 행정자치부에 등록된 총 3,892개 단체 중 86.8%인 3,380개 단체가 3,000명 이하의 회원 수를 가진 것으로 나타났다.

그리고 시민단체의 지역별 분포를 보면, 총 등록단체 수의 11.1%(431개)는 중앙에서 활동하고 있으며, 88.9%(3,461개)는 지방에서 활동하는 것으로 나타났다. 이처럼 아직까지 단체 수의 측면에서는 지방이 중앙보다 우세하다고 볼 수 있겠으나, 회원 수의 규모로 본다면 지방보다는 중앙이 우세하다고 할 수 있다. 실제 중앙지역 시민단체의 9.3%(40개)가 5만 이상의 회원 수를 가진 것으로 나타났으나, 지방 소재 시민단체의 경우는 1.1%(41개)만이 5만 이상의 회원 수를 가진 것으로 나타났다. 따라서 아직까지 재정 규모나 회원 수 측면에서는 지방 소재 시민단체보다는 중앙 소재 시민단체가 좀더 우세하다고 볼 수 있다.

한편, 분야별 시민단체의 설립 연도를 보면, 공통적으로 1990년대 이후에 가장 많은 수의 시민단체가 설립되었다는 것을 알 수 있다. 구체적으로 시민사회 분야 단체의 62.0%, 지역자치 분야 단체의 86.5%, 사회 서비스 분야 단체의 52,8%, 환경 분야 단체의 87.6%, 문화 분야 단체의 50.3%, 교육/학술 분야 단체의 55.3%가 1990년대 이후에 설립된 것으로 나타났다. 이러한 이유는 1987년의 6·29선언 그리고 1991년의 지방자치제 실시 등 우리 사회의 전반적인 민주화의 진전에 기인한 것으로 판단된다. 또한 부산지역 시민단체의 등록 연도를 살펴보면 2000년도에 가장 많은 NGO가 등록했으며, 해가 갈수록 등록단체의 수가 줄어드는 것으로 나타났다. 즉 2000년도에 63.61%(187개), 2001년도에 21.77%(64개), 2002년도에 8.84%(26개), 2003년도에 5.78%(17개)로 해가 갈수록 등록단체의 수가 줄어든다. 그리고 2000년도에 가장 많은 단체가 행정기관에 등록을 한 이유는 비영리 민간단체지원법이 1999년도에 통과되어 2000년도부터 등록된 비영리 민간단체에 대한 지원이 이루어졌기 때문인 것으로 판단된다.

〈표 21-1〉 비영리 시민단체 등록 현황

구 분		계	%	중앙	지방	부산
설립형태	사 단	878	22.6	260	618	58
	재 단	43	1.1	20	23	2
	비법인	2,971	76.3	151	2,820	234
	합 계	3,892	100	431	3,461	294
회원 수	500명 이하	2,403	61.7	190	2,213	
	500~999명	524	13.5	47	477	
	1천~3천 명	453	11.6	54	399	
	3천~5천 명	125	3.2	20	105	
	5천~1만 명	131	3.4	27	104	
	1만~5만 명	175	4.5	53	122	
	5만~10만 명	24	0.6	12	12	
	10만 명 이상	57	1.5	28	29	
	합 계	3,892	100	431	2,213	
설립시기	1959년 이전	51	1.3	9	42	
	1960년대	120	3.1	9	111	
	1970년대	201	5.2	12	189	
	1980년대	803	20.6	37	766	
	1990~95년	661	17.0	62	599	
	1996년 이후	2,056	52.8	302	1,754	294
	합 계	3,892	100	431	2,213	294

출처: 행정자치부(2002: 5에서 재구성). 비영리 민간단체 등록 현황.

2 선행 연구의 분석과 변수 선정

한국 사회에서 NGO의 활동이 활발해진 가장 큰 동기는 1987년 6·29선언 이후의 참여민주주의에 대한 요구 확대와 1990년대 이후 지방자치제의 전면적인 실시라는 시대적 상황을 바탕으로 한다. 따라서 NGO의 설립도 1990년대 들어서면서 폭발적으로 증가했던 것이다. 또한 정부에 대한 NGO 간의 관계를 보면 권위주의 체제 시기에는 정부에 대한 NGO의 종속형에서 민주주의 체제로 전환함에 따라 종속형을 탈피해 동등형으로 변화하고 있음을 알 수 있다. 1980년대 상황을 분석한 박우순(1986), 김병진(1988), 이정희(1990) 등의 연구는 정부에 대한 환경단체의 영향력 미약을 제시하고 있다. 박우순(1986)과 이정희(1990) 등에 의하면 권위주의 체제 하의 산업화 과정에서 NGO는 서서히 발전하고 있었으나, 내적인 인적·물적 자원 확보가 저수준에 머물러 있어 자율적인 다원주의적 이익 표출 구조를 가지지 못했다고 지적한다. 그러나 1990년대 전후의 상황을 분석한 박상필(1999), 박종민(1994) 등의 연구는 정부의 NGO에 대한 인식 제고와 영향력 증가를 지적한다(배응환, 2000: 99-100에서 재인용). 권위주의 체제 하의 산업화의 결과와 1987년 민주화 선언으로 인한 민주화 추세에 부응해 환경운동연합, 경실련, 참여연대 등 여러 다양한 NGO들의 등장과 성장이 이루어지고 이들의 정부에 대한 이해 관여가 증가하고 있다고 지적한다.

그러므로 한국의 정부와 NGO 간의 관계는 코스턴(Coston, 1999)의 유형 분류인 '제도적 다원주의'의 수용 단계로 진입한 것으로 볼 수 있거나 혹은 영(Young, 2000)의 관계 유형인 '적대적' 관계를 지나 '보충적' 관계로 진입하고 있는 것으로 볼 수 있다. 실제 1990년대 들어 정부와 NGO가 재정과 서비스 공급을 분담하거나, 또는 NGO 부문이 서비스 공급에서 많은 재량권을 갖는 공동협동형의 관계 유형으로 발전하고 있다. 특히 재정보다는 서비스 공급의 부문에서 NGO의 활동이 두드러지는 유형으로 발전하고 있다. 이상의 지적처럼 NGO의 역할이 증대해 왔지만, 실제 정책 활동의 과정에서 NGO가 어느 정도의 역할을 수행하고 있는지를 분석했던 연구는 흔치 않은 실정이다. 따라서 이 연구는 현시점에서 대단히 의미 있는 연구라고 할 수 있으며, 이하에서는 실증분석을 하기 위한 변수 추출을 위해 NGO 역할과 참여 및 활동에 대한 선행 연구자들의 논의를 고찰한다.

먼저 김준기 · 김정부(2001)는 NGO는 크게 여덟 가지 역할을 담당하는 것으로 지적하고 있다. 그것은 1) NGO는 시장과 정부에 대한 견제 역할을 담당하고, 2) 민주주의의 참여의 장으로 활용되고, 3) NGO는 비시장적 재화 및 서비스의 생산자 역할을 수행하며, 4) 사회적 수요는 있으나 영리단체나 정부에 의해 생산이 되지 못하는 공공 서비스를 생산하는 역할을 하며, 5) 비영리 추구에 따른 소비자의 신뢰를 확보해 영리단체보다 거래 비용이 낮으며, 6) 정부기관에 비해 더 효율적으로 특정 재화나 서비스를 생산하며, 7) NGO는 사회적 · 정치적 융합을 위해 중재자 역할을 수행하며, 8) 사회의 다양한 사상과 아이디어를 확산시키는 역할을 한다고 한다. 또한 박상필(2000)은 NGO의 기능을 견제 기능 · 복지 기능 · 대변 기능 · 조정 기능 · 교육 기능 등의 다섯 가지 기능으로 나누어 분석한다. 클레이턴(Clayton, 2000)은 서비스 전달과 효율성 제고 기능을 수행한다고 지적하면서, NGO는 공공 재화와 서비스 공급에서 정부 역할을 지원하는 효율적인 파트너가 되며 또 정부와 시장이 역할을 하기 어려운 상황에서 자율적인 역할을 수행한다고 한다. 오코넬(O'Connell, 1996)은 NGO의 가장 중요한 역할로서 권익 주창과 정부의 책무성 및 투명성 제고 기능이라고 지적하며, CIVICUS(1999)의 보고서도 국가의 권력 행사를 모니터링하며 정책결정 과정에 시민 참여를 확대시키면서 권력과 목소리를 갖고 있지 않은 시민들을 위한 권익 주창자 역할이 NGO의 일차적 역할이라고 한다.

그러나 이상과 같은 논의에서 변수 추출을 하기에는 체계적이지 못한 측면이 있어, 정책 전 과정인 의제설정 · 정책형성 · 정책결정 · 정책집행 · 정책평가 과정에서의 NGO 역할로 나누어 논의를 진행한다. 왜냐하면 정책들이 의제화되고 결정되어 집행되고 평가되는 정책 과정은 정부와 NGO 간의 관계 및 정책 과정에서의 NGO 역할을 분석할 수 있는 분석 영역이라고 할 수 있기 때문이다(배응환, 2000: 87).

첫째, 의제설정은 선출직 공무원 및 임명직 관료에 의해 주도되는 과정으로 던(Dunn, 1994)은 이들 공직자들이 공익 문제를 공공 의제로 설정한다고 설명함으로써 제도권 밖에 위치한 NGO의 의제설정 역할을 중시하지 않았다. 그러나 베리(Berry, 1999)의 분석에 의하면, 미국 의회 청문회에서 NGO들이 노조와 기업단체보다 의제설정에 더 큰 영향력을 미치고 있다고 한다. 베리는 그 증거로 언론에 보도되는 공공의제 설정 혹은 여론 형성 과정에서 NGO가 기업단체, 노조 등에 비해 압도적인 영향력을 행사한다는 자료를 제시한다. 국내 연구자로 임승빈(1999)은 NGO의 역할을 크게 정책과정에서의 파트너 역할, 정책제언자 역할, 국제사회의 일원으로서 국제적인 협조적 역할 등의 세 가지를 제시하고 있다. 따라서 의제설정에서 NGO의 역할 혹은 활동이란 공익 문제에 대한 이의 제기, 공익 문제에 대한 여론 형성 및 주도, 정치인 및 관료에 대한 공공의제(agenda) 제시 등이라고 할 수 있다.

둘째, 정책형성과 관련된 문제이다. 그동안 선출직 및 임명직 공무원들이 문제 해결을 위한 대안을 형성하는 데 주도적인 역할을 하며, NGO 및 이익집단 등은 보충적인 역할을 한다는 것이 종래의 통설이었다. 그러나 베리(Berry, 1999)의 연구는 정책 형성에서 NGO의 역할이 급증하는 추세라고 지적한다. 그는 미국에서 NGO가 기업, 이익집단, 노조보다 더 막강한 의제설정자이자 정책형성자의 역할을 하고 있다고 주장한다. 또한 베리(Berry, 1999)는 정책 형성에서 NGO의 역할로 이해관계자로서의 시민의 이해 표출과 집약, 문제 해결을 위한 합리적인 대안의 제시, 이익집단이나 이해집단들 사이의 대립과 갈등을 조정하는 대안 제시 등을 들고 있다. 그리고 콥과 엘더(Cobb & Elder, 1977)는 공익 문제가 어떠한 것이냐, 문제와 관련되는 이해집단이 어떻게 구성되어 있느냐에 따라 정책 형성 과정이 영향을 받는다고 지적한다. 따라서 정책 형성 과정에서 NGO의 역할 혹은 활동이란 시민의 이해 표출과 집약, 문제 해결을 위한 합리적인 대안의 제시, 이해집단 간의 이해와 갈등의 조정 등으로 정리할 수 있다.

셋째, 정책 결정은 정책대안이 입법부의 다수결, 행정기관 책임자들의 합의 혹은 법원의 결정에 의해 채택되는 과정이다. 따라서 NGO의 영향력은 직접적이기보다는 간접적이고, 제도권에 대한 접근이 공개적이라기보다는 폐쇄적이라고 볼 수 있다. 그럼에도 불구하고 NGO의 영향력은 정책 결정에 필요한 전문지식과 자문의 제공, 시민의 여론과 정보의 제공, 전화·이

메일 등에 의한 정책 결정 집단에 대한 압력, 참고인 자격으로서의 간접적인 영향력 등으로 나타난다고 한다. 임승빈(1999: 12-13)에 의하면, 정책 결정 단계에서 NGO의 역할은 크게 두 가지로 나뉘는데, 정책결정자들에게 문제 해결을 위한 전문지식을 제공하거나 문제의 환경에 대한 정보 수집 및 제공이 그 한 가지이고, 정치적 지원을 빌미로 정책이 결정되도록 압력을 행사하는 것이 나머지 역할이라고 한다. 따라서 정책 결정 과정에서의 NGO 역할 혹은 활동은 전문지식과 자문의 제공, 토론회·청문회 등의 참여자, 정책 결정 집단에 대한 압력 행사 등으로 정리할 수 있다.

넷째, 정책 집행은 일반적으로 재원과 인력을 동원하는 행정기관의 독점적인 과정으로 이해해 왔다. 그러나 최근의 민영화(privatization), 외부 용역(contracting-out), 제3의 정부 등의 강력한 추세는 정책집행이 행정기관에 의해 독점되기보다는 영리기업과 NGO 등의 비영리기관들과 공유하는 방향으로 발전되고 있음을 알 수 있다. 임승빈(1999: 106)에 의하면, 정책집행 과정에서 국가와 NGO 간의 가장 대표적인 결합 방식이 민간위탁이라고 한다.[3] 그리고 이러한 정책집행 과정은 정책집행자와 집행환경 및 집행 참여자들에 의해 정책상의 변화가 일어나는 과정이다. 경우에 따라서는 정책이 유지되지 못하고 폐지되거나 혹은 수정 및 보완, 축소 및 확대가 일어나기도 한다. 정책집행 과정에서 NGO들은 정책의 변경을 요구하는 경우가 대부분이고, 정책의 변경은 바로 정책의 유지 및 확대 요구,[4] 정책의 수정 및 보완 요구, 정책의 축소 및 폐지 요구 등으로 나타난다. 따라서 이러한 요구들이 정책집행 과정에서의 NGO 역할 혹은 활동이라고 볼 수 있다.

다섯째, 정책평가는 법적 요구 사항에 대한 충족, 정책 목표 달성 여부에 대해 판단하는 과정으로 NGO와 직접적으로 관련되지 않은 과정으로 볼 수 있다. 그렇지만 무수한 정책 사례에서 NGO들의 정부정책 비판, 감시,

3) 민간위탁의 상황은 중앙정부적인 차원에서는 권한의 위탁이 주로 실시되고 있으나, 지방정부의 정책집행 부문에서는 사회복지관, 체육시설의 관리 등 정책집행 부문에서 점차적으로 YMCA 등의 NGO가 공공시설의 위탁 수행자로서 역할을 수행한다.

4) 이 논문의 분석대상 사례인 난지도 골프장 건설 사례 및 명지대교 건설 사례의 경우는 시민단체가 건설에 기본적으로 반대하는 입장이었다. 따라서 '유지 및 확대 요구'라는 변수는 이 논문의 변수 선정에서 제외한다.

모니터링 역할이 크게 늘면서 NGO가 사회의 주요한 정책평가자로서의 위상을 갖추고 있다고 보는 것이 일반적이다. 정책평가 과정에 대한 외부 평가자로서의 NGO의 역할은 정책에 대한 정부의 책무성 추궁, 정책의 효율성 및 투명성 요구 등으로 제시된다. 임승빈(1999: 12-13)에 의하면, 정책 집행 이후의 단계에서도 NGO의 역할이 최근 두드러진다고 한다. 이 단계에서 NGO는 집행된 정책의 오류를 수정하고 변경시키려 하며, 수행중인 정책에 대한 지속적인 감시자로서의 역할을 담당하고, 자신들의 견해가 효과적으로 정책에 재투입되도록 시민들을 교육시킨다고 한다. 따라서 정책평가 과정에서의 NGO 역할 혹은 활동이란 정책에 대한 정부의 책무성 추궁, 정책오류의 수정 및 변경 시도, 시민단체의 의견을 정책에 투입하려는 시도 등으로 볼 수 있다.

이상에서 논의된 NGO의 역할과 참여 및 활동 등을 근거로 변수를 추출해 표로 정리하면 <표 21-2>와 같다.

〈표 21-2〉 선행 연구로부터 도출한 변수

정책 과정	변 수
의제 설정 과정	• 공익 문제에 대한 이의 제기 • 공익 문제에 대한 여론 형성 및 주도 • 정치인 및 관료에 대한 공공의제(agenda) 제시
정책 형성 과정	• 시민의 이해 표출과 집약 • 문제 해결을 위한 합리적인 대안의 제시 • 이해집단 간의 이해와 갈등의 조정
정책 결정 과정	• 전문지식과 자문의 제공 • 토론회 · 청문회 등의 참여자 • 정책결정 집단에 대한 압력 행사
정책 집행 과정	• 집행 과정에서의 수정 및 보완 요구 • 집행 과정에서의 축소 및 폐지 요구
정책 평가 과정	• 정책에 대한 정부의 책무성 • 정책오류의 수정 및 변경 시도 • 시민단체의 의견을 정책에 투입하려는 시도

제 3 절 설문지의 구성과 신뢰도 분석

1 설문지의 구성

이 연구의 사례 및 실증분석 대상은 서울특별시 난지도 골프장 건설 사례 및 부산광역시 명지대교 건설 사례를 선택했다. 그 이유는 앞서 보았듯이 두 사례의 경우 참여자들의 이해 관계가 첨예하게 대립한 갈등 사안으로 그동안 신문지상에 수 차례에 걸쳐 보도되었으며, 여기에 많은 시민단체 회원들이 관여해 이 연구의 목적인 정책 과정에서의 NGO 역할을 분석할 수 있는 좋은 사례이기 때문이다. 따라서 설문조사의 대상은 이들 사례에 관련된 서울녹색시민위원회 위원,[5] 시민단체와 시민단체 소속 전문가(자문위원) 및 행정기관을 대상으로 한다. 구체적으로 시민단체는 부산환경운동연합, 녹색포럼, 부산녹색연합, 환경을 생각하는 부산 교사모임, 녹색도시부산21추진협의회, 습지와 새들의 친구, 부산경제가꾸기시민연대, 서부산시민협의회, 부산참여자치시민연대 등이다. 그리고 조사 대상 공무원은 이 사례와 직·간접적으로 관계를 가진 부산광역시 건설주택국 및 환경국 소속 공무원들이다.

그리고 설문조사 대상으로 선택된 조사 대상자에게 조사하고자 하는 설문지의 내용을 다음과 같기 구성했다. 먼저 각 설문에 대한 응답 항목은 리

5) 서울시 녹색시민위원회는 서울시가 구성한 서울시 관련 위원회이고, 서울시의 예산으로 운영되는 단체임은 분명하나, 이 위원회 위원의 대부분이 NGO 관계자이므로 시민단체와 연계시켜 해석해도 별 무리가 없는 것으로 사료되어, 여기에서는 동 위원회를 실증분석의 대상으로 활용하고자 한다. 녹색서울시민위원회에는 거의 대부분이 서울에서 활동하는 시민단체의 대표자 또는 관계자로 구성되었는바, 이를 예시하면 환경운동연합, 생태보전시민모임, 서울YWCA, 한국여성민우회, 기독교환경운동연대, 소비자문제를 연구하는 시민모임, 환경과 공해연구회, 천주교한마음한몸운동본부, 녹색교통, 서울시주부환경봉사단, 환경정의시민연대, 청룡환경연합회, 대한주부클럽연합회, 세민재단, 한국소비자연맹, 한국환경교육협회, 그린훼밀리운동연합, 한국환경보호협의회, 서울YMCA, 녹색연합 등과 같은 수많은 NGO 관계자들이 참여하고 있다.

〈표 21-3〉 설문지의 구성

정책 과정	변 수	설문 문항
의제 설정 과정	• 공익 문제에 대한 이의 제기 • 공익 문제에 대한 여론 형성 및 주도 • 정치인 및 관료에 대한 공공의제(agenda) 제시	1/2 3/4 5/6
정책 형성 과정	• 시민의 이해 표출과 집약 • 문제 해결을 위한 합리적인 대안의 제시 • 이해집단 간의 이해와 갈등의 조정	7/8 9/10 11/12
정책 결정 과정	• 전문지식과 자문의 제공 • 토론회 · 청문회 등의 참여자 • 정책결정 집단에 대한 압력 행사	13/14 15/16 17/18
정책 집행 과정	• 집행 과정에서의 수정 및 보완 요구 • 집행 과정에서의 축소 및 폐지 요구	19/20 21/22
정책 평가 과정	• 정책에 대한 정부의 책무성 • 정책오류의 수정 및 변경 시도 • 시민단체의 의견을 정책에 재투입하려는 시도	23/24 25/26 27/28

커트 척도를 적용해 5등급화했다. 각 설문 항목은 측정 내용에 따라 긍정적인 표현과 부정적인 표현으로 구성했으며, 각 표현에 따라 절대적으로 혹은 매우 긍정적인 응답에 5점, 긍정적인 응답에 4점, 보통 수준 혹은 부정도 긍정도 아닌 응답에 3점, 부정적인 응답에 2점, 절대적으로 혹은 매우 부정적인 응답에 1점을 각각 부여했다. 설문지의 구성은 가능한 한 문항 수를 압축하고자 각 변수별로 2개씩의 문항으로 구성해 총 28문항으로 구성되었다.

2 신뢰도 분석

설문조사를 통한 연구에서는 일반적으로 변수 간의 상관 관계와 설문지를 구성하는 문항의 신뢰도를 분석해 제시하는 것이 통례이다. 특히 변수 간의 알려지지 않은 관계를 파악하기 위해서는 요인분석을 실시하는 것이 통례인데, 요인분석을 실시하는 이유는 많은 변수를 가지고서 회귀분석을 실시할 때, 다중공선성과 같은 문제가 발생해 분석 기법 사용에 어려움이 수반되므로 회귀분석을 용이하게 하기 위해 많은 변수들을 소수의 새로운 요인으로 축소시키며, 각각의 요인들을 독립적으로 만들기 위해 실시한다(채서일, 1990: 569). 게다가 이러한 요인분석의 이점은 분석 결과에 대한 기술을 단순화시키는 데 큰 도움이 된다. 그러나 이 연구에서는 정책 과정을 다섯 단계로 나누었고, 각 단계의 변수들은 2~3개에 지나지 않아 변수의 축소와 분석 기술의 단순화라는 요인분석의 실익이 거의 없어 요인분석은 생략하고 문항의 신뢰도를 중심으로 분석하고자 한다.

신뢰도는 척도의 정확성을 평가하는 데 사용되는 기준이라고 할 수 있다. 사회과학 연구에서는 신뢰도가 결여된 연구가 많이 발생하는데, 이러한 경우 주로 사용하는 방법이 신뢰도 분석이다. 즉, 신뢰도는 척도의 적용이 일관성이 있고, 안정적인 결과를 가져다 주는가에 관한 문제로서, 동일한 주제를 동일하거나 유사한 측정 도구로 반복하여 측정한 측정치들이 동일하거나 서로 유사한 결과를 가져와야 한다는 것이다. 이러한 신뢰도 측정 기

〈표 21-4〉 문항의 신뢰도

정책 과정	변 수	설문 문항	신뢰도 (Cronbach's α)
의제 설정 과정	• 공익 문제에 대한 이의 제기	1/2	.8888
	• 공익 문제에 대한 여론 형성 및 주도	3/4	.8541
	• 정치인 및 관료에 대한 공공의제(agenda) 제시	5/6	.8004
정책 형성 과정	• 시민의 이해 표출과 집약	7/8	.8332
	• 문제 해결을 위한 합리적인 대안의 제시	9/10	.7977
	• 이해집단 간의 이해와 갈등의 조정	11/12	.9117
정책 결정 과정	• 전문지식과 자문의 제공	13/14	.8114
	• 토론회 · 청문회 등의 참여자	15/16	.7691
	• 정책결정 집단에 대한 압력 행사	17/18	.7296
정책 집행 과정	• 집행 과정에서의 수정 및 보완 요구	19/20	.5779
	• 집행 과정에서의 축소 및 폐지 요구	21/22	.7436
정책 평가 과정	• 정책에 대한 정부의 책무성	23/24	.7755
	• 정책오류의 수정 및 변경 시도	25/26	.6961
	• 시민단체의 의견을 정책에 재투입하려는 시도	27/28	.5935

법에는 여러가지가 있으나, 이 연구에서는 내적 일관성에 의한 측정 방법인 크론바흐 알파(Cronbach's α) 기법을 사용한다.

일반적으로 크론바흐 알파의 값이 .60 이상이면 신뢰도가 높다고 평가되므로 이 연구의 문항에 대한 신뢰도는 높은 편이라고 할 수 있다. 그러나 집행 과정에서의 수정 및 보완 요구, 시민단체의 의견을 정책에 재투입하려는 시도 등은 .60 이하로 비교적 크론바흐 알파의 값이 낮게 나타나고 있다. 그렇지만 두 변수 모두 .50 이상의 신뢰도를 확보하고 있으므로, 최소한의 신뢰도는 확보한 것으로 간주해 이 연구에서는 이러한 변수들도 포함해 사용하고자 한다.

제 4 절 NGO의 역할 분석

1 응답 자료의 특성 분석

이 연구의 설문 응답자들의 특성 분석은 서울지역 응답자들과 부산지역 응답자들을 통합해 분석했지만, 다만 소속 집단만큼은 구분해 정리했다. 이러한 이유는 서울지역의 경우 녹색서울시민위원회만이 조사 대상이었고, 부산지역은 관련 시민단체와 공무원을 구분해 조사했기 때문이다. 즉, 부산의 경우는 명지대교 건설에 관련한 시민단체들이 흩어져 있었고, 관련 행정기관도 두 개 부서로 나뉘어 있었기 때문이다. 응답 자료의 특성은 대략 여섯 가지로 정리되었다.

첫째, 부산지역 응답자들의 소속 집단을 살펴보면 31.3%(26명)가 시민단체에 속하는 상근 근무자였으며, 15.7%(13명)는 시민단체 소속 자문위원인 교수나 연구자로 나타나, 전체의 47.0%는 시민단체 소속으로 나타났다. 그리고 53.0%(44명)는 정책관련 공무원으로 나타났다. 녹색서울시민위원회 위원들의 소속집단을 살펴보면 41.8%(28명)가 시민단체에 속하는 상근 근무자였으며, 7.5%(5명)는 서울시 소속 공무원으로 나타났고, 50.7%(34명)

는 기타의 직업군으로 나타났다.[6]

둘째, 성별을 분석하면 전체의 81.3%(122명)는 남자, 18.7%(28명)는 여자로 나타났다. 이러한 원인은 시민단체의 국장급 이상, 부산광역시의 7급 이상[7] 공무원과 녹색서울시민위원회 소속 공무원 및 교수 혹은 관련 전문가의 경우 일반적으로 여자보다는 남자가 다수를 차지하기 때문이다.

셋째, 연령을 살펴보면 40대가 전체의 47.3%(71명)로 다수를 이루고 있으며, 다음으로 50대 이상이 36.7%(55명)로 나타났고, 마지막으로 30대 이하가 16.0%(24명)로 나타나, 이 연구의 응답자들의 연령은 40~50대가 주류를 이루고 있는 것으로 나타났다.

넷째, 응답자들의 학력을 살펴보면 전체의 51.0%(76명)는 대졸인 것으로 나타났고, 대학원 졸 이상도 40.3%(60명)로 나타나 응답자들의 학력 수준은 상당히 높은 것으로 나타났다.

다섯째, 공무원들의 직급을 살펴보면 7급이 51.1%(25명)로 다수를 이루고 있으며, 6급은 26.5%(13명), 5급 이상은 22.4%(11명)로 나타났다. 5급 이상의 공무원 수가 적은 원인은 부산지역 조사 대상자들의 직급이 서울지역에 비해 상대적으로 낮기 때문인 것으로 판단된다. 그러나 일반적으로 행정기관의 정책계획 및 수립은 이들 직급에 의해 수행된다는 측면에서 볼 때, 이 연구의 사례를 분석하기 위한 설문 조사 대상의 선정은 타당한 것으로 사료된다.

마지막으로 시민단체 소속 응답자들의 직급을 분석한 결과 국장급 이상이 74.1%(40명), 과장급 이하가 25.9%(14명)로 나타나, 시민단체의 의사 결정 주체를 대상으로 설문 조사한 것으로 나타나고 있다.

---

6) 서울시의 조사 대상자 가운데 공무원이 5명밖에 되지 않아 부산의 표본에서 차지하는 공무원 수 44명과 비교해 표본의 균형이 맞지 않았다. 따라서 난지도 골프장 건립과 관련한 서울시 주무부서 공무원들에 대한 조사가 필요했으나, 이 연구의 목적이 두 지역의 비교에 있지 않고, 게다가 시민단체의 역할에 대한 관련 집단의 인식도를 조사하는 것이므로, 이 연구에서는 서울시 소속 공무원들의 응답 자료들을 부산시 소속 공무원들의 응답 자료와 통합해 사용하도록 한다.

7) 부산지역의 조사 대상 공무원은 건설주택국 및 환경국의 7급 이상 공무원으로 한정했다.

〈표 21-5〉 응답 자료의 특성

구 분				빈도	%
소속 집단	부산 지역	시민단체	상근자	26	31.3
			교수 및 연구자	13	15.7
		공무원		44	53.0
	서울 지역	시민단체		28	41.8
		공무원		5	7.5
		기타*		34	50.7
성 별	남 자			122	81.3
	여 자			28	18.7
연 령	30대 이하			24	16.0
	40대			71	47.3
	50대 이상			55	36.7
학 력	전문대 졸 이하			13	8.7
	대졸			76	51.0
	대학원 졸 이상			60	40.3
공무원의 직급	5급 이상			11	22.4
	6급			13	26.5
	7급			25	51.1
시민단체의 직급	국장급 이상			40	74.1
	과장급 이하			14	25.9

주: * 서울지역 기타 직업군(녹색서울시민위원회)에는 교수 및 연구전문가, 기업인, 시의원 및 구의원, 언론, 교육, 법조인 등으로 나타나고 있다.

2 NGO 역할에 대한 집단 간 평균 차이 분석

여기서는 시민단체 소속 응답자, 공무원 및 기타 관련 집단 응답자들 간의 각 변수에 대한 평균 차이를 구하고자 일원 배치 분산분석을 실시했다. 분석의 결과, 공무원집단은 '여론 형성 및 주도'와 '공공 의제 제시' 및 '정책오류의 수정 및 변경 시도'라는 변수에서 시민단체 및 기타 관련 집단 간에 통계적으로 의미 있는 차이가 있는 것으로 나타났다. 그리고 '합리적인 대안의 제시' 변수는 시민단체와 기타 관련 집단 간에 통계적으로 의미 있는 차이가 있는 것으로 나타났고, '정책결정 집단에 대한 압력 행사' 변수는 시민단체와 공무원집단 간에 통계적으로 의미 있는 차이가 있는 것으로 나타났다. 마지막으로 기타 관련 집단은 '이해와 갈등의 조정'이라는 변수에서 시민단체 및 공무원집단 간에 통계적으로 의미 있는 차이가 있는 것으로 나타났다.

이상의 분석 결과의 원인은 무엇인가? 그것은 각 변수의 속성 및 사례의 특징에서 찾을 수 있다. 첫째, '여론 형성 및 주도'에 대한 각 집단의 평균을 보면 시민단체의 평균은 3.50, 기타 집단의 평균은 3.00, 공무원의 평균은 2.86으로 나타났다. 그리고 공공의제 제시에 대한 각 집단의 평균을 보면 시민단체의 평균은 3.38, 기타 집단의 평균은 2.94, 공무원의 평균은 2.67로 나타났고, 정책오류의 수정 및 변경 시도에 대한 평균은 시민단체의 평균이 3.28, 기타 집단은 2.69, 공무원의 평균은 2.87로 나타났다. 그런데 위 세 변수의 수행 역할 책임은 공무원 및 기타 관련 집단보다는 시민단체의 수행 역할 책임에 가까운 변수들이다. 그러므로 변수의 수행 역할 책임이 어느 집단에 있느냐에 따라 책임이 있는 집단은 변수의 수행 역할을 충실히 다했다고 응답하고 있는 반면에, 수행 책임이 없는 집단은 상대방의 역할을 낮게 평가하고 있는 것으로 해석할 수 있다.

다시 말해 '여론 형성 및 주도'와 '공공 의제 제시' 및 '정책오류의 수정 및 변경 시도' 등은 일반적으로 시민단체의 역할이다. 실제 EU(2000)는 NGO의 주요 기능으로서 서비스 전달 혹은 공급, 권익 주창, 자조집단 혹은 상조모임, 자원 및 조정 등의 네 가지를 제시하고 있으며, 오코넬(O'Connell, 1996)은 NGO의 가장 중요한 역할로서 권익 주창과 정부의 책무성 및 투명성 제고 기능이라고 지적하며, CIVICUS(1999)의 보고서도 국가의 권력 행사를 모니터링하며 정책결정 과정에 시민 참여를 확대시키면서 권력과 목소리를 갖고 있지 않은 시민들을 위한 권익 주창자 역할이 NGO의 일차적 역할이라고 한다. 국내 연구자로 박상필(2000: 418-419)도 NGO의 역할을 견제 기능·복지 기능·대변 기능·조정 기능·교육 기능 등의 다섯 가지로 제시한다.

둘째, '합리적인 대안 제시'에 대한 각 집단의 평균을 살펴보면 먼저 시민단체의 평균은 2.80, 공무원의 평균은 2.79, 기타 관련 집단의 평균은 2.50으로 나타나, 전문가 집단의 시민단체에 대한 전문성 불신이 상당히 높은 것으로 나타났다. 실제 이근주(2000: 294)는 NGO 실패의 원인으로 박애적 아마추어리즘을 지적한다. 이것은 NGO가 문제 해결에 필요한 전문성을 확보하는 데 한계가 있다는 것을 의미한다. 그에 의하면, 도덕적·종교적 신념에 바탕을 둔 일반적 도움은 한계가 있으며 사회 문제의 해결이나 서비스 제공은 전문적인 지식을 필요로 하는 경우가 많은데, 특히 환경 문제를 해결하려는 집단은 문제점을 찾아서 논리적으로 지적해야만 하며, 그 해결책까지 제시할 수 있어야 올바른 NGO 활동이라고 할 수 있다고 지적한다. 이러한 맥락에서 김태룡(2002b: 107)은 사기 진작과 전문성 강화를 동시에 꾀할 수 있는 방안으로 모든 상근자들에 대해 경제적 지원을 통해 석사학위의 취득을 강제해야 한다고 주장한다.

셋째, '정책결정 집단에 대한 압력 행사'에 대한 각 집단의 평균을 살펴보면 먼저 시민단체의 평균은 2.68, 공무원의 평균은 3.31, 기타 관련 집단의 평균은 2.91로 나타나, 당사자인 시민단체는 정책결정 집단에 거의 압력을 하지 않는 것으로 응답하고 있으나, 공무원집단은 시민단체에 의한 압력 행사를 상당히 느끼고 있는 것으로 응답하고 있다. 그러나 실제 두 사례분석에서 나타났듯이, 시민단체는 압력 행사를 실시하고, 이 때마다 시행기관인 공무원집단은 그의 의사결정을 연기하거나 유보하는 행태를 보였다. 실제 부산시 명지대교 건설 사례의 경우 문화재관리청이 2002년 2월 27일에 부산시가 제시한 직선형 우회안 건설계획을 만장일치로 통과시키자, 부산녹색연합 등 일부 환경단체는 동년 4월 10일에 중앙환경분쟁조정위원회에 환경분쟁 조정을 제기했고, 동년 11월 15일에는 부산환경운동연합이 제8차 람사회의에 참석해 낙동강 하구 습지의 현실과 보전대책을 국제적으로 이슈화시켜 명지대교 건설을 저지하고자 했다(부산일보, 2002). 이상과 같은 시민단체의 법적 호소 행위와 이슈화는 공무원들에게는 상당한 압력으로 작용했고, 결국 부산시로 하여금 최초의 건설계획안을 2003년 7월까지 연기하도록 만들었다. 서울시의 사례에서도 이러한 현상은 나타나고 있다. 2000년 9월 6일 '백지화 연대'에 관련된 녹색위 위원들을 중심으로 녹색위 위원 22명이 난지도 골프장 건설을 강행하는 서울시 행정에 반발해 사퇴한다는 내용의 사퇴 입장을 밝히자, 서울시는 9월 19일 녹색위 임시회의에서 난지도 골프장 건설을 조건으로 기존의 7홀 규모의 뚝섬 대중골프장을 폐쇄하고 시민공원으로 조성한다는 계획을 발표하며, 녹색위 차원에서는 난지도 골프장 문제를 객관적으로 검토할 검토위원회 구성을 위해 '백지화연대' 측에 관련 전문가 추천을 의뢰하는 등 후퇴하는 입장을 보였다.

다섯째, '이해와 갈등의 조정' 변수에서는 기타 관련 집단과 시민단체, 기타 관련 집단과 공무원집단 간에 통계적으로 의미 있는 차이가 있는 것으로 나타났다. 먼저 '이해와 갈등의 조정'에 대한 각 집단의 평균을 살펴보면, 시민단체의 평균은 2.67, 공무원의 평균은 2.60, 기타 관련 집단의 평균은 2.26으로 나타나, 기타 관련 집단의 변수에 대한 부정적 시각이 뚜렷한 것으로 나타나고 있다. 즉, 기타 관련 집단은 시민단체가 이해와 갈등의 조정 역할을 제대로 수행하지 못하고 있는 것으로 응답하고 있다. 이러한 원인은 무엇인가? 앞서 언급했듯이 기타 관련 집단의 구성원들은 주로 교수 및 연구 전문가, 기업인, 시의원 및 구의원, 언론, 교육, 법조인 등이다. 그리고 이들의 시각에서 시민단체의 행동은 지역 주민과 시행기관 간의 이해와 갈등의 조정이라기보다는 갈등을 증폭시키는 것으로 비춰진 것으로 판단된다. 이러한 판단의 근거는 두 사례에서도 그대로 나타나고 있다. 예를 들어, 부산시의 사례에서는 부산녹색연합, 부산환경운동연합, 을숙도 명지대교 건설계획 저지를 위한 시민연대 등은 지금까지도 부산시의 계획을 철회시키기 위해 반대를 하고 있고, 서울시의 사례에서도 검토위원회가 서울시장의 최종 판단과 결정으로 위임한 난지도 골프장 문제를 '백지화 연대'는 서울시와 시장의 반환경적, 비민주적 독재행정인 난지도 골프장 건설 강행을 규탄한다는 운동을 지금까지도 전개하고 있다.

3 NGO 역할의 영향 요인 분석

시민단체, 공무원 및 기타 관련 집단 전체를 대상으로 NGO의 역할에 영

〈표 21-6〉 NGO 역할에 대한 집단 간 평균 차이 비교

구분	변수명	소속		평균차	표준오차	유의확률	F값
의제설정	공익 문제에 대한 이의 제기	공무원	시민단체	-.2235	.1342	.310	2.045
			기타	6.158E-02	.1500	.960	
		시민단체	공무원	.2235	.1342	.310	
			기타	.2851	.1578	.243	
	여론 형성 및 주도	공무원	시민단체	-.7081	.1333	.000*	14.165
			기타	-.2693	.1498	.221	
		시민단체	공무원	.7081	.1333	.000*	
			기타	.4388	.1569	.030*	
	공공의제 제시	공무원	시민단체	-.6349	.1285	.000*	12.787
			기타	-.1349	.1436	.748	
		시민단체	공무원	.6349	.1285	.000*	
			기타	.5000	.1506	.011*	
정책형성	시민의 이해 표출과 집약	공무원	시민단체	-3.125E-04	.1352	1.000	1.453
			기타	.2385	.1521	.306	
		시민단체	공무원	3.125E-04	.1352	1.000	
			기타	.2388	.1593	.363	
	합리적인 대안의 제시	공무원	시민단체	-3.125E-03	.1203	1.000	2.870
			기타	.2969	.1352	.050*	
		시민단체	공무원	3.125E-03	.1203	1.000	
			기타	.3000	.1416	.122	
	이해와 갈등의 조정	공무원	시민단체	-6.844E-02	.1264	.941	4.078
			기타	.3369	.1421	.028*	
		시민단체	공무원	6.844E-02	.1264	.941	
			기타	.4053	.1488	.022*	

<표 계속>

정책결정	전문지식과 자문의 제공	공무원	시민단체 기타	.2293 .3112	.1275 .1424	.233 .078	2.905
		시민단체	공무원 기타	-.2293 8.193E-02	.1275 .1489	.233 .943	
	토론회·청문회 등의 참여	공무원	시민단체 기타	.2674 -.1257	.1586 .1771	.287 .833	2.544
		시민단체	공무원 기타	-.2674 -.3932	.1586 .1852	.287 .105	
	정책결정 집단에 대한 압력 행사	공무원	시민단체 기타	.6270 .2263	.1533 .1702	.000* .450	8.409
		시민단체	공무원 기타	-.6270 -.4007	.1533 .1788	.000* .079	
정책집행	수정 및 보완 요구	공무원	시민단체 기타	-8.789E-02 .1039	.1405 .1568	.905 .869	.687
		시민단체	공무원 기타	8.789E-02 .1918	.1405 .1640	.905 .655	
	축소 및 폐지 요구	공무원	시민단체 기타	-.1552 -5.076E-02	.1378 .1539	.632 .978	.642
		시민단체	공무원 기타	.1552 .1044	.1378 .1609	.632 .901	
정책평가	정부의 책무성 추궁	공무원	시민단체 기타	-5.958E-02 .1940	.1264 .1412	.963 .261	1.555
		시민단체	공무원 기타	5.958E-02 .2536	.1264 .1476	.963 .245	
	정책오류의 수정 및 변경 시도	공무원	시민단체 기타	-.4087 .1859	.1448 .1615	.028* .480	7.068
		시민단체	공무원 기타	.4087 .5945	.1448 .1685	.028* .001*	
	단체의 의견을 정책에 재투입하려는 시도	공무원	시민단체 기타	-.1618 1.205E-03	.1581 .1764	.719 1.000	.626
		시민단체	공무원 기타	.1618 .1630	.1581 .1840	.719 .749	

향을 미치는 요인을 분석한 결과,[8] 공공의제 제시, 이해와 갈등의 조정, 토론회·청문회 등의 참여, 정부의 책무성 추궁, 정책오류의 수정 및 변경 시도, 시민단체의 의견을 재투입하려는 시도 등의 변수가 NGO 역할에 영향을 미치는 변수로 나타났다. 이러한 분석의 결과는 시민단체와 공무원집단 및 기타 관련 집단을 분리해 분석하지 않고 통합해 분석한 결과로 나타난 것으로 판단되며, 또한 명지대교 건설 사례 및 난지도 골프장 건설 사례의 특징을 통해서도 그 원인을 도출할 수 있다. 먼저 공익 문제(난지도 골프장 건설로 인한 환경생태공원의 훼손 및 명지대교 건설로 인한 을숙도 철새 도래지의 환경 파괴)에 대한 이의 제기가 NGO 역할의 중요 변수로 나타난 원인을 분석하면 다음과 같다. 임승빈(2001: 242-243)에 의하면, 지방정부에서의 지역 NGO의 상당 부분은 환경 NGO가 주도적으로 차지하고 있으며, 환경단체는 옹호(advocacy)적 성격이 강하므로 정책 과정에서의 참여가 가장 많은 것이 특징인데, 특히 공무원들은 환경단체를 정책 입안 단계에서부터 참여시켜 환경단체의 이의 제기를 최소화하려는 경향이 강하다고 지적한다. 실제 조석주 외(2000: 120)의 실증조사에서도 조사 대상 공무원들의 59.8%는 정책 입안 단계에서부터 시민단체의 의견을 수렴하는 것으로 나타났다. 그러므로 공무원들뿐만 아니라 시민단체도 의제 설정 단계에서 시민단체의 이의 제기를 시민단체의 중요한 역할로 인정하고 있는 것으로 판단할 수 있다. 실제 이 논문의 조사에서도 NGO 역할인 '공익 문제에 대한 이의 제기'에 대한 각 집단의 평균을 보면, 시민단체가 3.52, 공무원이 2.9, 기타 관련 집단이 3.23으로 나타나 공익 문제에 대한 이의 제기가 NGO의 주요 역할이라고 시민단체 스스로가 인식하고 있었다. 그러나 NGO 활동가들은 자신들의 이의 제기가 행정기관에 의해 거의 수용되지 못하고 있다고 지적한다(김상구·최병대, 2003: 164).

둘째, '이해와 갈등의 조정' 변수가 NGO의 주요 역할로 나타난 원인을 분석하면, 먼저 앞서 언급했듯이 NGO 역할인 '이해집단 간의 이해와 갈등

---

8) NGO 역할의 종속변수는 '시민단체는 명지대교 건설(난지도 골프장 건설) 모든 과정에 참여해 그들의 의도대로 정책을 어느 정도 변경했다고 생각하십니까?', '시민단체의 의견은 명지대교 건설(난지도 골프장 건설) 모든 과정에서 어느 정도 수용되었다고 생각하십니까?'로 질문했다.

의 조정' 변수에 대한 각 집단의 평균은 아주 낮게 나타났다. 특히 시민단체(2.67) 및 공무원의 평균(2.60)보다도 기타 관련 집단의 평균(2.26)이 더욱 낮게 나타났다. 그리고 이러한 집단 간의 평균 차이는 통계적으로 의미 있는 것으로 나타났다. 그렇다면 왜 유독 기타 관련 집단의 평균이 낮은 것일까? 그것은 이 집단의 구성원들이 대부분 교수 및 연구 전문가들이기 때문이라고 판단된다. 즉, 이들은 '이해집단 간의 이해와 갈등의 조정'이 NGO의 주요 역할이라고 보기 때문인 것으로 판단된다. 실제 EU(2000)는 NGO의 주요 네 가지 기능 중 하나를 조정이라고 보고 있으며, World Bank(2000)도 NGO의 주요 다섯 가지 기능 중 하나를 사교적 기능이라고 한다. 그리고 김준기 · 김정부(2001)도 NGO의 주요 여덟 가지 기능 중 일곱 번째로 사회적 · 정치적 융합을 위한 중재자 역할이라고 하고 있으며, 박상필(2000)도 NGO의 다섯 가지 기능 중 조정 기능을 네 번째로 들고 있다.

셋째, '토론회 · 청문회 등의 참여'가 NGO의 정책 역할에 영향을 미치는 변수로 나타난 것은 사례를 통해 알 수 있다. 여기서는 논문의 분량을 감안해 부산지역의 사례만을 분석한다. 2000년 2월 11일에 부산시청 국제회의실에서 명지대교 건설에 대한 공청회를 개최했는데, 이 자리에 토론자로 참석한 부산지역 환경단체 대표들은 을숙도 하단을 지나는 명지대교 건설은 낙동강 하구 생태계에 치명적인 영향을 미치므로 부산시에 대해 명지대교 건설계획을 포기하거나 노선을 전면 수정할 것을 요구했다(부산일보, 2000). 그리고 동년 11월 24일 강서구와 사하구를 잇는 명지대교를 하구둑 북단 500~600m 우회해 반원형으로 건설하는 데 합의를 볼 때까지 수 차례에 걸쳐 공청회에 참석했고, 이 때마다 환경단체는 환경 보호를 위한 제 목소리를 내었기 때문에 공무원이나 기타 관련 집단들은 토론회 · 청문회 등의 참여가 시민단체의 정책 역할에 영향을 미친 것으로 인식한 것이다.

넷째, '시민단체에 의한 정부의 책무성 추궁'이 NGO의 정책 역할에 영향을 미쳤다고 나타난 원인은 난지도 골프장 건설 사례의 특징 및 명지대교 건설 사례의 특징과 공무원들의 인식으로부터 유추할 수 있다. 그러나 여기서는 난지도 골프장 사례의 특징만을 고찰해 정부의 책무성 추궁이 NGO의 주요 역할로 나타난 원인을 분석하고자 한다. 난지도 골프장 사례에서 시민단체가 서울시의 책임을 추궁한 대표적 횟수는 총 6회나 된다. 먼저 2000년 1월 서울시 골프장 조성계획을 발표하자 시민단체들은 동년 4월에 세계 '노 골프 데이'를 맞아 시청 앞에서 항의 집회를 했으며, 동년 7월에 문화관광부로부터 골프장 건립 승인을 받고, 도시계획심의위원회를 개최해 안건을 통과시키자, '백지화 연대'는 시청 앞에서 항의 시위를 하고, 녹색위도 서울시에 항의하기 시작했다. 그리고 그 해 9월에 녹색위 위원 22명이 서울시의 행정에 반발해 사퇴 입장을 밝혔다. 또한 2001년 4월에 서울시가 골프장 건설 강행을 밝히자, '백지화 연대'는 즉각 규탄운동을 전개했고, 전체 녹색위 위원의 3분의 1에 해당하는 30명의 녹색위 위원들이 사퇴 의사를 표명했다. 이상과 같은 시민단체의 저항운동과 녹색위 위원들의 사퇴 행위는 서울시에는 상당한 압력으로 작용했고, 이것이 시민단체의 대표적인 역할이라고 인식한 것으로 판단된다.

다섯째, '정책오류의 수정 및 변경 시도'가 NGO의 역할에 영향을 미친 원인은 명지대교 건설의 사례에서 찾을 수 있다. 을숙도 명지대교 건설 저지를 위한 시민연대는 2001년 8월 22일 부산지역 28개 시민·환경단체 대표 및 실무자 40여명이 참여하는 긴급간담회를 갖고 낙동강 하구 보전을 위한 범시민 건의문을 문화재관리청에 제출했다. 또한 문화재관리청이 2002년 2월 27일에 부산시가 제시한 직선형 우회안 건설계획을 만장일치로 최종 통과시키자 부산녹색연합 등 일부 환경단체는 동년 4월 10일에 중앙환경분쟁조정위원회에 환경분쟁 조정을 제기했다. 그리고 동년 11월 15일에는 부산환경운동연합이 제8차 람사회의에 참석해 낙동강 하구 습지의 현실과 보전대책을 국제적으로 이슈화시켜 명지대교 건설을 저지하고자 했다. 이상과 같이 행정기관이 계획한 정책의 오류 수정 및 변경 시도는 양자간의 관계를 갈등형으로 만들었다(김상구·최병대, 2003: 164). 환경 문제에 대한 정부와 NGO들 간의 관계에서 가장 빈번하게 나타나는 유형이 갈등형이다. 환경 분야의 NGO들은 기본적으로 환경 문제의 심각성을 밝혀내어 이를 해결하기 위해 기존의 정부 사업을 취소시키거나 새로운 사업을 실시하도록 강력하게 요구하는 경향이 강하다(김종래·강제상, 2000: 53).

여섯째, '시민단체의 의견을 정책에 재투입하려는 시도'가 정책 역할에 영향을 미친 원인은 앞서의 평균 차이 검증을 통해 유추할 수 있다. 즉, 변수에 대한 각 집단의 평균을 보면 공무원은 2.8689, 시민단체는 3.0306으로 나타나, 시민단체의 평균이 공무원집단의 평균보다 높게 나타나고 있다. 실제 김상구·최병대(2003)의 연구 결과에 의하면 정책 과정에 시민단체는 높은 정도로 참여했고 요구를 했으나, 시행 주체인 공무원들은 시민단체의 참여가 보통 수준이었고, 또한 이들의 요구를 거의 수용하지 않았기 때문에, 시민단체는 정책의 집행이나 평가 단계에서 자신들의 의견을 정책에 반영하려고 한 것으로 판단된다. 실제 대부분의 공공사업은 이미 행정기관의 의도에 따라 방향이 결정되고, 제도적인 참여인 청문회·위원회 등의

〈표 21-7〉 NGO 역할의 영향 요인

정책 과정	변 수 명	표준화 계수(β)	표준오차	t값	유의 수준
	상 수		.308	-1.012	.313
의제 설정	공익 문제에 대한 이의 제기	.087	.116	.922	.358
	여론 형성 및 주도	.168	.120	1.683	.095
	공공의제(agenda) 제시	-.195	.095	-2.378	.019*
정책 형성	시민의 이해 표출과 집약	.039	.096	.501	.617
	합리적인 대안의 제시	.023	.114	.286	.775
	이해와 갈등의 조정	.191	.101	2.446	.016*
정책 결정	전문지식과 자문의 제공	-.026	.100	-.336	.737
	토론회·청문회 등의 참여	-.145	.073	-2.085	.039*
	정책결정집단에 대한 압력 행사	.014	.092	.171	.864
정책 집행	수정 및 보완 요구	.068	.114	.718	.474
	축소 및 폐지 요구	.144	.109	1.619	.108
정책 평가	정부의 책무성 추궁	-.205	.109	-2.484	.014*
	정책오류의 수정 및 변경 시도	.405	.100	4.561	.000***
	단체의 의견을 정책에 재투입하려는 시도	.294	.095	3.281	.001**

R_2 = .619 F = 14.295 P = .000

*P<.05 **P<.01 ***P<.001

참여도 대부분 자문, 협의의 성격을 지닌 것이 많고, 위원들의 위촉이 행정기관에 의해 이루어진다는 점에서 행정기관의 정책 의도는 관철될 가능성이 크다(옥원호, 2002: 26). 그리고 실제 "어떠한 공공 문제에 관해 시 정부와 시민단체가 동반자로서 문제를 풀어나가야 할 경우가 생긴다면 그 주도성은 누구에게 있어야 한다고 생각하는지?"에 대한 질문에 공무원들의 경우 47%가 시 정부가 주도성을 발휘해야 한다고 응답했고, 시민단체가 주도해야 한다는 응답은 10%에 지나지 않았다(이병수 · 김일태, 2001: 34).

이상에서 NGO 역할의 영향 요인을 분석한 결과 공공의제 제시, 이해와 갈등의 조정, 토론회 · 청문회 등의 참여, 정부의 책무성 추궁, 정책오류의 수정 및 변경 시도, 시민단체의 의견을 재투입하려는 시도 등이 NGO 역할의 주요 영향 요인으로 나타났다. 그런데 이상의 요인들은 NGO가 그 역할을 제대로 수행하기 위해서 필요한 NGO 활동의 내용들로 구성되어 있다. 그러므로 이러한 NGO 활동 내용들에 대한 인식이 설문 응답자로 하여금 영향 요인으로 응답하게끔 만든 것으로 추측된다.

제 5 절 맺음말

현재 정부는 효율성 및 민주성의 강화에 대한 압력을 내외적으로 받고 있다. 효율성을 강화하기 위해 정부는 민간 경영 기법의 도입, 정부 감축 및 민영화, 서비스 공급 체계의 민간화, 규제 완화 등을 추진하고 있다. 그리고 민주성을 강화하기 위해 현재 거대하게 성장하고 있는 시민사회, 특히 시민단체(NGO)와 원활한 협력 관계를 유지하고자 노력하고 있다. 이러한 노력의 현상을 학자들은 거버넌스, 정책참여 네트워크, 제3자적 정부, 국정관리 등으로 표현하고 있다. 그리고 양자간의 관계를 강조하는 이유로서 한 국가의 역량 강화를 제시하고 있다. 즉 이들에 의하면 한 국가의 역량은 정부 부문의 역량과 사회 부문의 역량을 더한 것이 되고, 이들 간의 관계에 따라 전체적인 역량이 영향을 받게 된다고 한다. 그렇다면 전체적인 역량을 강화시킬 수 있는 바람직한 양자간의 관계를 모색하는 것은 거버너스 시대에 가장 중요한 연구작업이 아닌가라고 반문하고 있는 것이다(김상구, 2003: 143).

그러나 NGO에 대한 연구도 아직 부족하지만, 양자간의 관계 유형에 대한 연구는 더욱 부족한 실정에 있다. 게다가 실제 NGO들이 정책 과정에 어느 정도 참여하고 어느 정도 역할을 수행하는지에 대해서는 연구가 거의 이루어지지 않고 있다. 이 연구는 정책 과정에서 NGO가 어느 정도의 역할을 수행하고 있는지를 분석해 정부의 정책 과정에서 바람직한 양자간의 관계를 설정하는 데 도움이 될 수 있는 시사점을 탐구하고자 했다. 분석의 결과, "정책 과정에서 수행 역할 책임이 어느 집단에 있느냐?"에 따라 책임이 있는 집단은 변수의 수행 역할을 충실히 다했다고 응답하고 있는 반면에, 수행 책임이 없는 집단은 상대방의 역할을 낮게 평가하고 있는 것으로 나타났다. 그리고 NGO의 정책 역할에 영향을 미치는 요인으로는 공공의제 제시, 이해와 갈등의 조정, 토론회·청문회 등의 참여, 정부의 책무성 추궁, 정책오류의 수정 및 변경 시도, 시민단체의 의견을 재투입하려는 시도 등으로 나타났다.

제22장 미래의 자치행정

제1절 새로운 도전

불과 60여 년 전 6·25전쟁의 아수라장인 폐허 위에서 당시 우리나라의 모습이나 서울의 모습을 되돌아볼 때, 현재의 우리나라나 서울의 모습을 과연 상상했을까? 불과 지난 반 세기 동안에 당시로서는 상상할 수 없었던 현상들이 전개되고 있지 않은가? 머지않아 과거와는 비교할 수 없는 상상을 초월하는 현상이 도래할 것이며, 이는 자치행정에서 새로운 도전으로 다가오고 있다. 새롭게 다가오는 도전을 극복하기 위해서는 철저하게 준비해야만 한다. 왜냐하면 미래는 저절로 주어지는 것이 아니라 선택하는 것이며 준비된 자에게만 기회를 부여하기 때문이다.

앞으로는 세계화·지방화·정보화에 의해 지배될 것이다. 이들은 상호 독립적이면서도 상호 연관되어 있다. 이 세 가지는 그동안 중앙정부에 집중되어 있는 권력이나 기능이 분산되는 데 촉매 역할을 할 것이다. 세계화는 정보혁명으로 크게 촉진되어 왔다. 정보혁명은 컴퓨터와 통신 수단을 사용하는 데 드는 비용이 낮아지고 소형화·대중화됨에 따라 결과적으로 컴퓨터는 중앙집중화 효과보다는 탈중앙집중화를 선도하는 효과를 수행하고 있다. 더구나 인터넷과 새로운 정보통신 기술의 발달은 중앙이라는 개념이 거의 없어 중심부의 고장으로 마비될 염려가 없는 시스템이다. 즉 이들은 중앙과 주변의 개념이 거의 없는 새로운 사회구조의 형성을 촉진하고 있다.

그러면 앞으로는 무엇이, 어떻게 달라질 것인가? 계층적이며 수직적 사회가 수평적 사회로, 집권적 사회가 분권적 사회로, 권위주의적 사회가 탈권위주의적 사회로 변모할 것이다. 국경을 나누어 놓고 땅 빼기를 하던 폐쇄적 시대에서 국경 없이 모든 것이 서로 자유로이 오가는 개방의 시대가 될 것이다. 또한 중앙으로 권력과 기능이 집중하던 시대에서 지방으로 골고루 나뉘는 분산의 시대가 될 것이다. 조직적이며 위계적인 시대에서 인터넷을 통해 무수한 개체들이 분산되는 수평적 시대로 전환되며, 이들은 각기 단순하게 개체로서 존재하는 것이 아니라 이들은 서로 네트워크화된다. 공공조직이나 기업조직도 본청이나 사업소 또는 본사와 지사라는 계층조직에서 수평적인 모자이크식 조직으로 전환될 것이다.

20세기 초 유럽의 유명한 도시학자인 독시아디스(Constantino Apotolos Doxiadis)는 머지않아 전 지구는 하나의 도시로 되는 세계도시(Ecumenopolis)가 된다고 역설했다. 전 지구가 모두 높은 빌딩 숲과 녹지공간이 사라진 회색의 도시가 된다면, 이는 바로 지구의 종말로 귀결되는 것이 아닐까? 그러나, 회색도시로서가 아니라 정보통신 기술의 혁명으로 이미 전 지구가 하나의 도시로 도시적 삶을 구가하고 있는 세계도시가 되어 버렸다. 즉 지구촌이 되었음을 의미한다. 앞으로는 한층 더 질 높은 도시적 삶을 향유하는 지구촌으로 변모할 것이다.

제 2 절 향후 자치행정의 키워드

1 스피드화

컴퓨터와 인터넷으로 대표되는 디지털 기술의 발전으로 생활 양식, 경제, 사회, 문화 등 모든 면에서 일대 혁신을 가져오는 디지털 혁명이 진행되고 있다. 디지털 혁명은 기존의 행정 패러다임에 획기적인 변환을 초래하게 될 것이다. 즉 디지털 혁명은 하나의 사건이 발생 즉시 전 지구적으로 동시에 확산되고 전파되는 것으로 과거에는 상상하기조차 어려운 것이 이미 현실화되었다는 점이다. 이제는 공공기관의 행정 업무 수행과 관련해서 물리적 거리의 개념이 점차 무의미해지고 있다. 물리적·장소적 이동은 빛의 속도로 광통신이 대신하고 있다. 환경행정과 관련한 일례를 들어보자. 이를테면 어느 지역의 공장이 폐수를 방류해 악취가 나고 물고기가 죽게 되면, 이 사실을 확인한 사람은 즉시 이 사실은 인터넷상에 신고되게 되고, 이 정보를 접한 민간 회사는 이를 제어하기 위한 수단을 강구하게 된다. 이를 처리한 민간 회사는 처리 후 즉시 공공(관할) 행정기관에 비용 청구를 하게 되고, 행정기관은 해당 비용을 온라인으로 송금해 처리하면 종료된다. 이럴 경우 행정 업무의 처리 속도는 현재와 비교할 수 없도록 초스피드화하게 될 것이다. 이미 현재 미국은 전체 인구 중 약 37%, 캐나다는 36%, 오스트리아는 31%의 인구가 인터넷을 사용하고 있다.

2 네트워크화

디지털 기술의 발전은 컴퓨터와 인터넷으로 모두 네트워크화된다. 사람과 사람, 기관과 기관, 지역과 지역 등 개체와 공간을 불문하고 서로 연계되어 네트워크를 형성하게 된다. 인터넷은 중앙 및 집중이라는 개념을 무의미하게 만들고 네트워크를 구축하게 된다. 무수한 점적(點的) 요소나 개체들이 광통신으로 또는 공중파로 연계되는 네트워크를 형성하게 된다. 정보통신 기술의 발달과 네트워크의 형성은 정보의 확산을 무한정으로 만들고 전통적 관료제의 권력 독점을 허물어뜨린다.

네트워크는 모든 정보를 공유하게 하고 이는 상호 견제와 균형을 유지하게 한다. 예를 들면 A라는 지방자치단체가 새로이 청사를 짓기 위해 관련 정보를 인터넷 상에 올리면 수많은 건설업체는 각자의 판단에 따라 응찰하게 되며, A라는 지방자치단체는 그 가운데 가장 적합한 업체를 선정해 공사를 하도록 하면 된다. 네트워크화는 행정에서 모든 정보를 동시에 모든 사람에게 정보를 공유하게 하고 가장 경쟁력 높은 대안을 선택하는 데 매우 유용하다.

3 탈공간화

디지털 혁명은 공간의 개념을 초월한다. 과거에는 일을 하려면 특정 공간이나 장소에 모여야만 가능했다. 회의를 하기 위해서도 모여야 하고, 민원을 해결하기 위해서도 관공서에 가야만 했다. 그러기에 대규모의 시청사나 구청사가 필요할 수밖에 없었다. 그러다 보니 대규모 청사를 짓기 위한 부지가 필요했고 대규모의 주차장도 필요했다. 대도시의 샐러리맨들은 아침・저녁마다 출・퇴근하느라 진땀을 흘리며 몇 시간을 허비해야만 했다.

그러나 디지털 혁명은 이 모든 것을 한순간에 변모시키는 파괴력을 가지고 있다. 왜냐하면 이제 더 이상 회의를 위해서 특정 공간에 모일 필요도 없고 민원 처리를 위해 시청이나 구청을 방문할 필요도 없다. 대신에 집에서 직장 동료들이나 상사, 직원들과 인터넷을 통해 회의하고, 민원도 집에 앉아서 처리한다. 이와같이 이제 더 이상 과거와 같이 대규모 청사도 주차장도 필요 없고 가정과 직장이, 관공서와 전산망으로 연계되어 있기만 하면 모든 문제가 해결될 수 있다. 즉 과거와 같은 물리적 공간의 개념은 점차 사라지고 컴퓨터를 통한 가상공간들이 우리를 지배하게 된다. 이를테면 가상공간에서 회의를 하고 업무를 처리하게 된다. 국경이나 권역・행정구역을 넘나드는 재화・인력・아이디어들의 규모와 속도가 시・공(時・空)을 초월하게 됨에 따라 과거와 같은 장소・공간・물리적 거리는 이제 더 이상 장애 요소가 아니다.

4 탈정규화

규칙적이고 획일적이며 정규적인 시스템이 탈정규화할 것이다. 물리적 거리도 공간적 개념도 사라지고 있는 현실에 매일 엄청난 시간을 소비하며 정규적이며 규칙적이고 반복적인 출퇴근을 할 필요가 없어진다. 획일적으로 매일 아침 9시 출근에 오후 6시에 퇴근하는 것이 아니라, 재택근무하면서 3조 1교대로 8시간씩 하루 24시간 내내 시민들을 위해 필요한 서비스를 즉시에 제공한다. 공무원의 신분도 정규직 공무원뿐만 아니라 시간제(part-time) 공무원, 또는 특정 기능만을 수행하는 공무원 등 다양한 형태의 공무원이 등장할 것이다. 시민들의 행정 서비스에 대한 만족도를 높이기 위해서 밤과 낮의 구분도 없고 일요일과 공휴일도 없이 고객이 요구하는 서비스에 언제든지 대응할 수 있는 체제로 변모할 것이다.

제 3 절 향후 자치행정의 방향: 민원행정을 통해 본 과거와 현재 및 미래

디지털 혁명으로 인한 스피드화, 네트워크화, 탈공간화 및 탈정규화는 21세기의 자치행정을 전혀 새로운 모습으로 변모시킬 것이다. 가상의 공간에서 사람을 만나며, 대화를 하고, 회의를 하며, 행정 업무를 처리하게 될 것이다. 이와같이 21세기에 행정이 변모할 모습을 좀더 쉽게 이해하기 위해서 민원행정을 중심으로 과거, 현재, 미래에 전개될 모습을 살펴보기로 하자.

과거에는 민원인과 담당 공무원이 만나야만 하는 전형적인 '접촉·대면식 행정'이었다. 즉 민원인이 민원 처리를 하기 위해서 먼저 행정기관을 방문해야 한다. 행정기관을 방문해 민원 신청 양식을 작성하고 관련 서류 등을 제출한 다음 담당 공무원의 처분을 기다린다. 민원인은 조바심에 급행료 지불을 시도하기도 하고, 때로는 공무원이 이를 유도하기도 한다. 매 민원마다 서류를 작성하고 보관해야 하니 서류가 산더미같이 쌓이고 서류 보관 창고를 별도로 마련해야 한다. 행정행위는 기본적으로 민원인과 공무원간의 접촉이 필수적이다. 즉 접촉행정인 셈이다.

현재에는 초보적으로 통신 수단이나 컴퓨터를 활용하는 수준이다. 이를테면 민원인은 관공서를 방문하거나 전화로 민원을 신청한다. 공무원은 정규 근무 시간에 이들 민원을 컴퓨터에 입력해서 처리하고, 처리 결과를 민원인에게 통보한다. 민원인은 다시 행정기관을 방문해 처리 결과를 수령한다. 현재 민원 처리에서 컴퓨터의 활용 수준은 매우 초보적이기는 하지만 서비스 공급자인 공무원의 입장에서 주로 활용되고 있다. 즉 과거와 같이 서류를 만들고 또한 이를 보관하기에 골치를 앓다가 이제는 엄청난 분량의 자료를 단지 몇 장의 컴퓨터 디스켓이나 USB에 자료를 입력해 보관하고 있는 수준에 머무르고 있다.

미래의 민원행정은 전형적인 사이버 행정이 될 전망이다. 정보 기술(IT)의 발달에 의하면 유사 이래 2006년까지 개발된 메모리 용량이 약 120억 기가바이트(gigabytes)인데 앞으로는 매 2년마다 이 정도의 용량으로 발전하며 조만간 테라바이트(terabytes) 시대가 도래한다고 한다(안승준, 2007: 3). 조만간에 휴대폰 하나면 모든 기능을 수행하는 만능의 해결사가 될 것이다. 민원 서류를 신청하고 발급받기 위해서 시청이나 구청에 갈 필요도 없다. 이동 중에 휴대폰이나 각 가정의 컴퓨터 모니터 앞에 앉아서 인터넷으로 모든 것을 해결할 수 있다. 또한 지금과 같이 공무원의 근무 시간인 오전 9시부터 오후 5시까지에 기속당할 필요도 없다. 밤이건 휴일이건 24시간 필요시 언제든지 신청하고 곧바로 서비스를 받을 수 있다. 공무원도 민원인의 이런 요구에 대응하기 위해 매일 시청이나 구청에 출근할 필요도 없이 재택 근무하면서 업무를 처리한다. 대신에 일정 기간 또는 주기별로 본인이 수행한 업무 실적을 정리해 인터넷으로 전송하면 되고 간혹 시청이나 구청에 들러 확인하기만 하면 될 것이다. 명실공히 언제, 어디서나 접근이 가능한 유비쿼터스 시대가 도래할 전망이다.

이와 같은 민원행정의 변화 패턴을 요약하면 다음과 같이 정리할 수 있다. 이를 그림으로 표현하면 [그림 22-1]은 민원 업무의 발전 단계, [그림 22-2]는 U-민원이 추구하는 가치 지향을 의미하며, [그림 22-3]은 출생신고를 사례로 한 U-민원의 현재와 미래의 모습을 보여 준다.

□ 과거 : 접촉식 행정처리 패턴(접촉 · 대면행정)
민원인 부서 방문 → 신청 서류 작성 → 해당 부서에 서류 제출
→ 담당자 처리 → 민원인 통보 및 전달

□ 현재 : 통신 수단 및 컴퓨터를 활용한 민원 처리
담당 부서 방문 또는 전화로 민원 신청 → 공무원이 컴퓨터로 입력 (정규 근무 시간에) → 담당자 처리 → 민원인 통보 및 전달

□ 미래: 사이버 행정(종이 없는 행정, 안방의 행정, 손 안의 정부)
근무 시간에 관계 없이 시민이 유·무선 인터넷, PDA, 휴대폰 등을 통해 민원 부서 접속 → 민원 서식에 필요 사항 기재 후 민원 신청 → 담당 공무원은 재택 근무하거나 이동중에 휴대폰으로 민원 접수 후 처리 절차, 처리 내용, 처리 예정일 등에 관한 정보를 통보 → 민원 처리가 완료되면 유·무선으로 전송 → 민원 신청인은 결과를 전송 받음.

[그림 22-1] 민원 업무의 발전 단계

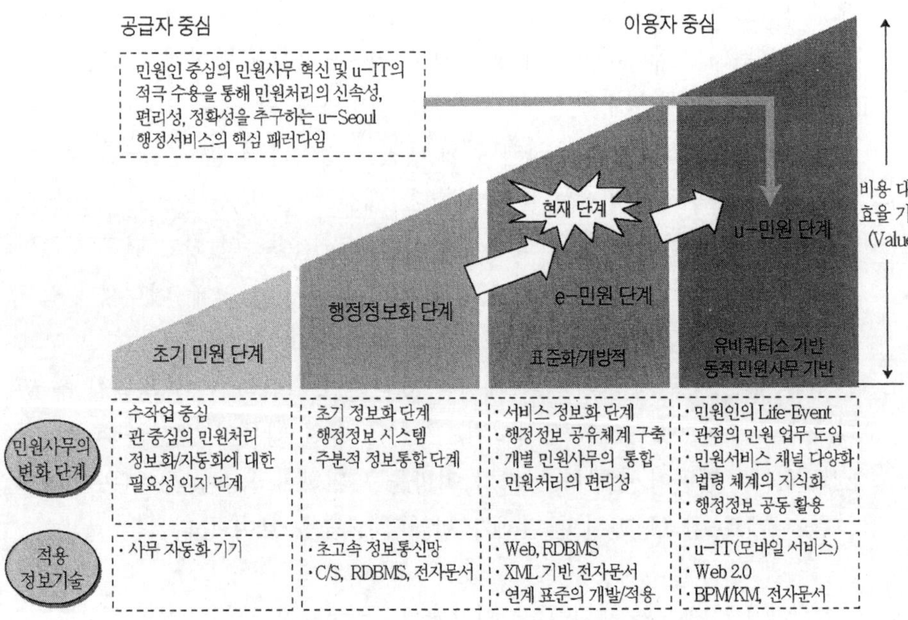

출처: 서울특별시(2007: 105).

[그림 22-2] U-민원의 추구 가치

민원 서비스 이용자 관점: 맞춤형 민원 서비스 제공, 다채널 활용, 무방문 및 방문 편의성
민원 서비스 공급자 관점: 지능화된 민원 프로세스 관리, 민원행정의 통합

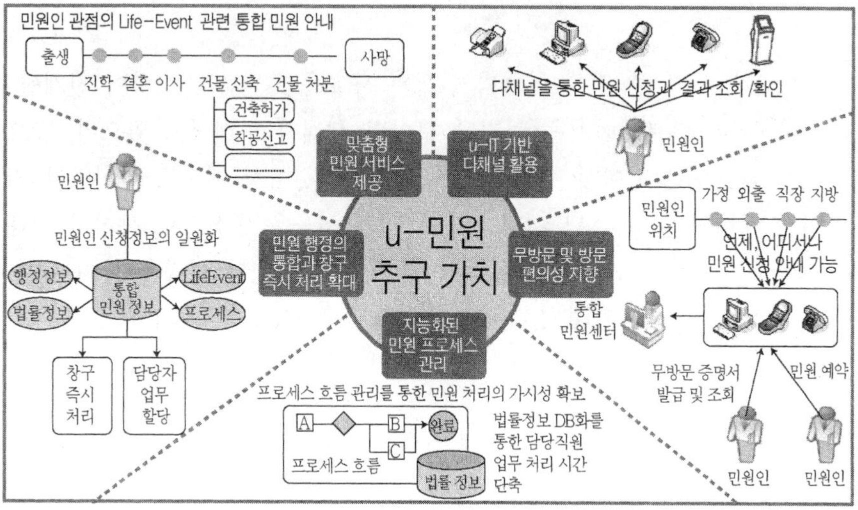

출처: 서울특별시(2007: 107).

[그림 22-3] U-민원의 현재와 미래 모습: 출생 신고의 경우

현재 출생신고 민원사무는 민원사무 발전 단계 중 행정정보화~ e-민원 단계에 해당되며, u-민원이 구현되면 출생신고서 및 증명서 신청과 관련 민원인의 편리성 증대가 기대됨

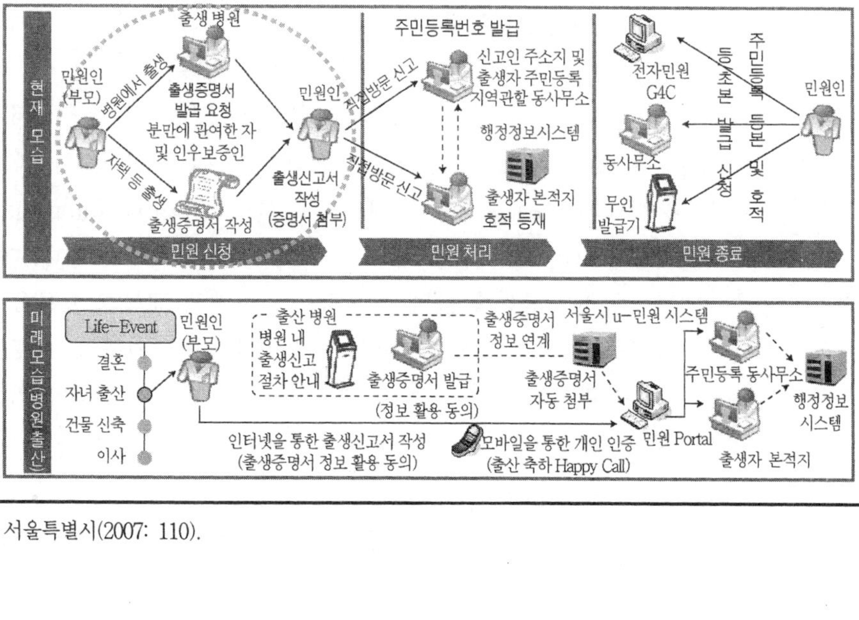

출처: 서울특별시(2007: 110).

제 4 절 미래 자치행정의 모습

앞으로의 자치행정은 현재의 인식과 사고를 초월하는 상황이 전개될 것이다. 이미 부분적이기는 하지만 사이버 세계가 도래하고 있으며, 앞으로 점차 급속도로 사이버 세계가 전개될 것이다. 이제 행정도 사이버가 지배하는 사이버 행정이 될 것이다. 여기서는 서울을 중심으로 사이버 시대의 가상 서울, 아니 머지않아 우리 곁에 도래할 서울의 모습을 살펴보자. 즉 이는 바로 Cyber-City, Cyber-Government, Cyber-Seoul이다.

1 Cyber-City

사람의 인체가 무수한 혈관으로 이루어져 생명을 유지하고 있듯이 이제 21세기의 서울이란 도시도 정보통신 기술혁명에 의한 Cyber-City화될 것이다. 교통, 환경, 안전관리, 사회복지, 보건위생, 교육, 문화, 도시공간, 지역정보, 기업정보 및 모든 생활정보 등이 통합전산 정보망에 의해 관리되고 네트워크화되어 도시가 관리된다. 이러한 사이버 도시를 교통 및 환경과 관련해 몇 가지 사례를 중심으로 살펴보면 다음과 같다.

먼저 교통을 중심으로 살펴보자. 21세기 서울시의 교통은 전형적인 ITS (Intelligence Transportation System)에 의해 운용될 것이다. 이를테면, 서울시 전 지역에 대한 도로교통망을 교통정보 시스템(Traffic Information System: TIS)으로 관리해 신호 조작, 가변 차선 변경, 우회도로 안내, 대안 교통 수단 배치 등을 컴퓨터를 통해 자동적으로 수행해 교통의 흐름을 제어해 원활한 교통 소통을 가능하게 한다. 또한 시내 버스, 지하철, 철도 등 전체 대중교통 수단을 연결해 시민들이 대중교통 수단의 정거장별 도착 시간, 목적지까지의 예상 소요 시간 등 교통 수단 이용에 필요한 모든 정보를 정거장에서 알 수 있도록 한다.

다음으로 환경 분야에 대해 살펴보면 다음과 같다. 공해물질 배출 업체,

하천, 상·하수도망, 주요 건물, 녹지, 주거지역 등 시내 전 지역에 대해 환경오염 정도를 측정하는 장치를 설치하고, 이를 환경정보 시스템(ELS: Environment Information System: EIS)을 통해 자료를 수집·배포해 서울시 전체의 환경오염 정도에 대한 감시, 환경오염 물질 배출 업소의 적발, 환경오염 정도에 따른 시민의 대비 태세 등을 분명히 하고, 서울시 전역에 대한 환경오염 감시 체계를 구축한다. 모든 기업 활동의 환경오염 물질 배출 상황이 항상 인터넷 상에 등재되어 시민들이 24시간 이들에 대한 정보를 접하게 되고 문제 발생시 지체없이 대처하도록 한다. 앞으로 사이버 시대에 모든 행정 분야는 이와 유사한 형태로 업무 처리될 것이다.

2 Cyber-Government: 행정관청이 필요 없는 정부

앞으로는 시민들이 시청이나 구청에 갈 필요가 없는 '방문할 필요가 없는 정부(no-visit government; no-office government)'가 될 것이다. 서울시 전체 행정기관과 서울시민 전 가구와는 전산정보망으로 연결된다. 모든 시민들은 시청이나 구청 및 동사무소를 방문하지 않고서도 가정이나 직장의 컴퓨터를 통해 모든 민원을 해결할 수 있다. 또한 모든 행정기관들은 문서 수발이나 회의 등이 없이 전 공무원은 자신의 PC나 휴대폰 등을 통해 모든 업무를 수행한다(paperless government). 좀더 전향적으로는 전체 공무원의 재택 근무가 가능해지며, 단지 최소한의 관리 기능만을 수행할 매우 협소한 공간만을 제외한 행정 업무 수행을 위한 행정관서는 필요성이 없어질 것이다.

3 Cyber-Seoul

Cyber-City와 Cyber-Government가 구축되면 서울은 시민들이 살아가기가 가장 편리하고 기업들은 기업 활동을 위한 최적지가 될 것이며 고부가 가치를 창출하는 세계 유수의 기업들이 몰려들 것이다. 첨단 교통 관제

시스템에 의해 물 흐르듯이 원활한 교통의 흐름, 언제 어디서나 목적지까지 가장 편리하고 빠르게 갈 수 있는 대중교통, 환경오염을 유발하지 않는 쾌적한 도시, 도로·교량·건축물·주택·각종 시설 등 안전이 보장되는 도시, 시민의 건강과 풍요로운 삶이 보장되는 도시, 기업 활동에 필요한 모든 정보를 얻을 수 있는 도시, 개인의 여가 활동에 필요한 모든 정보를 얻을 수 있는 도시, 도시 전 지역에서 누구나 언제나 컴퓨터를 활용할 수 있는 도시, 도시 전체가 전산망으로 연결되어 있는 도시, 언제 어디서나 정보를 교환하고 의사를 전달할 수 있는 도시, 행정기관에 가지 않고서도 행정서비스를 받을 수 있는 도시, 서울시청이 없어도 시청 관련 업무를 처리할 수 있는 도시가 바로 앞으로 도래할 서울의 모습이다. 이와 같은 Cyber-Seoul은 대한민국의 서울이며, 아시아에서 핵심적인 사이버 공간임과 동시에 세계의 서울로 거듭 태어날 수 있다. 즉 지구촌의 전진 기지로 Cyber-Seoul은 거듭 태어날 것이다.

제 5 절 맺음말

21세기 한국의 이런 모습, 서울의 이런 모습은 가만히 기다린다고 저절로 도래하지 않는다는 사실이다. 정보화·디지털 시대에 세계의 모든 도시는 이러한 도시로 변모하고자 갖은 노력을 경주할 것은 자명하다. 우리의 한국이, 우리의 서울이 도래하고 있는 21세기 사이버 시대에 철저하게 준비하지 않으면 그 존재조차 사라질지 모른다. 사이버 시대에 한국이 세계의 중추 역할을 할 수 있는 가능성은 항상 열려 있다. 우리는 아직 정보혁명의 초기 단계에 있을 뿐이다. 산업혁명의 초기 단계가 그랬던 것처럼 신기술에 대한 공공 부문에서의 반응은 민간 부문에서의 반응보다 훨씬 더디다. 이런 지체 현상은 예견 불가능한 측면도 있지만 예측 가능한 면도 있다. 21세기 한국의 미래, 서울의 미래는 변화하는 미래를 얼마나 잘 예견하고 얼마나 이에 대비를 잘 하느냐에 달려 있다. 앞서 독시아디스가 주장한 바와 같이 이미 세계는 지구촌이 버렸고, 이 지구촌 사회에서 각 지방정부는 저마다의 역할을 수행할 수 있도록 준비하지 않으면 안 된다.

참고 문헌

국내 문헌

강남구(2003a), 「강남구 아웃소싱 대상 업무 선정에 관한 연구」, 한양대학교 행정문제연구소.

———(2003b), 「행정사무 아웃소싱 효율성 평가연구」, 한양대학교 행정문제연구소.

강대오(1999), 「지방자치제도 아래의 지방재정에 대한 공공선택론적 분석」, 국민대학교 박사학위 논문.

강성철 · 김상구(1998), "지방자치단체의 자율성 확대 방안: 재정 확충 관련 사무를 중심으로," 「지방정부연구」, 2(1).

강윤호(2003), "지방정부 재정지출의 특성," 「한국정책학회보」, 12(1).

강천석 외(1994), 「지방경영 시대: 성공한 지방자치, 실패한 지방자치(선진국 편)」, 조선일보사.

경기개발연구원(1996), 「지방공공서비스 공급의 광역화에 관한 연구: 상수도 · 하수도 · 체육시설을 중심으로」, 경기개발연구원.

경제정의실천시민연합(경실련)(2005), "주민이 체감하는 민선자치 10년 평가 설문조사 결과," 「민선지방자치 10년 평가 심포지엄」, 2005년 6월 1일(수), 프레스센터 국제회의장.

권경득 · 김판석 · 박경원 · 오성호(2003), "이공계 출신자의 공직 임용 확대를 위한 제도 개선 방안," 「한국행정연구」, 12(2) 여름호, 한국행정연구원.

김경혜(2000), 「복지시설 민간위탁 운영평가 및 개선방안 연구」, 서울시정개발연구원.

김광웅(1981), 「사회과학연구방법론: 조사방법과 계량분석」, 서울: 박영사.

김기옥(2000), 「지방자치행정론」, 서울: 법영사.

김대영 · 이삼주(2000), 「지방세 부과 · 징수 체계의 개선 방안」, 서울: 한국지방행정연구원.

김 렬(1997), "한국 지방정부 민관협력의 실태 및 개선 과제," 「지방행정연구」, 11(4), 한국지방행정연구원.

김병진(1988), "규제정책에 대한 피규제자의 대응 행태에 관한 연구," 「한국행정학보」, 22(1), 한국행정학회.

김상구(2002), "정부와 NGO 간의 관계 유형에 관한 실증적 연구," 「한국지방정부학회 2002년도 동계학술대회 발표논문집」.

김상구・최병대(2003), "지방정부 정책 과정에서의 NGO 역할과 참여 수준에 관한 연구: 부산광역시 명지대교 건설 사례를 중심으로," 「지방정부 혁신의 과제와 발전 방향」, (사)한국지방정부학회 2003년도 하계학술대회 발표논문집.

김상묵・최병대(1999), "실적주의 인사행정의 재검토," 「21세기 공직 인사개혁의 방향」, 한국행정학회 세미나 자료집.

김상영(1998), "개방형 전문직위제의 도입에 따른 지방정부 인력관리의 과제," 「대구광역시 시정연찬」 18.

김석준 외(2000), 「뉴거버넌스 연구」, 서울: 대영문화사.

———(2001), 「뉴거버넌스와 사이버거버넌스 연구」, 서울: 대영문화사.

김수현・박은철(2000), 「서울시와 NGO의 파트너십 구축을 위한 사례연구」, 서울시정개발연구원.

김순양(1998), "사회복지서비스 공급 민영화의 성공 요건 고찰: 사회복지관 시설의 민간위탁 과정을 중심으로," 「한국정책학회보」, 7(3): 87-120.

김승현(1998), "지방자치단체의 복지서비스 계약 공급에 관한 연구: 노원구의 위탁 시설을 중심으로," 「한국행정학보」, 32(3).

김영기(1997), 「지방자치행정론」, 서울: 대영문화사.

김영모(2000), "도시계획직 확대 시행의 과제," 「도시정보」(통권 219호), 대한국토・도시계획학회.

김영미(2005), "경실련 지방자치 평가: 정보화 부문," 「민선지방자치 10년 평가심포지엄」, 경제정의실천시민연합.

김용권(1998), "시정 서비스 민간화의 방향과 추진 전략," 부산광역시 정책개발실. 「정책개발연구」, 2.

김인철・유영철(1998), "지방 공공서비스의 민영화 지연 요인 분석: 환경기초시설 민간위탁을 중심으로," 「한국지방자치학회보」, 10(3).

김정기(1989), 「새 PR원론」, 서울: 탐구당.

——— 편저(1983), 「실천PR론」, 서울: 전예원.

김종래・강제상(2000), "국정관리와 NGO의 역할: 환경NGO와 정부 관계를 중심으로," 「국정관리의 새로운 방향과 과제」, 2000년도 한국행정학회 하계학술대회 발표논문집 별쇄본.

김준기 · 김정부(2001), "NGO연구에 대한 비판적 고찰," 「행정논총」, 39(3), 서울대학교 행정대학원.

김준모(2002), "한국 NGO의 활동 실태와 한계," 「NGO와 21세기 사회 발전: 한국 NGO의 활동 실태와 과제」, 한국행정연구원 정책세미나 발표논문집.

김창수(2000), "지방자치제 실시와 환경 집행정책의 효과성 차이에 관한 연구," 「한국행정학보」, 34(4).

김타열(2000), "도시계획 업무 전문화에 따른 공공 부문의 도시계획직 확대," 「도시정보」(통권 219호), 대한국토 · 도시계획학회.

김태룡(2002a), "NGO들 간의 영향력 차이와 그에 따른 효과성에 관한 연구," 「한국행정학보」, 36(2).

———(2002b), "경험을 통해 본 한국 NGO 활동의 과제와 개선 방안," 「NGO와 21세기 사회 발전: 한국 NGO의 활동 실태와 과제」, 한국행정연구원 인문사회연구회 협동 연구사업 정책세미나 발표논문집.

김태일(2001), "지방의회 구성과 단체장 선출이 자치단체 사회복지 지출 규모에 미친 영향," 「한국행정학보」, 35(1).

김학로 외(1991), "부산시 공공서비스 공급의 민영화에 관한 연구," 「지방과 행정연구」, 3(1), 부산대학교 행정대학원 지방행정연구소.

김호정(1998), 「사회과학 통계분석」, 서울: 삼영사.

남동우(1996), 「강원도의 자주재원 확충 방안에 관한 연구: 관광세 · 광구세 신설과 지역개발세 개선을 중심으로」, 강원대학교 박사학위 논문.

동아건설산업(주) 기술사업본부(2000), 「선진 외국의 하수 처리시설 민간위탁 현황」.

류순구(2006). "지방자치단체에 대한 각종 평가 실태와 개선 방향," 「월간 자치행정」, 5, Vol. 218.

류영수 · 최병대(2007), "기술영향평가에 대한 메타평가 분석," 「한국행정학보」, 41(3).

민병호(1994), "대국민 커뮤니케이션 강화 시대," 「Cheil Communications」, 서울: 제일기획.

민 진(1991), "한국 공무원의 정책 개발 지각에 대한 탐색적 연구," 「한국행정학보」, 28(3), 한국행정학회.

박경원(1989a), "민간화의 개념 · 배경 · 전략: 3차원 모형의 구상," 「현대사회와 행정」, 창간호, 연세행정연구회.

———(1989b), "민간 부문과의 계약을 통한 도시서비스 공급 방안에 관한 연구," 「한국행정학보」, 23(2), 한국행정학회.

———(1993), "도시기반시설 확충과 민간자본의 활용," 「한국행정학보」, 27(2).

박경효(1991), "공공서비스 생산의 민간화에 대한 평가," 「한국행정학보」, 25(4),

한국행정학회.
박만수・노한종, "공공부문에서의 도시계획직 공무원 확대 방안," 「대한국토・도시계획학회 2002 추계학술 발표회 발표논문」.
박상필(1999), "시민단체와 정부의 관계 유형과 지원 체계," 「한국행정학보」, 33(1), 한국행정학회.
———(2000), "NGO의 재정 충원 방안: 정부 지원을 중심으로," 「새 천년의 행정학 패러다임(Ⅱ)」, 한국행정학회 2000년도 동계학술대회.
박영상(1991), "정부의 경제정책 홍보물 효과성 분석," 국민경제제도연구원.
박우순(1986), "환경정책의 방향 정립에 관한 연구: 환경정책 결정 체계를 중심으로," 「한국행정학보」, 20(1), 한국행정학회.
박원순(2002), 「한국의 시민운동: 프로크루스테스의 침대」, 서울: 당대.
박재희(1997). 「정부기능 효율화를 위한 제3섹터 활용 방안: 공공서비스 사업 분야를 중심으로」, 한국행정연구원.
———(1998), 「행정서비스 제공 방식의 다원화 방안」, 한국행정연구원.
박종민(1994), "민주화 시대의 정부관료의 의식," 「한국행정학보」, 28(1), 한국행정학회.
박종민・김병완(1992). "한국 국가관료의 의식," 「한국행정학보」, 25(4), 한국행정학회.
박종민 외(1999), "한국 지방정치의 특징," 「한국행정학보」, 33(2).
박종우(1999), 「광역시 자치단체의 재정수입 확보 방안에 관한 연구: 대전광역시를 중심으로」, 충남대학교 박사학위 논문.
박종화(1994), "민간화에 대한 논의," 「대구・경북행정학회보」, 6.
박중훈(2000), 「정부 기능의 민간위탁 제도 및 운영방식 개선 방안」, 한국행정연구원.
배용수(1998), "지방자치단체 기능의 민영화 방안," 「한국행정연구」, 7(1), 한국행정연구원.
배응환(2000), "행정학과 정치학에서 정부와 이익집단 관계의 연구 경향 분석: 한국행정학보와 한국정치학보의 비교," 「한국행정학보」, 34(4), 한국행정학회.
배인명・최병대(1996). "지방재정조정제도에 대한 평가: 서울특별시와 중앙정부 간 관계를 중심으로", 「지방행정연구」, 11(1), 한국지방행정연구원.
백승천(1996), "지방공기업의 경영 개선 방안: 상수도사업을 중심으로," 「지방재정학보」, 창간호, 한국지방재정학회.
부산광역시(1999), 「'99-2003 중기재정계획」.
——— 상수도사업본부(1996), 「내부자료」.
———(1997), 「내부자료」.

———(각 연도), 「상수도통계연보」.

사득환(2000), "지방정부 재정위기의 요인과 대응," 「한국지방자치학회보」, 12(2).

서순복·김선명(2001), "지역문화사업 수행에서의 민·관 협력 체계에 관한 연구," 「한국행정논집」, 13(4), 대구·경북행정학회.

서울시 공보관실, "언론매체를 통한 홍보 활동 실적(1993-94년)."

서울시정개발연구원(1997), 「서울시 상수도사업의 경영효율화 방안: 수도시설 보수자회사 설립 타당성 검토」, 서울시정개발연구원.

———(1998), 「서울시 행정서비스 민간 활력 도입에 관한 연구」, 서울시정개발연구원.

———(2002), 「줄리아니 시장의 뉴욕시정 경영보고서」, 서울시정개발연구원.

서울시정개발연구원(SDI) 역(1994), 「동경도청: 또 하나의 정부」(원저: 사사키 노부오: 佐佐木信夫).

서울특별시(1990), 「東京都政硏究」.

———(1994), 「서울600년사업 홍보활성화 지침」.

———(1994), 「서울600년사업계획」.

———(1994), 「서울국제화시행계획」.

———(1999), 「하수처리장 민간위탁 실천 방안에 관한 연구 용역」.

———(2001), 「새서울 시정개혁백서」.

———(2007), 「시민만족도 제고를 위한 고객 중심의 민원행정 서비스 개선 워크숍 자료집」.

———(각 연도), 「시민만족도 조사보고서」.

서울특별시 서울600년사업추진본부(1994), 「서울600년사업 홍보 추진 실적 및 6월 계획」.

서울특별시 및 탄천하수처리사업소 내부(행정)자료.

서울특별시 상수도사업본부(1999), 「서울특별시 상수도사업본부 구조조정 및 경영개선 방안 도출을 위한 경영진단」.

서원석·김광주(1992), 「공무원의 의식과 행태에 관한 연구」, 한국행정연구원.

서재경(1992), 「기업인의 이미지」, 서울: 김영사.

손희준(1992), "도시 공공서비스의 민영화 성과측정: 쓰레기 수거 서비스를 중심으로," 「지방행정연구」, 7(3) : 71-89, 한국지방행정연구원.

———(1999), "지방자치제 실시에 따른 지방재정 지출의 결정요인 분석," 「한국행정학보」, 33(1).

———(2005), "민선지방자치 10년의 재정 운영 평가," 「민선지방자치 10년 평가 심포지엄」, 경제정의실천시민연합.

송석휘 역(2005), 「성과 지향적인 지방정부 구현 방안」, 서울시정개발연구원.

송희준(1999), “국가와 시민사회의 관계: 이론적 개념과 실천적 전망,” 「한국행정연구」, 8(1), 한국행정연구원.

신호창(1994), “기업식 경영과 마케팅 PR,” 「지방자치」 4월호.

―――(1994), “위기 극복을 위한 전략,” 「지방자치」 3월호.

심규명(2002), “지방재정의 개선 방안에 관한 연구: 자체재원을 중심으로,” 울산대학교 석사학위 논문.

안승준(2007). “Digital 경영환경 변화와 기업이 바라는 인재상,” 「제4회 한양교육혁신포럼」, 프레지던트 호텔, 2007. 9. 29.

안용식 · 강동식 · 원구환(2002), 「지방행정론」, 서울: 대영문화사.

안형기 · 최병대 · 강인호(1999). “친환경 정치행동화 : 사회 · 심리적 접근과 합리적 선택의 관점,” 「한국행정학보」, 33(4), 한국행정학회.

양기용 · 김상묵 · 최병대(1996). “결재 경로분석에 관한 시론적 연구,” 「한국행정학보」, 30(1), 한국행정학회.

양지청(1998), 「도시 인프라 개발과 민간 참여 방안」, 국토개발연구원.

오재일(2000), “지역사회에 있어서 지방정부와 NGO와의 관계에 대한 고찰,” 「정부와 NGO」, 한국행정학회 2000년도 기획세미나 발표논문집.

우동기(1995), “민간위탁의 전략적 활용과 네트워크형 시스템,” 「지방자치」, 11월호.

우동기 · 이종규(1996), “상수도사업의 민간 참여 방안,” 「환경정책」, 4(2): 245-268, 한국환경정책학회.

원윤희(2000), “민선자치 시대의 세수 확보 정상화 방안,” 「지방세」, 제60호.

―――(2004), “지방자치 실시와 지방자치단체의 재정 행태 변화에 관한 연구: 서울시 자치구의 지방세 징수율을 중심으로,” 「한국행정학보」, 38(3).

유명호 외(1998), “낙동강 수계의 수질 변화 특성: 물금을 중심으로,” 부산광역시 상수도사업본부 수질검사소, 「상수도연구보」, 4.

유팔무 · 김원동(2000), “춘천지역의 시민운동과 지방자치,” 「정부와 NGO」, 한국행정학회 2000년도 기획세미나 발표논문집.

육동일(2005), “지방자치 10년의 평가와 과제,” 「단체장 직선 이후 지방자치 10년의 평가와 전망」, 제35차 지방자치정책세미나, 한양대학교 지방자치연구소 & 프리드리히 나우만 재단, 2005. 5. 17, 프레지던트 호텔 슈벨트홀.

윤경준 · 원구환(1996), “지방정부 직영기업의 상대적 효율성 평가: 도시 상수도사업에 대한 Data Envelopment Analysis,” 「한국행정연구」, 5(4), 한국행정연구원.

윤정길(1989), 「PRs論: 행정 및 경영적 측면」, 서울: 건국대학교출판부.

윤태범(1999), “지방 행정서비스 민간위탁의 활성화 방안,” 「지방정부연구」, 3(1),

한국지방정부학회.
———(2000), "부패 방지를 위한 NGO와 정부 간의 역할 관계," 「정부와 NGO」, 한국행정학회 2000년도 기획세미나 발표논문집.
이규환(1990), 「도시행정론: 이론과 실제」, 서울: 녹원출판사.
이근주(2000), NGO 실패와 정부의 지원에 관한 연구: 환경 NGO를 중심으로," 「한국행정학보」, 34(1).
———(2001), "정부와 NGO 간의 협력 유형의 모색: 환경정책의 과정을 중심으로," 「창립 45주년기념 국제학술대회 발표자료집 I」, 한국행정학회.
이기우(1996), 「지방자치이론」, 서울: 학현사.
이병수 · 김일태(2001), "지방정부와 NGO 간의 로컬 거버넌스 형성 조건에 관한 연구: 의정부시 공무원과 NGO 활동가들의 의식, 태도, 경험을 중심으로," 「도시행정학보」, 14(2), 한국도시행정학회.
이상철 외(2000). 「공기업의 이해」, 서울: 대영문화사.
이성우(1998), "정부 기능의 민간위탁 확대 방안," 「한국정책학회보」, 7(3): 31-51.
이승종(2000), "지방자치와 지방정부의 복지정책 방향," 「한국행정학보」, 34(4).
이승주(2002), "도시계획 기술 인력 활용 및 제도 개선 방안," 「대한국토 · 도시계획학회 2002 추계학술발표회 발표 논문」.
이양재(2000), "우리나라의 도시계획직의 수요 및 공급 현황과 외국의 도시계획직 사례연구," 도시계획직 확대 시행에 관한 논문집, 대한국토 · 도시계획학회.
이종규(1995), 「사회간접자본시설 확충을 위한 민간자본 유치 방안」, 시정개발연구원.
이종수(2002), 「지방정부이론」, 서울: 박영사.
이종수 외(2005), 「새 행정학」, 서울: 대영문화사.
이창균 · 서정섭(2000), 「지방자치단체 민간위탁의 개선 방안」, 한국지방행정연구원.
이혁주 · 최병대(1995), "지방공기업의 당면 과제와 발전 방향," 「공기업논총」, 7(1), 한국공기업학회.
이혁주 외(1996), "지방공기업에 대한 경영통제와 관리정책 개선 방안," 「한국행정학보」, 30(2).
임성일(1995), "우리나라 지방공기업의 민영화에 대한 접근," 「지방행정연구」, 10(3), 한국지방행정연구원.
임승빈(1999), "행정과 NGO 간의 네트워크 구축에 관한 연구," 「KIPA 연구보고 98-11」, 한국행정연구원.
———(2001), "정책과정에서의 정부와 환경NGO 간의 관계에 관한 연구," 「2001년도 한국행정학회 추계학술대회 발표논문집」.

전영평(2002), "지방정부의 거버넌스 모형 구축: 공익형 NGO의 협성 정도와 정책 참여 수준을 중심으로," 「민선3기 지방정부 행정의 발전 방향 모색」, 한국지방정부학회 2002년도 추계학술대회 발표논문집.

전종섭(2000), "시민사회의 뉴거버넌스: 행정책임성의 변화," 「위대한 사회를 향하여: 한국의 정치·경제·행정의 발전적 전망」, 서울: 법문사.

정규호(2002), "지속가능성을 위한 거버넌스에서 합의 형성 실패: 녹색서울시민위원회의 경험," 총권 3호, 「ECO」, 한국환경사회학회.

정세욱(1995), 「지방행정학」, 서울: 법문사.

정일섭(1993), "민영화의 필요와 정당화 조건에 관한 연구," 「지방행정연구」, 8(1), 한국지방행정연구원.

정정길(1999), "신국정관리와 인사개혁의 방향," 「21세기 공직인사개혁의 방향」, 한국행정학회 세미나 자료집.

정창화(2005), "지방의 국제화: 자매 결연을 통한 지방의 국제화 평가 및 전망," 「민선지방자치 10년 평가 심포지엄」, 경제정의실천시민연합, 2005년 6월 1일, 프레스센터 국제회의장.

조동훈(2000a), "민선단체장 선출은 재정자립도에 어떤 영향을 미쳤는가?," 「지방자치」, 제146호.

———(2000b), "지방자치제 실시는 재정자립도에 어떤 영향을 미쳤는가?," 「지방자치」, 제147호.

조명래(2001), "NGO와 정부간 파트너쉽의 이해와 활성화에 관한 연구," 「지역사회개발연구」, 26(2), 한국지역사회개발학회.

조석주·김필두(2000), 「지역NGO의 지방자치단체 정책참여 방안」, 한국지방행정연구원.

주성수(1999a), 「공동생산과 자원봉사」, 서울: 한양대학교출판부.

———(1999b), 「시민사회와 제3섹터」, 서울: 한양대학교출판부.

———(2001), 「서울시정참여사업 평가보고서」, 서울: 한양대학교 제3섹터연구소.

주재현(2005), "지방자치 10년 평가: 사회복지 분야," 「민선지방자치 10년 평가심포지엄, 「경제정의실천시민연합, 2005년 6월 1일, 프레스센터 국제회의장.

중앙일보사(1995), 「전국 74개 市 비교평가 자료집: 삶의 질 입체분석」.

지방자치단체국제화재단(2004), 「지방자치단체 국제 자매 결연 현황」.

진용주(1994), "정부광고에 대한 새로운 고찰," 「오리콤」, 오리콤.

진재구(1993), 「행정의 전문성 제고를 위한 공무원 임용 체계 개선」, 한국행정연구원.

차배근(1978), 「사회통계방법」, 서울: 세영사.

차성수(2001), "NGO의 재정문제와 도덕성," 「지방정부와 NGO」, 한국지방정부학회 2001년도 추계학술대회 발표논문집.
채서일(1990), 「사회과학조사방법론」, 서울: 법문사.
최동석(1998), 「똑똑한 자들의 멍청한 짓: 한국 관료조직의 개혁을 위한 진단과 처방」, 서울: 비봉출판사.
최병대(1993), "21세기 복지행정 수요와 시민문화," 「서울市政硏 포럼」, 서울시정개발연구원, 1993. 4.
———(1993), "전환기의 수도서울 도시경영전략," 「서울시정연 포럼」, 서울시정개발연구원, 1993. 12.
———(1995), 「자치구정 평가를 위한 모형개발에 관한 연구」, 서울시정개발연구원.
———(1995), "지방자치단체의 행정진단 : 방법과 절차를 중심으로," 「도시행정연구」, 제10집, 서울시립대학교.
———(1995), "국제화에 부응한 지방자치단체의 CI전략," 「행정문제논집」, 제13집, 한양대학교 행정문제연구소.
———(1995), "지방자치 발전을 위한 지방자치법 개정 방향," 「규제연구」 4(2), 한국경제연구원.
———(1995), "동경도와 특별구와의 관계 조명 : 서울특별시 본청과 자치구 간 바람직한 방향 설정을 위하여," 「서울시정연 포럼」, 서울시정개발연구원, Vol.3, No.7.
———(1996), "지역이기주의와 광역행정(특집) : 외국에 있어서의 지역 간 갈등 및 해결 방안," 「자치행정」, 제96호, 지방행정연구소.
———(1999), 「서울시공무원의 전문성 제고 방안」, 서울시정개발연구원.
———(2002), "지방자치단체 환경기초시설 민간위탁의 성과평가: 서울시 탄천하수처리장을 중심으로," 「한국지방자치학회보」, 14(1), 한국지방자치학회.
———(2002), "지방자치 활성화를 위한 당면 과제와 발전 방향," 「지방자치의정논총」, 서울특별시의정회.
———(2003), "공무원의 전문성 확보 방안: 서울시 도시계획 분야를 중심으로," 「한국지방자치학회보」, 15(3), 한국지방자치학회.
———(2003), "지방자치단체 정책 과정에서의 NGO 역할과 참여 수준에 관한 실증적 분석: 난지도 골프장 건설 사례를 중심으로," 「정책과정에서의 NGO 활동」, 한양대학교 제3섹터연구소.
———(2004), "지방자치단체 업무 아웃소싱의 효과: 강남구 아웃소싱 업무를 중심으로," 「지식정부와 지방자치 발전」, 제34차 지방자치정책 세미나, 한양대 지방자치연구소 & 프리드리히 나우만 재단, 프레지던트 호텔 신세계홀, 2004. 5. 14.

———(2005), "민선 지방자치 10년을 맞으며," 「지방자치정보」, 제152호. 한양대학교 지방자치연구소 & 프리드리히 나우만재단 한국사무소.

———(2007), "민선시정하의 주민평가제도의 비교: 서울시의 주민만족도조사와 행정서비스 품질평가를 중심으로," 「한국지방자치학회보」, 19(1), 통권 57호, 한국지방자치학회.

——— 외(1999), 「미국 지방정부의 성과측정과 벤치마킹」, 서울: SDI.

최병대 · 강황선(2001), 「서울시정의 로컬 거버넌스 도입 방안」, 서울시정개발연구원.

최병대 · 김상구(2004). "정책 과정에서의 NGO 역할에 관한 실증적 연구: 관련 집단의 인식을 중심으로," 「한국정책학회보」, 13(1), 한국정책학회.

———(2005). "정책 과정에서 위원회의 역할에 관한 실증분석: 녹색서울시민위원회의 난지도 골프장 건설 사례를 중심으로," 「서울도시연구」, 6(4), 서울시정개발연구원.

최병대 · 김상묵(1999). "공직사회 경쟁력 제고를 위한 실적주의 인사행정 기능의 강화", 「한국행정학보」, 33(4), 한국행정학회.

최병대 · 김성년(2004), "지방자치제 실시로 인한 지방세 징수효과 분석: 서울특별시를 사례로," 「한국정책학회보」, 13(4), 한국정책학회.

최병대 · 김신 · 문병기 편역(1999), 「미국 지방정부의 성과측정과 벤치마킹」, 서울시정개발연구원.

최병대 역(1998), 「미국 지방정부 개혁의 길: 문제도 많고 선택도 어렵다」, 서울시정개발연구원.

최병선(1991), "민영화의 정치경제," 「한국행정학보」, 25(2).

최창호(1996), 「지방자치학」, 서울: 삼영사.

커뮤니케이션 코리아 (주)(1993), 「위기관리 PR 세미나」.

탄천하수처리사업소 내부자료.

하미승(1994), "정부 기능 민간 이양의 논리와 추진 전략," 「한국행정연구」, 3(2), 한국행정연구원

하혜수(1997), "경기도 서비스 공급의 경쟁력 제고 전략," 「경기21세기」, 3 · 4월호, 경기개발연구원.

한국언론연구원(1993), 「세계의 공보정책」.

한국지방자치단체국제교류재단(財)(1994), 「지방교류 소식」.

한국지방자치학회(2000), 「한국지방자치론」, 서울: 삼영사.

한국지방행정연구원(1994), 「지방행정연구」, Vol. 9, No. 1.

한승준(1999), "프랑스의 제3섹터 활용에 관한 연구," 「한국지방자치학회보」, 11(2).

한인섭(2002), "경제 위기의 지방재정 수입에 대한 영향분석,"「한국행정학보」, 제3호.
한정자(2002), "NGO 성(Gender) 평등운동의 실태와 과제,"「NGO와 21세기 사회발전: 한국NGO의 활동실태와 과제」, 한국행정연구원 정책세미나 발표논문집.
한정호 · 김홍규(1990),「경제정책 PR 개요」, 국민경제제도연구원.
행정개혁시민연합(2005),「참여정부의 조직 운영, 이대로 좋은가」.
행정자치부(1986-2001),「지방세정연감」.
———(2002),「지방자치백서」.
———(2002),「비영리 민간단체 등록 현황」.
———(2004),「주요 업무편람」.
———내부 자료(2007).
홍대원(2001),「지방자치단체 재정자립도 향상을 위한 지방세제의 개선에 관한 연구」, 경희대학교 석사학위 논문.
환경부(1996),「환경기초시설 전문관리 방안에 관한 최종보고서」.
황윤원(1991), "감축관리를 위한 민간화 기법의 연구,"「한국행정학보」, 25(1).
관련 지방자치단체 내부 자료.
부산일보(1996), 부산, 경남 올 민자유치사업 13건 확정, 2. 6: 1.
———(1999), 을숙도 일부 문화재 지정구역 해제 건의, 6. 24: 25.
———(2000a), 낙동강 하구 생태계 파괴 가속화, 명지대교 건설 재검토해야, 2. 12: 29.
———(2000b), 명지대교 곡선 건설 합의, 11. 25: 1.
———(2001a), 표류 명지대교 조기 건설 움직임, 5. 19: 12.
———(2001b), 명지대교 어떻게 되나, 추진 과정 및 현황, 8. 18: 5.
———(2001c), 명지대교 건설 시민단체 갈등, 8. 20: 1.
———(2002a), 명지대교 직선형 우회 내년 착공, 3. 4: 1.
———(2002b), 낙동강 하구 국제적 보호 호소, 11. 15: 27.
조선일보(2007), 2007. 3. 30.
중앙일보(1994). 1994. 11. 29.

외국 문헌

加藤富子(1994),「行政廣報管理」, 第一法規.
宮城縣(1994), MIYAGI.

東京都(1992),「都政概要」.
東京都 情報連絡室(1993),「事業概要」.
石見利勝・田中美子(1992),「地域イメージとまちづくり」, 技報堂出版.
紫田啓次 編(1974),「地方自治診斷事典」, ぎょうせい.
(財)日本都市センター(1981),「室蘭市行財政運營診斷結果報告書」.
———(1992),「山口市行政診斷調査報告書」.
(財)神戸市都市問題硏究所(1980),「廣報・廣聽の理論と實踐」, 勁草書房.
(財)自治體國際化協會(1993), *Council of Local Authorities for International Relations* (*CLAIR*).
(財)地域活性化センター(1989), 地方公共團體の CIに 關する硏究報告書.
———(1992),「地方公共團體 CI戰略」, ぎょうせい.
的石淳一(1982),「自治體廣報の新展開」, 第一法規.
齊藤恒孝(1981),「福岡縣下市町村についての財政診斷の實際」.
———(1984),「福岡縣下市町村についての財政診斷の實際」.
草場定男(1991),「行政PR: 變遷と展望」, 公務職員硏修協會.
坂本忠次(1994), "地域の國際化と自治體の國際交流",「岡山大學經濟會雜誌」, 25(4).
坂田期雄 編(1981),「自治體の經營診斷: 效率化・減量經營の積極策」, 地方の時代實踐シリーズ 8, ぎようせい.

American Public Health Association(2000), *Healthy Communities 2000: Model Standards*, 3rd edition.
Ammons, David(1996), *Municipal Benchmarks: Assessing Local Performance and Establishing Community Standards*, Sage Publications, Inc.
Association of American State Office in Korea(1992), *ASOK Directory*.
Attanucci, John P., Jaeger, Leora & Becker, Jeff(1979), *Bus Service Evaluation Procedures: A Review-Short Range Transit Planning, Special Studies in Transportation Planning*, Washington, DC: U.S. Department of Transportation.
Berlo, D. K.(1986), *The Process of Communication*, New York: Holt, Rinehart of Winston Inc.
Berry, J.(1999), *The New Liberalism: The Rising Power of Citizen Groups*. Washington, D.C.: Brookings Institute.
Blasi, Gerald J.(2002), "Government Contracting and Performance Measurement in Human Services," *International Journal of Public Administration*, 25(4): 519-538.

Box, Richard C.(1998), *Citizen Governance: Leading American Communities into the 21st Century*, London: SAGE Publications.

Boyle, Richard(1989), *Managing Public Sector Performance*, Institute of Public Administration.

Bruce, J. R.(1991), "Blending Professionalism and Political Acuity: Empirical Support for an Emerging Ideal," *Public Administration Review*, 51(5).

Choi, Byung-Dae(2000), "Paradigm Shift in a Local Government: The Case of Anti-Corruption Programs in Seoul Metropolitan Government," *The Annals of Public Administration Research*, The Research Institute for Public Administration, Seoul: Hanyang University.

———(2001), "From Local Government to Local Governance: Citizen-Centered Anti-Corruption Program in Seoul Metropolitan Government," *Urban Management in Seoul: Policy Issues and Responses*, Seoul: Seoul Development Institute.

———(2004), "Comparative Study about the Metropolitan Area Organization and Functions(Metropolis Project)," Barcelona, March 3-6.

Choi, Byung-Dae & Kent, Robert(1993), "Regional Planning and Citizen Participation in Korea: The Case of Chungbook Province," *GEO Journal*.

Choi, Byung-Dae & Yong Hyo Cho(1995). "The Threat of Polluted Air and the Policies to Control the Problem in the Seoul Metropolitan Area," *International Journal of Public Administration*, 18(11).

———(2004). "E-Government to Combat Corruption: The Case of Seoul Metropolitan Government," *International Journal of Public Administration*, Marcel Dekker, Inc.(New York: USA), 27(10).

Choi, Yearn-Hong(1998), "Local Public Enterprise and Privatization: Lessons from the United States for Korea," in Rhee Ki-Ock & R. Meinardus (eds.), *Privatization and Local Government Reform*, 233-249. Seoul: Center for Local Autonomy.

Cigler, Beverly A.(1990), "Public Administration and the Paradox of Professionalization," *Public Administration Review* 50(6).

City of Fort Collins(1993), *1993 Annual Budget: Volume 1. Budget Overview*. Colorado.

CIVICUS(1999), Civil society and good governance, www.civicus.org.

Clayton, A. Oakley, P. & Taylor, J.(2000), "Civil Society Organizations and

Service Provision," Civil society and social movements programme paper number 2.

Cobb, R. W. & Elder, C. D.(1977), *Participationin American Politics*, Baltimore: The Johns Hopkins University Press.

Coston, J.(1999), "A Model and Typology of Government-NGO Relationships," *Nonprofit and Voluntary Sector Quarterly*, 27(3).

Dunn, W.(1994), *Public Policy Analysis: An Introduction*, 2nd ed., Englewood Cliffs, N.J.: Prentice-Hall.

Epstein, Paul D.(1984), *Using Performance Measurement in Local Government*, Van Nostrand Reinhold Company.

European Union(2000), *Promoting the Role of Voluntary Organizations and Foundations in Europe.*

Fedorico, D., Heaton, P. & Madden, K.(1991), *Public Relations for Local Government*, Longman.

Ferris, J. & Graddy, E.(1986), "Contracting Out: For What? With Whom?" *Public Administration Review*, 46(4): 332-344.

Fitch, L. C.(1974), "Increasing the Role of the Private Sector in Providing Public Services," in W. D. Hawley & D. Rogers(eds.), *Improving the Quality of Urban Management*, 501-559, London: SAGE Publications.

Fowler, Pat(1992), "The Establishment of Health Indicators in Municipal Health Department," *Texas Town and City*, 79.

Franklin, B.(1995), *Publlic Relations Activities in Local Government.*

Gaebler, Ted A.(1993), "The Entrepreneurial Manager," *The Entrepreneur in Local Government*, Barbara H. Moore ed., ICMA; Washington, D. C.

Gidron, B., Kramer, M. & Salamon, L.(1992), *Government and the Third Sector: Emerging Relationships in Welfare States*, San Francisco: Jossey-Bass.

Globerman, Steven & Vining, Aidan R. (1996), "A Framework for Evaluating the Government Contracting-out Decision with an Application to Information Technology," *Public Administration Review*, Vol. 56, No. 6.

Gramberger, Marc(2001), *Citizens as Partners: OECD Handbook on Information, Consultation, and Public Participation in Policy-Making*, OECD.

Governor's Office of International Trade(State of Alaska)(1991), *Invest in ALASKA.*

Groves, Sanford M., Godsey, W. Maureen, & Shulman, Martha A.(1981), "Financial Indicators for Local Government," *Public Budgeting & Finance, 1.*

Grunig, J. E. & Hunt, T.(1984), *Managing Public Relations*, Holt, Rinehart & Winston.

Haywood, R.(1991), *Public Relations at the Sharp End: Local Government Demands and Gets the Best*, The Institute of Public Relations.

Hirsch, W. Z.(1995), "Contracting Out by Urban Governments: A Review," *Urban Affairs Review, 30*(3): 458-472.

ICMA(1990), *Performance Management System Manual*, Berkeley, California.

Idelovitch, Emanual & Ringskog, Klas(1995), *Private Participation in Water Supply and Sanitation in Latin America*, The World Bank.

Jains, L.(1972), *Victims of Groupthink*. Boston: Houghton Mifflin.

Kammerman, S. B. & Kahn, A. J. (eds)(1989), *Privation and the Welfare State*, Princeton, NJ: Princeton University Press.

Kearney, Richard C. & Sinha, Chandan(1988), "Professionalism and Bureaucratic Responsiveness: Conflict or Compatibility?," *Public Administration Review* 48(1).

Kerlinger, Fred N.(1973), *Foundations of Behavioral Research*, 2nd ed., New York: McGraw-Hill.

Kettle, Donald F.(1993), "The Myths, Realities, and Challenge of Privatization," *Revitalizing State and Local Public Service*, San Francisco:Jossey-Bass Publishers.

Key Communications Group Inc.(1992), *1992 Federal Personnel Guide.*

Kolderie, Ted(1986), "The Two Different Concepts of Privatization," *Public Administration Review*, 46(4): 285-291.

Korea Chapter of The International Public Relations Association(1988), *Proceeding of Seminar on the Occasion of the Inauguration of the KCIPRA.*

Korea-U.S. Economic Council Inc.(1993), *COLORADO.*

Lauder Commission(New York State Senate Advisory Committee on Privatization)(1992), *Privatization for New York: Competing for a Better Future.* Albany: New York Senate Advisory Committee on Privatization.

Lichfield, Nathaniel(1970), "Evaluation Methodology of Urban and Regional

Plans," *Regional Studies*, Vol. 4.

Lichfield, N., Kettle, P. & Whitbread, M.(1975), *Evaluation in the Planning Process*, NY, Pergamon Press.

Litvack, Jennie, Ahmad, J. & Bird, R.(1998), *Rethinking Decentralization in Developing Countries*, The World Bank.

London Research Centre(1995), *Performance Indicators in London Boroughs 1993/1994*.

Lyman, Ott(1984), *An Introduction to Statistical Methods and Data Analysis*, Duxbury Press, MA: Boston.

Lyman Ott, Larson, Richard F. & Mendenhall, William(1982), *Statistics: A Tool of the Social Sciences*, Duxbury Press, MA: Boston.

———(1991), *SPSS/PC+*, SPSS Inc, IL: Chicago.

Madden, John(1998), "The Selecitve Approach to Outsourcing," *PC Week*, Vol. 15, No. 35, August 31.

Mikesell John(2003), "International Experiences with Administration of Local Taxes: A Review of Practices & Issues," Presented in the World Bank Workshop, Innovations in Local Revenue Mobilization.

Miller, Donald(1980), "Project Location Analysis Using the Goals Achievement Method of Evaluation," *Journal of the American Planning Association*, 46(2).

Miller, Trudi C.(1984), *Public Sector Performance*, The Johns Hopkins University Press(Baltimore).

Moe, R. C.(1987), "Exploring the Limits of Privatization," *Public Administration Review*, 47(6): 453-460.

Moody's Public Finance Department(1988), *1988 Medians: Selected Indicators of Municipal Performance*, New York: Moody's Investors Service, Inc.

Moon, M. Jae & Welch, Eric W.(2000), "Managerial Adaption through the Market in the Public Sector: Theoretical Framework and Four Models," *International Review of Public Administration*, 5(2): 129-141.

Morgan, Colin & Murgatroyd, Stephen(1994), *Total Quality Management in the Public Sector*, Buckingham: Open University Press.

Mosher, Frederick C.(1978), "Professions in Public Service," *Public Administration Review*, March/April.

Nalbandian, J.(1990), "Tenets of Contemporary Professionalism in Local Government," *Public Administration Review*, 50(6).

National Commission on the Public Service(1988), *Survey of College Honor Society Members: Phi Beta Kappa, Sigma Xi(science and engineering), and Phi Alpha Alpha(public affairs).*

Nigata Ken Seoul Office(1994), 新潟.

Norusis, Marija J.(1986), *The SPSS Guide to Data Analysis*, SPSS Inc, IL: Chicago.

O'Connell, B.(1996), "A Major Transfer of Government Responsibility to Voluntary Organizations? Proceed with Caution," *Public Administration Review,* 56(3).

OECD(2000), *Government of the Future*, Paris.

Petty, R. E. & Cacioppo. J. T.(1984), *Attitudes and Persuasion: Classic & Contemporary Approaches*, Wm. C. Brown Company Publishers.

Pirie, Madsen(1996), *Blueprint for a Revolution*, London: Adam Smith Institute. "공공부문, 개혁은 가능한가: 영국의 경험에서 배운다," 박영호(역), 서울: 오롬시스템(주).

Plane, P.(1997), "Privatization and Economic Growth: Reflections and Observations," in H. Giersch(ed.), *Privatization at the End of the Century*, 29-52, Berlin: Springer.

Poister, Theodore H.(1992), "Productivity Monitoring: Systems, Indicators, and Analysis," in Marc Holzer (ed.), *Public Productivity Handbook*, New York: Marcel Dekker,

Poister, Theodore H. & McGowan, Robert P.(1984), "Municipal Management Capacity: Productivity Improvement and Strategies for Handling Fiscal Stress," in *The Municipal Year Book 1984*, Washington, DC: International City Management Association.

Prager, Jonas(1994), "Contacting out Government Services: Lessons from the Private Sector," *Public Adminstration Review*, 54(2): 176-184.

Pugh, Darrell L.(1989), "Professionalism in Public Administration: Problems, Perspectives, and the Role of ASPA," *Public Administration Review*, January/February.

Ramanadham, V. V.(1987), *Privatisation in Developing Countries*, Oxford: Templeton College.

Rapp, Brian & Patitucci, Frank(1977), *Managing Local Government for Improved Performance: A Practical Approach*, Boulder, CO: Westview Press.

Rehfuss, J. A.(1989), *Contracting Out in Government: A Guide to Working with Outside Contractors to Supply Public Services*, San Francisco: Jossey-Bass Publishers.

Rockman, Bert A.(2001), "Politics by Other Means: Administrative Reform in the United States," *International Review of Public Administration*, 6(2): 1-13.

Rogers, Steve(1990), *Performance Management in Local Government*, Longman.

Ross, Touche(1987), *Privatization in America*, Washington D.C: Touch Ross.

Salamon, L.(1995), *Partners in Public Service*, Baltimore: Johns Hopkins University Press.

Sanderson, Ian (ed.)(1992), *Management of Quality in Local Government*, Essex: U. K. Longman.

Savas, E. S.(1982), *Privatizing the Public Sector: How to Shrink Government*, Chatham, NJ: Chatham House.

——(1987), *Privatization: The Key to Better Government*. New Jersey: Chatham House Publishers, Inc.

Schafer, M. & Crichlow, S.(1996), "Antecedents of Groupthink: A Quantitative Study," *Journal of Conflict Resolution*, 40(3): 415-435.

Schmidt, K. D.(1998), "Privatization and Local Government Reform in Germany: A Slow Track," in Rhee Ki-Ock & R. Meinardus(eds.), *Privatization and Local Government Reform*, 265-287, Seoul: Center for Local Autonomy.

Shafritz, Jay M., Riccucci, Norma M., Rosenbloom, David H. & Hyde, C. Albert (1992), *Personnel Management in Government*, New York: Marcel Dekker Inc.

Sharansky, I.(1980), "Policy-making and Service Delivery on the Margins of Government: The Case of Contractors," *Public Administration Review*, 40(2): 116-123.

Siegel, Gilbert B.(1999), "Where are We on Local Government Service Contracting?," *Public Productivity & Management Review*, 22(3): 365-388.

Southwestern Pennsylvania Regional Planning Commission(1991), *Standards For Effective Local Government*.

Standard & Poor's(1983), *Credit Overview: Municipal Ratings*, New York:

Standard & Poor's.

Steiss, Alan Walter(2003), *Strategic Management for Public and Nonprofit Organizations*, New York: Marcel Dekker, Inc.

Surmanek, J.(1980), *Media Planning*, Crain Books.

Thompson, Frank J.(1991), *Classics of Public Personnel Policy*(2nd.). Brooks/Cole Pub. Co.

U.S. Bureau of the Census(1992), *Public Employment: 1991*, Series GE 91-1, Washington, D.C.: U.S. Government Printing Office.

U.S. Department of Transportation, Federal Transit Administration(1994a), *Transit Profiles: Agencies in Urbanized Areas Exceeding 200,000 Population.*

———(1994b), *Transit Profiles: Agencies in Urbanized Areas With a Population of Less Than* 200,000.

———(1994c), *Transit Profiles: The Thirty Largest Agencies.*

Vavra, Lynn(1997), "Career Development Program," *MIS REPORT*, Vol.29, International City/County Management Association.

Virginia Port Authority(1992), Port of Virginia.

Wallace, Wanda, A.(1991), *Mass Transit: Service Efforts and Accomplishments Reporting-Its Time Has Come*, Norwalk, CT: Governmental Accounting Standards Board.

Walsh, K. & Davis, H.(1993), *Cometition and Service: The Impact of the Local Government Act 1988*, London: HMSO.

Wolf, C. Jr.(1988), *Markets or Governments: Choosing between Imperfect Alternatives*, Cambridge: The MIT Press.

World Bank(2000), *Working Together: The World Bank's Partnership with Civil Society*, www.worldbank.org.

WTO World Tourism Barometer(2005), *WTO Compendium of Tourism Statistics 2004.*

Yi, Yang-soo(1999), "Privatization: Public vs Private Waste Treatment," 「한국지역개발학회지」, 11(3): 139-151, 한국지역개발학회.

Young, D.(2000), "Alternative Models of Government-nonprofit Sector Relations: Theoretical and International Perspectives," *Nonprofit and Voluntary Sector Quarterly*. 29(1).

찾아보기

ㄷ

ㄹ

ㅂ

ㅅ

ㅊ

ㅋ

ㅌ

ㅍ

ㅎ

저자 소개

최병대(崔炳大)

현재 한양대학교 행정학과 교수 겸 사회과학대학 학장
- 한양대학교 지방자치대학원장, 행정문제연구소장
- 서울특별시 정책기획관(국장)
- 서울시정개발연구원 선임연구위원, 기획조정실장, 도시경영연구부장.
- 미국 애크론대학교(University of Akron) 행정학 박사 및 도시행정학 석사
- 서울대학교 환경대학원 도시계획학 석사
- 한양대학교 행정학사

[학회 및 학술 관련 활동]
현재 지방정부학회 부회장, 행정학회, 정책학회, 지방자치학회 (상임)이사
- 지방자치학회, 정책과학학회, 정치·정보학회 부회장
- 국토계획학회, 지역개발학회, 서울행정학회, 한국정부학회 등 (상임)이사
- 자치행정, 공공정책21 편집위원
- 고등고시, 입법고시, 공무원 일반승진시험(5급) 출제위원
- 한양대학교 최우수 교수상 및 Best Teacher상 수상
- 고주 노융희 지방자치학술상 및 서울시 정책인 대상 수상(공동)

[사회 활동]
현재 서울특별시 시민평가단 단장, 감사원 자문위원, 한국투명성기구 이사 등
- 국무총리실 행정개혁위원회 위원, 기능이양위원회 실무위원
- 행정자치부 정부혁신관리위원회, 감사청구심의위원회, 자치단체 합동평가위원회 위원, 혁신선도자치단체운영위원회 위원장
- 건설교통부 신도시기획자문단 자문위원
- 정보통신윤리위원회 위원, 정보통신부 사이버폭력대책단 위원

- 농림부 농정혁신자문단 자문위원
- 국가보훈처 진단·변화관리 자문위원
- 서울시 청렴계약대표옴부즈만, 행정혁신협의회 위원장 등
- 서울시 성동구 도시관리공단 비상임이사, 강남구 인사위원회 및 공직자윤리위원회 위원, 서울메트로 인사위원회 위원, 서울시 투자기관 평가단장.
- 경기도 남양주시, 서울시 성동구, 강남구, 구로구, 관악구 등 자문위원
- 한국행정연구원 연구자문위원
- 투명사회협약실천협의회 운영위원
- 한국청소년연맹 이사

자치행정의 이해
-사례분석-

펴낸날 / 제1판 제1쇄 2008년 2월 15일
지은이 / 최병대
펴낸이 / 임춘환
펴낸곳 / 도서출판 대영문화사
주소 / 서울 용산구 청파동 1가 178-2 ㉾ 140-869
등록 / 1975년 12월 26일 제3-16호
전화 / (02)716-3883, (02)714-3062
팩시밀리 / (02)703-3839
우체국 온라인 / 011353-02-009106

ISBN 978-89-7644-260-4

〔값 25,000원〕